Svalbard (N)
Barents Sea
Novaja Zemlja
Karskoje more
o. Vajgač
Vorkuta
o. Kolgujev
Struve Geodetic Arc
Alta
Murmansk
Pečora
Laponia
Beloje More
Soloveckie ostrova
Gammelstaden
Serov
Omsk
Tjumen'
Höga Kusten
Merenkurkun saaristo
FIN
S
Kiži Pogost
Perm'
Hälsingland
Petäjävesi
Ferapontovo
Kirov
Rauma
Verla
Sammallahdenmäki
Helsinki
St. Peterburg
RUS
Čeljabinsk
Falun
Ängelsberg
Baltic Sea
Birka
Stockholm
Tallinn
Novgorod
Jaroslavl'
Kazan'
EST
Suzdal'
Vladimir
Samara
Visby
Sergiev-Posad
Orsk
Riga
LV
Moskva
Öland
Struve Geodetic Arc
Karlskrona
LT
Oral
Kuršiu Nerija
Kurššskaja kosa
Kernavė
BY
Vilnius
Malbork
Saratov
Mir
Njasviž
Białowieski P. N.
Toruń
KZ
Warszawa
n. p. Belavežskaja pušča
Atyrau
Muskauer Park
Park Muzakowski
UZ
Świdnica
Jawor
PL
Zamość
Kyjiv
UA
L'viv
Litomyšl
Kalwaria
Kraków
Wieliczka
Oświęcim
Astrahan'
Třebíč
Olomouc
Tvrdošín
Sekowa
Bardejov
Vlkolínec
Stužhytsia-Uzhok
Vihorlatské vrchy
Brno
Kroměříž
Lednice
Spišský hrad
Slovenský kras
Chernivtsi
SK
Wien
Banská Štiavnica
Aggteleki karszt
Maramarosh
Suceava
Fertő-tó
Hollókő
Tokaj
Borvidek
Voronet
MD
Pannonhalma
Budapest
Hortobágyi N. P.
Sighișoara
TM
Western Kaukasus
H
RO
Biertan
Pécs
Hunedoara
Struve Geodetic Arc
Sofija
Horezu
Delta Dunării
Baki
AZ
Chazhashi
GE
Nac. park Plitvička Jezera
Srebărna Nat. Res.
Kutaisi
BiH
SRB
Gamzigrad
Svеštari
Black Sea
ARM
Višegrad
Studenica
Ivanovo
Split
Mostar
Durmitor Nac. park
Madara
Kaspijskoje more
Ečmiadzin
BG
Nesebăr
Sopoćani
Sofija
Kazanlăk
Dubrovnik
Dečani
MNE
RKS
Rilski Manastir
N.P. Pirin
Safranbolu
Kotor
Edirne
İstanbul
Tehrān
MK
Ohrid
Divriği
Castel del Monte
AL
Thessaloniki
Hattuşaş
Alberobello
IR
Sassi di Matera
Gjirokastër
Butrint
Vergina
Athos
Truva (Troja)
Nemrut Dağı
TR
Meteóra
Göreme
Kérkira
GR
Delphi
M. Ossia Luka
Néa Moni
Hierapolis
Pamukkale
Çatal Hüyük
Hatra
Olympia
Mykenai
Athína
Heraion
Patmos
Halab
Assur
Bassai
Epidauros
Delos
Xanthos
SYR
Bagdād
Mistra
Letoon
Ródos
CY
Ekklisia
Pafos
Choirokoitia
IRQ
RL
Dimashq
Al-Kuwait
KWT
IL
'Ammān
SA
Yerushalayim
JOR
Mediterranean Sea
3 4 5 6 7 9 10 11 12 13 14 15 17 18 19 20 21 22 23 24 25 27 28 29 30 31 32 33 34 35 44 45 46 47 48 49 50 51 52 53 59 60 61 62 63 64 65 66 67 73 74 75 76 77 78 79 82 83 84 85 86 87

Verbindungskosten je nach Netzbetreiber / Provider
Connecting costs depending on net operator / provider
Les frais connexion dépendent de l'opérateur / du fournisseur

A	+43	EUR	133	144	112	✓	0,5‰	✗	✓	✓	120 ÖAMTC
AL	+355	ALL	129	126	✗	✗	0,0‰	✗	✗	✗	42 262 263 ACA
AND	+376	EUR	110	116	112	✗	0,5‰	✗	✓	✗	80 34 00 ACA
B	+32	EUR	101	112	112	✓	0,5‰	✗	✓	✗	70 34 47 77 TCB
BG	+359	BGN	166	150	112	✓	0,5‰	✓	✓	✓	2 911 46 UAB
BIH	+387	BAM	122	124	✗	✓	0,3‰	✓	✗	✓	33 12 82 BIHAMK
BY	+375	BYR	02	03	✗	✗	0,0‰	✓	✓	✓	116 BKA
CH	+41	CHF	117	144	112	✗	0,5‰	✗	✓	✓	0800 140 140 TCS
CY	+357	EUR	199	199	112	✓	0,5‰	✗	✓	✗	22 31 31 31 CAA/KKTOK
CZ	+420	CZK	112	112	112	✓	0,0‰	✓	✓	✓	12 30 ÚAMK
D	+49	EUR	110	112	112	✓	0,5‰	✗	✓	✗	22 22 22 ADAC
DK	+45	DKK	112	112	112	✗	0,5‰	✓	✓	✗	70 279 112 FDM
E	+34	EUR	112	112	112	✓	0,5‰	✗	✓	✓	902 40 45 45 RACE
EST	+372	EUR	110	112	112	✗	0,0‰	✓	✓	✗	26 97 91 88 EAK
F	+33	EUR	17	15	112	✓	0,5‰	✗	✓	✓	0800 08 92 22 AIT
FIN	+358	EUR	112	112	112	✓	0,5‰	✓	✓	✗	200 80 80 AL
FL	+423	CHF	117	144	112	✗	0,8‰	✗	✓	✗	0800 14 01 40 TCS
GB	+44	GBP	999	999	112	✗	0,8‰	✗	✓	✗	0800 82 82 82 AA
GR	+30	EUR	100	166	112	✗	0,5‰	✗	✓	✓	104 00 ELPA
H	+36	HUF	107	104	112	✓	0,0‰	✓	✓	✓	188 MAK
HR	+385	HRK	92	94	112	✓	0,5‰	✓❄	✓	✓	119 87 HAK
I	+39	EUR	112	112	112	✓	0,5‰	✓	✓	✓	803 116 ACI
IRL	+353	EUR	999	999	112	✗	0,8‰	✗	✓	✗	1800 66 77 88 AA
IS	+354	ISK	112	112	112	✗	0,5‰	✓	✓	✗	511 21 12 FIB
L	+352	EUR	113	112	112	✓	0,5‰	✗	✓	✗	260 00 ACL
LT	+370	LTL	112	112	112	✓	0,4‰	✓	✓	✗	880 00 00 00 LAS
LV	+371	LVL	02	03	112	✓	0,5‰	✓	✓	✗	1888 LAMB
M	+356	EUR	191	196	112	✗	0,8‰	✗	✓	✗	21 24 22 22 RMF
MC	+377	EUR	17	15	112	✓	0,5‰	✗	✓	✗	0800 08 92 22 AIT
MD	+373	MDL	902	903	✗	✓	0,0‰	✓❄	✗	✗	69 14 37 24 ACM
MK	+389	MKD	192	194	✗	✓	0,5‰	✓	✓	✓	196 AMSM
MNE	+382	EUR	122	124	✗	✓	0,5‰	✓	✓	✓	198 07 AMSCG
N	+47	NOK	112	113	✗	✓	0,2‰	✓	✓	✗	08 505 NAF
NL	+31	EUR	112	112	112	✗	0,5‰	✗	✓	✗	88 269 28 88 ANWB
P	+351	EUR	112	112	112	✓	0,5‰	✗	✓	✓	707 509 510
PL	+48	PLN	112	112	112	✓	0,2‰	✓	✓	✓	19 637 PZM
RKS	+381	EUR	92	94	✗	✗	0,5‰	✓	✓	✗	11 987 HAK
RO	+40	RON	955	961	112	✗	0,0‰	✓	✓	✓	21 222 22 22 ACR
RSM	+378	EUR	112	118	112	✓	0,5‰	✓	✓	✗	803 116 ACI
RUS	+7	RUB	02	03	112	✓	0,0‰	✓	✓	✗	8800 505 08 66 AKAR
S	+46	SEK	112	112	112	✓	0,2‰	✓	✗	✗	020 21 11 11 M
SK	+421	EUR	112	112	112	✓	0,0‰	✓	✓	✓	181 24 SATC
SLO	+386	EUR	113	112	112	✓	0,5‰	✓	✓	✓	19 87 AMZS
SRB	+381	RSD	92	94	✗	✓	0,3‰	✓	✓	✓	987 AMSS
TR	+90	TRY	155	112	112	✗	0,5‰	✗	✓	✓	21 23 47 90 45 TTOK
UA	+380	UAH	02	03	✗	✓	0,0‰	✗	✓	✗	0800 50 55 50 112UA
V	+39	EUR	112	118	112	✓	0,5‰	✓	✓	✗	803 116 ACI

GRØ
Spitsbergen
Svalbard
N
1:4.500.000
Zemlja Franca-Iosifa (RUS)
Novaja Zemlja
Karskoje more
o. Belyj
o. Vajgač
Grønlands-
havet
Barents
Sea
Irminger
Hav
Jan Mayen
Norwegian
Sea
Reykjavík
125
IS
36
o. Kolgujev
Vorkuta
7
Alta
Murmansk
5
6
Pečora
15
Kiruna
2
3
4
Beloje more
Arhangel'sk
13
14
Serov
25
Omsk
Gammelstaden
Oulu
Tjumen'
Føroyar
FR
Trondheim
S
FIN
N
8
Sundsvall
9
10
11
12
Kirov
Perm'
23
24
Rockall
Shetland
GB
Helsinki
106
St. Peterburg
127
21
22
Kazan'
Čeljabinsk
35
ATLANTIC
38
Oslo
122
Falun
129
130
Tallinn
EST
Jaroslavl'
Nižnij
Novgorod
Samara
Orsk
53
Glasgow
104
16
Stockholm
17
18
19
20
Simbirsk
33
34
Belfast
92
Edinburgh
North
Sea
Visby
Öland
Riga
125
LV
Moskva
120
Dublin
102
GB
39
Liverpool
København
109
DK
Kaliningrad
110
LT
Vilnius
133
BY
Minsk
119
Oral
51
52
IR
37
101
Amsterdam
90
26
Hamburg
105
Gdansk
27
28
29
30
31
32
Saratov
KZ
OCEAN
Cardiff
113
London
NL
Berlin
94-95
134
Warszawa
Volgograd
49
50
Atyrau
67
UZ
Brussel/
Bruxelles
99
B
Bonn
97
D
Leipzig
111
PL
Kyjiv
108
Doneck
Luxembourg
114
Frankfurt
a. M.
103
Praha
124
CZ
L'viv
UA
47
48
Astrahan'
40
Paris
123
41
42
München
121
43
44
Bratislava
98
SK
45
46
65
66
TM
Nantes
F
Bern
96
Zürich
136
A
135
Wien
100
MD
Odesa
Groznyj
Kaspijskoje more
Santiago
Bordeaux
54
Genève
104
CH
Lyon
115
Ljubljana
110
SLO
H
Budapest
RO
Sevastopol'
63
64
GE
Tbilisi
Baki
Milano
118
132
136
Zagreb
Beograd
96
București
101
61
62
ARM
AZ
E
55
56
AND
Marseille
117
Monte Carlo
117
MC
Venèzia
57
58
HR
BiH
SRB
59
60
Black Sea
Samsun
79
P
68
Andorra
Barcelona
93
Sarajevo
128
Prishtinë
Sofija
128
BG
İstanbul
107
Safranbolu
TR
Tehrān
Lisboa
112
Madrid
116
València
131
Roma
126
V
MNE
KS
Skopje
MK
Tiranë
130
AL
Hattuşas
77
78
Van
Al-Mausil
Sevilla
69
70
Ibiza
Nápoli
I
Ankara
92
IR
Gibraltar
Tanger
71
72
73
74
GR
Volos
75
76
87
80
Al Jazā'ir
Athína
91
Antalya
Halab
SYR
Bagdād
Rabat
81
Tunis
Palermo
85
86
Iráklio
83
84
CY
RL
Dimashq
IRQ
Persian
Gulf
MA
TN
Malta
M
82
Bairūt
IL
Ammān
Al-Kuwait
KWT
Mediterranean Sea
Tarābulus
Yĕrūshālayim
JOR
DZ
Al-Qāhira
SA
Ar-Riyāḍ
Sabhā
LAR
ET
Aswan
Red Sea
Ğidda
Tamanrasset
RMM
Bardaï
SUD
ADN
RN
Al-Hartūm
Āsmera
ER
Niamey
BF
TCH
ETH
DJI
SP
GH
TG
RPB
WAN

Legend | Légende | Zeichenerklärung | Legenda

1 : 2 000 000

GB / F		D / NL
Motorway - Motorway under construction Autoroute - Autoroute en construction		Autobahn - Autobahn in Bau Autosnelweg - Autosnelweg in aanleg
Dual carriageway with motorway characteristics - under construction Chaussée double de type autoroutier		Autobahnähnliche Schnellstraße - in Bau Autoweg met gescheiden rijbanen - in aanleg
Trunk road - under construction Route à grande circulation - en construction		Fernverkehrsstraße - in Bau Weg voor interlokaal verkeer - in aanleg
Main road Route principale		Hauptstraße Hoofdweg
Secondary road Route secondaire		Nebenstraße Secundaire weg
Practicable road, track Chemin carrossable, piste		Fahrweg, Piste Weg, piste
Distances in kilometers Distances en kilomètres	227 130 97	Entfernungen in Kilometer Afstand in kilometers
Height in meters - Pass Altitude en mètres - Col	1365	Höhe in Meter - Pass Hoogte in meter - Pas
Railway - Railway ferry Chemin de fer - Ferry-boat		Eisenbahn - Eisenbahnfähre Spoorweg - Spoorwegveer
Car ferry - Shipping route Bac pour automobiles - Ligne de navigation		Autofähre - Schifffahrtslinie Autoveer - Scheepvaartroute
Major international airport Aéroport important international		Wichtiger internationaler Flughafen Belangrijke internationale luchthaven
Airport Aéroport		Flughafen Luchthaven
International boundary - Province boundary Frontière internationale - Limite de Province		Internationale Grenze - Provinzgrenze Internationale grens - Provinciale grens
Undefined boundary Frontière d'État non définie		Unbestimmte Grenze Rijksgrens onbepaalt
Time zone boundary Limite de fuseau horaire		Zeitzonengrenze Tijdzone-grens
National capital Capitale nationale	LISBOA	Hauptstadt eines souveränen Staates Hoofdstad van een souvereine staat
State capital Capitale d'un état fédéral	MURMANSK	Hauptstadt eines Bundesstaates Hoofstad van een deelstat
Restricted area Zone interdite		Sperrgebiet Verboden gebied
National park, nature park Parc national, parc naturel		Nationalpark, Naturpark Nationaalpark, natuurpark
Of particular interest: culture - nature Très intéressant: culture - nature	SIRACUSA Mývatn	Besonders sehenswert: Kultur - Natur Zeer bezienswaardig: cultuur - natuur
Place of interest Localité intéressante	Alba Iulia	Sehenswerter Ort Bezienswaardige plaats
Of interest: culture - nature Intéressant: culture - nature	Blair Castle Drachenfels	Sehenswert: Kultur - Natur Bezienswaardig: cultuur - natuur
Route with beautiful scenery Parcours pittoresque		Landschaftlich schöne Strecke Landschappelijk mooie route
Archaeological excavation or ruins Site archéologique ou ruines		Ausgrabungs- oder Ruinenstätte Uitgraving of ruïne
Well Puits		Brunnen Bron
Volcano Volcan		Vulkan Vulkaan

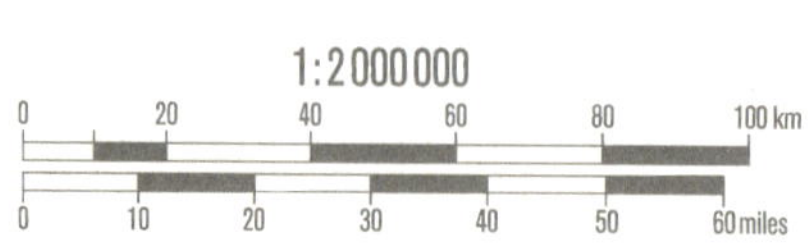

Segni convenzionali | Signos convencionales | Tegnforklaring | Teckenförklaring

1 : 2 000 000

I / E		DK / S
Autostrada - Autostrada in costruzione Autopista - Autopista en construcción		Motorvej - Motorvej under bygning Motorväg - Motorväg under byggnad
Doppia carreggiata di tipo autostradale - in costruzione Autovía - en construcción		Motortrafikvej med to vejbaner - under bygning Motortrafikled - under byggnad
Strada di grande communicazione - in costruzione Ruta de larga distancia - en construcción		Fjerntrafikvej - under bygning Fjärrtrafikväg - under byggnad
Strada principale Carretera principal		Hovedvej Huvudled
Strada secondaria Carretera secundaria		Bivej Sidoväg
Strada carrozzabile, pista Camino vecinal, pista		Mindre vej, bane Körväg, vildmarksled
Distanze in chilometri Distancias en kilómetros	227 130 97	Afstænder i kilometer Avstånd i kilometer
Altitudine in metri - Passo Altura en metros - Puerto de montaña	1365	Højde i meter - Pas Höjd i meter - Pass
Ferrovia - Traghetto ferroviario Ferrocarril - Transbordador para ferrocarriles		Jernbanelinie - Jernbanefærge Järnväg - Tågfärja
Traghetto auto - Linea marittima Ferry - Ruta marítima		Bilfærge - Skibsrute Bilfärja - Sjöfartslinje
Aeroporto internazionale di particolare importanza Aeropuerto importante internacional		Vigtig international lufthavn Viktig internationell trafikflygplats
Aeroporto Aeropuerto		Lufthavn Trafikflygplats
Confine internazionale - Confine di Provincia Frontera internacional - Frontera provincial		International grænse - Provinsgrænse Internationell gräns - Provinsgräns
Confine di Stato indefinito Frontera indeterminada		Ubestemt grænse Osäker gräns
Limite fuso orario Límite del huso horario		Tidszonegrænse Tidszongräns
Capitale di stato sovrano Capital de un estado soberano	LISBOA	Suveræn stats hovedstad Huvudstad i suverän stat
Capitale dello stato federale Capital de estado	MURMANSK	Forbundsstatsgrænse Delstatsgräns
Zona vietata Zona prohibida		Afspærret omrade Spärrzon
Parco nazionale, parco naturale Parque nacional, parque natural		Nationalpark, naturpark Nationalpark, naturpark
Molto interessante: cultura - natura De interés especial: cultura - natura	SIRACUSA Mývatn	Særlig seværdig: kultur - natur Särskilt sevärd: kultur - natur
Località interessante Población de interés	Alba Iulia	Seværdig by Sevärd ort
Interessante: cultura - natura De interés: cultura - natura	* Blair Castle * Drachenfels	Seværdig: kultur - natur Sevärd: kultur - natur
Percorso pittoresco Ruta pintoresca		Landskabelig smuk vejstrækning Naturskön sträcka
Scavo o rovine Escavación o ruinas historicas	∴	Udgravnings- eller ruinsted Utgrävnings- eller ruinplats
Pozzo Fuente		Brønd Brunn
Vulcano Volcán		Vulkan Vulkan

1:2 000 000

0 20 40 60 80 100 km

0 10 20 30 40 50 60 miles

Objaśnienia znaków | Vysvětlivky | Jelmagyarázat | Условные обозначения

1 : 2 000 000

PL / CZ		H / RUS
Autostrada - Autostrada w budowie Dálnice - Dálnice ve stavbě		Autópálya - építés alatt Автострада - строящаяся
Droga szybkiego ruchu - w budowie Dvouproudá silnice dálnicového typu - ve stavbě		Gyorsforgalmi út autópályahoz hasonlóan - építés alatt Скоростная дорога, подобная автомагистрали - строящаяся
Droga dalekobieżna - w budowie Dálková silnice - ve stavbě		Távolsági összekötő út - építés alatt Магистральная дорога - строящаяся
Droga główna Hlavní silnice		Főútvonal Главная дорога
Droga drugorzędna Vedlejší silnice		Mellékút Основная дорога
Droga bita, szlaka Vozová cesta, vyježděná cesta		Közlekedési út, ösvény Грузовыая сообщения, тропа
Odległości w kilometrach Vzdálenosti v kilometrech	227 130 97	Kilométertávolság Расстояния в километрах
Wysokości w metrach - Przełęcz Výška v metrech - Průsmyk	1365	Magasság méterben - Szoros Высота в метрах - Перевал
Kolej - Prom kolejowy Železnice - Vlakový trajekt		Vasútvonal - Vasúti komp Железная дорога - Железнодорожный паром
Prom samochodowy - Linia żeglugowa Říční přívoz pro auta - Lodní linka		Autószallító komp - Hajózási vonal Перевозы машин - Судоходные маршруты
Ważna międzynarodowa port lotniczy Důležité mezinárodní letiště		Fontos nemzetközi repülőtér Важный международный аэропорт
Port lotniczy Dopravní letiště		Közlekedési repülőtér Аэропорт
Granica międzynarodowa - Granica prowincji Mezinárodní hranice - Hranice provincie		Nemzetközi határ - Körzethatár Международная граница - Граница провинции
Granica nieustalona Neurčitá hranice		Bizonytalan határ Неустановленная граница
Granica strefy czasowej Hranice časového pásma		Időzónahatár Граница часовых поясов
Stolica państw niezależnych Hlavní město suverenního států	LISBOA	Önálló állam fővárosa Столица суверенного государства
Stolica stanów federalnych Hlavní město spolkového států	MURMANSK	Szövetsegi állam fővárosa Административнач столицы
Obszar zamknięty Zakázaný prostor		Zárt terület Запрещенный район
Park narodowy, park krajobrazowy Národní park, přírodní park		Nemzeti park, természeti park Национальный парк, заповедник
Szczególnie interesujący: kultura - przyroda Turisticky pozoruhodný: kultura - příroda	SIRACUSA Mývatn	Különleges látványosság: kultúra - természet Особенно достопримечательно: Культура - Природа
Miejscowość interesująca Turisticky zajímavá lokalita	Alba Iulia	Látványos település Достопримечательное место
Interesujący: kultura - przyroda Zajímavý: kultura - příroda	* Blair Castle * Drachenfels	Látványos: kultúra - természet Достопримечательно: Культура - Природа
Droga piękna widokowa Úsek silnice s pěknou scenérií		Természetileg szép szakasz Путь по особенно красивой местности
Wykopalisko albo ruina Archeologické naleziště nebo ruiny	∴	Régészeti asatások és romhely Раскопка или руины
Studnie Studny		Kút Колодец
Wulkan Sopka		Vulkán Вулкан

1:2 000 000

0 20 40 60 80 100 km

0 10 20 30 40 50 60 miles

Photo: Satellitenaufnahme, Europa (getty images/GSO Images)

I Svalbard 1: 4 500 000
Spitsbergen
Svalbard
Nordaustlandet
Barentsøya
Edgeøya
Kong Karls Land
Kvitøya
Olgastretet
Erik Eriksenstretet
Storfjorden
Longyearbyen
Ny-Ålesund
Isfjorden
Prins Karls Forland
Albert I Land
Haakon VII Land
Andrée Land
Oscar II Land
Nordenskiöld Land
Sabine Land
Olav V Land
Gustav V Land
Gustav Adolf Land
Wedel Jarlsberg Land
Torell Land
Sørkapp Land
Sjuøyane
Phippsøya
Storøya
Kapp Laura
Hopen
Bi
Bk
Ca
Bb
Bc
Bd
Be
Bf
20
21
22
Norwegian Sea
Vesterålen
Lofoten
Andøya
Langøya
Hinnøya
Austvågøy
Vestvågøy
Flakstadøya
Moskenesøya
Værøy
Røst
Røsthavet
Vestfjorden
Senja
Kvaløya
Ringvassøy
Reinøy
Vanna
Arnøy
Uløya
Tromsø
Narvik
Harstad
Sortland
Stokmarknes
Svolvær
Kabelvåg
Henningsvær
Leknes
Bodø
Fauske
Sulitjelma
Mo i Rana
Hamarøy
Tranøy
Ulvsvåg
Kjøpsvik
Bjerkvik
Setermoen
Øvergård
Storsteinnes
Nordkjosbotn
Lyngseidet
Skibotn
Fagernes
Sjøvegan
Andselv
Finnsnes
Silsand
Gibostad
Dyrøya
Grytøya
Rolla
Ramnes
Tjeldøya
Bogen
Ballangen
Skjomen
Saltfjellet
Svartisen
Arctic Circle
Helligvær
Landegode
Bliksvær
Sandhornøy
Fugløya
Ørnes
Glomfjord
Vågaholmen
Nesøya
Træna
Lovund
Lurøy
Tomma
Rølvåg
Nesna
Hemnes
Kiruna
Gällivare
Abisko
Björkliden
Vassijaure
Riksgränsen
Kebnekaise
Nikkaluokta
Stora Sjöfallets n.p.
Padjelanta national-park
Sareks nationalpark
Muddus nationalpark
Pieljekaise nationalpark
Abisko nat.-p.
Vadvetjåkka n.p.
Øvre Dividal nasjonalpark
Ånderdalen nasjonalpark
Rago nas.-park
Saltfjell-Svartisen nasjonalpark
Junkerdal
Jokkmokk
Kvikkjokk
Arjeplog
Porjus
Vietas
Kaitum
Killinge
Saltoluokta
Tjåmotis
Vuollerim
Murjek
Tärrajaur
Randijaur
Jäkkvik
Adolfsström
Norrbotten
Sverige
Troms
Nordland
Lappland
Hurtigruten
E6
E8
E10
E12
E45
95
97
Gammelt handelssted
Gjerøy

Cb
Cc
Cd
Ce
Cf
Cg
Ch
Ci
Ck
Da
20
21
22
23
24
Nordkapp
Skarsvåg
Hjelmsøya
Knivskjelodden
Ingøya
Gjesvær
Havøysund
Magerøya
Honningsvåg
Tufjord
Rolvsøya
Sværholt-klubben
Mehamn
Gamvik
Nordkinn-halvøya
Kjøllefjord
Skjånes
Berlevåg
Raggon-jargga
Kongsøya
Båtsfjord
Nordfjord
Kåfjord
Porsanger-halvøya
Sværholt-halvøya
Repvåg
Store Tamsøya
Veidnes
Hopseidet
Tanafjorden
Laksefjorden
Porsangen
Stangenes-tinden
Bismerik
Struve Geo-detic Arc
Hammerfest
Snøfjord
Langstrand
Sørøya
Söryær
Breivikbotn
Rypefjord
Kvaløya
Kårhamn
Erdalsfjellet
Seiland
Sørøysundet
Seiland nasjonalpark
Nordmanns-jökelen
Hasvik
Saraby
Kvalsund
Skaidi
Olderfjord
Indre Billefjord
Børselv
Ifjord
Smalfjord
Rustefjelbma
Kalak
Duolbbadasgaissa
Langnes
Varanger-halvøya
Varangerhalvøya nasjonalpark
Skipskjølen
Vardø
Hurtigruten
Vestre Jakobselv
Vadsø
Varangerbotn
Nesseby
Varangerfjorden
Tanabru
Polmak
Gras-bakken
Bugøynes
Bugøyfjord
Grense-Jakobselv
Kirkenes
Neiden
Bjørnevatn
Loppa
Silda
Stjernøya
Hakk-stabben
Sør Tverrfjord
Øksfjord
Øksfjordjøkelen
Seglvik
Nyvoll
Stabbursdalen nasjonalpark
Lakselv
Gaissane
Rastigaissa
Nuorgam (Njuorggam)
Vetsikko (Veahtašaknjarga)
Utsjoki (Ohtsejohka)
Patoniva (Puoddopohki)
Alteidet
Alta
Halddi
Burfjord
Sandbukt
Sørstraumen
Navittossen
Helleristninger
Čuokkarašša
Skoganvarra
Lævvajokgiedde
Valjok
Nuvvus (Nuvvos)
Outakoski (Vuovdakuoihka)
Storslett
Rieppe
Kvænangsbotn
Finnmarksvidda
Karasjok
Kenttan
Karigasniemi
Kaamasmukka (Kaamasmohki)
Huutoniemi
Säytsjärvi
Suojanperä
Nätämöjoki
Näätämö
Sevettijärvi (Taevetjärvi)
Skogfoss
Skanvik
Nikel
Kuorpukas
Murmansk
Reisadalen
Bæccegælhaldde
Bilto
Imofossen
Bidjovagge
Reisa nasjonalpark
Raisduoddar-halddi
Halti (Hálldi)
Kahperusvaarat (Kahperusak)
Masi
Šuošjavrre
Čaravarre
Lappoluobbal
Mieron
Gårva
Jorgastak
Koarvikodds
Köngäs
Kaamanen
Tirro
Inari (Anár)
Partakko Paartih
Øvre Pasvik nasj.-p.
Pasvik zapovednik
+4h Gr. Time
+2h Gr. Time
Nyrud
Prirečnyj
Nautsi
Janiskoski
Murmanskaja
Virtaniemi
Nellim (Njellim)
Talvikjulja
ROSSIJA
Kautokeino
Lavvoaivve
Basse-vuovdde
Gurbiš
Angeli Annel
Øvre Anarjakka nasjonalpark
Lemmenjoen kansallispuisto
Lemmenjoki
Menesjärvi (Menisjärvi)
Hammastunturi (Pánniordo)
Viipustunturit (Viibustuoddarak)
Koppelo
Ivalo (Avvil)
Törmänen
Lutto
Raja-Jooseppi
g. Lavnatundra
oblast'
g. Ionn-N'jugoaje
Ropi (Roahppi)
Aiddejavrre Fjellstue
Struve Geodetic Arc
Palojärvi (Bálojávri)
Kalmankaltio
Saariselkä
Urho Kekkonen kansallispuisto
Kaaresuvanto (Karasavvon)
Maunu
Karesuando
Enontekiö (Enodak)
Nunnanen Njunnas
Lisma
Kuttura (Kuhtur)
Sokosti
Idivuoma
Kuttainen
Peltovuoma
Palojoensuu
Ounastunturi
Pallas-Yllästunturin kansallispuisto
Pokka
Tankavaara
Vuotso (Vuohčču)
Porttipahdan tekojärvi
Lokan tekojärvi
Kemihaara
Paittasjärvi
Pallastunturi
Raattama
Övre Soppero
Lannavaara
Saatukkavaara
Yli-Muonio
Muodos-lompolo
Muonio
Pallasjärvi
Tepasto
Kiistala
Vajukoski
Lokka
Tulppio
Esrange (Raketbas)
Särkijärvi
Kangosjärvi
Sirkka
Vesmajärvi
Rajala
Petkula
Ruuvaoja
Tuntsa
Lainio
Parkalompolo
Kitkiöjoki
Kittilä
Tepsa
Tanhua
Martti
Svappavaara
Vittangi
Oksajärvi
Keräntöjärvi
Kihlanki
Äkäslompolo
Ylläsjärvi
Kaukonen
Vaalajärvi
Sodankylä
Savukoski
Sorsatunturi
Parakka
Kangos
Äkäsjokisuu
Aareavaara
Kurtakko
Syväjärvi
Aska
Kitinen
Pelkosenniemi
Masugnsbyn
Junosuando
Käymäjärvi
Kolari
Unari
Pyhäjärvi
Pyhätunturi
Saija
Skaulo
Saittarova
Anttis
Pajala
Tärendö
Ruokojärvi
Lohiniva
Sieppijärvi
Luiro
Vuostimo
Kelloselkä
Kuolajärvi
Nilivaara
Ullatti
Kainulasjärvi
Tiainen
Ahvenselkä
Salla
Rohmojva
Iso Pyhätunturi
Kursu
Hakkas
Lahnajärvi
Korpilombolo
Jarhois
Aapua
Meltaus
Ampuma-alue Skjutövn omr.
Kemijärvi
Isokylä
Joutsijärvi
Nattavaara
Lansjärv
Ylitornio
Pello
Valkeakoski
Rantajärvi
Konttajärvi
Raanujärvi
Sinettä
Vikajärvi
Misi
Ryllahti
Tonkopuro
Hautajärvi
Jock
Jänkisjärvi
Juoksenki
Juoksengi
Mieko-järvi
Meltosjärvi
Iso-Vietonen
Rovaniemi
Ounasvaara
Oikarainen
Luusua
Maaninkavaara
Oulangan kansallispuisto
Kayla
Vuottas
Vitberget
Gyljen
Överkalix
Kalix
Övertorneå
Mellakoski
Muurola
Hirvas
Vanttauskoski
Niesikivalo
Pirttikoski
Jumisko
Karjalaisenniemi
Tolva
Juuma
Piittisjärvi
Perä-Posio
Suolijärvi
Riisitunturin kansallispuisto
Kuusamo
Ruka
Kivalot
Aavasaksa
Norrbotten
Luleå
Oulu
FINLAND
RUSSIA
SUOMI FINLAND
Lappi
Lapland

11 Petrozavodsk
12

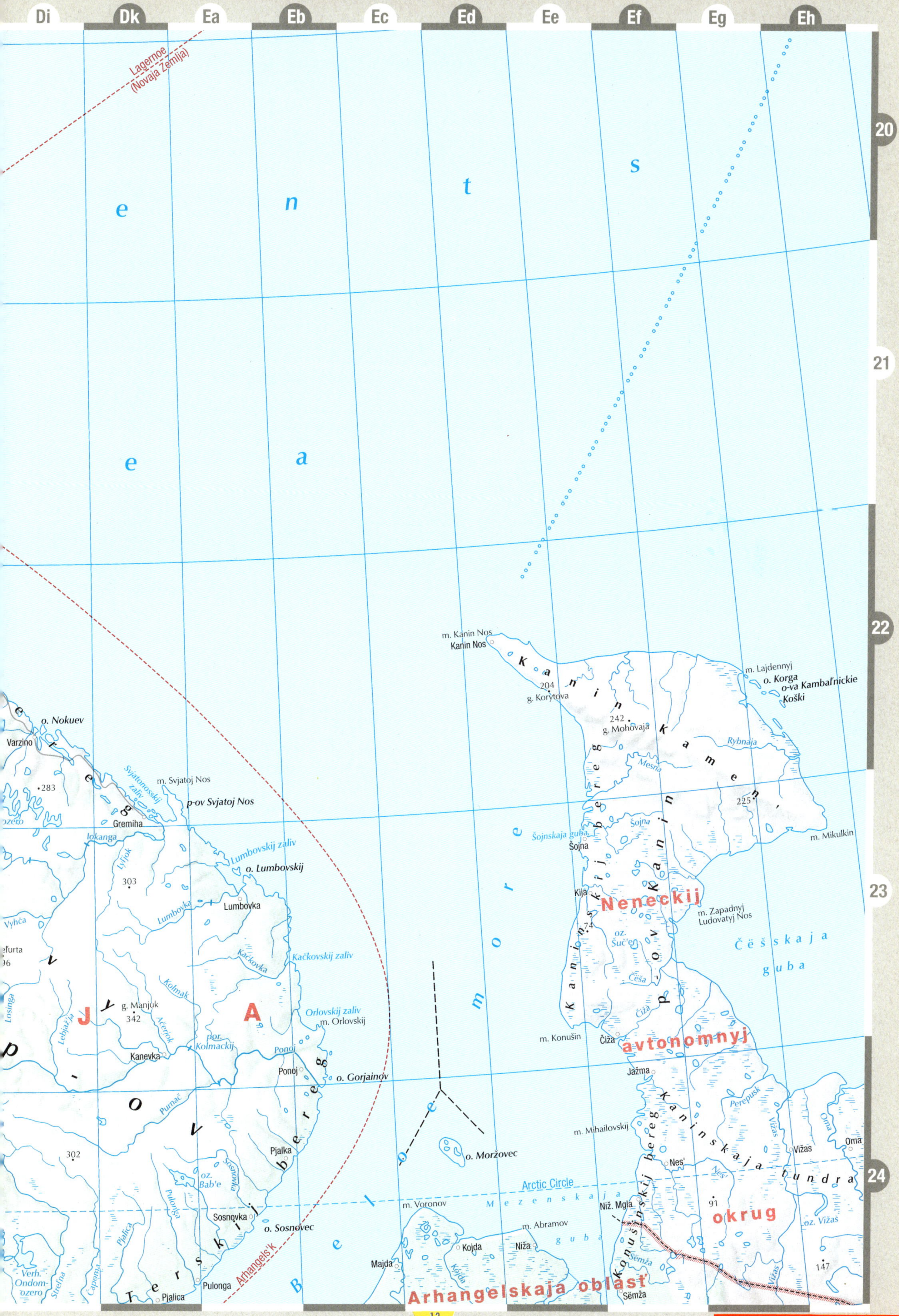
Di
Dk
Ea
Eb
Ec
Ed
Ee
Ef
Eg
Eh
20
21
22
23
24
Lagernoe (Novaja Zemlja)
e n t s
e a
m. Kanin Nos
Kanin Nos
K a n i n
204
g. Korytova
242
g. Mohovaja
k a m e n '
Rybnaja
Mesna
225
m. Lajdennyj
o. Korga
o-va Kambal'nickie Koški
m. Mikulkin
Šojnskaja guba
Šojna
Kija
Neneckij
74
m. Zapadnyj Ludovatyj Nos
oz. Šuč'e
Češa
Češskaja guba
p-ov Kanin
Kaninskij bereg
Čiža
m. Konušin
avtonomnyj
Jažma
m. Mihailovskij
Perepusk
Vižas
Oma
Nes'
Kaninskaja tundra
91
Niž. Mgla
okrug
oz. Vižas
147
Sëmža
Konušinskij bereg
o. Nokuev
Varzino
283
Svjatonosskij zaliv
m. Svjatoj Nos
p-ov Svjatoj Nos
Gremiha
Iokanga
Lyjjok
303
Lumbovskij zaliv
o. Lumbovskij
Lumbovka
Vyhča
Kačkovskij zaliv
Kačkovka
Kolmak
g. Manjuk
342
Ačerjok
por. Kolmackij
Orlovskij zaliv
m. Orlovskij
Kanevka
Ponoj
o. Gorjainov
Purnač
302
oz. Bab'e
Sosnovka
Pjalka
Pulonga
Pjalica
o. Sosnovec
Arhangel'sk
Losinga
Lebjaž'ja
Verh. Ondom-ozero
Strel'na
Čapoma
Terskij bereg
Kol'skij p-ov
m o r e
Beloe
o. Moržovec
Arctic Circle
m. Voronov
Mezenskaja guba
m. Abramov
Majda
Kojda
Niža
Sëmža
Arhangelskaja oblast'

Ef
Eg
Eh
Ei
Ek
Fa
Fb
Fc
Fd
Fe
20
21
22
23
24
m. Kostin Nos
192
p-ov Mučnoj
Krasino
m. Sa
B a r e n t s
S e a
P e č o r s k o
o. Kolguev
Pesčanka
oz. Pesčanoe
Gubistaja
g. Paarkov Šarlopy
166
Bugrino
kosa Vost. Tonkie (Ploskie) Koški
kosa Zap. Tonkie (Ploskie) Koški
p-ov Russkij Zavorot
m.Russkij Zavorot
Hodovariha
Kuzneckaja guba
o. Dolgij
b e r e g
P o m o r s k i j p r o l i v
m. Lajdennyj
o. Korga
o-va Kambal'nickie Koški
p-ov Kanin
Rybnaja
225
m. Mikulkin
o. Sengejskij
Sengejskij proliv
Tobseda
oz. Pesčanoe
Kolokolkova guba
Pečorskaja guba
138
Korovinskaja guba
Nosovaja
Jušino
g. Tenja Seda
182
Sengjaha
Neruta
Neneckaja grjada
m. Sv. Nos
Gomostal'ja guba
Indiskaja guba
T i m a n s k i j
M a l o z e m e l' s k a j a t u n d r a
Vel't
oz. Golodnaja Guba
Andeg
Pečora
R
O
m. Barmin Nos
Indiga
Vyučeskij
Indigskie ozera
Kuja
Nar'jan-Mar
Neruta
Černaja
Čajcynskij Kamen'
Sedujaha
Kamenka
Oksino
Čёšskaja guba
Velikaja
Velikaja
Sojma
Labožskoe
Pylemec
o
t
v
a
g. Pron'kina
256
oz. Urdjužskoe
31
Kuja
m. Suvojnyj Nos
Volonga
Volonga
Timanskij Krjaž
Kosminskij Kamen'
g. Kovriga
303
j
Tošviska
i
Kotkino
k
Sula
Leždug
Beluš'e
226
Egorovo
c
Ërmica
Sula
Ščuč'a
Nalim-Ju
Snopa
Nižnjaja Peša
Bol. Jangyta
B o l š
Oma
Oma
Verhnjaja Peša
Bezmošica
Bol. Pula
Šapkina
Arctic Circle
e
n
Kosma
Novyj Bor
R e s
N
Volokovaja
Volok
Tobyš
Sozva
Jurjaga
Myla
Tobysskaja vozvyšennost'
Tarasovo
Medvežka
Rubiha
Krestovka
Lebed'
oz. Varš
oz. Kosminskoe
Okunev Nos
167
ROSSIJA

Ff Fg Fh Fi Fk Ga Gb Gc Gd Ge
20 21 22 23 24
Novaja Zemlja
m. Menšikova'
65
Rusanovo
guba Sahanina
proliv Karskie Vorota
m. Bolvanskij Nos
Guba Dolgaja
171
o. Vajgač
+6h Gr.Time
+4h Gr.Time
Amderma
m. Bol. Ljamčin Nos
Varnek
pr. Jugorskij Šar
J u g o r s k i j
p - o v
Bol. Oju
Talotajaha
467
Tab"ju
o. Matveev
e m o r e
o. Dolgij
g. Boľšaja Padeja
428
m. Beľkovskij Nos
Sopčaju
o. Bol. Zelenec
m. Medynskij Zavorot
Oguba Perevoznaja
Guljaevskie Koški
o. Pesjakov
Varandej
oz. Piľnja
Karatajka
Hejjaha
Hajpudyrskaja guba
Talotajaha
70
Čornaja
Alekseevka
Pahančeskaja guba
Korotaiha
Hyľčuju
Čornaja
205
Nauľjaha
212
Vašutkiny ozero
Silovajaha
Kolva
S S I J A
t u n d r a
More-Ju
Urer'jaha
Čornaja
Severnyj
Promyšlennyj
Vorgašor
Komsomoľskij
Muľda
VORKUTA
o k r u g
n y j
j a
226
oz. Oskoto
n o m
Šapkina
176
k a j
oz. Lajato
Adz'va
Hanovej
Vorkuta
Usa
Harajaha
s
ľ
Horej-Ver
Kolvavis
Bol. Rogovaja
e v a
242
Laja
m e
e
Hosedaju
Čym
Ust-Vorkuta
Seréeija
z e
š
Ošvor
n
211
Sivomaskinskij
+4h Gr.Time
Adz'va
e
U r a l
Č
p u b l i k a
k o m i
Arctic Circle
Adz'vavom
Abez'
Jun'jaga
Voikarsyninskij massiv
a d
Petrun'
Usa
Lemva
Laja
j a
191
Poljarnyj
1137
+6h Gr.Time
Usa
g r
Kolva
Denisovka
Ščeljabož

Ad
Ae
Af
Ag
Ah
Ai
Ak
Ba
Bb
24
25
26
27
28
29
ATLANTIC
OCEAN
Norwegian
Sea
Frohavet
Hurtigruten
Vega
Gladstad
Brønnø
Leka
Solsem
Vikna
Valøya
Rørvik
Kolvereid
Foldefjorden
Jøa
Brekksillan
Otterøya
Namsos
Bangsund
Jøssund
Sør-Flatanger
Sjøåsen
Solem
Snåsavat
Helleristn.
Sundet
Finnvollheia
Sprova
Malm
Sunnan
Steinkjer
Harsvik
Stokksund
Follafoss
Åfjord
Sparbu
Lysøysund
Straumen
Verdalsøra
Botngård
Fosna
Ytterøy
Skogn
Levanger
Brekstad
Husbysjøen
Leksvik
Vanvikan
Rissa
Valset
Frosta
Skatval
Morkabygd
Frøya
Hellesvik
Titran
Frøyfjorden
Flatval
Fillan
Hitra
Fjellværøya
Sandstad
Veidholmen
Kvenvær
Forsnes
Hopen
Dyrnes
Smøla
Trondheimsleia
Selbekken
Trondheimsfjorden
TRONDHEIM
Stjørdalshalsen
Flornes
Meråker
Storoddan
Heimdal
Malvik
Hommelvik
Kyrksæterøra
Orkanger
Elistranda
Klæbu
Koppera
Aure
Ertvågøya
Fannrem
Melhus
Stordal
Leira
Tømmervåg
Kristiansund
Tustna
Engjan
Ruten
Løkken
Reinsfjell
Selbu
Fongen
Storerikvollen
Hustadvika
Storbakken
Halsa
Rindal
Meldal
Støren
Sør-
Nesjøen
Hustad
Averøya
Nordmøre
Tingvoll
Surna
Lauvun
Østby
Bud
Eide
Elnesvågen
Skei-Surnadalsøra
Soknedal
Gaudalen
Singsås
Ålen
Steinshamn
Gossa
Kleive
Todal
Snota
Rennebu
Enodden
Stugudal
Molde
Hjellset
Eidsvåg
Berkåk
Trøndelag
Nordøyane
Midsund
Austnes
Vestnes
Sunndalsøra
Sunndalen
Innset
Forolshogna
Glåmos
Roald
Brattvåg
Møre
Isfjorden
Grøa
Røros
Brekken
Alnes
Ålesund
Sjøholt
Tresfjord
Åndalsnes
og
Oppdal
Sørøyane
Langevåg
Kvalsvik
Sykkylven
Romsdalen
NORGE
Os
Fosnavåg
Hareid
Stordal
Trolltindane
Marstein
Sandøy
Ulsteinvik
Vartdal
Stranda
Liabygd
Romsdal
Bjorli
Hoggia
Narbuvoll
Larsnes
Valldal
Dovrefjell
Snøhetta
Stadlandet
Leikanger
Ørsta
Sæbø
Slogen
Eidsdal
Pyttegga
Lesjaskog
Hjerkinn
Fiskå
Volda
Eide
Systre
Lora
Lesja
Tynset
Holøydal
Nord-Vågsøy
Selje
Sunnmøre
Hellesylt
Tron
Alvdal
Måløy
Starheim
Geirangerfjorden
Dalsnibba
Reinheimen nasjonalpark
Dombås
Storhø
Folldal
Store Sølnkletten
Barkald
Isteren
Bremanger-pollen
Nordfjorden
Grodås
Tverrfjelli
Oppland
Bremangerlandet
Kalvåg
Nordfjordeid
Alfotbreen
Pollfoss
Norberg
Dovre
Rondane
Rondslottet
n.p.
Hedmark
Øvre Rendal
Sogn
Svelgen
Sandane
Utvik
Olden
Oppstryn
Ottadalen
Garmo
Vågåmo
Hanestad
Hyen
Jostedalsbreen
Lom
Atnbrua
Søln
Norddal
Florø
Eikefjord
Fjordane
Breheimen
Bøverdal
Jotunheimen
Glittertinden
Bjølstad
Otta
Otnes
Jostedalen
Galdhøpiggen
Åkrestrømmen
Bergen
NORGE
16
Lillehammer
Hamar
0 10 20 30 40 50 km
0 10 20 30 miles

Bc
Bd
Be
Bf
Bg
Bh
Bi
Bk
Bl
NORGE
SVERIGE
Bodø
Gällivare
2
17
Mora
Gävle
Luleå
Skellefteå
Umeå
24
25
26
27
28
29
Pieljekaise nationalpark
Raket-skjutfält
Norrbottens län
Storforsen
Arvidsjaur
Mo i Rana
Grønligrotten
Okstindan
Nordland
Alsten
Dønna
Mosjøen
Børgefjell nat.-Park
Børgefjellet
Namsskogan
Namdalen
Grong
Bergfossen
Gressåmoen nasjonalpark
Västerbottens län
Storuman
Sorsele
Lycksele
Vilhelmina
Dorotea
Åsele
Björnlandets nationalpark
Vännäs
Vännäsby
Nordmaling
Ångermanland
Höga Kusten
Skuleskogens nationalpark
Örnsköldsvik
Kramfors
Härnösand
Sollefteå
Hällristn.
Västernorrlands län
Strömsvattudal
Strömsund
Jämtlands län
Östersund
Frösö
Storsjön
Åre
Storlien
Tännforsen
Härjedalen
Sånfjället nationalpark
Töfsingdalens nationalpark
Långfjället
Dalarnas län
Hamra nationalpark
Fågelsjö
Sveg
Medelpad
Sundsvall
Gävleborgs län
Hälsingland
Ljusdal
Hudiksvall
Gulf of Bothnia
SVERIGE
E12
E45
E06
E14
E04
E10

Bi
Bk
Gällivare
Ca
Gällivare
Cb
Cc
Gällivare
Cd
Pello
Ce
Cf
Rovaniemi
24
25
26
27
28
29
Bodø
Storuman
Storuman
SVERIGE
Dorotea
Sundsvall
Norrbottens län
SVERIGE
Västerbottens län
Västerbotten
Norrbotten
Bottenviken
Perämeri
Gulf of Bothnia
Norra Kvarken
Merenkurkku
Pohjanmaa
Pohjois-Pohjanmaa
Keski-Pohjanmaa
Etelä-Pohjanmaa
Länsi-Suomi
Sisä-Suomi
SUOMI
FINLAND
Lappi
Luleå
Boden
Piteå
Skellefteå
Umeå
Vaasa
Vasa
Kokkola
Karleby
Jakobstad
Pietarsaari
Oulu
(Uleåborg)
Hailuoto
(Karlö)
Raahe
(Brahestad)
Kemi
Tornio
Haparanda
Seinäjoki
Jyväskylä
Kristinestad
Kristiinankaupunki
Kvarkens skärgård
Replot
Hertsön
Sandön
Storforsen
Gammelstaden
Petäjävesi
Arvidsjaur
Haparanda skärgårds nationalpark
Perämeren kans.puisto
+1h Gr. Time
+2h Gr. Time
Pori
Tampere
Tampere
Lahti
Lahti
FINLAND
0 10 20 30 40 50 km
0 10 20 30 miles

Cg
Ch
Ci
Ck
Da
Db
Dc
Dd
De
FINLAND
Sodankylä
Murmansk
4
24
25
26
27
28
29
ROSSIJA
Medvež'egorsk
Petrozavodsk
Pohjois-
Suomen
Savi
Kainuu
Karjalanselkä
Pohjois-Karjala
SUOMI
FINLAND
Etelä-Savo
Respublika Karelija
ROSSIJA
Zapadno-Karel'skaja vozvyšennost'
Tunguda vozvyšennost'
Karel'skij bereg
Kandalakšskaja guba
Oulangan kansallispuisto
Kostomukšskij zapovednik
Hiidenportin kansallispuisto
Patvinsuon kansallispuisto
Kuusamo
Suomussalmi
Kajaani
Kuhmo
Nurmes
Lieksa
Joensuu
KUOPIO
Varkaus
Savonlinna
Mikkeli
Kostomukša
Kem'
Kalevala
Pjaozero
Muezerskij
Sortavala
Kitee
Outokumpu
+2h Gr. Time
+4h Gr. Time
Lahti
Lappeenranta
FINLAND/SUOMI
19

0 10 20 30 40 50 km
0 10 20 30 miles

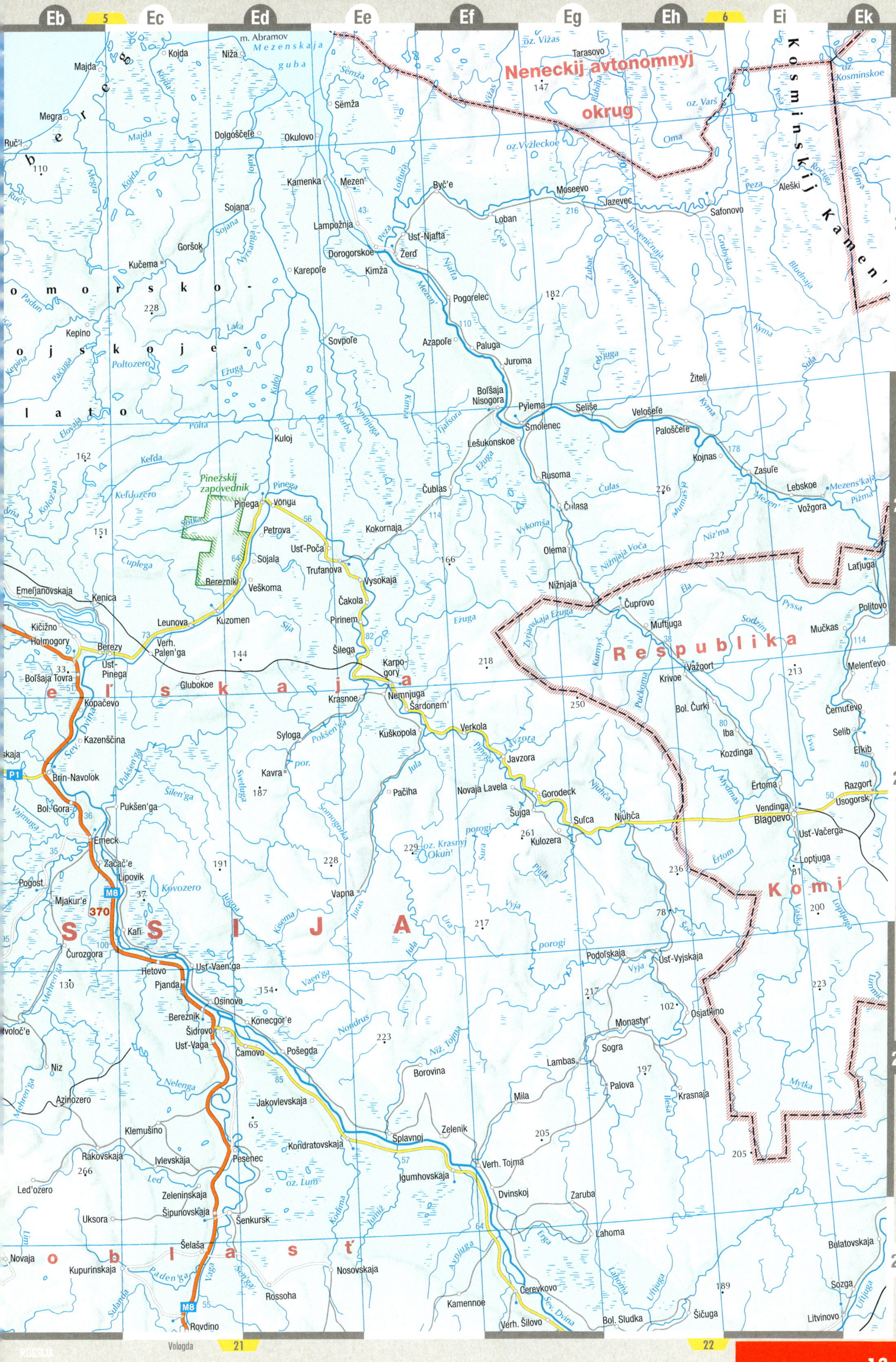

Eb
Ec
Ed
Ee
Ef
Eg
Eh
Ei
Ek
5
6
24
25
26
27
28
29
21
22
Neneckij avtonomnyj okrug
Kosminskij Kamen'
Respublika Komi
Mezenskaja guba
o m o r s k o - o j s k o j e - l a t o
b e r e g
e l ' s k a j a
S J A
o b l a s t'
Pinežskij zapovednik
m. Abramov
Majda
Kojda
Niža
Megra
Ruč'i
Dolgoščel'e
Okulovo
Sëmža
Kamenka
Mezen'
Lampožnja
Dorogorskoe
Ust'-Njafta
Žerd'
Kimža
Karepol'e
Sojana
Goršok
Kučema
Kepino
Sovpol'e
Azapol'e
Paluga
Juroma
Pogorelec
Byč'e
Loban
Moseevo
Jazevec
Safonovo
Aleški
Tarasovo
Bol'šaja Nisogora
Pylema
Smolenec
Seliše
Vološel'e
Paloščel'e
Žiteli
Lešukonskoe
Kojnas
Zasul'e
Lebskoe
Vožgora
Rusoma
Čulasa
Olema
Nižnjaja
Čuprovo
Muftjuga
Latjuga
Politovo
Mučkas
Važgort
Krivoe
Meleneevo
Bol. Čurki
Iba
Kozdinga
Čermutevo
Selib
Elkib
Ertoma
Razgort
Usogorsk
Vendinga
Blagoevo
Ust'-Vačerga
Loptjuga
Čublas
Kuloj
Pinega
Vonga
Petrova
Ust'-Poča
Sojala
Trufanova
Kokornaja
Vysokaja
Čakola
Pirinem
Šilega
Karpogory
Bereznik
Veškoma
Kuzomen
Leunova
Verh. Palen'ga
Emel'janovskaja
Kenica
Kičižno
Holmogory
Berezy
Ust'-Pinega
Bol'šaja Tovra
Glubokoe
Krasnoe
Nemnjuga
Šardonem'
Verkola
Kuškopola
Syloga
Javzora
Kavra
Pačiha
Novaja Lavela
Gorodeck
Šujga
Sul'ca
Njuhča
Kulozera
oz. Krasnyj Okun'
Vapna
Kopačevo
Kazenščina
Brin-Navolok
Bol. Gora
Pukšen'ga
Emeck
Začač'e
Lipovik
Pogost
Mjakur'e
Kali
Čurozgora
Hetovo
Pjanda
Ust'-Vaen'ga
Osinovo
Bereznik
Konecgor'e
Šidrovo
Ust'-Vaga
Čamovo
Pošegda
Borovina
Lambas
Sogra
Palova
Podol'skaja
Ust'-Vyjskaja
Osjatkino
Monastyr'
Krasnaja
Mila
Zelenik
Splavnoj
Jakovlevskaja
Kondratovskaja
Igumhovskaja
Verh. Tojma
Dvinskoj
Zaruba
Lahoma
Niz
Azinozero
Klemušino
Rakovskaja
Ivlevskaja
Pesenec
Led'ozero
Zeleninskaja
Šipunovskaja
Uksora
Šenkursk
Šelaša
Novaja
Kupurinskaja
Nosovskaja
Rossoha
Rovdino
Cerevkovo
Kamennoe
Verh. Šilovo
Bol. Sludka
Šičuga
Bulatovskaja
Sozga
Litvinovo
Vologda
P1
M8
370
Sev. Dvina
Vaga
Pinega
Mezen'
Vaška
Vyja
porogi

Eh
Ei
Ek
Fa
6
Fb
Fc
Fd
ROSSIJA
Fe
24
25
26
27
28
29
Kosminskij Kamen'
Timanskij krjaž
Tobysskaja vozvyšennost'
Četlasskij kamen'
Verhnevymskaja grjada
Arhangelskaja oblast
Arhangelski oblast
Respublika Komi
ROSSIJA
oz. Varš
Oma
oz. Kosminskoe
Pesa
Kosma
Bol. Toman
Krestovka
Okunev Nos
Jakšino
167
Lebed'
Bol'. Mutnaja
Ersa
Mutnyj Ma
Peza
Safonovo
Aleški
Rocuga
162
Habariha
Pečora
Baraški
Nonburg
Puta
Cil'ma
Myla
Trusovo
Ust'-Cil'ma
Bol. Volma
Niž. Dvojnik
Kipievo
Njašabož
Brykalansk
140
155
Listvenničnaja
Grubyska
Bludnaja
Cilma
314
Ust'-Ižma
66
Ščeljajur
Dijur
Černoborskaja
50
Ižma
Kyma
Žiteli
Sula
Jamozero
Usa
Zamežnoe
Nerica
Pižma
Paloščel'e
Kojnas
178
Zasul'e
Lebskoe
Vožgora
Mezen'
Niz'ma
222
Mezens'kaja Pižma
Šegmas
Čeflas
471
Svetlaja
Levkinskaja
Ščel'
75
Sebys'
Kartael'
Comaja Kedva
Laf'juga
Vym'
355
Kedva
Iraël'
Sodzim
Pyssa
Mučkas
Politovo
114
Belaja Kedva
Sjuziju
Lem'ju
Lem'ju
201
Ajjuva
213
Melen'tevo
Elva
286
353
Porožsk
Vis
Kozdinga
Selib
Černut'evo
248
Vorykva
Rys'-Kedva
Eva
El'kib
Zerzjaib
bol. Ydzidnjur
40
Ertoma
Vendinga
Razgort
50
Borovo
Krivuševo
Čisva
Somvukva
UHTA
Sosnogorsk
Niž. Odes
Blagoevo
Usogorsk
Kosl'an
Glotovo
Pegyš
Ust'-Vačerga
Butkan
Ust'
Irva
203
por. Njulačnjur
222
Kommuna
76
Vodnyj
Jarega
Uhta
Loptjuga
81
Bol. Lopt juga
107
Pijju
Mešura
Vym'
Tobys'
boloto Džernjur
Elva
231
200
Loptjuga
Vaška
por.
Ust'-Koin
bol. Toijnjur
157
Čin'javoryk
Čin'javoryk
29
Koin
Požeg
Evdino
Vesljana
Vetju
Popča
Sed'ju
178
Tvail
223
Luhvož
Vesljana
98
Popča
Tobys
Izma
Vojvož
Lupt'juga
Uktym
203
Tur'ja
Onež'e
Vožael'
172
Sindor
Da
Jarenga
Anjuša
P25
g. Potčurk
323
Jugydtydor
Trakt
oz. Sindorskoe
Nivšera
Vym'
Emva
bol. Tyb'junjur
Myrka
Vežaj
Cyb
Polovniki
290
Pantyj
Ust'-Očeja
58
Mikun'
Koški
Višera
Nivšera
Vol'
Zele
Daf'nij
Seregovo
Lymva
Vyčegda
Červa
59
Podora
Jarenga
Ajkino
Ust'-Vym'
Ljali
En'ju
Bogorodsk
Vol'dino
Jarensk
28
Vogvazdino
Gam
Vezdino
67
182
Bol'šelug
Irta
Mežog
Češart
Bol. Sonoma
69
Časovo
Madža
Storoževsk
Ul'tjuga
162
Vyčegda
100
P26
Bulatovskaja
Prokop'evka
Vyčegda
Požeg
95
Urdoma
Verh. Lup'ja
P25
Madža
Anyb
Sedtydin
Vandyš
Ežva
Požeg
Kortkeros
Pezmog
Mandač
Sysola
Derevjansk
Myeldino
SYKTYVKAR
Krasnozatoskij
Ust'-Kulom
Lop'juvad
22
ROSSIJA
23
0 10 20 30 40 50 km
0 10 20 30 miles

7

Ff
Fg
Fh
Fi
Fk
Ga
Gb
Gc
Gd
24
25
26
27
28
29
Ščeljabož
Novikbož
Usť-Usa
Usinsk
Akis'
Usť-Lyža
Uljaševo
Sokolovo
Synja
Pečora
Kožva
Berezovka
Krasnyj Jag
Medvežskaja
Konecbor
Kadžerom
Priuralskoe
Usť-Voja
Kyrta
Podčer'e
Vuktyl
Lemtybož
Dutovo
Sojju
Savinobor
Lenavož
Mitrofanovo
Skaljap
Nižnjaja Omra
Troicko-Pečorsk
Usť-Ilyč
Komsomoľsk-na-Pečore
Znamenka
Jakša
Kur'ja
Usť-Un'ja
Inta
Verhnjaja Inta
Kožym
Kos'ju
Jasunt
Saranpauľ
Sos'va
Verhnee Nilďino
Hulimsunt
Njaksimvoľ
Nerohi
Usť-Manja
Pečorskaja grjada
Lem'junskaja vozv.
Černyševa grjada
hr. Obeiz
hr. Zap. Saledy
Ydžidparma vozv.
vozv. Vysokaja Parma
hr. Pojasovyj kamen'
Vojkarsyn'inskij massiv
Poljarnyj Ural
Pripoljarnyj Ural
Severnyj Ural
Uraľskij hrebet
Severo-Sos'vinskaja vozv.
nacional'nyj park
Jugyd-va
Pečoro-Ilyčskij zapovednik
Jamalo-Neneckij avtonomnyj okrug
Hanty-Mansijskij avt. okrug
Komi
RUSSIJA
g. Narodnaja 1895
g. Nerojka 1646
g. Tel'posiz 1617
1549
1435
1137
1195
1095
1182
222
301
193
242
191
Usa
Kolva
Laja
Lyža
Kožva
Čikšina
Pečora
Bol. Synja
Ydžyd-Patok
Šežym
Podčer'e
Ilyč
Kogeľ
Veľju
Sojva
Sev. Mylva
Berezovka
Kožym
Hulga
Synja
Naroda
Ljapin
Kempaž
Volja
Njajs
Sev. Sos'va
Tapsuj
Lepija
Ložva
Pelym
Vorja
Visim
Jalbyn'ja
Nes'egan
Vojkor
oz. Varčato

24

0 10 20 30 40 50 km
0 10 20 30 miles

Bc
Bd
Be
Bf
Bg
Bh
Bi
29
30
32
33
34
Bottenhavet
Selkämeri
Gävleborgs län
Dalarnas län
Värmlands län
Västmanlands län
Uppsala län
Örebro län
Södermanlands län
Östergötlands län
Västra Götalands län
Jönköpings län
Kalmar län
Stockholms län
Gotlands län
S V E R I G E
Dalarna
Gästrikland
Uppland
Västmanland
Värmland
Närke
Södermanland
Dalsland
Västergötland
Östergötland
Småland
Bergslagen
Roslagen
Hälsingland
STOCKHOLM
UPPSALA
Gävle
Falun
Borlänge
VÄSTERÅS
Eskilstuna
Örebro
Karlstad
Norrköping
Linköping
JÖNKÖPING
Borås
Södertälje
Täby
Nyköping
Mora
Ludvika
Sala
Enköping
Norrtälje
Kristinehamn
Arvika
Vänern
Vättern
Siljan
Mälaren
Hjälmaren
Gotland
Visby
Decorated Farmhouses
Drottningholm
Birka
Gripsholm
Hamra nationalpark
Fulufjällets nationalpark
Garphyttans nationalpark
Djurö nationalpark
Tivedens nationalpark
Norra Kvills nat.park
Store Mosse nationalpark
Blå Jungfrun nat.park
Ventspils
Gdańsk
Riga

Bk
Ca
Cb
Cc
Cd
Ce
Cf
Vaasa
Oulu
Jyväskylä
SUOMI / FINLAND
29
30
31
32
33
Bottenhavet
Selkämeri
Åland
(Ahvenanmaa)
Mariehamn
(Maarianhamina)
Ahvenanmeri
Ålands Hav
Kappelskär
+1h Gr. Time
+2h Gr. Time
Stockholm
Pori
Rauma
Uusikaupunki
Sammallahdenmäki
TAMPERE
Hämeenlinna
Lahti
TURKU ÅBO
Salo
VANTAA VANDA
ESPOO ESBO
HELSINKI HELSINGFORS
Hanko Hangö
Porvoo Borgå
Loviisa Lovisa
Skärgårdshavets nationalpark
Saaristomeren kansallispuisto
Tammisaaren saariston kansallispuisto
Gulf of Finland
TALLINN
Paldiski
Rakvere
Haapsalu
Hiiumaa s.
Kärdla
Vormsi s.
Saaremaa s.
Kuressaare
Pärnu
Viljandi
Valga
Valmiera
Cēsis
Sigulda
Ventspils
Talsi
Limbaži
Salacgrīva
Ruhnu s.
Kihnu s.
Sõrve poolsaar
Liivi laht
Rīgas līcis
Baltic Sea
Nynäshamn
Travemünde
Sassnitz
Baltijsk
EESTI
LATVIJA
Riga

Cg
Ch Kuopio
Ci
Ck Joensuu
11
Da
Db
ROSSIJA
Dc
12
Dd Murmansk
29
30
31
32
33
Mikkeli
Itä-Suomen avr
Sortavala
Lahdenpohjа
Valaamskyj monastyr'
o.Valaam
Pitkjaranta
Salmi
Imatra
Lappeenranta
Svetogorsk
Priozërsk
Ladožskoe ozero
Kotka
Hamina
Vyborg
Zelenogorsk
Sosnovyj Bor
Petrodvorec
Lomonosov
Kronštadt
S.-PETERBURG
Puškin
Pavlovsk
Gatčina
KOLPINO
Šlisselburg
Volhov
Kiriši
Narva
Kohtla-Järve
Kingisepp
Leningradskaja oblast'
Luga
Čudovo
Novgorodskaja oblast'
VELIKIJ NOVGOROD
Staraja Russa
Valdajskaja vozvyšennost'
ROSSIJA
TARTU
PSKOV
Pskovskaja oblast'
Čudskoe ozero
Pskovskoe ozero
Peipsi järv
Lužskaja vozv.
Ostrov
Porhov
Dno
Soltcy
Šimsk
oz. Il'men'
Krestcy
Malaja Višera
Tihvin
Vologda
Moskva
Dugapils
Vicebck
30

0 10 20 30 40 50 km
0 10 20 30 miles

Dk
Ea
Eb
Ec
Novodvinsk
Ed
13
Ee
Ef
29
30
31
32
33
Moskva
Vladimir
32
Usačevskaja
Makarov Dvor
Ontoma
Tëgrozëro
Rovdino
Pas'va
Njandoma
Timonino
Juhnevo
Lazarevskaja
Arhangel'skaja oblast'
Šupariha
Priluki
Bereżnaja
Pervomajskij
Mirnyj
Verh. Šilovo
Bol. Sludka
Krasnoborsk
Dereven'ka
Berezovka
Udimskij
Podjuga
Ust'-Šonoša
Solginskij
Vel'sk
Kuloj
Oktjabr'skij
Veža
Lojga
Kizema
Gora
Konoša
Peršinskaja
Sarbala
Ševelevskaja
Kamešnaja
Kuznecovo
Verhovaž'e
Naumovskaja
Okulovskaja
Korolevskaja
Lodejka
Poldarsa
oz. Vože
Moiseevskaja
Igumnovskaja
Tarnogskij Gorodok
Njuksenica
Vožega
Studencovo
Kuz'minskaja
Kozlovo
Pičiha
Esinskaja
Seredskaja
Matveevskaja
Saraevo
Poloviščenskij
Kadnikovskij
Širega
279
Moseevo
Fedotovo
Kičmengskij-Gorodok
Sokol'nikovo
Arzubiha
Iljuhinskaja
Kamčuga
Mihajlovka
Tretnica
Šonga
Boršaja
Kozlina
Sjamža
Tot'ma
Harino
Harovsk
Evsjutino
Kr. Bor
Niz. Stanovaja
Podbolot'e
Vahnevo
Kudrino
Torżok
Semigorodnjaja
Harovskaja grjada
Ust'-Pečengskoe
im. Babuškina
Zajmišče
Vysokoe
Fominskoe
Knjaževo
Verhovino
Nikol'sk
Ust'e
Čekšino
Korino
Čučkovo
Miheevo
Uvarovica
Nikol'skoe
Verhovino-D'jakovo
Borisovo
Permas
Borisovo
Kadnikov
Sokol
Sysoevo
Kubenskoe
Verh. Storona
Šujskoe
Ahikovo
Moločnoe
Bol. Tokarevo
Kuzemino
Pankratovo
Urodovo
Petrjaevskij
Kipelovo
VOLOGDA
D'jakonovo
Gavrilkovo
Soligalič
Čermenino
Gorevaja
Per'evo
Sudaj
Pyščug
Tykovo
Min'kino
Grjazovec
Žilino
Afanas'evo
Nikoliskoe
Vladyčnoe
Vohtoga
Elegino
Čuhloma
Tataurovo
Kologriv
Georgievskoe
Verhnespasskoe
Baklanka
Ramen'e
Zaem'e
Šuškodom
Nicolo-Berezovec
Zelencyno
Bušnevo
Ivanovskoe
Palkino
Djukovo
Semenovskoe
Kostromskaja oblast'
Knjaževo
Nikolo-Šanga
Pošehon'e
Buj
Parfen'evo
Ahtropovo
Šekšema
Sar'ja
Krestcy
Koza
Prečistoe
Rossolovo
Manturovo
Beloe
Ljubim
Dor
Galič
Neja
Samylovo
Kostoma
Palkino
Roždestvenskoe
Ermakovo
Danilov
Fominskoe
Pronino
Soltanovo
Nikulino
Katunino
Velikoe Selo
Zakobjakino
Susanino
Igodovo
Slovinka
Unža
im. M.I. Kalinina
Kostjušino
Buhalovo
Voron'e
Skorlyvanovo
Makar'ev
Belyšëvo
Levino
Tutaev
Spas
Sudislavl'
Ostrovskoe
Grigor'evskoe
Timošino
Vjatskoe
Konstantinovskij
KOSTROMA
Dymnica
Kadyj
Gorčuha
Skuljabiha
Varegovo
Nikol'skoe
Nekrasovskoe
Kolševo
Ivaševo
Tekun
Koroviha
Kamennoe
JAROSLAVL'
Krasnoe-na-Volge
Zavolžsk
Vedrovo
Solovatovo
Jurovo
Ploska
Varnavino
Kurba
Tunošna
Nerehta
Volgorečensk
Ples
Navoloki
KINEŠMA
Rodinka
Nižegorodskaja oblast'
Jurkino
Šopša
Krasnye Tkači
Privolžsk
Staraja Vičuga
Jur'evec
Kovrigino
Ilinsko-Zaborskoe
Postoj
Šemaniha
Gavrilov-Jam
Semibratovo
Vičuga
Furmanov
Duljapino
Sokol'skoe
Kovernino
Vetlužskij
Krasnye Baki
Rostov
Piscovo
Kaminskij
Šilekša
Anisimovo
Nikitino
Rodniki
Tekun
Verhnevažskaja vozv.
Danilovskaja vozv.
Galičsko-Čuhlomskaja vozv.
Galičskaja
oz. Galičskoe
oz. Čuhlomskoe
Volga
Suhona
Unža
Kostromskoe vdhr.
Gor'kovskoe vdhr.
oz. Nero
M8
P2
P7
P98
P100
P101
P71
P600
P80
P81
P151
P157
P159
A114
E115

0 10 20 30 40 50 km
0 10 20 30 miles

14
Fc
Fd
Fe
Ff
Fg
15
Fh
Fi
29
30
31
32
33
34
ROSSIJA
Pezmog
Derevjansk
Myeldino
Kur'ja
Usť-Kulom
Don
Lop'juvad
Usť-Nem
Šer'jag
Berezovka
+4h Gr. Time
+6h Gr. Time
Bojarkeros
Lebjažsk
Nem
Tulpan
Kolva
Konša
Lokčim
Kerčëm'ja
Dij
Sev. Keľtma
oz. Čusovskoe
Jakovo
Prupt
Gadja
Čusovskoe
Korepino
Niž. Voč'
e s p u b l i k a
Čed'ju
Lopydino
P e r m s k i
Vižaj
Lep'ju
Voč'
Voč'
Bol. Kikus
Berezovaja
Gabovo
Dema
Juž. Keľtma
K r a j
Keros
Nybor
Mjasnaja
Černorečenskij
Njučpas
Kupčik
Pil'va
Vil'gort
Černaja
236
Timšer
Bondjug
Krasnovišersk
Usť-Černaja
Lup'ja
Čerdyn'
Rjabinino
Davydovo
Vesljana
Kažym
Gajny
Sumyč
Gudbor
Paleva
Sysola
Utva
Vesljana
Pjanteg
Sev. Kolčim
Sëjva
Čurtan
Jaz'va
Usť-Poryš
Mys
Višera
Molmys
Putjaševo
Kamskij
Sergeevskij
Kerčevskij
Poryš
Kama
Lolog
Kosa
Tjuľkino
P e r m s k i
Sim
263
J
A
Jukseevo
Urolka
Jajva
Kosa
Kama
Gluhaja Vil'va
Lesnoj
Pelym
Čuraki
Kondas
SOLIKAMSK
Kad'
Vorob'ëbo
Suhaja
Lojno
255
Nyrmyč
Usť-Onolva
Sorokovaja
Oššepkovo
Čikman
Rudničnyj
Kočevo
Kym
Ožmegovo
73
Usť-Zula
Usť-Pyš'ja
Usoľe
BEREZNIKI
Kosa
Orel
280
Jum
Poludennyj Kondas
Taman
Jajva
Vjatka
Sjuzva
Èrna
22
P343
Baranovka
Kirs
Eloga
Jurla
Melehina
Velva
30
Volosnica
Lup'ja
Vsevolodo-Vil'va
Aleksandrovsk
Čus
Tukmačevo
Vogulka
41
Sev.-Kospašskij
Peščera
Beloevo
Šahta
Kuna
Egva
Požva
Usť-Požva
Kizel
Biserovo
Antipino
Centr.-Kospašskij
Černaja Holunica
Kudymkar
Šahtnyj
Peskovka
In'va
Majkor
143
Jus'va
Krohalevo
Ugleuraľskij
In'va
Verh. In'va
Gubaha
Širokovskij
97
Afanas'evo
Petrovcy
Verh. Jusva'
Čermoz
Parma
77
Nagornskij
25
Černaja Holunica
Belorečensk
Volokovye
68
Polom
90
Nerdva
Ivanovskoe
Čermoz
Niž. Luh
Šumihinskij
Belaja Holunica
Leninsk
Kos'va
Kamskoe
Kun'ja
Us'va
Omutninsk
Zalazna
Verhokam'e
237
Obva
Sretenskoe
Sludka
Vil'va
Gordino
A153
Gremjačinsk
Siva
Iľinskij
Obvinsk
Kiz'va
Roždestvensk
Dobrjanka
Us'va
Satino
57
Skalnyj
Belaja
Vasiljata
Komariha
Vjatka
36
Čusovoj
Sever
Siva
34
Obva
Falenki
Kommunar
K r a j
22
Div'ja
273
Ljamino
Pudem
Ponino
Polazna
Verhnečusovskie Gorodki
Kalino
Karagaj
Čusovaja
Jar
Karsovaj
Zjukajka
Grigor'evskaja
Lys'va
Kama
Sepyč
Čajkovskaja
GLAZOV
Kuliga
P343
Voznesenskoe
Overjata
Nov. Ljady
Svjatica
Leksna
Vereščagino
Krasnokamsk
14
42
Talica
Eževo
32
39
PERM'
Ilʹča
Borodulino
E22
Balezino
28
Uraľskij
21
89
Kez
Tokari
Novoiľinskij
Kanabeki
Jukamenskoe
Lobanovo
Zabor'e
Čepca
Očer
Nytva
34
Kojanovo
Ubyt
P321
Serga
Saja
Ušur
50
Jug
Kurašim
Uni
Klenovo
P242
Dubovo
Ohansk
Šakva
85
Jugo-Kamskij
Barda
Polom
80
Krasnogorskoe
337
Ostoženka
Kukuštan
Berezovka
Petropavlovsk
Debesy
P242
Kylasovo
Fakel
Loza
Zura
E22
Bol. Sosnova
32
Asovo
Igra
Valamaz
26
Bizjar
Kungur
Kordon
23
Ita
Siva
298
35
P242
10
Beljaevka
Usť-Kišerť
Nov. Zjatcy
Tylovaj
Černovskoe
Kalino
50
Babka
Čutyr'
Zjuzjuno
Goldyrevskij
24
Osincevo
Zavodčik
Lyrma
Selty
Star. Zjatcy
Častye
Osa
403
Orda
E22
Suksun
38
Udmurtskaja Resp.
298
Šarkan
Kil'mez'
390
Lis'ja
Sosnovyj Bor
Nov. Multan
Akšap
46
Agafonkovo
Jaškur-Bod'ja
Krjukovo
Mostovaja
Medjanka
Sjumsi
Čur
35
O h a n s k a j a v o z v.
T u l v i n s k a j a v o z v.
S y l v i n s k i j k r j a ž
V e r h n e k a m s k a j a v o z v.
P e r m s k i j K r a j
Ohanskaja

0 10 20 30 40 50 km
0 10 20 30 miles

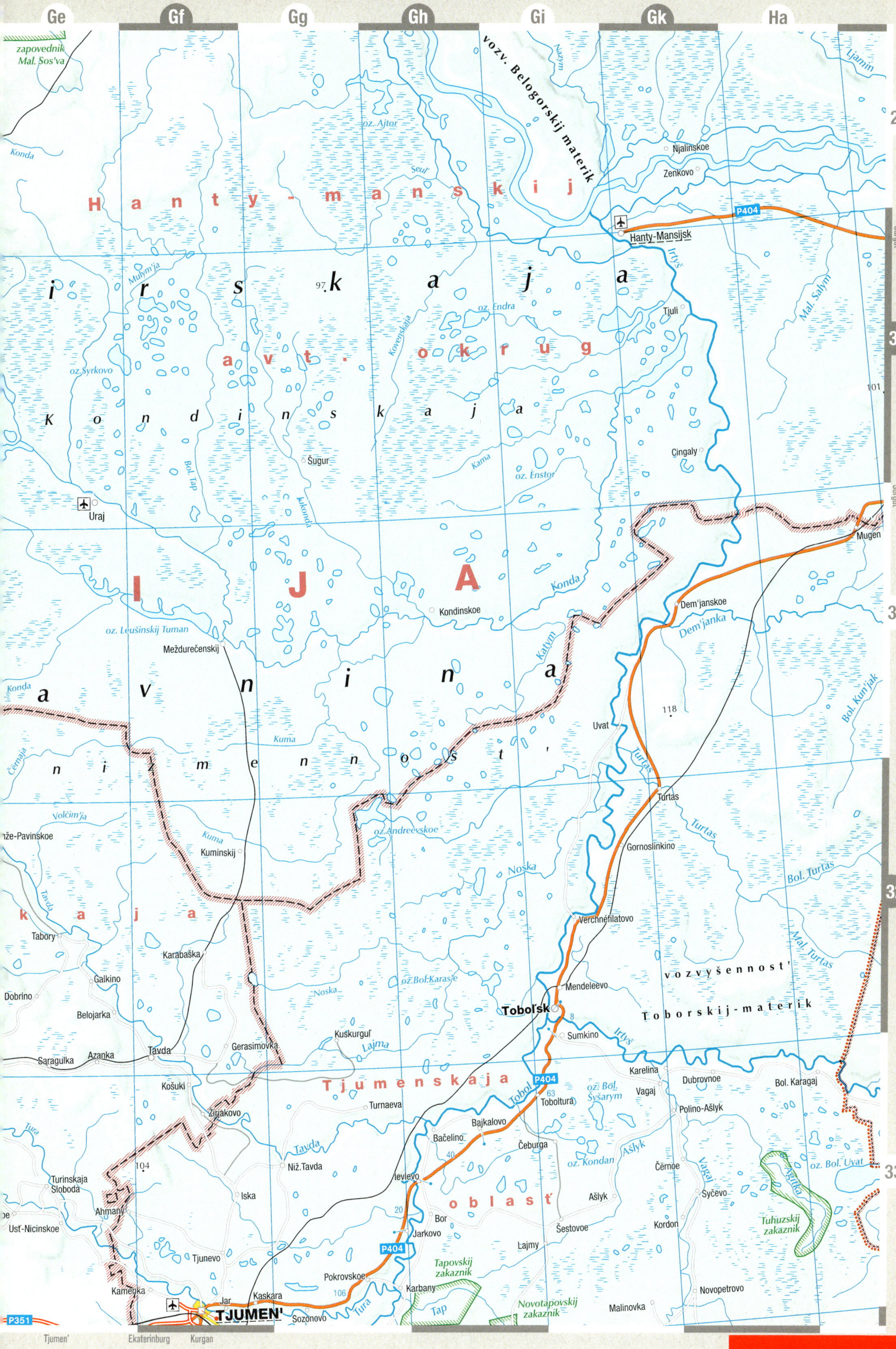

Ge
Gf
Gg
Gh
Gi
Gk
Ha
29
30
31
32
33
zapovednik Mal. Sos'va
Konda
vozv. Belogorskij materik
oz. Ajtor
Seul'
Nazym
Ljamin
Njalinskoe
Zenkovo
P404
Hanty-Mansijsk
Irtyš
Surgut
H a n t y - m a n s k i j
i r s k a j a
97
a v t . o k r u g
Mulym'ja
oz. Syrkovo
oz. Endra
Kovenskaja
Tjuli
Mal. Salym
101
RUSSIA
K o n d i n s k a j a
Šugur
Bol. Tap
Kama
oz. Enstor
Cingaly
Uraj
Ikonda
I J A
Konda
Mugen
Kondinskoe
Dem'janskoe
Dem'janka
oz. Leušinskij Tuman
Meždurečenskij
a v n i n a
Katym
118
Uvat
Bol. Kun'jak
Kuma
Černaja
n i z m e n n o s t '
Turtas
Volčim'ja
Turtas
nže-Pavinskoe
Kuma
Kuminskij
oz. Andreevskoe
Gornoslinkino
Noska
Bol. Turtas
Tavda
k a j a
Tabory
Karabaška
Verchnefilatovo
Mal. Turtas
Galkino
v o z v y š e n n o s t '
Dobrino
Belojarka
Noska
oz. Bol. Karas'e
Mendeleevo
Tobol'sk
T o b o r s k i j - m a t e r i k
8
Kuskurgul'
Sumkino
Irtyš
Lajma
Saragulka
Azanka
Tavda
Gerasimovka
Karelina
Košuki
T j u m e n s k a j a
P404
Dubrovnoe
Bol. Karagaj
Vagaj
Turnaeva
63
Tobol
Toboltura
oz. Bol. Šyšarym
Polino-Ašlyk
Zirjakovo
Bajkalovo
Tura
Bačelino
Čeburga
Ašlyk
Tavda
40
oz. Kondan
Černoe
Vagaj
oz. Bol. Uvat
Agitka
104
Niž. Tavda
Turinskaja Sloboda
Iska
Ievlevo
o b l a s t '
Ašlyk
Syčevo
Ahmany
20
Bor
Šestovoe
Kordon
Tuhuzskij zakaznik
Usť-Nicinskoe
Jarkovo
P404
Lajmy
Tjunevo
Tapovskij zakaznik
Pokrovskoe
Novopetrovo
106
Kamenka
Karbany
Jar
Kaskara
Tap
Novotapovskij zakaznik
Malinovka
P351
TJUMEN'
Sozonovo
Tura
Tjumen'
Ekaterinburg
Kurgan

Ae
Af
Ag
Ah
Ai
16
Ak
34
35
36
37
38
North Sea
DANMARK
NEDERLAND
Deutsche Bucht
Nordfriesische Inseln
Ostfriesische Inseln
Waddeneilanden
Waddenzee
Harwich
AALBORG
Nordjylland
Himmerland
Thisted
Skive
Viborg
Randers
Herning
Silkeborg
Ringkøbing
Skjern
Hvide Sande
Holmsland Klit
Horsens
Vejle
Billund
Varde
Esbjerg
Fanø
Ribe
Kolding
Fredericia
Haderslev
Rømø
Aabenraa
Tønder
Sylt
Flensburg
Föhr
Amrum
Pellworm
Husum
Schleswig
Eckernförde
Rendsburg
Heide
Helgoland
Cuxhaven
Brunsbüttel
Stade
Pinneberg
Elmshorn
Wilhelmshaven
BREMERHAVEN
OLDENBURG
BREMEN
Delmenhorst
Emden
Norden
Aurich (Ostfr.)
Leer (Ostfr.)
Papenburg
Meppen
Lingen (E.)
Nordenham
Verden
Celle
GRONINGEN
Leeuwarden
Drachten
Assen
Emmen
Zwolle
Den Helder
Alkmaar
Lelystad
Velsen
ZAANSTAD
Harlingen
Texel
Vlieland
Terschelling
Ameland
Schiermonnikoog
Borkum
Juist
Norderney
Baltrum
Langeoog
Spiekeroog
Wangerooge
Ostfriesland
Niedersachsen
Hilversum
Utrecht
Appeldorn
Enschede
42
Duisburg
Rheine
Osnabrück
Minden
Hannover
0 10 20 30 40 50 km
0 10 20 30 miles

Kattegat
Anholt (Dan.)
Aalborg Bugt
Randers Fj.
Djursland
Grenaa
Aarhus
Ebeltoft
Hesselø
Hesselø Bugt
Samsø
Sejerø
Sejerø Bugt
Kalundborg
Sjælland
Holbæk
Roskilde
Hovedstaden
KØBENHAVN
Amager
Helsingør
Hillerød
Hørsholm
Køge
Køge Bugt
Ringsted
Slagelse
Korsør
Næstved
Sjælland
Vordingborg
Møn
Møns Klint
Stege
Fakse
Fakse Bugt
Falster
Nykøbing Falster
Lolland
Nakskov
Maribo
Rødby
Rødbyhavn
Femern Bælt
Fehmarn
Fehmarnbelt
Fehmarnsund
Puttgarden
Heiligenhafen
Oldenburg in Holstein
Kieler Bucht
Kiel
Mecklenburger Bucht
Lübecker Bucht
Lübeck
Travemünde
Neustadt in Holstein
Wismar
Schwerin
Rostock
Warnemünde
Kühlungsborn
Bad Doberan
Güstrow
Mecklenburg
Teterow
Malchin
Waren
Müritz
Müritz Nat.P.
Neubrandenburg
Neustrelitz
Hamburg
Lüneburg
Uelzen
Perleberg
Wittenberge
Prignitz
Pritzwalk
Wittstock
Neuruppin
Rheinsberg
Templin
Prenzlau
Uckermark
Schwedt
Angermünde
Eberswalde
Oranienburg
Brandenburg
Berlin
Bernau bei Berlin
Stendal
Altmark
Sachsen-Anhalt
Havelberg
Rathenow
Nauen
Strausberg
Seelow
Küstrin
Kostrzyn
Oderbruch
Frankfurt/O.
Darßer Ort
Darß
Zingst
Hiddensee
Barth
Ribnitz-Damgarten
Stralsund
Rügen
Kap Arkona
Sassnitz
Binz
Bergen auf Rügen
Stubbenkammer
Königsstuhl
N.P. Jasmund
Greifswald
Greifswalder Bodden
Greifswalder Oie
Wolgast
Usedom
Anklam
Ueckermünde
Pasewalk
Vorpommern
Pommersche Bucht
Zatoka Pomorska
Świnoujście
Woliński P.N.
Wolin
Kamień Pomorski
Międzyzdroje
Police
Szczecin
Goleniów
Stargard Szczeciński
Pyrzyce
Myślibórz
Barlinek
Gorzów Wlkp.
Dębno
Kołobrzeg
Koszalin
Białogard
Świdwin
Drawsko Pomorskie
Złocieniec
Łobez
Woj. zachodnio-pomorskie
Woj. lubuskie
POLSKA
DEUTSCHLAND
Baltic Sea
Bornholm (Dan.)
Bornholmsgattet
Rønne
Nexø
Svaneke
Gudhjem
Hammershus
Christiansø (Dan.)
Hovedstaden
Trelleborg
Malmö
Lund
Skåne
Ystad
Simrishamn
Kristianstad
Hanöbukten
Helsingborg
Höganäs
Ängelholm
Hallands Väderö
Laholmsbukten
Halmstad
Falkenberg
Varberg
Hallands län
Halland
Kronobergs län
Ljungby
Växjö
Småland
Jönköpings län
Värnamo
Kalmar län
Kalmar
Karlskrona
Blekinge län
Karlshamn
Ronneby
Olofström
Sölvesborg
Öland
Borgholm
Nybro
Emmaboda
Kalmarsund
Klaipėda
Gdynia
Ventspils
Riga
Liepāja
Helsinki, S.-Peterburg
Oslo
Göteborg
Fredrikshavn
Læsø
Limfjorden
Odense
Nyborg
Svendborg
Langeland
Ærø
Tåsinge

Bf
Bg
Bh
Bi
Bk
Ca
17
18
Jönköping
Växjö
SVERIGE
34
35
36
37
38
Malmö
Berlin
PolSKA
Szczecin
Gorzów Wlkp.
S V E R I G E
Kalmar län
Blekinge län
Högsby
Grönskära
Lenhovda
Alghult
Målerås
Alsterbro
Ålem
Nybro
Eriksmåla
Orsjö
Läckeby
Kalmar
Emmaboda
Långasjö
Påryd
Vissefjärda
Torsås
Eringsboda
Bergkvara
Brömsebro
Lyckeby
Ronneby
Karlskrona
Jämjö
Tjurkö
Sturkö
Torhamn
Utlängan
Karlshamn
Oskarshamn
Påskallavik
Byxelkrok
Runnö
Blå Jungfrun nat. park
Grankullavik
Böda
Högby
Sandvik
Borgholm
Egby
Färjestaden
Vassmolösa
Gårdby
Mörbylånga
Öland
S. Möckleby
Ottenby
Ölands södra udde
Kalmarsund
Gotland
Gotlands län
Ljugarn
Lye
Hemse
Burgsvik
Faludden
Sundre
Hoburgen
Nynäshamn
Helsinki, S.-Peterburg
Rīga
Ventspils
S.-Peterburg
Travemünde, Kiel
Sassnitz
Baltic Sea
Ventspils
Lēči
Alsunga
Pāvilosta
Medze
Durbe
LIEPĀJA
Grobiņa
Priekule
Bārta
Rucava
Šventoji
Palanga
Kretinga
KLAIPĖDA
Gargždai
Kuršių Nerija
Juodkrantė
Kuršių Nerijos nac. parkas
Priekulė
Nida
Šilutė
Rusnė
Kurššskaja kosa
Nac. p. Kurššskaja kosa
Rybačij
Jasnoe
Zelenogradsk
Pionerskij
Svetlogorsk
Jantarnyj
KALININGRAD
Primorsk
Polessk
Gvardejsk
Znamensk
Svetlyj
Baltijsk
Ladušikin
Mamonovo
Kaliningradskaja
Bagrationovsk
Pravdinsk
Železnodorožnyj
Krylovo
Nivenskoe
Gdan'skij zaliv
+2h Gr. Time
+1h Gr. Time
Zatoka Pomorska
Zatoka Gdańska
Słowiński Park Narodowy
Łeba
Krokowa
Władysławowo
Mierzeja Helska
Jastarnia
Hel
Ustka
Izbica
Wejherowo
Reda
GDYNIA
Godętowo
Lębork
Darłowo
SŁUPSK
Łosino
Maszewo Lęb.
Sopot
GDAŃSK
Kartuzy
Ustronie Morskie
Sławno
Słanów
Barcino
Suchorze
Uniechowo
Woj. pomorskie
KOSZALIN
Polanów
Bytów
Kościerzyna
Egiertowo
Pruszcz Gdański
Nowa Karczma
Białogard
Karlino
Bobolice
Miastko
Tczew
Starogard Gdański
Malbork
Elbląg
Nowy Dwór Gdański
Tolkmicko
Braniewo
Pieniężno
Górowo Iławeckie
Bartoszyce
Lidzbark Warmiński
Wilczęta
Orneta
Pasłęk
Dzierzgoń
Sztum
Gniew
Kwidzyn
Pelplin
Zblewo
Brusy
Połczyn Zdrój
Świdwin
Woj. zachodnio-pomorskie
Szczecinek
Barwice
Biały Bór
Rzeczenica
Człuchów
Chojnice
Czersk
Skórcz
Osie
Drawsko Pomorskie
Czaplinek
Złocieniec
Debrzno
Tuchola
Jastrowie
Lipka
Sępólno Krajeńskie
Świecie
Złotów
Mirosławiec
Kalisz Pomorski
Wałcz
Piła
Więcbork
Koronowo
Chełmno
Grudziądz
Łasin
Jabłonowo Pomorskie
Radzyń Chełmiński
Paparzyn
Wąbrzeźno
Chełmża
BYDGOSZCZ
Nakło n. Notecią
Wyrzysk
Ujście
Trzcianka
Chodzież
Czarnków
Kcynia
Szubin
Łabiszyn
Barcin
Żnin
Fordon
Brzoza
TORUŃ
Lipnica
Brodnica
Rypin
Golub-Dobrzyń
Gniewkowo
Inowrocław
WŁOCŁAWEK
Lipno
Skępe
Radziejów
Brześć Kujawski
Kowal
Dobrzyń n. Wisłą
Mogilno
Strzelno
Gniezno
Wągrowiec
Rogoźno
Oborniki
Murowana Goślina
POZNAŃ
Szamotuły
Pniewy
Międzychód
Wronki
Drezdenko
Dobiegniew
Człopa
Wieleń
Kotlina Gorzowska
Woj. wielkopolskie
Woj. kujawsko-pomorskie
Pojezierze Pomorskie
Pobrzeże Słowińskie
Pojezierze Iławskie
Iława
Susz
Prabuty
Zalewo
Morąg
Miłakowo
Dobre Miasto
Łukta
Ostróda
Lubawa
Nowe Miasto Lubawskie
Lidzbark
Działdowo
Nidzica
OLSZTYN
Barczewo
Biskupiec
Jeziorany
Bisztynek
Reszel
Kętrzyn
Mrągowo
Dźwierzuty
Babięta
Olsztynek
Szczytno
Wielbark
Rozogi
Myszyniec
Chorzele
Krzynowłoga Mł.
Mława
Grudusk
Przasnysz
Drążdżewo
Różan
Maków Mazowiecki
Żuromin
Bieżuń
Sierpc
Raciąż
Glinojeck
Ciechanów
Płońsk
Pułtusk
Wyszków
Nasielsk
Bielsk
Gora
Bulkowo
PŁOCK
Woj. mazowieckie
Woj. warmińsko-mazurskie
P O L S K A
Woj. Mazowieckie
ROS
Poznań
44
Łódź
Warszawa
0 10 20 30 40 50 km
0 10 20 30 miles

Cd
18
Tallinn
Ce
Tartu
Pskov
Cf
LATVIJA
Cg
19
Ch
34
35
36
37
38
Rīgas līcis
Stockholm
Travemünde
RIGA
Jūrmala
Kemeru nac. parks
Gaujas nac. parks
LATVIJA
Jelgava
Tukums
Kuldīga
Saldus
Dobele
Bauska
Aizkraukle
Jēkabpils
Madona
Gulbene
Balvi
Rēzekne
Latgales augstiene
Daugavpils
Krāslava
Preiļi
Līvāni
Jaunpils
Kurzemes
Šiauliai
Panevėžys
Plungė
Telšiai
Žemaičių aukštuma
Mažeikiai
Joniškis
Pasvalys
Biržai
Rokiškis
Kupiškis
Struve Geodetic Arc
Utena
Anykščiai
Ukmergė
Kėdainiai
Raseiniai
Tauragė
LIETUVA
(LITHUANIA)
KAUNAS
Marijampolė
Alytus
VILNIUS
Trakai
Elektrėnai
Kaišiadorys
Druskininkai
Varėna
Jonava
Kernavė
Aukštaitijos nac. parkas
Visaginas
Ignalina
Švenčionys
Maladzečna
Vitebskaja voblasc'
Minskaja voblasc'
MINSK
Hrodnenskaja voblasc'
HRODNA
Lida
Ašmjany
Smarhon'
Vilejka
Navahrudak
BARANAVIČY
Slonim
Vaŭkavysk
Kosava
BELARUS'
Brėsckaja voblasc'
N.P.Belavežskaja pušča
Białowieski P.N.
BIAŁYSTOK
Suwałki
Ełk
Giżycko
Łomża
Augustów
Sokółka
Hajnówka
Bielsk Podlaski
Woj. podlaskie
Ostrołęka
Ostrów Mazowiecka
Kaliningradskaja oblast'
Černjahovsk
Gusev
Sovetsk
+1h Gr. Time
+3h Gr. Time
Polack
Pskov
Moskva
Smolensk
Slutsk
POLSKA
Lublin
45
Brest
BELARUS
46

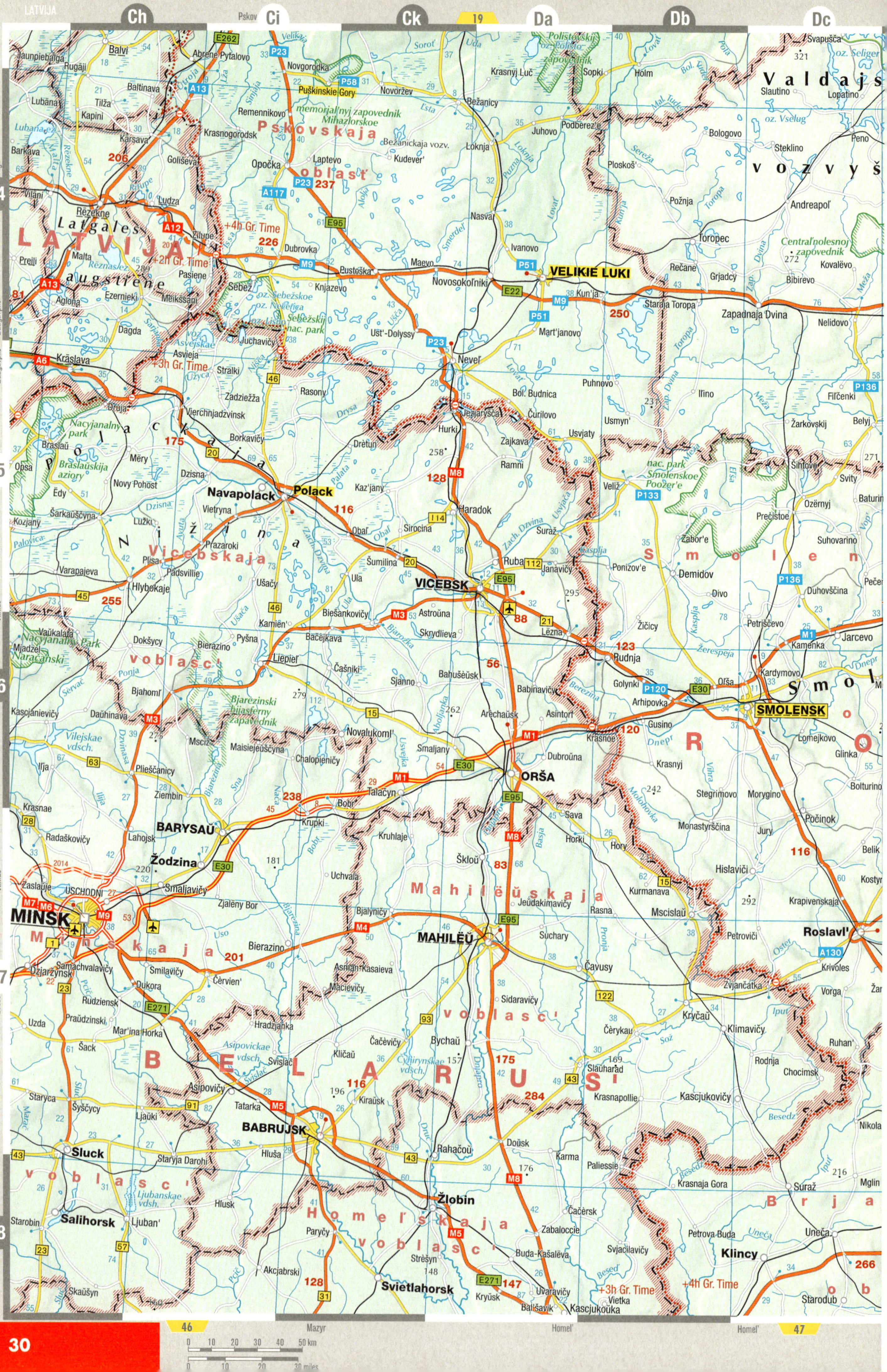
LATVIJA
Ch
Pskov
Ci
Ck
19
Da
Db
Dc
34
35
36
37
38
Riga
Daugavpils
Vilnius
BELARUS
Brest
46
47
Mazyr
Homel'
Valdajs
vozvyš
Pskovskaja oblasť
LATVIJA
Latgales augstiene
Polackaja Nizina
Vicebskaja voblasć
Smolenskaja
Mahilëŭskaja voblasć
Homeľskaja voblasć
BELARUS'
Brjansk
Minskaja
voblasć
VELIKIE LUKI
Novosokoľniki
Nevel'
Polack
Navapolack
VICEBSK
ORŠA
SMOLENSK
BARYSAŬ
MINSK
MAHILËŬ
BABRUJSK
Žlobin
Svietlahorsk
Salihorsk
Sluck
Roslavl'
Klincy
Rudnja
Krasnoe
Kraslava
Balvi
Rēzekne
Ludza
Zilupe
Sebež
Opočka
Krasnogorodsk
Pustoška
Toropec
Zapadnaja Dvina
Andreapoľ
Usvjaty
Velíž
Demidov
Haradok
Lepieľ
Dokšycy
Hlybokaje
Žodzina
Smaljavičy
Bierazino
Krupki
Talačyn
Škloŭ
Bychaŭ
Čavusy
Kryčaŭ
Mscislaŭ
Klimavičy
Kascjukovičy
Rahačoŭ
Čerykaŭ
Slaŭharad
Krasnapollie
Dubrouna
Lijozna
Surazh
Janavičy
Ruba
Počinok
Hislaviči
Jarcevo
Kardymovo
Gusino
Ellja
+4h Gr. Time
+2h Gr. Time
+3h Gr. Time
Sebežskij nac. park
nac. park Smolenskoe Poozer'e
Nacyjanaĺny park Braslaŭskija aziory
Centraľnolesnoj zapovednik
Bjarezinski biasferny zapavednik
E95
E22
E30
E262
E271
M1
M3
M4
M5
M8
M9
P23
P51
P120
P133
P136
A12
A13
A130
30
0 10 20 30 40 50 km
0 10 20 30 miles

Dd
De
Df
Dg
Dh
Di
S.-Peterburg
20
21
Jaroslavl'
34
35
36
37
38
Vladimir
Rjazan'
Tambov
Voronež
Kyjiv
Kursk
48
Jaroslavskaja oblast
Tverskaja oblast
Moskovskaja oblast
Smolenskaja oblast
Kalužskaja oblast
Tul'skaja oblast
Orlovskaja oblast
Brjanskaja oblast
Lipeckaja oblast
Vladimirskaja oblast
Rjazanskaja oblast
Toržkovskaja grjada
Klinsko-Dmitrovskaja grjada
Moskovsko-Smolenskaja vozvyšennost
Ostaškov
Trestino
Torzok
Lihoslavl'
Mikšino
Kušalino
Goricy
Nekljudovo
Neri
Dmitrievskoe
Petrovskoe
Poreč'e-Rybnoe
Žilino
Kuvšinovo
Slavnoe
Il'inskoe
Belyj Gorodok
Nagor'e
Osurovo
Karaš
Negonovo
Mednoe
TVER'
Kimry
Kupanskoe
Pereslavl'-Zalesskij
Seližarovo
Zaovraž'e
Moški
Roždestveno
Ermolino
Kubrinsk
Rjazancevo
Gorodnja
Dubna
Taldom
Berendeevo
Rancevo
Octovcy
Elcy
Lukovnikovo
Vysokoe
Konakovo
Konstantinovo
Redkino
Novozavidovskij
Puškino
Tarlakovo
Zaprudnja
Kamenki
Dvoriki
Aleksandrov
Karabanovo
Cyt'kovo
Ivaniši
Starica
Babynino
Zavidovskij zapovednik
Rešetnikovo
Klin
Rogačevo
Dmitrov
SERGIEV POSAD
Bahmutovo
Pleški
Mikulino
Vozdviženskoe
Vysokovsk
Otradnaja
Rževa
Salino
Lotošino
Solnečnogorsk
Dedenevo
Frjanovo
Kiržač
Olenino
Zubcov
Pogoreloe Gorodišče
Terjaevo
Ikša
Krasnoarmejsk
Gusevo
Osujskoe
Volokolamsk
Nudol'
Zelenograd
Lobnja
Puškino
Černogolovka
Pokrov
Šahovskaja
Novopetrovskoe
MOSKVA
ŠČELKOVO
NOGINSK
Mal. Dubna
Antipino
Tatarinka
Hlepen'
Vazuzskoe vdhr.
Sereda
Syčevo
Istra
HIMKI
MYTIŠČI
ELEKTROSTAL'
OREHOVO-ZUEVO
Syčevka
Karmanovo
Ostaševo
Pokrovskoe
Krasnogorsk
BALAŠIHA
PAVLOVSKIJ POSAD
Vasilevo
Vladimirskoe
Poreč'e
Zvenigorod
Elektrougli
LJUBERCY
Ruza
ODINCOVO
Vnukovo
Ramenskoe
Kurovskoe
Dneprovskoe
Tesovo
Novodugino
Gžatsk
Tučkovo
Golicyno
Aprelevka
Lytkarino
Sobolevo
Koptevo
Uvarovka
Možajsk
Dorohovo
Ščerbinka
Domodedovo
Bronnicy
Egor'evsk
Holm-Žirkovskij
Naro-Fominsk
PODOL'SK
Klimovsk
Voskresensk
Tumanovo
Borodinskoe Pole
Čirikovo
Hmelita
Semenovskoe
Vereja
Barybino
Stepanščino
Mišino
Kamenskoe
Kresty
Vadino
Vjaz'ma
Isakovo
Borovsk
Stolbovaja
Mihnevo
Mihali
Egor'e
Balabanovo
Čehov
Malino
KOLOMNA
Izdeškovo
Safonovo
OBNINSK
Protva
Lopasnja
Los'mino
Šanskij Zavod
Malojaroslavec
Obolensk
Plastmass
Stupino
Luhovicy
Semlevo
Izvoski
Medyn'
Vysokiniči
SERPUHOV
Ozery
Zarajsk
Znamenka
Fedjukovo
Metljaevo
Maškino
Nedel'noe
Puščino
Kašira
Ožerel'e
Dorogobuž
Mytišino
Kondrovo
Jakovlevskij
Ivan'kovo
Bogatiščevo
Ugra
Juhnov
Polotnjanyj Zavod
Prudki
Tarusa
Zaokskij
Podopnaj
Ploskoe
Judinki
Pahomovo
Mal. Žokovo
Vshody
Zubovo
KALUGA
Aleksin
Jasnogorsk
Serebrjanye Prudy
Elnja
Ljudkovo
Kurovskoj
Vašana
Kuhtinka
Šemetovo
Mosal'sk
Dugna
Višnevaja
Sevrjukovo
Venev
Fomino
Andreevskoe
Podhožee
Spas-Demensk
Erši
Babynino
Leninskij
Gorelki
Terebuš
Oktjabr'skij
Zabolot'e
Barjatino
Serpejsk
Meščovsk
Peremyšl'
TULA
Holtobino
Hanino
Dubna
Kosaja Gora
NOVOMOSKOVSK
Voloe
Suvorov
Jasnaja Poljana
Bolohovo
Severo-Zadonsk
Ekimoviči
Kirov
Maklaki
Suhiniči
Sosnenskij
muzej-usad'ba Jasnaja Poljana
Ščekino
Uzlovaja
Donskoj
Kimovsk
Novolvovsk
Betlica
Kozel'sk
Čekalin
Lipki
Kireevsk
Osovik
Duminiči
Volkonskoe
Staroselʹe
Odoev
Krapivna
Begičevskij
Epifan'
Ljudinovo
Bogdanovo
Bogorodick
Rognedino
Bytoš'
Paliki
Starica
Vejno
Belev
Plavsk
Arsen'evo
Tovarkovskij
Dubrovka
Backino
Žizdra
Dudorovskij
Taratuhino
Teploe
Volovo
Ivot Star'
Djat'kovo
Sudimir
nac. park Orlovskoe Polesʹe
Komorevo
Trekurovo
Dorobino
Kresty
Kurkino
Peklino
Muzej krustalja
Žukovka
Hvastoviči
Elenskij
Bolhov
Spasskoe-Lutovino
Čern'
Fokino
Lipicy-Zybino
Arhangel'skoe
Pavlov Hutor
Kletnja
Pescočnja
Seľco
Radica Krylovka
Nov. Sinec
Mcensk
Bol. Medveki
Voskresenskoe
Šilovo
Žirjatino
BRJANSK
Palʹco
Znamenskoe
Tefč'e
muzej-usad'ba I.S. Turgeneva
Efremov
Svenskij monastyr
Belye Berega
Dubovaja Rošča
Otradinskij
Paramonove
Čulkovo
Jandovka
Beľkovo
Vygoniči
Karačev
Hotynec
Starogoľskoe
Sinezerki
OREL
Novosil'
Kuleši
Krasnoe
Jazykovo
Uruč'e
Klinskoe
Naryškino
Nepljuevo
Zalegošč'
Homutovo
Počep
Šablykino
Verhov'e
Kr. Zarja
Stanovoe
Navlja
Stanovoj Kolodez'
Izmalkovo
ELEC
Ramasuha
Jurovo
Soskovo
Kazaki
Turiševo
Kromy
Nikol'skoe
Zmievka
Russkij Brod
Peškovo
Ekaterinovka
Altuhovo
Pokrovskoe
Trubčevsk
Lokot
Lubjanki
Glazunovka
Droskovo
Černava
Panikovec
E105
E22
E30
E101
E115
E120
M1
M2
M3
M4
M8
M9
M10
P84
P87
P92
P104
P116
P120
P132
P134
P137
P140
A101
A104
A107
A108
A111
A112
A130
A240

Di
20
Jaroslavl'
Dk
Ea
Kostroma
Eb
21
Ec
Ed
34
35
36
37
38
Jaroslavskaja oblast'
Rostov
Pereslavl'-Zalesskij
Nacional'nyj park "Pereslavl'"
SERGIEV POSAD
Aleksandrov
Jur'ev-Pol'skij
Kideksa
Suzdal'
IVANOVO
Kohma
Šuja
Furmanov
Vičuga
Ivanovskaja oblast'
Teza
Kovrov
Kljaz'minskij zakaznik
NIŽNIJ NOVGOROD
Dzeržinsk
Kstovo
Gor'kovskoe vdhr.
Čkalovsk
Gorodec
Zavolž'e
Balahna
Pravdinsk
Nižegorodskaja oblast'
VLADIMIR
Vladimirskaja oblast'
Kameškovo
Vjazniki
Gorohovec
Volodarsk
Sobinka
Petuški
Pokrov
NOGINSK
ELEKTROSTAL'
OREHOVO-ZUEVO
PAVLOVSKIJ POSAD
Elektrogli
Ramenskoe
Moskovskaja oblast'
Guś-Hrustal'nyj
MUROM
Navašino
Vyksa
Pavlovo
Vorsma
Bogorodsk
Gosudarstvennyj nac. prirodnyj park Meščera
Egor'evsk
Voskresensk
Bronnicy
KOLOMNA
Meščerskaja nizmennost'
Kasimov
Okskij Gos. zapovednik
Mordovskij zapovednik
Sarova
Temnikov
ARZAMAS
RJAZAN'
Rjazanskaja oblast'
Šilovo
Sasovo
Zubova Poljana
Mordovskaja
Mihajlov
Skopin
Rjažsk
Moršansk
Gosudarstvennyj kompleksnyj zakaznik
Tambovskaja oblast'
MIČURINSK
TAMBOV
Rasskazovo
Kotovsk
LIPECK
Lipeckaja oblast'
Gjazi
Kirsanov
Umet
Penzenskaja
muzej-usad'ba "Tarhany"
Belinskij
Niž. Lomov
Verh. Lomov
Kamenka
Moskva
ROSSIJA
Elec
Volgograd
49
0 10 20 30 40 50 km
0 10 20 30 miles

Ee
Ef
Eg
Eh
Ei
Ek
Fa
34
35
36
37
38
Rossija
Ufa
Samara
Resp. Marij Èl
Čavaš resp.
Resp. Tatarstan
Ul'janovskaja oblast'
Samarskaja oblast'
Penzenskaja oblast'
Mordovskaja Respublika
JOŠKAR-OLA
ČEBOKSARY
NOVOČEBOKSARSK
Volžsk
Zelenodol'sk
KAZAN'
Kanaš
UL'JANOVSK
DIMITROVGRAD
SARANSK
Ruzaevka
TOL'JATTI
SAMARA
NOVOKUJBYŠEVSK
Čapaevskj
SYZRAN'
PENZA
Kuzneck
Alatyr'
Šumerlja
Civil'sk
Kozlovka
Vasil'evo
Arsk
Laiševo
Bolgar
Buinsk
Tetjuši
Ardatov
Sura
Lyskovo
Vorotynec
Makar'evo
Semenov
Vetlužskij
Sovetskij
Kujbyševskoe vdhr.
Saratovskoe vodohranilišče
Samarskaja Luka nac.p.
Žigulevsk
Oktjabr'sk
Inza
Nikol'sk
Sursk
P159
P176
P172
P173
P175
P242
P241
P239
P231
P240
P178
P158
P228
P226
A151
M7
M5
E22
E30

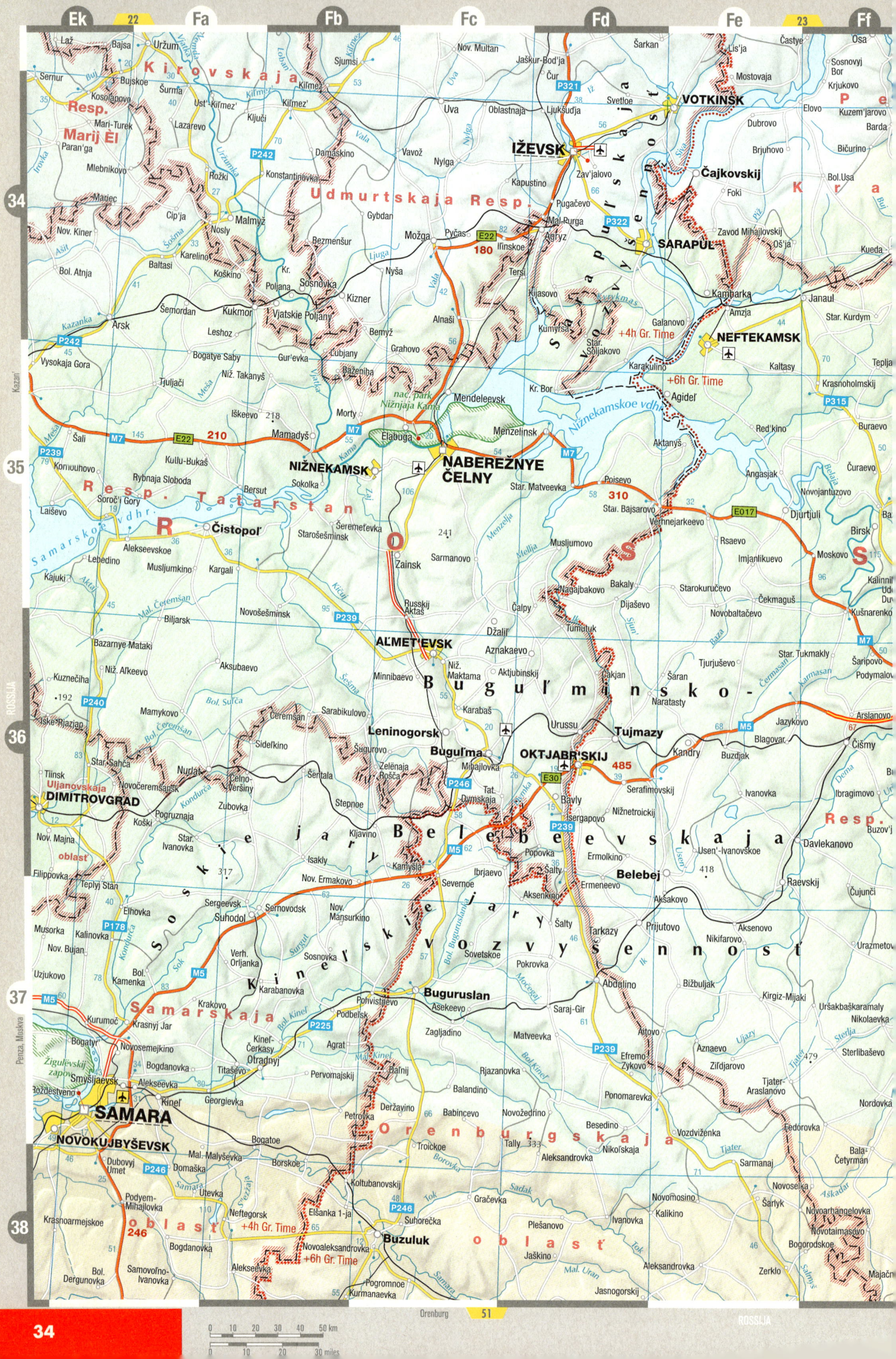
Ek
22
Fa
Fb
Fc
Fd
Fe
23
Ff
34
35
36
37
38
Kirovskaja
Udmurtskaja Resp.
Resp. Marij Èl
Resp. Tatarstan
Saрapul'skaja vozvyšennost'
Bugul'minsko-Belebeevskaja vozvyšennost'
Kinel'skie jary
Sokskie jary
Samarskaja oblast'
Orenburgskaja oblast'
Uljanovskaja oblast'
Resp. Baškortostan
Permskaja
ROSSIJA
Kazan'
Penza, Moskva
Orenburg
51
IŽEVSK
VOTKINSK
SARAPUL
Čajkovskij
NEFTEKAMSK
NIŽNEKAMSK
NABEREŽNYE ČELNY
Elabuga
Mendeleevsk
Menzelinsk
Čistopol'
AL'MET'EVSK
Leninogorsk
Bugul'ma
OKTJABR'SKIJ
Tujmazy
Belebej
Bugurusian
DIMITROVGRAD
SAMARA
NOVOKUJBYŠEVSK
Buzuluk
Mozga
Kambarka
Agidel'
Djurtjuli
Uržum
Malmyž
Vjatskie Poljany
Arsk
Kukmor
Zainsk
Aznakaevo
Bavly
Kinel'
Otradnyj
Pohvistnevo
Sergeevsk
Nurlat
Bugul'ma
Nižnekamskoe vdhr.
Samarskoe vdhr.
nac. park Nižnjaja Kama
Žigulevskij zapov.
+4h Gr. Time
+6h Gr. Time
E22
M7
M5
E017
E30
P239
P240
P242
P246
P225
P178
P315
P321
P322
210
180
310
485
246
0 10 20 30 40 50 km
0 10 20 30 miles

Fg
Fh
Fi
Fk
Ga
Gb
Perm'
ROSSIJA
24
34
35
36
37
38
52
53
EKATERINBURG
Pervoural'sk
Kamensk-Ural'skij
Čeljabinsk
Zlatoust
Miass
Kopejsk
Ufa
Sterlitamak
Salavat
Išimbaj
Magnitogorsk
Beloreck
Troick
Kumertau
Meleuz
Asbest
Polevskoj
Krasnoufimsk
Verh.Pyšma
Berëzovskij
Sysert'
Revda
Kyštym
Ozërsk
Kasli
Čebarkul'
Satka
Aša
Kartaly
Sibaj
Blagoveščensk
Bogdanovič
Karabaš
Verh. Ufalej
Jurjuzan'
Ust'-Katav
Bakal
Kusa
Krasnoufimsk
Čeremšanka
Bajmak
Verhneural'sk
Južnoural'sk
Uvel'skij
Plast
Emanželinsk
Korkino
Sverdlovskaja oblast'
Čeljabinskaja oblast'
Baškortostan
Kostanaj oblysy
Zaural'skoe plato
Ufimskoe plato
Ural
Južnyj Ural
Sabarskij uval
Karatau
hr. Nary
hr. Zigal'ga
hr. Uvareja
hr. Avaljak
hr. Kraka
hr. Kryktytau
hr. Baštau
hr. Alatau
hr. Urmatau
hr. Zil'merdak
hr. Takatu
Tulvinskaja vozv.
Sylvinskij krjaž
Bardymskij hr.
Konovalovskij hr.
nac. park Taganaj
nac. park Zjuratkul'
nac. park Baškirija
Južno Ural'skij zapovednik
Baškirskij zapov.
zapov. Šulgan-Taš
Il'menskij zapov.
Zjuratkul'
1406
Bol. Iremel'
1582
g. Jamantau
1640
Kuz"elga
g. Masim
1040
g. Karataš
1118
987
Ural
Belaja
Ufa
Miass
Uj
Tobol
Sakmara
Uvel'ka
Gumbejka
Bol. Kizil
E22
E30
E123
M5
P242
P316
P352
P354
P360
P361
P315
P240
A310

ÍSLAND
ATLANTIC
OCEAN
Grænlandshaf
Arctic Circle
Grímsey
Reykjavík
Akureyri
Vatnajökulsþjóðgarður
Vatnajökull
Hofsjökull
Sprengisandur
Odáðahraun
Mývatn
Breiðafjörður
Faxaflói
Húnaflói
Skagafjörður
Eyjafjörður
Vestmannaeyjar
Heimaey
Surtsey
Snæfellsjökull
Ísafjörður
Egilsstaðir
Höfn
Vík
Selfoss
Keflavík
Borgarnes
Húsavík
Blönduós
Sauðárkrókur
Dalvík
Ólafsfjörður
Þórshöfn
Raufarhöfn
Vopnafjörður
Seyðisfjörður
Neskaupstaður
Eskifjörður
Reyðarfjörður
Djúpivogur
Kirkjubæjarklaustur
Hvolsvöllur
Hella
Þingvellir
Geysir
Gullfoss
Hekla
Katla
Mýrdalsjökull
Eyjafjallajökull
Langjökull
Hafnarfjörður
Kópavogur
Grindavík
Akranes
Stykkishólmur
Patreksfjörður
Hólmavík
Hvammstangi
Þórsmörk
Skaftafell
Svartifoss
Dettifoss
Goðafoss
Askja
Fljótsdalsheiði
Mýrabugur
Meðallandsbugur
Tórshavn
24
25
26
27
Qf
Qg
Qh
Qi
Qk
Ra
Rb
Rc
Rd
Re
Rf
Rg
0 10 20 30 40 50 km
0 10 20 30 miles

ATLANTIC
OCEAN
ÉIRE
IRELAND
Northern Ireland
Irish Sea
Celtic Sea
St. George's Channel
North Channel
UNITED KINGDOM
BAILE ÁTHA CLIATH
(DUBLIN)
BELFAST
CORCAIGH
(CORK)
Luimneach
(Limerick)
Derry
Gaillimh
(Galway)
Sligeach
Dún Dealgan
Port Láirge
Cill Chainnigh
Loch Garman
Trá Lí
Cill Airne
Inis
Ros Láir (Rosslare)
Dún Laoghaire
Droichead Átha
Dún na nGall
Leitir Ceanainn
Béal Feirste
Enniskillen
Omagh
Armagh
Newry
Lisburn
Bangor
Ballymena
Coleraine
Portrush
Larne
Carrickfergus
Newtownabbey
Bantry Bay
Dingle Bay
Galway Bay
Donegal Bay
Clew Bay
Blacksod Bay
Tralee B.
Kenmare River
Wicklow Mts.
Slieve Bloom Mts.
Galty Mts.
Boggeragh Mts.
Sperrin Mts.
Mourne Mts.
Nephin Beg Range
Achill I.
Clare I.
Inishmore
Oileáin Árainn
(Aran Is.)
Cliffs of Moher
The Burren
Giant's Causeway
Ring of Kerry
Skellig Michael
Rock of Cashel
Dunbrody Abbey
Monastic Ruins
Malin Head
Mizen Head
Cape Clear
Old Head of Kinsale
Carnsore Point
Wicklow Head
Rathlin I.
Arran
Firth of Clyde
Prestwick
Douglas
Liverpool
Holyhead
Swansea
Roscoff
Cherbourg-Octeville
Pembrokeshire Coast Nat. Park
Pembroke Castle
Milford Haven
Haverfordwest
St. David's
Fishguard
Stranraer
Portpatrick
Cairnryan
Ballantrae
Mull of Kintyre
Campbeltown
Rk
Sa
Sb
Sc
Sd
Se
35
36
37
38
39
40
0 10 20 30 40 50 km
0 10 20 30 miles

ATLANTIC OCEAN
North Rona
Sula Sgeir
Sule Skerry
Stack Skerry
Westray
Pierowall
Rapness
Rousay
Hollandstoun
Start Point
Kettletoft
Sanday
Whitehall
Stronsay
Backaland
Brinian
Balfour
Skaill
Maes Howe
Skara Brae
Mainland
Stromness
Ring of Brodgar
Kirkwall
Orkney Islands
Hoy
Lyness
Burwick
Pentland Firth
Lerwick
Duncansby Hd.
John o'Groats
Sinclair's Bay
Noss Hd.
Wick
Thurso
Dounreay
Bettyhill
Tongue
Heilam
Whiten Head
Durness
Cape Wrath
Shegra
Rhiconich
Laxford Bridge
Scourie
Eddrachillis Bay
North Minch
Altnaharra
Kinbrace
Latheron
Helmsdale
Clashnessie
Ben More Assynt
Lochinver
Rubha Coigeach
Achiltibuie
Ledmore Junction
Lairg
Brora
Golspie
Dornoch Firth
Dornoch
Tarbat Ness
Bonar Bridge
Tain
Ullapool
Beinn Dearg
Sgurr Mor
Alness
Cromarty
Moray Firth
Lossiemouth
Buckie
Portknockie
Macduff
Banff
Kinnaird's Hd.
Fraserburgh
Peterhead
Burghead
Elgin
Forres
Fochabers
Keith
Turriff
Mintlaw
Nairn
Craigellachie
Dufftown
Huntly
Oldmeldrum
Ellon
Inverurie
Dyce
ABERDEEN
Girdle Ness
Grantown-o.-Sp.
Ben Rinnes
Tomintoul
Alford
Echt
Aboyne
Banchory
Peterculter
Ballater
Braemar
Stonehaven
Inverbervie
Laurencekirk
Montrose
Brechin
Forfar
Arbroath
Kirriemuir
Carnoustie
Buddon Ness
DUNDEE
St. Andrews
Fife Ness
Anstruther
Cupar
Leven
Elie
Firth of Forth
North Berwick
Tantallon Castle
Dunbar
Haddington
St. Abb's Head
Kirkcaldy
Glenrothes
Cowdenbeath
Dunfermline
Queensferry
Rosyth
Falkirk
Linlithgow
Antonine Wall
Denny
Cumbernauld
Stirling
Dunblane
Callander
Crieff
Perth
Dunkeld
Aberfeldy
Pitlochry
Blair Castle
Blairgowrie
Sidlaw Hills
Firth of Tay
Strathmore
Kinloch Rannoch
Loch Rannoch
Ben Lawers
Loch Tay
Lochearnhead
Drummond Castle
Ben More
The Trossachs
Ben Lomond
Loch Lomond
Castle
Arrochar
Helensburgh
Dumbarton
Greenock
Dunoon
Cowall
Inveraray
Kilmelfort
Lochgilphead
Standing Stones
Loch Awe
Crianlarich
Oban
Dunstaffnage Castle
Craignure
Mull
Iona
Fionnphort
Abbey
Colonsay
Scalasaig
Ardlussa
Jura
Knapdale
Sound of Jura
Firth of Lorne
Loch Linnhe
Ben Starav
Morvern
Lochaline
Tobermory
Coll
Arinagour
Tiree
Scarinish
Ardnamurchan
Strontian
Ft. William
Ben Nevis
Spean Bridge
Monessie Falls
Dalwhinnie
Pass of Drumochter
Beinn a' Ghlo
Grampian Mountains
Scotland
Kingussie
Aviemore
Cairngorm
Ben Macdui
Boat of Garten
Carrbridge
Monadhliath Mts.
Great Glen
Fort Augustus
Invergarry
Loch Lochy
Falls of Glomach
Carn Eige
Cannich
Inverness
Ft. George
Beauly
Dingwall
Cromarty Firth
Achnasheen
Torridon
Loch Maree
Gairloch
Laide
Rubha Reigh
Kilt Rock Waterfall
Rubha Hunish
The Minch
Uig
Portree
Raasay
Skye
Dunvegan
Castle
Cuillin Hills
Kyle of Lochalsh
Eilean Donan Castle
Broadford
Sleat
Ardvasar
Mallaig
Rhum
Eigg
Northwest Highlands
Inner Sound
Sound of Sleat
Little Minch
Sea of the Hebrides
Butt of Lewis
Port of Ness
Shader
Barvas
New Tolsta
Bac
Broad Bay
Aird
Stornoway
Ranish
Carloway
Callanish
Timsgarry
G. Bernera
Flannan Isles
Brenish
Scarp
Balallan
Ardvourlie
Hushinish
Clisham
Ardhasaig
Tarbert
Taransay
Borve
Harris
Manish
Pabbay
Rodel
Berneray
Newton
North Uist
Lochmaddy
Monach Islands
Tigharry
Benbecula
Creagorry
South Uist
Lochboisdale
Barra
Castlebay
Barra Head
Outer Hebrides
Inner Hebrides
Lewis
In the United Kingdom distances in miles
Norwegian Sea
Norðoyar
Viðareiði
Klaksvik
Borðoy
Gjógv
Eiði
Leirvik
Eysturoy
Streymoy
Vestmanna
Vágar
Sørvágur
Tórshavn
Thorshavn
Føroyar
(Færøerne)
(Dan.)
Seyðisfjørður
Vágafjørður
Skopun
Sandoy
Skálavik
Hirtshals
Suðuroyarfjørður
Tværa
Suðuroy
Vágur
ATLANTIC OCEAN
Herma Ness
Haroldswick
Unst
Belmont
Yell
Gutcher
Fetlar
Houbie
Isbister
Yell Sound
Ulsta
Shetland Islands
Out Skerries
Hillswick
Toft
St. Magnus Bay
Papa Stour
Melby Ho
Laxo
Symbister
Whalsay
Voe
Mainland
Lerwick
Scalloway
Bressay
Foula
Mousa Broch
Sumburgh
Sumburgh Head
Jarlshof
North Sea
Stonybreck
Fair Isle
Kirkwall
Aberdeen
0 10 20 30 40 50 km
0 10 20 30 miles

GREAT BRITAIN
UNITED KINGDOM
IRELAND
ÉIRE IRELAND
North Sea
Irish Sea
Isle of Man (Brit. crown depend.)
BAILE ÁTHA CLIATH (DUBLIN)
GLASGOW
EDINBURGH
BELFAST
NEWCASTLE UPON TYNE
GATESHEAD
SUNDERLAND
South Shields
MIDDLESBROUGH
Carlisle
Cumbria
Galloway
BLACKPOOL
PRESTON
BLACKBURN
BRADFORD
LEEDS
YORK
KINGSTON UPON HULL
GRIMSBY
LIVERPOOL
BIRKENHEAD
MANCHESTER
SHEFFIELD
ROTHERHAM
Doncaster
Lincoln
NOTTINGHAM
DERBY
STOKE-ON-TRENT
LEICESTER
NORWICH
PETERBOROUGH
WOLVERHAMPTON
WALSALL
Shrewsbury
Chester
Anglesey
Lleyn Peninsula
Cardigan Bay
Amsterdam
Hoek van Holland

Se
Sf
Sg
39
Sh
Shrewsbury Liverpool
Derby
Si
Nottingham
Leeds
Sk
38
37
39
40
41
42
St. George's Channel
Cardigan Bay
Rosslare
Pembrokeshire Coast Nat. Park
Cork
Celtic Sea
Bristol Channel
In the United Kingdom distances in miles
Cambrian Mountains
Wales
Aberystwyth
Machynlleth
Cardigan
Lampeter
Fishguard
St. David's
Haverfordwest
Milford Haven
Pembroke
Pembroke Castle
Tenby
Carmarthen
Llanelli
SWANSEA
Neath
Rhondda
CARDIFF
NEWPORT
Hereford
Worcester
WOLVERHAMPTON
WALSALL
DUDLEY
BIRMINGHAM
COVENTRY
Nuneaton
Tamworth
LEICESTER
Kidderminster
Redditch
Rugby
Daventry
NORTHAMPTON
Stratford upon Avon
Banbury
Milton Keynes
Bedford
Corby
Kettering
Cheltenham
GLOUCESTER
Tewkesbury
Cirencester
SWINDON
OXFORD
Bicester
LUTON
Aylesbury
St. Albans
WATFORD
High Wycombe
LONDON
Henley-on-Thames
READING
Bracknell
WOKING
Guildford
Basingstoke
Winchester
SOUTHAMPTON
PORTSMOUTH
BRIGHTON
Chichester
Worthing
BRISTOL
Bath
Weston-super-Mare
Trowbridge
Frome
Wells
Devizes
Salisbury
Salisbury Plain
Stonehenge
Andover
Yeovil
Taunton
Bridgwater
Exmoor Nat. P.
Barnstaple
Bideford
Ilfracombe
Lundy
Tiverton
Exeter
Dartmoor Nat. P.
Torquay
PLYMOUTH
Dorchester
Weymouth
POOLE
BOURNEMOUTH
I. of Wight
Newport
The Needles
Dorset and East Devon Coast
Lyme Bay
Isle of Portland
Cornwall
Newquay
Bodmin
Truro
Falmouth
Penzance
Land's End
St. Ives
Lizard Peninsula
Lizard Point
West Devon Mining Landscape
UNITED KINGDOM
English Channel
Manche
Channel Islands (Brit. crown dependencies)
Alderney
Guernsey
St. Peter Port
Sark
Jersey
St. Helier
Cap de la Hague
Cherbourg-Octeville
Saint-Vaast-la-Hougue
Baie de la Seine
LE HAVRE
Cotentin
Carentan
Coutances
St-Lô
Bayeux
CAEN
Granville
Avranches
le Mont-St-Michel
Golfe de St-Malo
St-Malo
Dinard
Dinan
Côte d'Armor
Côte d'Émeraude
Côte de Granit Rose
Lannion
Morlaix
Roscoff
Guingamp
Saint-Brieuc
BREST
Quimper
Concarneau
Lorient
Douarnenez
RENNES
Fougères
Laval
Vitré
Basse-Normandie
Bretagne
Pays de la Loire
Mer d'Iroise
Santander
Bilbao
Cork, Rosslare
Auray
Nantes
Angers
54
0 10 20 30 40 50 km
0 10 20 30 miles

Ac
Ad
Ae
Af
Leeuwarden 26
Groningen
NEDERLAND
North Sea
NORWICH
Great Yarmouth
Lowestoft
CAMBRIDGE
IPSWICH
COLCHESTER
CHELMSFORD
Brentwood
BASILDON
SOUTHEND- ON-SEA
Margate
Ramsgate
Gillingham
Maidstone
Canterbury
Dover
Royal Tunbridge Wells
Folkestone
Hastings
Beachy Head
Lelystad
ZAANSTAD
AMSTERDAM
HAARLEM
Almere
Hilversum
LEIDEN
UTRECHT
DEN HAAG 'S-GRAVENHAGE
ROTTERDAM
DORDRECHT
's-Hertogenbosch
BREDA
TILBURG
EINDHOVEN
Middelburg
Vlissingen
Oostende
BRUGGE (BRUGES)
GENT (GAND)
ANTWERPEN (ANVERS)
Mechelen
Leuven
Hasselt
Genk
BRUXELLES BRUSSEL
BELGIË-BELGIQUE
Kortrijk
TOURCOING
ROUBAIX
LILLE
Mons
NAMUR
CHARLEROI
Dunkerque
Calais
Boulogne-sur-Mer
Nausicaa
Côte d'Opale
Le Touquet-Paris-Plage
Nord-Pas-de-Calais
Lens
Douai
Arras
Cambrai
Abbeville
AMIENS
St-Quentin
Charleville-Mézières
Dieppe
ROUEN
Haute-Normandie
Beauvais
Laon
REIMS
Châlons-en-Champ.
Évreux
St-Denis
PARIS
BOULOGNE-B.
VERSAILLES
Troyes
Chartres
Cathédrale
Fontainebleau
Provins
Champagne
Île de France
LE MANS
ORLÉANS
Centre
Bourgogne
Tours
Orléans
Bourges
Vichy 55
Dijon
Nancy
Metz
Langres
38
39
40
41
42

Ae Leeuwarden
Af Groningen
Ag Groningen
26
Ah Oldenburg
Ai Bremen
Ak Hamburg
38
39
40
41
42
NEDERLAND
BELGIQUE
FRANCE
AMSTERDAM
HAARLEM
LEIDEN
UTRECHT
ROTTERDAM
NEDERLAND
ARNHEM
NIJMEGEN
APELDOORN
Amersfoort
Zwolle
Deventer
ENSCHEDE
Hengelo
Almelo
Lingen (Ems)
Nordhorn
OSNABRÜCK
MÜNSTER
HANNOVER
Minden
Herford
BIELEFELD
Bad Salzuflen
Hameln
Detmold
Gütersloh
PADERBORN
GÖTTINGEN
KASSEL
's-Hertogenbosch
BREDA
TILBURG
EINDHOVEN
Helmond
Venlo
ANTWERPEN
BELGIË
BELGIQUE
Hasselt
Genk
MAASTRICHT
Leuven
Heerlen
LIÈGE
AACHEN
Verviers
NAMUR
MÖNCHEN GLADBACH
KREFELD
DUISBURG
OBERHAUSEN
MOERS
ESSEN
BOCHUM
GELSENKIRCHEN
RECKLING HAUSEN
DORTMUND
HAMM
Wesel
Bocholt
HAGEN
Iserlohn
WUPPERTAL
Ratingen
DÜSSELDORF
NEUSS
SOLINGEN
REMSCHEID
LEVERKUSEN
KÖLN
BERG. GLADB.
Gummersbach
Lüdenscheid
Arnsberg
Soest
Lippstadt
Ahlen
Kerpen
Düren
Troisdorf
Siegburg
BONN
Euskirchen
Zülpich
SIEGEN
Marburg (Lahn)
Gießen
Wetzlar
Fulda
Neuwied
KOBLENZ
Mayen
Limburg an der Lahn
Bad Homburg vor der Höhe
FRANKFURT am Main
OFFEN-BACH
Hanau
WIESBADEN
MAINZ
Rüsselsheim
Aschaffenburg
DARMSTADT
WÜRZBURG
Bingen am Rhein
Bad Kreuznach
Idar-Oberstein
Trier
LETZEBUERG
LUXEMBOURG
Luxembourg
Arlon
Charleville-Mézières
Sedan
Bastogne
Bitburg
Wittlich
Saarland
Merzig
Neunkirchen
SAARBRÜCKEN
KAISERSLAUTERN
Pirmasens
Worms
MANNHEIM
LUDWIGSHFN.
HEIDELBERG
Neustadt an der Weinstraße
Speyer
KARLSRUHE
HEILBRONN
PFORZHEIM
Ludwigsburg
STUTTGART
Esslingen am Neckar
Sindelfingen
Tübingen
REUTLINGEN
Baden-Baden
Offenburg
STRASBOURG
Thionville
METZ
Nancy
Verdun
Lunéville
Saverne
Haguenau
Colmar
FREIBURG i.Br.
Villingen-Schwenningen
Épinal
Remiremont
FRANCE
Champagne
Lorraine
Alsace
Luxembourg
Pfalz
Hunsrück
Westerwald
Taunus
Eifel
Rheinland
Westfalen
Sauerland
Hessen
Spessart
Schwarzwald
Baden
Württemberg
Schwäbische Alb
DEUTSCHLAND
Besançon
Mulhouse
Mulhouse Basel
Basel
56
Konstanz
Stockach
0 10 20 30 40 50 km
0 10 20 30 miles

38 Poznań Wrocław 39 Wrocław 40 Brno Hradec Kr. 41 Brno Wien 42 Wien

Be
27
Gorzów Wlkp.
Bf
Bg
Piła
Bh
Bydgoszcz
POLSKA
Toruń
Bi
Toruń
28
Bk
Toruń
38
39
40
41
42
Berlin
Dresden
Děčín
Teplice
Praha
ČESKÁ REPUBLIKA
České Budějovice
Linz
DEUTSCHLAND
Frankfurt (O.)
COTTBUS
Görlitz
LIBEREC
HRADEC KRÁLOVÉ
Pardubice
Jihlava
St. Pölten
WIEN
BRATISLAVA
POZNAŃ
Gniezno
Konin
WŁOCŁAWEK
PŁOCK
ZIELONA GÓRA
Leszno
Głogów
KALISZ
Zgierz
ŁÓDŹ
Pabianice
Piotrków Trybunalski
Bełchatów
Lubin
LEGNICA
WROCŁAW
JELENIA GÓRA
Świdnica
WAŁBRZYCH
OPOLE
CZĘSTOCHOWA
Radomsko
Zawiercie
BYTOM
CHORZÓW
SOSNOWIEC
GLIWICE
KATOWICE
TYCHY
RYBNIK
RACIBÓRZ
Opava
OSTRAVA
Karviná
BIELSKO-BIAŁA
Frýdek-Místek
OLOMOUC
Přerov
Prostějov
BRNO
Zlín
Žilina
Martin
Trenčín
Banská Bystrica
Trnava
Nitra
Wielkopolskie
Woj. dolnośląskie
Woj. opolskie
Woj. łódzkie
Woj. śląskie
ČESKÁ REPUBLIKA
SLOVENSKÁ
ÖSTERREICH
Graz
Eisenstadt
58
Budapest
Budapest
0 10 20 30 40 50 km
0 10 20 30 miles

WARSZAWA
Legionowo
Pułtusk
Płońsk
Wyszków
Nowy Dwór Maz.
Jabłonna
Błonie
Grodzisk Mazowiecki
Żyrardów
Piaseczno
Otwock
Mińsk Mazowiecki
Siedlce
Sokołów Podlaski
Węgrów
Ciechanowiec
Siemiatycze
Kleszczele
Kamjanjuki
P.N.Belavežskaja pušča
Pružany
Biaroza
Kamjaniec
Vysokaje
Vidamlja
Žabinka
Kobryn
Drahičyn
Biała Podlaska
Janów Podlaski
Łosice
Terespol
BREST
Międzyrzec Podlaski
Radzyń Podlaski
Łuków
Garwolin
Góra Kalwaria
Warka
Grójec
Skierniewice
Rawa Mazowiecka
Tomaszów Mazowiecki
Białobrzegi
Kozienice
Ryki
Dęblin
RADOM
Puławy
Kock
Parczew
Lubartów
Łęczna
Włodawa
Sławatycze
Wisznice
Malaryta
Ratne
Kamin'-Kašyrs'kyj
Tomaševska
Ljubomil'
Kovel'
LUBLIN
Chełm
Krasnystaw
Piaski
Kraśnik
Janów Lubelski
Zamość
Hrubieszów
Teratyn
Ustyluh
Volodymyr-Volyns'kyj
LUC'K
Novovolyns'k
Tomaszów Lubelski
Bełżec
Červonohrad
Sokal'
Radechiv
Berestecko
Brody
Zamość
Biłgoraj
Stalowa Wola
Nisko
Tarnobrzeg
Sandomierz
Opatów
Ostrowiec Świętokrzyski
Skarżysko-Kamienna
Końskie
Opoczno
KIELCE
Jędrzejów
Pińczów
Busko-Zdrój
Miechów
Mielec
Kolbuszowa
Dębica
TARNÓW
KRAKÓW
Wieliczka
Bochnia
Brzesko
RZESZÓW
Łańcut
Przeworsk
Jarosław
Lubaczów
Rava-Rus'ka
Žovkva
Javoriv
ĽVIV
Horodok
Sambir
Drohobyč
Stryj
Mykolajiv
Boryslav
Truskavec'
Kaluš
IVANO-FRANKIVS'K
Dolyna
Nadvirna
Kolomyja
Rohatyn
Chodoriv
Zoločiv
Przemyśl
Krosno
Sanok
Jasło
Gorlice
Nowy Sącz
Rabka-Zdrój
Limanowa
Poprad
Levoča
Prešov
KOŠICE
Bardejov
Svidník
Humenné
Snina
Michalovce
Trebišov
UŽHOROD
Mukačeve
Berehove
Chust
Rachiv
Vynohradiv
MISKOLC
NYÍREGYHÁZA
Tokaj
Kisvárda
Sátoraljaújhely
Mátészalka
Vásárosnamény
Sighetu Marmatiei
Woj. mazowieckie
Woj. podlaskie
Woj. lubelskie
Woj. świętokrzyskie
Woj. małopolskie
Woj. podkarpackie
BELARUS
Brescкaja voblasc'
Volyns'ka oblast'
Ľvivs'ka oblast'
Ivano-Frankivs'ka oblast'
Zakarpats'ka oblast'
Ternopils'ka obl.
UKRAJINA
Beskid Niski
KARPATY
SCHIDNI KARPATY
Prešovský kraj
Košický kraj
Puszcza Sandomierska
Małopolska
Pinski bolota
+1h Gr. Time
+2h Gr. Time

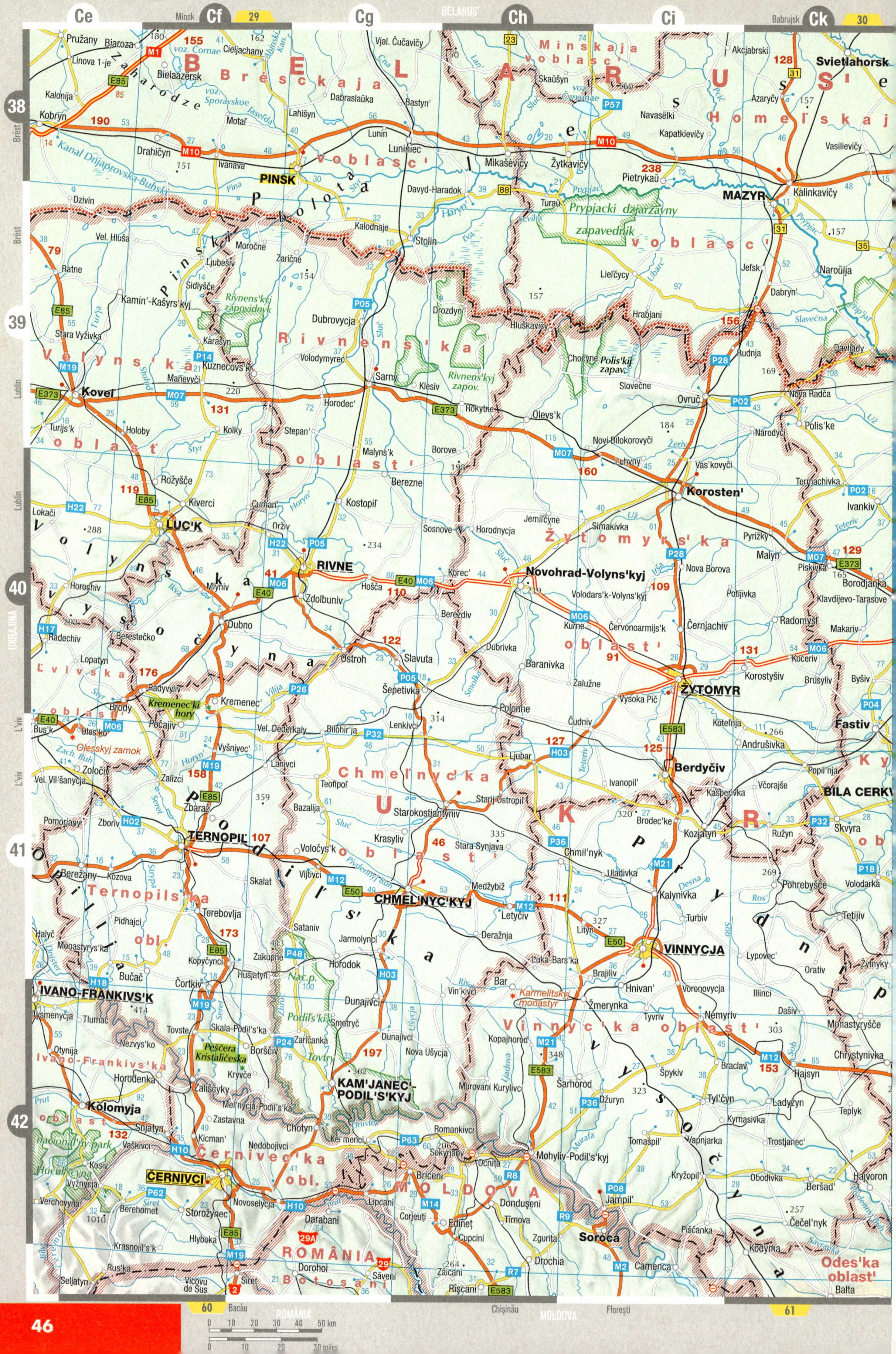

Ce
Cf
Cg
Ch
Ci
Ck
Minsk
29
BELARUS'
Babrujsk
30
38
39
40
41
42
Brest
Lublin
L'viv
UKRAJINA
Pružany
Bjaroza
Linova 1-je
Bielaazersk
Kalonija
Kobryn
Cieljachany
Vjal. Čučavičy
Dabraslaŭka
Bastyn'
Skaŭšyn
Navasiëlki
Akcjabrski
Svietlahorsk
Azaryčy
Kapatkievičy
Vasilievičy
Brèsckaja
voblasc'
Minskaja voblasc'
Homel'skaja
BELARUS'
Motal'
Lahišyn
Lunin
Luniniec
Mikaševičy
Žytkavičy
Pietrykaŭ
Drahičyn
Ivanava
PINSK
Davyd-Haradok
Turaŭ
MAZYR
Kalinkavičy
Kanal Dnjaprouska-Buhski
Pinskaja Balota
Prypjacki dzjaržaŭny zapavednik
Dzivin
Vel. Hluša
Moročne
Zarične
Kalodnaje
Stolin
Ratne
Ljubešiv
Sidlyšče
Kamin'-Kašyrs'kyj
Rivnens'kyj zapovidnyk
Dubrovycja
Drozdyn'
Hluškavyči
Lel'čycy
Hrabjani
Jel'sk
Dabryn'
Naroŭlja
Stara Vyživka
Karasyn
Volodymyrec'
Rivnens'ka
Rudnja
Davljady
Kovel'
Kuznecovs'k
Manevyči
Sarny
Klesiv
Rivnens'kyj zapov.
Chočyne
Polis'kyj zapav.
Slovečne
Ovruč
Nova Radča
Volyns'ka oblast'
Turijs'k
Holoby
Horodec'
Stepan'
Kolky
Rokytne
Olevs'k
Novi-Bilokorovyči
Polis'ke
Narodyči
Malyns'k
Borove
Berezne
Luhyny
Vas'kovyči
Rožyšče
Kiverci
Cuman'
Kostopil'
Korosten'
Lokači
LUC'K
Orživ
Sosnove
Horodnycja
Jemil'čyne
Simakivka
Termachivka
Ivankiv
Pyrižky
Malyn
RIVNE
Novohrad-Volyns'kyj
Žytomyrs'ka
Piskivka
Borodjanka
Horochiv
Mlyniv
Hošča
Korec'
Volodars'k-Volyns'kyj
Nova Borova
Potijivka
Klavdijevo-Tarasove
Zdolbuniv
Berezdiv
Kurne
Červonoarmijs'k
Černjachiv
Radomyšl'
Makariv
Radechiv
Berestečko
Dubno
Dubrivka
Baranivka
Lopatyn
Ostroh
Slavuta
Zalužne
Žytomyrs'ka oblast'
Korostyšiv
Kočeriv
Bryšiv
L'vivs'ka oblast'
Radyvyliv
Brody
Kremenec'ki hory
Kremenec'
Šepetivka
Polonne
Vysoka Pič
ŽYTOMYR
Brusyliv
Bus'k
Olesko
Počajiv
Vel. Dederkaly
Bilohir'ja
Lenkivci
Čudniv
Kotel'nja
Fastiv
Olesskyj zamok
Vyšnivec'
Lanivci
Ljubar
Andrušivka
Zoločiv
Vel. Vil'šanycja
Zalizci
Zbaraž
Teofipol'
Chmel'nyc'ka
Berdyčiv
Popil'nja
Včorajše
BILA CERKVA
Pomorjany
Zborov
Bazalija
Starokostjantyniv
Staryj Ostropil'
Ivanopil'
Kašperivka
Brodec'ke
Kozjatyn
Ružyn
Skvyra
TERNOPIL'
Krasyliv
Voločys'k
Stara Synjava
Chmil'nyk
Berežany
Kozova
Skalat
Vijtivci
Uladivka
Pohrebyšče
Volodarka
Ternopils'ka
Terebovlja
CHMEL'NYC'KYJ
Medžybiž
Kalynivka
Turbiv
Tetijiv
Halyč
Pidhajci
Sataniv
Jarmolynci
Letyčiv
Deražnja
Lityn
VINNYCJA
Lypovec'
Žytnyky
Monastyrys'ka
Kopyčynci
Zakupne
Horodok
Luka-Bars'ka
Orativ
Bučač
Čortkiv
Husjatyn
Bar
Brajiliv
Hnivan'
Voronovycja
Illinci
IVANO-FRANKIVS'K
Tlumač
Vin'kivci
Karmelitskyj monastyr
Žmerynka
Tyvriv
Nemyriv
Dašiv
Monastyryšče
Tovste
Skala-Podil's'ka
Dunajivci
Vinnyc'ka oblast'
Otynija
Nezvys'ko
Peščera Kristaličeska
Borščiv
Zaričanka
Nova Ušycja
Kopajhorod
Braclav
Chrystynivka
Ivano-Frankivs'ka
Horodenka
Kryvče
KAM'JANEC'-PODIL'S'KYJ
Murovani Kurylivci
Šarhorod
Špykiv
Hajsyn
Kolomyja
Zališčyky
Mel'nyc'a-Podil's'ka
Džuryn
Tul'čyn
Ladyžyn
Teplyk
Sniatyn
Zastavna
Chotyn
Romankivci
Kyrnasivka
Vaškivci
Kel'menci
Sokyrjany
Mohyliv-Podil's'kyj
Tomašpil'
Vapnjarka
Trostjanec'
Černivec'ka obl.
Nedobojivci
Kicman'
Kosiv
Ocnita
ČERNIVCI
Briceni
Kryžopil'
Obodivka
Beršad'
Hajvoron
Vyžnycja
Verchovyna
Berehomet
Storožynec'
Novoselycja
Darabani
Lipcani
Corjeuti
Edinet
Donduşeni
Tîrnova
Jampil'
Čečel'nyk
Piščanka
MOLDOVA
Krasnojil's'k
Hlyboka
Cupcini
Zgurita
Soroca
Kodyma
ROMÂNIA
Dorohoi
Botoşani
Drochia
Camenca
Odes'ka oblast'
Rus'ka
Seljatyn
Vicovu de Sus
Siret
Săveni
Zăicani
Rîşcani
Balta
60
Bacău
ROMÂNIA
Chişinău
MOLDOVA
Floreşti
61
0 10 20 30 40 50 km
0 10 20 30 miles

Moskva
38
39
40
41
42
Kursk
Charkiv
Dnepr'k
Lubjanki
Dmitrovsk-Orlovskij
Orlovskaja oblast'
Železnogorsk
Pervoavgustovskij
Lokot
Komariči
Holmeči
Suzemka
Sevsk
Dmitriev-L'govskij
Linec
Selino
Homutovka
Men'šikovo
Konyševka
Kurskaja oblast'
Bašnja Šamilja
L'gov
Ryl'sk
Vyšnie Dereven'ki
Korenevo
Skorodnoe
Gluškovo
+4h Gr. Time
Sudža
Belica
Junakivka
+2h Gr. Time
Chotin'
Nova Rjabyna
SUMY
ROSSIJA
Brjanskaja oblast'
Starodub
Pogar
Trubčevsk
Elionka
Ponurovka
Belaja Berëzka
Kostobobriv
Kamjans'ka Sloboda
Znob'-Novhorods'ke
Seredyna-Buda
Družba
Podyvot'e
Jampil'
Semenivka
Mašev
Novhorod-Sivers'kyj
Vovna
Šostka
Voroniž
Hluchiv
Červone
Amon'
Šalyhyne
Krolevec'
Mutyn
Nova Sloboda
Putyvl'
Tětkino
Duchanivka
Konotop
Buryn'
Vorožba
Bilopillja
Novozybkov
Vyškov
Zlynka
Vel. Topal'
Trostan'
Klimovo
+4h Gr. Time
+3h Gr. Time
Uvaravičy
Kryŭsk
Vietka
Bal'šavik
Kascjukoŭka
HOMEL'
Dobruš
Rèčyca
Karavaĭcy
Cholmieč
Lojeŭ
Cierachoŭka
Lienina
Dobrjanka
Chrinivka
Novi Jarylovyči
Tychonovyči
Horodnja
Ripky
Ščors
Korjukivka
Cholmy
Avdijivka
Shojniki
Brahin
Paleski radyjacyjna-ekalagičny zapavednik
Pirki
Ljubeč
ČERNIHIV
Slavutyč
Kirava
Kolyčivka
Berezna
Mena
Sosnycja
Korop
Baturyn
Kulykivka
Chovmy
Černihivs'ka oblast'
Prypjat'
Čornobyl'
Smolyn
Vertijivka
Borzna
Bachmač
Dubov'jazivka
Lychačiv
Nižyn
Kipti
Ivanhorod
Sambir
Strachollsja
Kyjivs'ke vodoschovyšče
Fenevyči
Oster
Kozelec'
Nosivka
Dmytrivka
Chmeliv
Nedryhajliv
Sums'ka oblast'
Terny
Žovtneve
Vil'šana
Štepivka
Krasnopillja
Dymer
Vyšča Dubečnja
Kalyta
Semypolky
Bobrovycja
Ičnja
Monastyryšče
Parafijivka
Talalajivka
Romny
Kapustynci
Vorožba
Boromlja
Mezenivka
Hostemel'
Buča
Vyšhorod
Puchivka
Nova Basan'
Makijivka
Bilyk ke
Pryluky
Sribne
Andrijašivka
Lypova Dolyna
Synivka
Lebedyn
Trostjanec'
Velyka Pysarivka
Kocjubyns'ke
Ljubymivka
Brovary
Zhurivka
Lynovycja
Varva
Červonozavods'ke
Čupachivka
Hoholiv
Peremoha
KYJIV
Boryspil'
Baryšivka
Lochvycja
Hadjač
Veprych
Komyšni
Ochtyrka
Hlevacha
Kalynivka
Berezan'
Jahotyn
Pyrjatyn
Čornuchy
Ždany
Vyrišal'ne
Komyšnja
Zin'kiv
Kotel'va
Polkova
Charkivs'ka oblast'
Krasnokuts'k
Vasyl'kiv
Obuchiv
Kyjiv
Ukrajinka
Tasan'
Šramkivka
Hrebinka
Lubny
Poltavs'ka oblast'
Velyka Vil'šanka
Ržyščiv
muzej narodnoji architektury i pobutu
Perejaslav-Chmel'nyc'kyj
Drabiv
Bilousivka
Bereznjaky
Romodan
Myrhorod
Velyki Soročynci
Opišnja
Velyka Rublivka
Kolomak
Kanivs'ke vodoschovyšče
Hrebinky
Uzyn
Kaharlyk
Hryhorivka
Oržycja
Šyšaky
Dykan'ka
Artemivka
Čutove
Kaniv
Piščane
Chorol
Velyka Bahačka
POLTAVA
Biluchivka
Rokytne
Myronivka
Zolotonoša
Čornobaj
Irklijiv
Semenivka
Podil
Rešetylivka
Mašivka
Karlivka
Tarašča
Bohuslav
Tahanča
Kremenčuc'ke vodoschovyšče
Obolon'
Velyki Krynky
Novi Sanžary
Luka
Kirs'ka miscevisc' 'Mošens'ka dubrava'
Mošny
ČERKASY
Hlobyne
Korsun'-Ševčenkivs'kyj
Stavyšče
Počapynci
Horodyšče
Smila
Hradyz'k
Omel'nyk
Kobeljaky
Nechvorošča
Buzivka
Lysjanka
Žaškiv
Chlystunivka
Zvenyhorodka
Nova Haleščyna
KREMENČUK
Kanal Dnipro-Donbas
Caryčanka
Čerkas'ka oblast'
Ryzyne
Buky
Ryžanivka
Holovkivka
Cybuliv
Svitlovods'k
Mahdalynivka
Svitlohirs'ke
Man'kivka
Vatutine
Špola
Kam'janka
Hlyns'k
Pavlyš
Derijivka
Dniprodzeržyns'ke vodoschovyšče
Hubynycha
Kateryopil'
Oleksandrivka
Tal'ne
Mokra Kalyhirka
Jelyzavethradka
Zybkove
Petrykivka
Uman'
Novomyrhorod
Mala Vyska
Znam'janka
Oleksandrija
Dnipropetrovs'ka oblast'
Novomoskovs'k
Lychivka
Verchn'odniprovs'k
DNIPRO-DZERŽYNS'K
Landšaftnyj park "Sofijivka"
Novoarchanhel's'k
Smoline
KIROVOHRAD
Dymytrove
Kukolivka
Vil'nohirs'k
Verchivceve
Mykolajivka
DNIPRO-PETROVS'K
Sernyduby
Tyškivka
Oleksandrivka
Dobrovelyčkivka
Balachivka
P'jatychatky
Žovti Vody
Kirovohrads'ka oblast'
Holovanivs'k
Novoukrajinka
Novhorodka
Petrove
Solone
Ul'janovka
Piščanyj Brid
Rivne
Kompanijivka
Kryvyj Rih
Sofijivka
Zaporiz'ka oblast'
Novopokrovka
Safkove
Pobuz'ke
Vil'šanka
Savran'
Mykolajivs'ka oblast'
Pervomajs'k
Bobrynec'
Hurivka
Dolyns'ka
Lozuvatka
KRYVYJ RIH
Žovtneve
Čumaky
ZAPORIŽŽJA
Kryve Ozero
Ustynivka
Odesa
Mykolajiv

62

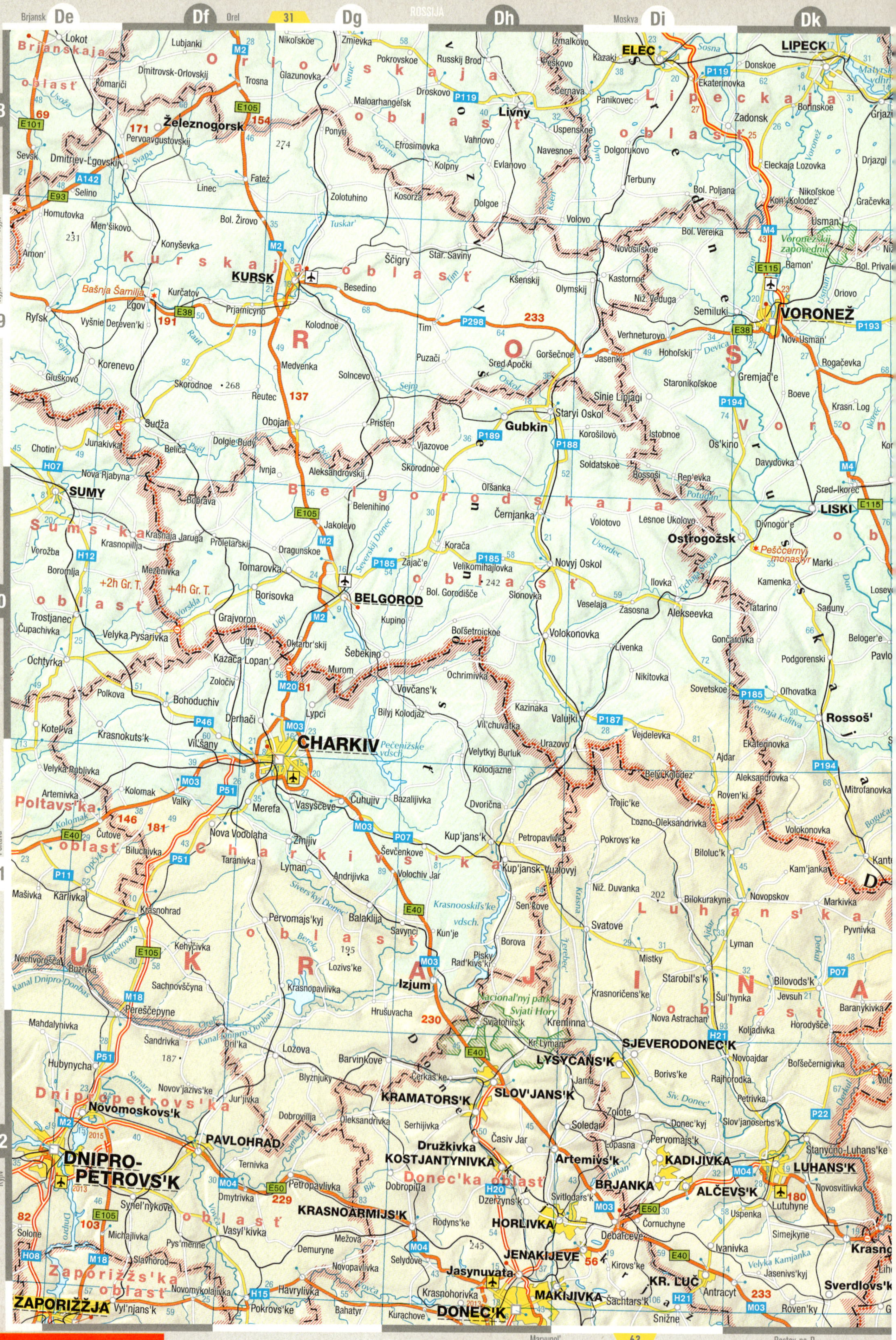

0 10 20 30 40 50 km

0 10 20 30 miles

Ea
Eb
Ec
Ed
Ee
Ef
Moskva
32
33
38
39
40
41
42
TAMBOV
Rasskazovo
Kirsanov
Jurlovka
Nov. Ljada
Višnevoe
Star. Slavkino
Danilovka
Tambovskaja oblast'
Penzenskaja oblast'
Kotovsk
Umet
Tamala
Serdobsk
Mal. Serdoba
Petrovsk
Volčki
Iljinka
Znamenka
2-ja (Vtoraja) Pjatiletka
Sosnovka
Bekovo
Bakury
Hvorostjanka
Stepnoj
Karian
Sampur
Čakino
Inžavino
Karaj-Saltykovo
Makarovo
Rtiščevo
Pervomajskij
Dobrinka
Ržaksa
Černavka
Rjazanka
Malikovka
Ekaterinovka
Ozerki
Mordovo
Talickij
Tokarevka
Uvarovo
Turki
Arkadak
Atkarsk
Bajgora
Tugolukovo
Žerdevka
Mučkapskij
Saratovskaja oblast'
Alekseevka
Tatiščevo
Ertil'
Ščutenskie Peski
Romanovka
Novosel'skoe
Širokij Ustup
Saratov
Perelešinskij
Kozlovka
Ternovka
Aleksandrovka 3-ja (Tret'ja)
Šapkino
Bol. Melik
Lysye Gory
Panino
Bratki
Balašov
Novopokrovskoe
Kalininsk
Rostoši
Voronežskaja oblast'
Gribanovskij
Kazačka
Širokij Karamyš
Anna
Arhangel'skoe
Dubrovka
Borisoglebsk
Ternovka
Svjatoslavka
Kiruška
Tišanka
Sinjavka
Hoperskij zapovednik
Oktjabr'skoe
Samojlovka
Sadovyj
Kolokolčovka
Slubodn
Elan'-Kolenovskij
Talovaja
Novohoperskij
Verhnekardil'skij
Elan'
Žirnovsk
Bobrov
Novonikolaevskij
Linovo
Kamenskij
Mečetka
Vasil'evka
Il'men'
Niž. Kisljaj
Buturlinovka
Urjupinsk
Krasn. Jar
Mužič'e
Kikvidze
Bol'ševik
Šipovles
Uspenskij
Sekači
Voroncovka
Vorob'evka
Petrovka
Manino
Novoanninskij
Trostjanskij
Ostrovskaja
Mokraja Ol'hovka
Melovatka
Podgornaja
Russkaja Žuravka
Kalač
Nehaevskij
Danilovka
Kotovo
Alekseevskaja
Sennoj
Peski
Nov. Kriuša
Šarašenskij
Volgogradskaja oblast'
Petrov Val
KAMYŠIN
Verh. Mamon
Star. Kalitva
Petropavlovka
Mihajlovka
Bol. Lučak
Nov. Kalitva
Šumilinskaja
Rjabovskij
Bereznjagi
Boguč ar
Arčedinskaja
Ol'hovka
Šakin
Kulmyženskaja
Frolovo
Taly
Suhoj Donec
Kazanskaja
Zimnjackij
Solodča
Veš enskaja
Bukanovskaja
Kletsko-Počtovskij
Mirovka
Serafimovič
Log
Semënovka
Volgogradskoe vodohranilišče
Meškovskaja
Rostovskaja oblast'
Verhnečirskij
Bol'šoj
Kletskij
Perekopka
Ilovlja
Loznoe
Čertkovo
Setraki
Sirotinskaja
Primorsk
Popovka
Bokovskaja
Pronin
Kačalino
Krasn. Oktjabr'
Dubovka
Verh. Buzinovka
Kašary
Kalmykovskij
Bol'šenabatovskij
Samofalovka
Millerovo
Sovetskaja
Majorovskij
Vertjačij
VOLŽSKIJ
VOLGOGRAD
Krivorož'e
Pervomajskoe
Selivanovskaja
Ust'-Grjaznovskij
Krivov
Kalač-na-Donu
Gor'kovskij
Krasnoslobodsk
Leninsk
Tarasovskij
Bol'šinka
Surovikino
Verhnečirskij
Volgo-Donskoj kan.
Svetlyj Jar
Čebotovka
Judin
Glubokij
Logovskij
Dubovyj Ovrag
Skosyrskaja
Černyškovskij
Niž. Čir
Kamensk-Šahtinskij
Morozovsk
Gornjackij
Solohovskij
Il'men'-Suvorovskij
Abganerovo
Žirnov
Tacinskij
Tormosin
Cimljanskoe vodohranilišče
Belaja Kalitva
Aksaj
Mal. Derbety
Novocimljanskaja
Generalovskij
Oktjabr'skij
Sinegorskij
Paramonov
Rostov-na-D.
ROSSIJA
Astrahan'
64

Ee
Ef
Eg
33
Eh
Ei
ROSSIJA
Ek
38
39
40
41
42
Voronež
ROSSIJA
Volgograd
Lopatino
Beguč
Bol. Ozerki
Pavlovka
Androsovka
Cagra
Star. Slavkino
Danilovka
Jakovlevka
Sosnovaja Maza
Hvalynsk
Hvorostjanka
Brykovka
Mar'evka
Mal. Serdoba
Baltaj
Čerkasskoe
Duhovnickoe
Padovka
Pestravka
Bakury
Petrovsk
Belogornoe
Saratovskoe vodohranilišče
Podsnežnoe
Bazarnyi Karabulak
Kulikovka
Gorjainovka
Ivanteevka
Ekaterinovka
P158
Nov. Burasy
Vjazovka
Sennoj
Šihany
Nikolaevka
Nadeždinka
Ozerki
Sokur
Arjaš
Voľsk
Tersa
BALAKOVO
Bol. Tavoložka
Atkarsk
Sinodskoe
Pugačev
Gračev Kust
P208
P228
P226
P234
Volga
Mal. Bykovka
Davydovka
Rahmanovka
Širokij Ustup
Elšanka
Sulak
Karlovka
Tatiščevo
Dubki
Marks
Novopolevodino
Gornyj
Rukopoľ
Ljubickoe
Nov. Porubežka
Kalininsk
Lysye Gory
SARATOV
Klincovka
310
Balanda
ENGEĽS
Bol. Karaman
Rimsko-Korsakovka
Žestjanka
Širokij Karamyš
Pervomajskoe
Lipovskij
Pigari
Bezymjannoe
E38
Stepnoe
Romanovka
Kolokolčovka
Zolotaja Step'
Eršov
423
Pervomajskij
Volgogradskoe vodohranilišče
Puškino
Mokrous
Dergači
Dem'jas
Ozinki
Privolžskoe
Ždanovka
Eruslan
Altata
Žirnovsk
Krasnoarmejsk
Krasnyj Kut
Novorepnoe
Kamenskij
Borisoglebovka
Linevo
Orlov Gaj
Krivojar
Komsomoľskoe
Novotulka
Novozizevka
Šyža 2-I
Krasn. Jar
Rovnoe
Kurilovka
Kčevka
Piterka
Šiľnaja Balka
Ilovatka
Mal. Uzen'
Pograničnoe
Kajrat
Mokraja Oľhovka
Star. Poltavka
Novouzensk
Žumaly
Kotovo
Nov. Poltavka
Gmelinka
Talovka
Petropavlovka
Kanavka
Bogatyrevo
Petrov Val
KAMYŠIN
Savinka
Borsyk
Aleksandrov Gaj
Berezino
Taldykűdyk
Nikolaevsk
Pallasovka
Baranovka
Kamysty
Eršov
Kajsackoe
Port-Artur
Bykovo
Kaztalovka
Sarykűdyk
Krasnoselec
Prudentov
Kajrat
Ašbaj
Furmanovo
Soldatsko-Stepnoe
+4h Gr. T.
+5h Gr. T.
Bostandyk
Višnevka
Ak-oba
Žanybek
Kökterek
Primorsk
Majak Oktjabrja
Úzynköl
Žuldyz
Önege
Dubovka
Ėľton
Saralžynköl
Saralžyn
oz.Ėľton
Krasn. Oktjabr'
k-l Aralsor
VOLŽSKIJ
Žermenke
Bisen
Žetibaj
Terenkűdyk
Žana Kazan
Zarja
oz. Botkul'
Sajkyn
Orda
Seitkali
Žualyoj
Leninsk
Kapustin Jar
Svetlyj Jar
Pologoe Zajmišče
Šungaj
Solodniki
Pokrovka
Vjazovka
Torgaj
Stupino
Starica
Ahtubinsk
Verh. Baskunčak
Niž. Baskunčak
Resp. Kalmykija
Hal'mg- Tangč
Čërnyj Jar
Novonikolaevka
Sujindik
Iki Manlan
Taldyapan
Voshod
Solënoe Zajmišče
Sokrutovka
Astrahan'
65

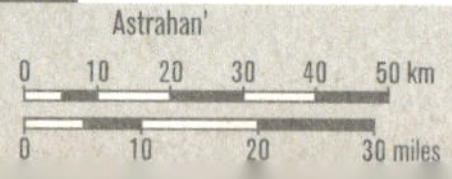

0 10 20 30 40 50 km
0 10 20 30 miles

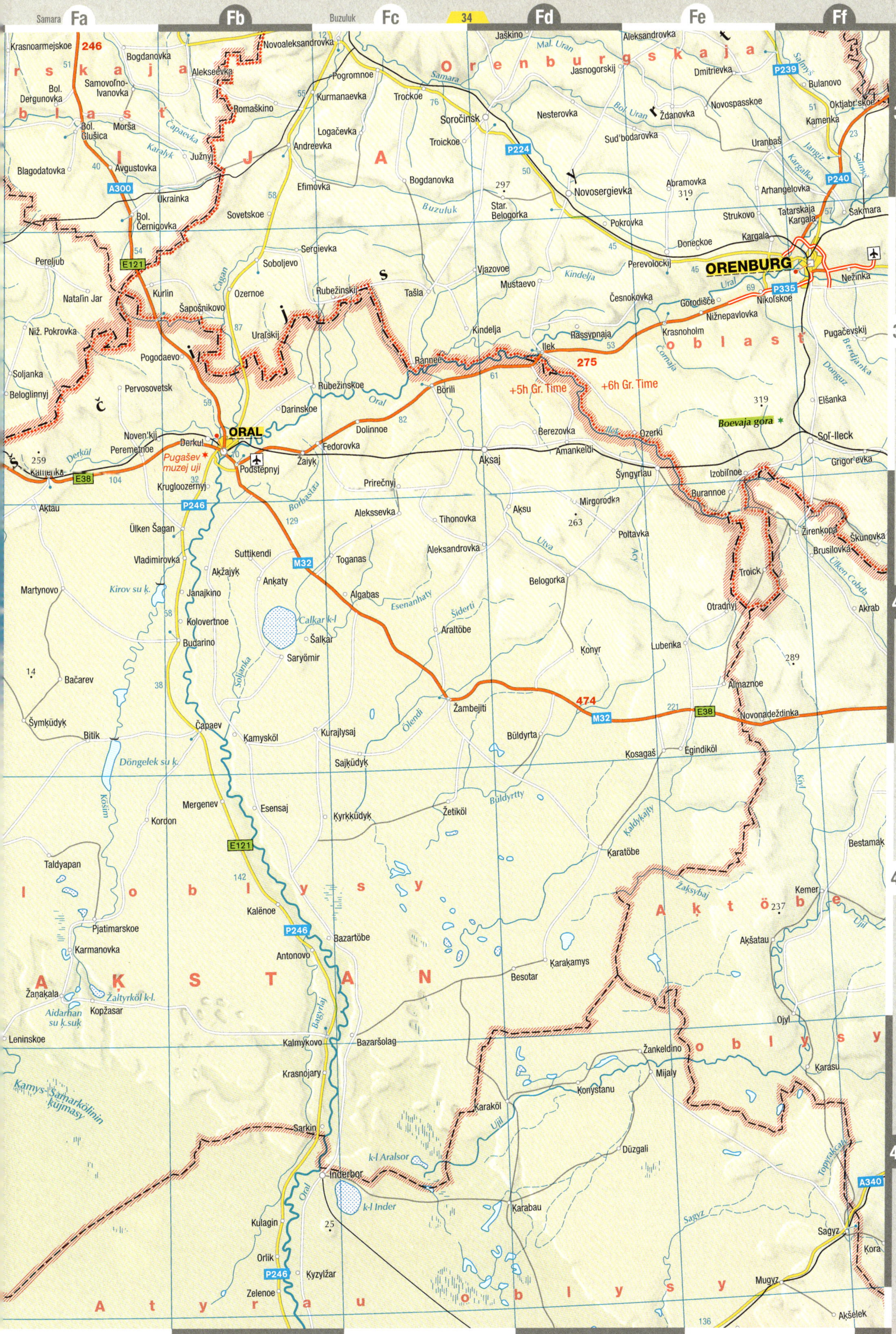
Samara
Fa
Fb
Buzuluk
Fc
34
Fd
Fe
Ff
Ufa
38
39
40
41
42
RUSSIA
Aktöbe
KAZAKSTAN
66
ORENBURG
ORAL
Krasnoarmejskoe
Bogdanovka
Novoaleksandrovka
Pogromnoe
Trockoe
Jaškino
Aleksandrovka
Jasnogorskij
Dmitrievka
Bulanovo
Oktjabr'skoe
Samovol'no-Ivanovka
Bol. Dergunovka
Alekseevka
Romaškino
Kurmanaevka
Soročinsk
Nesterovka
Ždanovka
Novospasskoe
Kamenka
Bol. Glušica
Morša
Andreevka
Logačevka
Troickoe
Sud'bodarovka
Uranbaš
Blagodatovka
Avgustovka
Južnyj
Efimovka
Bogdanovka
Novosergievka
Abramovka
Arhangelovka
Ukrainka
Sovetskoe
Star. Belogorka
Pokrovka
Strukovo
Tatarskaja Kargala
Sakmara
Bol. Černigovka
Sergievka
Doneckoe
Kargala
Pereljub
Soboljevo
Vjazovoe
Perevolockij
Nežinka
Natal'in Jar
Kurlin
Ozernoe
Rubežinskij
Tašla
Mustaevo
Česnokovka
Gorodišče
Nikol'skoe
Šapošnikovo
Nižnepavlovka
Niž. Pokrovka
Ural'skij
Kindelja
Rassypnaja
Krasnoholm
Pugačevskij
Pogodaevo
Ilek
Soljanka
Rannee
Beloglinnyj
Pervosovetsk
Rubežinskoe
Borili
+5h Gr. Time
+6h Gr. Time
Elšanka
Darinskoe
Boevaja gora
Noven'kij
Peremetnoe
Derkul'
Dolinnoe
Berezovka
Ozerki
Sol'-Ileck
Fedorovka
Amankeldi
Grigor'evka
Pugačev muzej uji
Žaiyk
Aksaj
Kamenka
Podstepnyj
Šyngyrlau
Izobil'noe
Krugloozernyj
Priречnyj
Burannoe
Aktau
Aleksevka
Tihonovka
Aksu
Mirgorodka
Žirenkoga
Šunkovka
Ülken Šagan
Aleksandrovka
Poltavka
Brusilovka
Vladimirovka
Suttikendi
Toganas
Akžajyk
Ankaty
Belogorka
Troick
Martynovo
Kirov su k.
Janajkino
Algabas
Esenanhaty
Otradnyj
Akrab
Kolovertnoe
Calkar k-l
Šalkar
Araltöbe
Bugarino
Saryömir
Konyr
Lubenka
Bačarev
Almaznoe
Žambejiti
Šymkudyk
Bitik
Čapaev
Kamysköl
Kurajlysaj
Büldyrta
Novonadeždinka
Döngelek su k.
Sajkudyk
Kosagaš
Egindiköl
Mergenev
Esensaj
Kordon
Kyrkkudyk
Žetiköl
Buldyrtty
Karatöbe
Bestamak
Taldyapan
Kemer
Aktöbe
Kalënoe
Pjatimarskoe
Bazartöbe
Akšatau
Karmanovka
Antonovo
Karakamys
Besotar
Žanakala
Kopžasar
Žaltyrköl k-l.
Aidarhan su k.suk
Leninskoe
Kalmykovo
Bazaršolag
Žankeldino
Ojyl
Karasu
Mijaly
Krasnojary
Konystanu
Kamys-Samarkölinin kujmasy
Karaköl
Sarkin
Düzgali
Inderbor
k-l Aralsor
k-l Inder
Karabau
Kulagin
Sagyz
Kora
Orlik
Kyzylžar
Mugyz
Zelenoe
Akšelek
Atyrau oblysy
Orenburgskaja oblast
Samarskaja oblast
Saratovskaja oblast
Batys Kazakstan oblysy
KAZAKSTAN
Ural
Ilek
Utva
Derkul
Čagan
Oral
Samara
Buzuluk
Kindelja
M32
E38
E121
P246
P224
P239
P240
P335
A300
A340
246
275
474

Fe
34
Ff
Ufa
Fg
ROSSIJA
Fh
35
Fi
Fk
38
39
40
41
42
ROSSIJA
Samara
Oral
Oral
KAZAKSTAN
Majačnyj
Ermolaevo
Tljaumbetovo
Mrakovo
Pobоišče
Ivano-Kuvalat
Bekeševo
Sibaj
Kazil'skoe
Obručevka
Polockoe
Bol. Karaganka
Dmitrievka
Ždanovka
Novospasskoe
Bulanovo
Oktjabr'skoe
Novomurap-talovo
Kamenka
Uranbaš
Jugustemir
Ižberdino
Čujunči-Čupanovo
Dmitrievka
Respublika
Akmurun
Bajmak
Amurskij
Zilairskoe
Išmurzino
svh. Zilairskij
Judybaevo
Jamansaz
Tjul'gan
Troickoe
Bol. Suren'
Isjangulovo
Berdjaš
Zilair
Baškortostan
Urtazy
Ural'skoe
Bogdanovskoe
Novoorenburg
Komintern
Brient
Kvarkeno
Krasnojarskij
Južnyj Ural
Astrahanovka
Arhangelovka
Strukovo
Tatarskaja Kargala
Sakmara
Nikol'skoe
Spasskoe
Doneckoe
Kargala
ORENBURG
Černyj Otrog
Saraktaš
plato
Abzanovo
Podol'sk
Samarskoe
Ak"jar
Iriklinskoe vdhr.
Kusem
Šil'da
Gorodišče
Nikol'skoe
Nižnepavlovka
Bakalka
Nežinka
Ostrovnoe
Ideľbakovo
Russkij Barmak
Poim
Čuraevo
Energetik
Iriklinskij
Pugačevskij
Krjučkovka
Želtoe
Zijančurino
Novočerkassk
Ključevka
Novopokrovka
Terensaj
Adamovka
Staricкое
Uročišče "Kontugaj"
Burtinskij
Beljaevka
Dubenskij
Kuvandyk
Sara
Gaj
Kolpakskoe
Novoorsk
Boevaja gora
Elšanka
Donskoe
Mednogorsk
Halilovo
Bol. Kumak
Ašelsaj
Orenburgskaja oblast
Sol'-Ileck
Karagač
Sazan
Il'inka
Izobil'noe
Grigor'evka
Sovetskoe
NOVOTROICK
ORSK
Mošarovka
Akžarskoe
Buranпое
Akbulak
Melovoj kar'er
Poltavka
Har'kovka
Studenčeskoe
Alimbet
Ebenovka
Sagarčin
Žirenkopa
Tamdysaj
Zajsan
Troick
Brusilovka
Škunovka
+4h Gr. Time
Martok
Grigor'evka
Dombarovka
Dombarovskij
Leninskoe
+5h Gr. Time
Novomar'evka
Karatogaj
Rodnikovka
Akrab
Stepanovka
Batamšy
Mamyt
Kyzylkajyn
Petropavlovka
Georgievka
Mihajlovka
Astrahanovka
Nikeľtau
Novodon
Kurasašaj
AKTÖBE
Tasötkel'
Novonadeždinka
Taldysaj
M32
Hromtau
Karagandysaj
619
Novorossijskoe
Bogetsaj
Beľkopa
Bogoslovka
Bestamak
Kalinovka
Karahobda
Il'inka
Alga
Pavlovka
Kopa
Sarybulak
Aul Sarykobda
Oktjabr'skoe
Karabutak
Bestamak
Akkemer
Enbekši
Kemer
Bolgar
Aksu
Kumsaj
Kajrakty
Oktjabr'sk
Pereljubovka
Pokrovka
Kumkuduk
Žuryn
Borly
Bala-Taldyk
Altykarasu
Šubarkudyk
Rodniki
Ojyl
Temir
Kuznecov
Dmitriev
Taldykum
Leninsk
Ulу-Taldyk
Karasu
Acysaj
Kajyndy
Žarly
Embi
Bajganin
Karatogaj
Šubaršy
Žagabulak
Žana Baza
Mugalžar
Bercogyr
Šet-Yrgyz
A340
Sagyz
Kora
Kopa
Kemerši
Köktöbe
Taldykum
k-l. Tebez
Akšelek
Žarkamys
Satyrlysaj
Embi
k-l. Karaköl'
Podural'skoe plato
Mugodžary
Aktöbe oblysy
Ural
P239
P240
P335
P336
P361
67

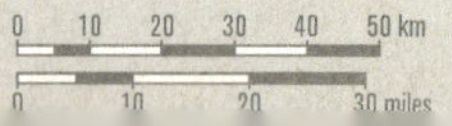

0 10 20 30 40 50 km
0 10 20 30 miles

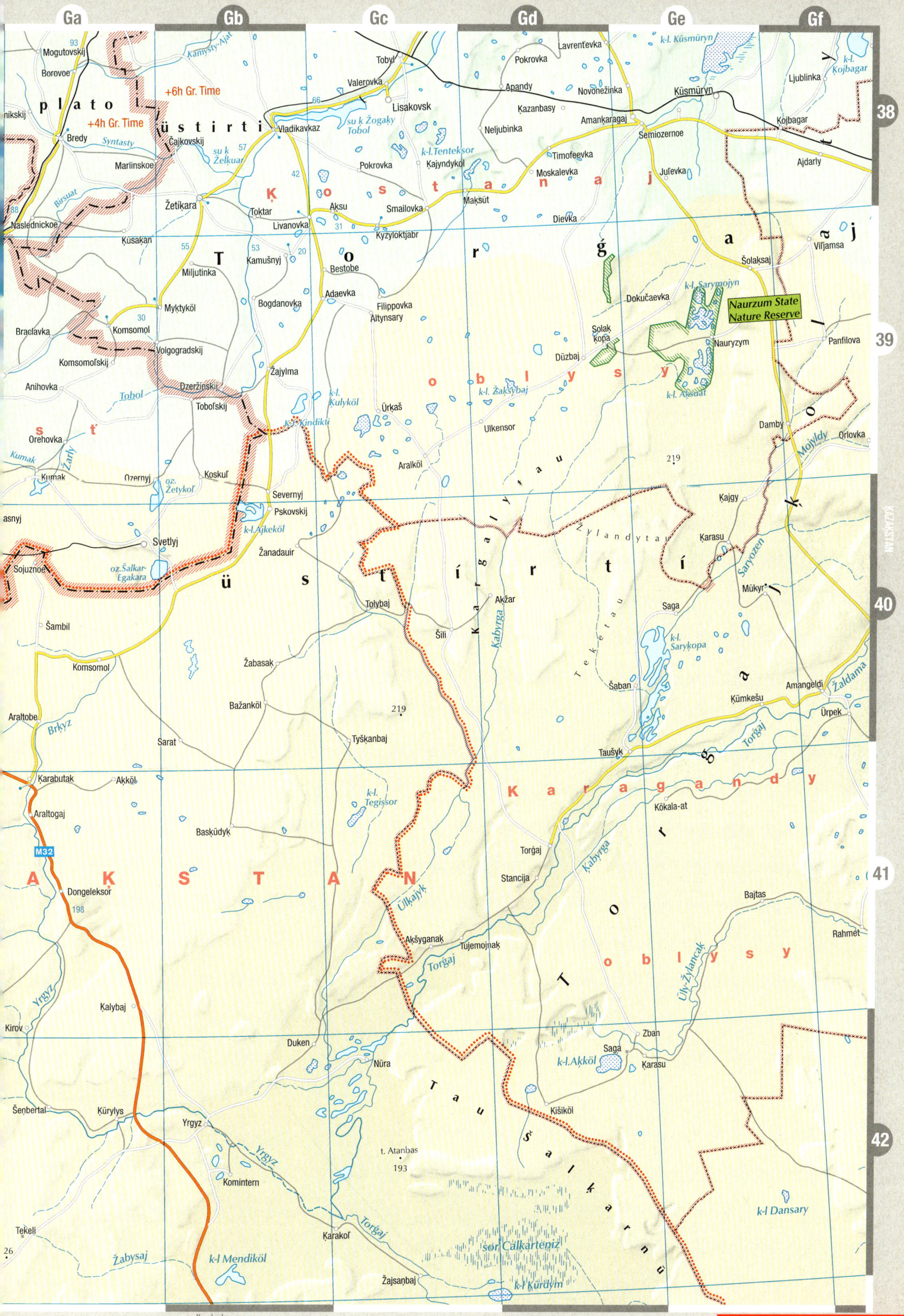

Ga
Gb
Gc
Gd
Ge
Gf
38
39
40
41
42
Mogutovskij
Borovoe
plato
üstirti
+4h Gr. Time
+6h Gr. Time
Bredy
Syntasty
Čajkovskij
Marinskoe
Birsuat
Naslednickoe
Kušakan
Žetikara
Kamysty-Ajat
su k Želkuar
Vladikavkaz
Toktar
Livanovka
Kamušnyj
Miljutinka
Myktykôl
Komsomol
Braclavka
Volgogradskij
Komsomoľskij
Anihovka
Tobol
Dzeržinskij
Toboľskij
Orehovka
Kumak
Žarly
Ozernyj
oz. Žetykoľ
Koskuľ
Svetlyj
Sojuznoe
oz. Šalkar-Egakara
Šambil
Komsomol
Araltobe
Brkyz
Sarat
Karabutak
Akkôl
Araltogaj
M32
Dongeleksor
Yrgyz
Kirov
Kalybaj
Šenbertal
Kurylys
Komintern
Tekeli
Žabysaj
k-l Mendiköl
Tobyl
Valerovka
Lisakovsk
su k Žogaky Tobol
Pokrovka
Aksu
Smailovka
Kyzyloktjabr
Bestobe
Adaevka
Bogdanovka
Filippovka
Altynsary
Žajylma
k-l. Kulykôl
k-l. Kindikti
Urkaš
Severnyj
Pskovskij
k-l. Ajkeköl
Žanadauir
Tolybaj
Šili
Žabasak
Bažanköl
Tyškanbaj
k-l. Tegissor
Baskudyk
Akšyganak
Tujemojnak
Torgaj
Duken
Nura
t. Atanbas
193
Karakoľ
Žajsanbaj
k-l Kurdym
sor Calkarteniz
Tau
Salkarnu
Pokrovka
Lavrenťevka
Apandy
Novonežinka
Kazanbasy
Neljubinka
k-l. Tenteksor
Kajyndykol
Timofeevka
Moskalevka
Maksut
Dievka
Amankaragaj
Semiozernoe
Kušmuryn
k-l. Kušmuryn
Ljublinka
k-l. Kojbagar
Kojbagar
Ajdarly
Juťevka
Šolakšaj
Viljamsa
k-l. Sarymojyn
Dokučaevka
Naurzum State Nature Reserve
Naurzum
Solak kopa
Duzbaj
k-l. Aksuat
Panfilova
k-l. Žaksybaj
Ulkensor
Aralkôl
Damby
Orlovka
Mojyldy
219
Kajgy
Karasu
Žylandytau
Saryozen
Mukyr
Akžar
Kabyrga
Kargaly tau
Saga
k-l. Sarykopa
Teketau
Šaban
Amangeldi
Žaldama
Kumkešu
Urpek
Taušyk
Kôkala-at
Torgaj
Stancija
Kabyrga
Ulkajyk
Bajtas
Rahmet
Ulý-Žylančyk
Zhan
Saga
Karasu
k-l. Akkôl
Kišikôl
k-l Dansary
Kostanaj oblysy
Torgaj
Karagandy
Torgaj oblysy
KAZAKSTAN
219
198
Kazakstan

Kyzylorda

ESPAÑA

0 10 20 30 40 50 km

0 10 20 30 miles

ORLÉANS
Blois
TOURS
Bourges
Châteauroux
Montluçon
Moulins
Vichy
Nevers
Auxerre
DIJON
Autun
Chalon-sur-Saône
Mâcon
Roanne
LYON
Villeurbanne
LIMOGES
CLERMONT-FERRAND
ST-ÉTIENNE
Périgueux
Brive-la-Gaillarde
Aurillac
Le Puy-en-Velay
Valence
Rodez
Mende
Cahors
Agen
Montauban
TOULOUSE
Albi
Castres
Carcassonne
Béziers
MONTPELLIER
NÎMES
Avignon
Arles
Sète
Narbonne
Centre
Bourgogne
Limousin
Auvergne
Massif Central
Rhône-Alpes
Midi-Pyrénées
Languedoc-Roussillon
FRANCE
MEDITERRANEAN SEA

43
44
45
46
47

Ae
Af
Ag
Ah
Ai
41
42
Troyes
Nancy
Colmar
Karlsruhe
Stuttgart
Ulm
FRANCE
DEUTSCHLAND
43
44
45
46
47
Champagne
Plateau de Langres
FRANCE
Franche-Comté
Bourgogne
Dauphiné
Provence
Côte d'Azur
Alsace
Baden
Württemberg
Schaffhausen
SCHWEIZ
Walliser Alpen
Alpi Pennine
Vallée d'Aoste
Piemonte
Liguria
ITALIA
Alpes
Riviera di Ponente
Golfo di Genova
MEDITERRANEAN
Mar Ligure
DIJON
BESANÇON
Chalon-sur-Saône
Belfort
MULHOUSE
FREIBURG im Breisgau
BASEL
ZÜRICH
Winterthur
Konstanz
Luzern
BERN
Biel Bienne
Neuchâtel
LAUSANNE
GENÈVE
Annecy
Chambéry
GRENOBLE
LYON
Villeurbanne
Valence
Montélimar
Avignon
AIX-EN-PROV.
MARSEILLE
TOULON
Cannes
Antibes
NICE
MONACO
Sanremo
Imperia
Savona
GENOVA
ALESSANDRIA
Asti
TORINO
Moncalieri
Rivoli
Cuneo
NOVARA
Vercelli
Biella
Varese
Como
Lecco
Lugano
Locarno
Aosta
Sion
Montreux
Martigny
Pavia
Vigevano
Busto Arsizio
Rho
Alpi
Ticino
Ajaccio
Calvi
Barcelona
Porto Torres
L'Île-Rousse
Bastia
0 10 20 30 40 50 km
0 10 20 30 miles
71

DEUTSCHLAND
Memmingen
Kaufbeuren
Kempten (Allgäu)
Ravensburg
Lindau (Bodensee)
Bregenz
Dornbirn
Feldkirch
Vaduz
LIECHTENSTEIN
Starnberg
Weilheim i. Oberbayern
Garmisch-Partenkirchen
Zugspitze
Rosenheim
Bad Tölz
Kufstein
Traunstein
Bad Reichenhall
SALZBURG
Hallein
Berchtesgaden
Kitzbühel
INNSBRUCK
Hall in Tirol
Stubaier Alpen
Ötztaler Alpen
Zillertaler Alpen
Hohe Tauern
Großglockner
Lienz
Villach
Klagenfurt
Karawanken
Steiermark
Niedere Tauern
Schladming
Bad Gastein
ÖSTERREICH
Davos
Klosters
Chur
Bormio
Merano Meran
BOLZANO BOZEN
Bressanone Brixen
Cortina d'Ampezzo
Dolomiti
Trentino-Südtirol/Alto Adige
Sondrio
Trento
Belluno
Friuli-Venezia-Giulia
UDINE
Pordenone
Tolmezzo
LJUBLJANA
SLOVENIJA
Kranj
Gorizia
Nova Gorica
Monfalcone
TRIESTE
Koper
Golfo di Trieste
Lombardia
BERGAMO
BRESCIA
MILANO
Lago d'Iseo
Lago di Garda
Riva del Garda
Rovereto
VICENZA
VERONA
PADOVA
Veneto
Treviso
Mestre
VENEZIA
Chioggia
Golfo di Venezia
Mantova
Cremona
Piacenza
PARMA
REGGIO NELL'EMILIA
MODENA
Carpi
Rovigo
FERRARA
BOLOGNA
Emilia-Romagna
Imola
Faenza
FORLI
RAVENNA
Cesena
RIMINI
SAN MARINO
Pesaro
Urbino
ANCONA
Senigallia
LA SPEZIA
Carrara
Massa
Viareggio
Lucca
Pistoia
PRATO
FIRENZE
PISA
LIVORNO
Empoli
Siena
Arezzo
Toscana
Umbria
Marche
Gubbio
Macerata
Porec
Rovinj
Pula
Opatija
RIJEKA
HRVATSKA (CROATIA)
Mar Adriatico
Jadransko More
Istra
Isola di Gorgona
Colline Metallifere

0 10 20 30 40 50 km
0 10 20 30 miles

BUDAPEST
NYÍREGYHÁZA
DEBRECEN
SATU MARE
Eger
Miskolc
SZÉKESFEHÉRVÁR
Cegléd
Szolnok
ORADEA
KECSKEMÉT
Békéscsaba
Hódmezővásárhely
SZEGED
ARAD
Szekszárd
PÉCS
SUBOTICA
TIMIŞOARA
Lugoj
Deva
HUNEDOARA
Sombor
OSIJEK
Zrenjanin
NOVI SAD
REŞIŢA
BEOGRAD
Pančevo
Šabac
Tuzla
DROBETA-TURNU SEVERIN
Vidin
KRAGUJEVAC
Užice
SARAJEVO
Kraljevo
Kruševac
NIŠ
MAGYARORSZÁG
HUNGARY
ROMÂNIA
SRBIJA
Vojvodina
Nagykunság
Fruška Gora N.P.
Hortobágyi N.P.
Derdap

MAGYARORSZÁG
Mukačeve
UKRAJINA
Černivic
SATU MARE
BAIA MARE
Sighetu Marmației
Munții Rodnei
Bistrița
CARPAȚII ORIENTALI
Suceava
SUCEAVA
BOTOȘANI
Câmpulung Moldovenesc
Vatra Dornei
ORADEA
Zalău
Podișul Transilvaniei
CLUJ-NAPOCA
Turda
Dej
Gherla
Munții Apuseni
Munții Bihor
TÂRGU MUREȘ
Reghin
PIATRA-NEAMȚ
Roman
Miercurea-Ciuc
Odorheiu Secuiesc
Sighișoara
Mediaș
Alba Iulia
Deva
HUNEDOARA
Sebeș
SIBIU
Făgăraș
BRAȘOV
Sfântu Gheorghe
Onești
Munții Metaliferi
Munții Trascău
Munții Cindrel
Munții Șureanu
Munții Făgărașului
Moldoveanu 2544
Petroșani
CARPAȚII MERIDIONALI
Munții Lotrului
Munții Parâng
Munții Retezat
RÂMNICU VÂLCEA
Curtea de Argeș
Câmpulung
Sinaia
Bușteni
Câmpina
BUZĂU
Târgu Jiu
DROBETA-TURNU SEVERIN
Porțile de Fier
Orșova
PITEȘTI
TÂRGOVIȘTE
PLOIEȘTI
BUCUREȘTI
CRAIOVA
Slatina
Caracal
Alexandria
Giurgiu
RUSE
Vidin
Calafat
Dunărea
Montana
Vraca
PLEVEN
Svištov
Razgrad
ŠUMEN
SRBIJA
BĂLGARIJA
Sofija
Botevgrad
Loveč
75
Vel. Tărnovo
0 10 20 30 40 50 km
0 10 20 30 miles

MOLDOVA
UKRAJINA
Odes'ka oblast'
Mykolajivs'ka oblast'
Besarabia
Codrii
Vaslui
Galaţi
Brăila
Tulcea
Dobrudžansko Plato
ČORNOE MORE
B L A C K S E A
Delta Dunării
Delta du Danube
Dunajs'kyj biosfernyj zapovidnyk
Slantu Gheorghe-Palade-Perişor
Grindul Chituc
Čornomors'kyj zapovidnyk
Tendrivs'ka Kosa
Jevpatorija
Jevpatorija, Sevastopol'
Soči
Istanbul
Varnenski Zaliv
Bălţi
Floreşti
Ribniţa
Rezina
Dubăsari
Orhei
Făleşti
Sîngerei
Teleneşti
Călăraşi
Ungheni
Iaşi
Târgu Frumos
Nisporeni
Straşeni
CHIŞINĂU
Ialoveni
Anenii Noi
Criuleni
Grigoriopol
Vadul lui Vodă
TIGHINA (BENDER)
TIRASPOL
Slobozia
Căuşeni
Hînceşti
Leuşeni
Huşi
Cimişlia
Leova
Comrat
Basarabeasca
Cantemir
Ceadîr-Lunga
Taraclia
Cahul
Vulcăneşti
Bârlad
Tecuci
Focşani
Galaţi
Brăila
Reni
Izmajil
Kilija
Vylkove
Bolhrad
Tulcea
Sulina
Murighiol
Sfântu Gheorghe
Babadag
Hârşova
Slobozia
Cernavodă
Medgidia
Mihail Kogălniceanu
Năvodari
Mamaia
CONSTANŢA
Eforie Nord
Mangalia
Vama Veche
Călăraşi
Silistra
Dobrič
Balčik
Kavarna
Šabla
VARNA
Devnja
Balta
Kryve Ozero
Vradijivka
Kotovs'k
Ljubaševka
Južnoukrajins'k
Voznesens'k
Mykolajivka
Berezivka
Rozdil'na
Pervomaisc
Dnestrovsc
Biljajivka
Ovidiopol'
ODESA
Illičivs'k
Bilhorod-Dnistrovs'kyj
Tatarbunary
Sarata
Arcyz
Tarutyne
MYKOLAJIV
Očakiv
Nova Odesa
Kobleve
Valul lui Traian
Nižnij Trajanov val

Kirovohrad
Db
UKRAJINA
Dc
47
Dd
De
Dnipropetrovs'k
Df
43
44
45
46
47
Arbuzynka
Južnoukrajins'k
Brats'ke
Ustynivka
Kirovohrads'ka oblast'
174
Jelanec'
Novyj Buh
Oleksandrivka
Domanivka
Kujbyševka
Vozsijats'ke
Trojic'ko-Safonove
Kazanka
KRYVYJ RIH
Žovtneve
Čumaky
Tomakivka
Novopokrovka
ZAPORIŽŽJA
Vyl'njans'k
Novomy
Ljubyc'ke
Kamyšuvacha
Dnipropetrovs'ka oblast'
Ordžonikidze
Šyroke
307
Apostolove
Marhanec'
Voznesens'k
Mykolajivs'ka
Pivdennyj Buh
Zelenodol's'k
Marjans'ke
NIKOPOL'
Vyščetarasivka
Vysokopillja
Orichiv
Veselynove
Baštanka
Archanhel's'ke
Novovoroncovka
Kam'janka-Dniprovs'ka
Enerhodar
Berezivka
Nova Odesa
Javkyne
Bereznehuvate
Vel. Oleksandrivka
Dniprorudne
Vasylivka
Tara
Stepove
oblast'
Čornomors'ka
Davydiv Brid
Vel. Bilozerka
Zaporiz'ka
113
Tokmak
Očeret
Mychajlivka
Verch. Rohačyk
Velyka Lepetycha
Moločans'k
Kalynivka
Ternivka
Snihurivka
UKRAJINA
Matvijivka
MYKOLAJIV
Pervomajs'ke
Rubanivka
Veselé
Terpinnja
Berezanka
171
62
Chersons'ka
Nyzovyna
Kamjana mohyla
MELITOPOL'
Beryslav
Nyž. Sirohozy
Kobleve
Odesa
Tjahynka
Kachovka
236
Družbivka
Novovasylivka
CHERSON
Nova Kachovka
Nyž. Torhaji
Jakymivka
Očakiv
Dniprovs'kyj lyman
Oleksandrivka
Cjurupyns'k
Frunze
Ivanivka
Pryazovs'ke
Odesa
Hola Prystan'
Nov. Majačka
Kachovs'kyj kanal
oblast'
Askanija-Nova zapov.
Čornomors'kyj zapovidnyk
Čulakivka
Brylivka
Askanija-Nova
Petrivka
Stepanivka I-a (Perša)
Čaplyns'kyj kanal
Novotrojic'ke
Tendrivs'ka Kosa
Krasnoznamjans'kyj kanal
Čaplynka
Syvas'ke
Moločnyj lyman
Odesa
Novomykolajivka
Voskresenka
Kalančak
Myrne
Azovo-Syvas'kyj nac. p.
Novooleksijivka
Utljuks'kyj lyman
Fedotova kosa
Novofedorivka
Skadovs'k
136
Armjans'k
Heničes'k
Azovo-Syvas'kyj nac. p.
Džarylhac'ka zatoka
kosa Byr'učyj Ostriv
Karkinits'ka zatoka
Krasnoperekops'k
Pivnično-Kryms'kyj kanal
Syvaš
Rozdol'ne
Vojinka
56
Kosa Arabats'ka Strilka
Slov'jans'ke
Pervomajs'ke
Džankoj
119
136
130
Čornomors'ke
Olenivka
Vojkove
Krasnohvardijs'ke
Nyžn'ohirs'kyj
m. Kazantip
Ščolkine
Novoselivs'ke
93
Resp. Krym
Myrnyj
oz. Sasyk
Arabats'ka zatoka
Sadove
Kirovs'ke
Lenine
JEVPATORIJA
Kryms'kyj p-iv
Pivnično-Kryms'kyj
Saky
Hvardijs'ke
Vladyslavivka
98
Kalamits'ka
Bilohirs'k
Star. Krym
Feodosija
Feodosijs'ka zatoka
Mykolajivka
SIMFEROPOL'
m. Čauda
zatoka
Koktebel
Kryms'ki hory
Kača
83
Alma
Naučnyj
Pryvitne
Sudak
Bachčysaraj
Alušta
SEVASTOPOL'
Kryms'kyj zapov.
Roman-Koš
Hurzuf
159
Jalta
Foros
Alupka
ČORNOE
BLACK
KARADENIZ

0 10 20 30 40 50 km
0 10 20 30 miles

77

DONEC'K
Doneckaoblast'
Rostovska oblast'
NOVOŠAHTINSK
ŠAHTY
NOVOČERKASSK
Matveev Kurgan
Pokrovskoe
TAGANROG
ROSTOV-NA-DONU
Batajsk
Azov
arheologičeskij zapovednik Tanais
Nedvigovka
Sultan-Saly
Aksaj
Staročerkasskaja
stanica Bagaevskaja
Veselyj
Zaporiz'ka oblast'
MARIUPOL'
Novoazovs'k
Volodars'ke
Manhuš
Berestove
Andrijivka
Osypenko
Novopetrivka
Dmytrivka
BERDJANS'K
Petrivs'ka fortec'a
Berdjans'ka kosa
Berdjans'ka zatoka
Prymors'k
Obitočna kosa
Obitočna zatoka
Kamjani Mohyly
Taganrogskij zaliv
+2h Gr. Time
+4h Gr. T.
Ejsk
Ejskij liman
Ejskoe Ukreplenie
Dolžanskaja
Kamyševatskaja
Jasenskaja
Staroščerbinovskaja
Novoščerbinovskaja
Starominskaja
Kuščevskaja
Kagal'nickaja
Zernograd
Mečetinskaja
Egorlykskaja
Celina
ROSSIJA
Krasnodarskij kraj
Leningradskaja
Pavlovskaja
Krylovskaja
Novominskaja
Kanevskaja
Primorsko-Ahtarsk
Tihoreck
Novopokrovskaja
Timaševsk
Korenovsk
Vyselki
Kropotkin
Gul'keviči
Ust'-Labinsk
Slavjansk-na-Kubani
Krasnoarmejskaja
Temrjuk
Temrjukskij zaliv
KERČ
Taman'
Tamanskij zaliv
Kerčens'ka protoka
Anapa
NOVOROSSIJSK
Abrau-Djurso
Krymsk
Abinsk
Holmskij
Afipskij
KRASNODAR
Paškovskij
Adygejsk
Adyge Respublikem
MAJKOP
Labinsk
Belorečensk
Gorjačij Ključ
Kutais
Hadyženskaja
Apšeronsk
Gelendžik
Arzipo-Osipovka
Džubga
Novomihajlovskij
Ol'ginka
Tuapse
Lazarevskoe
Golovinka
Dagomys
SOČI
Hosta
Adler
Sočinskij nacional'nyj park
Kavkazskij zapovednik
Krasnaja Poljana
BOL'ŠOJ KAVKAZ
Aresp'ublika Apsny
Gagra
Leselidze
Gantiadi
Gudauta
Bitch'vinda
SAKARTVELO (GEORGIA)
Batumi
Trabzon
Azovskoe more
MORE
SEA
ENIZ
M4
M14
E58
E50
E115
E97
A146
A147
A160
A260
A280
P268
P269
M29
M17
H20
P37
H15
H21
M03
A149

43 44 45 46 47

Ea
Eb
Ec
Ed
Ee
49
ROSSIJA
Voronež
Charkiv
Krasnodar
Rostov-na-D.
Hosta
43
44
45
46
47
Rostovskaja oblast'
Volgogradskaja oblast'
Respublika Kalmykija
ROSSIJA
Krasnodarskij kraj
Stavropolskij kraj
Adygé Resp.
Karačaj-Čerkes Resp.
Kèbèrdej-Balkèr Resp.
Respublika SAKARTVELO (GEORGIA)
Apsny
NOVOŠAHTINSK
ŠAHTY
NOVOČERKASSK
VOLGODONSK
Cimljanskoe vodohranilišče
Volgodonsk
Konstantinovsk
Semikarakorsk
Cimljansk
Zimovniki
Proletarsk
Salsk
Gigant
Celina
Zernograd
Kagalnickaja
Egorlykskaja
Kugoevskaja
Mečetinskaja
Elista
Ulan Erge
Lola
Prijutnoe
Ipatovo
Divnoe
Manyčskoe
Gorodovikovsk
Tahta
Kropotkin
Gul'kevici
Novoaleksandrovsk
Izobil'nyj
Mihajlovsk
STAVROPOL'
Svetlograd
Blagodarnyj
Budënnovsk
ARMAVIR
Labinsk
NEVINNOMYSSK
ČERKESSK
Mineral'nye Vody
Georgievsk
PJATIGORSK
Essentuki
KISLOVODSK
Prohladnyj
NAL'ČIK
Baksan
Mozdok
Tikhoreck
Kuršskaja
Zelenokumsk
Aleksandrovskoe
zakaznik Manyč-Gudilo
Kavkazskij zapovednik
Nacional'nyj park Prizl'brus'e
g. Elbrus 5642
Čograjskoe vdhr.
Proletarskoe vdhr.
E50
E115
E117
E97
P216
P217
P269
A155
A157
A158
A165
A167
M4
SAKARTVELO
79
ROSSIJA
Vladikavkaz
0 10 20 30 40 50 km
0 10 20 30 miles

Ef
Volgograd
Eg
50
Eh
Ei
KAZAKSTAN
Ek
43
44
45
46
47
ĶAZAĶSTAN
Astrahanskaja oblast
Atyrau oblysy
Kalmykija
Respublika Dagistan
Nohčijčo Resp
Caspian Sea
ASTRAHAN'
GROZNYJ
Iki Manlan
Solënoe Zajmišě
Voshod
Sokrutovka
Zolotuha
Nikol'skoe
Udačnoe
Mihajlovka
Sasykoli
Barun
Cagan Aman
Cagan-Nur
Severnyj
Kopanovka
Harabali
Tatal
Enotaevka
Tambovka
Selitrennoe
Vol'noe
Justa
Sarpa
Altn Bulg
Hošeutovo
Zavolžskoe
Seroglazka
Erdnievskij
Bergin
Zam'jany
Verhnelebjaž'e
Narimanov
Šeitovka
Kr.Jar
Kotjaevka
Marfino
Volodarskij
Kalinino
Načalovo
Utta
Hulhuta
Solenoj
Linejnoe
Ilinka
Kr. Barrikady
Tumak
Makovo
Semibugry
Kamyzjak
Tiškovo
Ikrjanoe
Čapaevo
Ovražno-Travino
Trudfront
Kirovskij
Oranžeri
Zenzeli
Mumra
Liman
Rynok
Promyslovka
Džalykovo
Lagan'
Ulan-Hol
Naryn-Huduk
Komsomol'skij
Prikumskij
Jaškul'
Tavn-Gašun
Novyj
Adyk
Čilqar
Privolnyj
oz. Bol'šaja Saga
Uštagan
Ajbas
Azgyr
Konyrterek
Košalak
Sazdy Žana
Ganjuškino
Žambaj a-l
o. Bol. Zjudostinskij
o. Ukatnyj
o.Bol.šoj Setnoj
o.Zjudev
Obeorovskij Učastok Astrahanskogo zapovednika
Trehizbenskij Učastok Astrahanskogo zapovednika
Astrahanskij zapovednik
Zapovednik Černye zemli
Černye zemli
Prikaspijskaja nizmennost'
kum Batpajsagyr
kum Kosdäulet
kum Būzanaj
kum Menteke
+ 4h Gr. Time
+ 5h Gr. Time
Sinee morco cyganaky
Zaburunje cyganaky
Kreml'
Volga
Ahtuba
Buzan
Kigač
Bahtemir
Atyrau
Bautino
Baki, Turkmenbaši
Mahačkala
o. Moristyj
o. Morskoj Biručok
Dagestanskij zapovednik
Kizljarskij zaliv
o. Tjulenij
m. Brjanskaja Kosa
m. Sujutkina Kosa
o. Čečen
Agrahanskij p-ov
Artezian
Kuma
Veličaevskoe
Bakres
Zaterečnyj
Neftekumsk
Južno-Suhokumsk
Kočubej
Brjansk
Kajasula
Oratube
Terekli-Mekteb
Tarumovka
Krajnovka
Kizljar
Kargalinskaja
Staryj Terek
Alikazgan
Naurskaja
Laha Nevre
Babajurt
Goragorskij
Červlennaja
Selkovskaja
Novogagatlinskoe
Argun
Gudermes
Ordženikidzevskaja
Sulak
Lenina
Terek
Aksaj
Čermozemel'skij kan.
oz. Dadynskoe
P22
P216
P215
P262
A340
A167
E119
E40
E50
425
339
-12
-25

Ek
50
KAZAKSTAN
Fa
Fb
Fc
51
Fd
43
44
45
46
47
Uštagan
Ajbas
A t y r a u o b l y s y
Kaspijmaņy ojpaty
ķum Ķosdäulet
ķum Büzanaj
ķum Batpajsagyr
Košalak
ķum Menteke
Sazdy Žana
Kyzylūj
Novobogat
Akkystau
Kyzylbas
Kyzylbalyk
Žaņakamys
Zaburun'e
Ganjuškino
k-l Žaltyr
Bykilözek
Baksaj
P246
166
Sarytogaj
Mahambet
Tandaj
Sarajšyk
Redut
Talkajran
Tamyrly
ATYRAU
Šumysker
Böget
t-k Pečnoj
a-l Nordvestinskij
A340
E40
190
60
70
92
35
-12
Makat
Dossor
Sakyz
Kockar
Bekbeket
Komsomol
k-l Bartylaakty
Eskene
Bajčonas
-27
Tenteksor
Kaspij maņy ojpaty
Sinekli Naryn
k-l Kamysköl
Embi
Kossagyl
Karaton
Prorva
Sarykamys
Kar
Zaburunje cyganaky
Sinee morco cyganaky
Žambaj a-l
Občorovskij učastok Astrahanskogo zapovednika
o. Ukatnyj
Oranžeri
Caspian Sea
a-l Durnev
sor Oli
cy-k Komsomol
m-i Buryncyk
Kalamkas
Ülken sor
Tubek Büzačy
Tjulender araly
a-l Kulandy
a-l Morskoj
a-l Podgornyj
a-l Rybacij
cyganak Mankyclaks
Kyzan
Šeber
Kijakty
-44
Kajdak sory
Karakeču sory
Oranžeri
m-i Tubkaragan
Bautino
Fort-Ševčenko
Tubek
Karaton
Tub-Ķaragan
Taušyk
taulary Mangystau Karatau
-35
tau Soltau
229
Saj-Utjës
Kujbyšev
Šetre
Žarmyš
128
tau Bescoky
556
Mahačkala
m-i Sakyndyk
M a ņ ķ y s t a u o b l y s y
Uštagan
tau Kölbaj
321
Mangyčlak
AKTAU
m-i Melovoj
70
72
Žetybaj
Mūnajšy
-132
vpad. Karagije
Maņķystau üstírtí
Bostankum
Özen
Senek
Novyj Uzen
Kyzylkum
KAZAKSTAN
0 10 20 30 40 50 km
0 10 20 30 miles

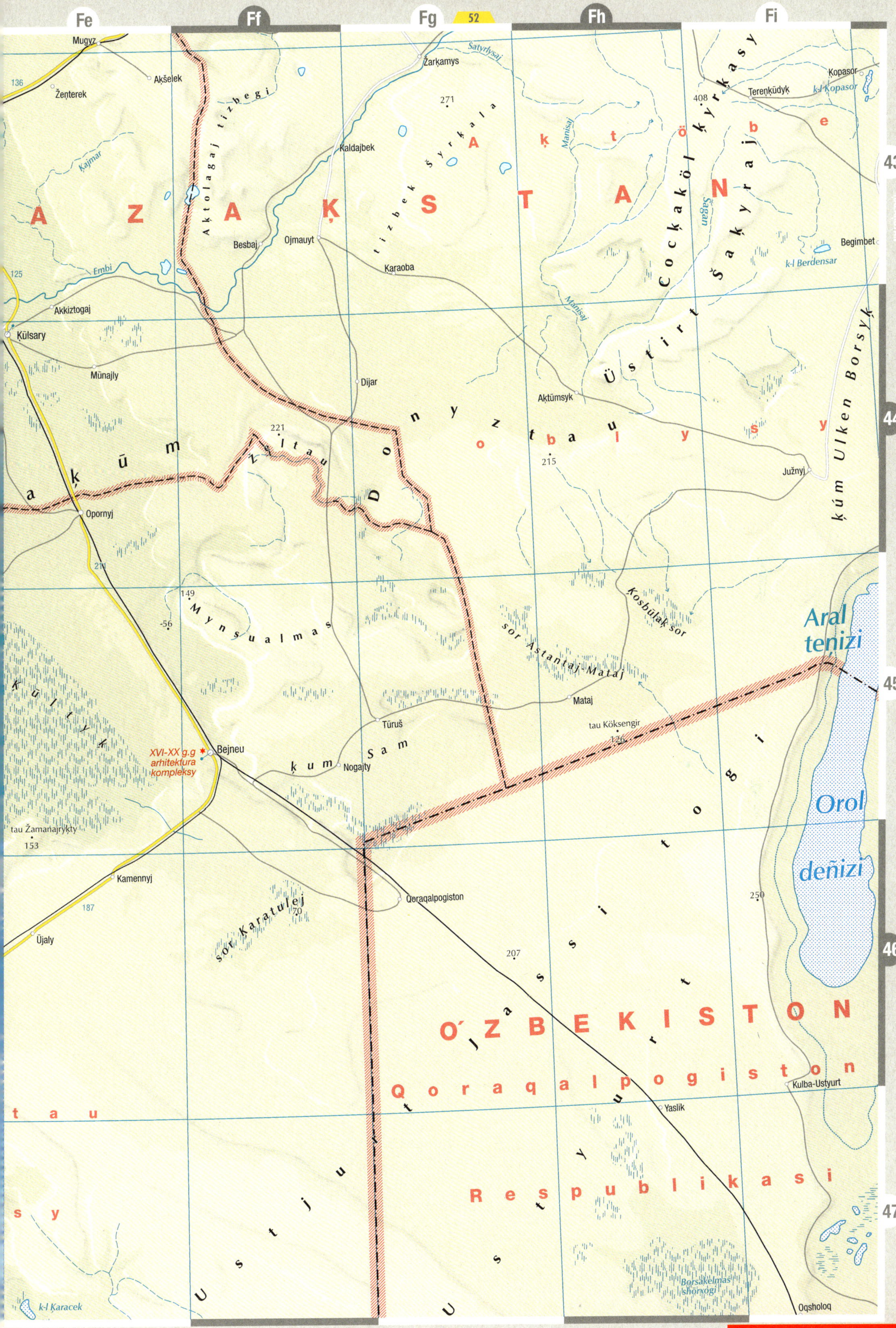
Fe
Ff
Fg
52
Fh
Fi
Mugyz
Akšelek
Ženterek
Kajmar
Aktolagaj tizbegi
Žarkamys
Satyrlysaj
Kaldajbek
Šyrkala tizbek
Kopasor
k-l Kopasor
Terenküdyk
Aktöbe
KAZAKSTAN
Coçkaköl ķyrkasy
Sagan
Begimbet
k-l Berdensar
Besbaj
Ojmauyt
Karaoba
Embi
Akkiztogaj
Külsary
Münajly
Dijar
Aktümsyk
Manisaj
Üstirt Šakyraj
Donyztau
oblysy
Žyltau
Južnyj
Ülken Borsyk ķum
Opornyj
Mynsualmas
Kosbŭlak sor
sor Astantaj-Mataj
Aral tenizi
Mataj
tau Köksengir
Türüš
Bejneu
XVI-XX g.g arhitektura kompleksy
ķum Sam
Nogajty
Kultyk
tau Žamanajrykty
Kamennyj
Qoraqalpogiston
sor Karatulej
Üjaly
Orol deñizi
O'ZBEKISTON
Qoraqalpogiston Respublikasi
Kulba-Ustyurt
Yaslik
Borsakelmas shorxogi
Oqsholoq
k-l Karacek
Ustjurt
43
44
45
46
47

Sa
Sb
Sd
Se
47
48
49
50
A CORUÑA
Ferrol
Lugo
Santiago d. C.
Pontevedra
OURENSE
VIGO
Avilés
GIJÓN XIXÓN
OVIEDO UVIEU
Ponferrada
LEÓN
Astorga
Bragança
Chaves
Braga
Guimarães
Vila Real
PORTO
Vila Nova de Gaia
Lamego
Viseu
Aveiro
Guarda
Coimbra
Castelo Branco
Leiria
Santarém
Caldas da Rainha
Portalegre
Évora
Elvas
BADAJOZ
Mérida
Cáceres
Plasencia
Ciudad-Rodrigo
SALAMANCA
Zamora
Benavente
Sintra
LISBOA
Barreiro
Setúbal
Mar Cantábrico
Rías Altas
Rías Baixas
Costa Verde
Costa de Prata
PORTUGAL
ESPAÑA
Cordillera Cantábrica
Extremadura
Sistema Central
Trás-os-Montes
Beira Alta
Serra da Estrela
Camino de Santiago
Las Médulas
Região do Vinho
Lisboa
Évora
Zafra

Cantábrico
Costa Esmeralda
Costa Vasca
SANTANDER
Torrelavega
Cantabria
Reinosa
Portugalete
BARAKALDO
BILBAO
BILBO
DONOSTIA
S.SEBASTIÁN
Biarritz
Bayonne
Irún
Hendaye
FRANCE
Pau
Oloron-S.-Marie
Aquitaine
PYRÉNÉES
PIRINEOS
Euskadi
VITORIA-GASTEIZ
PAMPLONA
IRUÑA
Navarra
Jaca
Huesca
Cueva de Atapuerca
BURGOS
Haro
LOGROÑO
La Rioja
Tudela
Palencia
Tierra de Campos
VALLADOLID
Soria
Numancia
ZARAGOZA
Calatayud
Segovia
Ávila
El Escorial
Guadalajara
Alcalá d.H.
Torrejón d.A.
MADRID
Pozuelo d.A.
ALCORCÓN
MÓSTOLES
LEGANÉS
GETAFE
Aranjuez
Toledo
Talavera de la Reina
Cuenca
Teruel
Castilla-La Mancha
Montes de Toledo
Campo d.C.
Ciudad Real
Manzanares
Tomelloso
ALBACETE
Requena
Comunidad Valenciana
Sistema Central
Sierra de Guadarrama
Serranía de Cuenca
La Alcarria
Parque nat. del Alto Tajo
P.N. de las Tablas de Daimiel
Puertollano
47
48
49
50
51
52

0 10 20 30 40 50 km
0 10 20 30 miles

Ad
56
Ae
Ah
Ai
Ak
57
Ba
Livorno
Agde
Cap d'Agde
Sète
Golfe du Lion
Brava
Genova
Livorno
Genova
Sassari
ANEAN
A
Cap de Cavalleria
Fornells
Naveta dEs Tudons
El Toro
Ciutadella
Es Mercadal
Menorca
Ferreries
Alaior
Tamarinda
Cap dArtrutx
Maó (Mahón)
S'Algar
Cala Rajada
Mar Ligure
Nice
Genova
Savona
Marseille
Toulon
Barcelona
Cap Corse
Macinaggio
Isola di Capraia
Rosignano Marittimo
Cecina
San Vincenzo
Piombino
Canale di Piombino
Portoferraio
Porto Azzurro
Isola d'Elba
I. Pianosa
Parco Nazionale Arcipelago Toscano
I. di Montecristo
Erbalunga
Bastia
St. Florent
L'Île-Rousse
Calvi
Calenzana
Murato
Casamozza
Ponte Leccia
Moriani-Plage
Galéria
La Scandola
Golfe de Porto
Calanche
Evisa
Porto
Mt. Cinto
Corte
Cervione
Corse
Corse (Fr.)
Cargèse
Vico
Vivario
Sagone
Golfe de Sagone
Aléria
Ghisonaccia
Ajaccio
Pointe de la Parata
Bastelica
Zicavo
Solenzara
Mt. Incudine
Col de Bavella
Golfe d' Ajaccio
Petreto-Bicchisano
Capu di Muru
Golfe de Valinco
Zonza
Levie
Propriano
Pinarellu
Belvédère-Campomoro
Sartène
Porto-Vécchio
Figari
Bonifacio
Punta di u Capicciolu
Îles Lavezzi
Bouches de Bonifacio
Capo Pertusato
P.Naz. di La Maddalena
Isola Maddalena
Bocche di Bonifacio
La Maddalena
Capo Testa
Santa Teresa d.G.
Palau
Isola Caprera
Porto Cervo
Arzachena
Costa Smeralda
Capo Figari
Golfo Aranci
Isola Asinara
P.Naz. dell'Asinara
la Reale
Fornelli
Nur. Tuttosoni
Luogosanto
Gallura
Calangianus
Olbia
Isola Tavolara
I. Molara
Capo del Falcone
Stintino
Golfo dell' Asinara
Castelsardo
Viddalba
Tempio Pausania
Porto Torres
Sedilo
Sorso
Osilo
Monti
San Teodoro
Capo dell Argentiera
SASSARI
Ploaghe
Oschiri
Capo Caccia
Tramariglio
Ittiri
S.S. Trinità di Saccargia
Buddusò
Lodè
Siniscola
Grotta di Nettuno
Alghero
Villanova Monteleone
Ozieri
Nur. S.Antine
M.Rasu
Bitti
M. Albo
Capo Comino
Bono
Sardegna
Pozzomaggiore
Bonorva
Bosa
Nuoro
Orosei
Oliena
Dorgali
Parco Naz. del Golfo di Orosei e del Gennargentu
Golfo di Orosei
Sardegna (It.)
Macomer
Ottana
Orani
Orgosolo
Cuglieri
Fonni
Sta. Caterina d. Pittinuri
Ghilarza
Capo di Monte Santu
Capo Mannu
Sorgono
Baunei
Barbagia
Gennargentu
Arbatax
Cabras
Aritzo
Tortolì
Tharros
Oristano
Samugheo
Lanusei
Capo San Marco
Golfo di Oristano
Laconi
Seui
Capo d. Frasca
Ales
Barumini
Isili
Tertenia
Terralba
Mandas
Escalaplano
Marina d.A.
Sanluri
Campidano
Senorbì
Flumendosa
Guspini
M. Linas
Villacidro
Ballao
Muravera
Dolianova
Iglesias
Siliqua
Burcei
Quartu S. Elena
Portoscuso
Carbonia
CAGLIARI
Isola di San Pietro
Carloforte
Acquacadda
Golfo di Cagliari
Villasimius
Capo Carbonara
Sant'Antioco
Giba
Teulada
Pula
Isola di Sant' Antioco
Capo Teulada
MEDITERRANEAN SEA
Messina
Civitavecchia
Palermo
Napoli
Trapani
47
48
49
50
51
52

47
50
Corse
Corse (Fr.)
Sardegna
Sardegna (It.)
Mare Tirreno
ITALIA
ROMA
CIVITAS VATICANA
CITTÀ DEL VATICANO
Fiumicino
Lido di Ostia
Toscana
Marche
Umbria
Lazio
Maremma
Siena
Grosseto
Perugia
Foligno
Spoleto
TERNI
Viterbo
Tarquinia
Civitavecchia
Orvieto
Rieti
L'Aquila
Teramo
Ascoli Piceno
Tivoli
LATINA
Gaeta
Formia
Frosinone
Anzio
Isola d'Elba
Portoferraio
Piombino
I. di Montecristo
Giglio Castello
I. del Giglio
Parco Nazionale Arcipelago Toscano
Bastia
Aléria
Porto-Vecchio
Olbia
Costa Smeralda
La Maddalena
Isola Maddalena
Isola Caprera
Isola Tavolara
Siniscola
Capo Comino
Isole Ponziane o Pontine
I. Ventotene
Isola d'Ischia
I. Palmarola
I. Zannone
Isola di Ponza
Barcelona
Cagliari
Arbatax
Tunis
Palermo
Termini Imerese
Valletta
Nice
Savona
Genova
Livorno

Bc Bd Be Bf Bg
52
53
54
55
PALERMO
Trapani
Marsala
Mazara del Vallo
Agrigento
Porto Empedocle
Sciacca
Caltanissetta
Enna
Gela
Licata
Ragusa
Modica
Vittoria
SIRACUSA
CATANIA
Acireale
Taormina
MESSINA
REGGIO D. C.
Milazzo
Cefalù
Bagheria
Termini Imerese
Madonie
Nebrodi
Mti. Peloritani
Aspromonte
M.Etna
Isola Lipari
Lipari
Isola Salina
Isola Vulcano
Isola Filicudi
Isola Alicudi
I. Panarea
Isola Stromboli
Sicilia
Sicilia (It.)
MEDITERRANEAN SEA
Golfo di Noto
Capo delle Correnti
Gozo Ghawdex
Victoria (Rabat)
Ggantija
Valletta
Mdina
Rabat
Hal Saflieni
Malta
MALTA
Lampedusa
Valletta
Pantelleria
Tunis
Cagliari
Napoli
Genova
Livorno
Salerno
Civitavecchia
Tripolis
Catania
Pozzallo
0 10 20 30 40 50 km
0 10 20 30 miles

HRVATSKA
(CROATIA)
CRNA GORA
(MONTENEGRO)
Jadransko More
Mare Adriatico
Dubrovnik
Korčula
Hvar
Vis
Mljet
Lastovo
Palagruža
Isola Pianosa
Isole Tremiti
Promontorio del Gargano
Herceg-Novi
Boka Kotorska
Trebinje
PESCARA
Chieti
Abruzzo
Molise
Campobasso
Termoli
S.Severo
FOGGIA
Manfredonia
Golfo di Manfredonia
Margherita di Savoia
Barletta
Trani
Andria
Molfetta
BARI
Cerignola
Benevento
Caserta
NAPOLI
Avellino
SALERNO
Campania
Puglia
Altamura
Matera
Potenza
Basilicata
Lucania
TARANTO
Brindisi
Penisola Salentina
LECCE
Gallipoli
Otranto
Golfo di Taranto
Calabria
COSENZA
La Sila
Catanzaro
Crotone
Golfo di Squillace
Golfo di S. Eufemia
Golfo di Policastro
Isole Eolie o Lipari
Isola Stromboli
Isola Lipari
Isola Vulcano
Isola Alicudi
Isola Filicudi
Isola Salina
Sicilia
Messina
Bar
Durrës
Vlorë
Kérkira
Izmir, Patrai
Catania
Palermo
Tunis
Termini Imerese

Pátra 82 ELLÁDA Athína

0 10 20 30 40 50 km
0 10 20 30 miles

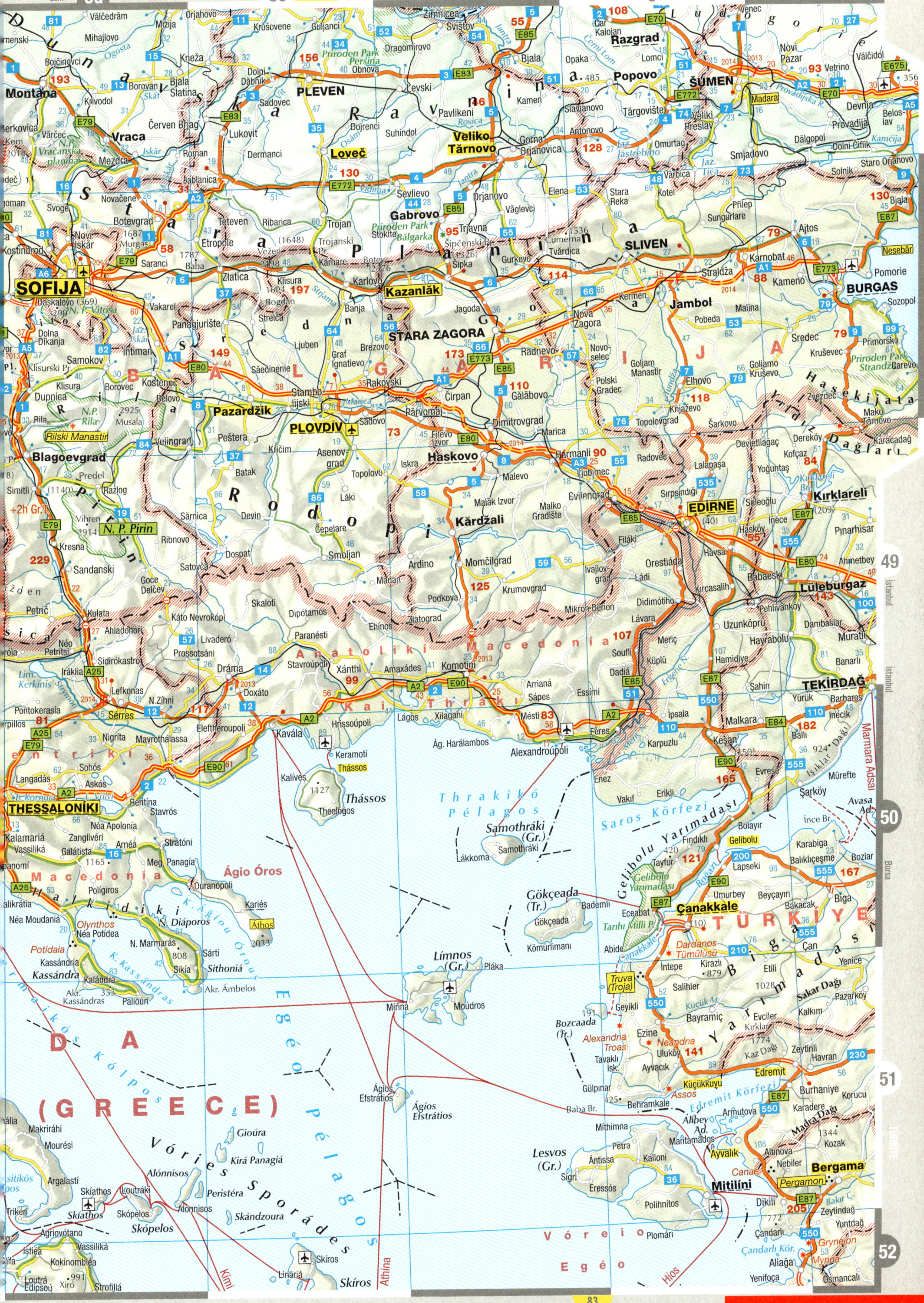
Montana
Vraca
PLEVEN
Loveč
Veliko Tărnovo
Gabrovo
Razgrad
Popovo
ŠUMEN
SLIVEN
Jambol
BURGAS
SOFIJA
Kazanlăk
STARA ZAGORA
Pazardžik
PLOVDIV
Haskovo
Blagoevgrad
Kărdžali
EDIRNE
Kırklareli
Lüleburgaz
TEKİRDAĞ
Xánthi
Komotiní
Dráma
Kavála
Alexandroúpoli
Sérres
THESSALONÍKI
Thássos
Samothráki
Gökçeada
Límnos
Çanakkale
Bergama
Mitilíni
Lesvos (Gr.)
Skíros
Skópelos
Skiathos
Ágio Óros
Athos
Rodopi
Stara Planina
Egéo Pélagos
Thrakikó Pélagos
Saros Körfezi
Edremit Körfezi
Marmara Adası
ELLÁDA (GREECE)
TÜRKIYE
Biga Yarımadası
Gelibolu Yarımadası
Troja
Pergamon
Dunav
49
50
51
52
83

0 10 20 30 40 50 km

0 10 20 30 miles

Db
Dc
Dd
62
De
Df
47
48
49
50
51
52
NOE MORE
ACK SEA
ADENİZ
Batumi
İnceburun
Sinop
Kızılabalı
Sinop Br.
Kerempe Br.
Akbayır
Doğanyurt
İnebolu
Abana
Çatalzeytin
Ayancık
Şerefiye
Bozkurt
Türkeli
Gerze
Erfelek
Dranoz
Bafra Br.
Kürtler
Bafra Ovası
Yakakent
Alaçam
Bafra
Ondokuzmayıs
Boğazkaya
Dikman
Durağan
Boyabat
Çuhali
Çakırçay
Dürnük
Yenikonak
Çicekyayla
Çangal D.
Küre
Dikmen D.
Şenpazar
Cide
Amasra
Meydan
Küre Dağları
Karaçam
Yaralıgöz Dağı
Devrekâni
Seydiler
Azdavay
Ağlı
Pınarbaşı
Bartın
Şahin
Ulus
Eflâni
Inkumu
Hisarönü
Kilimli
ULDAK
Çaycuma
Kozlu
Kozcağız
Kumluca
Beycuma
Gökçebey
KARABÜK
Safranbolu
Karapınar
Daday
Kuzlam
Kastamonu
Taşköprü
Direkilikaya
Saraycık Dağı
Saraydüzü
Çerçiler
Pelitbükü
Sargin
Yunddağı
Çakıralan
Türkmen
Mezraa
Esençay
Araç
Kuzyaka
İhsangazi
İğdir
Çavuşlar
Ovacık
Kırık
Ilgaz Dağı Milli Parkı
Akkaya
Çiftlikey
Kargı
Hacıhamza
Kâmil
Vezirköprü
Köprübaşı
Ormanlı
Devrek
Yenice
Dorukhan
Eğerci
Yedigöller Milli Parkı
Mengen
Gökçesu
Pazarköy
Eskipazar
İsmetpaşa
Bayramören
Kurşunlu
Ilgaz
Ilgaz Dağları
Tosya
Osmancık
Saraycık
Havza
Gümüşhacıköy
Hamamözü
Merzifon
Suluova
Sarıbuğday
Amasya
Ladik
Ak Dağ
Gerede
Çerkeş
Atkaracalar
Beljören
Yapraklı
Kargın
Harun
Asarcık
İskilip
Lâçin
Bayat
Çorum
Doğantepe
Kaleköy
Bolu
Dörtdivan
Karadürgen Dağı
Ağaca
Kavacık
Işık D.
Orta
Korgun
Sakaevi
Çankırı
İkizören
Seydim
Hamdi
Mecitözü
İbek
Gediksaray
Göynücek
Zile
İğdir
Boztepe
Köroğlu T.
Seben
Kıbrıscık
Çamlıdere
Güvem
Kızılcahamam
Balcılar
Karagöl
Soğuksu Milli P.
Pazar
Eldivan
Kuzu
Şabanözü
Sağpazar
Uğurludağ
Demirşeyh
Cemilbey
Ortaköy
Aydıncık
Buzluk Dağ
Çekerek
Deveci Dağı
Peçenek
Bayındır Brj.
Çeltikçi
Karaşar
Karaköy
Güdül
Beypazarı
Yağmurdede
Çayırhan
Yenikent
Ayaş
Kazan
Sirkeli
Çubuk
Hasayaz
İdris D.
Karamusa
Çandır
Kalecik
Sulakyurt
Kavak
Kızılırmak
Karaçay
Alacahöyük
Alaca
Çöplü
Sungurlu
Tasarı Milli Parkı
Hattuşaş
Boğazkale
Alembeyli
Eymir
Kadışehri
Yanık
Beyyurdu
Doğanlı
Deremahal
Sorgun
Koyunağılı
Kirbaşı
İçmecesi
SİNCAN
Polatlar
KEÇİÖREN
ALTINDAĞ
ANKARA
MAMAK
ÇANKAYA
Elmadağ
Gölbaşı
Yahşihan
KIRIKKALE
Balışeyh
Delice
Zincirli D.
Salmanlı
Musabeyli
Yozgat
Çamlık Milli Parkı
Karamağara
Sanoba
Mihalıççık
Sarayköy
Şabanözü
Poyraz
Temelli
Biçer
Sazılar
Koparan
Çokören
Karaali
Süleymanlı
Hacılar
Karakeçili
Dinek D.
Keskin
Takazlı
Akçakent
Sekili
Saray
Osmanpaşa
Yerköy
Çiçekdağı
Şefaatli
Alıcı
Çelingüllü Brj.
Yenipazar
Sarıkaya
Hasbek
Olukközü
Akçakışla
Yassıhöyük (Gordion)
İğdecik
Polatlı
Kayabaşı
Şeyhali
Oyaca
İkizce
Bala
Çimşit
Kaman
Akpınar
Göllü
Çamalak
Bozok Yaylâsı
Çayıralan
Ak Dağlar
Arayıt D.
Ertuğrulköy
Günyüzü
Yenimehmetli
Haymana
Yamak
Ilıca
Haymana Yaylâsı
Yenice
Çeltikli
Karaca D.
Kesikköprü
Çelebi
Odunboğazı
Aydınlar
Savcılı
Hirfanlı Brj.
Tokluman
Boztepe
Seyfeköy
Seyfe G.
Kırşehir
Karahasanlı
Kozaklı
Akpınar
Fakılı
Sırcalı
Boğazlıyan
Çandır
Çukur
Fehimli
Oğulcak
Felâhiye
Tuzla Gölü
İlyaspaşa
Adatoprakpınar
Yeşilöz
Çekirge
Emirler
Yeşilyurt
Kozanlı
Tavşançalı
Yeniceoba
Yıldız
Kulu
Tuzyaka
Cihanbeyli
Tuz Gölü
Şereflikoçhisar
Kaçarlı
Kesikköprü Hanı
Ağaçören
Bozkır
Mucur
Hacıbektaş
Gümüşkent
Topaklı
Çalligedik Geç.
Kızıl Dağ
Özkonak
Kalaba
Himmetdede
Kurşunlu D.
Büyüköz
Güneşli
Erkilet
Gezi
Kanış
KAYSERİ
Boğazköprü
Yarıkkaya
Çeltik
Yunak
Hacıfaklı
Harabeköy
Sülüklü
Konya
Aksaray
85
TÜRKİYE
Samsun
Tokat
Sivas
Bünyan
Taşova

Df
62
Dg
Dh
63
Di
Dk
Tuapse
47
48
49
50
51
52
Iliičivs'k
Varna
Novorossijsk
ČORNOE MORE
BLACK SEA
KARA DENIZ
+4h Gr. Time
+2h Gr. Time
Loo
DAGOMYS
Macesta
SOČI
Hosta
Adler
Bafra Br.
Kürtler
Yakakent
Bafra
Ovası
Alaçam
Bafra
Ondokuzmayıs
Pelitbükü
Boğazkaya
Sargın
Esençay
169
Cıva Br.
Çarşamba
Ovası
Emiryusuf
SAMSUN
Yunddağı
Çakıralan
Tekkeköy
Dikbıyık
Themiskira
Terme
Kavak
Çayırkent
Çarşamba
Köprübaşı
Asarcık
Salıpazarı
152
Ünye
Yasun Br.
Perşembe
Havza
Lâdik
Şeyhli
Cevizlik
Hasan Uğurlu
Ayvacık
Çaybaşı
Tekkiraz
Fatsa
ORDU
Bulancak
Sakarya Kale
Tirebolu
Görele
Eynesil
Vakfıkebir
Fener Br.
Akçakale
TRABZON
Suluova
Destek
Taşova
Karayaka
Kumru
Çamaş
Ulubey
Piraziz
Giresun
Keşap
Espiye
Çanakçı
Beşikdüzü
Akçaabat
Arsin
Amasya
Doğantepe
Çiğdemlik
Kaleköy
Tekke
Erbaa
Doğanyurt
Akkuş
Korgan
Gürgentepe
Kabadüz
Dereli
Yağlıdere
Doğankent
Şalpazarı
Tonya
Düzköy
Maçka
Canik Dağları
Gediksaray
Turhal
Zile
Aydınca
Niksar
Aybastı
Gölköy
Topçam
Çambaşı
Kovanlık
Yavuzkemal
Akılbaba T.
Sapmaz
Kürtün
Altındere
Altındere Vadisi Milli P.
Buzluk Dağ
İğdir
Dökmetepe
Yaylacık Dağı
Komana Pontike
Gökdere
Almus
Bereketli
Reşadiye
Yeşilce
Mesudiye
Karagöl D.
Ballıca
Giresun Dağları
Torul
Gümüşhane
Boztepe
Pazar
Horostepe
Tokat
Çilhane
Umurca
Koyulhisar
Ortakent
Gökçekent
Şebinkarahisar
Alucra
Kara Dağ
Şiran
Dilekyolu
Vauldağı Geç.
Kale
Deveci Dağı
Artova
Çiftlik Hanı
Yıldız D.
Aşağısarıcık
Şerefiye
Suşehri
Kelkit Çayı
Kelkit
Köse
Kadışehri
Yanık
Sulusaray
Yeşilyurt
Çamlıbel Geç.
Yenihan
Karaçayır
Akıncılar
Çamoluk
Gölova
Kozağaç
Demirözü
Pazarcık
228
Belcik
Subaşı
Yıldızeli
Havaalanı
163
Hafik
Zara
İmranlı
Kızıldağ Geç.
Akarsu
Çatalçam
Refahiye
Cengerli
Oltukbeli Dağları
Başköy
Olukçözü
Akdağmadeni
Direkli
SİVAS
Çallı
Bedirli
Karayün
Celâli
Beydağı
Bulucan
Karacaören
Gümüşakar
Doğanbeyli
Bozoğlak
Kuruçay
Çatalarmut
Erzincan
Esence Dağl.
Üzümlü
Akçakışla
Akçakışla
Ortaköy
İncebel Dağları
Harmancık
Akkoç
Tecer Dağları
Beypınarı
Karabudak Ç.
Büyükarmutlu
Kemah
Alpköy
Altıntepe
Akbaba Tepe
Çağlayan
Tanyeri
Çayıralan
Ak Dağlar
Kayadibi
Şarkışla
Ulaş
TÜRKİYE
Sincan
Gedikbaşı
Divriği
İliç
Oğuz
Munzur Dağları
Munzur Vadisi Milli Parkı
Kırmızıköprü
Sızır
Karagöl
Altınyayla
Deliktaş
Kangal
İğdeli
Kavak
Yeşilyazı
Ovacık
Çukur
Gemerek
Sarıoğlan
Kulmaç Dağları
Karaca T.
Havuz
Akpınar
Çetinkaya
Karasar Geç.
Mursal
Kemaliye
Başpınar
Karaoğlan
Büyükyurt
Nazimiye
Tuzla Gölü
Kervansaray
Akkışla
Örenşehir
Uzun Yayla
Alacahan
Danişment
Çalgan
Dutluca
Gedikler
Hozat
Tunceli
Dallıbahçe
Sultanhanı
Yılanlı
Ziyarettepesi Geç.
Yoncalı
Arapgir
Çemişgezek
Mazgirt
Bünyan
Kaynar
349
Gölteppe
Koyunlu
Konakpınar
Hasançelebi
Kulucak
Hekimhan
Ballıkaya
Taşdelen
Ağın
Akçapınar
Keban Brj.
Dere
Pertek
Akpazar
Pınarlar
Karakoçan
Darıkent
Pınarbaşı
Balıbey
Kayseri
Malatya
Malatya
86
Elâzığ
Sinop
Çorum
Ankara
TÜRKİYE
0 10 20 30 40 50 km
0 10 20 30 miles

Ea Eb 64 Ec Ed Ee

47 48 49 50 52

87

LISBOA
Barreiro
Sintra
Cascais
Almada
Setúbal
Sesimbra
Cabo Espichel
Costa Azul
Baia de Setúbal
Costa Dourada
Sines
Cabo de Sines
Vila Nova de Milfontes
Odemira
Aljezur
Bordeira
Vila de Bispo
Cabo de São Vicente
Sagres
Ponta de Sagres
Lagos
Portimão
Albufeira
Quarteira
Faro
Cabo de Sta. Maria
Parque Nat. d.R. Formosa
Olhão
Tavira
Vila Real
Ayamonte
Loulé
Silves
Monchique
PORTUGAL
Algarve
Évora
Estremoz
Elvas
Beja
Moura
Serpa
Mértola
Castro Verde
Alcácer do Sal
Grândola
BADAJOZ
Mérida
Almendralejo
Zafra
Jerez de los C.
Extremadura
La Serena
Hinojosa del Duque
Aracena
Sa. de Aracena
Sierra Morena
Constantina
HUELVA
Mazagón
Punta Umbría
Moguer
Las Marismas
El Rocío
P.N. de Doñana
Golfo de Cádiz
Gr. Time
+1h Gr. Time
SEVILLA
Alcázar
Itálica
D. Hermanas
Utrera
Carmona
Écija
Osuna
Marchena
Lebrija
Sanlúcar d.Barr.
Chipiona
Rota
JEREZ D.L.FR.
El Puerto d.Sta.M.
CÁDIZ
San Fernando
Chiclana d. l. Fr.
Conil d. l. Fr.
Vejer d. l. Fr.
Barbate
Medina-Sid.
Arcos d. l. Fr.
Ronda
Ubrique
Algodonales
Costa de la Luz
Algeciras
Tarifa
Pta. de Tarifa
La Línea d.l.C.
San Roque
Gibraltar (U.K.)
Estepona
Estr. d. Gibraltar
Ceuta (Sebta) (Esp.)
Punta Almina
Fnideq
TANJA (TANGER)
Cap Spartel
TITWÂN (TETOUAN)
Asilah
Lixus
EL-ARAÏCH (LARACHE)
KSAR-EL-KEBIR
Ouezzane
Moulay-Bousselham
Rés d. Chasse
(KÉNITRA) AL-Q'NITRA
Mehdia-Plage
Jardins exotiques
SLA (SALÉ)
AR-RIBAT (RABAT)
Skhirat
Tiflèt
KHEMISSET
Sidi-Kacem
Sidi-Slimane
Volubilis
Moulay-Idriss
(MEKNÈS) MIKNÂS
Tanger-Jebala
Tétouan
Gharb-Chrarda-Beni-Hassan
Rabat-Salé-Zemmour-Zaër
ATLANTIC OCEAN
Las Palmas d.G.C., Santa Cruz d.T.
Las Palmas, Arrecife, Santa Cruz d.T., Santa Cruz d.l.P.
52
53
54
55
56
0 10 20 30 40 50 km
0 10 20 30 miles

Talavera
Sf
ESPAÑA
Ciudad Real
Sg
Madrid
69
Sh
Albacete
Si
Valencia
Almadén
Almodóvar del Campo
Puertollano
La Solana
La Mancha
Valdepeñas
Alhambra
Villahermosa
Villanueva d.l.F.
Villanueva d.l. Infantes
Alcaraz
Sra. d. Alcaraz
Peñas d.S.P.
Pozo-Cañada
Montealegre d.C.
Ontinyent
Comunidad Valenciana
Alcoi
Ibi
Yecla
Villena
Elda
Jumilla
Monóvar
ALACANT
ELX
Crevillente
Callosa d.S.
Santa Pola
Dolores
Guardamar
Torrevieja
Orihuela
Molina d.S.
MURCIA
Murcia
Cieza
Archena
Mula
Alcantarilla
Alhama d. M.
Totana
Lorca
Fuente-Álamo
Mazarrón
CARTAGENA
Torre-Pacheco
San Pedro
San Javier
La Unión
Mar Menor
Cabo de Palos
Mar de Cristal
Águilas
Cope
Caravaca d.l.C.
Cehegín
Calasparra
Moratalla
Bullas
Hellín
Tobarra
Elche d.l.Sra.
Castilla
Brazatortas
Mestanza
Sa. Madrona
Morena
Andalucía
La Carolina
Bailén
Linares
Úbeda
Baeza
Villacarrillo
Cazorla
Sra. d. Segura
Sra. d. Cazorla
Jaén
Martos
Alcalá l. R.
Andújar
Montoro
CÓRDOBA
Bujalance
Baena
Cabra
Priego d.C.
Lucena
Montilla
Aguilar
Puente-Genil
Rute
Loja
Illora
Atarfe
GRANADA
Sta.Fe
Alhama de Granada
Guadix
Baza
Huéscar
Galera
Castril
Cúllar-Baza
Chirivel
Vélez Bl.
Vélez R.
Puerto Lumbreras
Huércal-Overa
Cuevas d. Alm.
Vera
Garrucha
Mojácar
Carboneras
Las Negras
San José
Cabo de Gata
Sorbas
Tabernas
Níjar
ALMERÍA
Golfo de Almería
Roquetas d. M.
Dalias
Berja
Adra
Albuñol
Órgiva
Lanjarón
Motril
Almuñécar
Nerja
Vélez-Málaga
MÁLAGA
Torremolinos
Fuengirola
Marbella
Coín
Alhaurín e. G.
Álora
Antequera
Archidona
Estepa
La Roda d.A.
Sierra Nevada
Mulhacén
3481
Sra. de los Filabres
Purchena
Serón
Albox
Oria
Sta. Barbara
Almerimar
Costa del Sol
Costa de Almería
Costa Cálida
Barcelona, Sète
Genova, Livorno
Wahrān (Oran)
MEDITERRANEAN SEA
Mar de Alborán
Isla del Alborán (Esp.)
Cap des Trois Fourches
Melilla (Esp.)
NADOR
Beni Enzar
Sebkha Bou Areg
Islas Chafarinas (Esp.)
Gr. Time
+1h Gr. Time
Al-Hoceima
Peñón de Vélez de la Gomera (Esp.)
Peñón de Alhucemas (Esp.)
Parc nat. d'Al-Hoceima
Ait-Kamara
Ait-Youssef-ou-Ali
Bni-Boufrah
Targuist
Ketama
Tleta-Ketama
Bab-Berred
Beni-Boufrah
Rif
Ras-Tarf
Pointe Negri
Pointe Afraou
Dar-Kebdani
Segangane
Selouane
Zaïo
Berkane
Saïdia
Ras-el-Ma
Ahfir
Marsa-Ben-Mehidi
Ghazaouet
Nedroma
Honaïne
Bab-el-Assa
Mts.d.Traras
Maghnia
TLEMCEN
Parc Nat. de Tlemcen
Monts de Tlemcen
Sebdou
El Gor
Remchi
Hennaya
Ouled Mimoun
Aïn Kihal
Bensekrane
Beni Saf
Aïn Temouchent
Hammam Bou Hadjar
El-Amria
Bou Zadjar
Les Andalouses
Hassi-el-Ghella
Terga
El-Malah
Cap d'Acra
(OUJDA) UJDA
Mts.d.Beni-Snassen
Taforalt
El-Aïoun
Oued-El-Heimer
Sidi-Bou-Beker
Jerada
Tiouli
Guefaït
Taourirt
Melga-el-Ouidane
Aïn Zorah
Saka
Mazguitem
Gouttitir
Guercif
TAZA
Taza-Al-Hoceima
Oulad Driss
Safsaf
Bab-Boudir
Tahala
Sidi Abdallah-el-Ghiata
Tissa
Ras-el-Oued
Aïn-Aïcha
Taounate
Ghafsaï
Souk-el-Had-de-Ikaouën
Jbel Tidirhine
Boured
Tahar-Souk
Taïneste
Kassita
Tistoutine
Midar
Ben-Tieb
Tugunt
Dar-Caïd-Medboh
Aknoul
Bou-Kellal
AL-MAGHRIB
(MAROC)
Oriental
FÈS
FAS
Sidi-Harazem
Marrakech
Merija
Bouârfa
Aïn Benimathar
Magoura
El-Aricha
Naama
Mecheria
AL JAZA'IR (ALGÉRIE)
Oran
53
54
55
56

0 10 20 30 40 50 km
0 10 20 30 miles

75
Cf
Cg
Çanakkale
Ch
Balıkesir
76
Ci
51
52
53
54
55
56
Mirina
Ágios Efstrátios
Thessaloniki, Mírina
Lesvos (Gr.)
Mitilíni
Ayvalık
Bergama
Pergamon
Soma
Akhisar
TÜRKİYE
Skíros
Vóreio
Psará
Híos (Gr.)
Néa Moni
Çeşme
Foça
Menemen
MANISA
Turgutlu
Salihli
İZMİR
Ödemiş
Kuşadası
Efes
Selçuk
AYDIN
Nazilli
Sámos (Gr.)
Pithagório
Heraion
Söke
Egéo
Ándros
Tínos
Míkonos
Ermoupoli
Síros
Delos
Ikaría
Pátmos
Leros
Kálimnos
Bodrum
Halikarnassos
Muğla
Marmaris
Náxos
Páros
Sífnos
Kikládes
Amorgós
Íos
Folégandros
Thíra (Santoríni)
Akrotiri
Anáfi
Astipálea
Kos
Níssiros
Tílos
Sími
Ródos
Ródos (Gr.)
Líndos
Kastellorizo
Lemesos
Fethiye
Kárpathos (Gr.)
Kássos
Nótio Egéo
Kríti
IRÁKLIO
Knossós
Gortis
Phaistos
Sitía
Palékastro
Zákros
Gournia
Ierápetra
Réthimno

0 10 20 30 40 50 km
0 10 20 30 miles

Haymana
Kırşehir
Nevşehir
Göreme
Göreme Milli Parkı
Ürgüp
KAYSERİ
Erciyes Dağı
Aksaray
Niğde
Kapadokya
Ereğli
Karaman
Konya Ovası
Obruk Yaylâsı
Ereğli Ovası
Toros Dağları
Bolkar Dağları
Aladağ
Tahtalı Dağları
Kulmaç Dağları
Binboğa Dağı
Yeraltı Şehri
Sultansazlığı Milli Parkı
Çatal Hüyük
Kozan
Kadirli
Karatepe Aslantaş Milli P.
OSMANİYE
Ceyhan
ADANA
Çukurova
TARSUS
MERSİN (İÇEL)
Silifke
Kızkalesi
Korykos
Anamur
Anamur Burnu
Anemourion
Akçalı Dağları
Ermenek
Mut
İSKENDERUN
İskenderun Körfezi
Nur Dağları
Kırıkhan
HATAY (ANTAKYA)
Reyhanlı
Samandağı
Seleukeia Pieria
Idlib
Ğisr aš-Šuğur
AL-LĀDIQIYA (LATAKIA)
Ugarit
Ğabala
Bāniyās
Qal'at Ṣalāḥaddīn
Qal'at al-Marqab
Qal'at al-Mudiq (Apameia)
Ḥamāh
Maṣyāf
TARTŪS
Ṣāfitā
Qal'at al-Ḥiṣn
AS-SŪRĪYA
AL-LUBNĀN
Kıbrıs
KÝPROS
LEFKOSIA
LEFKOŞA
Keryneia
Ammochostos
Kolpos Ammochostou
Larnaka
Lemesos
Kolpos Morfou
Kolpos Episkopis
Rizokarpaso
Kakopetria
Choirokoitia
Dhekelia Sovereign Base Area (U.K.)
Akrotiri Sovereign Base Area (U.K.)
Malatya
Kahramanmaraş
Gaziantep
Halab
Ḥamāh
Ḥimṣ
51
52
53
54
55
56

Dimašq Dimašq AS-SŪRIYA

0 10 20 30 40 50 km
0 10 20 30 miles

Ea
Eb
Ec
Ed
Ee
Erzurum
Ağrı
79
Höy
51
52
53
54
55
56
Van Gölü
VAN
Tatvan
Bitlis
Ahlat
Adilcevaz
Malazgirt
Erciş
Muş
Muradiye
Patnos
Siirt
BATMAN
Şırnak
Hakkâri
Yüksekova
Mardin
KIZILTEPE
Nusaybin
Midyat
Cizre
Silopi
AL-QĀMIŠLĪ
Zāḫū
Dahūk
Dahūk
TALL'AFAR
AL-MAUṢIL
(MOSUL)
ARBĪL
Arbīl
Šaqlāwa
KIRKŪK
at-Ta'mīm
al-Ḥasaka
Nīnawā
AL-'IRĀQ
al-Anbār
Muşgüneyi Dağları
Şerafettin Dağları
Yazlıca Dağı
Kūreli Dağı
Cudi Dağı
İhtiyaşahap Dağları
Koçkıran Dağı
Erek Dağı
Ala Dağlar
Ğabal Sinǧār
Ğabal Hamrīn
Ğabal Maḥḥūl
Hatra
Assur
Nimrud
Ninawā (Ninive)
Tall Hassūna
Tappe Gaura
Sunaisila
Milhat Asqar
Sabhat al-Buwāra
Sabhat ar-Rawda
+2h Gr.Time
+3h Gr. Time
Azarbaygan-e Garbi
Bağdād
AL-'IRĀQ

1 : 20.000

GB	F	D	I	E	NL
Motorway	Autoroute	Autobahn	Autostrada	Autopista	Autosnelweg
Road with four lanes	Route à quatre voies	Vierspurige Straße	Strada a quattro corsie	Carretera de cuatro carriles	Weg met vier rijstroken
Thoroughfare	Route de transit	Durchgangsstraße	Strada di attraversamento	Carretera de tránsito	Weg voor doorgaand verkeer
Main road	Route principale	Hauptstraße	Strada principale	Carretera principal	Hoofdweg
Other roads	Autres routes	Sonstige Straßen	Altre strade	Otras carreteras	Overige wegen
One-way street - Pedestrian zone	Rue à sens unique - Zone piétonne	Einbahnstraße - Fußgängerzone	Via a senso unico - Zona pedonale	Calle de dirección única - Zona peatonal	Straat met eenrichtingsverkeer - Voetgangerszone
Information - Parking place	Information - Parking	Information - Parkplatz	Informazioni - Parcheggio	Información - Aparcamiento	Informatie - Parkeerplaats
Main railway with station	Chemin de fer principal avec gare	Hauptbahn mit Bahnhof	Ferrovia principale con stazione	Ferrocarril principal con estación	Belangrijke spoorweg met station
Other railway	Autre ligne	Sonstige Bahn	Altra ferrovia	Otro ferrocarril	Overige spoorweg
Underground	Métro	U-Bahn	Metropolitana	Metro	Ondergrondse spoorweg
Tramway	Tramway	Straßenbahn	Tram	Tranvía	Tram
Airport bus	Bus d'aéroport	Flughafenbus	Autobus per l'aeroporto	Autobús al aeropuerto	Vliegveldbus
Police station - Post office	Poste de police - Bureau de poste	Polizeistation - Postamt	Posto di polizia - Ufficio postale	Comisaria de policia - Correos	Politiebureau - Postkantoor
Hospital - Youth hostel	Hôpital - Auberge de jeunesse	Krankenhaus - Jugendherberge	Ospedale - Ostello della gioventù	Hospital - Albergue juvenil	Ziekenhuis - Jeugdherberg
Church - Church of interest	Église - Église remarquable	Kirche - Sehenswerte Kirche	Chiesa - Chiesa interessante	Iglesia - Iglesia de interés	Kerk - Bezienswaardige kerk
Synagogue - Mosque	Synagogue - Mosquée	Synagoge - Moschee	Sinagoga - Moschea	Sinagoga - Mezquita	Synagoge - Moskee
Monument - Tower	Monument - Tour	Denkmal - Turm	Monumento - Torre	Monumento - Torre	Monument - Toren
Built-up area, public building	Zone bâtie, bâtiment public	Bebaute Fläche, öffentliches Gebäude	Caseggiato, edificio pubblico	Zona edificada, edificio público	Bebouwing, openbaar gebouw
Industrial area	Zone industrielle	Industriegelände	Zona industriale	Zona industrial	Industrieterrein
Park, forest	Parc, bois	Park, Wald	Parco, bosco	Parque, bosque	Park, bos

DK	S	PL	CZ	H	RUS
Motorvej	Motorväg	Autostrada	Dálnice	Autópálya	Автострада
Firesporet vej	Väg med fyra körfällt	Droga o czterech pasach ruchu	Čtyřstopá silnice	Négysávos út	4-х полосная автодорога
Genemmfartsvej	Genomfartsled	Droga przelotowa	Průjezdní silnice	Átmenő út	Магистральная дорога
Hovedvej	Huvudled	Droga główna	Hlavní silnice	Főút	Главная дорога
Andre mindre vejen	Övriga vägar	Drogi inne	Ostatní silnice	Egyéb utak	Другие дороги
Gade med ensrettet kørsel - Gågade	Enkelriktad gata - Gågata	Ulica jednokierunkowa - Strefa ruchu pieszego	Jednosměrná ulice - Pěší zóna	Egyirányú utca - Sétáló utca	Улица с односторонным движением - Пешеходная зона
Information - Parkeringplads	Information - Parkering	Informacja - Parking	Informace - Parkoviště	Információ - Parkolóhely	Информация - Парковка
Hovedjernbanelinie med station	Huvudjärnväg med station	Kolej główna z dworcami	Hlavní železnice s stanice	Fővasútvonal állomással	Главная железная дорога с вокзалом
Anden jernbanelinie	Övrig järnväg	Kolej drugorzędna	Ostatní železnice	Egyéb vasútvonal	Прочая железная дорога
Underjordisk bane	Tunnelbana	Metro	Metro	Földalatti vasút	Метро
Sporvej	Spårväg	Linia tramwajowa	Tramvaj	Villamos	Трамвай
Bus til lufthavn	Flygbuss	Autobus dojazdowy na lotnisko	Letištní autobus	Repülőtéri autóbusz	Автобус до аэропорта
Politistation - Posthus	Poliskontor - Postkontor	Komisariat - Poczta	Policie - Poštovní úřad	Rendőrség - Postahivatal	Полицейский участок - Почта
Sygehus - Vandrerhjem	Sjukhus - Vandrarhem	Szpital - Schronisko młodzieżowe	Nemocnice - Ubytovna mládeže	Kórház - Ifjúsági szálló	Больница - Туристская база для молодежи
Kirke - Seværdig kirke	Kyrka - Sevärd kyrka	Kościół - Kościół zabytkowy	Kostel - Zajímavý kostel	Templom - Látványos templom	Церковь - Достопримечательная церковь
Synagoge - Moské	Synagoga - Moské	Synagoga - Meczet	Synagoga - Mešita	Zsinagóga - Mecset	Синагога - Мечеть
Mindesmærke - Tårn	Monument - Torn	Pomnik - Wieża	Pomník - Věž	Emlékmű - Torony	Памятник - Башня
Bebyggelse, offentlig bygning	Bebyggt område, offentlig byggnad	Obszar zabudowany, budynek użyteczności publicznej	Zastavěná plocha, veřejná budova	Beépítés, középület	Застройка, общественное здание
Industriområde	Industriområde	Obszar przemysłowy	Průmyslová plocha	Iparvidék	Промышленная область
Park, skov	Park, skog	Park, las	Park, les	Park, erdő	Парк, лес

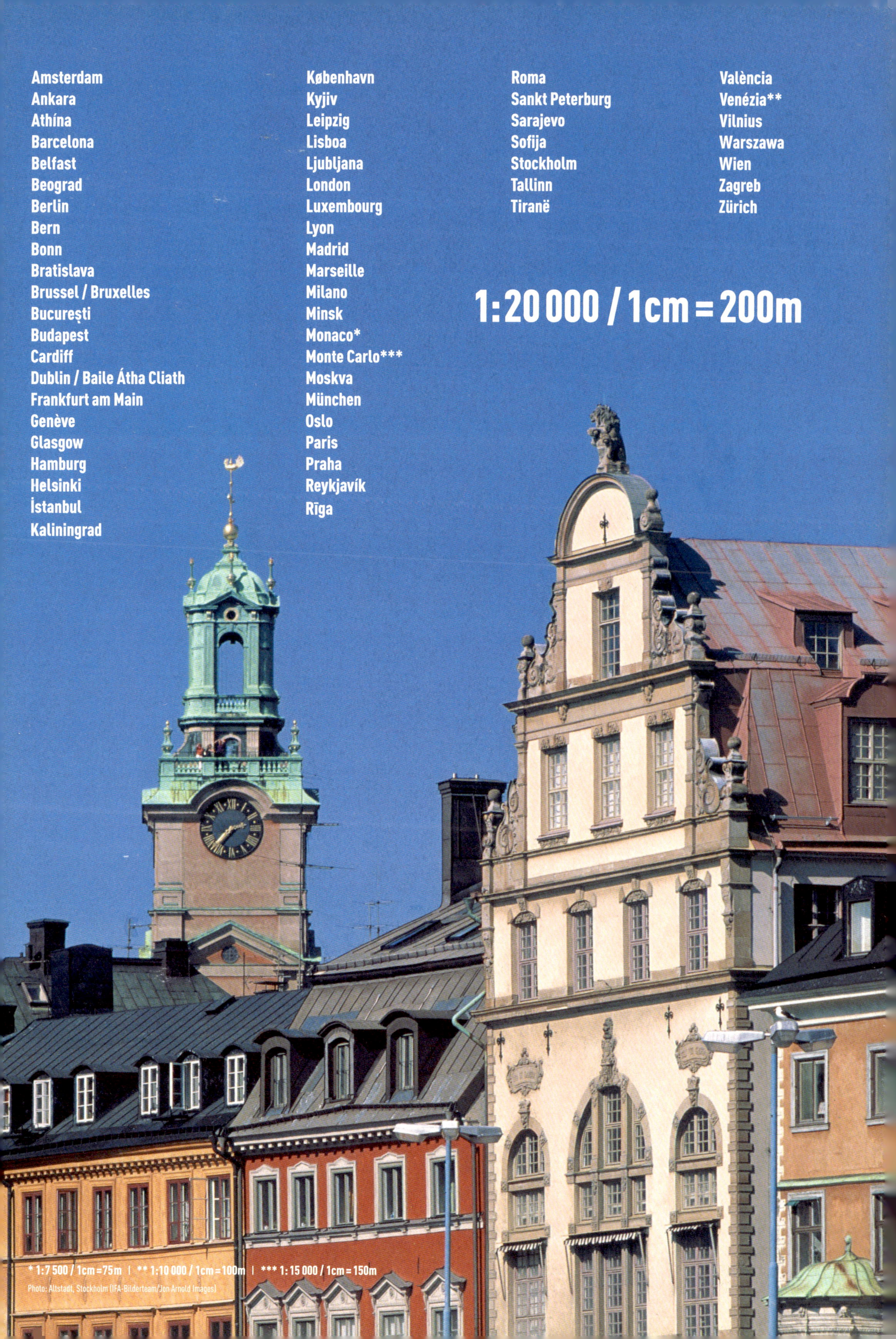

Amsterdam
Ankara
Athína
Barcelona
Belfast
Beograd
Berlin
Bern
Bonn
Bratislava
Brussel / Bruxelles
București
Budapest
Cardiff
Dublin / Baile Átha Cliath
Frankfurt am Main
Genève
Glasgow
Hamburg
Helsinki
İstanbul
Kaliningrad
København
Kyjiv
Leipzig
Lisboa
Ljubljana
London
Luxembourg
Lyon
Madrid
Marseille
Milano
Minsk
Monaco*
Monte Carlo***
Moskva
München
Oslo
Paris
Praha
Reykjavík
Rīga
Roma
Sankt Peterburg
Sarajevo
Sofija
Stockholm
Tallinn
Tiranë
València
Venézia**
Vilnius
Warszawa
Wien
Zagreb
Zürich

1:20 000 / 1cm = 200m

* 1:7 500 / 1cm = 75m | ** 1:10 000 / 1cm = 100m | *** 1:15 000 / 1cm = 150m

Photo: Altstadt, Stockholm (IFA-Bilderteam/Jon Arnold Images)

0
500
1000M
Zaanstad
Zaanstad
Edam-Volendam
Haarlem
Haarlem
Haarlem
Luchthaven Schiphol
Luchthaven Schiphol, Leiden
Amstelveen
Utrecht
Bijlmermeer
Diemen
Schellingwoude
A10, S114 Zeeburg
JORDAAN
CENTRUM
OOST
OUD-
ZUID
DE
PIJP
NIEUW-
ZUID
HET IJ
Centraal Station
EYE Film Institute
Twenty4Amsterdam
Passagiers Terminal Amsterdam
NEMO
Scheepvaart-museum
Dam
Nieuwmarkt
Rokin
Waterlooplein
Weesperplein
Vijzelgracht
Wibautstr.
Amstel
Centuurbaan
RAI Europaplein
R.A.I. Congres-gebouw
Beatrixpark
Vondelpark
Sarphatipark
Haarlemmerweg
Nassaukade
Raadhuisstraat
Rozengracht
Clercqstraat
Stadhouderskade
Weteringschans
Wibautstraat
Stadionweg
Wielingenstr.
President Kennedylaan
Churchill-laan
Ceintuurbaan
Mr. Treublaan
Spaklerweg
Piet Heinkade
De Ruijterkade
IJ-TUNNEL
S100
S103
S106
S108
S109
S110
S111
S112
S113
S116

0
500
1000M
Halkida Χαλκίδα
Olimpiako stadio Ολυμπιακό σταδιο
Rafina Ραφήνα
Moni Asteriou
Voula Βουλα
Kalamaki Καλαμάκι
Pireas Πειραιάς
Elefsina Ελευσίνα
Pedion Areos
Lykavittos
Lofos Strefi
LEOF. ALEXANDRAS
Omonia
Metaxourgio
Thissio
Monastiraki
Syntagma
Evangelismos
Plaka
Arhea Agora
Arios Pagos
Akropoli
ATHINA
ΑΘΗΝΑ
Pnyka
Ethnikos kipos
(National Garden)
Panathinaiko stadio
(Panathenean Stadium)
Akropoli
Syngrou-Fix
Neos Kosmos
Agios Ioannis
YMITTOS

Ankara TR

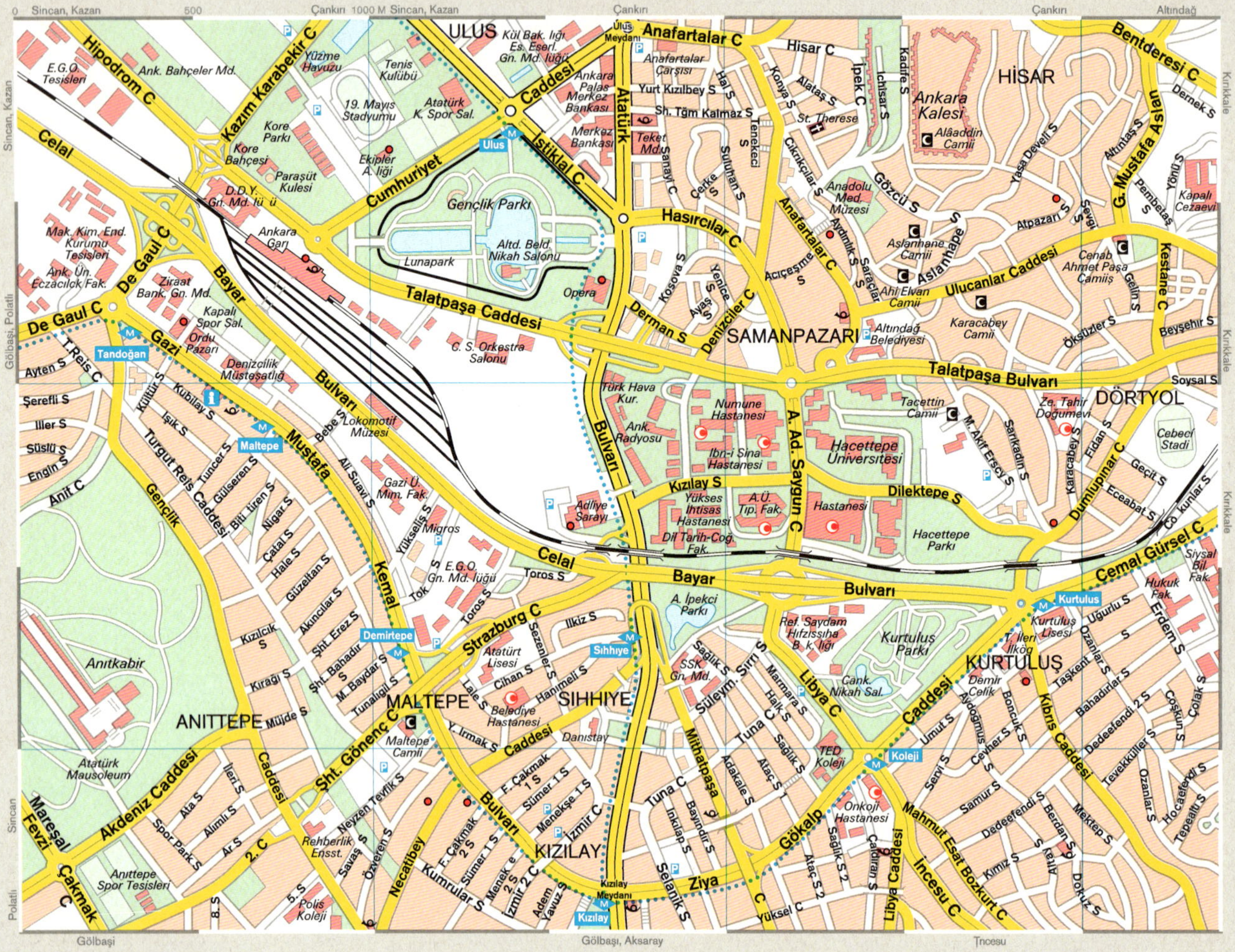

Belfast GB

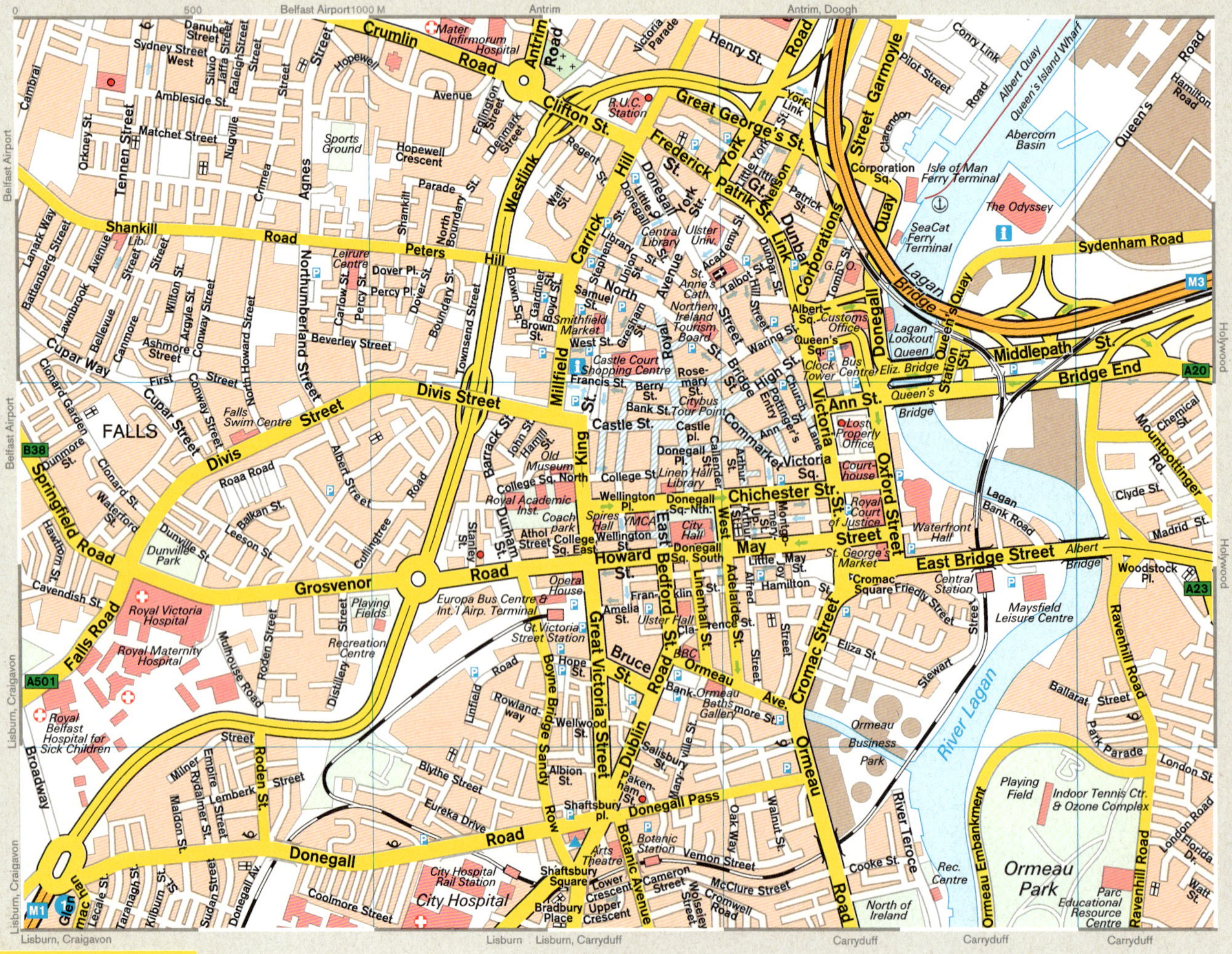

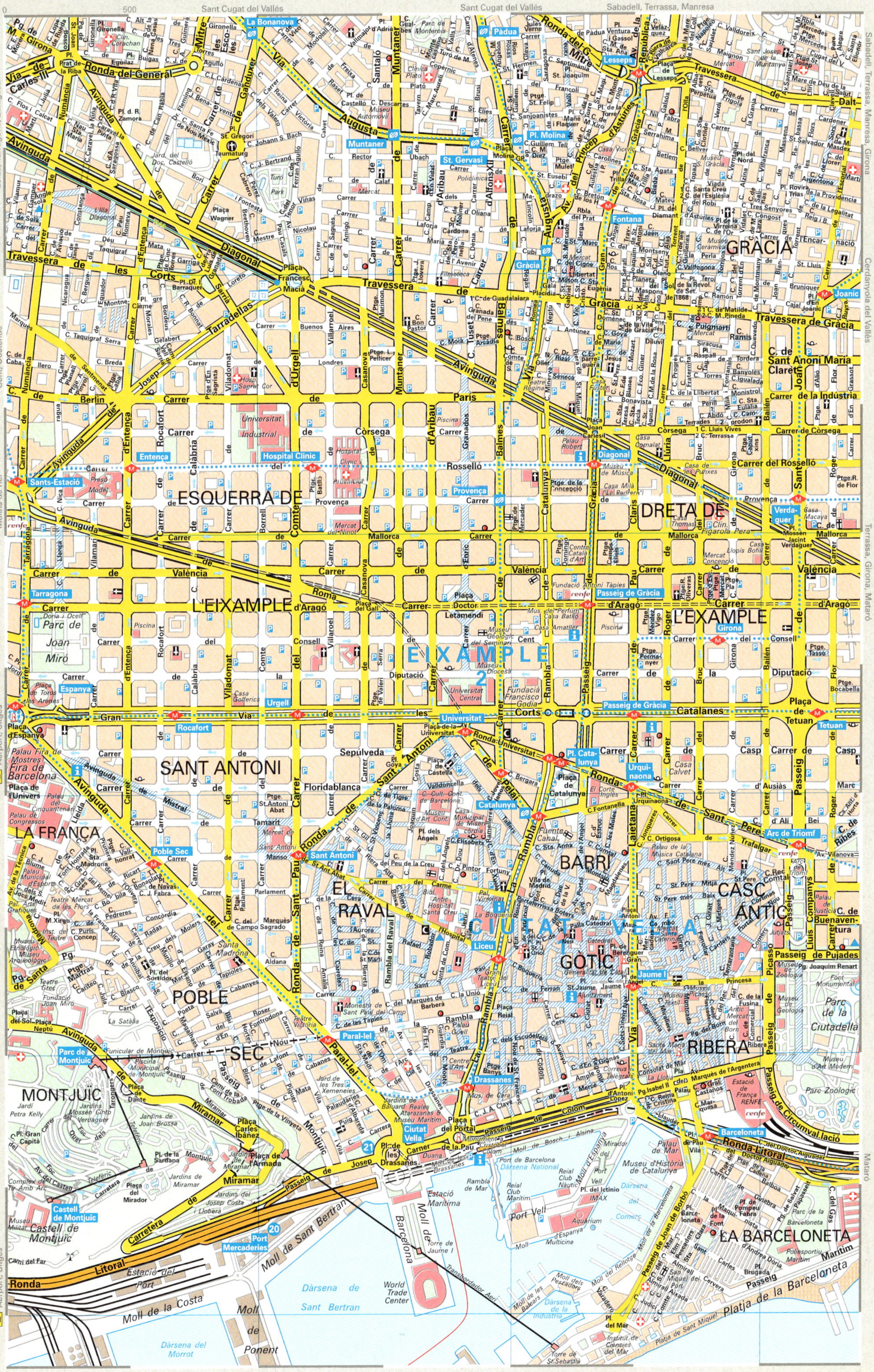
Sant Cugat del Vallès
Sant Cugat del Vallès
Sabadell, Terrassa, Manresa
Sabadell, Terrassa, Manresa, Girona
Cerdanyola del Vallès
Terrassa, Girona, Mataró
Mataró
Lleida, Tarragona, Zaragoza
Gent, Oostende
Molins de Rei
Airport, Sitges
Airport, Sitges
GRÀCIA
ESQUERRA DE
L'EIXAMPLE
DRETA DE
L'EIXAMPLE
EIXAMPLE
SANT ANTONI
LA FRANÇA
EL RAVAL
CIUTAT VELLA
BARRI
GÒTIC
CASC
ANTIC
RIBERA
POBLE
SEC
MONTJUÏC
LA BARCELONETA
Avinguda Diagonal
Travessera de Gràcia
Ronda del General Mitre
Gran Via de les Corts Catalanes
Passeig de Gràcia
Rambla
Paral·lel
Ronda Litoral
Moll de la Costa
Moll de Ponent
Dàrsena de Sant Bertran
Dàrsena del Morrot
Moll de Sant Bertran
Moll de Barcelona
Port Vell
Platja de la Barceloneta
Sants-Estació
Espanya
Tarragona
Hospital Clínic
Entença
Provença
Diagonal
Fontana
Lesseps
Joanic
Verdaguer
Girona
Tetuan
Arc de Triomf
Urquinaona
Pl. Catalunya
Catalunya
Universitat
Urgell
Rocafort
Poble Sec
Sant Antoni
Liceu
Jaume I
Drassanes
Paral·lel
Barceloneta
Parc de Montjuïc
Castell de Montjuïc
Port Mercaderies
Muntaner
Pl. Molina
St. Gervasi
Gràcia
Pàdua
La Bonanova
Parc de Joan Miró
Parc de la Ciutadella
Estació de França
World Trade Center

0
500
1000M
Wedding
Spandau
Charlottenburg
Wilmersdorf
Steglitz
Schöneberg
Westhafen
MOABIT
BEZIRK MITTE
TIERGARTEN
HANSA-VIERTEL
Zoologischer Garten
Tiergarten
TEMPELHOF
Großer Stern
Siegessäule
Schloss Bellevue
Bundeskanzleramt
Reichstagsgebäude
Platz der Republik
Brandenburger Tor
Pariser Pl.
Potsdamer Platz
Kulturforum
Philharmonie
Berlin Hbf
Hauptbahnhof
Charité Universitätsmedizin Berlin
Poststadion
Deutsches Technikmuseum
Museum für Naturkunde
Hamburger Bahnhof Museum für Gegenwart
Straße des 17. Juni
Kurfürstendamm
Wittenbergplatz
Nollendorfplatz
Gleisdreieck
Anhalter Bahnhof
Turmstr.
Birkenstr.
Westhafen
Beusselstr.
Bellevue
Hansaplatz
Tiergarten
Zoologischer Garten
Kurfürstenstr.
Bülowstr.
Möckernbr.
Mendelssohn-Bartholdy-Park
Potsdamer Pl.
Schwartzkopffstr.
Naturkundemuseum
Reinickendorfer Str.
Seestr.
Augsburger Str.
Spichernstr.
Viktoria-Luise-Platz
Bundestag
Seestr.
Perleberger Str.
Rathenower Str.
Heidestr.
Invalidenstr.
Alt-Moabit
Chausseestr.
Friedrichstr.
Wilhelmstr.
Ebertstr.
Lützowplatz
Landwehrkanal
Spree
Nachodstr.
Hohenstaufenstr.
Tauentzienstr.
Bülowstr.
Yorckstr.
Hallesches Ufer
Schöneberger Ufer
Reichpietschufer
Tiergartenstr.
Hofjägerallee
Spreeweg
Altonaer Str.
Bachstr.
Levetzowstr.
Lessingstr.
Stromstr.
Beusselstr.
Quitzowstr.
Siemensstr.
Huttenstr.
Kaiserin-Augusta-Allee

Wedding
Pankow
Pankow
Weißensee
Marzahn
Lichtenberg
Lichtenberg
Berlin-Tempelhof
Tempelhof
Neukölln
Neukölln, Berlin-Schönefeld
PRENZLAUER BERG
ERNST-REUTER-SIEDL.
FRIEDRICHSHAIN
MITTE
OTTO-SUHR-SIEDL.
KREUZBERG
Volkspark Friedrichshain
Ernst-Thälmann-Park
Alexanderplatz
Spree
Nordbahnhof
Ostbahnhof
Hallesches Tor
Kottbusser Tor
Görlitzer Bahnhof
Moritzplatz
Senefelderplatz
Rosa-Luxemburg-Pl.
Weinmeisterstr.
Bernauer Str.
Rosenthaler Pl.
Jannowitzbr.
Heinrich-Heine-Str.
Märkisches Mus.
Spittelmarkt
Hausvogteipl.
Stadtmitte
Kochstr.
Französische Str.
Friedrichstr.
Prinzenstr.
Strausberger Pl.
Schillingstr.
Klosterstr.
96a
109
179
96

Beograd SRB-11000

0 500 1000M

Bern CH-3000-31

0 500 Solothurn 1000M Aarburg A6, Verzw. Wankdorf

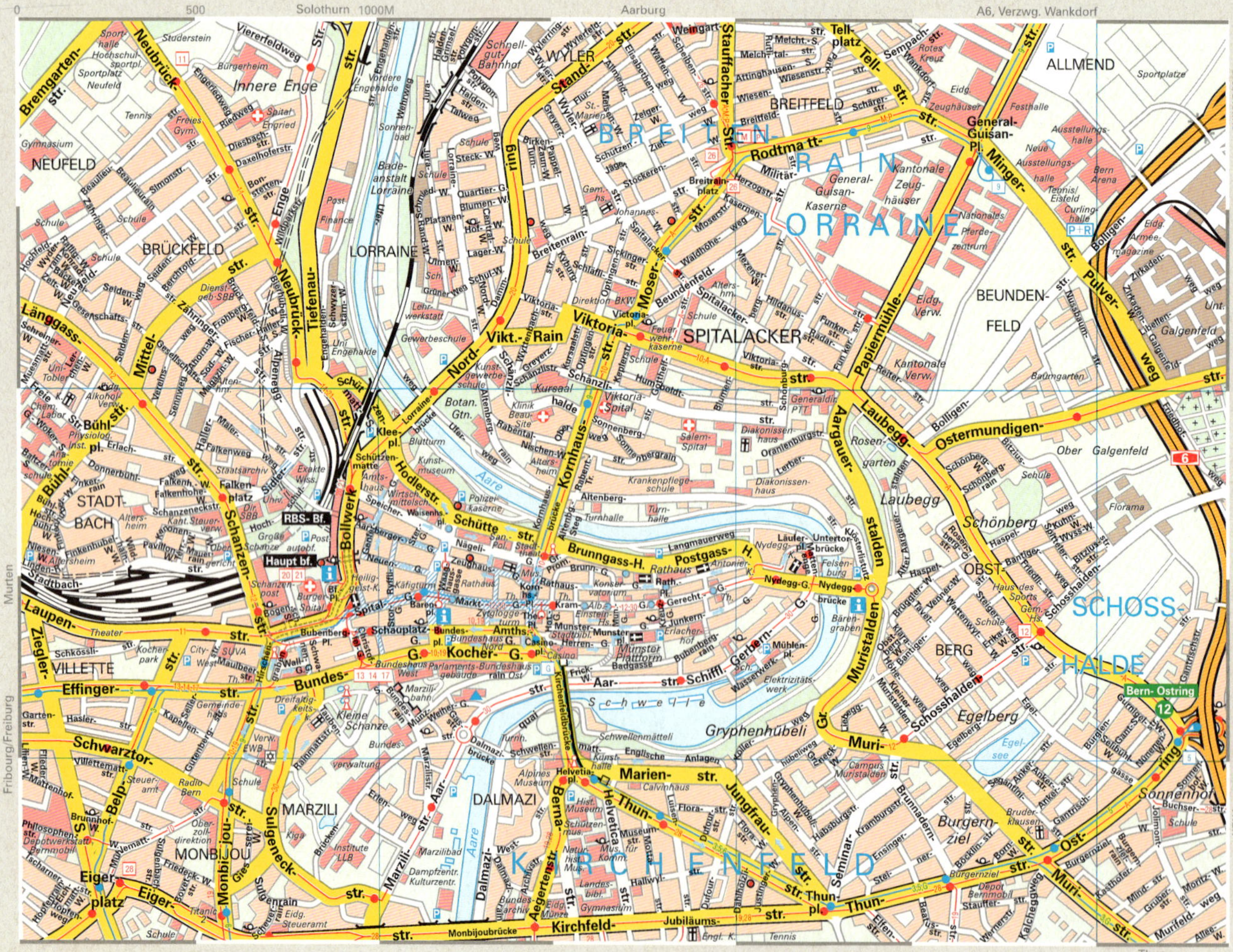

0
500
1000M
A59, Troisdorf, Köln
Ortsteil Auerberg
(zu Bonn)
Rheindorfer Hafen
5 = Salierweg
Kläranlage
Friedr.-Ebert-Br.
Jüd. Friedhof
Vilicher Bach
Niederkasseler Str.
Rhein
AS Bonn-Auerberg
Kölnstraße
Josephinum
Kreuz Bonn-Nord
Ortsteil Bonn-Castell
(zu Bonn)
Augustusring
Rheinische Landesklinik
Ortsteil Schwarzrheindorf/ Vilich-Rheindorf
(zu Bonn)
3=An der Wolfsburg
4=Tentenstraße
5=Wolfsgasse
AS Verteilerkreis Bonn
AS Bonn-Tannenbusch
6 = Am Alten Poststadion
Probsthof
Ortsteil Nordstadt
(zu Bonn)
Ortsteil Bonn-Zentrum
(zu Bonn)
Kennedybrücke
Berliner Freiheit
10=Synagogenplatz
Güterbf.
Bonn-West
Gewerbe- u. Gründerzentrum (Alter Schlachth.)
Ortst. Weststadt
(zu Bonn)
Bornheimer Str.
Oxfordstr.
Rabinstraße
Bonn Hbf
AS Bonn-Endenich
Ortst. Südstadt
(zu Bonn)
Adenauerallee
Beethoven-Gymnasium
Universitätsbibliothek
Bundesrechn.-hof/ Ausw.A.
AS Bonn-Poppelsdf.
Meckenheimer Allee
Reuterstr.
Museum Koenig
Botanischer Garten
1 = Poppelsdorfer Pl.
2 = Pfarrer-Hürth-Straße
3 = Im jungen Wingert
Ortsteil Poppelsdorf
(zu Bonn)
Botanischer Garten (Außenst.)
Kreuzberg
157
Kreuzbergpark
Kreuzberghalle
Ortsteil Kessenich
(zu Bonn)
1 = Füssenichg.
BN-Röttgen
Venusberg
Dottendorf
Wesseling, Köln
555, Köln
Bornheim
Alfter
Euskirchen
Meckenheim, A61, Koblenz
Siegburg, A59, Köln/B.Hennef

0
Koliba
500
1000M
Modra
Vajnory
VINOHRADY
NOVÉ MESTO
NIVY
Dunaj
sad Janka Kráľa
PETRŽALKA
DVORY
V hrabinách
Medická záhrada
Ondrejský cintorín
Šancová
Záhradnícka
Mlynské nivy
Prístavná
Einsteinova
Viedenská cesta
Jaskový rad
Pražská
Palisády
Račianska
Vajnorská
Trnavská cesta
Bajkalská
Miletičova
Karadžičova
Košická
Prievozská
Mickiewiczova
Mýtna
Štefánikova
Nový most
Starý most
most Apollo
Prístavný most
Bosákova
Jantárová cesta
Dolnozemská cesta
Rusovská cesta
Petržalka-Ovsište
Slovnaft Benzinol
Brno
Dúbravka
Staré Mesto
Devín
Wien
Trnava, Győr
Komárno
Trnava, Komárno
Győr, Kittsee
Rusovce
Győr
E58
E75
D1
61
63
502
2

Mechelen
Leuven
Liège/Luik
Wavre
Namur/Namen
Charleroi
Charleroi, Mons, Tournai
Uccle/Ukkel, Waterloo, Charleroi
Halle, Mons
Gent, Oostende
Gent, Oostende, Brugge
BRUSSEL
ST.GILLIS
ST.GILLES
ELSENE
IXELLES
LES MAROLLES
LE SABLON
ILOT SACRE
BASCULE
Gare du Nord Noordstation
Gare du Midi Zuidstation
Gare Centr. Centr. Station
Parc de Bruxelles Park van Brussel
Parc de Forest Park van Vorst
Parc Léopold Leopoldspark

0
500
1000M
Szentendre, Visegrád
Vác, Banská Bystrica
SZEMLŐHEGY
FELHÉVÍZ
LŐPORTÁRDŰLŐ
ÚJLIPÓTÁROS
RÓZSADOMB
XIII
II
TERÉZVÁROS
VI
LIPÓTVÁROS
VÍZIVÁROS
VÁR
KRISZTINAVÁROS
BELVÁROS
ERZSÉBETVÁROS
NAPHEGY
TABÁN
GELLÉRTHEGY
Kis-Gellérthegy
SASHEGY
XI
DUNA
Margit híd
Szent István körút
Nyugati pályaudvar
Széchenyi lánchíd
Erzsébet híd
Szabadság híd
Petőfi híd
Déli pályaudvar
Deák Ferenc tér
Vörösmarty tér
Kálvin tér
Astoria
Oktogon
Opera
Batthyány tér
Széll Kálmán tér
Ferenc körút
Fővám tér
Szent Gellért tér
Móricz Zs. körtér
Boráros tér
Lehel tér
Kodály körönd
Vörösmarty utca
Arany János u.
Bajcsy-Zsilinszky út
Ferenciek tere
Hegyalja út
Villányi út
Bartók Béla út
Karinthy Frigyes út
Irinyi József út
Nagyszőlős út
Bocskai út
Üllői út
Rákóczi út
Múzeum körút
Váci út
Andrássy út
Pécs, Virovitica
Érd, Székesfehérvár
Budakeszi, Bicske
Győr, Bratislava, Wien, Székesfehérvár, Balaton, Zagreb
Gödöllő, Gyömrő
Miskolc, Košice, Gödöllő, Gyömrő
Moskva, Debrecen, Horoběgy, Bucureşti

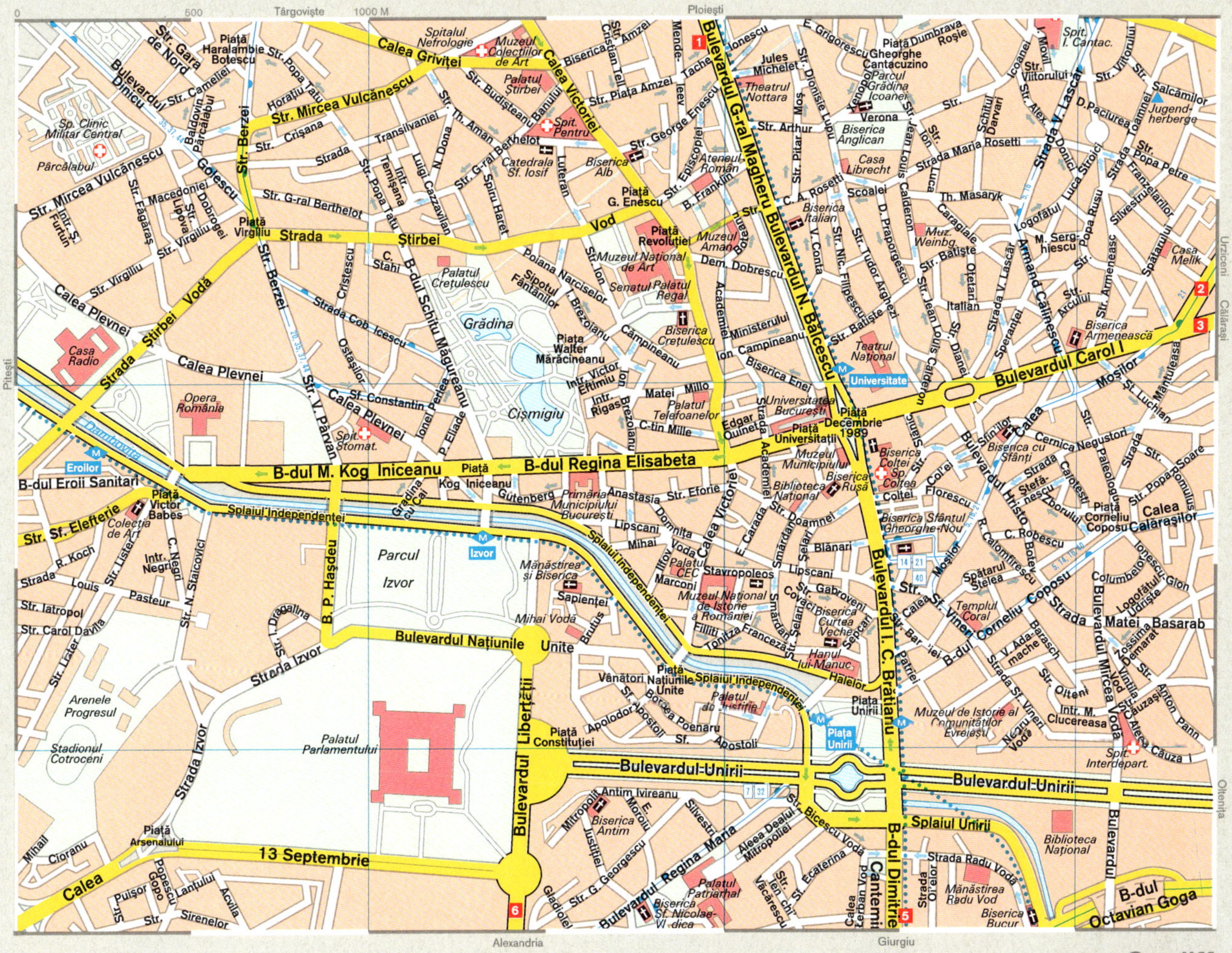
Târgovişte
Ploieşti
Piteşti
Urziceni
Călăraşi
Olteniţa
Alexandria
Giurgiu
Calea Griviţei
Str. Mircea Vulcănescu
Calea Victoriei
Bulevardul G-ral Magheru
Bulevardul N. Bălcescu
Strada Ştirbei Vodă
Calea Plevnei
Strada Ştirbei
Bulevardul Carol I
B-dul M. Kog Iniceanu
B-dul Regina Elisabeta
B-dul Eroii Sanitari
Splaiul Independenţei
Parcul Izvor
Bulevardul Naţiunile Unite
Bulevardul Libertăţii
Palatul Parlamentului
Bulevardul Unirii
Bulevardul I. C. Brătianu
B-dul Dimitrie Cantemir
13 Septembrie
Splaiul Unirii
Grădina Cişmigiu
Casa Radio
Operа Română
Stadionul Cotroceni
Arenele Progresul
Biblioteca Naţional
Piaţa Unirii
Piaţa Constituţiei
Piaţa Universităţii
Universitate
Izvor
Eroilor
B-dul Octavian Goga
Strada Matei Basarab
Strada Izvor
Calea Călăraşilor
Teatrul Naţional
Piaţa Romană
Ateneul Român
Mănăstirea Radu Vodă

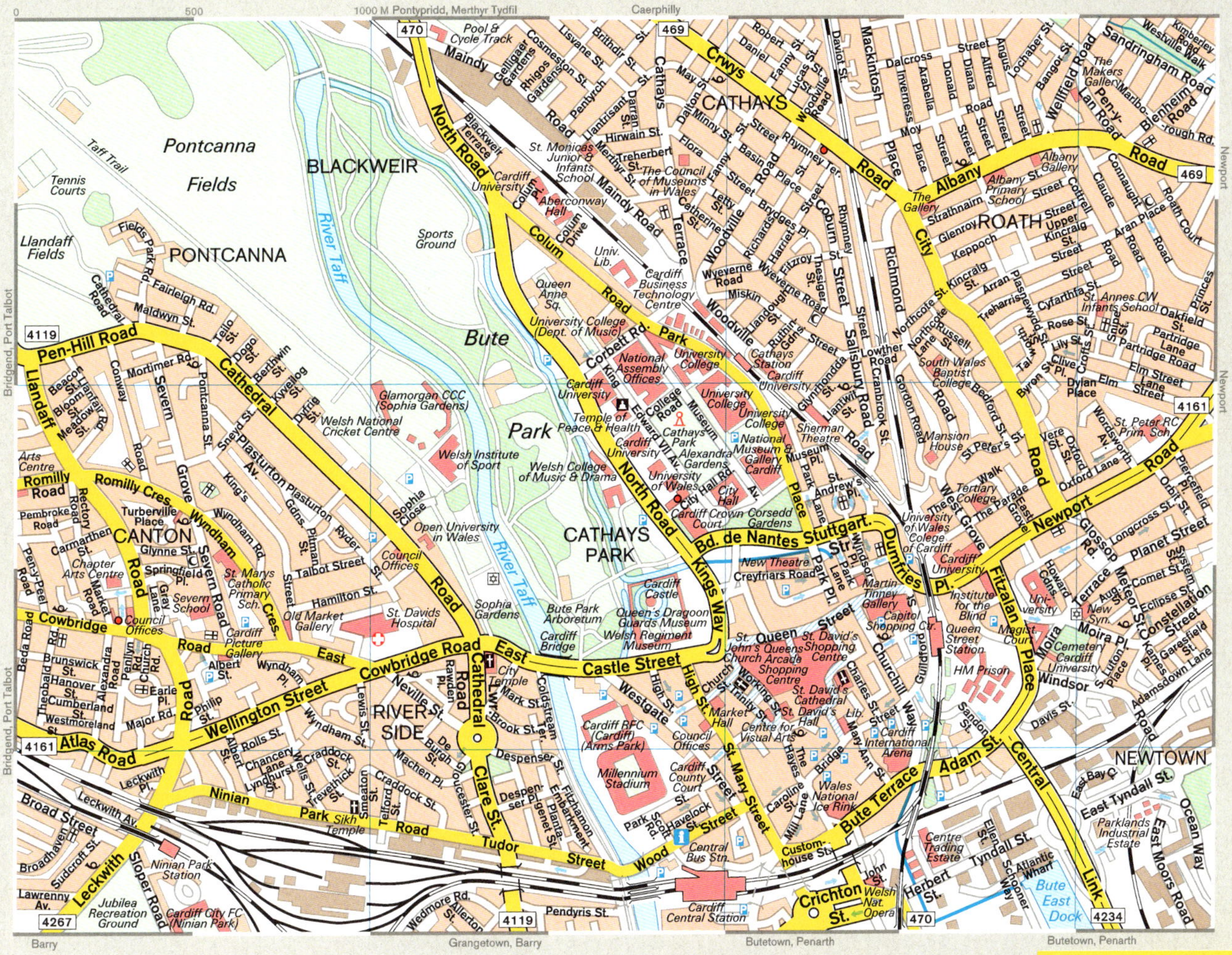
Pontypridd, Merthyr Tydfil
Caerphilly
Newport
Bridgend, Port Talbot
Barry
Grangetown, Barry
Butetown, Penarth
Pontcanna Fields
PONTCANNA
BLACKWEIR
River Taff
Bute Park
CATHAYS
CATHAYS PARK
ROATH
CANTON
RIVERSIDE
NEWTOWN
North Road
Cathedral Road
Cowbridge Road East
Castle Street
Kingsway
Bd. de Nantes
Stuttgart. Str.
Dumfries Pl.
Newport Road
City Road
Albany Road
Crwys Road
Colum Road
Park Place
Wellington Street
Atlas Road
Ninian Park Road
Tudor Street
Wood Street
Bute Terrace
Adam St.
Fitzalan Place
Penarth Road
Leckwith Road
Sloper Road
Pen-Hill Road
Llandaff Road
Romilly Road
Cardiff Castle
Cardiff Central Station
Millennium Stadium
Cardiff International Arena
National Museum & Gallery Cardiff
HM Prison
Bute East Dock
Queen Street
St. Mary Street
Cardiff City FC (Ninian Park)
Jubilee Recreation Ground
Sophia Gardens
Welsh National Cricket Centre
470
469
4119
4161
4267
4234

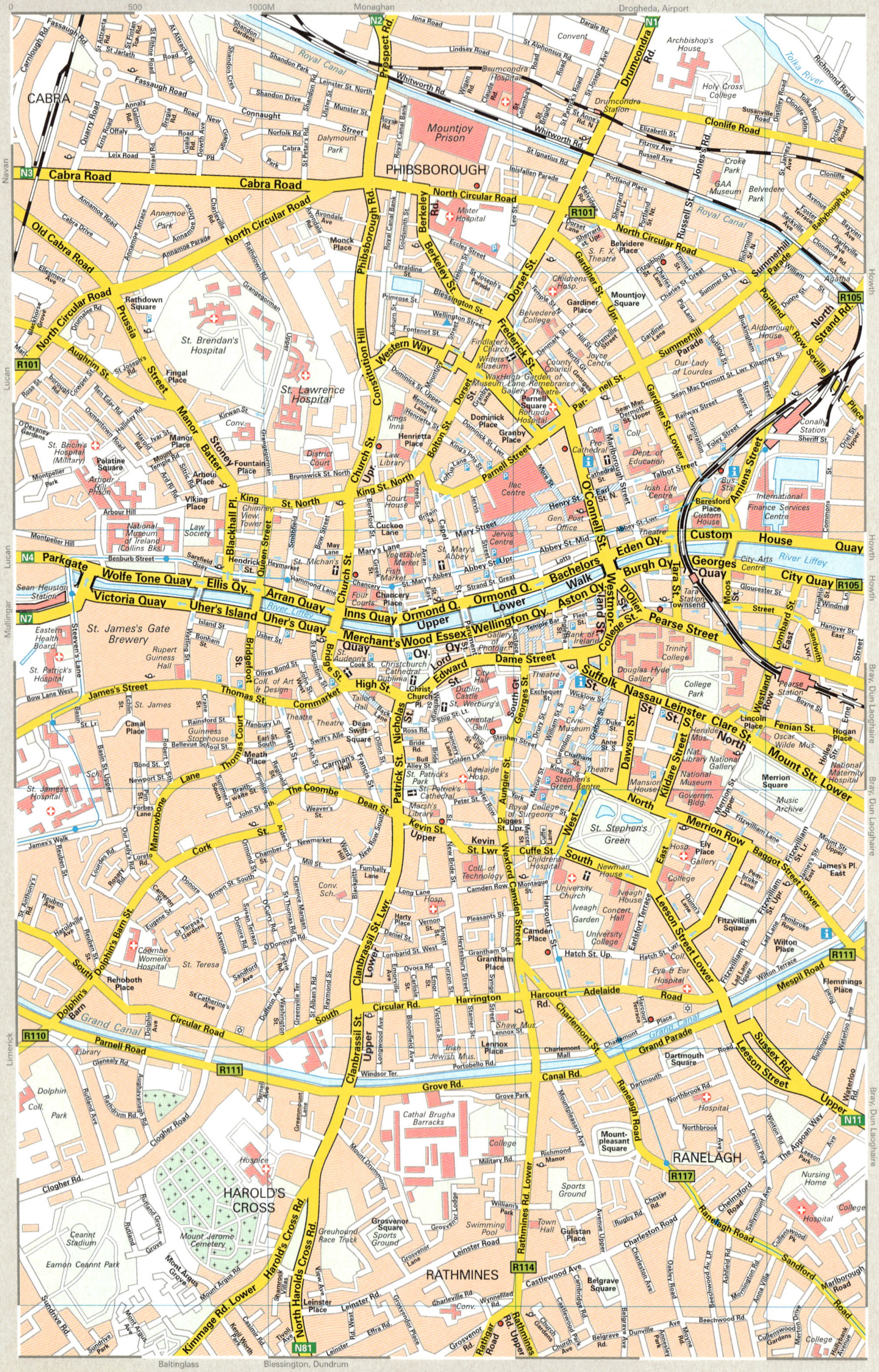
0
500
1000M
Monaghan
Drogheda, Airport
Navan
Lucan
Mullingar
Limerick
Howth
Bray, Dun Laoghaire
Baltinglass
Blessington, Dundrum
CABRA
PHIBSBOROUGH
HAROLD'S CROSS
RATHMINES
RANELAGH
N1
N2
N3
N4
N7
N11
N81
R101
R105
R110
R111
R114
R117
Cabra Road
North Circular Road
Old Cabra Road
Prospect Rd.
Whitworth Rd.
Drumcondra Rd.
Clonliffe Road
Mountjoy Prison
Mater Hospital
Holy Cross College
Croke Park
Royal Canal
Tolka River
St. Brendan's Hospital
St. Lawrence Hospital
Phibsborough Rd.
Constitution Hill
Church St.
Dorset St.
O'Connell St.
Parnell Square
Gardiner St.
Summerhill
Amiens Street
Connolly Station
Custom House
Custom House Quay
River Liffey
Wolfe Tone Quay
Ellis Qy.
Arran Quay
Inns Quay
Ormond Q.
Bachelors Walk
Eden Qy.
Burgh Qy.
Georges Quay
City Quay
Victoria Quay
Uher's Island
Usher's Quay
Merchant's Quay
Wood Quay
Essex Qy.
Wellington Qy.
Aston Qy.
Westmorland St.
D'Olier St.
Pearse Street
Trinity College
Dame Street
Nassau St.
Leinster St.
Clare St.
Mount Str. Lower
Merrion Square
Grafton Street
St. Stephen's Green
Kildare Street
Dawson St.
National Museum
National Gallery
Heuston Station
St. James's Gate Brewery
James's Street
Thomas St.
High St.
Christ Church Cathedral
Dublin Castle
St. Patrick's Cathedral
Patrick St.
Nicholas St.
The Coombe
Cork St.
Dolphin's Barn St.
South Circular Road
Grand Canal
Harrington St.
Adelaide Road
Leeson Street Lower
Baggot Street Lower
Fitzwilliam Square
Mespil Road
Sussex Rd.
Leeson Street Upper
Grand Parade
Canal Rd.
Grove Rd.
Clanbrassil St. Upper
Harold's Cross Rd.
Rathmines Rd. Lower
Ranelagh Road
Kimmage Rd. Lower
Mount Jerome Cemetery
Sundrive Rd.
Clogher Rd.
Parnell Road

0 F.-Heddernheim 500 1000M F.-Eschersheim
F.-Eckenheim
Bad Vilbel
Anschlussstelle Ffm.-Miquelallee
Miquel-anlage
Städt. Pietät
Alter Jüdischer Friedhof
Deutsche National-bibliothek
Miquel-/Adickesall.
Adickesallee
Botanischer Garten
Grüneburgpark
Westend-Nord
Nordend-West
Holzhausenstr.
Holzhausen-Park
Glauburgstr.
Nibelungenallee
Nordend-Ost
Grüneburgweg
Musterschule
Merianpl.
Bornheim
Bockenheimer Anlage
Westend
Westend-Süd
Alte Oper
Festh. Messe
Zoo
Zoo Frankfurt
Eschenheimer Anlage
Zeil
Hauptwache
Taunusanlage
Gallusanlage
Paulsk.
Römer
Dom
Konstablerwache
Frankf. (M) Hbf
Mainkai
Main
Sachsenhäuser Ufer
Deutschherrnufer
Schaumainkai
Untermainkai
Museumsufer
Westhafen
Gutleutviertel
Südbf.
Lokalbf.
Mühlberg
Stresemannallee
Klinikum der J.-W.-Goethe-Universität
Kennedyallee
Darmstädter Landstraße
Henninger Turm
Stadtteil Sachsenhausen (zu Frankfurt)
Südfriedhof
Niederräder Landstraße
Köln, Darmstadt
Groß-Gerau, Köln/Würzburg
Darmstadt, Köln/Würzburg
Hanau
Offenbach a. M.
F.-Seckbach
F.-Höchst
F.-Rödelheim
Wiesbaden, Gießen/Darmstadt

Genève CH-1200-11

Glasgow GB

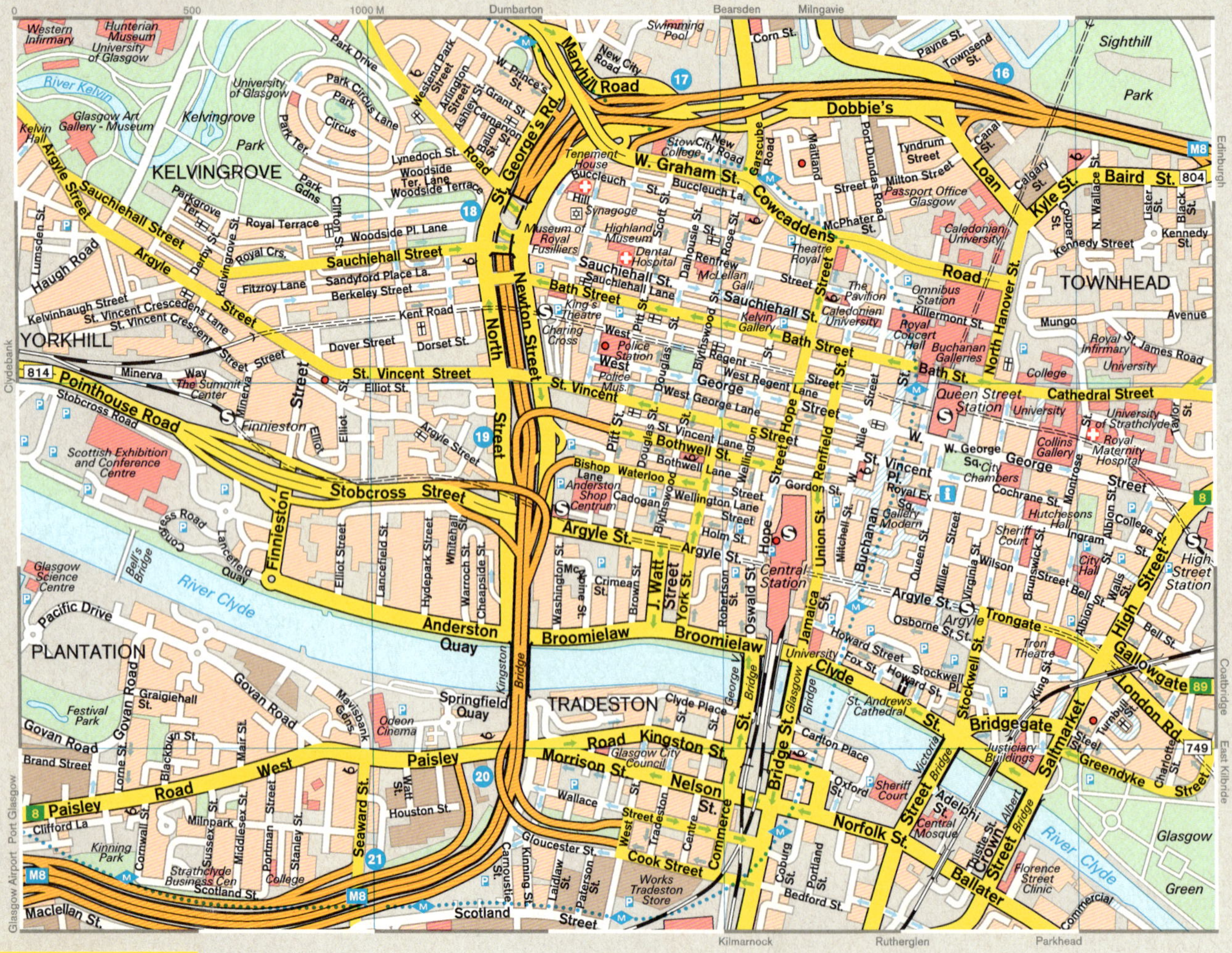

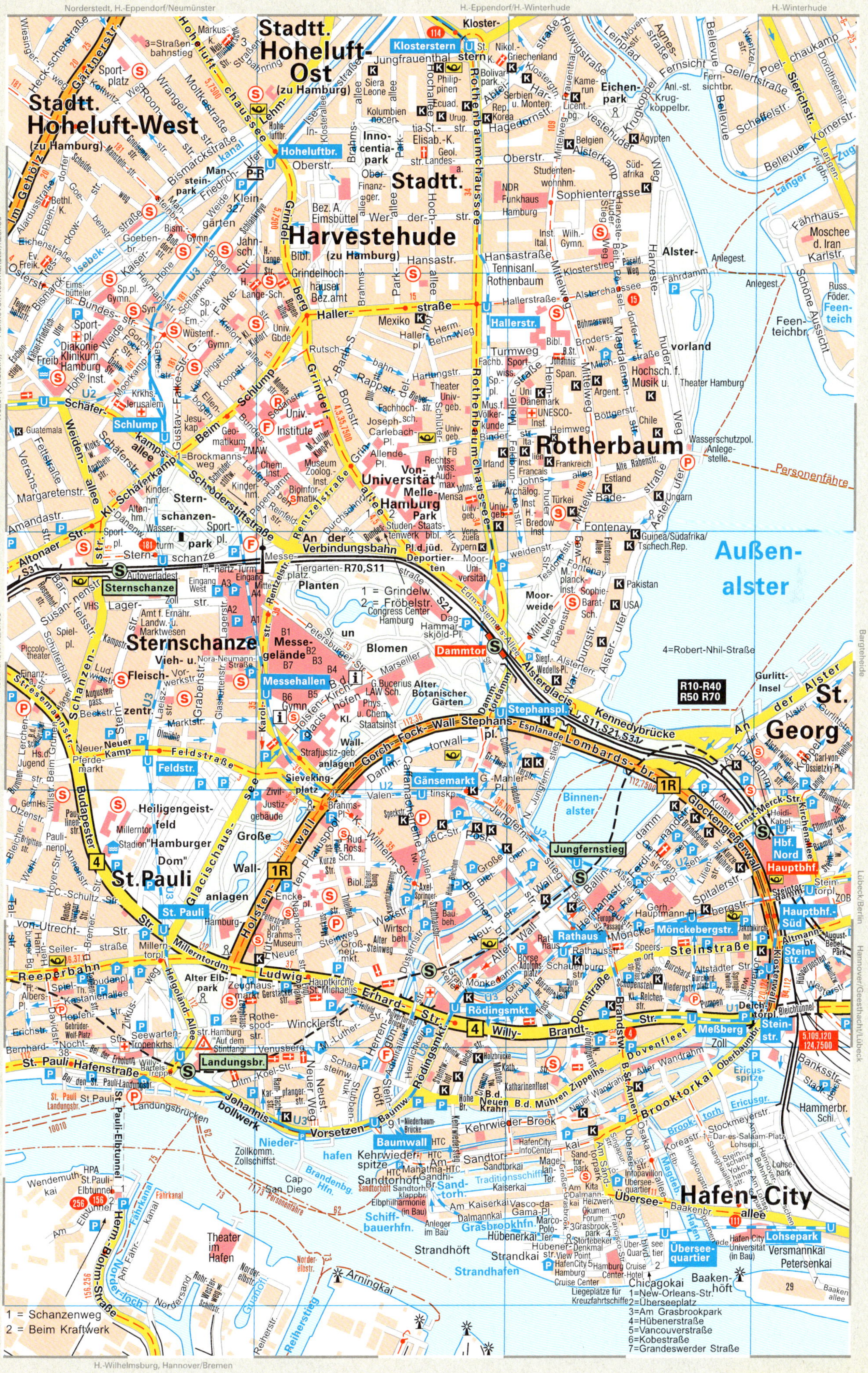

Norderstedt, H.-Eppendorf/Neumünster
H.-Eppendorf/H.-Winterhude
H.-Winterhude
Stadtt. Hoheluft-Ost (zu Hamburg)
Stadtt. Hoheluft-West (zu Hamburg)
Stadtt. Harvestehude (zu Hamburg)
Rotherbaum
Außen-alster
St. Georg
Sternschanze
St. Pauli
Hafen-City
Klosterstern
Hoheluftbr.
Hallerstr.
Schlump
Sternschanze
Messehallen
Dammtor
Stephansplatz
Feldstr.
Gänsemarkt
Jungfernstieg
Hbf. Nord
Hauptbhf.
Hauptbhf.-Süd
Rathaus
Mönckebergstr.
Stein-str.
St. Pauli
Rödingsmkt.
Meßberg
Landungsbr.
Baumwall
Übersee-quartier
Lohsepark
Binnen-alster
Planten un Blomen
Universität Hamburg
Heiligengeist-feld
Grindelallee
Rothenbaumchaussee
Kennedybrücke
Lombardsbrücke
Ludwig-Erhard-Str.
Willy-Brandt-Str.
St. Pauli Hafenstraße
Reeperbahn
Sandtorhöft
Strandhöft
Chicagokai
Baakenhöft
Personenfähre
R10-R40 R50 R70
1 = Schanzenweg
2 = Beim Kraftwerk
1=New-Orleans-Str.
2=Überseeplatz
3=Am Grasbrookpark
4=Hübenerstraße
5=Vancouverstraße
6=Kobestraße
7=Grandeswerder Straße
1 = Grindelw.
2 = Fröbelstr.
4=Robert-Nhil-Straße
3=Straßenbahnstieg
Hannover/Neumünster/Itzehoe
Wedel (Holstein)
Neumünster/Itzehoe
Bargteheide
Lübeck/Berlin
Hannover/Geesthacht/Lübeck
H.-Wilhelmsburg, Hannover/Bremen

0
500
1000M
Tuusula-Tusby
Lahti-Lahtis
Hämeenlinna-Tavastehus
Turku-Åbo
Kirkkonummi-Kyrkslätt, Hanko-Hangö
LAAKSO
DAL
Laakson sairaala
Dals sjukhus
Auroran sairaala
Aurorasjukhuset
Mannerheimintie
Stockholmsg
Nordenskiöldsgatan
Veturitie
Fartvägen
Vauhtitie
Sturenkatu
Teollisuuskatu
Aleksis Kiven katu
Aleksis Kivis gata
Industrigatan
Sturegatan
Mäkelänkatu
ALPPILA
ALPHYDDAN
ALPPIHARJU
ÅSHOJDEN
Linnanmäki
Borgbacken
Eläintarha
Djurgården
Olympiastadion
Topeliuksenkatu
Meilahden sairaala
Mejlans sjukhus
Linnankoskenk
Helsinginkatu
Helsingegatan
Sörnäinen
Sörnäs
TORKKELINMÄKI
TORKELSBACKEN
KALLIO
BERGHÄLL
LINJAT
LINJERNA
Hämeentie
Sörnäisten rantatie
Hanasaari
Hanaholmen
Djurgårdsv
Eläintarhantie
Hakaniemi
Hagnäs
SILTASAARI
BROHOLMEN
Hagnäskajen
Sibeliuksen puisto
Sibeliusparken
TAKA-TÖÖLÖ
Töölön sairaala
Tölö sjukhus
BORTRE-TÖLÖ
Töölönlahti
Tölöviken
Mechelininkatu
Hesperiankatu
Hesperiagatan
Runeberginkatu
Runebergsgatan
Mannerheimintie
Kaisaniemi
Kajsaniemi
KLUUVI
GLOET
Helsinki
Helsingfors
KRUUNUNHAKA
KRONOHAGEN
Siltavuorenranta
Pohjoisranta
Hietaniemen hautausmaa
Sandudds kyrkogård
Arkadiankatu
Arkadiagatan
ETU-TÖÖLÖ
FRÄMRE TÖLÖ
Rautatientori
Järnvägstorget
Kamppi
Kampen
KAMPPI
KAMPEN
Lapinlahti
Lappviken
LAPINLAHTI
LAPPVIKEN
Länsiväylä
Porkkalankatu
Porkkalagatan
Ruoholahti
Gräsviken
Aleksanterinkatu
Pohjoisesplanadi
Esplanadi
KAARTINKAUPUNKI
GARDESSTADEN
Katajanokka
KATAJANOKKA
SKATUDDEN
Kanavakatu
Fredrikinkatu
Fredriksgatan
Lönnrotinkatu
Bulevardi
Hietalahti
Sandviken
PUNAVUORI
RÖDBERGEN
Tehtaankatu
Fabriksgatan
ULLANLINNA
ULRIKASBORG
EIRA
KAIVOPUISTO
BRUNNSPARKEN
Merikatu
Havshamnen
Munkkisaari
MUNKKISAARI
MUNKHOLMEN
Hernesaari
Ärtholmen
Jätkäsaari
Busholmen
LÄNSISATAMA
VÄSTRA HAMNEN
Sammonlaituri
Sampokajen
under construction
until 2025
Valkosaari
Blekholmen
Luoto
Klippan
Harakka
Stora Räntan
Särkkä
Långören
Liuskasaari
Skifferholmen
Sirpalesaari
Flisholmen
ULLANLINNA
ULRIKASBORG

0
500
1000M
PİRİ PAŞA
KEÇECİPİRİ
KAPTAN PAŞA
HACI AHMET
HACI HÜSREV
YENİŞEHİR
İNÖNÜ
HARBİYE
BÜLBÜL
KURTULUŞ
KOCATEPE
BOSTAN
GÜMÜŞSUYU
KULAKSIZ
KÜÇÜK PİYALE
KALYONCU KULLUĞU
ÇUKUR
ŞEHİT MUHTAR
KAMER HATUN
KATİP MUSTAFA
KADI MEHMET
SURURİ
YAHYA KAHYA
CAMİ-İ KEBİR
HÜSEYİNAĞA
ÇELEBİ
TAHTA MİNARE
Golden Horn
KASIMPAŞA
GALATASARAY
KULOĞLU
CİHANGİR
ÇATMA MESCİT
TOM TOM
FİRUZ AĞA
TOPHANE
PÜRTELAŞ
BEYOĞLU
FENER
ASMALI MESCİT
BEDRETTİN
BEYOĞLU
ABDİ SUBAŞI
KÜÇÜK MUSTAFA PAŞA
ŞAHKULU
KILIÇ ALİ PAŞA
EMEK YEMEZ
HACI MİMİ
HARAÇÇI MEHMET
BEREKETZADE
MÜEYYETZADE
MÜFTÜ ALİ
HAYDAR
ARAP CAMİİ
KEMANKEŞ
Boğaziçi
(Bosporus)
Haliç
KÜÇÜK PAZAR
KARAKÖY
KASAP DEMİRHUN
YAVUZ SİNAN
SARIDEMİR
SİNAN AĞA
EMİNÖNÜ
HACI KADIN
KIRK ÇEŞME
DEMİRTAŞ
HUSAM AĞA
RÜSTEM PAŞA
CAĞALOĞLU
MOLLA HÜSREV
SÜLEYMANİYE
HOBYAR
SOFULAR
BABA HASAN ALEMİ
KALENDERHANE
MERCAN
DAYA HATUN
GURABA HÜSEYİNAĞA
M. KEMAL PAŞA
ŞEHZADEBAŞI
MERCAN
HOCA PAŞA
CANKURTARAN
BEYAZIT
MOLLA FENARİ
ALEMDAR
EMİNÖNÜ
BALABANAĞA
LALELİ
MİMAR KEMALETTİN
İNEBEY
MESİH PAŞA
SARAÇ İSHAK
EMİN SİNAN
MİMAR HAYRETTİN
BİNBİRDİREK
KATİP KASIM
NİSANCA
MUHSİNE HATUN
ŞEHSUVAR
KÜÇÜK AYA SOFYA
SULTANAHMET
YENİKAPI
LANGA
KUMKAPI
SULTANAHMET
Galata Köprüsü
Atatürk Köprüsü
Topkapı Sarayı
Gülhane Parkı
Kennedy Cad.

0
500
1000 M
ПОДІЛ
PODIL
Дніпро
Dnipro
ГОНЧАРІ
HONČARI
СОЛДАТСЬКА СЛОБІДКА
SOLDATS'KA SLOBIDKA
СТАРЕ МІСТО
STARE MISTO
БЕССАРАБКА
BESSARABKA
ЛИПКИ
LYPKY
ПАНЬКІВЩИНА
PAN'KIV ČINA
КЛОВ
KLOV
БАТИЕВА ГОРА
BATYEVA HORA
НОВА ЗАБУДОВА
NOVA ZABUDOVA
ЧЕРЕПАНОВА ГОРА
ČEREPANOVA HORA
ПРОТАСІВ ЯР
PROTASIV JAR
САПЕРНЕ ПОЛЕ
SAPERNE POLE
vul. Artema
Velyka Žytomyrs'ka vul.
bul'v. Tarasa Ševčenka
vul. L'va Tolstoho
Žyljans'ka vul.
vul. Chreščatyk
vul. Saksahans'koho
vul. Dymytrova
Červonoarmijs'ka vul.
Volodymyrs'ka vul.
Volodymyro-Lybids'ka vul.
Majdan Nezaležnosti
Pl. L'va Tolstoho
Palac Sportu
Respublikans'kyj stadion
Vokzal'na
Teatral'na
Universytet
Zoloti Vorota
Kontraktova plošča
Poštova plošča
E40
M06
Koroste'
Žytomyr
Vyšhorod
Brovary
Smila, Boryspil'
Uman'

0 Hillerød, Helsingør
500
1000M
Hørsholm, Helsingør
Kongens-Lyngby, Helsingør
Glostrup, Roskilde, Frederikssund
Glostrup, Roskilde
Brøndby, Strand
Hvidovre, Køge
København-Kastrup
ØSTERBRO
CHRISTIANS-HAVN
Nordhavnen
Nordbassinet
Orientbassinet
Kronløbsbassinet
Svanemølle anlægget
Fælledparken
Klosterfælleden
Universitets-parken
Kastellet
Yderhavnen
Nordre Refshalebassin
Sydre Refshalebassin
Lystbådehavnen
Den Lille Havfrue
Sortedams Sø
Peblinge Sø
Sankt Jørgens Sø
Botanisk Have
Rosenborg Have (Kongens Have)
Østre Anlæg
Tivoli
Nørreport
Østerport
Nordhavn
København H
Kongens Nytorv
Christianshavn
Vesterport
Kalkbrænderihavnsgade
Østerbrogade
Strandboulevarden
Jagtvej
Nørre Allé
Tagensvej
Blegdamsvej
Fredensgade
Øster Søgade
Nørre Søgade
Gyldenløvesgade
Nørre Voldgade
Øster Voldgade
Dronning Louises Bro
Kristianiagade
Oslo Plads
Grønningen
Store Kongensgade
Bredgade
Holmens Kanal
Børsgade
Knippelsbro
Torvegade
Vesterbrogade
Bernstorffsgade
H.C. Andersens Boulevard
Hammerichsgade
Jernbanegade
Kalvebod Brygge
Amager Boulevard
Christians Brygge
Langebro
Vermlandsgade
Ingerslevsgade
Tietgensgade
Halmtorvet
Kongevej
Ved Vesterport
Rigshospitalet
Refshaleøen
Holmen
Frederiksholm
Arsenaløen
Christiania
Nyhavn
Slotsholmen
Christiansborg Slotsplads
Kalvebod Bastion
Enveloppevej
Uplands-Gade
Swinoujście
Oslo
02
16
19
151
156

Kaliningrad RUS-236000

Ljubljana SLO-1000

0
500
1000M
Leipzig/Halle, Schkeuditz
A14, Messegelände Halle(S.), Delitzsch, Bad Düben
Taucha, Wurzen, Dresden
Markranstädt Merseburg
Zeitz, Borna
Liebertwolkwitz
L.-Stötteritz
Gohlis-Süd
Zentrum-Nord
Zentrum-Nordwest
Zentrum
Zentrum-Ost
Zentrum-Südost
Neustadt-Neuschönefeld
Reudnitz-Thonberg
Zentr.-Süd
Südvorstadt
Connewitz
Marianne-park
Kleingärten An der Parthe
Blindenpark
Zoologischer Garten
Große Wiese
Clara-Zetkin-Park
Johannapark
Friedenspark
Lene-Voigt-Park
Alter Johannisfriedhof
Fockeberg
Galopprennbahn-Scheibenholz (Pferderennbahn)
1 = Scheibenholzweg
1 = Neust. Markt
2 = Bussestraße
3 = Einertstraße
4 = Ulrichstraße
4 = Lorenzstr.
5 = Melanchthonstr.
6 = Otto-Runki-Pl.
1 = Eichlerstraße
2 = Zillerstraße
1 = Andreasstraße
RE50
RE13,RB54,RB57
RE10,RE11
RB110,RB111
RB115,RB125
Leipzig Hbf.
S2,S10,S11
L.-Ost
L.-Markt
L.-Wilhelm-Leuschner-Pl.
L.-Bayerischer Bf.
Leipzig-Völkerschlachtdenkmal
Messegelände
Deutscher Platz
Altes Messe-gelände
Willy-Brandt-Platz
Augustusplatz
Tröndlinring
Dittrichring
Martin-Luther-Ring
Roßplatz
Karl-Liebknecht-Straße
Richard-Lehmann-Straße
Prager Straße
Straße des 18. Oktober
Berliner Straße
Eisenbahnstraße
Dresdner Str.
Universitätsklinikum
Deutsche National-bibliothek

0 Mafra, Torres Vedras 500 1000M Aeroporto, Porto
FONTE DO LOURO
da Bela Vista
ARMADOR
CHELAS
AREEIRO
OLAIAS
CAMPO PEQUENO
Entre Campos
Roma
Areeiro
Bela Vista
Campo Pequeno
Olaias
Alameda
PICHELEIRA
ARCO DO CEGO
SALDANHA
Saldanha
ALTO DO PINA
MADRE DE DEUS
ESTEFÂNIA
Picoas
Arroios
Parque
PENHA DE FRANÇA
Parque Eduardo
Marquês de Pombal
Anjos
BAIRRO LOPES
Intendente
ANJOS
Avenida
GRAÇA
Martim Moniz
CAMINHOS DE FERRO
Restauradores
ROSSIO
Rossio
MOURARIA
Castelo de São Jorge
ALFAMA
Santa Apolónia
BAIRRO ALTO
Baixa-Chiado
CHIADO
SANTA CATARINA
Praça do Comércio
Terreiro do Paço
Cais do Sodré
BAIXA
Rio Tejo
Almada, Estoril, Sintra
Marvila, Moscavide
Sul-Ponte, Cascais

0
500
1000M
Finchley, Barnet, Tottenham
Stoke, Edmonton, Tottenham, Greenwich
REGENT'S PARK
Regent's Park
ST. PANCRAS
CLERKENWELL
BLOOMSBURY
MARYLEBONE
SOHO
MAYFAIR
Hyde Park
ST. JAMES'S
Green Park
SOUTH BANK
WESTMINSTER
LAMBETH
BELGRAVIA
PIMLICO
VAUXHALL
CHELSEA
River Thames
Euston
Euston Square
Warren St.
Gt Portld St.
Regent's P.
Baker Street
Russell Square
Goodge St.
Holborn
Tottenham Court Road
Oxford Circus
Bond Street
Marble Arch
Piccadilly Circus
Leicester Square
Cov. Garden
Temple
Embankment
Charing Cross
Green Park
Hyde Park Corner
Knightsbridge
Westminster
Waterloo
St. James's Park
Victoria
Sloane Sq.
Pimlico
Vauxhall
Westminster Bridge
Lambeth Bridge
Vauxhall Bridge
Chelsea Bridge
Uxbridge, Wembley
Heathrow, Uxbridge, Edgware
Hammersmith, Heathrow
Putney, Wimbledon
Clapham, Brixton, Croydon, Gatwick, Dover

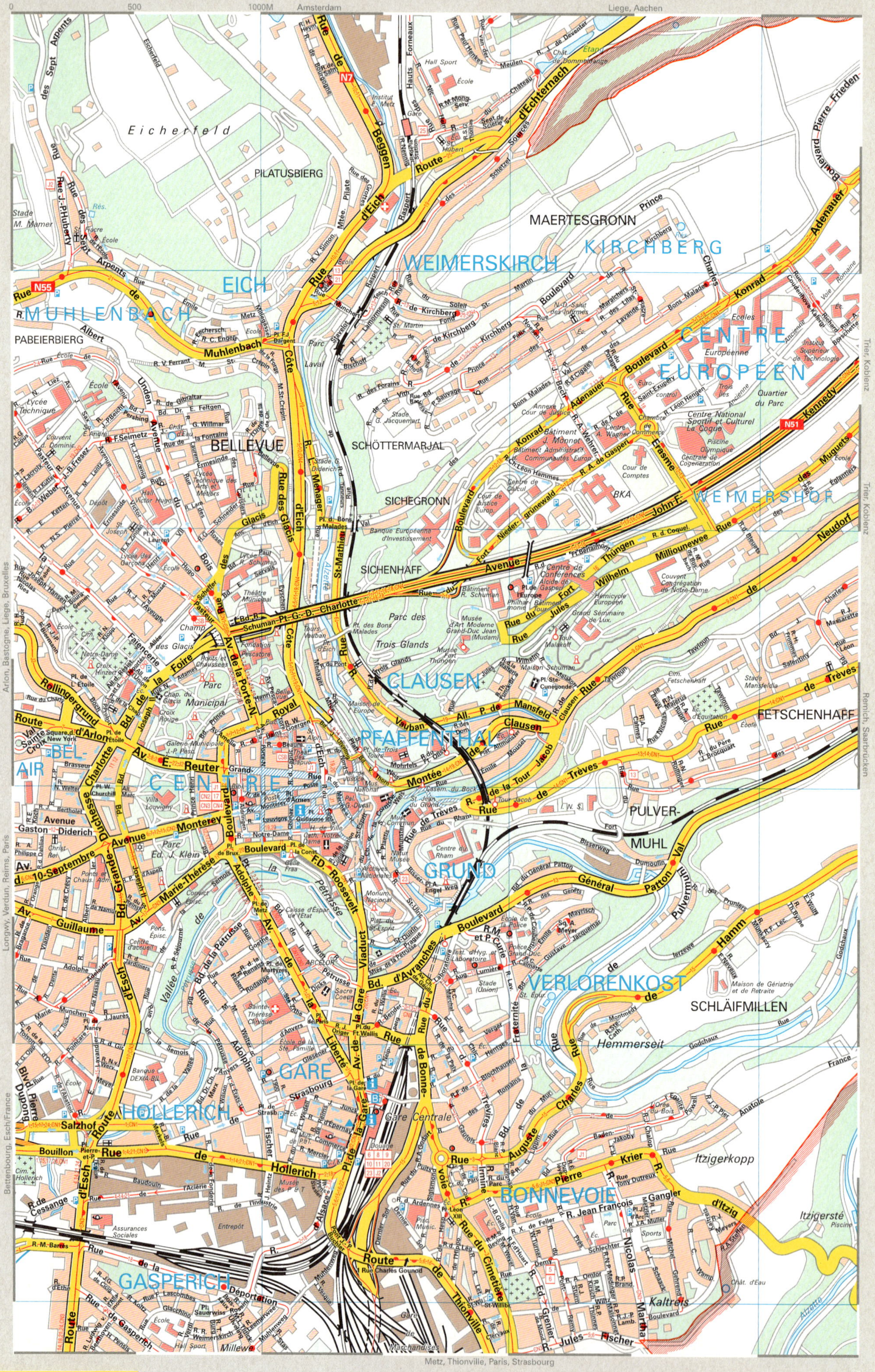
0
500
1000M
Amsterdam
Liege, Aachen
Eicherfeld
PILATUSBIERG
MAERTESGRONN
KIRCHBERG
WEIMERSKIRCH
EICH
MUHLENBACH
PABEIERBIERG
CENTRE EUROPÉEN
BELLEVUE
SCHÖTTERMARJAL
SICHEGRONN
WEIMERSHOF
SICHENHAFF
CLAUSEN
FETSCHENHAFF
PFAFFENTHAL
BEL-AIR
CENTRE
PULVERMUHL
GRUND
VERLORENKOST
SCHLÄIFMILLEN
GARE
HOLLERICH
BONNEVOIE
Itzigerkopp
Itzigerstè
GASPERICH
Hemmerseit
Kaltreis
Trier, Koblenz
Remich, Saarbrücken
Arlon, Bastogne, Liege, Bruxelles
Longwy, Verdun, Reims, Paris
Bettembourg, Esch/France
Metz, Thionville, Paris, Strasbourg
N7
N55
N51
Gare Centrale
Boulevard Adenauer
Avenue J.-F. Kennedy
Rue de Trèves
Route d'Echternach
Rue de Hollerich
Route de Thionville
Boulevard d'Avranches
Boulevard Royal
Avenue de la Liberté
Avenue Monterey
Avenue Marie-Thérèse
Avenue de la Gare
Pont Adolphe
Viaduct

0
500
1000 M
Neuville-s-Saône, Trévoux
Bourg-en-Bresse
Bourg-en-Bresse, Mâcon
LA CROIX-ROUSSE
Montée de la Boucle
Cours Aristide Briand
Quai Charles de Gaulle
le Rhône
Cité Internationale
Palais de Congrès
Musée d'Art Contemporain
Interpol
Grande Roseraie
Grande Île
Vélodrome
Île du Souvenir
Île des Tamaris
Parc de la Tête d'Or
Grand Jardin Zoologique
Jardin Botanique
Stalingrad
Université Claude Bernard
Pont W. Churchill
Place du Général Leclerc
Boulevard des Belges
Cours d'Herbouville
Av. de Grande Bretagne
Pl. de la Croix-Rousse
Croix - Rousse
Boulevard des Canuts
Rue Henri Chevalier
Hôpital de la Croix-Rousse
Hôpital d'Enfants
R. Pailleron
Hénon
Parc Fr. Popy
R. Jacquard
Rue Bony
Rue Duquesne
Avenue Verguin
Cours A. Philip
R. Jean Novel
Pont de Lattre de Tassigny
Quai A. Lassagne
Quai de Serbie
Cours Vitton
Cours Roosevelt
LES BROTTEAUX
Pl. Kléber
Place du Maréchal Lyautey
Pl. L. Pradel
Pont Morand
Quai Jean Moulin
Quai Pierre Scize
Quai de Bondy
Quai de la Pêcherie
R. de la Martinière
Pl. Saint Paul
Gare St-Paul
LE VIEUX LYON
Basilique de Fourvière
Anc. Chap. de la Vierge
Musée Gallo-Romains
Théâtres Romains
ST-JEAN
Primatiale St. Jean
Palais de Justice
Rue Mercière
Pl. de la Bourse
Pl. des Jacobins
Pl. de la République
Hôp. de l'Hôt. Dieu
Pont Lafayette
Cours Lafayette
R. Gr. des Cordeliers
Pont Wilson
Jard. du Gén. Ch. Delestraint
Préfecture
Quai Augagneur
Quai Victor Augagneur
Rue Garibaldi
Pl. de l'Europe
Halle de Lyon
Auditorium Maurice Ravel
Centre Commercial
Gare de la Part-Dieu
LA PART-DIEU
Bd. Vivier Merle
Pl. Ch. Béraudier
ISCOM ESICAD
Place Bellecour
BELLECOUR
Place A. Poncet
Pont de la Guillotière
Pl. A. Jutard
Pl. G. Péri
Pl. Raspail
Piscine
Ctre Nautique sur le Rhône
Quai Gailleton
Pont de l'Université
CARNOT
Place Carnot
Pl. Ampère
Pl. Gensoul
ST-GEORGES
Gare de Lyon-Perrache
Pont Gallieni
Quai Rambaud
Cours Charlemagne
Marché International des Négociants
Avenue Leclerc
Quartier Général Frère
Rue Lortet
Pl. Jean Jaurès
Gare de la Guillotière
Av. Berthelot
Pl. J. Macé
Pl. Ollier
Univ. Lyon II et III
LA QUILLOTIÈRE
Cours Gambetta
Pl. Bir Hakeim
Pl. de Stalingrad
Caserne Sergent Blandan
Ancien Cimetière de la Guillotière
Nouveau Cimetière de la Guillotière
Route de Vienne
Cours Albert Thomas
Clermont-F., Paris
Givors, St-Etienne
Marseille
St-Etienne
Vienne
Corbas
Grenoble
Chambéry
Bourgoin-Jallieu
Crémieu
Trévoux, Collonges
A6
A7
38
39
1.1

0
500
1000M
Colmenar, Burgos
CHAMBERÍ
ARAPILES
GAZTAMBIDE
TRAFALGAR
ALMAGRO
CASTELLANA
UNIVERSIDAD
SALAMANCA
JUSTICIA
RECOLETOS
PALACIO
SOL
CORTES
CENTRO
JERÓNIMOS
EMBAJADORES
IMPERIAL
PALOS DE MOGUER
ACACIAS
ATOCHA
ARGANZUELA
CHOPERA
DELICIAS
COMILLAS
Aravaca, La Coruña
El Pardo
Badajoz
Madrid-Barajas, Alcalá
Sebastián de los Reyes
Valencia
San Martín de la Vega
Toledo, Cádiz
Cádiz, San Martín de la Vega
Toledo
Estación de Atocha
Parque del Retiro
Palacio Real o de Oriente
Parque del Oeste

0 500 1000M
Arles, Avignon
Aix-en-Provence, Arles, Avignon
LA JOLIETTE
ST LAZARE
SAINT CHARLES
LES GR. CARMES
BELSUNCE
HÔTEL DE VILLE
THIERS
AVENUES
CONCEPTION
BAILLE
N. D. DUMONT
PREFECTURE
LODI
LE PHARO
LAMBERT
ST. VICTOR
Place d'Afrique
Bassin de la Grande Joliette
Vieux Port
Port de Plaisance
Quai de Rive Neuve
Bd. Charles Livon
Canebière
Cours Belsunce
Boulevard de la Libération
Boulevard National
Bd. Longchamp
Rue de Rome
Rue Paradis
Bd. de la Corderie
Bd. Baille
Pl. Castellane
Pl. Jean Jaurès
Gare Saint Charles
Autoroute
Chateau d'If
Aubagne
Aubagne, Toulon

0 1:15000 375 750 M
Menton
LA NOIX
TÉNAO
GRIMA
MONEGHETTI
LARVOTTO
MONTE CARLO
LA CONDAMINE
MONACO
FONTVIEILLE
Moyenne Corniche
Bd. des Anciens Combattants d'Afrique du Nord
Boulevard d'Italie
Bd. de la République
Bd. Princesse Charlotte
Boulevard des Moulins
Port Hercule
Plages du Larvotto
Sporting Club d'Été
Casino
Jardin Japonais
Port de Fontvieille
Nice
Eze
Beausoleil, Menton
Nice, Antibes, Cannes
San Remo
MONACO
1:7.500

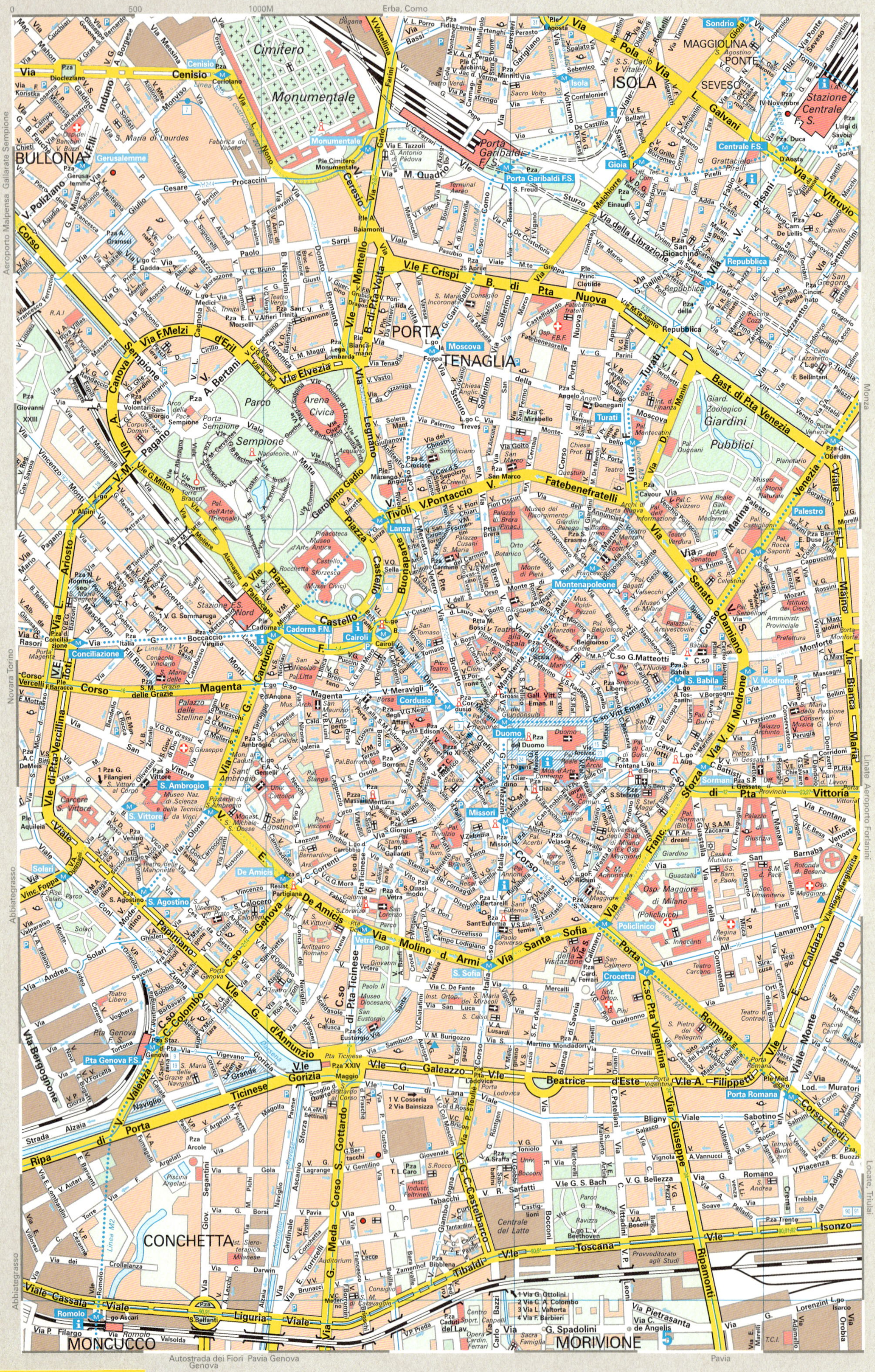
0
500
1000M
Erba, Como
Monza
Linate, Aeroporto Forlanini
Locate, Triulzi
Pavia
Autostrada dei Fiori Pavia Genova
Genova
Abbiategrasso
Novara Torino
Aeroporto Malpensa Gallarate Sempione
Cimitero Monumentale
BULLONA
ISOLA
MAGGIOLINA
PONTE SEVESO
Stazione Centrale F.S.
Porta Garibaldi F.S.
PORTA TENAGLIA
Parco Sempione
Arena Civica
Castello Sforzesco
Giardini Pubblici
Duomo
CONCHETTA
MONCUCCO
MORIVIONE
Centrale del Latte
Osp. Maggiore di Milano (Policlinico)
Stazione F.S. Nord
Cenisio
Monumentale
Gerusalemme
Garibaldi
Gioia
Centrale F.S.
Sondrio
Repubblica
Moscova
Turati
Palestro
Lanza
Montenapoleone
Cadorna F.N.
Cairoli
Conciliazione
Cordusio
S. Babila
V. Modrone
Sormani
Missori
S. Ambrogio
S. Vittore
De Amicis
S. Agostino
Solari
Policlinico
Crocetta
S. Sofia
Vetra
Pta Genova F.S.
Porta Romana
S. Romolo
Corso Sempione
Viale Vittorio Veneto
C.so Magenta
Corso di Porta Vittoria
Corso Italia
Viale Col di Lana
Viale Toscana
Viale Tibaldi
Viale Liguria
Ripa di Porta Ticinese
Alzaia Naviglio Grande
Via Giuseppe Ripamonti
C.so di Pta Ticinese
Corso S. Gottardo
Viale Monte Nero
Via Molino d. Armi
Via Santa Sofia
Bast. di Pta Venezia
Viale Isonzo
Viale Cassala

0
500
1000 M
Vicebsk
Park Peramogi
Palac dziacej
ЦЭНТРАЛЬНЫ
CENTRAL'NY
Kamsamol'skae vozera
Park Peramogi
Sparkompleks "Dynama"
vul. Asipenki
вул. Асіпенкі
vul. Very Haružaj
вул. Веры Харужай
Krapotkina
vul. Maksima Bahdanoviča
САВЕЦКІ
SAVECKI
пл. Веры Харужай
pl. Very Charužaj
vul. Drazda
vul. Varvasěni
Svislač
Kamunistyčnaja vul.
vul. Jakuba Kolasa
пл. Якуба Коласа
pl. Jakuba Kolasa
Palac sportu
Akademičny Vjaliki teatr opery i baleta
pl. Paryžskaj Kamuny
Park imja Janki Kupaly
Maladzečna
Vilnius
Moskva
vul. Apanskaga
Frunzenskaja
Jubilejnaja pl.
vul. Ramanaŭskaja Slabada
vul. Klary Cėtkin
Nemiha
пл. Свабоды
pl. Svabody
Central'naja pl.
Цэнтральная пл.
Kastryčnickaja
Kupalaŭskaja
Cyrk
Central'ny dziciačy park imja M. Gorkaga
ЦЭНТРАЛЬНЫ
CENTRAL'NY
МАСКОЎСКІ
MASKOŬSKI
prasp. Francyska Skaryny
prasp. Dziaržynskaga
пл. Незалежнасці
pl. Nezaležnasci
Stadyën "Dynama"
ЛЕНІНСКІ
LENINSKI
Svislač
Sviardlova
pl. Mjasnikova
Babrujskaja vul.
Прывакзальная пл.
Pryvakzal'naja pl.
Minsk - Pasažyrski
МАСКОЎСКІ
MASKOŬSKI
Maskoŭskaja
Instytut Kul'tury
Marinëŭskaja vul.
Aranskaja vul.
Partyzanski prasp.
Mahilëŭskaja vul.
vul. Majakoŭskaha
Brest
Sluck
Mahilëŭ, Homel'

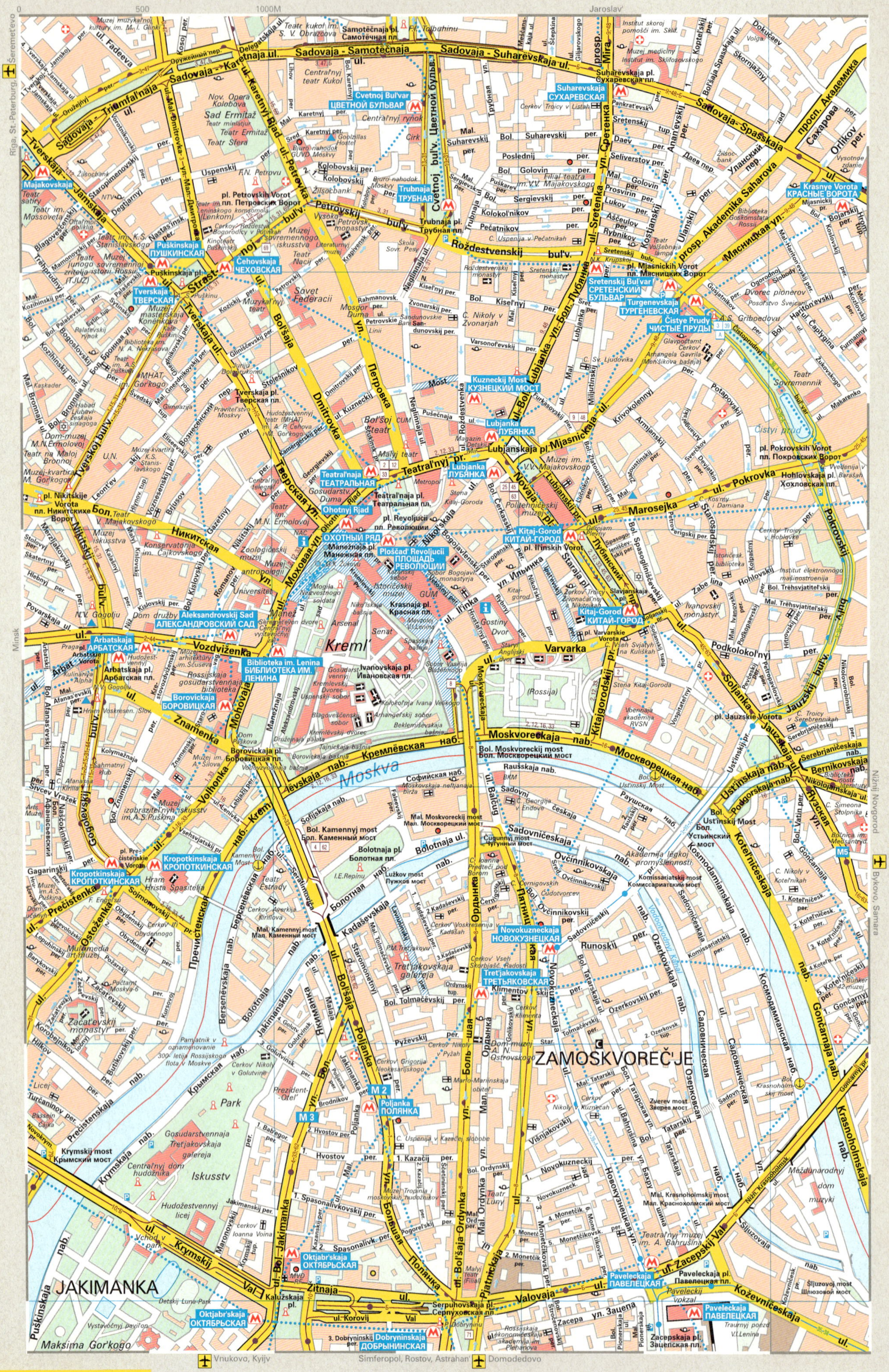
0
500
1000M
Jaroslav'
Riga, St.-Peterburg, Šeremet'evo
Minsk
Nižnij Novgorod
Bykovo, Samara
Vnukovo, Kyjiv
Simferopol, Rostov, Astrahan
Domodedovo
Sadovaja - Samotečnaja
Sadovaja - Suharevskaja ul.
Sadovaja - Karetnaja ul.
Sadovaja - Triumfal'naja ul.
Sadovaja - Spasskaja
Cvetnoj Bul'var
ЦВЕТНОЙ БУЛЬВАР
Suharevskaja
СУХАРЕВСКАЯ
Majakovskaja
Krasnye Vorota
КРАСНЫЕ ВОРОТА
Trubnaja
ТРУБНАЯ
Puškinskaja
ПУШКИНСКАЯ
Čehovskaja
ЧЕХОВСКАЯ
Tverskaja
ТВЕРСКАЯ
Sretenskij Bul'var
СРЕТЕНСКИЙ БУЛЬВАР
Turgenevskaja
ТУРГЕНЕВСКАЯ
Čistye Prudy
ЧИСТЫЕ ПРУДЫ
Kuzneckij Most
КУЗНЕЦКИЙ МОСТ
Lubjanka
ЛУБЯНКА
Teatral'naja
ТЕАТРАЛЬНАЯ
Ohotnyj Rjad
ОХОТНЫЙ РЯД
Ploščad' Revoljucii
ПЛОЩАДЬ РЕВОЛЮЦИИ
Kitaj-Gorod
КИТАЙ-ГОРОД
Aleksandrovskij Sad
АЛЕКСАНДРОВСКИЙ САД
Arbatskaja
АРБАТСКАЯ
Biblioteka im. Lenina
БИБЛИОТЕКА ИМ. ЛЕНИНА
Borovickaja
БОРОВИЦКАЯ
Kreml
Moskva
Kropotkinskaja
КРОПОТКИНСКАЯ
Novokuzneckaja
НОВОКУЗНЕЦКАЯ
Tret'jakovskaja
ТРЕТЬЯКОВСКАЯ
Poljanka
ПОЛЯНКА
Paveleckaja
ПАВЕЛЕЦКАЯ
Oktjabr'skaja
ОКТЯБРЬСКАЯ
Dobryninskaja
ДОБРЫНИНСКАЯ
ZAMOSKVOREČJE
JAKIMANKA
Park
Čistyj prud
Varvarka
Vozdviženka
Znamenka
Volhonka
Prečistenka
Ostoženka
Pokrovka
Marosejka
Mjasnickaja ul.
Petrovka
Neglinnaja ul.
Roždestvenskij bul'var
Moskvoreckaja nab.
Kremlevskaja nab.
Sofijskaja nab.
Bolotnaja pl.
Kadaševskaja nab.
Bol'šaja Jakimanka
Bol'šaja Poljanka
Bol'šaja Ordynka
Pjatnickaja ul.
Valovaja
Zacepskij Val
Koževničeskaja
Kosmodamianskaja nab.
Krymskij most
Krymskij Val
Gosudarstvennaja Tret'jakovskaja galereja
Maksima Gor'kogo
M 2
M 3
M 5

0
500
1000M
Stadtbez.
SCHWABING-
WEST
MÜNCHEN
Stadtbez.
ALTSTADT-
LEHEL
Stadtbez.
AU-HAIDHAUSEN
Stadtbez.
SENDLING
Englischer
Kleinhesselohe
Kleinhesseloher See
Garten
München-Hbf.
Marienpl.
Josephspl.
Theresienstr.
Hohenz.-pl.
Stiglmaierpl.
Königspl.
Giselastr.
Univ.
Max-Weber-Pl.
Fraunhoferstr.
Kolumbuspl.
M.-St.-Martin-Str.
Gasteig
Isar
5 = Ernst-Toller-Pl.
6 = Antonienstr.
7 = Biederstein
8 = Maasweg
9 = Beltweg
10 = Etschweg
11 = Jungwirthstr.
12 = Gunezrainerstr.
13 = Knollerstr.
14 = Wagnerstr.
15 = Nikolaipl.
16 = Dillisstraße
17 = A.-Erminger-Pl.
5=Schillbergerstr.
6=Chorherrstr.
7=Bogenstr.
8=Unt. Feldstr.
9=Langerstr.
1 = Am Feuerbachl
2 = Joseph-Holzer-W.
3 = Zacherlweg
4 = Alpenrosenstr.
5 = Hefnerstr.
6 = Hebenstreitstr.
7 = Am Mühlbach
8 = Kupferhammerstr.
9 = Kreuzplätzchen
10=Am Wageck
11=Wilhelm-Herbert-W.
12=Kegelhof
13=Imma-Mack-Weg
14=Schwarzstr.
15=Paulanerpl.
1=Riedlstr.
2=Crusiusstr.
Dachau
Olympiagelände, Nürnberg
Stuttgart
M.-Nymphenburg
Wolfratshausen
Gräfelfing
Grünwald
Flughafen Mühldorf a.I.
Ismaning
Haar, Wasserburg am Inn
M.-Perlach, Neubiburg
Grünwald

0 500
Gjøvik, Lillehammer 1000M
Rikshospitalet
Preklinisk institutt
Gaustad
Torgny Segerstedts vei
Ullevål stadion
Sogn Hagekoloni
Fotball museet
TÅSEN
NYDALEN
Akerselva
Lisa Kristoffersens plass
Forsknings Senter
Institutt for informatikk
Forskningsparken
Meteorologisk institutt
Psykiatrisk klinikk
Blindern
Oslo Universitetet
BLINDERN
HAGEBY
ULLEVÅL
Ullevål Sykehus
John Colletts plass
Damplassen
Harald Hals' Park
Voldsløkka
Bjølsenparken
Adv. Dehlis plass
Sagene brannst.
Sandaker sentret
SAGENE
Halvor Blinderens plass
Vestre Aker kirke
Kirkeveien
RING 2
Griffenfeldts gate
Marcus Thranes gate
Chr. Michelsens gate
Barnekunst museet
Norsk rikskringkasting
Bjørnsons plass
Frøen
Menighets fakultetet
Chateau Neuf
Sophus Bugges plass
Inst. for folkehelsa
Lovisenberg diakonale sykehus
Oskar Braatens plass
Torshov teatret
Hegermanns plass
Iladalen kirke
ILA
ADAMSTUEN
Adamstuen Norges veterinærhøgskolen
Sørkedalsveien
Majorstuen
MAJORSTUA
Sporveismuseet
Thranes gate
Alex. Kiellands plass
Einar Tambarskjelves plass
Pilestredet døgnrehab.
Stensparken
St. Hans Haugen
Mosaisk synagoge
M. Lordahls plass
Bislett stadion
Falck Ytters plass
Gamle Aker kirke
Paulus kirke
Birkelunden
Nissens gate
Gisle Johnson plass
GRÜNERLØKKA
Kirkeveien
Frogner stadion
BRISKEBY
Amaldus Nielsens plass
Langårdsløkken
Dominikus kirke
HEGDEHAUGEN
Bogstadveien
Sofies plass
Høyskolen i Oslo
Knud Knudsens plass
Bethanien sykehus
Statens teknologiske inst.
Vår Frelsers Gravlund
Grünerhagen parken
Olaf Ryes plass
Sofienberggata
Sofienbergparken
Sofienberg kirke
Arno Bergs plass
N. Rolfsens plass
Uranienborg kirke
Uranienborgparken
Pilestredet
Kvinne klinikken
Hovedøing
Kunstnernes hus
Holbergs plass
Schous plass
Sars gate
Universitetets Botaniske Hage Tøyenhagen
Slottsparken
Slottet
Wergelandsveien
St. Olavs gate
Kunstindustrimuseet
Vor Frue Hospital
St. Olavs kirke
Th. Kittelsens plass
Komm. kontorer
Rudolf Nilsens plass
Vahls gate
Frognerveien
Bygdøy allé
Hydroparken
Røde Korsklinikk
Drammensveien
Dronningparken
Carl Johan Monument
Nationaltheatret
Ibsen museet
7. Juniplassen
Frederiks gate
Historisk museum
Nasjonalgalleriet
Oslo Universitet
C. J. Hambros plass
Teatergata
Trefoldighets kirke
Deichmanske Arne Bibliotek
Garborgs plass
Margareta kyrkan
Regjeringskvartalet
Oslo kom. legevakt
Prinds Chr. Aug. Minde
Chr. Krohgs gate
Grønland
Tøyen kirke
Prof. Aschehougs plass
Central theatret
National theatret
Stenersen museet
Nasjonalbiblioteket
Henrikke
Stortinget
Sortings plass
Oslo Domkirke
Oslo Spektrum
Oslo City
Grønland kirke
St. Hallvard
VIKA
Ruseløkkveien
Munkedamsveien
RING 1
Fridtjof Nansens plass
Rådhuset
Rådhusplassen
Wessels plass
Jerbanetorget
Postgiro
Post terminalen
Oslo Sentralstasjon
Gallerie Oslo
Bus terminal
Nylandsveien
Schweigaards gate
Frognerparken
Filipstad
FILIPSTAD
Filipstadkaia
Akerbrygge
Black Box theatret
Tingvallakaia
Brynjulf Bulls plass
Christiania torv
Strangers plass
Theatermuseet
Norsk Arkitekturmuseet
Museet for samtidskunst
Christian Frederiks plass
Pipervika
Hjemmefrontmuseet
Akershus slott og festning
Forsvarsdept.
Astrup Fearnley museet
Den Norske Opera & Ballett
Bjørvika
Bispevika
Bispegata
Middelalderparken
Ruinparken
Fleskings Plassen
Arsenalet
Forsvarsmuseet
Akershusstranda
Oslofjorden
Nesodden
E18
Oslo Hospital
Sørenguttstikke
Drammen, Hønefoss
Holmenkollen
Lillestrøm
Slattum
Gjøvik, Lillehammer
Frederikstad, Lillestrøm Oslo (Gardermoen), Lillehammer

0
500
1000M
Pontoise, Clichy
Enghien-les-Bains
Argenteuil, Maisons-Laffitte
St-Germain-en-Laye
Versailles
St-Denis, Senlis, Compiègne, Charles de Gaulle, Soissons, Laon
Disneyland, Reims, Tournan, Guignes, Melun
Rambouillet, Orléans, Chartres, Étampes
Orly, Auxerre
MONTMARTRE
Boulevard de Clichy
Pl. Pigalle
Bd. de Rochechouart
Bd. de la Chapelle
Boulevard des Batignolles
Avenue de Villiers
Bd. de Courcelles
Boulevard Malesherbes
Gare St Lazare
Boulevard Haussmann
Rue La Fayette
Bd. Montmartre
Bd. des Capucines
Bd. des Italiens
Poissonnière
Bd. de Bonne Nouvelle
Rond Point des Champs Elysées
Place de la Concorde
Jardin des Tuileries
Seine
Quai d'Orsay
Quai des Tuileries
Quai François Mitterrand
Quai Voltaire
Quai Malaquais
Quai de Conti
Quai de la Mégisserie
Musée d'Orsay
Musée du Louvre
Invalides
Hôtel des Invalides
ST-GERMAIN-DES-PRÉS
Boulevard St Germain
ÎLE DE LA CITÉ
QUARTIER LATIN
Boulevard Saint Michel
Boulevard Raspail
Boulevard du Montparnasse
Boulevard des Invalides
Boulevard de Vaugirard
Gare Montparnasse 1
Jardin du Luxembourg
Palais du Luxembourg (Sénat)
Panthéon
Notre Dame
Pl. Maubert
Bd. de Sébastopol
Boulevard de Strasbourg
Rue Réaumur
Rue de Rivoli
Av. de Tourville
Pl. Vauban
Pl. de Breteuil
Pl. Edmond Rostand
Place du 18 Juin 1940
1
2
5
6
7
8
9

0
500
1000M
Teplice
Mělník
Praha (Ruzyně)
Chomutov, Kralupy n.Vlt.
Karlovy Vary
Plzeň, Hradčany, Kralupy n. Vlt.
Mladá Boleslav, Poděbrady
Český Brod
Kutná Hora
Strakonice
Štěchovice
České Budějovice, Brno
Benešov
BUBENEČ
HOLEŠOVICE
Stromovka
Výstaviště
LETNÁ
Letenské sady
VLTAVA
JOSEFOV
MALÁ STRANA
ST. MĚSTO
NOVÉ MĚSTO
VINOHRADY
SMÍCHOV
VYŠEHRAD
Hradčanská
Malostranská
Staroměstská
Náměstí Republiky
Florenc
Hlavní nádraží
Můstek
Muzeum
Národní třída
Karlovo náměstí
I. P. Pavlova
Náměstí Míru
Anděl
Vltavská
Nádraží Holešovice
Vyšehrad
Karlův most
Jiráskův most
most Legií
Střelecký ostrov
Petřínské sady
Nebozízek
Kinského zahrada
Pražský hrad
Staroměstské nám.
Václavské nám.
Wilsonova
Legerova
Sokolská
Ječná
Žitná
Resslova
Evropská
Milady Horákové
Veletržní
Argentinská
Bubenská
Partyzánská
Československé armády
Korunní
Vinohradská
Svobodova
Sekaninova
Jaromírova
Křesomyslova
Otakarova
Plzeňská
Kartouzská

IS-101 **Reykjavík**

LV-1000 **Rīga**

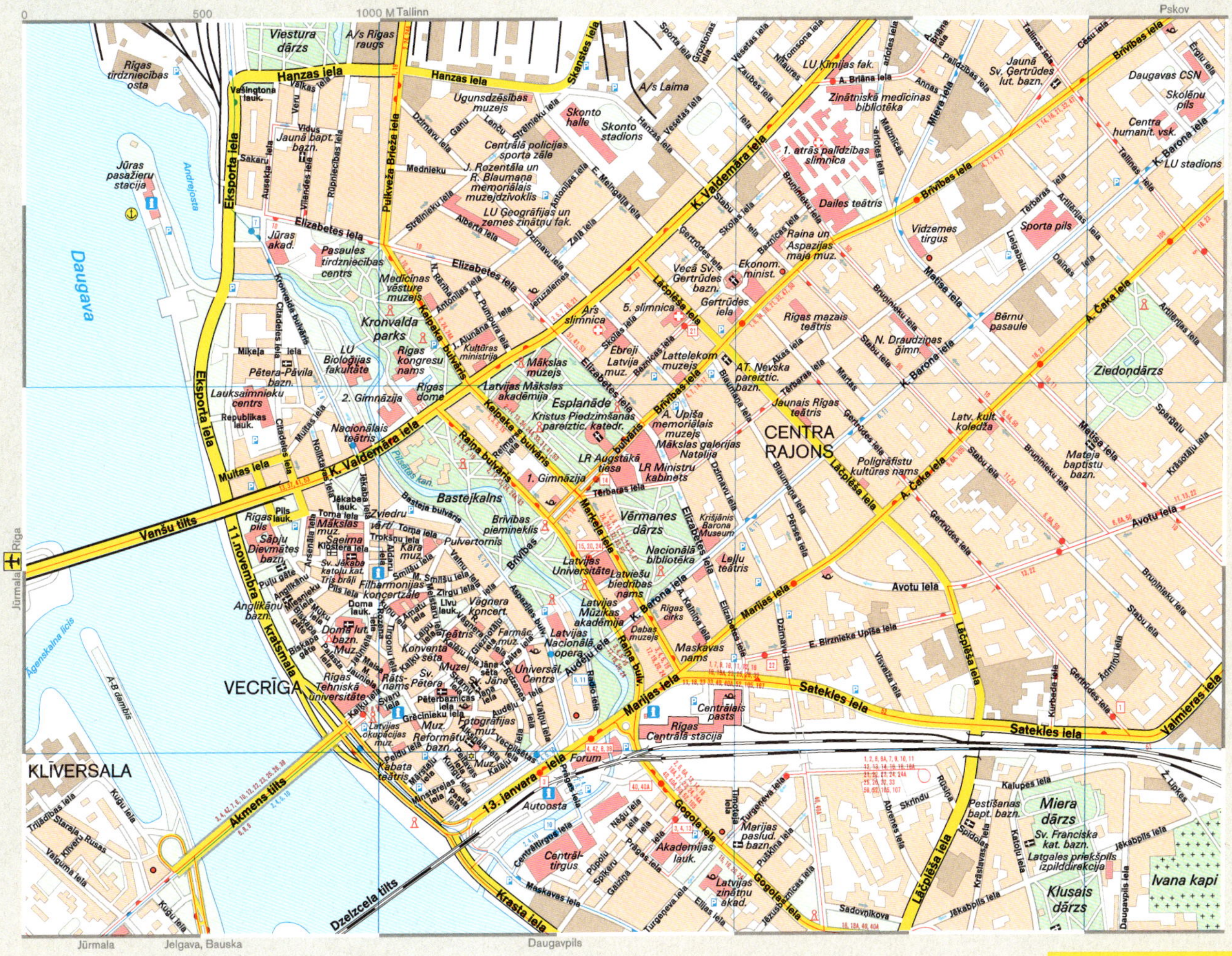

Viterbo
1000M
Viterbo
Terni Perugia
Grosseto, Pisa
Bracciano
Clodio-Mazzini
Lepanto
Ottaviano-San Pietro
Flaminio Pzza del Popolo
Bioparco
Galleria Nazionale d'Arte Moderna
Villa Borghese
Galoppatoio
Monte Pincio
Pza del Popolo
Spagna
Barberini-Fontana di Trevi
Risorgimento
CITTÀ DEL VATICANO
San Pietro in Vaticano
Castel Sant'Angelo
Palazzo di Giustizia
Isola Tiberina
M. Capitolino
Foro Romano
M. Palatino
Colosseo
Circo Massimo
Terme di Caracalla
TRASTEVERE
M. Gianicolo
M. Aventino
Fiume Tevere
Piramide
Ostiense
Venezia
Cavour
M. Quirinale
M. Viminale
A24 L'Aquila
A1 Autostrada
Tivoli
Stazione Centrale
A2 Napoli
Frascati
Roma-Ciampino, Velletri, Latina
Civitavecchia
A12 Civitavecchia
A12 Fiumicino, Fiumicino-L. da Vinci
E.U.R. Marconi, Lido di Ostia
Aprilia, Frascati

Vyborg, 500 Priozersk
1000M
Priozersk
Petrogradskaja
PETROGRADSKAJA
STORONA
o. Petrogradskij
Kamennoostrovskij
Bol'šoj
L'va Tolstogo
Rentgena
Monetnaja
Pinskij per.
Petrogradskaja nab.
BOL'ŠAJA NEVKA
Fokina
Vyborgskaja ul.
Evpatorijskij per.
Komissara
Smirnova
Lesnoj
Akademika Lebedeva
Bol. Sampsonievskij prosp.
Botkinskaja
Sampsonievskij most
Finljandskij prosp.
Alexandrovskij
Gor'kovskaja
ГОРЬКОВСКАЯ
o. Kronverskij
Kronverkskij
Sobornaja mečet'
Troickaja pl.
Троицкая пл.
Petrovskaja
Krejser Avrora
Fregat Blagodat
Pirogovskaja nab.
Arsenal'naja
Finljandskij vokzal
Pl. Lenina
ПЛ. ЛЕНИНА
pl. Lenina
Komsomola
Leningradskij Zoopark
Muzej-zapovednik „Petropavlovskaja krepost'"
Petropavlovskij sobor
Trubeckogo bastiona
Dobroljubova
Mytninskaja nab.
o. Zajačij
Troickij most
Litejnyj most
Robesp'era
Kutuzova
Špalernaja
NEVA
Birževoj most
Strelka
Ermitaž
Dvorcovaja nab.
Dvorcovyj most
Dvorcovaja pl.
Dvorcovyj pr.
Admiraltejstvo
Admiraltejskaja
АДМИРАЛТЕЙСКАЯ
BOL'ŠAJA NEVA
Millionnaja
Marsovo Pole
Letnij sad
Letnij dvorec Petra Velikogo
Mihajlovskij sad
Mihajlovskij zamok
Fontanka
Čajkovskogo
Furštatskaja ul.
Černyševskaja
ЧЕРНЫШЕВСКАЯ
Kiročnaja
Saltykova-Ščedrina
Nekrasova
Belinskogo
Litejnyj prosp.
Vladimirskij prosp.
Žukovskogo
Nevskij prosp.
Nevskij Prosp.
НЕВСКИЙ ПРОСПЕКТ
Gostinyj Dvor
ГОСТИНЫЙ ДВОР
Aničkov most
Majakovskaja
МАЯКОВСКАЯ
Pl. Vosstanija
ПЛ. ВОССТАНИЯ
Ligovskij prosp.
Dostoevskaja
ДОСТОЕВСКАЯ
Vladimirskaja
ВЛАДИМИРСКАЯ
Pjat' uglov
Zagorodnyj prosp.
o. Kazanskij
Kazanskij sobor
Griboedova
Sadovaja
Sennaja pl.
Spasskaja
СПАССКАЯ
Sadovaja
САДОВАЯ
o. Spasskij
ADMIRALTEJSKAJA RAJON
Voznesenskij prosp.
Moskovskij prosp.
Isaakievskij sobor
Zvenigorodskaja
ЗВЕНИГОРОДСКАЯ
Puškinskaja
ПУШКИНСКАЯ
Ligovskij Prospekt
ЛИГОВСКИЙ ПР.
Obuhovskaja pl.
Sosnovyj Bor, Tallinn, Pskov, Moskva Pulkovo
Vsevolžsk, Novaja Ladoga
Murmansk, Vologda
M 10

Sarajevo BiH

Sofija BG-1000

0
500
1000M
Norrtälje
Lidingö
VASASTADEN
Vanadislunden
Svea plan
Cedersdalsg.
Roslagstull
Valhallavägen
Tekniska Högskolan
Tekniska högskolan
Lill-jansskogen
Odenplan
Rådmansgatan
Observatorielunden
Engelbrekts
Humlegården
Karlaplan
Stadion
LADUGÅRDSGÄRDET
Ladugårdsgärdet
ÖSTERMALM
Östermalmstorg
NORRMALM
Hötorget
Kungsgatan
Hamngatan
Sergels Torg
T-Centr.
Kungsträdgården
Strandvägen
Nybroviken
Ladugårdslandsviken
Djurgårdsbron
Blasieholmen
SKEPPSHOLMEN
Kastellholmen
Skansen
Beckholmen
Djurgårdsstaden
Strömmen
Helgeandsholmen
Kungliga Slottet
GAMLA STAN
Gamla Stan
Riddarholmen
RIDDARHOLMEN
Stadshuset
KUNGSHOLMEN
Kungsholmsgatan
Fleminggatan
Hantverkargatan
Norr Mälarstrand
Riddarfjärden
Centralbron
Slussen
Katarinavägen
Stadsgårdsleden
SÖDERMALM
Hornsgatan
Ringvägen
Götgatan
Folkungagatan
Medborgarplatsen
Medborgarpl.
Mariatorget
Zinkensdamm
Skanstull
Eriksdalsgatan
Årstaviken
Årsta holmar
Hammarby sjö
HAMMARBY SJÖSTAD
Danviks kanalen
Hässelby
Alvik, Hässelby, Sundbyberg
Södertälje
Gustavsberg
Nynäshamn
E20
277
260

Tallinn EST-10000

Tiranë AL

0
500
1000M
Sagunto, Tarragona
N340
ALBORAYA
BENICALAP
RASCANYA
BENIMACLET
CAMPANAR
LA SAÏDA
CIUTAT VELLA
EL PLA DEL REAL
EXTRAMURS
L'EIXAMPLE
PATRAIX
MONTEOLIVETE
QUATRE CARRERES
JESÚS
MALILLA
Av. de los Hermanos Machado
Avenida de Juan XXIII
Avenida Pintor Mañarana
Av. del Ecuador
C. Periodista
Calle de Pedro Cabanes
Camino de Moncada
Dr. Marco Merenciano
Peset Alaixandre
Avenida del Doctor
Avenida de Burjassot
Av. Campanar
Av. de Portugal
Parque de Marxelenes
Calle Economista Gay
Avenida de la Constitución
Calle de Sagunto
Avenida Primado Reig
Parque de Orriols
Estadi Ciutat de València
Avenida de Alfahuir
C. Poeta Ricardo Sanmartín
Av. Valladolid
Bulevar Periférico Norte
Camino Nuevo de Alboraya
C. Guadalaviar
Puente de San José
Puente de Serranos
Puente de las Artes
Puente de Fusta
Puente de la Trinidad
Puente del Real
Puente Calatrava
Puente de las Flores
Puente del Mar
Puente Aragón
Puente del Reino
Puente Monteolivete
Pte. Ángel Custodio
Av. de Menéndez Pidal
Paseo Pechina
Jardín del Turia
Jardines del Real
Museo de Bellas Artes
Campus Universitario
Av. Vicente Blasco Ibáñez
Av. de Cataluña
Estadio de Mestalla
Gran Vía de Fernando el Católico
Gran Vía de Ramón y Cajal
Gran Vía Marqués del Turia
Gran Vía Germanias
Av. de Pérez Galdós
Av. de la Giorgeta
Calle de San Vicente Mártir
Avenida del Puerto
Avenida de Francia
Avenida Cardenal Benlloch
C. Eduardo Boscá
Avenida de Aragón
Paseo de la Alameda
Paseo de la Ciudadela
Avenida Jacinto Benavente
Avenida de Peris y Valero
Avenida del Dr. Waksmann
Avenida de Ausiàs March
Calle Alcalde Reig
Ciudad de Las Artes y las Ciencias
Autopista del Saler
Pl. del Ayuntamiento
Pl. de la Reina
Mercado Central
Lonja
Estación del Norte
Xàtiva
Colón
Alameda
Aragón
Facultats
Benimaclet
Primat Reig
Sagunt
Reus
Marxelenes
Túria
Àngel Guimerà
Pl. d'Espanya
Bailén
Jesús
Patraix
Machado
Palmaret
Benicalap
Trànsits
Pont de Fusta
Vicent Zaragoza
CV 35
A3
V 21
N332
CV 500
Burjassot
Paterna
Llíria
Aeropuerto, Madrid
Torrent
Tarragona, Barcelona
Puerto
El Saler
Alacant, Albacete

0 1:10 000 250 500 M
Canale delle Sacche
SACCA DI S. ALVISE
SACCA DI S. GIROLAMO
SECCHIERE
Ex Ospedale Umberto I
Murano
S. Alvise
Orto
Aeroporto Marco Polo
Canale Colombola
GHETTO CANNAREGIO
Campo del Ghetto Nuovo
Sacca della Misericórdia
Canale delle Navi
Fondamenta Nuove
Canale delle Fondamenta Nuove
S. Michele, Murano, Burano
Ospedale
Parco di Savorgnan
Campo S. Geremia
Campo S. Leonardo
Campo S. Marcuola
Stazione Ferroviaria S. Lucia
Ospedale S. Chiara
Stazione Ferroviaria Merci
Tronchetto
Canal Grande
Mestre
Piazzale Roma
Garage Comunale
Giardino Papadopoli
Campo d. Tolentini
S. POLO
Campo di S. Polo
Campo di S. Silvestro
Campo della Pescaria
Campo S. Pantalon
Campo di S. Margherita
Campo S. Barnaba
Campo Manin
Ospedale Civile
S.MARCO
Piazza S. Marco
Pal. Ducale
Riva degli Schiavoni
Molo
Bacino di S. Marco
Punta della Dogana
Campo S. Vio
Zattere
Canale della Giudecca
S. Zaccaria
Tronchetto, S. Marta
Sacca Fisola
Campo S. Biagio
S. GIORGIO MAGGIORE
Ísola di San Giórgio Maggiore
QUARTIERE CAMPO DI MARTE
LA GIUDECCA
Ísola della Giudecca
Canale della Grázia
Redentore
Zitelle
S. Clemente
Arsenale, Lido, Murano

ŠNIPIŠKĖS
ŽVĖRYNAS
CENTRAS
TAURAKALNIS
SENAMIESTIS
UŽUPIS
NAUJAMIESTIS
RASOS
GYDYMO
NAUJININKAI
BURBIŠKĖS
LIEPKALNIS
Neris
Vilnia
Ukmergė, Utena
Utena
Švenčionys
Polock, Minsk, Lida
Polock
Smila, Borysplʼ
Lida Minsk
Eišiškės
Marijampolė, Kaunas
Lazdynai
T. Narbuto gatvė
Konstitucijos prosp.
Kalvarijų gatvė
Šeimyniškių gatvė
Žirmūnų gatvė
Tuskulėnų gatvė
A. Goštauto
Gedimino prospektas
J. Jasinskio gatvė
Pamėnkalnio gatvė
Liubarto gatvė
Geležinio Vilko gatvė
V. Kudirkos gatvė
J. Basanavičiaus gatvė
Savanorių prospektas
Žemaitės gatvė
Naugarduko gatvė
Kauno gatvė
Panerių gatvė
V. Šopeno
Sodų gatvė
Geležinkelio
Pylimo gatvė
Vilniaus gatvė
Žygimantų gatvė
Arsenalo
Šventaragio
Maironio gatvė
M. Daukšos g.
Liepkalnio gatvė
Dariaus ir Girėno gatvė
Žirmūnų gatvė
Olandų gatvė
Dubingių gatvė
Bazilijonų gatvė
Seinų gatvė
Nacionalinė galerija
Pedagoginis universitetas
Klinikinis psichoterapijos fil.
Žalgirio stadionas
Koncertų ir sporto rūmai
Santeros v. mok.
VRM rūmai
LR Seimas
Nacionalinė M. Mažvydo biblioteka
Lietuvos Muzikos akad.
Genocido aukų muziejus
Lukiškių aikštė
Operos ir baleto teatras
Vidaus reikalų ministerijos ligoninė
Šv. Jurgio bažn.
Vilniaus m. savivaldybė
Lietuvos nacionalinis muziejus
Gedimino kalnas
Arkikatedros Bazilika
Žemutinės pilies muziejus
Taikomosios dailės muziejus
Lietuvos dramos teatras
Mažasis teatras
VPU stadionas
Šv. Kotrynos bažn.
Vilniaus Universitetas
Šv. Jonų bažn.
Vilniaus Dailės akademija
Bernardinų bažn.
Šv. Onos bažn.
Rotušės aikštė
Nacionalinė filharmonija
VTU Elektronikos fak.
Šv. Teresės bažn.
Centrinė turgavietė
Autobusų stotis
Stotis
Lokomotyvo stadionas
Liepkalnio v. mok.
Sentikių kapinės
Rasų kapinės
Šv. Jevfrosinijos kapinės
Lietuvių namai
Burbiškių parkas
Karaimų ir totorių kapinės
E 85
E 28
A15
A3

0
500
1000M
Bydgoszcz, Gdańsk, Olsztyn
Legionowo
Legionowo
Białystok
Siedlce, Lublin
Józefów
Siedlce, Lublin
Konstancin-Jeziorna
Siedlce, Lublin
Łódź, Poznań
Kraków, Katowice
Kraków, Katowice, Warszawa-Okęcie
Góra Kalwaria
Dworzec Gdański
Zygmunta Słomińskiego
Gen. Władysława Andersa
NOWE
MIASTO
STARE
MIASTO
PRAGA
PÓŁNOC
Zoologiczny
Ogród
Wybrzeże Helskie
Wybrzeże Gdańskie
Al. Solidarności
Dw. Wileński
Targowa
Jagiellońska
Park Praski Żołnierzy 1 Armii W. Polskiego
most Śląsko-Dąbrowski
STARA
PRAGA
Wybrzeże Szczecińskie
MARIENSZTAT
Wisłostrada
Krakowskie Przedmieście
Ratusz Arsenał
Pałac Prezydencki
Ogród Saski
Centrum Nauki "Kopernik"
most Świętokrzyski
Wybrzeże Kościuszkowskie
Powiśle
MIRÓW
Al. Jana Pawła II
Marszałkowska
Świętokrzyska
Nowy Świat
Rondo ONZ
Prosta
Al. Jerozolimskie
POWIŚLE
Muzeum Narodowe
Pałac Kultury i Nauki
Centrum
Warszawa Centralna
T. Chałubińskiego
Al. Ujazdowskie
Park marsz. Edwarda Śmigłego-Rydza
Sejm
ŚRÓDMIEŚCIE
FILTRY
Raszyńska
Koszykowa
Politechnika Warszawska
Al. Niepodległości
UJAZDÓW
Al. Armii Ludowej
Politechnika
Wawelska
Trasa Łazienkowska
Park im. Józefa Piłsudskiego
Biblioteka Narodowa
Waryńskiego
Al. J. Szucha
Park Łazienkowski
BKS "Skra"

W.-Floridsdorf, A22 Stockerau
Stockerau
0
500
1000M
ALSERGRUND
IX.
XX.
Augarten
Praterstern
Wien Nord Praterstern
Stockerau, UNO-City
Wien (Schwechat)
Linz
Untere Donaustr.
Stadtpark
Schwedenpl.
Stephanspl.
Karlspl.
Oper
Volkstheater
Museumsquartier
Schottentor Univ.
Rathaus
Parlament
Hofburg
Burggarten
Volksgarten
Belvedere
Schwarzenberg
Botanischer Garten
WIEDEN
IV.
MARGARETEN
V.
VII.
Südtiroler Pl.
Landstraßer Gürtel
Gürtel
Hauptbahnhof
A23 Wiener Neustadt
A2 Schloß Schönbrunn, Linz
Eisenstadt, A23 Wiener Neustadt

Zagreb HR-10000

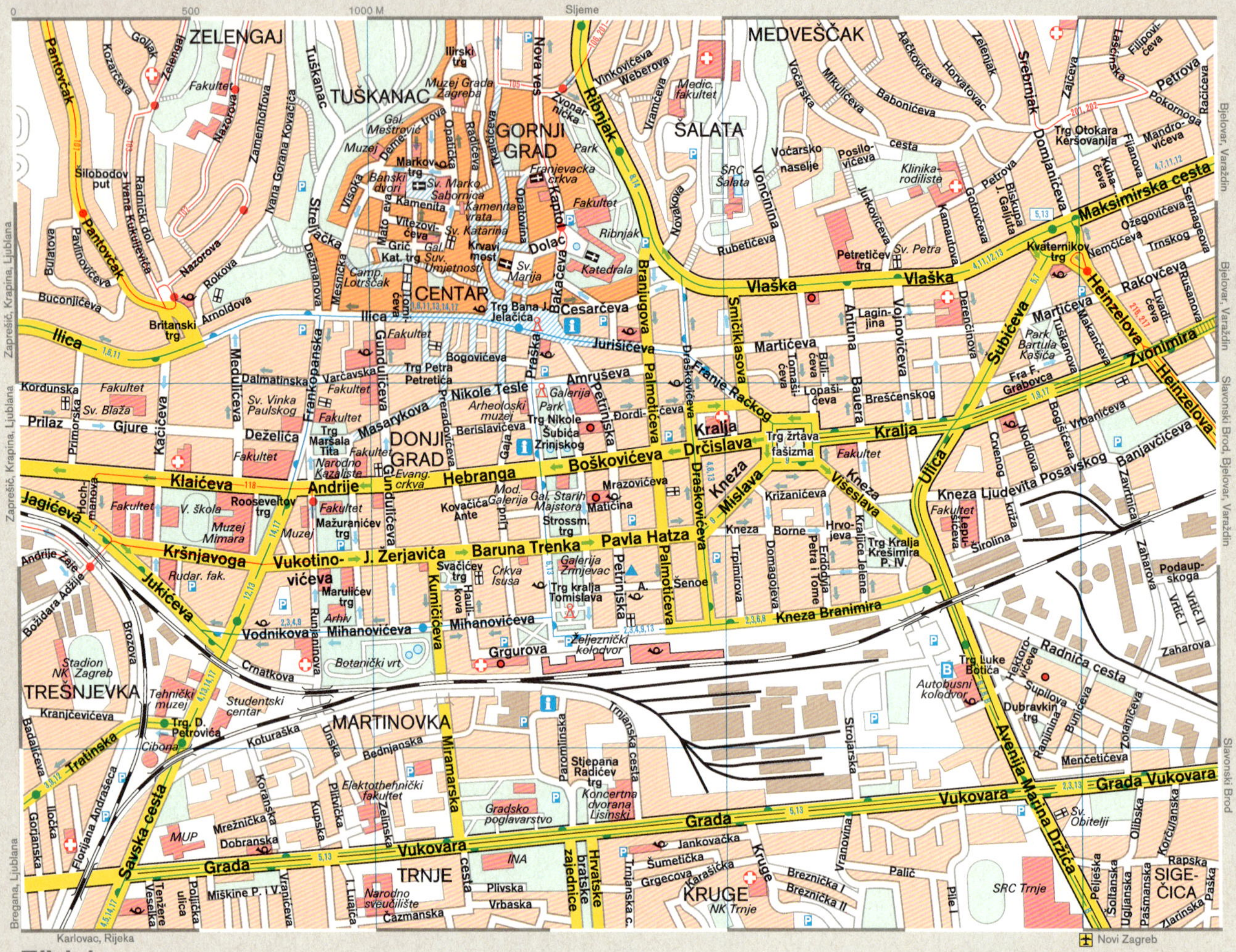

Zürich CH-8000-99

Index of place names | Index des localités | Ortsnamenverzeichnis
Plaatsnamenregister | Elenco dei nomi di località | Índice de topónimos
Stednavnsfortegnelse | Ortnamnsförteckning | Rejstřík sídel
Skorowidz miejscowości | Helységnévjegyzék | Указатель населенных пунктов

①	②	③	④	⑤
L	Luxembourg	1009 *	**42**	**Ag 41**
RUS	Sankt-Peterburg	190000 *	**18**	**Da 31**
N	Longyearbyen	9170	**2**	**I Svalbard**

	①	②
GB	Motor vehicle nationality letters	Place name
F	Plaques de nationalité	Localité
D	Internationale Autokennzeichen	Ortsname
NL	Internationaale autokentekens	Plaatsnaam
I	Targhe automobilistiche internazionali	Località
E	Matrículas internacionales	Topónimo
DK	Nationalitetsbetegnelser	Stednavn
S	Nationalitetsbeteckningar	Ortnamn
CZ	Poznávací značky aut	Jméno obcí
PL	Międzynarodowe znaki rejestracyjne	Nazwa miejscowości
H	Nemzetkösi autójelzesek	Helységnév
RUS	Международные опознавательные знаки	Имя населённого пункта

	③	*
GB	Postal code	Lowest postcode number for places having several postcodes
F	Code postal	Code postal le plus bas pour les localités à plusieurs codes posteaux
D	Postleitzahl	Niedrigste Postleitzahl bei Orten mit mehreren Postleitzahlen
NL	Postcode	Laagste postcode bij gemeenten met meerdere postcodes
I	Codice postale	Codice di avviamento postale riferito a città comprendenti più codici di avviamento postale
E	Código postal	Código postal más bajo en lugares con varios códigos postales
DK	Postnummer	Laveste postnummer ved byer med flere postnumre
S	Postnummer	Lägsta postnumret vid uppgifter med flera postnummer
CZ	Poštovní směrovací číslo	Nejnižší poštovní směrovací číslo v městech s vicenásobnými poštovními směrovacími čísly
PL	Kod pocztowy	Najniższy kod pocztowy w przypadku miej-scowości z wieloma kodami pocztowymi
H	Iranyitoszám	Több irányítószámmal rendelkező helységeknél a legalacsonyabb irányítószám
RUS	Почтовый индекс	Самый низкий почтовый индекс в случае городов с множеством почсовых индексов

	④	⑤	I
GB	Page number	Grid reference	Auxiliary map
F	Número de página	Coordonnées	Carton intérieur
D	Seitenzahl	Suchfeldangabe	Nebenkarte
NL	Paginanummer	Zoekveld-gegevens	Bijkaart
I	Numero di pagina	Riquadro nel quale si trova il nome	Inserto cartografico
E	Número de página	Coordenadas de localización	Cartela
DK	Sidetal	Kvadratangivelse	Bikort
S	Sidnummer	Kartrutangivelse	Bikarta
CZ	Číslo strany	Údaje hledacího čtverce	Vedlejší mapa
PL	Numer strony	Współrzędne skorowidzowe	Mapa boczna
H	Oldalszám	Keresőhálózat megadása	Melléktérkép
RUS	Число страниц	Указатель индексного поля	Врезная карта

Internationale Autokennzeichen | Motor vehicle nationality letters
Plaques de nationalité | Internationaale autokentekens
Targhe automobilistiche internazionali | Matrículas internacionales
Nationalitetsbetegnelser | Nationalitetsbeteckningar
Międzynarodowe znaki rejestracyjne | Poznávací značky aut
Nemzetközi autójelzesek | Международные опознавательные знаки

A
Austria
Autriche
Österreich
Oostenrijk
Austria
Austria
Østrig
Österrike
Rakousko
Austria
Ausztria
Австрия

AL
Albania
Albanie
Albanien
Albanië
Albania
Albania
Albanien
Albanien
Albánie
Albania
Albánia
Албания

AND
Andorra
Andorre
Andorra
Andorra
Andorra
Andorra
Andorra
Andorra
Andorra
Andora
Andorra
Андорра

AX
Åland Islands
Îles d'Aland
Ålandinseln
Ålandseilanden
Isole Åland
Islas de Åland
Ålandsøerne
Åland
Alandské ostrovy
Wyspy Alandzkie
Aland-szigetek
Аландские острова

B
Belgium
Belgique
Belgien
België
Belgio
Bélgica
Belgien
Belgien
Belgie
Belgia
Belgium
Бельгия

BG
Bulgaria
Bulgarie
Bulgarien
Bulgarije
Bulgaria
Bulgaria
Bulgarien
Bulgarien
Bulharsko
Bułgaria
Bulgária
Болгария

BIH
Bosnia and Herzegovina
Bosnie-Herzégovine
Bosnien und Herzegowina
Bosnië en Hercegovine
Bosnia e Erzegovina
Bosnia y Herzegovina
Bosnien og Hercegovina
Bosnien och Herzegovina
Bosna a Hercegovina
Bośnia i Hercegowina
Bosznia és Hercegovina
Босния и Герцеговина

BY
Belorussia
Biélorussie
Weißrussland
Wit-Rusland
Russia Bianca
Bielorusia
Hviderusland
Vitryssland
Bělorusko
Białoruś
Belorusszia
Беларусь

CH
Switzerland
Suisse
Schweiz
Zwitserland
Svizzera
Suiza
Schweiz
Schweiz
Švýcarsko
Szwajcaria
Svájc
Швейцария

CY
Cyprus
Chypre
Zypern
Cyprus
Cipro
Chipre
Cypern
Cypern
Kypr
Cypr
Ciprus
Кипр

CZ
Czech Republic
République tchèque
Tschechische Republik
Tsjechische Republiek
Repubblica ceca
República Checa
Tjekkiske republik
Tjeckiska republiken
Česká republika
Republika Czeska
Cseh Köztársaság
Чешская республика

D
Germany
Allemagne
Deutschland
Duitsland
Germania
Alemania
Tyskland
Tyskland
Německo
Niemcy
Németország
Германия

DK
Denmark
Danemark
Dänemark
Denemarken
Danimarca
Dinamarca
Danmark
Danmark
Dánsko
Dania
Dánia
Дания

E
Spain
Espagne
Spanien
Spanje
Spagna
España
Spanien
Spanien
Španělsko
Hiszpania
Spanyolország
Испания

EST
Estonia
Estonie
Estland
Estland
Estonia
Estonia
Estland
Estland
Estonsko
Estonia
Észtország
Эстония

F
France
France
Frankreich
Frankrijk
Francia
Francia
Frankrig
Frankrike
Francie
Francja
Franciaország
Франция

FIN
Finland
Finlande
Finnland
Finland
Finlandia
Finlandia
Finland
Finland
Finsko
Finlandia
Finnország
Финляндия

FL
Liechtenstein
Liechtenstein
Liechtenstein
Liechtenstein
Liechtenstein
Liechtenstein
Liechtenstein
Liechtenstein
Lichtenštejnsko
Liechtenstein
Liechtenstein
Лихтенштейн

FO
Faroe Islands
Îles Féroé
Färöer
Faerøer
Isole Fær Øer
Islas Feroe
Færøerne
Färöarna
Faerské ostrovy
Wyspy Owcze
Feröer
Фарерские острова

GB
Great Britain
Grande Bretagne
Großbritannien
Groot-Brittanië
Gran Bretagna
Gran Bretaña
Storbritannien
Storbritannien
Velká Británie
Wielka Brytania
Nagy-Britannia
Великобритания

GBA
Alderney
Alderney
Alderney
Alderney
Alderney
Alderney
Alderney
Alderney
Alderney
Alderney
Alderney
Олдерни

GBG
Guernsey
Guernsey
Guernsey
Guernsey
Guernsey
Guernsey
Guernsey
Guernsey
Guernsey
Guernsey
Guernsey
Гернси

GBJ
Jersey
Jersey
Jersey
Jersey
Jersey
Jersey
Jersey
Jersey
Jersey
Jersey
Jersey
Джерси

GBM
Isle of Man
Île de Man
Insel Man
Isle of Man
Isola de Man
Isla de Man
Isle of Man
Isle of Man
Ostrov Man
Wyspa Man
Man sziget
Остров мэн

GBZ
Gibraltar
Gibraltar
Gibraltar
Gibraltar
Gibraltar
Gibraltar
Gibraltar
Gibraltar
Gibraltar
Gibraltar
Gibraltár
Гибралтар

GR
Greece
Grèce
Griechenland
Griekenland
Grecia
Grecia
Grækenland
Grekland
Řecko
Grecja
Görögország
Греция

H
Hungary
Hongrie
Ungarn
Hongarije
Ungheria
Hungria
Ungarn
Ungern
Mad'arsko
Węgry
Magyarország
Венгрия

HR
Croatia
Croatie
Kroatien
Kroatië
Croazia
Croacia
Kroatien
Kroatien
Chorvatsko
Chorwacja
Horvátország
Хорватия

I
Italy
Italie
Italien
Italië
Italia
Italia
Italien
Italien
Itálie
Włochy
Olaszország
Италия

IRL
Ireland
Irlande
Irland
Ierland
Irlanda
Irlanda
Irland
Irland
Irsko
Irlandia
Írország
Ирландия

IS
Iceland
Islande
Island
Ijsland
Islanda
Islandia
Island
Island
Island
Islandia
Izland
Исландия

L
Luxembourg
Luxembourg
Luxemburg
Luxemburg
Lussemburgo
Kuxemburgo
Luxemburg
Luxemburg
Lucembursko
Luksemburg
Luxemburg
Люксембург

LT
Lithuania
Lithuanie
Litauen
Litouwen
Lituania
Lituania
Litauen
Litauen
Litva
Litwa
Litvánia
Литва

LV
Latvia
Lettonie
Lettland
Letland
Lettonia
Letonia
Letland
Lettland
Lotyšsko
Łotwa
Lettország
Латвия

M
Malta
Malte
Malta
Malta
Malta
Malta
Malta
Malta
Malta
Malta
Málta
Мальта

MC
Monaco
Monaco
Monaco
Monaco
Monaco
Monaco
Monaco
Monaco
Monako
Monako
Monaco
Монако

MD
Moldavia
Moldavie
Moldawien
Moldavië
Moldavia
Moldavia
Moldavien
Moldavien
Moldavsko
Mołdawia
Moldava
Молдова

MK
Macedonia (F.Y.R.O.M.)
Macédonie (F.Y.R.O.M.)
Mazedonien (F.Y.R.O.M.)
Macedonië (F.Y.R.O.M.)
Macedonia (F.Y.R.O.M.)
Macedonia (F.Y.R.O.M.)
Makedonien (F.Y.R.O.M.)
Makedonien (F.Y.R.O.M.)
Makedonie (F.Y.R.O.M.)
Macedonia (F.Y.R.O.M.)
Macedónia (F.Y.R.O.M.)
Македония (Б.Ю.Р.М.)

MNE
Montenegro
Monténégro
Montenegro
Montenegro
Montenegro
Montenegro
Montenegro
Montenegro
Černa Hora
Czarnogóra
Montenegró
Церногория

N
Norway
Norvège
Norwegen
Noorwegen
Norvegia
Noruega
Norge
Norge
Norsko
Norwegia
Norvégia
Норвегия

NL
Netherlands
Pays-Bas
Niederlande
Nederland
Paesi Bassi
Países Bajos
Nederland
Nederländerna
Nizozemsko
Holandia
Hollandia
Нидерланды

P
Portugal
Portugal
Portugal
Portugal
Portogallo
Portugal
Portugal
Portugal
Portugalsko
Portugalia
Portugália
Португалия

PL
Poland
Pologne
Polen
Polen
Polonia
Polonia
Polen
Polen
Polsko
Polska
Lengyelország
Польша

RKS
Kosovo
Kosovo
Kosovo
Kosovo
Kosovo
Kosovo
Kosovo
Kosovo
Kosovo
Kosowo
Koszovó
Косово

RO
Romania
Roumanie
Rumänien
Roemenië
Romania
Rumania
Rumänien
Rumänien
Rumunsko
Rumunia
Románia
Румыния

RSM
San Marino
Saint-Marin
San Marino
San Marino
San Marino
San Marino
San Marino
San Marino
San Marino
San Marino
San Marino
Сан-Марино

RUS
Russia
Russie
Russland
Rusland
Russia
Rusia
Ryssland
Ryssland
Rusko
Rosja
Oroszország
Россия

S
Sweden
Suède
Schweden
Zweden
Svezia
Suecia
Sverige
Sverige
Švédsko
Szwecja
Svédország
Швеция

SK
Slovak Republic
République slovaque
Slowakische Republik
Slowaakse Republiek
Repubblica slovacca
República Eslovaca
Slovakiske republik
Slovakiska republiken
Slovenská republika
Republika Słowacka
Szlovák Köztársaság
Словацкая республика

SLO
Slovenia
Slovénie
Slowenien
Slovenija
Slovenia
Eslovenia
Slovenien
Slovenien
Slovinsko
Słowenia
Szlovénia
Словения

SRB
Serbia
Serbie
Serbien
Servië
Serbia
Serbia
Serbien
Serbien
Srbsko
Serbia
Szerbia
Сербия

TR
Turkey
Turquie
Türkei
Turkije
Turchia
Turquía
Tyrkiet
Turkiet
Turecko
Turcja
Törökország
Турция

UA
Ukrainia
Ukraine
Ukraine
Oekraine
Ucraina
Ucraina
Ukraine
Ukraina
Ukrajina
Ukraina
Ukrajna
Украина

V
Vatican City
Cité du Vatican
Vatikanstadt
Vaticaanstad
Città del Vaticano
Ciudad del Vaticano
Vatikanet
Vatikanstaten
Vatikán
Watykan
Vatikán-város
Ватикан

A

DK Aabenraa = Åbenrå 6200 26 Ak 35
DK Aabybro = Åbybro 9440 16 Ak 33
D Aachen 52062* 42 Ag 40
DK Aalborg 9000* 16 Ak 33
D Aalen 73430* 43 Ba 42
NL Aalsmeer 1430* 41 Ae 38
B Aalst 3800 41 Ae 40
NL Aalten 7120* 42 Ag 39
B Aalter 9880 41 Ad 39
FIN Äänekoski 44150 10 Cf 28
S Aapua 3 Cd 24
CH Aarau 5000* 56 Ai 43
S Aareavaara 3 Cd 23
DK Aarhus 8000* 27 Ba 34
B Aarschot 3200 41 Ae 40
E Abadín 27730 68 Sc 47
I Abano Terme 35031 57 Bb 45
TR Abaş 76 Ck 51
I Abbadia San Salvatore 53021 72 Bb 48
S Abbekås 27404 27 Bd 35
F Abbeville 80100* 41 Ab 40
IRL Abbeyfeale = Mainistir na Féile 37 Sa 38
IRL Abbeyleix = Mainistir Laoise 37 Sc 38
S Abborrträsk 93082 10 Bk 25
RUS Abdulino 34 Fd 37
E Abejar 42146 69 Sh 49
E Abenójar 13180 81 Sf 52
DK Åbenrå = Aabenraa 26 Ak 35
GB Aberaeron SA46 40 Sf 38
GB Aberdâr = Aberdare CF44 40 Sg 39
GB Aberdare CF44 40 Sg 39
GB Aberdaugleddau = Milford Haven SA73 40 Se 39
GB Aberdeen AB16 38 Sh 33
GB Aberfeldy PH15 38 Sg 34
GB Abergavenny NP7 40 Sg 39
GB Abergele LL22 39 Sg 37
GB Aberhonddu = Brecon LD3 40 Sg 39
GB Abermaw = Barmouth LL42 39 Sf 38
GB Abersoch LL53 39 Sf 38
GB Abertawe = Swansea SA1 40 Sg 39
GB Aberteifi = Cardigan SA43 40 Sf 38
GB Aberystwyth SY23 40 Sf 38
RUS Abez' 7 Gb 24
RUS Abganerovo 49 Ee 42
TR Abide 17900 75 Cg 50
TR Abide 17900 84 Ck 52
GB Abington CB1 39 Sg 35
RUS Abinsk 63 Di 46
S Abisko 98107 2 Bi 22
F Ablis 78660 41 Ab 42
FIN Åbo = Turku 20002* 18 Cc 30
H Abony 2740 59 Ca 43
GB Aboyne AB34 38 Sh 33
RUS Abramovka 33 Eh 36
RUS Abramovka 51 Fe 38
P Abrantes 2200-001* 68 Sb 51
RUS Abrau-Djurso 63 Dh 46
LV Abrene = Pytalovo 29 Ch 33
F Abrets, les 38490 56 Af 45
F Abriès 05460 56 Ag 46
RO Abrud 515100 60 Cd 44
DK Åbybro = Aabybro 9100 16 Ak 33
S Åbyn 93047 10 Cb 25
RUS Abzakovo 35 Fi 37
RUS Abzanovo 52 Fg 39
I Acceglio 12021 56 Ag 46
IRL Achad an Iúir 37 Sc 37
GB Achiltibuie IV26 38 Se 32
D Achim 28832 26 Ak 37
GB Achnasheen IV22 38 Se 33
TR Acıgöl 50140 85 De 52
RUS Ačikulak 64 Ee 46
TR Acıpayam 20800* 84 Ck 53
TR Acıpınar 19500 85 Dd 52
I Acireale 95024 72 Bf 53
RUS Ačit 35 Fh 34
GB Acle NR13 41 Ab 38
TR Açma 86 Di 52
I Acquasparta 05021 72 Bc 48
I Acqui Terme 15011 56 Ai 46
I Acri 87041 73 Bg 51
H Ács 2941 59 Bi 43
SRB Ada 24430 74 Bk 49
RUS Adaevka 53 Gc 39
S Adak 93072 9 Bi 25
TR Adaklı 79 Ea 51
TR Adaklı 87 Ee 53
TR Adaksu 87 Ec 52
RO Adamclisi 907010 61 Ch 46
E Adamuz 14430 81 Sf 52
TR Adana 01000* 85 Df 54
TR Adapazarı = Sakarya 76 Da 50
TR Adatoprakpınar 77 Dc 51
CH Adelboden 3715 56 Ah 44
I Adelfia 70010 73 Bg 50
TR Adilcevaz 13500 87 Ec 52
TR Adiller 70820 84 Dc 54
TR Adıyaman 02000* 86 Di 53
RO Adjud 625100 61 Ch 44
RUS Adler 63 Dk 47
A Admont 8911* 58 Be 43
S Adolfsström 2 Bg 24
D Adorf 08626 43 Bc 40
E Adrall 25797 70 Ab 48
I Adrano 95031 72 Be 53
I Adria 45011 57 Bc 45
RO Adunaţii-Copăceni 087005 60 Cg 46
LT Adutiškis 18039 29 Cg 35
RUS Adygejsk 63 Dk 46
RUS Adyk 65 Ef 45
EST Aegviidu 74501 18 Cf 31
GR Aetós 30004 74 Cb 50
RUS Afanas'evo 21 Ec 32
RUS Afanas'evo 23 Fd 32
RUS Afanas'evskoe 35 Fi 34
GR Afándou 85103 84 Ci 54
RUS Afipinskij 63 Dk 45
RUS Afipskij 63 Di 46
N Åfjord 7170 8 Ba 27
RUS Afrikanda 4 Dc 23
TR Afşar 77 Dd 51
TR Afşin 46500 86 Dg 52
RO Afumaţi 077010 60 Cg 46
TR Afyon 03000* 84 Da 52
TR Ağaca 18600 77 Dc 50
TR Ağaçbeyli 64810 84 Ck 52
TR Ağaçlı 21920 87 Ea 52
TR Ağaçören 68600 85 Dd 52
TR Ağaçsever 87 Ea 53
RUS Agafonkovo 23 Fh 33
RUS Agapovka 35 Fk 37
F Agde 34300* 55 Ad 47
F Agen 47000* 54 Aa 46
DK Agger 7770 26 Ai 34
GR Agía Ána 82 Cc 52
GR Agía Déka 82 Ce 55
CY Agia Eirini 9610 84 Dc 55
GR Agía Galíni 70200 82 Ce 55
GR Agía Marína 35101 83 Cg 53
CY Agia Napa 5330 85 Dd 56
GR Agía Pelagía 71001 82 Ce 54
GR Agía Rouméli 73005 82 Cd 55
GR Ágias Triás Parnithos 14565 82 Cd 52
GR Agía Triáda 21055 82 Cb 53
RUS Agidel' 34 Fe 35
RO Agighiol 827236 61 Ci 45
TR Ağın 23960 86 Di 52
Agios Amvrosios 85 Dd 55
GR Ágios Apóstoli 82 Cd 54
GR Ágios Efstrátios 81400 75 Ce 51
GR Ágios Harálambos 69400 75 Cf 50
GR Ágios Kírikos 83 Cg 53
GR Ágios Konstantínos 82 Cc 52
GR Agios Nikólaos 83 Cf 55
GR Ágios Pétros 31082 82 Ca 52
GR Ágios Theódori 82 Cd 53
I Agira 94011 72 Be 53
TR Ağlasun 15800 84 Da 53
LV Aglona 5304 29 Cg 34
RO Agnita 555100 60 Ce 45
I Agnone 86081 73 Be 49
F Agon-Coutainville 50230 40 Si 41
E Agramunt 25310 70 Ab 49
RUS Agrat 34 Fb 37
TR Ağrı 04000* 79 Ed 51
I Agrigento 92100 72 Bd 53
GR Agrínio 30100 82 Cb 52
GR Agriovótano 34200 75 Cd 51
I Agropoli 84043 73 Be 50
RUS Agryz 34 Fd 34
E Agudo 13410 69 Sf 52
P Águeda 3750-101* 68 Sb 50
E Aguilar 33619 81 Sf 53
E Aguilar de Campoo 34800 69 Sf 48
E Águilas 30880 81 Si 53
TR Ağva 34991 76 Ck 49
TR Ahat 84 Ck 52
E Ahaus 48683 42 Ah 38
RUS Ahikovo 21 Ed 31
GR Ahíllio 37007 74 Cc 51
E Ahillones 06940 80 Se 52
TR Ahırlı 42180 84 Dc 53
GR Ahladohóri 62300 75 Cd 49
FIN Ahlainen 29700 18 Cb 29
TR Ahlat 13400 87 Ec 52
TR Ahlatlı 39000 79 Eb 50
D Ahlbeck 27 Be 37
D Ahlen 88524 42 Ah 39
RUS Ahmany 25 Ge 33
TR Ahmetbey 39770 76 Ch 49
TR Ahmetli 83 Ch 52
TR Ahmetli 86 Dk 52
RUS Ahmetovskaja 64 Eb 46
FIN Ahmovaara 83950 11 Ck 27
D Ahrensbök 23623 27 Ba 36
D Ahrensburg 22926 27 Ba 37
CY Ahrotiri 84 Dc 56
D Ahrweiler, Bad Neuenahr- 53474 42 Ah 40
FIN Ähtäri 63701 10 Ce 28
RUS Ahtarsk, Primorsko- 63 Di 44
EST Ahtme, Jõhvi- 41541 19 Ch 31
BG Ahtopol 8280 76 Ch 48
RUS Ahtropovo 21 Ec 32
RUS Ahtubinsk 50 Eg 42
F Ahun 23150 55 Ac 44
RUS Ahunovo 35 Fk 36
S Åhus 29600 27 Be 35
FIN Ahvenselkä 98630 3 Ci 24
GR Aianí 50004 74 Cb 50
D Aibling, Bad 83043 57 Bc 43
D Aichach 86551 43 Bb 42
N Aiddejavrre Fjellstue 3 Cd 22
A Aigen im Mühlkreis 4160* 43 Bd 42
Aigialousa 85 De 55
CH Aigle 1860 56 Ag 44
F Aigle, l' 61300 41 Aa 42
GR Aigósthena 82 Cd 52
F Aigre 16140 54 Aa 45
F Aiguebelle 73220 56 Ag 45
F Aigues-Mortes 30220 55 Ae 47
F Aiguillon 47190 54 Aa 46
F Aigurande 36140 55 Ab 44
F Aillant-sur-Tholon 89110 55 Ad 43
IRL Ailt an Chorráin 37 Sb 36
LV Ainaži 4035 18 Ce 33
E Ainsa-Sobrarbe 70 Aa 48
F Airaines 80270 41 Ab 41
GB Aird HS2 38 Sd 32
F Airel 50680 40 Si 41
F Aire-sur-l'Adour 40800* 54 Sk 47
F Aire-sur-la-Lys 62120 41 Ac 40
CH Airolo 6780 56 Ai 44
F Airvault 79600 54 Sk 44
RUS Aitovo 34 Fe 37
RO Aiud 515200 60 Cd 44
F Aix-d'Angillon, les 18220 55 Ac 43
F Aix-en-Provence 13080* 56 Af 47
F Aix-les-Bains 73100* 56 Af 45
F Aizenay 85190 54 Si 44
LV Aizpute 3456 28 Cb 34
F Ajaccio 20000 71 Ai 49
S Ajaureforsen 9 Bf 25
RUS Ajdar 48 Di 40
SLO Ajdovščina 5270 57 Bd 45
H Ajka 8400* 58 Bh 43
RUS Ajkino 14 Ek 28
BG Ajtos 8500 76 Ch 48
TR Akarsu 78 Di 51
TR Akarsu 87 Eb 53
FIN Äkäsjokisuu 95901 3 Cd 23
FIN Äkäslompolo 95970 3 Ce 23
TR Akbaba 79 Ed 50
TR Akbaş 84 Dc 52
TR Akbelenli 84 Da 53
TR Akbıyıklı 77 De 51
TR Akbudak 86 Dh 53
RUS Akbulak 52 Ff 39
TR Akburun 84 Db 53
TR Akçaabat 61300 78 Dk 49
TR Akçabelen 42705 84 Db 53
TR Akçadağ 44600 86 Dh 52
TR Akçagöze 86 Dh 53
TR Akçakale 78 Dk 49
TR Akçakale 86 Di 54
TR Akçakent 76 De 51
TR Akçakışla 66660 77 Df 51
TR Akcakışla 58420 78 Dg 51
TR Akçakoca 14700 76 Db 49
TR Akçaova 41620 76 Ck 49
TR Akçaova 41620 84 Ci 53
TR Akçapınar 17600 86 Di 52
TR Akçaşehir 85 Dd 53
TR Akçay 21560 79 Ed 50
TR Akçay 21560 84 Ck 54
TR Akçayazı 85 Dd 53
BY Akcjabrski 46 Ci 38
TR Akdağmadeni 66300 78 Df 51
TR Akdere 33940 84 Ck 52
TR Akdere 33940 86 Dg 52
D Aken (Elbe) 06385 43 Bc 39
S Åkernäs 9 Bg 25
S Åkersberga 18400* 17 Bi 31
TR Akhisar 29650* 83 Ch 52
TR Akın 06965 77 Dd 51
TR Akıncı 87 Ea 53
TR Akıncılar 02420 78 Di 50
TR Akıncılar 02420 86 Di 53
TR Akine 33630 84 Dc 54
RUS Akinfievo 24 Gb 32
DK Åkirkeby 27 Be 35
RUS Ak"jar 52 Fi 39
TR Akkaya 06840 77 De 49
TR Akkent 20710 84 Ck 52
TR Akkışla 38830 78 Dg 51
TR Akkoç 78 Dh 51
TR Akköprü 84 Ci 54
TR Akköy 38800 83 Ch 53
TR Akköy 38800 84 Ck 53
TR Akkuş 78 Dh 50
LT Akmenė 85022 29 Cc 34
LT Akmenė, Naujoji 85001 29 Cc 34
TR Akmeşe 76 Da 50
RUS Akmurun 52 Fi 38
LV Akniste 29 Cf 34
TR Akören 84 Dc 53
TR Akova 33700 85 Dd 54
TR Akpazar 62810 86 Dk 52
TR Akpınar 76 Da 51
TR Akpınar 77 Dd 51
TR Akpınar 77 De 50
TR Akpınar 78 Dh 51
TR Akpınar 84 Ck 52
TR Akpınar 86 Di 53
N Åkrahamn-Vedavågen 4276 16 Af 31
IS Akranes 300 36 Qh 26
GR Akráta 25006 82 Cc 52
GR Akréfnio 32200 82 Cd 52
N Åkrestrømmen 2480 16 Bb 29
RUS Aksaj 63 Dk 43
RUS Aksaj 64 Ed 43
TR Aksakal 10245 76 Ci 50
RUS Aksakovo 34 Fe 36
RUS Akšap 23 Fg 33
TR Akşar 79 Ec 50
TR Akşar 87 Ec 52
TR Aksaray 68000* 85 De 52
TR Aksaz 17200 84 Ck 52
TR Akşehir 42550* 84 Db 52
TR Akseki 37400 84 Db 53
RUS Aksenkino 34 Fd 36
RUS Aksenovo 34 Fe 37
RUS Aksent'evica 22 Eh 30
TR Aksu 25430 84 Da 54
TR Aksu 25430 84 Db 53
RUS Aksubaevo 34 Fa 36
RUS Aktanyš 34 Fe 35
RUS Aktarsk 49 Ee 39
TR Aktaş 78 Dg 50
TR Aktepe 79 Ec 51
TR Aktepe 86 Dg 54
RUS Aktjubinskij 34 Fc 36
TR Aktur 48920 83 Ch 54
TR Aktuzla 49430 79 Ec 51
IS Akureyri 600* 36 Rb 25
TR Akyaka 79 Ed 50
TR Akyaka 85 Dd 54
TR Akyazı 76 Da 50
TR Akyurt 06750 77 Dd 50
RUS Akžarskoe 52 Fk 39
TR Akziyaret 63180 86 Di 53
N Ål 3570 16 Ai 30
S Ala 17 Bi 33
TR Alaca 25500 77 De 50
TR Alaca 25500 79 Ea 51
TR Alacahan 58910 78 Dh 51
TR Alacakaya 23410 86 Dk 52
TR Alacalı 34886 76 Ck 49
TR Alacami 84 Dc 54
E Alacant 03001 81 Sk 52
TR Alaçatı 83 Cg 52
TR Aladağ 01720 84 Dc 53
TR Aladağ 01720 85 Df 53
E Alaejos 47510 68 Se 49
RUS Alagir 79 Ee 48
FIN Alahärmä 62375 10 Cc 27
E Alaior 07730 71 Ae 51
FIN Alajärvi 62901 10 Cd 28
TR Alakonak 63700 86 Dk 53
RUS Alakurtti 4 Da 24
TR Alan 87 Ee 53
E Alange 06840 80 Sd 52
E Alanís 41380 80 Se 52
TR Alanya 07400 84 Dc 54
TR Alanyurt 76 Da 51
RUS Alapaevsk 24 Gb 33
TR Alaplı 67850 76 Db 49
E Alaraz 37312 68 Se 50
TR Alaşehir 45600 83 Ci 52
S Ålåsen 83060 9 Be 27
I Alassio 56 Ai 46
TR Alatosun 87 Ea 53
I Alatri 03011 72 Bd 49
EST Alatskivi 60201 19 Ch 32
RUS Alatyr' 33 Eg 36
FIN Alavieska 85201 10 Ce 26
FIN Ala-Vuokki 89830 11 Ck 26
FIN Alavus 63301 10 Cd 28
TR Alayurt 76 Da 51
I Alba 12051 56 Ai 46
RO Albac 517005 59 Cc 44
E Albacete 02001* 81 Si 52
E Alba de Tormes 37800 68 Se 50
DK Albæk 6740 16 Ba 33
RO Alba Iulia 000510* 60 Cd 44
E Albalate de Cinca 22534 70 Aa 49
E Albalate del Arzobispo 44540 70 Sk 49
E Albalate de Zorita 19117 69 Sh 50
F Alban 81250 55 Ac 47
E Albanyà 70 Ac 48
TR Albayrak 65610 87 Ee 52
I Albenga 17031 56 Ai 46
E Alberca, La 37624 68 Sd 50
P Albergaria-a-Velha 3850-001* 68 Sb 50
P Albernoa 7800-601 80 Sc 53
F Albert 80300 41 Ac 40
F Albertville 73200 56 Ag 45
F Albi 81000* 55 Ac 47
E Albocásser 70 Aa 50
DK Ålborg = Aalborg 9100 16 Ak 33
E Albox 04800 81 Sh 53
D Albstadt 72458* 42 Ak 42
E Albuera, La 06170 80 Sd 52
P Albufeira 8200-001* 80 Sb 53
E Albuñol 18700 81 Sg 54
E Albuquerque 68 Sc 51
S Alby 84144 9 Bf 28
P Alcácer do Sal 7580-001* 80 Sb 52
P Alcáçovas 7090-010* 80 Sb 52
E Alcalá de Chivert = Alcalà de Xivert 12570 70 Aa 50
E Alcalá de Guadaira 41500 80 Se 53
E Alcalá de Henares 28801 69 Sg 50
E Alcalà de Xivert 12570 70 Aa 50
E Alcalá la Real 23680 81 Sg 53
I Alcamo 72 Bc 53
E Alcanar 43530 70 Aa 50
P Alcanede 2025-030* 68 Sb 51
E Alcañices 49500 68 Sd 49
E Alcañiz 44600 70 Sk 49
E Alcántara 10980 68 Sd 51
E Alcantarilla 02489 81 Si 53
E Alcaracejos 14480 81 Sf 52
E Alcarràs 25180 70 Aa 49
E Alcaudete 23660 81 Sf 53
E Alcaudete de la Jara 45662 69 Sf 51
E Alcázar de San Juan 13600 69 Sg 51
UA Alčevs'k 48 Di 42
TR Alcı 66700 77 Df 51
TR Alçı 84 Ck 53
TR Alçiören 78 Dh 51
E Alcoba 13116 69 Sf 51
P Alcobaça 2460-001* 68 Sb 51
E Alcoi 03800 70 Sk 52
E Alcolea de Calatrava 13107 81 Sf 52
E Alconchel 06131 80 Sc 52
E Alcora 70 Sk 50
E Alcorcón 28921 69 Sg 50
E Alcorisa 44550 70 Sk 50
P Alcoutim 2000-791 80 Sc 53
E Alcoy = Alcoi 03800 81 Sk 52
E Alcublas 46172 70 Sk 51
E Alcúdia 07400 70 Ad 51
E Aldeadávila de la Ribera 37250 68 Sd 49
E Aldea del Rey 13380 81 Sg 52
E Aldeanueva del Camino 10740 68 Se 50
GB Aldeburgh IP15 41 Ab 38
GB Aldershot GU11 40 Sk 39
MK Aldinci 1052 74 Cb 49
RUS Aleevo 33 Eg 38
RUS Alëhovščina 20 Dd 30
BG Alekovo 7555 61 Ch 47
UA Aleksandrija = Oleksandrivka 47 Dd 42
RUS Aleksandro-Nevskij 32 Ea 37
RUS Aleksandrov 31 Di 34
SRB Aleksandrovac 37230 59 Cb 47
RUS Aleksandrov Gaj 50 Ei 40
RUS Aleksandrovka 34 Fd 37
RUS Aleksandrovka 34 Fe 38
RUS Aleksandrovka 48 Dk 41
RUS Aleksandrovka 63 Di 44
RUS Aleksandrovka Tret'ja 49 Eb 39
RUS Aleksandrovsk 23 Fh 31
RUS Aleksandrovskij 48 Dg 39
RUS Aleksandrovskij, Kus'e- 24 Fi 32
RUS Aleksandrovskoe 22 Eh 32
RUS Aleksandrovskoe 64 Ec 46
RUS Aleksandrovskoe 64 Ed 46
PL Aleksandrów Łódzki 95-070 44 Bk 39
RUS Alekseevaka 48 Di 40
RUS Alekseevka 34 Fa 37
RUS Alekseevka 49 Ed 39
RUS Alekseevka 51 Fb 38
RUS Alekseevka 7 Fg 22
RUS Alekseevskaja 49 Ec 40
RUS Alekseevskaja, stanica = Alekseevskaja 49 Ec 40
RUS Alekseevskoe 34 Fa 35
RUS Aleksin 31 Dh 36
SRB Aleksinac 18220 59 Cb 47
S Alem 38402 28 Bg 34
TR Alembeyli 19300 77 De 50
TR Alemdar 76 Ck 49
N Ålen 7380 8 Bb 28
F Alençon 61000* 41 Aa 42
P Alenquer 2580-012* 68 Sa 51
F Aleria 71 Ak 48
F Alès 30100* 55 Ae 46
I Ales 09091 71 Ai 51
RO Aleşd 415100 59 Cc 43
RUS Alešovo 22 Eh 30
RUS Aleški 14 Ei 25
RUS Alešnja 32 Dk 36
I Alessandria 15100 56 Ai 46
N Ålesund 6002* 8 Ag 28
GR Alexándria 59300 74 Cc 50
RO Alexandria 000140* 60 Cf 47
GR Alexandroúpoli 68100 75 Cf 50
P Alfaiates 6320-081 68 Sd 50
E Alfajarín 50172 70 Sk 49
E Alfarràs 25120 70 Aa 49
BG Alfatar 7570 61 Ch 47
D Alfeld (Leine) 31061 42 Ak 39

(I) Alfonsine 48011 57 Bc 46
(GB) Alford AB33 38 Sh 33
(GB) Alfreton DE55 39 Si 37
(S) Alfta 82201 17 Bg 29
(E) Algaba, La 41980 80 Sd 53
(E) Algar, S' 07713 71 Ae 51
(N) Ålgård-Figgjo 4330 16 Af 32
(E) Algeciras 11101* 80 Se 54
(I) Alghero 07041 71 Ai 50
(S) Älghult 36075 27 Bf 33
(E) Algodonales 11680 80 Se 54
(E) Algorta 48930 54 Sg 47
(E) Alhama de Murcia 30840 81 Si 53
(E) Alhambra 13248 81 Sg 52
(E) Alhaurín el Grande 29120 81 Sf 54
(N) Ålhus 6826 16 Ag 29
(E) Aliaga 44150 70 Sk 50
(TR) Aliağa 33400 83 Cg 52
(GR) Alíartos 32001 82 Cd 52
(TR) Alibeyhüyüğü 42520 84 Dc 53
(SRB) Alibunar 26310 59 Ca 45
(E) Alicante = Alacant 03001 81 Sk 52
(TR) Alicık 05300 77 Df 50
(I) Alife 81011 73 Be 49
(P) Alijó 5070-471 68 Sc 49
(GR) Aliko 83 Cf 54
(RUS) Alikovo 33 Eg 35
(S) Alingsås 44100* 17 Bc 33
(TR) Alisaray 37400 77 De 49
(E) Aliseda 10550 68 Sd 51
(P) Aljezur 8670-001* 80 Sb 53
(P) Aljustrel 7600-010* 80 Sb 53
(TR) Alkan 87 Ed 53
(TR) Alkemer 87 Ec 53
(NL) Alkmaar 1800* 26 Ae 38
(E) Allariz 32660 68 Sc 48
(N) Alleen 16 Ah 32
(D) Allersberg 90584 43 Bb 41
(DK) Allinge 3770 27 Be 35
(S) Ålloluokta kapell 2 Bk 23
(E) Almacelles 25100 70 Aa 49
(P) Almada 2800-001* 80 Sa 52
(E) Almadén 13400 81 Sf 52
(E) Almadén de la Plata 41240 80 Sd 53
(E) Almagro 13270 81 Sg 52
(E) Almansa 02640 81 Si 52
(E) Almanza 24170 68 Se 48
(E) Almaraz 10350 68 Se 51
(S) Älmeboda 36023 27 Bf 34
(P) Almeida 6355-201 68 Sd 50
(P) Almeirim 2080-001* 68 Sb 51
(NL) Almelo 7600* 42 Ag 38
(E) Almenara 12590 70 Sk 51
(E) Almendralejo 06200 80 Sd 52
(NL) Almere 1300* 42 Af 38
(E) Almería 04001 81 Sh 54
(E) Almerimar 04711 81 Sh 54
(I) Almese 10040 56 Ah 45
(RUS) Al'met'evsk 34 Fc 36
(RUS) Al'mež 22 Ei 30
(S) Älmhult 34301 27 Be 34
(GR) Almirós 37100 74 Cc 51
(P) Almodôvar 7700-011* 80 Sb 53
(E) Almodóvar del Campo 13580 81 Sf 52
(E) Almodóvar del Río 14720 80 Se 53
(E) Almoharín 10132 68 Sd 51
(E) Almonte 21730 80 Sd 53
(S) Älmsta 17 Bi 31
(E) Almudévar 22270 70 Sk 48
(S) Almundsryd 27 Be 34
(S) Almunge 74010 17 Bi 31
(E) Almuradiel 13760 81 Sg 52
(TR) Almus 60900* 78 Dg 50
(S) Almvik 17 Bg 33
(RUS) Alnaši 34 Fc 34
(N) Alnes 8 Af 28
(GB) Alness IV17 38 Sf 33
(GB) Alnwick NE66 39 Si 35
(LV) Aloja 4064 18 Ce 33
(GR) Alónnissos 37005 75 Cd 51
(E) Álora 29500 81 Sf 54
(B) Alost = Aalst 9300 41 Ae 40
(P) Alpalhão 6050-011* 68 Sc 51
(E) Alpera 02690 81 Si 52
(NL) Alphen aan de Rijn 2400* 41 Ae 38
(P) Alpiarça 2090-019* 68 Sb 51
(TR) Alpköy 78 Dk 51
(TR) Alpu 26850 76 Da 51
(TR) Alpullu 39200 76 Ch 49
(DK) Als 27 Ba 34
(D) Alsfeld 36304 42 Ak 40
(N) Ålstad 2 Bf 23
(S) Alsterbro 38044 27 Bf 34
(GB) Alston CA9 39 Sh 36
(LV) Alsunga 3306 28 Cb 34
(N) Alta 9509 3 Cd 21
(I) Altamura 70022 73 Bg 50
(RUS) Altata 50 Ei 39
(CH) Altdorf (UR) 6460 56 Ai 44
(D) Altdorf bei Nürnberg 90518 43 Bb 41
(E) Altea 03590 70 Sk 52
(N) Alteidet 3 Cc 20
(D) Altenberg 01773 43 Bd 40
(D) Altenburg 04600 43 Bc 40
(D) Altenkirchen (Westerwald) 57610 42 Ah 40
(D) Altenmarkt an der Alz 83352 43 Bc 43
(D) Altentreptow 17087 27 Bd 37
(P) Alter do Chão 7440-011* 68 Sc 51
(TR) Altindağ 77 Dc 51
(TR) Altındere 78 Dk 50
(TR) Altınekin 42450 84 Dc 52
(TR) Altınoluk 58510 75 Cg 51
(TR) Altınova 10280 75 Cg 51
(TR) Altınova 10280 87 Eb 52
(TR) Altınözü 31750 85 Dg 54
(TR) Altıntaş 24860 76 Da 51
(TR) Altınyaka 07350 84 Da 54
(TR) Altınyayla 58470 78 Dg 51
(F) Altkirch 68130 56 Ah 43
(GB) Altnaharra IV27 38 Sf 32
(RUS) Altn Bulg 65 Ef 44
(D) Altomünster 85250 43 Bb 42
(GB) Alton GU34 40 Sk 39
(D) Altona 22763* 26 Ak 37
(D) Altötting 84503 43 Bc 42
(GB) Altrincham WA14 39 Sh 37
(RUS) Altuhovo 31 De 38
(TR) Altunhisar 85 De 52
(RUS) Altynaj 35 Gb 33
(RUS) Altynnoe 35 Fh 34
(RUS) Altynsary 53 Gc 39
(TR) Alucra 28700 78 Di 50
(LV) Alūksne 4301 19 Ch 33
(S) Alunda 74700 17 Bi 30
(S) Ålundsby 10 Cb 25
(UA) Alupka 62 De 46
(UA) Alušta 62 De 46
(P) Alvalade 7565-011* 80 Sb 53
(S) Alvängen 44000 17 Bc 33
(S) Alvastra 17 Be 32
(N) Alvdal 2560 8 Ba 28
(S) Älvdalen 79601 17 Be 29
(S) Alvesta 34200 27 Be 34
(N) Alvik 8 Ag 28
(P) Alvito 7940-001 80 Sc 52
(S) Älvkarleby 81425 17 Bh 30
(S) Älvros 84201 17 Bc 29
(S) Älvsbacka 17 Bd 31
(S) Älvsbyn 94201 10 Cb 25
(S) Älvsered 31063 17 Bc 33
(LT) Alytus 62001* 29 Ce 36
(D) Alzey 55232 42 Ai 41
(E) Alzira 46600 70 Sk 51
(F) Alzonne 11170 55 Ac 47
(S) Åmådalen 17 Be 29
(P) Amadora 2610-001* 68 Sa 52
(S) Åmål 66200 17 Bc 31
(I) Amalfi 84011 73 Be 50
(GR) Amaliáda 27200 82 Cb 53
(I) Amantea 87032 73 Bg 51
(RO) Amara 927020 61 Ch 46
(P) Amarante 4600-001* 68 Sb 49
(RO) Amărăştii de Jos 207020 60 Ce 47
(P) Amareleja 7885-011* 80 Sc 52
(P) Amares 4720-011* 68 Sb 49
(TR) Amasya 77 Df 50
(I) Amatrice 02012 72 Bd 48
(GR) Amaxādes 75 Cf 49
(TR) Ambar 38125 85 Dd 53
(RUS) Ambarnyj 11 Dd 25
(F) Ambazac 87240 55 Ab 45
(GR) Ambeliá 74 Ca 51
(D) Amberg 92224 43 Bb 41
(F) Ambérieu-en-Bugey 01500 56 Af 45
(F) Ambert 63600 55 Ad 45
(GB) Amble NE65 39 Si 35
(GB) Ambleside LA22 39 Sh 36
(F) Amboise 37400* 54 Aa 43
(RUS) Amderma 7 Gb 21
(P) Ameixial 8100-050 80 Sc 53
(F) Amélie-les-Bains-Palalda 66110* 70 Ac 48
(D) Amelinghausen 21385 27 Ba 37
(NL) Amersfoort 3800* 42 Af 38
(GB) Amersham HP7 40 Sk 39
(GR) Amfilohía 30500 82 Cb 52
(GR) Amfissa 33100 82 Cc 52
(F) Amiens 80000* 41 Ac 41
(GR) Amigdalées 51100 74 Cb 50
(GR) Amíndeo 53200 74 Cb 50
(N) Åmli 16 Ai 32
(GB) Amlwch LL68 39 Sf 37
(GB) Ammanford SA18 40 Sg 39
(FIN) Ämmänsaari 89999 11 Ci 26
(S) Ammarnäs 92075 9 Bg 25
Ammochostos = Gazimagusa 85 Dd 55
(RUS) Amon' 47 De 39
(E) Amorebieta = Zornotza 54 Sh 47
(GR) Amorgós 84008 83 Cf 54
(N) Åmot 3340 16 Ba 30
(S) Åmot 17 Bg 30
(S) Åmotfors 17 Bc 31
(N) Åmot-Geithus 3360 16 Ai 31
(F) Amou 40330 54 Sk 47
(F) Amplepuis 69550 55 Ae 45
(E) Amposta 43870 70 Aa 50
(S) Åmsele 92275 10 Bk 26
(NL) Amsterdam 1000* 41 Ae 38
(A) Amstetten 3300* 43 Be 42
(RUS) Amurskij 52 Fk 38
(E) Amusquillo 47177 69 Sf 49
(UA) Amvrosijivka 63 Di 43
(RUS) Amzja 34 Fe 34
(GR) Anáfi 84009 83 Cf 54
(I) Anagni 03012 72 Bd 49
(GR) Anaharávi 74 Bk 51
(TR) Anaköy 87 Ec 52
(TR) Anamur 33630* 84 Dc 54
(RUS) Anapa 63 Dh 46
(FIN) Ânâr = Inari 99871 3 Ch 22
(S) Änäset 91534 10 Cb 26
(IRL) An Bóthar Bui 37 Sd 37
(IRL) An Cabhán = Cavan 37 Sc 37
(IRL) An Caisleán Nua = Newcastle West 37 Sa 38
(IRL) An Caisleán Riabhach 37 Sb 37
(IRL) An Caladh 37 Rk 39
(IRL) An Caol = Keel 37 Rk 37
(F) Ancenis 44150 54 Si 43
(IRL) An Charraig 37 Sb 36
(IRL) An Chathair = Caher 37 Sc 38
(RUS) Anciferovskij Bor 12 Dk 27
(IRL) An Clochán 37 Sc 37
(IRL) An Clochán = Clifden 37 Rk 37
(IRL) An Clochan Liath 37 Sb 36
(IRL) An Cóbh = Cobh 37 Sb 39
(IRL) An Coireán = Waterville 37 Rk 39
(I) Ancona 60100* 57 Bd 47
(IRL) An Daingean = Dingle 37 Rk 38
(N) Åndalsnes 6300 8 Ah 28
(RUS) Andeg 6 Fd 23
(F) Andelys, les 27700 41 Ab 41
(N) Andenes 8480 2 Bg 21
(CH) Andormatt 6490 56 Ai 44
(D) Andernach 56626 42 Ah 40
(S) Anderstorp 33401 17 Bd 33
(TR) Andiçen 87 Ed 53
(GR) Andíparos 84400 83 Cf 53
(TR) Andırın 46400 86 Dg 53
(GR) Andírio 30020 82 Cb 52
(E) Andoain 20140 54 Sh 47
(RUS) Andomskij Pogost 20 Dg 29
(E) Andorra 44500 70 Sk 50
(AND) Andorra La Vella AD500 70 Ab 48
(GB) Andover SP10 40 Si 39
(E) Andratx 07150 70 Ac 51
(RUS) Andreapol' 30 Dc 34
(RUS) Andreevka 51 Fb 38
(RUS) Andreevskoe 31 Dg 36
(I) Andria 70031 73 Bg 49
(RUS) Andrianoviči 24 Ga 31
(UA) Andrijašivka 47 Dd 40
(MNE) Andrijevica 84 320 74 Bk 48
(UA) Andrijivka 48 Dg 41
(UA) Andrijivka 63 Dg 43
(UA) Andrijivka 63 Dh 43
(GR) Andrítsena 27061 82 Cb 53
(RUS) Andropov = Rybinsk 20 Di 32
(GR) Ándros 84500 82 Ce 53
(RUS) Androsovka 50 Ek 38
(UA) Andrušivka 46 Ck 40
(N) Andselv 9325 2 Bi 21
(E) Andújar 23740 81 Sf 52
(F) Anduze 30140 55 Ad 46
(RUS) Andžiewskij 64 Ed 46
(MD) Anenii Noi 6500 61 Ck 44
(IRL) An Fál Carrach 37 Sb 35
(IRL) An Fearann Fuar 37 Sa 38
(RUS) Angasjak 34 Fe 35
(S) Ånge 84100 9 Bf 28
(S) Ängelholm 26200* 27 Bc 34
(FIN) Angeli 99871 3 Cf 22
(S) Ängelsberg 73790 17 Bg 31
(GR) Angeriá 83 Cf 54
(D) Angermünde 16278 27 Be 37
(F) Angers 49000* 54 Sk 43
(F) Angerville 91670 41 Ab 42
(IRL) An Ghrainseach 37 Sb 36
(IRL) An Glean Garbh 37 Sa 39
(E) Anglès 17160 70 Ac 49
(F) Anglure 51260 41 Ad 42
(IRL) An Gort = Gort 37 Sb 37
(F) Angoulême 16000* 54 Aa 45
(E) Angüés 70 Sk 48
(F) Aniche 59580 41 Ad 40
(RUS) Anihovka 53 Ga 39
(RO) Anina 325100 59 Cb 45
(RUS) Anisimovo 21 Ee 33
(TR) Anıtkaya 03050 84 Da 52
(TR) Anıtlı 33630 84 Dc 54
(TR) Anıtlı 33630 87 Eb 53
(S) Anjans fjällstation 83005 9 Bc 27
(RUS) Anjuša 14 Fa 28
(TR) Ankara 06105* 77 Dc 51
(D) Anklam 17389 27 Bd 37
(IRL) An Láithreach = Laragh 37 Sd 37
(IRL) An Longfort = Longford 37 Sc 37
(IRL) An Móta = Moate 37 Sc 37
(IRL) An Muileann-gCearr = Mullingar 37 Sc 37
(RUS) Anna 49 Ea 39
(D) Annaberg-Buchholz 09456 43 Bd 40
(IRL) An Nás = Naas 37 Sd 37
(N) Anndalsvågen 9 Bc 25
(F) Annecy 74000 56 Ag 45
(FIN) Annel = Angeli 99871 3 Cf 22
(S) Annelund 17 Bd 33
(F) Annemasse 74100 56 Ag 44
(RUS) Annenskij Most 20 Dh 30
(RUS) Annino 20 Dh 31
(UA) Annivka 63 Dg 44
(F) Annonay 07100 55 Ae 45
(D) Annweiler am Trifels 76855 42 Ah 41
(GR) Anógia 23054 82 Ce 55
(GR) Áno Kalendíni 47044 74 Cb 51
(GB) An Ómaigh = Omagh BT79 37 Sc 36
(GR) Áno Poróïa 62053 75 Cd 49
(F) Anould 88650 42 Ag 42
(DK) Ansager 6823 26 Ai 35
(D) Ansbach 91522 43 Ba 41
(IRL) An Scairbh 37 Sb 38
(IRL) An Sciobairin 37 Sa 39
(IRL) An Scoil 37 Sa 39
(P) Ansião 3240-101* 68 Sb 51
(IRL) An Snaidhm 37 Rl 39
(E) Ansó 70 Sk 48
(IRL) An Spideal 37 Sa 37
(GB) Anstruther KY10 38 Sh 34
(RO) Ânsurăţei 61 Ch 46
(TR) Ant 77 Dc 49
(IRL) An tAbhallort 37 Sd 38
(TR) Antalya 07000* 84 Da 54
(IRL) An tAonach = Nenagh 37 Sb 38
(IRL) An Teach Doite 37 Sa 37
(IRL) An Teampall Mór 37 Sc 38
(E) Antequera 29200 81 Sf 53
(GR) Anthótopos 50100 74 Cc 51
(F) Antibes 06160* 56 Ah 47
(RUS) Antipino 23 Ff 31
(RUS) Antipino 31 Dd 35
(GR) Ántissa 81103 75 Cf 51
(GB) An tIúr = Newry BT34 37 Sd 36
(S) Antnäs 10 Cb 25
(RUS) Antonovka 33 Ek 36
(BG) Antonovo 7970 75 Cg 47
(RUS) Antonovskaja 20 Di 29
(RO) Ântorsura Buzăului 525300 60 Cg 45
(UA) Antracyt 48 Dk 42
(F) Antrain 35560 40 Si 42
(GB) Antrim BT41 37 Sd 36
(I) Antrodoco 02013 72 Bd 48
(RUS) Antropy 22 Fb 33
(EST) Antsla 66403* 18 Cg 33
(S) Anttis 3 Cc 23
(FIN) Anttola 52100 19 Ch 29
(IRL) An Tulach 37 Sd 38
(B) Antwerpen 2000* 41 Ae 39
(IRL) An Uaimh = Navan 37 Sd 37
(RUS) Anufrievo 20 Di 31
(B) Anvers = Antwerpen 2000 41 Ae 39
(RUS) Anyb 14 Fd 29
(LT) Anykščiai 29001 29 Cf 35
(E) Anzánigo 70 Sk 48
(I) Anzio 00042 72 Bc 49
(I) Aosta 11100 56 Ah 45
(TR) Apa 84 Dc 53
(RO) Apahida 407035 60 Cd 44
(RUS) Apanasenkovskoe 64 Ed 45
(RUS) Apastovo 33 Ei 35
(SRB) Apatin 25260 59 Bi 45
(RUS) Apatity 4 Dd 23
(LV) Ape 4337 18 Cg 33
(NL) Apel, Ter 9561 26 Ah 38
(NL) Apeldoorn 7300* 42 Af 38
(GR) Apolakkiá 85108 83 Ch 54
(D) Apolda 99510 43 Bb 39
(GR) Apóllo 84301 83 Cf 53
(GR) Apollonía 84003 82 Ce 54
(GR) Apóstoli 74061 82 Ce 55
(UA) Apostolove 62 Dd 43
(CH) Appenzell 9050 57 Ak 43
(NL) Appingedam 9900* 26 Ag 37
(GB) Appleby-in-Westmorland CA16 39 Sh 36
(RUS) Apraksin Bor 19 Db 31
(RUS) Aprelevka 31 Dh 35
(I) Apricena 71011 73 Bf 49
(I) Aprilia 04011 72 Bc 49
(RUS) Apšeronsk 63 Dk 46
(F) Apt 84400 56 Af 47
(TR) Araban 27550 86 Dh 53
(TR) Araç 37800 77 Dd 49
(E) Aracena 21200 80 Sd 53
(RO) Arad 000310* 59 Cb 44
(E) Arahal, El 41600 80 Se 53
(GR) Aráhova 32004 82 Cc 52
(TR) Araklı 61700 79 Ea 50
(TR) Aralık 76500 79 Ee 51
(RUS) Aramil' 35 Ga 34
(E) Aranda de Duero 09400 69 Sg 49
(SRB) Aranđelovac 34300* 59 Ca 46
(E) Aranjuez 28300 69 Sg 50
(TR) Arapkir 78 Di 51
(TR) Aras 25810 79 Ec 51
(RUS) Araslanovo, Tjater- 34 Fe 37
(EST) Aravete 73501 18 Cf 31
(GR) Aravissos 74 Cc 50
(GR) Áraxos 25200 82 Cb 52
(I) Arbatax 08041 71 Ak 51
(RUS) Arbaž 22 Ei 33
(A) Arbesbach 3925* 43 Be 42
(S) Arboga 73201* 17 Bf 31
(F) Arbois 39600 56 Af 44
(S) Arbrå 82010 17 Bg 29
(F) Arbresle, l' 69210 55 Ae 45
(GB) Arbroath DD11 38 Sh 34
(UA) Arbuzynka 62 Db 43
(F) Arcachon 33120* 54 Si 46
(RUS) Arčedinskaja 49 Ed 41
(F) Arc-et-Senans 25610 56 Af 43
(I) Arcevia 60011 57 Bc 47
(RUS) Archangels'koe 31 Dh 37
(UA) Archanhel's'ke 62 Dd 43
(E) Archena 30600 81 Si 52
(F) Archiac 17520 54 Sk 45
(E) Archidona 29300 81 Sf 53
(I) Arcidosso 58031 72 Bb 48
(F) Arcis-sur-Aube 10700 41 Ae 42
(I) Arco 38062 57 Ba 45
(P) Arco de Baúlhe 4860-041* 68 Sc 49
(E) Arcos de la Frontera 11630 80 Se 54
(P) Arcos de Valdevez 4970-230* 68 Sb 49
(UA) Arcyz 61 Ck 45
(TR) Ardahan 75000 79 Ec 49
(N) Årdal 6826 16 Ah 32
(N) Årdalstangen 6885 16 Ah 29
(IRL) Ard an Ratha 37 Sb 36
(TR) Ardanuç 08300 79 Ec 49
(IRL) Ardara = Ard an Ratha 37 Sb 36
(RUS) Ardatov 32 Ed 35
(RUS) Ardatov 33 Eg 36
(IRL) Ardee = Baile Átha Fhirdhia 37 Sd 37
(F) Ardentes 36120 55 Ab 44
(TR) Ardeşen 53400 79 Eb 49
(GB) Ardhasaig HS3 38 Sd 33
(BG) Ardino 6750 75 Cf 49
(GB) Ardlussa PA60 38 Se 34
(GB) Ard Mhacha = Armagh BT61 37 Sd 36
(RUS) Ardon 79 Ee 47
(GB) Ardrossan KA22 39 Sf 35
(RO) Arduşat 437005 60 Cd 43
(GB) Ardvasar IV44 38 Se 33
(GB) Ardvourlie HS3 38 Sd 33
(S) Åre 83013 9 Bd 27
(BY) Arèchavsk 30 Da 36
(E) Arenal, S' 07600 70 Ac 51
(E) Arenas de San Pedro 05400 68 Se 50
(N) Arendal 4825* 16 Ai 32
(B) Arendonk 2370 42 Af 39
(D) Arendsee (Altmark) 29416* 27 Bb 38
(E) Arenys de Mar 08350 70 Ac 49
(I) Arenzano 16011 56 Ai 46
(GR) Areópoli 23062 82 Cc 54
(F) Arès 33740 54 Si 46
(E) Arévalo 05200 69 Sf 49
(I) Arezzo 52100 57 Bb 47
(GR) Arfará 24007 82 Cc 53
(RUS) Argajas 35 Ga 35
(GR) Argalastí 37006 75 Cd 51
(E) Argamasilla de Alba 13710 69 Sg 51
(E) Arganda 28500 69 Sg 50
(P) Arganil 6120-211 68 Sb 50
(F) Argelès-Gazost 65400 70 Sk 47
(F) Argelès-sur-Mer 66700 70 Ad 48
(I) Argenta 44011 57 Bb 46
(F) Argentan 61200 40 Sk 42
(F) Argenton-Château 79150 54 Sk 44
(F) Argenton-sur-Creuse 36200 55 Ab 44
(F) Argent-sur-Sauldre 18410 55 Ac 43
(TR) Argıthanı 84 Db 52
(GR) Árgos 21201 82 Cc 53
(GR) Árgos Orestikó 52200 74 Cb 50
(GR) Argostóli 28100 82 Ca 52
(RUS) Argun 65 Ef 47
(RUS) Arhangelovka 51 Fe 38
(RUS) Arhangel'sk 12 Ea 26
(RUS) Arhangel'skoe 31 Dh 37
(RUS) Arhangel'skoe 35 Fg 36
(RUS) Arhangels'koe 49 Ea 39
(RUS) Arhangel'skoe 64 Ee 46
(TR) Arhavi 08200 79 Eb 49
(RUS) Arhipo-Osipovka 63 Di 46
(RUS) Arhipovka 30 Db 36
(DK) Århus = Aarhus 8000* 27 Ba 34
(RUS) Arhyz 64 Eb 47
(I) Ariano Irpino 83031 73 Bf 49
(TR) Arıcak 23510 87 Ea 52
(GR) Aridéa 58400 74 Cc 50
(TR) Arıkören 84 Dc 53
(TR) Arıl 86 Dh 53
(SRB) Arilje 31230 59 Ca 47
(GB) Arinagour PA78 38 Sd 34
(LT) Ariogala 60019 29 Cd 35
(GR) Aristoménis 24015 82 Cb 53
(TR) Arıtaş 46540 86 Dg 52
(I) Aritzo 08031 71 Ak 51
(S) Årjäng 67201 17 Bc 31

RUS Arjaš 50 Eg 39
S Arjeplog 93087 9 Bh 24
E Arjona 23760 81 Sf 53
RUS Arkadak 49 Ed 39
GR Arkássa 85700 83 Ch 55
GR Arkesíni 83 Cf 54
RUS Arkul' 22 Fa 33
F Arlanc 63220 55 Ad 45
E Arlanzón 69 Sg 48
F Arles 13200* 55 Ae 47
B Arlon 6700 42 Af 41
GB Armagh BT60 37 Sd 36
RUS Armavir 64 Eb 45
RUS Armavir 64 Eb 46
GR Arméni 37500 82 Ce 55
E Armentia 09215 69 Sh 48
F Armentières 59116 41 Ac 40
UA Armjans'k 62 Dd 44
TR Armutçuk 76 Db 49
TR Armutlu 76 Ci 50
TR Armutlu 86 Dh 53
TR Armutova 10700 75 Cg 51
GR Arna 23054 82 Cc 54
S Arnäsvall 89155 9 Bi 27
F Arnay-le-Duc 21230 55 Ae 43
GR Arnéa 63074 75 Cd 50
D Arneburg 39596 27 Bc 38
N Årnes 16 Bb 30
NL Arnhem 6800* 42 Af 38
GR Árnissa 58002 74 Cb 50
D Arnsberg 85110 42 Ai 39
D Arnstadt 99310 43 Ba 40
D Arnstein 97450 42 Ak 41
D Arolsen 34454 42 Ak 39
CH Arosa 7050 57 Ak 44
P Arouca 4540-098* 68 Sb 50
N Arøysund 16 Ba 31
TR Arpaçay 36730 79 Ed 50
TR Arpacık 84 Ck 54
F Arpajon 91290 41 Ac 42
TR Arpalı 79 Ed 50
FIN Arpela 95590 10 Ce 24
I Arpino 03033 72 Bd 49
I Arquata del Tronto 63043 72 Bd 48
E Arquillos 23230 81 Sg 52
P Arraiolos 7040-010* 80 Sc 52
F Arras 62000* 41 Ac 40
E Arrasate-Mondragón 69 Sh 47
F Arreau 65240 70 Aa 48
GR Arrianá 69300 75 Cf 49
E Arriondas 33540 68 Se 47
GB Arrochar G83 38 Sf 34
P Arronches 7340-001* 68 Sc 51
E Arroyo de la Luz 10900 68 Sd 51
DK Års 26 Ak 34
RUS Arsamaki 32 Ea 35
RUS Arsen'evo 31 Dg 37
TR Arsin 61900 78 Dk 50
RUS Arsk 33 Ek 34
IS Árskogssandur 36 Rb 25
TR Arslanköy 33000 85 De 53
RUS Arslanovo 34 Ff 36
S Årsunda 81022 17 Bg 30
E Artà 07570 70 Ad 51
GR Árta 47101 74 Ca 51
UA Artemivka 48 Df 41
UA Artemivs'k 48 Di 42
UA Artemovsk = Artemivs'k 48 Di 42
RUS Artëmovskij 24 Gb 33
F Artenay 45410 41 Ab 42
E Artesa de Segre 25730 70 Ab 49
RUS Artezian 65 Eg 46
IRL Arthurstown 37 Sd 38
RUS Arti 35 Fi 34
TR Artova 60670* 78 Dg 50
TR Artvin 08000 79 Eb 49
F Arudy 64260 70 Sk 47
S Arvidsjaur 93301 10 Bk 25
S Arvika 67101* 17 Bc 31
N Årviksand 9195 2 Ca 20
S Arvträsk 92101 10 Bk 26
I Arzachena 07021 71 Ak 49
RUS Arzamas 32 Ed 35
RUS Arzgir 64 Ee 45
I Arzignano 36071 57 Bb 45
RUS Arzipo Osipovka 63 Di 46
F Arzon 56640 54 Sh 43
E Arzúa 15810 68 Sb 48
RUS Arzubiha 21 Ea 30
B As 3665 42 Af 39
CZ Aš 352 01 43 Bc 40
RUS Aša 35 Fh 35
DK Aså = Asaa 16 Ba 33
DK Asaa = Aså 16 Ba 33
TR Aşağıasarcık 78 Dh 50
TR Aşağıçiğil 42620 84 Db 52
TR Aşağı Dalören 79 Ed 51
TR Aşağı İrmaklar 79 Ec 49
TR Aşağı Karacasu 79 Ec 50
TR Aşağı Katırlı 79 Ed 51
TR Aşağıköy 86 Di 52
TR Aşağı Oylum 86 Di 54
TR Aşağı Pınarbaşı 84 Dc 52
TR Asarcık 19400 77 De 50
TR Asarcık 19400 78 Dg 49
S Åsarna 84031 9 Be 28
RUS Asbest 35 Gb 33
RUS Asbestovskij 24 Gb 33
I Ascea 84046 73 Bf 50
D Aschaffenburg 63739* 42 Ak 41
D Aschersleben 06449 43 Bb 39
F Asco 20276 71 Ak 48
I Ascoli Piceno 63100 72 Bd 48
N Åse 2 Bf 21
RUS Aše 63 Dk 47
S Åseda 36070 17 Bf 33
RUS Asekeevo 34 Fc 37
S Åsele 91060 9 Bh 26
RUS Ašelsaj 52 Fk 39
S Åsen 17 Bd 29
BG Asenovgrad 4230* 75 Ce 48
N Åseral 4540 16 Ah 32
RUS Aševo 19 Ck 33
GR Asfáka 45500 74 Ca 51
N Åsgårdstrand 3179 16 Ba 31
GB Ashbourne DE6 39 Si 37
GB Ashby-de-la-Zouch LE65 39 Si 38
GB Ashford TN23 41 Aa 39
TR Aşıkan 86 Dk 53
BY Asintorf 30 Da 36
BY Asipovičy 30 Ci 37
N Ask 5307 16 Af 30
FIN Aska 99550 3 Cg 23
TR Aşkale 79 Ea 51
UA Askanija-Nova 62 Dd 44
RUS Askarovo 35 Fi 37
IRL Askeaton = Eas Geitine 37 Sb 38
N Asker 1383* 16 Ba 31
S Askersund 69601 17 Be 32
S Åskiljeby 92195 9 Bh 26
N Askim 1807* 16 Bb 31
RUS Askino 35 Fg 34
S Asköping 17 Bg 31
GR Askós 57016 75 Cd 50
N Askøy 16 Af 30
TR Aşlama 51050 85 Df 52
TR Aslanapa 43210 76 Ck 51
RUS Ašlyk 25 Gi 33
RUS Ašlyk, Polino- 25 Gk 33
BY Asman-Kasaeva 30 Ck 37
BY Ašmjany 29 Cf 36
FIN Asmunti 93190 10 Cg 25
I Asola 46041 57 Ba 45
RUS Asovo 23 Fh 33
RUS Aspa 35 Fg 34
GB Aspatria CA15 39 Sg 36
S Aspeå 89597 9 Bh 27
F Aspet 31160 70 Aa 47
F Aspres-sur-Buëch 56 Af 46
NL Assen 9400* 26 Ag 37
DK Assens 9550 26 Ak 35
DK Assens 9550 27 Ba 34
I Assisi 06081 72 Bc 47
GR Ássos 82 Ca 52
RUS Assy 35 Fh 36
F Astaffort 47220 54 Aa 46
GR Astakós 30006 82 Cb 52
NL Asten 5720 42 Af 39
I Asti 14100 56 Ai 46
E Astillero,El 39610 54 Sg 47
GR Astipálea 85900 83 Cg 54
E Astorga 24700 68 Sd 48
S Åstorp 26501 27 Bc 34
RUS Astradamovka 33 Eh 36
RUS Astrahan' 65 Eh 44
RUS Astrahanovka 52 Ff 38
S Åsträsk 93061 10 Bk 26
BY Astravec 29 Cf 36
CY Astromeritis 2722 85 Dd 55
GR Ástros 22001 82 Cc 53
BY Astrovna 30 Ck 35
RUS Astryna 29 Ce 37
BY Asveja 30 Ci 34
RUS Atabaevo 33 Ek 35
TR Atabey 32670 84 Da 53
GR Atalánti 35200 82 Cc 52
E Atarfe 18230 81 Sg 53
TR Atça 84 Ci 53
I Atessa 66041 73 Be 48
B Ath 7800 41 Ad 40
IRL Áth Cinn 37 Sa 37
GR Athína 10678* 82 Cd 52
IRL Athlone = Baile Átha Luain 37 Sc 37
IRL Áth na nUrlainn 37 Sc 38
IRL Athy = Baile Átha Í 37 Sd 38
E Atienza 19270 69 Sh 49
RUS Atig 35 Fk 34
TR Atış Poligonu 85 Dd 53
RUS Atjaševo 33 Eg 36
RUS Atjur'evo 32 Ed 36
TR Atkaracalar 18310 77 Dd 50
TR Atlant 84 Dc 52
RUS Atnary 33 Eg 35
N Atnbrua 2580 8 Ba 29
RUS Atnjaš 35 Fh 35
S Åtran 31061 17 Bc 33
I Atri 64032 72 Bd 48
F Attigny 08130 41 Ae 41
S Åtvidaberg 59700 17 Bg 32
F Aubagne 13400* 56 Af 47
F Aubenas 07200 55 Ae 46
F Aubigny-sur-Nère 18700 55 Ac 43
F Aubin 12110 55 Ac 46
F Aubusson 23200 55 Ac 45
LV Auce 3708 29 Cc 34
F Auch 32000* 54 Aa 47
F Audierne 29770 40 Sf 42
F Audincourt 25400 56 Ag 43
EST Audru 88301 18 Ce 32
D Aue 57319 43 Bc 40
I Auer = Ora 39040 57 Bb 44
D Auerbach (Vogtland) 08209 43 Bc 40
D Auerbach in der Oberpfalz 91275 43 Bb 41
IRL Aughrim = Eachroim 37 Sd 38
D Augsburg 86150* 43 Ba 42
I Augusta 96011 72 Bf 53
PL Augustów 16-300* 29 Cc 37
LT Aukštadvaris 21034 29 Ce 36
S Auktsjaure 10 Bk 25
I Auletta 84031 73 Bf 50
F Aulnay 17470 54 Sk 44
F Ault 80460 41 Ab 40
F Aumale 76390 41 Ab 41
F Aumont-Aubrac 48130 55 Ad 46
F Aunay-sur-Odon 14260 40 Sk 41
F Auneau 28700 41 Ab 42
DK Auning 8963 27 Ba 34
FIN Aura 21381 18 Cc 30
F Auray 56400* 54 Sh 43
N Aurdal 2910 16 Ak 30
N Aure 6690 8 Ai 27
D Aurich (Ostfriesland) 26603* 26 Ah 37
F Aurignac 31420 70 Aa 47
F Aurillac 15000 55 Ac 46
N Aurlandsvangen 5743 16 Ah 30
N Aursmoen 2000 16 Bb 31
I Ausa-Corno 33058 57 Bd 45
N Austmarka 2224 17 Bc 30
N Austnes 6293 8 Ag 28
N Austrheim 5943 16 Ae 30
F Autun 71400* 55 Ae 44
F Auxerre 89000* 55 Ad 43
F Auxi-le-Château 62390 41 Ac 40
F Auxon 10130 41 Ad 42
F Auxonne 21130 56 Af 43
F Auzances 23700 55 Ac 44
N Avaldsnes 4262 16 Af 31
F Avallon 89200* 55 Ad 43
S Avan 93010 10 Cb 25
TR Avanos 50500 85 De 52
S Avaträsk 91701 9 Bg 26
S Avaviken 9 Bi 25
TR Avcılar 85 Df 53
UA Avdijivka 47 Dc 39
P Aveiro 3800-002* 68 Sb 50
I Avellino 83100 73 Be 50
I Aversa 81031 73 Be 50
F Avesnes-sur-Helpe 59440 41 Ad 40
S Avesta 77401* 17 Bg 30
I Avezzano 67051 72 Bd 48
TR Avgan 64910 84 Ck 52
RUS Avgustovka 51 Fa 38
GB Aviemore PH22 38 Sg 33
I Avigliano 85021 73 Bf 50
F Avignon 84000* 55 Ae 47
E Ávila de los Caballeros 69 Sf 50
E Avilés 33400 68 Se 47
EST Avinurme 42101 18 Cg 32
I Avio 57 Ba 45
P Avis 7480-101* 68 Sc 51
GR Avliotes 74 Bk 51
DK Avlum 26 Ai 34
RUS Avneporog 11 Dd 25
RUS Avnjugskij 22 Ef 29
I Avola 96012 72 Bf 54
S Avradsberg 17 Bd 30
F Avranches 50300* 40 Si 42
BG Avren 9135 75 Cf 49
RO Avrig 555200 60 Ce 45
BIH Avtovac 73 Bi 47
FIN Avvil = Ivalo 99801 3 Ch 22
GR Axioúpoli 61400 74 Cc 50
F Ax-les-Thermes 09110 70 Ab 48
S Axmar bruk 17 Bh 29
TR Ayaklı 63700 86 Dk 53
E Ayamonte 21400 80 Sc 53
TR Ayas 33730 77 Dc 50
TR Ayaş 06710 77 Dc 50
TR Ayaş İçmecesi 06840 77 Dc 50
TR Aybastı 52500 78 Dh 50
TR Ayder Kablıca 53400 79 Eb 50
TR Aydın 83 Ch 53
TR Aydınca 05040 78 Dg 50
TR Aydıncık 33840 77 Df 50
TR Aydıncık 33840 85 Dd 54
TR Aydınkent 42280 84 Db 53
TR Aydınlar 77 Dd 51
TR Aydınlar 86 Di 52
TR Aydınlar 87 Ec 53
TR Aydıntepe 69500 79 Ea 50
GB Ayerbe 22800 70 Sk 48
GB Aylesbury HP19 40 Sk 39
E Ayllón 40520 69 Sg 49
GB Aylsham NR11 39 Ab 38
GB Ayr KA7 39 Sf 35
TR Ayrancı 85 Dd 53
TR Ayrıtepe 84 Db 52
TR Ayvacık 55550 75 Cg 51
TR Ayvacık 55550 78 Dg 50
TR Ayvalı 60700 79 Eb 50
TR Ayvalık 75 Cg 51
TR Ayvalıpınar 32960 84 Db 53
E Azaila 44590 70 Sk 49
RUS Azanka 25 Ge 32
RUS Azapol'e 13 Ef 25
P Azaruja 7005-100* 80 Sc 52
BY Azaryčy 46 Ck 38
F Azay-le-Rideau 37190 54 Aa 43
BY Azëry 29 Ce 37
RUS Azigulovo 35 Fi 34
RUS Azinozero 13 Eb 28
RUS Aznaevo 34 Fe 37
RUS Aznakaevo 34 Fd 36
RUS Azov 63 Dk 43
E Azpeitia 20730 54 Sh 47
E Azuaga 06920 80 Se 52

B

E Baamonde 27371 68 Sc 47
B Baarle-Nassau 2387 41 Ae 39
RO Babadag 825100 61 Ci 46
TR Babadağ 20480 84 Ci 53
TR Babaeski 39200 76 Ch 49
RUS Babaevo 20 Df 31
TR Babatorun 31000 85 Dg 54
D Babenhausen 87727 43 Ba 42
RO Băbeni 457020 60 Ce 46
PL Babięta 11-710 28 Cb 37
E Babilafuente 37330 68 Se 50
BY Babinavičy 30 Da 36
RUS Babincevo 34 Fc 37
BY Babrujsk 30 Ck 37
LT Babtai 54059 29 Cd 35
SRB Babušnica 18330 59 Cc 47
RUS Babynino 31 Df 34
RUS Babynino 31 Df 36
GB Bac HS2 38 Sd 32
SRB Bač 21420 59 Bk 45
RO Bacău 000600* 60 Cg 44
F Baccarat 54120 42 Ag 42
BY Bačėjkava 30 Ck 35
RUS Bačelino 25 Gh 33
RO Băceşti 737050 61 Ch 44
UA Bachčysaraj 62 Dd 46
UA Bachmač 47 Dc 39
GB Backaland KW17 38 Sh 31
SRB Bačka Palanka 21400* 59 Bk 45
SRB Bačka Topola 24300* 59 Bk 45
S Backe 88050 9 Bg 27
S Bäckefors 66840 17 Bc 32
S Bäckhammar 17 Be 31
RUS Backino 31 Dd 37
D Backnang 71522 42 Ak 42
H Bácsalmás 6430 59 Bk 44
D Bad Aibling 83043 57 Bc 43
E Badajoz 06001* 80 Sd 52
E Badalona 08910* 70 Ac 49
A Bad Aussee 8990* 57 Bd 43
D Bad Bederkesa 27624 26 Ai 37
D Bad Bentheim 48455 42 Ah 38
D Bad Bergzabern 76887 42 Ah 41
D Bad Berka 99438 43 Bb 40
D Bad Berleburg 57319 42 Ai 39
D Bad Bevensen 29549 27 Ba 37
D Bad Blankenburg 07422 43 Bb 39
D Bad Bramstedt 24576 26 Ak 37
D Bad Doberan 18209 27 Bb 36
D Bad Düben 04849 43 Bc 39
D Bad Dürrenberg 06231 43 Bc 39
TR Bademli 75 Cf 50
TR Bademli 83 Ci 52
D Bad Ems 56130 42 Ah 40
A Baden 2500* 58 Bg 43
CH Baden 5400* 56 Ai 43
D Baden-Baden 76530* 42 Ai 42
D Bad Fallingbostel 29683 26 Ak 38
D Bad Frankenhausen (Kyffhäuser) 06567 43 Bb 39
D Bad Freienwalde (Oder) 16259 27 Be 38
D Bad Friedrichshall 74177 42 Ak 41
A Bad Gastein 5640* 57 Bd 43
D Bad Griesbach im Rottal 94086 43 Bd 42
D Bad Harzburg 38667 43 Ba 39
D Bad Hersfeld 36251 43 Ak 40
A Bad Hofgastein 5630* 57 Bd 43
D Bad Homburg vor der Höhe 61348* 42 Ai 40
D Bad Honnef 53604 42 Ah 40
A Bad Ischl 4820* 57 Bd 43
D Bad Kissingen 97688 43 Ba 40
D Bad Kleinen 23996 27 Bb 37
D Bad Königshofen im Grabfeld 97631 43 Ba 40
D Bad Kösen 06628 43 Bb 39
D Bad Kötzting 93444 43 Bc 41
D Bad Kreuznach 55543* 42 Ah 41
D Bad Laasphe 57334 42 Ai 40
D Bad Lauterberg im Harz 37431 43 Ba 39
D Bad Liebenwerda 04924 43 Bd 39
D Bad Lobenstein 07356 43 Bb 40
D Bad Meinberg, Horn- 32805 42 Ai 39
D Bad Mergentheim 97980 42 Ak 41
D Bad Neuenahr-Ahrweiler 53474 42 Ah 40
D Bad Neustadt an der Saale 97616 43 Ba 40
D Bad Oeynhausen 32545* 42 Ai 38
D Bad Oldesloe 23843 27 Ba 37
D Bad Orb 63619 42 Ak 40
D Bad Pyrmont 31812 42 Ak 39
A Bad Radkersburg 8490 58 Bf 44
D Bad Reichenhall 83435 57 Bc 43
D Bad Rothenfelde 49214 42 Ai 38
D Bad Salzdetfurth 31162 43 Ba 38
D Bad Salzuflen 32105* 42 Ai 38
D Bad Salzungen 36433 43 Ba 40
A Bad Sankt Leonhard im Lavanttal 9462 58 Be 44
D Bad Schandau 01814 43 Be 40
D Bad Schmiedeberg 06905 43 Bc 39
D Bad Schussenried 88427 42 Ak 42
D Bad Schwartau 23611 27 Ba 37
D Bad Segeberg 23795 27 Ba 37
D Bad Sobernheim 55566 42 Ah 41
D Bad Sülze 18334 27 Bc 36
D Bad Tölz 83646 57 Bb 43
D Bad Waldsee 88339 57 Ak 43
D Bad Wildungen 34537 42 Ak 39
D Bad Wilsnack 19336 27 Bb 38
D Bad Zwischenahn 26160 26 Ai 37
GB Bae Colwyn = Colwyn Bay LL29 39 Sg 37
E Baena 14850 81 Sf 53
E Baeza 23440 81 Sg 53
RUS Baga-Burul 64 Ee 45
RUS Bagaevskij = stanica Bagaevskaja 64 Ea 43
TR Bağarası 35690 83 Ch 53
RUS Bagarjak 35 Gb 34
RUS Bagarjak, Ust'- 35 Gb 34
TR Bağbaşı 84 Dc 53
TR Bağdaşan 79 Ec 49
TR Bağdere 21560 87 Ea 52
DK Bagenkop 5935 27 Ba 36
TR Bağgöze 87 Eb 53
TR Bağışlı 30100 87 Ee 53
TR Bağkonak 32410 84 Db 52
TR Bağlama 85 De 52
TR Bağlıca 73600 87 Eb 53
TR Bağlıca 73600 87 Ec 53
TR Bağlium 06840 77 Dc 50
N Bagn 2930 16 Ak 30
F Bagnères-de-Bigorre 65200* 70 Aa 47
I Bagno di Romagna 47021 57 Bb 47
F Bagnols-sur-Cèze 30200 55 Ae 46
TR Bağpınar 86 Di 53
RUS Bagrationovsk 28 Ca 36
SRB Bagrdan 35204 59 Cb 46
UA Bahatyr 63 Dg 43
TR Bahçe 86 Dg 53
TR Bahçecik 76 Ck 50
TR Bahçecik 85 Df 52
TR Bahçeli 86 Di 53
TR Bahçesaray 65710 87 Ec 52
RUS Bahmutovo 31 De 34
RO Bahnea 547055 60 Ce 44
RO Baia 317381 61 Ci 46
RO Baia de Aramă 225100 59 Cc 46
RO Baia Mare 000430* 60 Cd 43
RO Baia Sprie 435100 60 Cd 43
RO Băicoi 105200 60 Cf 45
RO Băiculeşti 117065 60 Ce 45
IRL Baile an Bhuinneánaight 37 Sa 38
IRL Baile an Chaisil 37 Sa 36
GB Baile an Chaistil = Ballycastle BT54 37 Sd 35
IRL Baile an Ghearlánaigh 37 Sa 38
IRL Baile an Róba 37 Sa 37
IRL Baile Átha Cliath = Dublin 37 Sd 37
IRL Baile Átha Fhirdhia = Ardee 37 Sd 37
IRL Baile Átha Í 37 Sd 38
IRL Baile Átha Liagh 37 Sc 37
IRL Baile Átha Luain = Athlone 37 Sc 37
IRL Baile Átha Troim = Trim 37 Sd 37
IRL Baile Brigín = Balbriggan 37 Sd 37
IRL Baile Chaisleáin Bhéarra = Castletown Bearhaven 37 Rl 39
IRL Baile Chathail = Charlestown 37 Sb 37
IRL Baile Easa Dara = Ballycadare 37 Sb 36
RO Băile Herculane 325200 59 Cc 46
IRL Baile Locha Riach = Loughrea 37 Sb 37
IRL Baile Mhic Andáin 37 Sc 38
IRL Baile Mhistéala = Mitchelstown 37 Sb 38
E Bailén 23710 81 Sg 52

IRL Baile na gCros 37 Sc 37
IRL Baile na nGallóglach 37 Sc 35
RO Băilești 205100 60 Cd 46
IRL Baile uí Mhathain 37 Sc 37
F Bailleul 59270 41 Ac 40
MD Baimaclia 7313 61 Ci 44
F Bain-de-Bretagne 35470 54 Si 43
IRL Baingear 37 Sa 36
E Baio Grande 68 Sb 47
E Baiona 36300 68 Sb 48
F Bais 53160 40 Sk 42
LT Baisogala 82025 29 Cd 35
H Baja 6500* 59 Bi 44
H Bajánsenye 9944 58 Bg 44
RUS Bajgazino 35 Fh 37
SRB Bajina Bašta 31250 59 Bk 47
RUS Bajkalovo 25 Gh 33
RUS Bajki 35 Fg 35
RUS Bajmak 52 Fi 38
SRB Bajmok 59 Bk 45
MNE Bajovo Polje 81 432 74 Bi 47
AL Bajram Curri 74 Ca 48
RUS Bajramgulovo 35 Ga 35
RUS Bajsa 33 Ek 33
RUS Bajsakalovo 35 Fk 36
TR Bakacak 76 Ch 50
RUS Bakal 35 Fi 36
RUS Bakalka 52 Ff 39
RUS Bakaly 34 Fd 35
RUS Bakeevo 35 Fh 37
TR Bakırdağı 85 Df 52
TR Bakırköy 76 Ci 49
IS Bakkafjörður 685 36 Rf 24
N Bakkejord 2 Bi 21
N Bakko 16 Ai 31
TR Baklan 20770* 84 Ck 52
RUS Baklanka 21 Ea 32
H Bakonybél 8427 58 Bh 43
RUS Bakres 65 Ef 46
RUS Baksan 64 Ed 47
H Baktalórántháza 4561 45 Cc 43
RUS Bakury 49 Ee 38
GB Bala LL23 39 Sg 38
TR Balâ 06720 77 Dd 51
TR Balaban 61450 86 Dh 52
RO Bălăbănești 807010 61 Ch 44
RUS Balabanovo 31 Dg 35
RUS Bala-Četyrman 34 Ff 37
UA Balachivka 47 Dd 42
RO Balaci 147005 60 Ce 46
RO Bălăcița 227040 60 Cd 46
RO Balaciu 927040 60 Cg 46
E Balaguer 25600 70 Aa 49
RUS Balahna 32 Ed 34
UA Balaklija 48 Dg 41
RUS Balakovo 50 Eh 38
GB Balallan HS2 38 Sd 32
RUS Balandino 34 Fc 37
RUS Balašiha 31 Dh 35
RUS Balašov 49 Ed 39
H Balassagyarmat 44 Bk 42
H Balatonboglár 58 Bh 44
H Balatonföldvár 58 Bh 44
H Balatonfüred 58 Bh 44
H Balatonfűzfő 8175 59 Bi 43
H Balatonszentgyörgy 8710 58 Bh 44
RO Bălăușeri 547100 60 Ce 44
E Balazote 02320 69 Sh 52
IRL Balbriggan = Baile Brigín 37 Sd 37
RO Bălcești 245400 60 Cd 46
TR Balcı 18320 85 De 52
BG Balčik 9600 61 Ci 47
TR Balcılar 06890 75 Cg 50
TR Balcılar 06890 77 Dc 50
TR Balcılar 06890 84 Dc 54
LV Baldone 2125 29 Ce 34
CH Bâle = Basel 4000* 56 Ah 43
N Balestrand 6899 16 Ag 29
RUS Balezino 23 Fd 33
GB Balfour KW17 38 Sh 31
BG Bălgarovo 8110 76 Ch 48
BG Bălgarska Poljana 75 Cg 48
GR Balí 82 Ce 55
TR Balıbey 86 Di 52
TR Balıkesir 10000* 76 Ch 51
TR Balıklıçeşme 17270 76 Ch 50
D Balingen 72336 42 Ai 42
RO Balinț 307005 59 Cb 45
TR Balışeyh 71520 77 Dd 51
AL Ballaban 74 Ca 50
N Ballangen 8540 2 Bg 22
GB Ballantrae KA26 39 Se 35
I Ballao 09040 71 Ak 51
IS Ballará 370 36 Qh 25
S Ballasviken 2 Bg 24
GB Ballater AB35 38 Sg 33
F Balleroy 14490 40 Sk 41
TR Ballı 59800 76 Ch 50
TR Ballıca 73600 78 Di 50
TR Ballık 84 Ck 54
TR Ballıkaya 73600 86 Di 52
IRL Ballina = Béal an Atha 37 Sa 36
IRL Ballinasloe = Béal Átha na Sluaighe 37 Sb 37
IRL Ballinrobe = Báile an Róba 37 Sa 37
AL Ballsh 74 Bk 50
N Ballstad 8373 2 Bd 22
DK Ballum 26 Ai 35
IRL Ballybofey = Bealach Feich 37 Sc 35
IRL Ballybunnion = Baile an Bhuinneáight 37 Sa 38
IRL Ballycadare 37 Sb 36
GB Ballycastle BT54 37 Sd 35
IRL Ballycastle = Baile an Chaisil 37 Sa 36
GB Ballygawley BT70 37 Sc 36
IRL Ballyhaunis = Béal Átha hAmhnais 37 Sb 37
IRL Ballymahon = Baile uí Mhatháin 37 Sc 37
GB Ballymena BT42 37 Sd 36
GB Ballymoney BT53 37 Sd 35
GB Ballynahinch BT24 37 Se 36
IRL Ballyshannon = Béal Átha Seanaidh 37 Sb 36
E Balmaseda 48800 54 Sg 47
H Balmazújváros 4060 59 Cb 43
FIN Bálojávri = Palojärvi 97240 3 Cd 22
TR Balpayam 79 Ea 51
RO Balș 235100 60 Ce 46
BY Bal'šavik 47 Da 38
RO Balta 227030 59 Cc 46
UA Balta 61 Ck 43
RUS Baltaj 50 Eg 38
TR Baltalin 77 Dc 51
E Baltanás 34240 69 Sf 49
RUS Baltasi 34 Fa 34
MD Bălți 3100 61 Ch 43
RUS Baltijsk 28 Bk 36
IRL Baltimore = Dún na Séad 37 Sa 39
LV Baltinava 4594 30 Ch 34
LV Balvi 4501 19 Ch 33
TR Balya 10840 76 Ch 51
GB Balynagall 37 Rk 38
D Bamberg 96047* 43 Ba 41
GB Bamburgh NE69 39 Si 35
E Baña, La 24746 68 Sd 48
TR Banarlı 59010 76 Ch 49
TR Banaz 64500 84 Ck 52
GB Banbridge BT32 37 Sd 36
GB Banbury OX16 40 Si 38
GB Banchory AB31 38 Sh 33
E Bande 32840 68 Sc 48
DK Bandholm 4941 27 Bb 36
TR Bandırma 10200* 76 Ch 50
F Bandol 83150 56 Af 47
IRL Bandon = Droichead na Bandan 37 Sb 39
RO Băneasa 087010 60 Cg 46
RO Băneasa 087010 61 Ch 46
E Bañeza, La 24750 68 Se 48
GB Banff AB45 38 Sh 33
GB Bangor BT3 37 Se 36
GB Bangor BT3 39 Sf 37
IRL Bangor = Baingear 37 Sa 36
N Bangsund 7822 8 Bb 26
PL Banie 74-100 27 Be 37
PL Banie Mazurskie 19-520 29 Cc 36
BG Banja 8239 75 Ce 48
BG Banja 8239 76 Ch 48
RUS Banjajag 22 Ek 30
SRB Banja Koviljača 15316 59 Bk 46
BIH Banja Luka 78000* 58 Bh 46
SRB Banjani 14214 59 Bk 46
RKS Banjska 74 Ca 48
S Bankeryd 56420 17 Be 33
F Bannalec 29380 54 Sg 43
F Banon 04150 56 Af 46
BIH Banovići 59 Bi 46
D Bansin 17429 27 Be 37
SK Banská Bystrica 947 01 44 Bk 42
SK Banská Štiavnica 969 01 44 Bi 42
BG Bansko 2770 75 Cd 49
IRL Banteer 37 Sb 38
IRL Bantry = Beanntraí 37 Sa 39
E Banyalbufar 07191 70 Ac 51
E Banyoles 17820 70 Ac 48
F Bapaume 62450* 41 Ac 40
MNE Bar 85 000 74 Bk 48
UA Bar 46 Ch 41
E Barajas de Melo 16460 69 Sh 50
SRB Barajevo 11460 59 Ca 46
TR Barak 86 Dh 54
E Barakaldo 54 Sh 47
TR Baraklı 84 Ck 52
BY Baranavičy 29 Cg 37
RUS Barančinskij 24 Fk 32
UA Baranivka 46 Ch 40
BY Baranoviči = Baranavičy 29 Cg 37
RUS Baranovka 22 Fb 31
RUS Baranovka 50 Eg 41
UA Baranykivka 48 Dk 41
RO Baraolt 525100 60 Cf 44
RUS Baraševo 32 Ec 36
RUS Baraški 14 Fc 25
HR Barban 57 Bd 45
E Barbantes 68 Sb 48
TR Barbaros 59020 76 Ch 50
E Barbastro 22300 70 Aa 48
E Barbate de Franco 80 Se 54
LV Bārbele 3905 29 Ce 34
F Barbezieux-Saint-Hilaire 16300 54 Sk 45
RO Bârca 207331 60 Cd 47
P Barca de Alva 6440-071 68 Sd 49
E Barcarrota 06160 80 Sd 52
E Barcelona 08001* 70 Ac 49
F Barcelonnette 04400 56 Ag 46
P Barcelos 4750-100* 68 Sb 49
E Bárcena de Pie de Concha 54 Sf 47
PL Barciany 11-410 28 Cb 36
PL Barcin 88-190 28 Bh 38
PL Barcino 88-190 28 Bg 36
E Barco de Ávila, El 05600 68 Se 50
H Barcs 7570 58 Bh 45
PL Barczewo 11-010 28 Ca 37
RUS Barda 34 Ff 34
TR Bardakçı 25500 76 Da 51
SK Bardejov 085 01 45 Cb 41
I Bardonecchia 10052 56 Ag 45
F Barentin 76360 41 Aa 41
N Barentsburg 9178 2 I Svalbard
I Barga 55051 57 Ba 46
RO Bârgăului, Mureșenii 60 Ce 43
GB Bargoed CF82 40 Sg 39
I Bari 70100* 73 Bg 49
HR Barić-Draga 58 Bf 46
I Barisciano 67021 72 Bd 48
F Barjac 48000 55 Ae 46
RUS Barjatino 31 De 36
F Barjols 83670 56 Ag 47
N Barkald 2560 8 Ba 29
LV Barkava 4834 29 Cg 34
TR Barla 32530 84 Da 52
RO Bârlad 000731* 61 Ch 44
F Bar-le-Duc 55000* 42 Af 42
I Barletta 70051 73 Bg 49
PL Barlinek 74-320 27 Bf 38
GB Barmouth LL42 39 Sf 38
GB Barnard Castle DL12 39 Si 36
NL Barneveld 3770* 42 Af 38
F Barneville-Carteret 50270 40 Si 41
GB Barnsley S70 39 Si 37
GB Barnstaple EX31 40 Sf 39
F Barr 67140 42 Ah 42
E Barracas 12420 70 Sk 50
I Barrafranca 94012 72 Be 53
P Barrancos 7875-051 80 Sc 52
E Barranda 30412 81 Si 52
P Barreiro 2830-445 80 Sa 52
F Barrême 04330 56 Ag 47
GB Barri = Barry CF62 40 Sg 39
GB Barrow-in-Furness LA14 39 Sg 36
GB Barry CF62 40 Sg 39
RUS Barsaniha 20 Df 32
D Barsinghausen 30890 42 Ak 38
F Bar-sur-Aube 10200 41 Ae 42
F Bar-sur-Seine 10110 41 Ae 42
LV Bārta 3482 28 Cb 34
D Barth 18356 27 Bc 36
GB Barton-upon-Humber DN18 39 Sk 37
PL Bartoszyce 11-200 28 Ca 36
RUS Bartym 35 Fg 34
I Barumini 09021 71 Ak 51
RUS Barun 65 Ef 43
D Baruth 15837 43 Bd 38
GB Barvas HS2 38 Sd 32
F Barville, Cany- 76450 41 Aa 41
UA Barvinkove 48 Dg 42
PL Barwice 78-460 28 Bg 37
RUS Barybino 31 Dh 35
RUS Baryš 33 Eh 37
BY Barysav 30 Ci 36
UA Baryšivka 47 Db 40
SRB Bašaid 23316 59 Ca 45
RO Basarabi 905100 61 Ci 46
TR Başbağlar 25530 79 Eb 50
CH Basel 4000* 56 Ah 43
TR Başgedikler 79 Ed 50
TR Başharman 85 Dd 53
GB Basildon SS16 41 Aa 39
TR Başin 85 Dd 53
GB Basingstoke RG23 40 Si 39
RUS Bas'janovskij 24 Ga 32
HR Baška 58 Be 46
TR Başkale 25530 87 Ee 52
TR Baskil 23800 86 Di 52
TR Başköy 78 Dk 51
TR Başköy 79 Ea 50
TR Başköy 79 Ea 51
TR Başköy 87 Ec 53
TR Başkuyu 42820 84 Dc 52
TR Başlar 84 Db 53
TR Başmakçı 84 Da 53
RUS Bašmakovo 32 Ed 37
TR Başpınar 78 Di 51
TR Başpınar 84 Db 53
I Bassano del Grappa 36061 57 Bb 45
E Bassella 70 Ab 48
N Bassevuovdde 3 Cf 22
F Bassoues 32320 54 Aa 47
D Bassum 27211 26 Ai 38
S Båstad 26901 27 Bc 34
UA Baštanka 62 Dc 43
F Bastelica 20119 71 Ak 48
B Bastenaken = Bastogne 6600 42 Af 40
F Bastia 20200 71 Ak 48
F Bastide-Puylaurent, la 48250 55 Ad 46
B Bastogne 6600 42 Af 40
S Bastuträsk 93061 10 Ca 26
BY Bastyn' 46 Cg 38
TR Başyurt 23610 86 Dk 52
SRB Batajnica 59 Ca 46
RUS Batajsk 63 Dk 43
BG Batak 5228 75 Ce 49
H Bátaszék 7140 59 Bi 44
RUS Bateckij 19 Da 32
GB Bath BA1 40 Sh 39
TR Batman 72000* 87 Eb 53
SRB Batočina 34220 59 Cb 46
N Båtsfjord 9990 3 Ck 20
S Båtsjaur 9 Bh 24
TR Battalgazi = Eskimalatya 86 Di 52
I Battipaglia 73 Be 50
H Battonya 5830 59 Cb 44
RUS Baturino 30 Dc 35
UA Baturyn 47 Dc 39
RUS Batyrevo 33 Eh 35
F Baud 56150 54 Sg 43
F Baugé 49150 54 Sk 43
F Baugy 71110 55 Ac 43
F Baule-Escoublac, la 54 Sh 43
F Baume-les-Dames 25110* 56 Ag 43
I Baunei 08040 71 Ak 50
LV Bauska 3901 29 Ce 34
D Bautzen 02625 43 Be 39
RUS Bavly 34 Fd 36
TR Bayat 57600 76 Da 51
TR Bayat 57600 77 De 50
TR Bayat 57600 84 Ck 52
TR Bayburt 69000 79 Ea 50
F Bayeux 14400* 40 Sk 41
TR Bayındır 16860 83 Ch 52
TR Bayırköy 84 Ci 54
TR Baykan 56460 87 Eb 52
TR Bayramiç 17700 75 Cg 51
TR Bayramören 18320 77 Dd 50
D Bayreuth 95444* 43 Bb 41
D Bayrischzell 83735 57 Bc 43
AL Baz 74 Bk 49
E Baza 18800 81 Sh 53
UA Bazalija 46 Cg 41
UA Bazalijvka 48 Dg 41
RUS Bazančatovo 35 Fg 34
RUS Bazarnaja Ken'ša 33 Eg 37
RUS Bazarnye Mataki 33 Ek 36
RUS Bazarnyj Karabulak 50 Eg 38
RUS Bazarnyj Syzgan 33 Eg 37
RUS Bazarskij 35 Fk 37
F Bazas 33430 54 Sk 46
RUS Baženiha 34 Fb 35
RUS Baženovo 34 Ff 35
RO Baziaș 327366 59 Cb 46
GB Beaconsfield HP10 40 Sk 39
IRL Béal an Atha = Ballina 37 Sa 36
IRL Béal an Mhuirthead = Belmullet 37 Rl 36
IRL Béal Átha hAmhnais 37 Sb 37
IRL Béal Átha na Sluaighe = Ballinasloe 37 Sb 37
IRL Béal Átha Seanaidh = Ballyshannon 37 Sb 36
IRL Béal Easa 37 Sa 37
IRL Beal Tairbirt 37 Sc 36
IRL Beanntraí = Bantry 37 Sa 39
E Beasain 20200 69 Sh 47
E Beas de Segura 23280 81 Sh 52
F Beaucaire 30300 55 Ae 47
F Beaugency 45190 55 Ab 43
F Beaujeu 69430 55 Ae 44
GB Beauly IV4 38 Sf 33
GB Beaumaris LL58 39 Sf 37
B Beaumont 6500 41 Ae 40
F Beaumont 24440 40 Si 41
F Beaumont 24440 54 Aa 46
F Beaumont-de-Lomagne 82500 54 Ak 47
F Beaumont-sur-Oise 95260 41 Ac 41
F Beaumont-sur-Sarthe 72170 41 Aa 42
F Beaune 21200* 55 Ae 43
F Beaupréau 49600 54 Sk 43
F Beaurepaire 85500 56 Af 45
F Beauvais 60000* 41 Ac 41
F Beauvoir-sur-Mer 85230 54 Sh 44
D Bebra 36179 42 Ak 40
LV Bebrene 5439 29 Cg 34
GB Beccles NR34 41 Ab 38
E Becedas 05610 68 Se 50
SRB Bečej 21220* 59 Ca 45
E Becerreá 27640 68 Sc 48
RUS Bečevinka 20 Dh 31
RO Bechet 207060 60 Cd 47
E Becilla de Valderaduey 47670 68 Se 48
D Beckum 59269 42 Ai 39
RO Beclean 507010 60 Ce 43
F Bécon-les-Granits 49370 54 Sk 43
GB Bedale DL8 39 Si 36
F Bédarieux 34600 55 Ad 47
RUS Bedeeva-Poljana 35 Fg 35
D Bederkesa, Bad 27624 26 Ai 37
GB Bedford MK41 40 Sk 38
TR Bedirli 58180 78 Dg 51
RUS Bednodem'janovsk 32 Ed 37
NL Bedum 9780 26 Ag 37
NL Beek 6190 42 Af 40
D Beeskow 15848 43 Be 38
F Bégard 22140 40 Sg 42
TR Beğendik 87 Ec 53
RUS Begičevskij 31 Di 37
N Begndal 2930 16 Ak 30
E Begonte 27373 68 Sc 47
RUS Beguč 50 Eg 38
RUS Begunicy 19 Ck 31
TR Behramkale 17860 75 Cg 51
NL Beilen 9410* 26 Ag 38
N Beisfjord 8522 2 Bh 22
RO Beiuș 415200 59 Cc 44
P Beja 7800-001* 80 Sc 52
E Béjar 37700 68 Se 50
N Bejarn 2 Be 23
TR Bekçiler 84 Ck 54
H Békés 5630 59 Cb 44
H Békéscsaba 5600 59 Cb 44
RUS Bekeševo 52 Fi 38
TR Bekilli 20930* 84 Ck 52
TR Bekirhan 72410 87 Eb 52
RUS Beklemiševo 33 Eh 37
RUS Bekovo 49 Ed 38
TR Bektaşlı 66410 86 Dg 54
BY Belaazërsk 46 Cf 38
SRB Bela Crkva 26340 59 Cb 46
RUS Belaja Berëzka 47 Dd 38
UA Belaja Cerkov' = Bila Cerkva 47 Da 41
RUS Belaja Glina 64 Ea 44
RUS Belaja Holunica 22 Fa 32
RUS Belaja Kalitva 49 Ea 42
RUS Belaja Rečka 64 Ed 47
E Belalcázar 14280 80 Se 52
SRB Belanovica 59 Ca 46
SRB Bela Palanka 18310 59 Cc 47
RUS Belasovka 33 Ee 34
MD Bĕl'c' = Bălți 3100 61 Ch 43
TR Belceğiz 84 Db 52
PL Bełchatów 97-400 44 Bk 39
E Belchite 50130 70 Sk 49
TR Belcik 58540 78 Dg 51
IRL Belcoo 37 Sc 36
MD Bel'cy = Bălți 3100 61 Ch 43
TR Beldibi 07985 84 Da 54
TR Beldibi 07985 84 Dc 54
RUS Belebej 34 Fe 36
RUS Belebelka 19 Da 33
TR Belen 31351 85 Dg 54
RUS Belenihino 48 Dg 40
E Beleño (Ponga) 68 Se 47
RUS Belev 31 Dg 37
GB Belfast BT18 37 Se 36
GB Belford NE70 39 Si 35
F Belfort 90000* 56 Ag 43
D Belgern 04874 43 Bd 39
RUS Belgorod 48 Dg 40
UA Belgorod-Dnestrovskij 61 Da 44
SRB Belgrad = Beograd 11133* 59 Ca 46
BG Belica 5363 60 Cg 47
BY Belica 29 Cf 37
RUS Belica 48 Df 39
RUS Beličaevskoe 65 Ef 46
RUS Belik 30 Dc 36
HR Beli Manastir 59 Bi 45
BG Belimel 3462 59 Cc 47
F Belin-Béliet 33830 54 Sk 46
RUS Belinskij 32 Ed 38
RO Beliș 407075 60 Cd 44
RUS Beljaevka 23 Ff 33
RUS Beljaevka 52 Fg 39
RUS Beljanka 35 Fk 34
TR Belkaya 42355 85 Dd 53
RUS Bel'kovo 31 Dd 37
F Bellac 87300 55 Ab 44
I Bellagio 22021 57 Ak 45
IRL Belleek 37 Sb 36
F Bellegarde 45270 55 Ac 43
F Bellegarde-sur-Valserine 01200 56 Af 44
F Belle-Isle-en-Terre 22810 40 Sg 42
F Bellême 61130 41 Aa 42
F Belley 01300 56 Af 45
CH Bellinzona 6500* 57 Ak 44
E Bellpuig 25250 70 Ab 49
I Belluno 32100 57 Bc 44
E Bélmez 14240 80 Se 52
GB Belmont ZE2 38 Sk 30
E Belmonte 16640 68 Sd 47
E Belmonte 16640 69 Sh 51
P Belmonte 6250-020* 68 Sc 50
E Belmonte de Miranda = Belmonte 33830 68 Sd 47
IRL Belmullet = Béal an Mhuirthead 37 Rl 36
RUS Beloe 21 Dk 32
RUS Beloe More 4 Dc 23
RUS Beloe Ozero 35 Fg 37

(RUS) Beloevo 23 Fe 31
(RUS) Beloger'e 48 Dk 40
(RUS) Belogornoe 50 Eh 38
(RUS) Belogorskoe 33 Ei 37
(BG) Belogradcik 59 Cc 47
(BG) Belogradčik 3900 59 Cc 47
(RUS) Belojarka 25 Ge 32
(RUS) Belojarskij 35 Gb 34
(SRB) Beloljin 18424 59 Cb 47
(RUS) Belomorsk 12 De 26
(RUS) Beloomut 32 Dk 36
(E) Belorado 09250 69 Sg 48
(RUS) Belorečensk 23 Fc 32
(RUS) Belorečensk 63 Dk 46
(RUS) Beloreck 35 Fi 37
(TR) Belören 77 Dd 50
(TR) Belören 84 Dc 53
(TR) Belören 86 Dh 53
(BG) Beloslav 9178 76 Ch 47
(BG) Belovo 4470 75 Cd 48
(BG) Belovo 4470 75 Ce 48
(RUS) Belovod'e 33 Eg 36
(RUS) Belozersk 20 Dh 30
(GB) Belper DE56 39 Si 37
(TR) Belpınar 76 Db 51
(RUS) Bel'skoe 32 Ea 36
(IRL) Belturbet = Beal Tairbirt 37 Sc 36
(SK) Beluša 018 61 44 Bi 41
(RUS) Beluš'e 6 Eh 24
(SRB) Belušić 35263 59 Cb 47
(F) Belvédère-Campomoro 20110 71 Ai 49
(I) Belvedere Marittimo 87021 73 Bf 51
(F) Belvès 24170 55 Ab 46
(RUS) Belye Berega 31 De 37
(RUS) Belyi Kolodez' 48 Di 40
(RUS) Belyj 30 Dc 35
(RUS) Belyj Gorodok 31 Dh 34
(RUS) Belyševo 22 Ef 33
(PL) Bełżec 22-670 45 Cd 40
(RUS) Bemyž 34 Fb 34
(E) Benabarre 22580 70 Aa 48
(E) Benalup de Sidonia 11150 80 Se 54
(E) Benasque 22440 70 Aa 48
(E) Benavente 49600 68 Se 48
(E) Benavides de Órbigo 24280 68 Se 48
(MD) Bender = Tighina 3200 61 Ck 44
(MD) Bendery = Tighina 3200 61 Ck 44
(D) Benediktbeuern 83671 57 Bb 43
(CZ) Benešov 549 83 43 Be 41
(I) Benevento 82100 73 Be 49
(F) Benfeld 67230 42 Ah 42
(S) Bengtsfors 66600 17 Bc 31
(E) Benicarló 12580 70 Aa 50
(E) Benicasim = Benicàssim 12560 70 Aa 50
(E) Benicàssim 12560 70 Aa 50
(E) Benidorm 03501* 70 Sk 52
(E) Benifaió 46450 70 Sk 51
(HR) Benkovac 58 Bf 46
(S) Bensbyn 10 Cc 25
(D) Bentheim, Bad 48455 42 Ah 38
(SRB) Beograd 11133* 59 Ca 46
(SRB) Berane 74 Bk 48
(AL) Berat 74 Bk 50
(BY) Berazino 30 Ci 36
(BY) Berazino 30 Ci 37
(E) Berberana 09511 69 Sg 48
(D) Berchtesgaden 83471 57 Bc 43
(F) Berck-Plage 62600 41 Ab 40
(UA) Berdičev = Berdyčiv 46 Ci 41
(TR) Berdil 86 Dk 53
(UA) Berdjans'k 63 Dg 44
(UA) Berdjansk = Berdjans'k 63 Dg 44
(RUS) Berdjaš 52 Fh 38
(RUS) Berdjauš 35 Fk 35
(E) Berdún 70 Sk 48
(UA) Berdyčiv 46 Ci 41
(RUS) Bereg 20 Dh 30
(UA) Beregove = Berehove 45 Cc 42
(UA) Berehomet 46 Cf 42
(UA) Berehove 45 Cc 42
(TR) Bereket 79 Ed 51
(TR) Bereket 85 De 53
(TR) Bereketli 78 Dh 50
(RUS) Berendeevo 32 Dk 34
(TR) Berendi 42280 85 De 53
(UA) Berestečko 46 Cf 40
(UA) Berestove 63 Dg 43
(H) Berettyóújfalu 59 Cb 43
(RUS) Berez' 20 Dg 32
(UA) Berezan' 47 Db 40
(UA) Berezanka 62 Db 44
(RUS) Berezanskaja 63 Dk 45
(UA) Berežany 45 Ce 41
(UA) Berezdiv 46 Ch 40
(UA) Berezine 46 Cg 40
(UA) Berezivka 61 Da 43
(UA) Berezna 47 Db 39
(RUS) Berežnaja 21 Ed 29
(UA) Berezn'aky 47 Dc 41
(UA) Bereznehuvate 62 Dc 43
(RUS) Bereznik 13 Ec 28
(RUS) Bereznik 13 Ed 26
(RUS) Berezniki 23 Fg 31
(RUS) Bereznjagi 49 Eb 41
(RUS) Berezova 11 Dc 26
(RUS) Berezovec, Nikolo- 21 Ec 32
(RUS) Berezovka 22 Ef 29
(RUS) Berezovka 23 Fh 33
(RUS) Berezovka 32 Di 37
(RUS) Berezovka 35 Fi 34
(RUS) Berezovo 20 Di 30
(RUS) Berëzovskij 35 Ga 34
(RUS) Berezy 13 Eb 26
(N) Berg 2 Bh 21
(E) Berga 08600 70 Ab 48
(TR) Bergama 35700 75 Ch 51
(I) Bergamo 24100* 57 Ak 45
(E) Bergara 20570 69 Sh 47
(D) Bergen 08239 26 Ak 38
(N) Bergen 5003* 16 Af 30
(NL) Bergen 08239 26 Ae 38
(D) Bergen (Rügen) 18528 27 Bd 36
(NL) Bergen op Zoom 4600* 41 Ae 39
(F) Bergerac 24100* 54 Aa 46
(RUS) Bergin 65 Eh 44
(D) Bergisch Gladbach 51427* 42 Ah 40
(S) Bergkvara 38502 28 Bg 34
(N) Berglia 9 Bd 26
(F) Bergnicourt 08300 41 Ae 41
(FIN) Bergö 66220 10 Cb 28
(S) Bergshamra 17 Bi 31
(S) Bergsjö 9 Bh 29
(F) Bergues 59380 41 Ac 40
(D) Bergzabern, Bad 42 Ah 41
(B) Beringen 3580 42 Af 39
(D) Berka, Bad 99438 43 Bb 40
(N) Berkåk 8 Ba 28
(BG) Berkovica 3500 60 Cd 47
(BIH) Berkovići 73 Bi 47
(E) Berlanga 06930 80 Se 52
(E) Berlanga de Duero 42360 69 Sh 49
(D) Berleburg, Bad 57319 42 Ai 39
(N) Berlevåg 9980 3 Ck 20
(D) Berlin 10115* 43 Bd 38
(E) Bermeo 48370 54 Sh 47
(CH) Bern 3000* 56 Ah 44
(I) Bernalda 75012 73 Bg 50
(D) Bernau bei Berlin 16321 27 Bd 38
(F) Bernaville 80370 41 Ac 40
(F) Bernay 72240 41 Aa 41
(D) Bernburg (Saale) 06406 43 Bb 39
(A) Berndorf 2560 58 Bg 43
(F) Bernières-sur-Mer 14990 40 Sk 41
(D) Bernkastel-Kues 54470 42 Ah 41
(A) Bernstein 7434 58 Bg 43
(CH) Beromünster 6215 56 Ai 43
(CZ) Beroun 266 01 43 Be 41
(MK) Berovo 2330 74 Cc 49
(F) Berre-l'Étang 13130 56 Af 47
(UA) Beršad' 46 Ck 42
(D) Bersenbrück 49593 42 Ah 38
(RUS) Bersut 34 Fa 35
(GB) Berwick-upon-Tweed TD15 39 Sh 35
(UA) Beryslav 62 Dd 44
(TR) Beşağıl 85 Dd 53
(E) Besalú 70 Ac 48
(F) Besançon 25000* 56 Ag 43
(BY) Bešankovičy 30 Ck 35
(MD) Besarabca 61 Ci 44
(MD) Besarabjaska = Besarabca 61 Ci 44
(RUS) Besedino 34 Fd 37
(RUS) Besedino 48 Dg 39
(TR) Beşenli 46000 86 Dh 53
(TR) Beşikdüzü 61800 78 Dk 49
(TR) Beşiri 72200 87 Eb 53
(TR) Beşkonak 84 Db 53
(RUS) Beslan 79 Ee 47
(RUS) Beslenej 64 Eb 46
(TR) Besni 02300 86 Dh 53
(RUS) Bešpagir 64 Ec 45
(TR) Beşpınar 69400 87 Eb 53
(MD) Bessarabka = Besarabca 6700 61 Ci 44
(RUS) Besskorbnaja 64 Eb 46
(NL) Best 5680* 42 Af 39
(RUS) Bestobe 53 Gc 39
(RUS) Bestuževka 33 Ei 37
(TR) Beşyol 36500 86 Di 53
(E) Betanzos 15300 68 Sb 47
(E) Bétera 46117 70 Sk 51
(F) Béthune 62400 41 Ac 40
(HR) Betina 58 Bf 47
(RUS) Betlica 31 Dd 36
(S) Bettna 64033 17 Bg 32
(GB) Bettyhill KW14 38 Sf 32
(GB) Betws-y-Coed LL24 39 Sg 37
(F) Beuzeville 27210 41 Aa 41
(TR) Bevelli 84 Ck 52
(GB) Beverley HU17 39 Sk 37
(D) Beverstedt 27616 26 Ai 37
(GB) Bexhill TN39 41 Aa 40
(TR) Beyağaç 20590 84 Ci 53
(TR) Beyazköy 59600 76 Ch 49
(TR) Beyçayırı 17800 75 Cg 50
(TR) Beyçayırı 17800 87 Eb 52
(TR) Beycuma 67980 76 Db 49
(TR) Beydağ 35790 83 Ci 52
(TR) Beydili 76 Da 50
(TR) Beykoz 34801* 76 Ck 49
(TR) Beylikova 26750 76 Db 51
(TR) Beyoba 45240 83 Ch 52
(TR) Beypazarı 06730 76 Db 50
(TR) Beypınarı 78 Dh 51
(TR) Beypınarı 86 Dg 52
(TR) Beyşehir 42700 84 Db 53
(TR) Beytüşşebap 73800 87 Ed 53
(TR) Beyyurdu 77 Df 51
(RUS) Bežanicy 30 Ck 34
(RUS) Bezbožnik 22 Ei 31
(RUS) Bežeck 20 Dg 33
(RUS) Bezenčuk 33 Ek 38
(RUS) Bezengi 79 Ed 47
(F) Béziers 34500* 55 Ad 47
(RUS) Bezmenšur 34 Fb 34
(RUS) Bezopasnoe 64 Eb 45
(RUS) Bezymjannoe 50 Eg 39
(PL) Biała, Bielsko- 44 Bk 41
(PL) Biała Piska 12-230 29 Cc 37
(PL) Biała Podlaska 21-500 45 Cd 38
(PL) Białogard 78-200 27 Bf 36
(PL) Biały Bór 78-425 28 Bg 37
(PL) Białystok 15-900 29 Cd 37
(F) Biarritz 64200* 54 Si 47
(I) Bibbiena 52011 57 Bb 47
(D) Biberach an der Riß 88400 42 Ak 42
(RUS) Bibirevo 30 Dc 34
(UA) Bibrka 45 Ce 41
(AL) Bicaj 74 Ca 49
(RO) Bicaz 615100 60 Cg 44
(F) Bicchisano, Petreto- 71 Ai 49
(TR) Biçer 76 Db 51
(GB) Bicester OX26 40 Si 39
(H) Bicske 2060* 59 Bi 43
(RUS) Bičurino 34 Ff 34
(F) Bidache 64520 54 Si 47
(GB) Bideford EX39 40 Sf 39
(N) Bidjovagge 3 Cc 21
(PL) Biecz 38-340 45 Cb 41
(CH) Biel = Bienne 2500* 56 Ah 43
(PL) Bielawy 99-423 44 Bk 38
(D) Bielefeld 33602* 42 Ai 38
(I) Biella 13900 56 Ai 45
(E) Bielsa 22350 70 Aa 48
(PL) Bielsk 09-230 44 Bk 38
(PL) Bielsko-Biała 43-300* 44 Bk 41
(PL) Bielsk Podlaski 17-100* 29 Cd 38
(CH) Bienne = Biel 2500* 56 Ah 43
(RO) Biertan 557045 60 Ce 44
(E) Biescas 22630 70 Sk 48
(D) Bietigheim-Bissingen 74321 42 Ak 42
(PL) Bieżuń 09-320 28 Bk 38
(TR) Biga 17200 76 Ch 50
(TR) Bigadiç 10440 76 Ci 51
(F) Biganos 33380 54 Sk 46
(GB) Biggar ML12 39 Sg 35
(BIH) Bihać 58 Bf 46
(RO) Biharia 417050 59 Cb 43
(RUS) Bijavaš 35 Fg 34
(BIH) Bijela 59 Bi 46
(BIH) Bijeljina 59 Bk 46
(MNE) Bijelo Polje 81 304 74 Bk 47
(SK) Bílá 44 Bi 41
(UA) Bila Cerkva 47 Da 41
(E) Bilbao = Bilbo 48001* 54 Sh 47
(E) Bilbo = Bilbao 48001 54 Sh 47
(IS) Bíldudalur 465 36 Qg 25
(BIH) Bileća 73 Bi 48
(TR) Bilecik 76 Ck 50
(PL) Biłgoraj 23-400 45 Cc 40
(UA) Bilhorod-Dnistrovs'kyj 61 Da 44
(RUS) Bilimbaj 35 Fk 34
(AL) Bilisht 74 Ca 50
(RUS) Biljarsk 34 Fa 36
(F) Billom 63160 55 Ad 45
(S) Billsta 9 Bi 27
(DK) Billund 7190 26 Ak 35
(F) Billy 41130 55 Ad 44
(UA) Bilohir'ja 46 Cg 40
(UA) Bilohors'k 62 De 45
(UA) Bilokurakyne 48 Di 41
(UA) Biloluc'k 48 Dk 41
(UA) Bilopil'l'a 47 De 39
(UA) Bilousivka 47 Dc 41
(UA) Bilovods'k 48 Dk 41
(N) Bilto 3 Cb 21
(UA) Biluchivka 48 Df 41
(UA) Bilyi Kolodjaz' 48 Dh 40
(E) Binéfar 22500 70 Aa 49
(D) Bingen am Rhein 55411 42 Ah 41
(TR) Bingöl 12000 87 Ea 52
(D) Binz 18609 27 Bd 36
(HR) Biograd na Moru 58 Bf 47
(IRL) Biorra = Birr 37 Sc 37
(PL) Bircza 37-740 45 Cc 41
(TR) Birecik 86 Dh 53
(TR) Birgi 35775 83 Ci 52
(N) Birkeland 4760 16 Ai 32
(D) Birkenfeld 97834 42 Ah 41
(GB) Birkenhead CH42 39 Sg 37
(DK) Birkerød 3460 27 Bc 35
(A) Birkfeld 8190 58 Bf 43
(GB) Birmingham B8 40 Si 38
(IRL) Birr = Biorra 37 Sc 37
(RUS) Birsk 34 Ff 35
(LT) Birštonas 59009 29 Ce 36
(LT) Biržai 41001 29 Ce 34
(LV) Birži 5214 29 Cf 34
(E) Bisbal d'Empordà, la 17100 70 Ad 49
(F) Biscarrosse 40600* 54 Si 46
(I) Bisceglie 70052 73 Bg 49
(A) Bischofshofen 5500* 57 Bd 43
(D) Bischofswerda 01877 43 Be 39
(F) Bischwiller 67240 42 Ah 42
(RUS) Biser = Biserski 24 Fi 32
(RUS) Biserovo 23 Fd 31
(RUS) Biserski 24 Fi 32
(RUS) Bisert' 35 Fk 34
(GB) Bishop Auckland DL14 39 Si 36
(GB) Bishop's Castle SY9 40 Sg 38
(AL) Bishtqethm 74 Bk 50
(I) Bisignano 63040 73 Bg 51
(PL) Biskupiec 11-300 28 Ca 37
(D) Bismark (Altmark) 39629 27 Bb 38
(TR) Bismil 21500 87 Ea 53
(S) Bispgården 9 Bg 27
(RO) Bistreț 207065 60 Cd 47
(RO) Bistrița 000420* 60 Ce 43
(RO) Bistrița Bârgăului 427005 60 Ce 43
(PL) Bisztynek 11-230 28 Ca 36
(D) Bitburg 54634 42 Ag 41
(F) Bitche 57230 42 Ah 41
(TR) Bitlis 13000 87 Ec 52
(MK) Bitola 7000* 74 Cb 49
(I) Bitonto 70032 73 Bg 49
(D) Bitterfeld-Wolfen 06749 43 Bc 39
(I) Bitti 08021 71 Ak 50
(RUS) Bižbuljak 34 Fe 37
(RUS) Bizjar 23 Fg 33
(BY) Bjahoml' 30 Ci 36
(BG) Bjala 7100 60 Cf 47
(BG) Bjala 7100 75 Cg 48
(BG) Bjala 7100 76 Ch 48
(BG) Bjala Slatina 3200 60 Cd 47
(BY) Bjalyničy 30 Ck 37
(N) Bjarkøy 9426 2 Bg 22
(BY) Bjaroza 45 Ce 38
(BY) Bjarozavka 29 Cf 37
(S) Bjärred 24601 27 Bd 35
(S) Bjästa 89300 9 Bi 27
(HR) Bjelovar 58 Bg 45
(N) Bjerka 8643 2 Bd 24
(N) Bjerkvik 8530 2 Bh 22
(DK) Bjerringbro 8850 26 Ak 34
(N) Bjølstad 2676 16 Ak 29
(S) Björbo 78045 17 Be 30
(N) Bjordal 16 Af 29
(N) Bjørkås 2 Bk 22
(N) Bjørkelangen 1940 16 Bb 31
(S) Björkliden 98193 2 Bi 22
(FIN) Björköby 65870 10 Cb 27
(S) Björköby 17 Be 33
(S) Björksele 92041 9 Bi 26
(S) Björkvattnet 84070 9 Bd 26
(N) Bjorli 2669 8 Ai 28
(N) Bjørn 2 Bc 24
(S) Bjórna 89050 9 Bi 27
(N) Bjørnevatn 9910 3 Ck 21
(S) Björnlunda 64050 17 Bh 31
(S) Björsarv 82700 9 Bg 28
(S) Bjurholm 91601 10 Bk 27
(S) Bjursås 79021 17 Bf 30
(S) Bjuv 26701 27 Bc 34
(SRB) Blace 18420 59 Cb 47
(GB) Blackburn AB2 39 Sh 37
(GB) Blackpool FY1 39 Sg 37
(S) Blackstad 59094 17 Bg 33
(RUS) Blagodarnij 64 Ed 45
(RUS) Blagodarnyj 64 Ed 45
(RUS) Blagodatovka 51 Fa 38
(BG) Blagoevgrad 2700* 75 Cd 48
(RUS) Blagoevo 13 Eh 27
(RUS) Blagovar 34 Fe 36
(RUS) Blagoveščensk 34 Ff 35
(F) Blain 44130 54 Si 43
(GB) Blairgowrie PH10 38 Sg 34
(RO) Blaj 515400 60 Cd 44
(N) Blakstad 16 Ai 32
(F) Blanc, le 36300 55 Ab 44
(GB) Blandford Forum DT11 40 Sh 40
(E) Blanes 17300 70 Ac 49
(F) Blangy-sur-Bresle 76340 41 Ab 41
(B) Blankenberge 8370 41 Ad 39
(CZ) Blansko 382 41 44 Bg 41
(PL) Błaszki 98-235 44 Bi 39
(S) Blattnicksele 9 Bh 25
(D) Blaubeuren 89143 42 Ak 42
(F) Blaye 33390 54 Sk 45
(D) Bleckede 21354 27 Ba 37
(D) Bleicherode 99752 43 Ba 39
(N) Bleik 8481 2 Bf 21
(N) Bleikvassli 9 Bd 25
(F) Bléneau 89220 55 Ac 43
(F) Bléré 37150 54 Aa 43
(S) Blidsberg 52024 17 Bd 33
(AL) Blinisht 74 Bk 49
(F) Blois 41000* 55 Ab 43
(IS) Blönduós 540 36 Qk 25
(PL) Błonie 55-330 45 Ca 38
(A) Bludenz 6700* 57 Ak 43
(GB) Blyth NE24 39 Si 35
(UA) Blyznjuky 48 Dg 42
(N) Bø 16 Ak 31
(E) Boal 33720 68 Sd 47
(GB) Boat of Garten PH24 38 Sg 33
(D) Böblingen 71032* 42 Ak 42
(PL) Bobolice 76-020 28 Bg 37
(BY) Bobr 30 Ck 36
(RUS) Bobrava 48 Df 40
(RUS) Bobrov 48 Dk 39
(RUS) Bobrovskoe 25 Ge 33
(UA) Bobrovycja 47 Db 40
(PL) Bobrowniki 76-231 29 Cd 37
(BY) Bobrujsk = Babrujsk 30 Ck 37
(UA) Bobrynec' 47 Dc 42
(RUS) Bočevo 20 Dd 31
(PL) Bochnia 32-700 45 Ca 41
(D) Bocholt 46395* 42 Ag 39
(CZ) Bochov 364 71 43 Bd 40
(D) Bochum 44787* 42 Ah 39
(S) Bockara 57900 17 Bg 33
(RO) Bocșa 457045 59 Cb 45
(RO) Bocsig 317055 59 Cb 44
(S) Boda 17 Bf 29
(S) Böda 38075 17 Bh 33
(S) Boden 96100* 10 Cb 25
(RUS) Bod'ja, Jaškur- 23 Fd 33
(GB) Bodmin PL31 40 Sf 40
(N) Bodø 8003* 2 Be 23
(TR) Bodrum 48400 83 Ch 53
(S) Bodsjö 9 Be 28
(S) Bodum 88051 9 Bg 27
(PL) Bodzanów 48-340 45 Ca 38
(F) Boën 42130 55 Ae 45
(RUS) Boeve 48 Dk 39
(RUS) Bogatiščevo 31 Di 36
(RUS) Bogatoe 34 Fb 37
(RUS) Bogatye Saby 34 Fa 35
(RUS) Bogatyr' 34 Fa 37
Bogazi 85 Dd 55
(TR) Boğaziçi 35135 83 Ch 52
(TR) Boğazkale 19310 77 De 50
(TR) Boğazkaya 77 Df 49
(TR) Boğazköprü 85 Df 52
(TR) Boğazlıyan 66400 77 Df 51
(RUS) Bogdanovka 34 Fa 37
(RUS) Bogdanovka 51 Fa 38
(RUS) Bogdanovka 51 Fc 38
(RUS) Bogdanovo 31 Dg 37
(RUS) Bogdanovo 35 Fg 35
(RUS) Bogdanovskoe 52 Fk 38
(PL) Bogdanów 49-200 44 Bk 39
(TR) Boğecik 85 Dd 53
(N) Bogen 8533 2 Bg 22
(DK) Bogense 5400 27 Ba 35
(GB) Bognor Regis PO21 40 Sk 40
(RUS) Bogoljubovo 32 Ea 34
(MK) Bogomila 1415 74 Cb 49
(MK) Bogorodica 1482 74 Cc 49
(RUS) Bogorodick 31 Di 37
(RUS) Bogorodsk 14 Fc 28
(RUS) Bogorodsk 32 Ed 34
(RUS) Bogorodsk 35 Fh 34
(RUS) Bogorodskoe 20 Dh 33
(RUS) Bogorodskoe 22 Fa 33
(RUS) Bogorodskoe 34 Ff 38
(RUS) Bogovarovo 22 Eh 32
(RUS) Bogučar 49 Ea 41
(TR) Boğürtlen 86 Di 53
(RUS) Boguslav' 20 Dg 32
(F) Bohain-en-Vermandois 02110 41 Ad 41
(SLO) Bohinjska Bistrica 4264 57 Bd 44
(UA) Bohoduchiv 48 Df 40
(E) Bohonal de Ibor 10320 68 Se 51
(H) Böhönye 8719 58 Bh 44
(UA) Bohorodčany 45 Ce 42
(BY) Bohuševsk 30 Da 36
(UA) Bohuslav 47 Da 41
(D) Boizenburg (Elbe) 19258 27 Ba 37
(MK) Bojane 1226 74 Cb 48
(I) Bojano 86021 73 Be 49
(PL) Bojanowo 63-940 44 Bg 39
(RUS) Bojarkeros 22 Fb 29
(RUS) Bojaščina 12 Df 28
(BG) Bojčinovci 3430 60 Cd 47
(BG) Bojnica 3840 59 Cc 47
(SRB) Bojnik 16205 59 Cb 47
(SRB) Boka 23252 59 Ca 45
(RUS) Bokovskaja 49 Eb 41
(RUS) Boksitogorsk 20 Dd 31
(HR) Bol 58 Bg 47
(RUS) Bol'šaja Vereika 48 Di 38
(E) Bolaños de Calatrava 13260 81 Sg 52
(TR) Bolayır 17350 75 Cg 50
(F) Bolbec 76210 41 Aa 41
(RO) Bolboși 217080 60 Cd 46
(RO) Boldești-Scăeni 105300 60 Cg 45

RUS Boldovo 33 Ee 36
UA Bolechiv 45 Cd 41
PL Bolesławiec 59-700 44 Bf 39
RUS Bolhov 31 Dg 37
UA Bolhrad 61 Ci 45
S Boliden 93601 10 Ca 26
RO Bolintin-Vale 085100 60 Cf 46
MNE Boljanići 59 Bk 47
BG Boljarovo 8720 75 Cg 48
SRB Boljevac 19370 59 Cb 47
F Bollène 84500 55 Ae 46
S Bollnäs 82100* 17 Bg 29
S Bollstabruk 87320 9 Bh 28
E Bollullos Par del Convado 80 Sd 53
S Bolmsö 27 Bd 33
I Bologna 40100* 57 Bb 46
RUS Bologoe 20 De 33
RUS Bologovo 30 Db 34
RUS Bološnevo 32 Ea 36
RUS Bolotovskoe 24 Gc 32
RUS Bol'šaja 21 Dk 30
RUS Bol'šaja Atnja 33 Ek 34
RUS Bol'šaja Budnica 30 Da 35
RUS Bol'šaja Černigovka 51 Fa 38
RUS Bol'šaja Dergunovka 51 Fa 38
RUS Bol'šaja Doroga 32 Ea 37
RUS Bol'šaja Džalga 64 Ec 45
RUS Bol'šaja Glušica 51 Fa 38
RUS Bol'šaja Gora 13 Eb 27
RUS Bol'šaja Kamenka 34 Fa 37
RUS Bol'šaja Kandala 33 Ek 36
RUS Bol'šaja Karpuniha 22 Ef 33
RUS Bol'šaja Kaskan 22 Eh 31
RUS Bol'šaja Kiselenka 20 De 33
RUS Bol'šaja Martynovka = Sloboda Bol'šaja Martynovka 64 Eb 43
RUS Bol'šaja Nisogora 13 Ef 26
RUS Bol'šaja Orlovka 64 Eb 43
RUS Bol'šaja Poljana 48 Di 38
RUS Bol'šaja Privalovka 48 Dk 39
RUS Bol'šaja Rečka 22 Eg 31
RUS Bol'šaja Sludka 22 Eg 29
RUS Bol'šaja Šonoma 14 Ei 29
RUS Bol'šaja Sosnovka 23 Fe 33
RUS Bol'šaja Tavoložka 50 Ek 38
RUS Bol'šaja Tovra 13 Eb 26
RUS Bol'šaja Usa 34 Ff 34
RUS Bol'šakovo 28 Cb 36
UA Bol'šečernihivka 48 Dk 42
RUS Bol'šekrepinskaja 63 Dk 43
RUS Bolšelug 14 Fc 28
I Bolsena 01023 72 Bb 48
RUS Bol'šenabatovskij 49 Ed 42
RUS Bol'šetroickoe 48 Dh 40
RUS Bol'šeustinskoe 35 Fi 35
RUS Bol'ševik 49 Ed 40
RUS Bol'šie Berezniki 33 Ef 36
RUS Bol'šie Kajbicy 33 Ei 35
RUS Bol'šie Ključi 33 Ei 34
RUS Bol'šie Ključišči 33 Ei 36
RUS Bol'šie Medveki 31 Dh 37
RUS Bol'šie Ozerki 50 Eg 38
RUS Bol'šie Suslovy 22 Ei 32
RUS Bol'šie Tarhany 33 Ei 36
RUS Bol'šinka 49 Eb 42
RUS Bol'šoe Boldino 33 Ef 36
RUS Bol'šoe Gorodišče 48 Dh 40
RUS Bol'šoe Ignatovo 33 Ef 35
RUS Bol'šoe Muraškino 33 Ee 35
RUS Bol'šoe Nagatkino 33 Ei 36
RUS Bol'šoe Pole 19 Ci 30
RUS Bol'šoe Pole 33 Ef 34
RUS Bol'šoe Selo 20 Di 33
RUS Bol'šoe Šemjakino 33 Ei 35
RUS Bol'šoe Šeremetovo 32 Ec 37
RUS Bol'šoe Tokarevo 21 Ec 31
RUS Bol'šoe Zaborov'e 20 Dd 32
RUS Bol'šoe Žirovo 48 Df 39
RUS Bol'šoj 49 Ec 41
RUS Bol'šoj Čurki 13 Eh 27
RUS Bol'šoj Dvor 20 De 31
RUS Bol'šoj Lučak 49 Ed 40
RUS Bol'šoj Melik 49 Ed 39
RUS Bol'šoj Ramen' 33 Eh 34
RUS Bol'šoj Sabsk 19 Ck 31
RUS Bol'šoj Ut 35 Fi 33
RUS Bol'šoj V'jas 33 Ef 37
RUS Bol'šoj V''jas 33 Ef 37
NL Bolsward 26 Af 37
E Boltaña 22340 70 Aa 48
GB Bolton BL1 39 Sh 37
RUS Bolturino 30 Dc 36
TR Bolu 14000* 76 Db 50
TR Bölükyazı 87 Ec 52
IS Bolungarvík 415 36 Qg 24
TR Bolvadin 03300 84 Db 52
I Bolzano = Bozen 39100 57 Bb 44
I Bomarzo 01020 72 Bc 48
E Boñar 24850 68 Se 48
GB Bonar Bridge IV24 38 Sf 33
RUS Bondari 32 Ec 38
I Bondeno 46023 57 Bb 46
RUS Bondjug 23 Fg 30
RUS Bonga 20 Dh 30
F Bonifacio 20169 71 Ak 49
E Bonillo, El 02610 69 Sh 52
D Bonn 53111* 42 Ah 40
F Bonnétable 72110 41 Aa 42
F Bonneval 28800 41 Ab 42
F Bonneville 74130 56 Ag 44
F Bonny-sur-Loire 45420 55 Ac 43
I Bono 07011 71 Ak 50
I Bonorva 07012 71 Ai 50
H Bonyhád 7150 59 Bi 44
D Boppard 56154 42 Ah 40
CZ Bor 348 02 43 Bc 41
RUS Bor 20 De 32
RUS Bor 25 Gh 33
RUS Bor 33 Ee 34
SRB Bor 19210* 59 Cc 46
TR Bor 51700 85 De 53
S Borås 50110* 17 Bc 33
P Borba 7150-101* 80 Sc 52
TR Borçka 08400 79 Eb 49
F Bordeaux 33000* 54 Sk 46
P Bordeira 8005-423* 80 Sb 53
IS Borðeyri 370 36 Qi 25
S Borensberg 59030 17 Bf 32
FIN Borgå = Porvoo 06500* 18 Cf 30
IS Borgarfjörður □ 36 Rg 25
IS Borgarnes 310 36 Qi 26
NL Borger 9530 26 Ag 38
E Borges Blanques, les 25400 70 Aa 49
S Borgholm 38701 28 Bg 34
I Borgomanero 28021 56 Ai 45
I Borgo San Dalmazzo 12011 56 Ah 46
I Borgo San Lorenzo 50032 57 Bb 47
I Borgo Val di Taro 43043 57 Ak 46
I Borgo Valsugana 38051 57 Bb 44
S Borgstena 51370 17 Bd 33
N Borgund 6854 16 Ah 29
BG Borino 4824 75 Ce 49
RUS Borinskoe 48 Dk 38
RUS Borisogleb 32 Ec 35
RUS Borisoglebovka 50 Eh 39
RUS Borisoglebsk 49 Ec 39
RUS Borisoglebskij 21 Db 33
BY Borisov = Barysaŭ 30 Ci 36
RUS Borisovka 48 Dg 40
RUS Borisovo 21 Dk 31
RUS Borisovo 21 Ee 31
RUS Borisovo-Sudskoe 20 Dg 31
UA Borivs'ke 48 Di 42
S Börjelsbyn 10 Cc 25
BY Borkavičy 30 Ci 35
D Borken 04916 42 Ag 39
N Borkenes 9475 2 Bg 22
S Borlänge 78100* 17 Bf 30
N Borlaug 6854 16 Ah 29
TR Borlu 45940 84 Ci 52
I Bormio 23032 57 Ba 44
D Borna 04552 43 Bc 39
F Borne 43350 55 Ad 45
RUS Borodinskoe 19 Ck 29
UA Borodjanka 46 Ck 40
RUS Borodki 33 Ee 34
RUS Borodulino 23 Fe 33
UA Borodyno 61 Ck 44
RUS Borok 19 Da 32
RUS Borok 19 Dc 32
RUS Borok 20 Dg 30
RUS Borok 20 Dh 32
RUS Borok-Suležskij 20 Dg 33
UA Boromlja 48 Df 40
PL Boronów 42-283 44 Bi 40
UA Borova 48 Dh 41
BG Borovan 3240 60 Cd 47
UA Borove 46 Ch 39
BG Borovec 2626 75 Cd 48
RUS Borovenka 20 Dd 32
RUS Boroviči 19 Ck 33
RUS Boroviči 20 Dd 32
RUS Borovina 13 Ee 28
BG Borovo 2904 60 Cf 47
RUS Borovo 14 Ek 27
RUS Borovoe 53 Ga 38
RUS Borovoj 11 Dc 26
RUS Borovsk 31 Dg 35
RUS Borovskij 25 Gf 33
S Borrby 27621 27 Be 35
DK Borre 27 Bc 36
E Borriana 12530 70 Sk 51
IRL Borrisokane = Buiríos Uí Chéin 37 Sb 38
S Börrum 17 Bg 32
RO Borşa 707592 60 Ce 43
UA Borščiv 46 Cg 42
N Børselv 9716 3 Cf 20
RUS Borskoe 34 Fb 38
F Bort-les-Orgues 19110 55 Ac 45
S Börtnan 84035 9 Bd 28
GB Borve IV51 38 Sd 33
UA Boryslav 45 Cd 41
UA Boryspil' 47 Da 40
UA Borzna 47 Dc 39
I Bosa 08013 71 Ai 50
BIH Bosanska Gradiška 58 Bh 45
BIH Bosanska Krupa 58 Bg 46
BIH Bosanski Brod 58 Bi 45
BIH Bosanski Novi 58 Bg 45
BIH Bosanski Petrovac 58 Bg 46
BIH Bosanski Šamac 59 Bi 45
BIH Bosansko Grahovo 58 Bg 46
GB Boscastle PL35 40 Sf 40
BIH Bosinska Dubica 58 Bg 45
CZ Boskovice 680 01 44 Bg 41
TR Bostancı 10680 87 Ec 53
TR Bostanlı 87 Eb 53
GB Boston PE21 39 Sk 38
S Boteå 88195 9 Bh 27
BG Botevgrad 2140 75 Cd 48
P Boticas 5460-502 68 Sc 49
N Botngård 7140 8 Ak 27
RO Botoşani 000710* 60 Cg 43
S Botsmark 92276 10 Ca 26
F Boucau 64340 54 Si 47
P Bougado 68 Sb 49
B Bouillon 6830 42 Af 41
F Boulay-Moselle 57220 42 Ag 41
F Boulogne-Billancourt 92100* 41 Ac 42
F Boulogne-sur-Gesse 31350 54 Aa 47
F Boulogne-sur-Mer 62200* 41 Ab 40
F Bourbon-Lancy 71140 55 Ad 44
F Bourbon-l'Archambault 03160 55 Ad 44
F Bourbourg 59630 41 Ac 40
F Bourg 33710 54 Sk 45
F Bourganeuf 23400 55 Ab 45
F Bourg-Argental 42220 55 Ae 45
F Bourg-de-Péage 26300 56 Af 45
F Bourg-en-Bresse 01000* 56 Af 44
F Bourges 18000* 55 Ac 43
F Bourg-Lastic 63760 55 Ac 45
F Bourg-Madame 66760 70 Ab 48
F Bourgneuf-en-Retz 44580 54 Si 43
F Bourgoin-Jallieu 38300 56 Af 45
F Bourg-Saint-Andéol 07700 55 Ae 46
F Bourg-Saint-Maurice 73700 56 Ag 45
F Bourgueil 37140 54 Aa 43
GB Bournemouth BH1 40 Si 40
F Bournezeau 85480 54 Si 44
F Bouscat, le 33110 54 Sk 46
F Boussac 23600 55 Ac 44
B Boussu 7300 41 Ad 40
F Bouzonville 57320 42 Ag 41
I Bovalino Marina 89034 72 Bg 52
S Bovallstrand 45047 16 Bb 32
I Bova Marina 89035 72 Bf 53
SLO Bovec 5230 57 Bd 44
E Bóveda de Toro, La 49155 68 Se 49
N Bøverdal 2690 16 Ai 29
GB Bowmore PA44 37 Sd 35
S Boxholm 59010 17 Bf 32
NL Boxmeer 5830 42 Af 39
NL Boxtel 5280* 42 Af 39
TR Boyabat 57200 77 De 49
TR Boyalı 77 Dd 49
TR Boyalı 85 Dd 52
TR Boyalıca 16870 76 Ck 50
TR Boyalık 34232 76 Ci 49
IRL Boyle = Mainistir na Búille 37 Sb 37
TR Bozan 84 Ck 52
TR Bozburun 48710 84 Ci 54
TR Bozcaada 17680 75 Cg 51
TR Bozd g 84 Ci 52
TR Bozdoğan 09760 84 Ci 53
I Bozen = Bolzano 39100 57 Bb 44
TR Bozkaya 86 Dg 53
TR Bozkır 77 Dd 50
TR Bozkır 84 Dc 53
TR Bozkır 85 De 52
TR Bozkurt 37660 84 Ck 53
TR Bozlar 17200 76 Ch 50
TR Bozoğlak 78 Di 51
F Bozouls 12340 55 Ac 46
TR Bozova 63850 84 Da 53
TR Bozova 63850 86 Di 53
TR Boztepe 77 Df 50
TR Bozüyük 11300 76 Da 51
TR Bozyaka 84 Ck 54
TR Bozyazı 33830* 85 Dd 54
I Bra 12042 56 Ah 46
I Bracciano 00062 72 Bc 48
F Bracieux 41250 55 Ab 43
S Bräcke 84060 9 Bf 28
GB Brackley NN13 40 Si 38
GB Bracknell RG12 40 Sk 39
UA Braclav 46 Ci 42
RUS Braclavka 53 Ga 39
RO Brad 335200 59 Cc 44
GB Bradford BD9 39 Si 37
BG Bradvari 7568 61 Ch 47
BY Bradzjacin 45 Cd 39
DK Brædstrup 8740 26 Ak 35
GB Braemar AB35 38 Sg 33
P Braga 4700-001* 68 Sb 49
P Bragança 5300-001* 68 Sd 49
FIN Brahestad 92100* 10 Ce 26
BY Brahin 47 Da 39
RO Brăila 000810* 61 Ch 45
GB Braintree CM7 41 Aa 39
UA Brajiliv 46 Ci 41
D Brake (Unterweser) 26919 26 Ai 37
D Brakel 33034 42 Ak 39
S Bräkne-Hoby 37010 27 Bf 34
S Brålanda 46065 17 Bc 32
GR Brálos 33057 82 Cc 52
DK Bramming 6740 26 Ai 35
GB Brampton NR34 39 Sh 36
D Bramsche 49565 42 Ah 38
S Brånaberg 9 Bg 25
I Brancaleone Marina 89036 72 Bg 53
N Brandbu 16 Ba 30
DK Brande 7330 26 Ak 35
D Brandenburg an der Havel 14770* 43 Bc 38
GB Brandon IP27 41 Aa 38
CZ Brandýs nad Labem-Stará Boleslav 250 01 43 Be 40
PL Braniewo 14-500 28 Bk 36
UA Br'anka 48 Di 42
E Brañosera 34829 69 Sf 48
PL Brańsk 17-120 29 Cc 38
F Brantôme 24310 54 Aa 45
BY Braslav 30 Ch 35
RO Braşov 000500* 60 Cf 45
B Brasschaat 2930 41 Ae 39
CH Brassus, Le 1348 56 Ag 44
S Brastad 45420 16 Bb 32
SK Bratislava 810 00* 44 Bh 42
BG Bratja Daskalovi 6250 75 Cf 48
RUS Bratki 49 Eb 39
RO Bratovoeşti 207095 60 Cd 46
UA Brats'ke 62 Db 43
N Brattvåg 6270 8 Ag 28
BIH Bratunac 59 Bk 46
A Braunau am Inn 5280* 43 Bd 42
D Braunlage 38700 43 Ba 39
D Braunschweig 38100* 43 Ba 38
IRL Bray = Bré 37 Sd 37
F Bray-sur-Seine 77480 41 Ad 42
E Brazatortas 13450 81 Sf 52
BIH Brčko 59 Bi 46
PL Brdów 62-620 44 Bi 38
IRL Bré = Bray 37 Sd 37
F Brécey 50370 40 Si 42
GB Brechin DD9 38 Sh 34
B Brecht 2960 41 Ae 39
CZ Břeclav 690 02* 44 Bg 42
GB Brecon LD3 40 Sg 39
NL Breda 4800* 41 Ae 39
S Bredaryd 33010 17 Bd 33
S Bredbyn 83100 9 Bi 27
F Brède, la 33650 54 Sk 46
S Bredsel 10 Ca 25
D Bredstedt 25821 26 Ai 36
RUS Bredy 53 Ga 38
B Bree 53150 42 Af 39
RUS Bregadnaja 64 Eb 47
A Bregenz 6900* 57 Ak 43
BG Bregovo 6878 59 Cc 46
F Bréhal 50290 40 Si 42
IS Breiðavik 36 Qf 25
IS Breiðdalsvík 760 36 Rg 26
D Breisach am Rhein 79206 42 Ah 42
N Breivikbotn 9593 3 Cc 20
RUS Brejtovo 20 Dh 32
N Brekken 8 Bb 28
N Brekkestø 16 Ai 32
N Brekksillan 8 Bb 26
N Brekstad 7130 8 Ak 27
N Bremangerpollen 8 Ae 29
D Bremen 28195* 26 Ai 37
D Bremerhaven 27568* 26 Ai 37
D Bremervörde 27432 26 Ak 37
E Brenes 41310 80 Se 53
GB Brenish HS2 38 Sc 32
I Breno 25043 57 Ba 45
GB Brentwood CM13 41 Aa 39
I Brescia 57 Ba 45
NL Breskens 4510 41 Ad 39
I Bressanone = Brixen 39042 57 Bb 44
F Bressuire 79300* 54 Sk 44
BY Brèst 45 Cd 38
F Brest 29200* 40 Sf 42
BY Brest = Brèst 45 Cd 38
F Bretenoux 46130 55 Ab 46
F Breteuil 60120 41 Aa 42
F Breteuil 60120 41 Ac 41
D Bretten 75015 42 Ai 41
N Brevik 16 Ak 31
BIH Breza 59 Bi 46
SLO Brežice 8250 58 Bf 45
RUS Brežnev = Naberežnye Čelny 34 Fc 35
BG Breznica 2972 75 Cd 49
PL Breźnica 44 Bk 39
BG Breznik 2360 74 Cc 48
SK Brezno 977 01 44 Bk 42
RO Brezoi 245500 60 Ce 45
F Brezolles 28270 41 Ab 42
SK Brezová pod Bradlom 906 13 44 Bh 42
BG Brezovo 5083 75 Cf 48
F Briançon 05100* 56 Ag 46
HR Bribir 58 Bf 47
MD Bričany = Briceni 5114 46 Ch 42
MD Bričen' = Briceni 5154 46 Ch 42
MD Briceni 5114 46 Ch 42
F Bricquebec 50260 40 Si 41
GB Bridgend CF31 40 Sg 39
GB Bridgnorth WV15 40 Sh 38
GB Bridgwater TA6 40 Sg 39
GB Bridlington YO15 39 Sk 36
GB Bridport DT6 40 Sh 40
F Briec 29510 40 Sf 42
RUS Brient 52 Fk 38
I Brienza 85050 73 Bf 50
F Briey 54150 42 Af 41
CH Brig 3900* 56 Ah 44
GB Brighton BN2 40 Sk 40
F Brignoles 83170 56 Ag 47
E Brihuega 19400 69 Sh 50
RUS Briljakovo 32 Ed 34
F Brillane, la 56 Af 47
D Brilon 59929 42 Ai 39
N Brimnes 16 Ag 30
I Brindisi 72100 73 Bh 50
GB Brinian KW17 38 Sh 31
HR Brinje 58 Bf 46
RUS Brin-Navolok 13 Eb 27
F Brionne 27800 41 Aa 41
F Brioude 43100 55 Ad 45
F Brioux-sur-Boutonne 79170 54 Sk 44
F Briouze 61220 40 Sk 42
I Brisighella 48013 57 Bb 46
GB Bristol BS4 40 Sh 39
F Brive-la-Gaillarde 19100 55 Ab 45
E Briviesca 09240 69 Sg 48
I Brixen = Bressanone 39042 57 Bb 44
GB Brixham TQ5 40 Sg 40
F Brizeaux 55250 42 Af 41
RUS Brjadino 33 Ek 36
UA Brjanka = Br'anka 48 Di 42
RUS Brjansk 31 De 37
RUS Brjansk 65 Eg 46
RUS Brjuhovo 34 Fe 34
CZ Brno 60010* 44 Bg 41
GB Broadford IV49 38 Se 33
S Broby 28060 27 Be 34
LV Brocēni 3851 29 Cc 34
MK Brod 6259 74 Cb 49
SRB Brodarevo 31305 74 Bk 47
S Broddebo 59700 17 Bg 32
UA Brodec'ke 46 Ci 41
GB Brodick KA27 39 Se 35
PL Brodnica 87-300 28 Bk 37
UA Brody 46 Cf 40
F Broglie 27270 41 Aa 41
FIN Bromarv 10570 18 Cd 31
D Brome 38465 43 Ba 38
S Bromölla 29500 27 Be 34
S Brömsebro 37045 27 Bf 34
GB Bromsgrove 40 Sh 38
DK Brønderslev 9700 16 Ak 33
RUS Bronnicy 31 Di 35
N Brønnøysund 8900 9 Bc 25
I Bronte 95034 72 Be 53
F Broons 22250 40 Sh 42
GB Brora KW9 38 Sg 32
N Brøstadbotn 9311 2 Bh 21
RO Broşteni 217346 59 Cc 46
E Broto 22370 70 Sk 48
F Brou 28160 41 Ab 42
GB Brough CA17 39 Sh 36
CZ Broumov 550 01 44 Bg 40
UA Brovary 47 Da 40
DK Brovst 9460 26 Ak 33
E Brozas 10950 68 Sd 51
IS Bru 36 Re 25
N Bru 4158 16 Af 29
F Bruay-en-Artois 41 Ac 40
RUS Br'uchoveckaja 63 Di 45
D Bruchsal 76646 42 Ai 41
A Bruck an der Großglocknerstraße 5671* 57 Bc 43
A Bruck an der Leitha 2460 58 Bg 43
A Bruck an der Mur 8600* 58 Bf 43
D Brüel 19412 27 Bb 37
B Bruges = Brugge 8000 41 Ad 39
CH Brugg 5200* 56 Ai 43
B Brugge 8000 41 Ad 39
N Bruheim 16 Ah 29
D Brühl 68782 42 Ai 40
F Brumath 67170 42 Ah 42
N Brumunddal 2380 16 Ba 30
I Bruneck = Brunico 39031 57 Bb 44
S Brunflo 83401 9 Be 27
I Brunico = Bruneck 39031 57 Bb 44
D Brunsbüttel 25541 26 Ak 37
CZ Bruntál 792 01 44 Bh 41
SRB Brus 37220 59 Cb 47
RUS Brusenica 12 Ea 26
CH Brusio 7743 57 Ba 44
B Brussel = Bruxelles 1000* 41 Ae 40
PL Brusy 89-632 28 Bh 37
UA Brusyliv 46 Ck 40
B Bruxelles = Brussel 1000 41 Ae 40
F Bruyères 88600 42 Ag 42

(F) Bruz 35170 40 Si 42
(RUS) Brykalansk 14 Fe 25
(RUS) Brykovka 50 Ei 38
(UA) Brylivka 62 Dd 44
(N) Bryne 4340 16 Af 32
(SRB) Brza Palavka 59 Cc 46
(PL) Brzeg 49-300 44 Bh 40
(PL) Brzeg Dolny 56-120 44 Bg 39
(PL) Brześć Kujawski 87-880 44 Bi 38
(PL) Brzesko 74-200 45 Ca 41
(PL) Brzoza 86-061 28 Bi 37
(LT) Bubiai 80016 29 Cd 35
(UA) Buča 47 Da 40
(UA) Bučač 46 Cf 41
(TR) Bucak 33590 84 Da 53
(TR) Bucak 33590 86 Dk 53
(TR) Bucakkışla 70000 85 Dd 54
(D) Buchenwald 43 Bb 39
(D) Buchholz in der Nordheide 21244 26 Ak 37
(D) Buchloe 86807 43 Ba 42
(AL) Buçimas (Shënmëri) 74 Ca 49
(SRB) Bučje 59 Cc 47
(D) Bückeburg 31675 42 Ak 38
(D) Bücken 27333 26 Ak 38
(GB) Buckhafen KY8 38 Sg 34
(GB) Buckie AB56 38 Sh 33
(MD) Bucovăţ 3711 61 Ci 43
(RO) Bucureşti 000040* 60 Cg 46
(N) Bud 6430 8 Ag 27
(BY) Buda-Kašalëva 30 Da 38
(H) Budapest 1011* 59 Bk 43
(IS) Búðardalur 370* 36 Qi 25
(I) Buddusò 07020 71 Ak 50
(GB) Bude EX23 40 Sf 40
(D) Büdelsdorf 24782 26 Ak 36
(RUS) Budennovsk 64 Ee 46
(RUS) Budënnovsk 64 Ee 46
(D) Büdingen 63654 42 Ak 40
(IS) Buðir 356 36 Qg 26
(PL) Budków 26-330 28 Ca 38
(PL) Budków 26-330 44 Bk 39
(RUS) Budogošč' 19 Dc 31
(MNE) Budva 85 310* 74 Bi 48
(E) Buenavista de Valdavia 34470 69 Sf 48
(E) Buendía 69 Sh 50
(E) Bueu 36930 68 Sb 48
(RO) Buftea 070000 60 Cf 46
(TR) Buğdaylı 73400 76 Ch 50
(TR) Bügdüz 26860 76 Db 51
(BIH) Bugojno 58 Bh 46
(N) Bugøyfjord 9934 3 Ck 21
(N) Bugøynes 9935 3 Ck 21
(RUS) Bugrino 6 Ek 22
(F) Bugue, le 24260 54 Aa 46
(RUS) Bugul'ma 34 Fc 36
(RUS) Buguruslan 34 Fc 37
(RUS) Buhalovo 21 Ea 33
(TR) Buharkent 09670 84 Ci 53
(D) Bühl 77815 42 Ai 42
(RO) Buhuşi 605100 60 Cg 44
(GB) Builth Wells LD2 40 Sg 38
(RUS) Buinsk 33 Eh 35
(RUS) Buinsk 33 Ei 36
(IRL) Buirios Uí Chéin 37 Sb 38
(F) Buis-les-Baronnies 26170 56 Af 46
(F) Buisson-de-Cadouin, le 24480 54 Aa 46
(E) Buitrago del Lozoya 69 Sg 50
(RUS) Buj 21 Eb 32
(E) Bujalance 14650 81 Sf 53
(SRB) Bujanovac 17520 74 Cb 48
(E) Bujaraloz 50177 70 Sk 49
(RUS) Bujskoe 33 Ek 33
(RUS) Bukanovskaja 49 Ec 41
(MD) Bukovèc = Bucovăţ 3711 61 Ci 43
(UA) Buky 47 Da 41
(CH) Bülach 8180 56 Ai 43
(RUS) Bulanaš 24 Gb 33
(TR) Bulancak 28300 78 Di 50
(TR) Bulanık 46000 79 Ec 51
(RUS) Bulanovo 52 Ff 38
(RUS) Bulatovskaja 14 Ei 29
(TR) Buldan 20400* 84 Ci 52
(RO) Buleta 247378 60 Ce 45
(RUS) Bulgakovo 34 Ff 36
(F) Bulgnéville 88140 42 Af 42
(PL) Bulkowo 09-454 45 Ca 38
(E) Bullas 30180 81 Si 52
(CH) Bulle 1630 56 Ah 44
(AL) Bulqizë 74 Ca 49
(TR) Bulucan 78 Dh 51
(RO) Bumbeşti-Jiu 215100 60 Cd 45
(IRL) Buncrana = Bun Cranncha 37 Sc 35
(IRL) Bun Cranncha 37 Sc 35
(D) Bünde 32257 42 Ai 38
(HR) Bunić 58 Bf 46
(E) Buñol 46360 70 Sk 51
(TR) Bünyan 38600 85 Df 52
(I) Buonconvento 53022 57 Bb 47
(RUS) Buraevo 34 Ff 35
(RUS) Burangulovo 35 Fi 37
(RUS) Burannoe 51 Fe 40
(RUS) Burannyj 35 Fk 37
(TR) Burç 27380 86 Dh 53
(I) Burcei 09040 71 Ak 51
(TR) Burdur 15000* 84 Da 53
(S) Bureå 93015 10 Cb 26
(D) Büren 33142 42 Ai 39
(IS) Búrfell 810 36 Ql 26
(N) Burfjord 9161 3 Cc 21
(NL) Burg, Den 1791 26 Ae 37
(BG) Burgas 8000* 76 Ch 48
(D) Burgau 89331 43 Ba 42
(D) Burg bei Magdeburg 43 Bb 38
(CH) Burgdorf 38272 56 Ah 43
(D) Burgdorf 38272 43 Ba 38
(D) Burghausen 84489 43 Bc 42
(GB) Burghead IV30 38 Sg 33
(D) Burglengenfeld 93133 43 Bc 41
(E) Burgo de Osma, El 42300 69 Sg 49
(E) Burgohondo 05113 69 Sf 50
(E) Burgos 09001* 69 Sg 48
(S) Burgsvik 62010 17 Bi 33
(TR) Burgu 55900 77 Df 49
(E) Burguillos del Cerro 06370 80 Sd 52
(NL) Burgum 9250 26 Af 37
(TR) Burhan 76 Ck 51
(TR) Burhaniye 38600 75 Cg 51
(E) Burjassot 46100 70 Sk 51
(RUS) Burly 35 Fg 36
(RUS) Burmakino 22 Ek 32
(RUS) Burmantovo 24 Ga 29
(GB) Burnham-on-Crouch CM0 41 Aa 39
(GB) Burnham-On-Sea TA8 40 Sg 39
(GB) Burnley BB10 39 Sh 37
(RUS) Buron 79 Ee 48
(AL) Burrel 74 Ca 49
(E) Burriana = Borriana 12530 70 Sk 51
(GB) Burry Port SA16 40 Sf 39
(TR) Bursa 16000* 76 Ck 50
(UA) Burštyn 45 Ce 41
(RUS) Burtinskij 52 Fg 39
(IRL) Burtonport = Ailt an Corráin 37 Sb 36
(GB) Burton upon Trent 39 Si 38
(S) Burträsk 93701 10 Ca 26
(RUS) Burul, Baga- 64 Ee 45
(RUS) Burul, Iki- 64 Ee 45
(RUS) Burunduki 33 Ei 35
(S) Burvik 93015 10 Cb 26
(GB) Burwick KW17 38 Sh 32
(GB) Bury BL9 39 Sh 37
(UA) Buryn' 47 Dd 39
(GB) Bury Saint Edmunds IP31 41 Aa 38
(I) Busca 12022 56 Ah 46
(AL) Bushat 74 Bk 49
(UA) Bus'k 45 Ce 41
(RUS) Bušnevo 21 Ec 32
(BIH) Busovača 58 Bh 46
(RO) Buşteni 105500 60 Cf 45
(I) Busto Arsizio 21052 56 Ai 45
(UA) Buštyna 45 Cd 42
(D) Büsum 25761 26 Ai 36
(BG) Butan 3326 60 Cd 47
(RO) Buteni 317065 59 Cc 44
(I) Butera 93011 72 Be 53
(RUS) Butkan 14 Ek 27
(RUS) Buton 24 Fi 32
(AL) Butrint 74 Ca 51
(RUS) Buturlino 33 Ee 35
(RUS) Buturlinovka 49 Ea 40
(D) Butzbach 35510 42 Ai 40
(D) Bützow 18246 27 Bb 37
(D) Buxtehude 21614 26 Ak 37
(GB) Buxton SK17 39 Si 37
(F) Buxy 71390 55 Ae 44
(TR) Büyük Ada 76 Ck 50
(TR) Büyükarmutlu 78 Di 51
(TR) Büyükçekmece 34500 76 Ci 49
(TR) Büyükdere 31351 79 Ec 50
(TR) Büyükoba 84 Dc 52
(TR) Büyükorhan 76 Ci 51
(TR) Büyüköz 77 Df 51
(TR) Büyüksaka 76 Da 51
(TR) Büyüksofulu 85 Df 53
(TR) Büyüktaş 86 Dk 54
(TR) Büyük Yapalak 46300 86 Dh 52
(TR) Büyükyurt 78 Dk 51
(F) Buzançais 36500 55 Ab 44
(F) Buzancy 08240 41 Ae 41
(RO) Buzău 000120* 60 Cg 45
(RUS) Buzdjak 34 Fe 36
(RO) Buzescu 147050 60 Cf 46
(UA) Buzivka 48 Df 41
(UA) Buz'ka, Kamjanka 45 Ce 40
(RUS) Buzov'jazy 34 Ff 36
(RUS) Buzuluk 34 Fe 38
(RUS) Byč'e 13 Ef 25
(BY) Bychov 30 Da 37
(PL) Bydgoszcz 85-900 28 Bi 37
(S) Bygdeå 91597 10 Ca 26
(S) Bygdsiljum 93733 10 Ca 26
(N) Bygland 4745 16 Ah 32
(N) Byglandsfjord 4741 16 Ah 32
(N) Bygstad 6977 16 Af 29
(N) Bykle 4754 16 Ah 31
(MD) Bykovec = Bucovăţ 3711 61 Ci 43
(RUS) Bykovo 31 Di 35
(RUS) Bykovo 35 Fh 34
(RUS) Bykovo 50 Ef 41
(RUS) Bylym 64 Ed 47
(UA) Byšiv 46 Ck 40
(S) Byske 93047 10 Cb 26
(CZ) Bystřice nad Pernštejnem 593 01 44 Bg 41
(CZ) Bystřice pod Hostýnem 768 61 44 Bh 41
(PL) Bystrzyca Kłodzka 57-500 44 Bg 40
(SK) Bytča 014 01 44 Bi 41
(PL) Bytom 41-902 44 Bi 40
(RUS) Bytoš' 31 De 37
(PL) Bytów 77-100 28 Bh 36
(S) Byxelkrok 38075 17 Bh 33
(AL) Bzhetë-Makaj 74 Bk 48

C

(RUS) Čaadaevka 33 Ef 37
(E) Cabañaquinta (Aller) 68 Se 47
(SLO) Čabar 58 Be 45
(P) Cabeceiras de Basto 4860-041 68 Sc 49
(E) Cabeza del Buey 06600 80 Se 52
(E) Cabezas de San Juan, Las 41730 80 Se 54
(E) Cabezón de la Sal 39500 54 Sf 47
(E) Cabezuela del Valle 10610 68 Se 50
(E) Cabra 14940 81 Sf 53
(I) Cabras 09072 71 Ai 51
(E) Cabreiros 27834 68 Sc 47
(SRB) Čačak 32101* 59 Ca 47
(E) Cáceres 10001 68 Sd 51
(BY) Čačersk 30 Da 38
(BY) Čačevičy 30 Ck 37
(P) Cachopo 8800-213 80 Sc 53
(HR) Čačinci 58 Bh 45
(E) Cadaqués 17488 70 Ad 48
(P) Cadaval 2550-005* 68 Sa 51
(SK) Čadca 022 01* 44 Bi 41
(F) Cadenet 84160 56 Af 47
(F) Cadillac 33410 54 Sk 46
(TR) Çadırlı 47800 86 Dk 53
(E) Cádiz 11001 80 Sd 54
(F) Caen 14000* 40 Sk 41
(GB) Caerdydd = Cardiff CF24 40 Sg 39
(GB) Caerfyrddin = Carmarthen SA31 40 Sf 39
(GB) Caergybi = Holyhead LL65 39 Sf 37
(GB) Caernarfon LL55 39 Sf 37
(GB) Caerphilly CF83 40 Sg 39
(RUS) Čaevo 20 Dh 32
(RUS) Cagan Aman 65 Eg 43
(RUS) Cagan-Nur 65 Ef 43
(TR) Çağırgan 20555 84 Ck 53
(TR) Çağış 76 Ci 51
(TR) Çağlayan 61180 78 Dk 51
(I) Cagli 61043 57 Bc 47
(I) Cagliari 09100* 71 Ak 51
(TR) Çağlıyancerit 86 Dh 53
(I) Cagnano Varano 71010 73 Bf 49
(RUS) Čagoda 20 Df 31
(IRL) Caher = An Chathair 37 Sc 38
(IRL) Cahersiveen = Cathair Saidhbhín 37 Rk 39
(F) Cahors 46000* 55 Ab 46
(MD) Cahul 3901 61 Ci 45
(GB) Cairnryan DG9 39 Se 36
(IRL) Caiseal = Cashel 37 Sc 38
(IRL) Caisleán an Bharraigh = Castlebar 37 Sa 37
(GB) Caister-on-Sea NR30 41 Ab 38
(F) Cajarc 46160 55 Ab 46
(SRB) Čajetina 31310 59 Bk 47
(RUS) Čajkovskaja 23 Ff 32
(RUS) Čajkovskij 34 Fe 34
(BIH) Čajniče 59 Bk 47
(TR) Çakılköy 76 Ci 50
(RUS) Čakino 49 Eb 38
(TR) Çakıralan 55900 77 Df 49
(TR) Çakırbeyli 09080 83 Ch 53
(TR) Çakırhöyük 86 Dh 53
(TR) Çakırlar 84 Da 54
(RUS) Čakjan 34 Fd 36
(TR) Çakmak 85 De 53
(RUS) Čakola 13 Ee 26
(HR) Čakovec 58 Bg 44
(TR) Çal 20700* 84 Ck 52
(E) Calaceite 44610 70 Aa 49
(E) Cala d'Or 07660 70 Ad 51
(E) Calaf 08280 70 Ab 49
(RO) Calafat 205200 59 Cc 47
(F) Calais 62100* 41 Ab 40
(I) Calalzo di Cadore 32042 57 Bc 44
(E) Cala Millor 07560 70 Ad 51
(E) Calañas 21300 80 Sd 53
(E) Calanda 44570 70 Sk 50
(I) Calangianus 07023 71 Ak 50
(E) Cala Rajada 07590 70 Ad 51
(MD) Călăraşi 4401 61 Ci 43
(RO) Călăraşi 000910* 61 Ch 46
(E) Calasparra 30420* 81 Si 52
(I) Calatafimi 91013 72 Bc 53
(E) Calatañazor 42193 69 Sh 49
(D) Calau 03205 43 Bd 39
(P) Caldas da Rainha 2500-067* 68 Sa 51
(E) Caldas de Reis 36650 68 Sb 48
(TR) Çaldere 84 Dc 52
(E) Caldes de Montbui 08140 70 Ac 49
(E) Caldes de Montbui = Caldes de Montbui 08140 70 Ac 49
(TR) Çaldıran 79 Ed 51
(E) Calella 08370 70 Ac 49
(F) Calenzana 20214 71 Ai 48
(E) Caleruega 09451 69 Sg 49
(TR) Çalıs 77 Dc 51
(TR) Çalköy 61500 84 Da 52
(F) Callac 56420 40 Sg 42
(IRL) Callain 37 Sc 38
(IRL) Callan = Callain 37 Sc 38
(GB) Callander FK17 38 Sf 34
(GB) Callanish HS2 38 Sd 32
(TR) Çallı 78 Dg 51
(E) Callosa de Segura 03360 81 Sk 52
(RUS) Čalna 12 De 29
(RO) Călnic 217145 60 Cd 46
(RUS) Čalpy 34 Fd 35
(I) Caltagirone 95041 72 Be 53
(I) Caltanissetta 93100 72 Be 53
(TR) Çaltı 84 Ck 53
(RUS) Čaltyr' 63 Dk 43
(RO) Călugăreni 087040 60 Cf 46
(F) Calvi 20260 71 Ai 48
(D) Calvörde 39359 43 Bb 38
(D) Calw 75365 42 Ai 42
(E) Calzada de Calatrava 13370 81 Sg 52
(TR) Çamalak 77 De 51
(E) Camarasa 25613 70 Aa 49
(TR) Çamardı 51660 85 De 53
(E) Camarena 45180 69 Sf 50
(F) Camarès 12360 55 Ac 47
(F) Camaret-sur-Mer 29570 40 Sf 42
(E) Camariñas 15123 68 Sa 47
(E) Camas 41900 80 Sd 53
(TR) Çamaş 52430 78 Dh 50
(E) Cambados 36630 68 Sb 48
(TR) Çambaşı Yayla 78 Dh 50
(GB) Camberley GU15 40 Sk 39
(F) Cambo-les-Bains 64250 54 Si 47
(GB) Camborne 40 Se 40
(F) Cambrai 59400 41 Ad 40
(GB) Cambridge CB1 41 Aa 38
(E) Cambrils 43850 70 Ab 49
(TR) Çameli 20980 84 Ck 53
(MD) Camenca 4915 46 Ci 42
(I) Camerino 62032 72 Bd 47
(TR) Çamiçi 78 Dg 50
(TR) Camili 79 Eb 49
(P) Caminha 4910-101* 68 Sb 49
(TR) Çamköy 83 Ch 53
(TR) Çamlıbel 25530 78 Dg 50
(TR) Çamlıca 85 Dd 54
(TR) Çamlıdere 63190 77 Dc 50
(TR) Çamlıdere 63190 86 Dk 53
(TR) Çamlıhemşin 53750 79 Eb 49
(TR) Çamlık 76 Ci 51
(TR) Çamlık 84 Db 53
(TR) Çamlıkaya 25900 79 Eb 50
(RUS) Čamlynskaja 64 Ea 46
(TR) Çamoluk 15310 78 Di 50
(TR) Çamoluk 15310 84 Da 53
(RUS) Čamovo 13 Ed 28
(I) Campana 87061 73 Bg 51
(E) Campanario 06460 80 Se 52
(GB) Campbeltown PA28 39 Se 35
(RO) Câmpeni 515500 60 Cd 44
(I) Campiglia Marittima 72 Ba 47
(E) Campillo de la Jara, El 45578 68 Se 51
(E) Campillo de Llerena 06443 80 Se 52
(RO) Câmpina 105600 60 Cf 45
(E) Campo 70 Aa 48
(I) Campobasso 86100 73 Be 49
(I) Campobello di Licata 92023 72 Bd 53
(E) Campo de Criptana 13610 69 Sg 51
(P) Campo Maior 7370-010* 68 Sc 51
(E) Campos 44158 70 Ad 51
(E) Campotéjar 18565 81 Sg 53
(RO) Câmpulung 115100 60 Cf 45
(RO) Câmpulung Moldovenesc 725100 60 Cf 43
(TR) Çamsu 84 Ck 52
(TR) Çamuzcu 01365 85 Df 54
(RUS) Čamzihka 33 Ef 36
(RUS) Čamzinka 33 Ef 36
(TR) Çan 17400 75 Ch 50
(TR) Çan 17400 79 Ea 51
(E) Canabal 27440 68 Sc 48
(TR) Çanakçı 28810 78 Di 50
(TR) Çanakçı 28810 86 Dk 53
(TR) Çanakkale 17000* 75 Cg 50
(E) Canals 46650 70 Sk 52
(F) Cancale 35260 40 Si 42
(F) Cancon 47290 54 Aa 46
(TR) Çandarlı 76 Ck 50
(TR) Çandarlı 35986 83 Cg 52
(E) Candás (Carreño) 33430 68 Se 47
(F) Candé 49440 54 Si 43
(I) Candela 71024 73 Bf 49
(E) Candeleda 05480 68 Se 50
(TR) Çandır 66620 77 Dd 50
(TR) Çandır 66620 77 Df 51
(TR) Çandır 66620 84 Da 53
(I) Canelli 14053 56 Ai 46
(E) Canfranc 22880* 70 Sk 48
(E) Cangas 68 Sb 48
(E) Cangas del Narcea 33800 68 Sd 47
(E) Cangas de Onís (Cangues d'Onis) 33550 68 Se 47
(I) Canicattì 92024 72 Bd 53
(E) Cañizal 49440 68 Se 49
(TR) Çankaya 77 Dc 51
(TR) Çankırı 18000 77 Dd 50
(F) Cannes 06400* 56 Ah 47
(GB) Cannich IV4 38 Sf 33
(GB) Cannock WS11 39 Sh 38
(I) Canosa di Puglia 70053 73 Bg 49
(E) Cantalejo 40320 69 Sg 49
(E) Cantalpino 37405 68 Se 49
(P) Cantanhede 3060-121* 68 Sb 50
(MD) Cantemir 7300 61 Ci 44
(GB) Canterbury CT1 41 Ab 39
(I) Cantiano 61044 57 Bc 47
(E) Cantillana 41320 80 Se 53
(I) Cantù 22063 57 Ak 45
(F) Cany-Barville 76450 41 Aa 41
(I) Caorle 30021 57 Bc 45
(I) Capaccio 84047 73 Bf 50
(RUS) Čapaevo 65 Ei 45
(RUS) Čapaevskj 33 Ek 38
(BIH) Čaparde 59 Bi 46
(F) Capbreton 40130 54 Si 47
(F) Capdenac-Gare 12700 55 Ac 46
(CY) Cape Gata 84 Dc 56
(RUS) Čapel'ka 19 Ci 32
(F) Capelle, la 02260 41 Ad 41
(BIH) Čapljina 73 Bh 47
(RUS) Čaplygin 32 Dk 37
(UA) Čaplynka 62 Dd 44
(I) Capo di Ponte 25044 57 Ba 44
(I) Capo d'Orlando 98071 72 Be 52
(I) Capo Rizzuto 88841 73 Bh 52
(IRL) Cappoquin = Ceapach Choinn 37 Sc 38
(I) Capranica 72 Bc 48
(RO) Căpreni 217125 60 Cd 46
(I) Capri 80073 73 Be 50
(F) Captieux 33840 54 Sk 46
(I) Capua 73 Be 49
(HR) Čara 73 Bg 48
(RO) Caracal 235200 60 Ce 46
(F) Caraman 31460 55 Ab 47
(E) Caranga 33114 68 Sd 47
(RO) Caransebeş 325400 59 Cc 45
(RO) Caraorman 827061 61 Ck 45
(E) Carballino, O 32500 68 Sb 48
(E) Carballo 15186 68 Sb 47
(I) Carbonia 09013 71 Ai 51
(F) Carbonne 31390 55 Ab 47
(I) Carcare 17043 56 Ai 46
(F) Carcassonne 11000* 70 Ac 47
(F) Carces 83570 56 Ag 47
(TR) Çardak 66320* 84 Ck 53
(TR) Çardak 66320* 86 Dg 52
(E) Cardeña 14445 81 Sf 52
(GB) Cardiff CF24 40 Sg 39
(GB) Cardigan SA43 40 Sf 38
(E) Cardona 08261 70 Ab 49
(RO) Carei 445100 59 Cc 43
(F) Carentan 50500 40 Si 41
(BG) Carevo 8260 76 Ch 48
(F) Cargèse 20130 71 Ai 48
(F) Carhaix-Plouguer 29270* 40 Sg 42
(I) Cariati 87062 73 Bg 51
(E) Caridad, La 33750 68 Sd 47
(F) Carignan 08110 42 Af 41
(TR) Çarıklıfabrikasıköyü 87 Ea 53
(I) Carini 72 Bd 52
(BG) Car Kalojan 7280 60 Cg 47
(RO) Cârlibaba 727110 60 Cf 43
(GB) Carlisle CA2 39 Sh 36
(I) Carloforte 09014 71 Ai 51
(E) Carlota, La 14100 81 Sf 53
(IRL) Carlow = Ceatharlach 37 Sd 38
(GB) Carloway HS2 38 Sd 32
(I) Carmagnola 10022 56 Ah 46
(GB) Carmarthen SA31 40 Sf 39
(F) Carmaux 81400 55 Ac 46
(E) Cármenes 68 Se 48
(E) Carmona 39558 80 Se 53
(F) Carnac 56340* 54 Sg 43
(IRL) Carn Domhnach 37 Sc 35
(IRL) Carndonagh = Carn Domhnach 37 Sc 35
(GB) Carnforth LA5 39 Sh 36
(LV) Carnikava 2163 18 Ce 33
(GB) Carnoustie DD7 38 Sh 34
(E) Carolina, La 23200 81 Sg 52
(D) Carolinensiel 26409 26 Ah 37
(RUS) Čarozero 20 Di 30
(F) Carpentras 84200 56 Af 46
(I) Carpi 41012 57 Ba 46

(RO) Cărpiniș 307090 59 Ca 45
(F) Carquefou 44470 54 Si 43
(GB) Carradale PA28 37 Se 35
(IRL) Carraig Air 37 Sc 35
(IRL) Carraig an Chabhalfaigh 37 Sa 38
(IRL) Carraig Mhachaire Rois 37 Sd 37
(IRL) Carraig na Siúire 37 Sc 38
(E) Carral 68 Sb 47
(I) Carrara 54033 57 Ba 46
(P) Carrazeda de Ansiães 5140-053* 68 Sc 49
(GB) Carrbridge PH23 38 Sg 33
(IRL) Carrick = An Charraig 37 Sb 36
(IRL) Carrickart = Carraig Air 37 Sc 35
(GB) Carrickfergus BT38 37 Se 36
(IRL) Carrickmacross = Carraig Mhachaire Rois 37 Sd 37
(IRL) Carrick on Shannon = Cora Droma Rúisc 37 Sb 37
(IRL) Carrick on Suir = Carraig na Siúire 37 Sc 38
(IRL) Carrigaholt = Carraig an Chabhalfaigh 37 Sa 38
(E) Carrión de Calatrava 13150 69 Sg 51
(E) Carrión de los Condes 34120 69 Sf 48
(TR) Çarşamba 78 Dg 49
(TR) Çarşıbaşı 61420 78 Dk 49
(GB) Carsphairn DG7 39 Sf 35
(E) Cartagena 30201* 81 Sk 53
(P) Cartaxo 2070-003* 68 Sb 51
(E) Cartea 21450 80 Sc 53
(F) Carteret, Barneville- 50270 40 Si 41
(F) Carvin 62220 41 Ac 40
(UA) Caryčanka 47 De 42
(E) Casa del Puerto 81 Si 52
(I) Casale Monferrato 15033 56 Ai 45
(I) Casamassima 70010 73 Bg 50
(F) Casamozza 20290 71 Ak 48
(E) Casares 29690 80 Se 54
(E) Casavieja 05450 69 Sf 50
(P) Cascais 2750-001* 80 Sa 52
(I) Caserta 81100 73 Be 49
(IRL) Cashel = Caiseal 37 Sc 38
(E) Casinos 46171 70 Sk 51
(UA) Časiv Jar 48 Dh 42
(CZ) Čáslav 286 01 44 Bf 41
(GB) Casnewydd = Newport NP19 40 Sh 39
(BY) Časniki 30 Ck 36
(I) Casoli 73 Be 48
(RUS) Časovenskoe 20 Dd 30
(RUS) Časovo 14 Fa 28
(E) Caspe 50700 70 Sk 49
(F) Cassel 59670 41 Ac 40
(I) Cassino 03043 72 Bd 49
(F) Cassis 13260 56 Af 47
(E) Castañar de Ibor 10340 68 Se 51
(P) Castanheira de Pêra 3280-007* 68 Sb 50
(I) Castelbuono 90013 72 Be 53
(I) Castel di Sangro 67031 73 Be 49
(I) Castelfranco Veneto 57 Bb 45
(I) Castel Gandolfo 00040 72 Bc 49
(F) Casteljaloux 47700 54 Aa 46
(I) Castellabate 84048 73 Be 50
(I) Castellammare del Golfo 72 Bc 52
(I) Castellammare di Stabia 80053 73 Be 50
(F) Castellane 04120 56 Ag 47
(E) Castellar de Santiago 13750 81 Sg 52
(E) Castellar de Santisteban 23260 81 Sg 52
(E) Castelldans 25154 70 Aa 49
(E) Castelldefels 08860 70 Ab 49
(E) Castell de Ferro 18740 81 Sg 54
(GB) Castell-nedd = Neath SA11 40 Sg 39
(E) Castelló de la Plana 12001 70 Sk 51
(E) Castellón de la Plana = Castelló de la Plana 12001 70 Sk 51
(E) Castellote 44560 70 Sk 50
(F) Castelnaudary 11400* 55 Ab 47
(F) Castelnau-Magnoac 65230 54 Aa 47
(I) Castelnovo ne'Monti 42035 57 Ba 46
(I) Castelnuovo Berardenga 53019 57 Bb 47
(I) Castelnuovo di Garfagnana 55032 57 Ba 46
(P) Castelo Branco 6005-001 68 Sc 51
(F) Castelsarrasin 82100* 55 Ab 46
(I) Casteltermini 92025 72 Bd 53
(I) Castelvetrano 91022 72 Bc 53
(F) Castets 40260 54 Si 47
(I) Castiglioncello 57012 57 Ba 47
(I) Castiglione del Lago 06061 72 Bc 47
(I) Castiglione della Pescaia 72 Ba 48
(I) Castiglion Fiorentino 52043 57 Bb 47
(E) Castilblanco 06680 68 Se 51
(E) Castilblanco de los Arroyos 41230 80 Se 53
(E) Castillo, O (Salvaterra de Miño) 68 Sb 48
(E) Castillo de Bayuela 45641 69 Sf 50
(F) Castillon-en-Couserans 09800 70 Ab 48
(F) Castillon-la-Bataille 33350 54 Sk 46
(F) Castillonnès 47330 54 Aa 46
(IRL) Castlebar = Caisleán an Bharraigh 37 Sa 37
(GB) Castlebay HS9 38 Sc 34
(IRL) Castlebellingham = Baile an Ghearlánaigh 37 Sd 37
(IRL) Castleblayney 37 Sd 36
(GB) Castlederg BT81 37 Sc 36
(IRL) Castleisland = Oileán Ciarraí 37 Sa 38
(IRL) Castlepollard = Baile na gCros 37 Sc 37
(IRL) Castlerea = An Caisleán Riabhach 37 Sb 37
(GBM) Castletown IM9 39 Sf 36
(IRL) Castletown Bearhaven = Baile Chaisleáin Bhéarra 37 Rl 39
(F) Castres 81100* 55 Ac 47
(NL) Castricum 1900 41 Ae 38
(E) Castril 18816 81 Sh 53
(P) Castro Daire 3600-069* 68 Sc 50
(E) Castrojeriz 09110 69 Sf 48
(E) Castropol 33760 68 Sc 47
(E) Castro-Urdiales 39700 54 Sg 47
(P) Castro Verde 7780-090* 80 Sb 53
(I) Castrovillari 87012 73 Bg 51
(E) Castuera 06420 80 Se 52
(RUS) Častye 23 Ff 33
(TR) Çat 79 Ea 51
(TR) Çatak 76 Da 50
(TR) Çatak 85 Dd 54
(TR) Çatak 87 Ed 52
(TR) Çatalan 01790 85 Df 53
(TR) Çatalarmut 78 Dk 51
(TR) Çatalca 34540* 76 Ci 49
(TR) Çatalçam 78 Di 51
(TR) Çatallar 84 Da 54
(RO) Cataloi 827076 61 Ci 45
(I) Catania 95100 72 Bf 53
(I) Catanzaro 88100 73 Bg 52
(I) Catanzaro Lido 73 Bg 52
(F) Cateau-Cambrésis, le 59360 41 Ad 40
(I) Catenanuova 94010 72 Be 53
(IRL) Cathair na Mairt = Westport 37 Sa 37
(IRL) Catheir Saidhbhin 37 Rk 39
(TR) Çatköy 86 Dg 54
(I) Cattolica 57 Bc 47
(F) Caudry 59540 41 Ad 40
(F) Caulnes 22350 40 Sh 42
(F) Caunes-Minervois 11160 55 Ac 47
(MD) Căușeni 4300 61 Ck 44
(F) Caussade 82300 55 Ab 46
(F) Cauterets 65110 70 Sk 48
(F) Cavaillon 84300 56 Af 47
(F) Cavalerie, la 12230 55 Ad 46
(IRL) Cavan = An Cabhán 37 Sc 37
(RUS) Čavan'ga 12 Dh 24
(I) Cavarzere 30014 57 Bc 45
(TR) Çavdar 83 Ch 53
(TR) Çavdarhisar 43710 76 Ck 51
(TR) Çavdır 15900 84 Ck 53
(HR) Cavtat 73 Bi 48
(TR) Çavuş 55420 84 Db 53
(TR) Çavuşçugöl 84 Db 52
(TR) Çavuşköy 84 Da 54
(TR) Çavuşlar 77 Dc 49
(BY) Čavusy 30 Da 37
(TR) Çay 37270 84 Db 52
(TR) Çayağzı 34886 76 Ck 49
(TR) Çayarası 36500 79 Ec 50
(TR) Çaybağı 86 Dk 52
(TR) Çaybaşı 05300 78 Dh 49
(TR) Çaybeyi 27700 86 Dh 54
(TR) Çaycuma 67900 77 Dc 49
(TR) Çayeli 53200 79 Ea 49
(F) Cayeux-sur-Mer 80410 41 Ab 40
(TR) Çayhan 42335 85 De 53
(TR) Çayır 55700 77 Df 49
(TR) Çayıralan 66600 77 Df 51
(TR) Çayırbaşı 36000 79 Ec 50
(TR) Çayırhan 06922 76 Db 50
(TR) Çayırkent 55300 78 Dg 49
(TR) Çayırlı 47510 79 Ea 51
(TR) Çayırözü 25900 85 Df 52
(TR) Çaykara 79 Ea 50
(TR) Çaylar 49610 79 Eb 51
(F) Caylar, le 34520 55 Ad 47
(TR) Çaylarbaşı 86 Dk 53
(F) Caylus 82160 55 Ab 46
(TR) Çayönü 78 Dh 50
(TR) Çaytepe 21560 87 Ea 52
(E) Cazalla de la Sierra 41370 80 Se 53
(F) Cazaubon 64700 54 Sk 47
(F) Cazères 31220 70 Ab 47
(BIH) Cazin 58 Bf 46
(HR) Čazma 58 Bg 45
(E) Cazorla 23470 81 Sg 53
(E) Cea 24174 68 Se 48
(MD) Ceadîr-Lunga 6101 61 Ci 44
(IRL) Ceanánnas 37 Sd 37
(IRL) Ceann Toirc 37 Sb 38
(IRL) Ceapach Choinn 37 Sc 38
(IRL) Ceatharlach = Carlow 37 Sd 38
(RUS) Čebarkul' 35 Ga 35
(TR) Cebeci 37400 79 Ed 50
(RUS) Čeboksary 33 Eh 34
(RUS) Čebotovka 48 Dk 42
(SK) Čebovce 991 25 44 Bk 42
(E) Cebreros 05260 69 Sf 50
(RUS) Čebsara 20 Di 31
(RUS) Čeburga 25 Gi 33
(I) Ceccano 03023 72 Bd 49
(H) Cece 7013 59 Bi 44
(UA) Čečel'nyk 46 Ck 42
(TR) Cecimli 86 Dh 52
(I) Cecina 57 Ba 47
(E) Cedeira 15350 68 Sb 47
(E) Cedillo 10513 68 Sc 51
(E) Cedrillas 44147 70 Sk 50
(I) Cefalù 90015 72 Be 52
(RUS) Čegem Pervyj 64 Ed 47
(LV) Cēgi 18 Cc 33
(H) Cegléd 2700 59 Bk 43
(I) Ceglie Messapico 73 Bh 50
(MK) Čegrane 1237 74 Ca 49
(E) Cehegín 30430 81 Si 52
(RUS) Čehov 31 Dh 35
(GB) Ceinewydd = New Quay SA45 40 Sf 38
(RUS) Čekalin 31 Dg 36
(TR) Çekerek 66500 77 Df 50
(TR) Çekirge 77 Dc 51
(RUS) Čekmaguš 34 Fe 35
(RUS) Čekšino 21 Ea 31
(TR) Celâli 78 Dh 51
(I) Celano 67043 72 Bd 48
(E) Celanova 32800 68 Sc 48
(RUS) Čelbasskaja 63 Dk 45
(IRL) Celbridge = Cill Droichid 37 Sd 37
(TR) Çelebi 71810 77 Dd 51
(BIH) Čelić 59 Bi 46
(TR) Çelikhan 02600 86 Di 52
(RUS) Celina 64 Eb 44
(RUS) Celinnyj 35 Fi 37
(RUS) Celinnyj 64 Ee 44
(RUS) Čeljabinsk 35 Gb 35
(BY) Čeljachany 46 Cf 38
(SLO) Celje 3000* 58 Bf 44
(H) Celldömölk 9500 58 Bh 43
(D) Celle 29221* 43 Ba 38
(RUS) Čelno-Veršiny 34 Fb 36
(P) Celorico da Beira 6360-287* 68 Sc 50
(TR) Çeltek 84 Db 52
(TR) Çeltik 76 Db 51
(TR) Çeltikçi 77 Dc 50
(TR) Çeltikçi 84 Da 53
(TR) Çeltikli 77 Dc 51
(TR) Cemilbey 19050 77 Df 50
(TR) Cemilköy 50420 85 De 52
(TR) Çemişgezek 62600 78 Di 51
(IRL) Cé na Cille Móire 37 Sd 38
(TR) Cengerli 78 Di 51
(TR) Cengilli 36500 79 Ec 50
(F) Cenon 33150 54 Sk 46
(E) Centelles 08540 70 Ac 49
(I) Cento 44042 57 Bb 46
(RUS) Central'no-Kospašskij 23 Fh 31
(RUS) Central'nyj 22 Fa 31
(RUS) Čepeck, Kirovo- 22 Fa 32
(RUS) Čepeckij 22 Fb 32
(BG) Čepelare 4850 75 Ce 49
(HR) Čepin 59 Bi 45
(TR) Çepni 76 Db 50
(SLO) Čepovan 5253 57 Bd 44
(BY) Čerachavka 47 Db 38
(F) Cerbère 66290 70 Ad 48
(P) Cercal 7555-101 80 Sb 53
(I) Cerchiara di Calabria 87070 73 Bg 51
(TR) Çerçiler 77 Df 49
(F) Cercy-la-Tour 58340 55 Ad 44
(RUS) Čerdakly 33 Ei 36
(E) Cerdedo 36130 68 Sb 48
(F) Cerdon 45620 55 Ac 43
(RUS) Čerdyn' 23 Fg 30
(RUS) Čerelennye Buruny 65 Ef 46
(RUS) Čeremošnica 22 Eg 31
(RUS) Čeremšan 34 Fb 36
(RUS) Čeremšanka 35 Ga 34
(RUS) Čeremuhovo 24 Ga 30
(RUS) Čerencovo 19 Dc 31
(RUS) Čerenskoe 20 Df 32
(RUS) Čerepovec 20 Dh 31
(I) Ceres 10070 56 Ah 45
(F) Céret 66400 70 Ac 48
(RUS) Čerevkovo 13 Ef 29
(E) Cerezo de Abajo 40591 69 Sg 49
(I) Cerignola 71042 73 Bf 49
(F) Cérilly 03350 55 Ac 44
(F) Cerizay 79140 54 Sk 44
(UA) Čerkas'ke 48 Dh 42
(RUS) Čerkasskoe 50 Eh 38
(UA) Čerkassy = Čerkasy 47 Dc 41
(UA) Čerkasy 47 Dc 41
(TR) Çerkeş 18600 77 Dc 50
(RUS) Čerkessk 64 Ec 46
(TR) Çerkezköy 59500 76 Ci 49
(SLO) Cerknica 1380 58 Be 45
(BG) Čerkovica 5959 60 Ce 47
(RUS) Čerkutino 32 Dk 34
(RO) Cermei 317075 59 Cb 44
(RUS) Čermenino 21 Ed 31
(TR) Çermik 21600 86 Dk 52
(RUS) Čermoz 23 Fg 32
(RUS) Čern' 31 Dg 37
(RO) Cerna 827045 61 Ci 45
(RUS) Černaja, Ust'- 23 Fc 30
(RUS) Černaja Holunica 22 Fb 32
(RO) Cernătești 207185 60 Cd 46
(RUS) Černava 32 Dk 37
(RUS) Černavka 49 Ec 38
(RO) Cernavodă 905200 61 Ci 46
(F) Cernay 68700 56 Ah 43
(E) Cernégula 69 Sg 48
(RUS) Černevo 19 Ci 32
(UA) Černigov = Černihiv 47 Db 39
(RUS) Černigovskaja 63 Dk 46
(UA) Černihiv 47 Db 39
(UA) Černivci 46 Cf 42
(UA) Černjachiv 46 Ci 40
(RUS) Černjahovsk 28 Cb 36
(RUS) Černjanka 48 Dh 40
(RUS) Černoborskaja 14 Fd 25
(RUS) Černoe 22 Eg 33
(RUS) Čërnoe 25 Gk 33
(RUS) Černogolovka 31 Di 34
(RUS) Černoistočinsk 24 Fk 33
(RUS) Černoreč'e 35 Ga 36
(RUS) Černorečenskij 23 Fc 30
(UA) Černovcy = Černivci 46 Cf 42
(RUS) Černovskoe 22 Eh 32
(RUS) Černovskoe 23 Fe 33
(RUS) Černovskoe 33 Ef 35
(RUS) Černozer'e 33 Ee 34
(RUS) Černuška 35 Fg 34
(RUS) Černut'evo 14 Ei 27
(UA) Černyhivka 63 Dg 43
(RUS) Čërnyj Jar 50 Eg 42
(RUS) Čërnyj Otrog 52 Fg 39
(RUS) Černyškovskij 49 Ec 42
(AL) Cërrik 74 Bk 49
(I) Certaldo 50052 57 Bb 47
(RUS) Čertkovo 32 Ec 35
(RUS) Čertkovo 49 Ea 41
(RUS) Čerusti 32 Ea 35
(RUS) Červa 14 Ei 28
(BY) Čèrven' 30 Ci 37
(BG) Červen Brjag 5980 60 Ce 47
(E) Cervera 25200 70 Ab 49
(E) Cervera de Pisuerga 34840 69 Sf 48
(I) Cerveteri 00052 72 Bc 49
(I) Cervia 48015 57 Bc 46
(I) Cervignano del Friuli 33052 57 Bd 45
(I) Cervinara 83012 73 Be 49
(F) Cervione 20221 71 Ak 48
(E) Cervo 68 Sc 47
(UA) Červone 47 De 39
(UA) Červonoarmijs'k 46 Cf 40
(UA) Červonoarmijs'k 46 Ci 40
(UA) Červonoarmijs'ke 61 Ci 45
(UA) Červonograd = Červonohrad 45 Ce 40
(UA) Červonohrad 45 Ce 40
(UA) Červonozavods'ke 47 Dd 40
(UA) Červonoznam'janka 61 Da 43
(BY) Čèrykav 30 Db 37
(I) Cesena 47023 57 Bc 46
(I) Cesenatico 57 Bc 46
(LV) Cēsis 4101 18 Cf 33
(CZ) Česká Kamenice 407 21 43 Be 40
(CZ) Česká Lípa 470 01* 43 Be 40
(CZ) Česká Třebová 560 02* 44 Bg 41
(CZ) České Budějovice 370 01* 43 Be 42
(CZ) Český Brod 282 01 43 Be 40
(CZ) Český Krumlov 381 01 43 Be 42
(CZ) Český Těšín 735 61* 44 Bi 41
(RUS) Česma 35 Ga 37
(TR) Çeşme 35930 83 Cg 52
(TR) Çeşmelisebil 42445 84 Dc 52
(SRB) Čestobrodica 31210 59 Ca 47
(LV) Cesvaine 4871 29 Cg 34
(RO) Cetate 207190 60 Cd 46
(MNE) Cetinje 81 250 74 Bi 48
(TR) Çetinkaya 58920 78 Dh 51
(I) Cetraro 87022 73 Bf 51
(RUS) Četyrman, Bala- 34 Ff 37
(E) Ceuta (Sebta) 80 Se 55
(I) Ceva 12073 56 Ai 46
(TR) Cevizdüzü 73400 87 Ec 53
(TR) Cevizli 84 Db 53
(TR) Cevizlik 78 Dg 49
(TR) Cevizlik 87 Ec 52
(MNE) Čevo 81 258 74 Bi 48
(TR) Ceyhan 01920* 85 Df 53
(TR) Ceylanpınar 63570 87 Ea 54
(F) Chabanais 16150 54 Aa 45
(F) Chabeuil 26120 56 Af 46
(F) Chablis 89800 55 Ad 43
(F) Chabris 36210 55 Ab 43
(F) Chagny 71150 55 Ae 44
(F) Chaise-Dieu, la 43160 55 Ad 45
(F) Chalais 36370 54 Aa 45
(F) Châlette-sur-Loing 45120 41 Ac 42
(F) Challans 85300 54 Si 44
(F) Chalonnes-sur-Loire 49290 54 Sk 43
(F) Châlons-en-Champagne 51000 41 Ae 42
(F) Châlons-sur-Marne = Châlons-en-Champagne 41 Ae 42
(F) Chalon-sur-Saône 71100* 55 Ae 44
(BY) Chalopeničy 30 Ci 36
(F) Châlus 87230 54 Aa 45
(D) Cham 93413 43 Bc 41
(F) Chambéry 73000* 56 Af 45
(F) Chambon-sur-Lignon, le 43400 55 Ae 45
(F) Chambord 41250 55 Ab 43
(F) Chamborêt 87140 55 Ab 44
(F) Chamonix-Mont-Blanc 74400* 56 Ag 45
(F) Champagne-Mouton 16350 54 Aa 45
(F) Champagnole 39300* 56 Af 44
(F) Champaubert 51270 41 Ad 42
(CH) Champéry 1874 56 Ag 44
(F) Champlitte 70600 56 Af 43
(I) Champoluc 11020 56 Ah 45
(E) Chantada 27500 68 Sc 48
(F) Chantilly 60500 41 Ac 41
(F) Chantôme, Eguzon- 55 Ab 44
(F) Chantonnay 85110 54 Si 44
(F) Chapelle-d'Angillon, la 18380 55 Ac 43
(GB) Chard TA20 40 Sh 40
(F) Charité-sur-Loire, la 58400* 55 Ad 43
(UA) Charkiv 48 Dg 41
(UA) Charkow = Charkiv 48 Dg 41
(B) Charleroi 6000 41 Ae 40
(IRL) Charlestown = Baile Chathail 37 Sb 37
(F) Charleville-Mézières 08000* 41 Ae 41
(S) Charlottenberg 67301 17 Bc 31
(F) Charmes 88130 42 Ag 42
(F) Charny 89120 55 Ad 43
(F) Charolles 71120 55 Ae 44
(F) Chartres 28000* 41 Ab 42
(F) Chasseneuil-sur-Bonnieure 16260 54 Aa 45
(F) Châtaigneraie, la 85130 54 Sk 44
(F) Château-Arnoux 04160 56 Ag 46
(F) Châteaubriant 56500 54 Si 43
(F) Château-Chinon 58120 55 Ad 43
(CH) Château-d'Oex 1837 56 Ah 44
(F) Château-d'Oléron, Le 17480 54 Si 45
(F) Château-du-Loir 72500 54 Aa 43
(F) Châteaudun 28200 41 Ab 42
(F) Château-Gontier 53200* 54 Sk 43
(F) Château-Landon 77570 41 Ac 42
(F) Château-la-Vallière 37330 54 Aa 43
(F) Châteaulin 29150 40 Sf 42
(F) Châteaumeillant 18370 55 Ac 44
(F) Châteauneuf-de-Randon 48170 55 Ad 46
(F) Châteauneuf-du-Faou 29520 40 Sg 42
(F) Châteauneuf-en-Thymerais 28170 41 Ab 42
(F) Châteauneuf-sur-Charente 16120 54 Sk 45
(F) Châteauneuf-sur-Loire 45110 55 Ac 43
(F) Châteauneuf-sur-Sarthe 49330 54 Sk 43
(F) Châteauponsac 87290 55 Ab 44
(F) Château-Renault 37110 54 Aa 43
(F) Châteauroux 36000* 55 Ab 44
(F) Château-Salins 57170 42 Ag 42
(F) Château-Thierry 02400* 41 Ad 41
(F) Châteauvillain 52120 41 Ae 42
(F) Châtelaillon-Plage 17340 54 Si 44
(B) Châtelet 6200 41 Ae 40
(F) Châtellerault 86100 54 Aa 44
(I) Châtillon 11024 56 Ah 45
(F) Châtillon-Coligny 45230 55 Ac 43
(F) Châtillon-en-Bazois 58110 55 Ad 43
(F) Châtillon-en-Diois 26410 56 Af 46
(F) Châtillon-sur-Chalaronne 01400 55 Ae 44
(F) Châtillon-sur-Indre 36700 55 Ab 44
(F) Châtillon-sur-Seine 21400* 55 Ae 43
(F) Châtre, la 36390 55 Ab 44
(F) Chaudes-Aigues 15110 55 Ad 46
(F) Chauffailles 71170 55 Ae 44
(F) Chaumont 52000* 42 Af 42
(F) Chaumont 52000* 55 Ab 44
(F) Chauny 02300* 41 Ad 41
(F) Chauvigny 86300 54 Aa 44
(CH) Chaux-de-Fonds, La 2300* 56 Ag 43
(P) Chaves 5000-215 68 Sc 49
(CZ) Cheb 350 02 43 Bc 40
(F) Chef-Boutonne 79110 54 Sk 44
(E) Cheles 06105 80 Sc 52
(PL) Chełm 22-100 45 Cd 39
(PL) Chełmno 62-660 28 Bi 37
(GB) Chelmsford CM2 41 Aa 39
(PL) Chełmża 87-140 28 Bi 37
(GB) Cheltenham GL50 40 Sh 39
(E) Chelva 46176 70 Sk 51
(F) Chemillé 49120 54 Sk 43
(D) Chemnitz 09111* 43 Bc 40
(GB) Chepstow NP16 40 Sh 39
(F) Cherbourg-Octeville 50100 40 Si 41
(MD) Cherman 61 Ch 43
(F) Chéroy 89690 41 Ad 42
(UA) Cherson 62 Dc 44
(GB) Chertsey KT15 40 Sk 39
(E) Cheste 46380 70 Sk 51
(GB) Chester CH1 39 Sh 37
(GB) Chesterfield CT5 39 Si 37
(F) Chevagnes 03230 55 Ad 44
(F) Chevillon 52170 42 Af 42
(F) Chevilly 45520 41 Ab 42

(F) Chey 79120 54 Sk 44
(F) Cheylard, le 07160 55 Ae 46
(I) Chiaravalle 60033 57 Bd 47
(I) Chiaravalle Centrale 88064 73 Bg 52
(I) Chiari 25032 57 Ak 45
(I) Chiavari 16043 57 Ak 46
(I) Chiavenna 23022 57 Ak 44
(GB) Chichester PO19 40 Sk 40
(E) Chiclana de la Frontera 11130 80 Sd 54
(I) Chieri 10023 56 Ah 45
(I) Chieti 66100 73 Be 48
(B) Chimay 6460 41 Ae 40
(E) Chinchilla de Monte Aragón 02520 81 Si 52
(E) Chinchón 28370 69 Sg 50
(F) Chinon 37500 54 Aa 43
(I) Chioggia 30015 57 Bc 45
(MD) Chiperceni 61 Ci 43
(E) Chipiona 11550 80 Sd 54
(GB) Chippenham SN15 40 Sh 39
(GB) Chipping Sodbury BS37 40 Sh 39
(E) Chirivel 04825 81 Sh 53
(MD) Chişinău 2000 61 Ci 43
(RO) Chişineu-Criş 315100 59 Cb 44
(I) Chiusi 53043 57 Bb 47
(I) Chivasso 10034 56 Ah 45
(UA) Chlystunivka 47 Db 41
(UA) Chmeliv 47 Dd 40
(UA) Chmel'nyc'kyj 46 Cg 41
(UA) Chmel'nyc'kyj, Perejaslav- 47 Db 40
(PL) Chmielnik 36-016 45 Ca 40
(UA) Chmil'nyk 46 Ch 41
(CZ) Choceň 565 01 44 Bg 41
(BY) Chocimsk 30 Dc 37
(PL) Chociwel 73-120 27 Bf 37
(UA) Chočyne 46 Ch 39
(PL) Chodecz 87-860 44 Bk 38
(UA) Chodoriv 45 Ce 41
(PL) Chodzież 64-800 28 Bg 38
(PL) Chojna 74-500 27 Be 38
(PL) Chojnice 89-600 28 Bh 37
(BY) Chojniki 46 Ck 39
(F) Cholet 49300* 54 Sk 43
(BY) Cholmeč 47 Da 38
(UA) Cholmy 47 Dc 39
(CZ) Chomutov 430 01* 43 Bd 40
(F) Chorges 05230 56 Ag 46
(UA) Chorol 47 Dd 41
(PL) Chorzele 06-330 28 Ca 37
(PL) Chorzów 41-500 44 Bi 40
(PL) Choszczno 73-200 27 Bf 37
(CZ) Chotěboř 583 01 44 Bf 41
(UA) Chotin' 47 De 39
(UA) Chotyn 46 Cg 42
(UA) Chovmy 47 Dc 39
(BY) Chrinivka 47 Db 38
(UA) Chrinivka 47 Db 38
(GB) Christchurch BH23 40 Si 40
(DK) Christiansfeld 6070 26 Ak 35
(CZ) Chrudim 537 01* 44 Bf 41
(CY) Chrysochou Bay 84 Dc 55
(UA) Chrystynivka 46 Ck 42
(PL) Chrzanów 28-133 44 Bk 40
(CH) Chur 7000* 57 Ak 44
(UA) Chust 45 Cd 42
(UA) Chyriv 45 Cc 41
(MD) Ciadîr-Lunga = Ceadîr-Lunga 6101 61 Ci 44
(RUS) Čiblega 22 Fa 29
(TR) Çiçekdağı 77 De 51
(TR) Çiçekli 76 Ci 51
(TR) Çiçekli 79 Eb 51
(TR) Çiçekli 79 Ed 51
(TR) Çiçekli 85 Df 53
(TR) Çiçekyayla 37400 77 De 49
(PL) Ciechanów 06-400 28 Ca 38
(PL) Ciechanowiec 18-230 29 Cc 38
(E) Ciempozuelos 28350 69 Sg 50
(PL) Cieszanów 37-611 45 Cd 40
(PL) Cieszyn 63-435 44 Bi 41
(E) Cieza 30530 81 Si 52
(TR) Çiftehan 51910 85 De 53
(TR) Çifteler 26700 76 Db 51
(TR) Çiftlik 48700 79 Ea 51
(TR) Çiftlik 48700 85 De 52
(TR) Çiftlikköy 77 De 49
(TR) Çiftlikköy 79 Ee 51
(TR) Çiğdemlik 05000 77 Df 50
(TR) Çığlı 30720 87 Ed 53
(RUS) Čihačevo 19 Ck 33
(TR) Cihadiye 85 Df 53
(TR) Cihanbeyli 42850 84 Dc 52
(RUS) Čikman 24 Fi 31
(RUS) Čikola 79 Ed 47
(TR) Çıldır 75400 79 Ed 49
(RUS) Čilgar 65 Ef 44
(TR) Çilhane 78 Dh 50
(RO) Cilibia 127180 61 Ch 45
(RO) Cilieni 237075 60 Ce 47
(TR) Çilimli 14360 76 Db 50
(HR) Ćilipi 73 Bi 48
(IRL) Cill Airne = Killarney 37 Sa 38
(IRL) Cill Bheagáin = Kilbeggan 37 Sc 37
(IRL) Cill Chainnigh = Kilkenny 37 Sc 38
(IRL) Cill Chaoi = Kilkee 37 Sa 38
(IRL) Cill Chuillin 37 Sd 37
(IRL) Cill Dalua 37 Sb 38
(IRL) Cill Dara = Kildare 37 Sd 37
(IRL) Cill Droichid 37 Sd 37
(IRL) Cillín Chaoimhín 37 Sd 37
(IRL) Cill Mhantáin = Wicklow 37 Sd 38
(IRL) Cill Náile 37 Sc 38
(IRL) Cill Orglan = Killorglin 37 Sa 38
(IRL) Cill Rois = Kilrush 37 Sa 38
(IRL) Cill Rónáin 37 Sa 37
(RUS) Cil'na 33 Ei 36
(TR) Cilvegözü 86 Dg 54
(MD) Cimişlia 4101 61 Ci 44
(RUS) Cimljansk 64 Ec 43
(TR) Çimşit 77 Dc 51
(TR) Çınar 87 Ea 53
(TR) Çınarcık 76 Ck 50
(TR) Çine 09500 83 Ci 53
(B) Ciney 5590 42 Af 40
(RUS) Cingaly 25 Gk 30
(I) Cingoli 62011 57 Bd 47
(RUS) Čin'javoryk 14 Fc 27
(IRL) Cinn Átha Gad 37 Sc 37
(IRL) Cinn Mhara 37 Sb 37
(RO) Ciochina 927075 61 Ch 46
(IRL) Cionn Sáile 37 Sb 39
(RO) Cioranii de Jos 107160 60 Cg 46
(F) Ciotat, la 13600 56 Af 47
(RUS) Cip'ja 34 Fa 34
(BG) Ciprovci 59 Cc 47
(BG) Čiprovci 3460 59 Cc 47
(TR) Çırçır 58510 78 Dg 50
(GB) Cirencester GL7 40 Si 39
(F) Cirey-sur-Vezouze 54480 42 Ag 42
(I) Ciriè 10073 56 Ah 45
(RUS) Čirikovo 31 Dh 35
(I) Cirò 88813 73 Bh 51
(BG) Čirpan 6200 75 Cf 48
(TR) Çırpı 83 Ch 52
(RO) Cislău 127185 60 Cg 45
(RUS) Čišmy 34 Ff 36
(PL) Cisna 38-607 45 Cc 41
(HR) Cista Provo 58 Bg 47
(E) Cistierna 24800 68 Se 48
(RUS) Čistoe 32 Ed 34
(RUS) Čistopol' 34 Fa 35
(I) Cittadella 35013 57 Bb 45
(I) Città della Pieve 06062 72 Bc 48
(V) Città del Vaticano 72 Bc 49
(I) Città di Castello 06012 57 Bc 47
(I) Cittaducale 72 Bc 48
(I) Cittanova 89022 73 Bg 52
(RO) Ciucea 407225 59 Cc 44
(MD) Ciucur Mingir 4114 61 Ci 44
(RO) Ciucurova 827055 61 Ci 46
(E) Ciudad Real 13001* 69 Sg 52
(E) Ciudad-Rodrigo 37500 68 Sd 50
(E) Ciutadella 07760 70 Ad 51
(I) Cividale del Friuli 33043 57 Bd 44
(RUS) Civil'sk 33 Eh 35
(I) Civita Castellana 01033 72 Bc 48
(I) Civitanova Marche 62012 57 Bd 47
(I) Civitavecchia 00053 72 Bb 48
(F) Civray 86400 54 Aa 44
(TR) Çivril 20600* 84 Ck 52
(RUS) Čiža 5 Ee 23
(TR) Cizre 73200 87 Ec 53
(UA) Cjurupyns'k 62 Dc 44
(RUS) Čkalovsk 32 Ed 34
(RUS) Čkalovskij 64 Ee 43
(GB) Clacton-on-Sea CO15 41 Ab 39
(F) Clamecy 58500* 55 Ad 43
(IRL) Clár Clainne Mhuiris 37 Sb 37
(IRL) Claremorris = Clár Chlainne Mhuiris 37 Sb 37
(GB) Clashnessie IV27 38 Se 32
(F) Clayette, la 71800 55 Ae 44
(GB) Cleethorpes HD9 39 Sk 37
(RO) Clejani 087045 60 Cf 46
(F) Clermont 09420 41 Ac 41
(F) Clermont-en-Argonne 55120 42 Af 41
(F) Clermont-Ferrand 63000* 55 Ad 45
(F) Clermont-l'Hérault 34800 55 Ad 47
(GB) Clevedon BS21 40 Sh 39
(IRL) Clifden = An Clochán 37 Rk 37
(F) Clisson 44190 54 Si 43
(GB) Clitheroe BB7 39 Sh 37
(IRL) Cloghan = An Clochán 37 Sc 37
(IRL) Cloich na Coillte 37 Sb 39
(IRL) Clonakilty = Cloich na Coillte 37 Sb 39
(IRL) Clones = Cluain Eois 37 Sc 36
(IRL) Clonmel = Cluain Meala 37 Sc 38
(D) Cloppenburg 49661 26 Ai 38
(GB) Clough BT24 37 Se 36
(GB) Clovelly EX39 40 Sf 39
(IRL) Cluain Cearbán 37 Sa 37
(IRL) Cluain Eois 37 Sc 36
(IRL) Cluainin 37 Sb 36
(IRL) Cluain Meala = Clonmel 37 Sc 38
(RO) Cluj-Napoca 000400* 60 Cd 44
(F) Cluny 71250 55 Ae 44
(I) Clusone 24023 57 Ak 45
(GB) Clydebank G81 39 Sf 35
(GB) Coatbridge ML6 39 Sf 35
(RO) Cobadin 907065 61 Ci 46
(TR) Cobandede 79 Eb 51
(TR) Çobanlar 84 Da 52
(IRL) Cobh = An Cóbh 37 Sb 39
(D) Coburg 96450 43 Ba 40
(D) Cochem 56812 42 Ah 40
(GB) Cockermouth CA13 39 Sg 36
(I) Codigoro 44021 57 Bc 46
(RO) Codlea 507100 60 Cf 45
(I) Codogno 26845 57 Ak 45
(I) Codroipo 33033 57 Bc 45
(D) Coesfeld 48653 42 Ah 39
(NL) Coevorden 7740 42 Ag 38
(F) Cognac 16100* 54 Sk 45
(I) Cogne 11012 56 Ah 45
(TR) Çoğun 77 De 51
(P) Coimbra 3000-001* 68 Sb 50
(E) Coín 29100 81 Sf 54
(RUS) Čoka 23320 59 Ca 45
(TR) Çokak 33590 86 Dg 53
(TR) Çokören 77 Dc 51
(TR) Çolaklı 86 Di 52
(GB) Colchester CO3 41 Aa 39
(D) Colditz 04680 43 Bc 39
(GB) Coldstream TD12 39 Sh 35
(GB) Coleraine BT51 37 Sd 35
(MD) Colibaşi 5313 61 Ci 45
(I) Colico 57 Ak 44
(E) Collado-Villalba 28400 69 Sg 50
(I) Colle di Val d'Elsa 53034 57 Bb 47
(I) Colleferro 00034 72 Bd 49
(I) Collesalvetti 57014 57 Ba 47
(F) Collobrières 56 Ag 47
(F) Colmar 68000* 42 Ah 42
(E) Colmenar 29170 81 Sf 54
(E) Colmenar Viejo 28770 69 Sg 50
(F) Cologne 32430 54 Aa 47
(F) Colombey-les-deux-Églises 52330 41 Ae 42
(F) Colomiers 31770 55 Ab 47
(E) Colònia de Sant Jordi 07638 70 Ac 51
(E) Colonia Iberia 45313 69 Sg 51
(RUS) Čolovo 19 Da 32
(E) Colunga 33320 68 Se 47
(GB) Colwyn Bay = Bae Colwyn LL29 39 Sg 37
(I) Comacchio 44022 57 Bc 46
(RO) Comana 087055 60 Cg 46
(RO) Comana 087055 61 Ci 47
(RO) Comăneşti 605200 60 Cg 44
(TR) Çomar 18400 77 Dd 49
(F) Combeaufontaine 70120 56 Af 43
(GB) Comber BT23 37 Se 36
(B) Comblain-au-Pont 4170 42 Af 40
(F) Combourg 35270 40 Si 42
(F) Combray, Illiers- 28120 41 Ab 42
(TR) Çömelek 33600 85 Dd 54
(TR) Çömlük 85 Df 53
(F) Commentry 03600 55 Ac 44
(F) Commequiers 85220 54 Si 44
(F) Commercy 55200* 42 Af 42
(I) Como 22100 57 Ak 45
(F) Compiègne 60200* 41 Ac 41
(P) Comporta 7570-469* 80 Sb 52
(MD) Comrat 3801 61 Ci 44
(F) Concarneau 29900* 54 Sg 43
(F) Conches-en-Ouche 27190 41 Aa 42
(F) Condat 15190 55 Ac 45
(F) Condé-sur-Noireau 14110 40 Sk 42
(F) Condom 32100 54 Aa 47
(I) Conegliano 31015 57 Bc 45
(BG) Conevo 9261 60 Cf 47
(F) Confolens 16500 54 Aa 44
(MD) Congaz 3819 61 Ci 44
(GB) Congleton CW12 39 Sh 37
(E) Congostrina 19243 69 Sh 49
(E) Conil de la Frontera 11140 80 Sd 54
(F) Conlie 72240 40 Sk 42
(GB) Connah's Quay CH7 39 Sg 37
(RO) Conop 317085 59 Cb 44
(F) Conquet, le 29217 40 Sf 42
(E) Conquista 14448 81 Sf 52
(GB) Consett DH8 39 Si 36
(RO) Constanţa 000900* 61 Ci 46
(E) Constantina 41450 80 Se 53
(E) Consuegra 45700 69 Sg 51
(F) Contres 41700 55 Ab 43
(F) Contrexéville 88140* 42 Af 42
(F) Conty 80160 41 Ac 41
(GB) Conwy LL32 39 Sg 37
(GB) Cookstown BT80 37 Sd 36
(IRL) Cootehill 37 Sc 36
(UA) Čop 45 Cc 42
(RO) Copăceni, Adunaţii- 087005 60 Cg 46
(E) Cope 30889 81 Si 53
(TR) Çöpköy 22200 75 Cg 49
(TR) Çöplü 33810 77 Df 50
(TR) Çöplü 33810 85 Df 54
(I) Copparo 44034 57 Bb 46
(RO) Copşa Mică 555400 60 Ce 44
(RO) Corabia 235300 60 Ce 47
(IRL) Cora Droma Rúisc 37 Sb 37
(I) Corato 70033 73 Bg 49
(F) Corbeil-Essonnes 91250 41 Ac 42
(F) Corbeilles 45490 41 Ac 42
(F) Corbie 80800 41 Ac 41
(F) Corbigny 58800 55 Ad 43
(F) Corbon 14340 40 Sk 41
(GB) Corby NN18 40 Sk 38
(IRL) Corcaigh = Cork 37 Sb 39
(E) Corcubión 15130 68 Sa 48
(E) Córdoba 14001 81 Sf 53
(E) Coria 10800 68 Sd 51
(E) Coria del Río 41100 80 Sd 53
(MD) Corjeuţi 4720 46 Ch 42
(IRL) Cork 37 Sb 39
(I) Corleone 90034 72 Bd 53
(I) Corleto Perticara 85012 73 Bg 50
(TR) Çorlu 59850* 76 Ch 49
(I) Cormons 34071 57 Bd 45
(RUS) Čornaja 7 Fg 22
(RO) Corneşti 137150 60 Cf 46
(F) Cornimont 88310 56 Ag 43
(UA) Čornobaj 47 Dc 41
(UA) Čornobyl' 47 Da 39
(UA) Čornomors'ke 62 Dc 45
(UA) Čornuchy 47 Dc 40
(UA) Čornuchyne 48 Di 42
(AL) Çorovodë 74 Ca 50
(E) Corral de Almaguer 45880 69 Sg 51
(E) Corral de Calatrava 13190 81 Sf 52
(E) Corrales 68 Se 49
(E) Corrales, Los (Los Corrales de Buelna) 54 Sf 47
(F) Corte 20250 71 Ak 48
(E) Cortegana 21230 80 Sd 53
(I) Cortemilia 12074 56 Ai 46
(E) Cortijo de Arriba 69 Sf 51
(E) Cortijos Nuevos 81 Sh 52
(I) Cortina d'Ampezzo 32043 57 Bc 44
(UA) Čortkiv 46 Cf 41
(I) Cortona 52044 57 Bb 47
(P) Coruche 2100-057* 68 Sb 52
(TR) Çorum 19000* 77 De 50
(E) Coruña, A 15001* 68 Sb 47
(GB) Corwen LL21 39 Sg 38
(I) Cosenza 87100 73 Bg 51
(RO) Coşeşti 117295 60 Ce 45
(F) Cosne-Cours-sur-Loire 58200* 55 Ac 43
(F) Cosne-d'Allier 03430 55 Ac 44
(RO) Coşoveni 207205 60 Cd 46
(CH) Cossonay 1304 56 Ag 44
(MD) Costeşti 6813 61 Ch 43
(RO) Costeşti 337327 60 Ce 46
(RO) Costeşti 337327 60 Cg 45
(D) Coswig 01640 43 Bd 39
(D) Coswig (Anhalt) 06869 43 Bc 39
(RO) Coteana 237095 60 Ce 46
(F) Côte-Saint-André, la 38260 56 Af 45
(MD) Cotiujeni 61 Ci 43
(I) Cotronei 88836 73 Bg 51
(D) Cottbus 03042* 43 Be 39
(IRL) Cottehill = Muinchille 37 Sc 36
(F) Couches 71490 55 Ae 44
(F) Couëron 44220 54 Si 43
(F) Couhé 86700 54 Aa 44
(F) Couiza 11190 70 Ac 48
(F) Coulmier-le-Sec 21400 55 Ae 43
(F) Coulommiers 77120 41 Ad 42
(F) Cour-Cheverny 41700 55 Ab 43
(I) Courmayeur 11013 56 Ag 45
(F) Cournon-d'Auvergne 63800 55 Ad 45
(F) Couronne, la 16400 54 Aa 45
(F) Courpière 63120 55 Ad 45
(F) Cours, Cours-sur-Loire- 55 Ac 43
(F) Coursan 11110 55 Ad 47
(F) Cours-la-Ville 69470 55 Ae 44
(F) Courtalain 28290 41 Ab 42
(F) Courtenay 45320 41 Ad 42
(F) Courtine, la 23100 55 Ac 45
(F) Coutainville, Agon- 50230 40 Si 41
(F) Coutances 50200* 40 Si 41
(F) Coutras 33230 54 Sk 45
(B) Couvin 5660 41 Ae 40
(E) Covadonga 68 Se 47
(RO) Covasna 525200 60 Cg 45
(GB) Coventry CV6 40 Si 38
(P) Covilhã 6200-589 68 Sc 50
(GB) Cowdenbeath KY4 38 Sg 34
(GB) Cowes PO31 40 Si 40
(E) Cózar 13345 81 Sg 52
(F) Cozes 17120 54 Sk 45
(GB) Craigellachie AB38 38 Sg 33
(GB) Craignure PA34 38 Se 34
(D) Crailsheim 74564 43 Ba 41
(RO) Craiova 000200* 60 Cd 46
(F) Craon 86110 54 Sk 43
(F) Craponne-sur-Arzon 43500 55 Ad 45
(P) Crato 7430-111* 68 Sc 51
(GB) Crawford ML12 39 Sg 35
(GB) Crawley RH11 40 Sk 39
(GB) Creagorry HS7 38 Sc 33
(F) Crécy-la-Chapelle 77580 41 Ac 42
(GB) Crediton EX17 40 Sg 40
(IRL) Creeslough 37 Sc 35
(F) Creil 60550 41 Ac 41
(I) Crema 26013 57 Ak 45
(F) Crémieu 38460 56 Af 45
(I) Cremona 26100 57 Ba 45
(F) Créon 33670 54 Sk 46
(F) Crépy-en-Valois 60800 41 Ac 41
(HR) Cres 58 Be 46
(F) Crest 26400 56 Af 46
(F) Créteil 94380 41 Ac 42
(F) Creusot, le 71200* 55 Ae 44
(F) Crèvecœur-le-Grand 60360 41 Ac 41
(RO) Crevedia Mare 087060 60 Cf 46
(E) Crevillente 03330 81 Sk 52
(GB) Crewe CW1 39 Sh 37
(GB) Crewkerne TA18 40 Sh 40
(GB) Crianlarich FK20 38 Sf 34
(MD) Cricova 2084 61 Ci 43
(GB) Crieff PH7 38 Sg 34
(HR) Crikvenica 58 Be 45
(D) Crimmitschau 08451 43 Bc 40
(RO) Criş, Chişineu- 315100 59 Cb 44
(MD) Criuleni 61 Ck 43
(D) Crivitz 19089 27 Bb 37
(MNE) Crkvice 85 337 73 Bi 48
(SLO) Črnomelj 8340 58 Bf 45
(F) Croisic, le 44490 54 Sh 43
(F) Croisilles 62128 41 Ac 40
(F) Croix-de-Vie, Saint-Gilles- 85800 54 Si 44
(GB) Cromarty IV19 38 Sf 33
(GB) Cromer NR27 39 Ab 38
(IRL) Croom 37 Sb 38
(GB) Crosby L20 39 Sg 37
(I) Crotone 88900 73 Bh 51
(GB) Croydon CR0 40 Sk 39
(F) Crozon 29160 40 Sf 42
(RO) Crucea 907095 61 Ci 46
(H) Csokonyavisonta 7555 58 Bh 44
(H) Csongrád 6640 59 Ca 44
(H) Csorna 9300 58 Bh 43
(H) Csurgó 8840 58 Bh 44
(P) Cuba 7940-001* 80 Sc 52
(UA) Čubarivka 63 Dg 43
(RUS) Čublas 13 Ef 26
(E) Cubo de Tierra del Vino, El 68 Se 49
(TR) Çubuk 06760 77 Dd 50
(TR) Çubuklu 38800 86 Dg 53
(TR) Çüceli 86 Dg 53
(RUS) Čučkovo 21 Eb 31
(RUS) Čučkovo 32 Eb 36
(E) Cudillero (Cuideiru) 33150 68 Sd 47
(UA) Čudniv 46 Ci 40
(RUS) Čudovo 19 Db 31
(BY) Čudzin 29 Cg 38
(E) Cuéllar 40200 69 Sf 49
(F) Cuers 83390 56 Ag 47
(E) Cuerva 45126 69 Sf 51
(E) Cuevas del Almanzora 04610 81 Si 53
(RUS) Čuhloma 21 Ec 32
(UA) Čuhujiv 48 Dg 41
(RUS) Čujunči 34 Ff 36
(RUS) Čujunči-Čupanovo 52 Fh 38
(TR) Çukur 01770 77 Df 51
(TR) Çukurca 87 Ed 53
(TR) Çukurkuyu 51720 85 Dd 52
(TR) Çukurkuyu 51720 85 De 53
(TR) Çukurören 76 Ck 51
(UA) Čulachivka 62 Dc 44
(F) Culan 18270 55 Ac 44
(RUS) Čulasa 13 Eg 26
(NL) Culemborg 4100* 42 Af 39
(TR) Çulha 85 Df 52
(RUS) Čulkovo 31 Dg 37
(E) Cúllar-Baza 18850 81 Sh 53
(TR) Cumaçay 79 Ed 51
(UA) Čumaky 62 De 43
(UA) Čuman' 46 Cf 40
(TR) Cumaova 76 Da 50
(TR) Cumaovasi = Menderes 35470 83 Ch 52
(GB) Cumbernauld G67 39 Sg 35
(GB) Cumnock KA18 39 Sf 35
(TR) Çumra 42500 84 Dc 52
(I) Cuneo 12100 56 Ah 46
(TR) Çüngüş 21870 86 Dk 52
(RUS) Čupa 4 Dd 24
(UA) Čupakivka 47 De 40
(RUS) Čupalejka 32 Ec 35
(RUS) Čupanovo, Čujunči- 52 Fh 38
(GB) Cupar KY15 38 Sg 34
(MD) Cupcini 4626 46 Ch 42
(SRB) Ćuprija 35230* 59 Cb 47
(RUS) Čuprovo 13 Eg 26
(RUS) Čur 23 Fd 33
(RUS) Čuraevo 34 Ff 35
(RUS) Čuraevo 52 Fh 39
(RUS) Čuraki 23 Ff 31
(RO) Curcani 917040 60 Cg 46
(RUS) Čurilovo 30 Da 35
(I) Curon Venosta = Graun im Vinschgau 39027 57 Ba 44
(RUS) Čurov 22 Eg 31
(RUS) Čurozgora 13 Eb 27
(RUS) Čurtan 23 Fe 30

(RO) Curtea de Argeş 115300 60 Ce 45
(RUS) Čus 23 Fd 31
(F) Cuse-et-Adrisans 25680 56 Ag 43
(RUS) Čusovoe 24 Fk 33
(RUS) Čusovoj 23 Fh 32
(RUS) Čusovskoe 23 Fg 29
(RUS) Čuteevo 33 Eh 35
(UA) Čutove 48 Df 41
(I) Cutro 88842 73 Bg 51
(RUS) Čutyr' 23 Fd 33
(D) Cuxhaven 27472* 26 Ai 37
(UA) Čyhyryn 47 Dc 41
(RUS) Čym 7 Gc 24
(UA) Čynadieve 45 Cc 42
(RUS) Cyt'kovo 31 De 34
(PL) Czaplinek 78-550 28 Bg 37
(PL) Czarlin 83-100 28 Bi 36
(PL) Czarnków 64-700 28 Bg 38
(PL) Czersk 89-650 28 Bh 37
(PL) Czerwieńsk 66-016 44 Bf 38
(PL) Częstochowa 42-200* 44 Bk 40
(PL) Człopa 78-630 28 Bg 37
(PL) Człuchów 77-300 28 Bh 37
(PL) Czyżew-Osada 18-220 29 Cc 38

D

(PL) Dąbie 66-615 44 Bi 38
(MK) Dabila 2431 74 Cc 49
(BY) Dabraslavka 46 Cg 38
(PL) Dąbrowa Białostocka 16-200 29 Cd 37
(BY) Dabryn' 46 Ck 39
(RO) Dăbuleni 207220 60 Ce 47
(D) Dachau 85221 43 Bb 42
(CZ) Dačice 380 01 44 Bf 41
(TR) Daday 37860 77 Dd 40
(GR) Dadiá 68400 75 Cg 49
(GR) Dafnés 83 Cf 55
(GR) Dáfni 25004 82 Cc 53
(N) Dagali 16 Ai 30
(TR) Dağardı 38610 76 Ck 51
(TR) Dağbaşı 61720 78 Dk 50
(TR) Dağbaşı 61720 86 Dk 53
(LV) Dagda 5674 30 Ch 34
(TR) Dağdere 46300 83 Ci 52
(D) Dagebüll 25899 26 Ai 36
(TR) Dağkızılca 83 Ch 52
(TR) Dağlıca 30340 87 Ee 53
(RUS) Dagomys 63 Dk 47
(TR) Dağpazarı 61950 85 Dd 54
(TR) Dağyolu 78 Dk 51
(D) Dahlenburg 21368 27 Ba 37
(D) Dahme 15936 27 Bb 36
(D) Dahme 15936 43 Bd 39
(E) Daimiel 13250 69 Sg 51
(RKS) Đakovica = Gyakovë 74 Ca 48
(HR) Đakovo 59 Bi 45
(S) Dala-Järna 78051 17 Be 30
(TR) Dalaman 48770 84 Ci 54
(S) Dalavardo 2 Bf 24
(GB) Dalbeattie DG5 39 Sg 36
(BG) Dălbok Izvor 4280 75 Cf 48
(BG) Dălbok Izvor 75 Cf 48
(S) Dalby 27 Bd 35
(N) Dale 16 Af 29
(N) Dale 16 Af 30
(N) Dale 16 Ai 32
(N) Dalen 16 Ai 31
(S) Dalfors 17 Bf 29
(BG) Dălgopol 9250 61 Ch 47
(E) Dalías 04750 81 Sh 54
(TR) Dallıbahçe 78 Dk 51
(RUS) Dal'nee Konstantinovo 33 Ee 35
(RUS) Dal'nij 14 Ek 28
(RUS) Dal'nij 14 Ff 28
(RUS) Dal'nij 34 Fc 37
(RUS) Dal'nije Zelency 4 Dg 21
(GB) Dalry KA24 39 Sf 35
(FIN) Dalsbruk 25860 18 Cc 30
(RUS) Dalsmynni 370 36 Qi 26
(IS) Dalvík 620* 36 Rb 25
(GB) Dalwhinnie PH19 38 Sf 34
(TR) Dalyan 48840 84 Ci 54
(TR) Damal 79 Ec 49
(RUS) Damaskino 34 Fb 34
(TR) Dambaslar 59400 76 Ch 49
(TR) Damlacık 02430 86 Di 53
(TR) Damlama 33590 85 De 53
(S) Danasjö 9 Bg 25
(F) Dancharia 64310 69 Si 47
(RUS) Danilkovo 20 Dh 31
(RUS) Danilov 21 Ea 32
(MNE) Danilovgrad 81 410 74 Bk 48
(RUS) Danilovka 49 Ee 40
(RUS) Danilovka 50 Ef 38
(TR) Danişment 10845 76 Ch 51
(TR) Danişment 69000 78 Di 51
(TR) Danişment 69000 85 Df 54
(RUS) Dankov 32 Dk 37
(D) Dannenberg (Elbe) 29451 27 Bb 37
(RO) Darabani 715100 46 Cg 42
(TR) Daran 84 Dc 54
(TR) Darende 44700 86 Dh 52
(TR) Dargeçit 47530 87 Eb 53
(D) Dargun 17159 27 Bc 37
(TR) Darıca 61345 76 Ck 50
(TR) Darıkent 62820 86 Dk 52
(TR) Darıveren 20830 84 Ck 53
(GB) Darlington DL1 39 Si 36
(PL) Darłowo 76-150 28 Bg 36
(RO) Dărmăneşti 137185 60 Cf 46
(D) Darmstadt 64283* 42 Ai 41
(F) Darnétal 76160 41 Ab 41
(RUS) Darovskoe 22 Eh 32
(GB) Dartford DA1 41 Aa 39
(GB) Dartmouth TQ6 40 Sg 40
(IRL) Darú 37 Sc 38
(HR) Daruvar 58 Bh 45
(GB) Darwen BB3 39 Sh 37
(UA) Dašiv 46 Ck 41
(BG) Dăskotna 8561 76 Ch 48
(D) Dassow 23942 27 Ba 37
(TR) Datça 48900 83 Ch 54
(LT) Daugai 64009 29 Ce 36
(LV) Daugavpils 5401* 29 Cg 35
(D) Daun 54550 42 Ag 40
(GB) Daventry NN11 40 Si 38
(BY) Davhinava 30 Ch 36
(RUS) Davlekanovo 34 Fe 36
(BY) Davljady 46 Ck 39
Davlos 85 Dd 55
(CH) Davos 7270 57 Ak 44
(TR) Davulga 76 Db 51
(BY) Davyd-Haradok 46 Ch 38
(UA) Davydiv Brid 62 Dd 43
(RUS) Davydovka 48 Dk 39
(RUS) Davydovka 50 Ek 39
(RUS) Davydovo 23 Fd 30
(F) Dax 40100* 54 Si 47
(TR) Dazkırı 03950 84 Ck 53
(GB) Deal CT14 41 Ab 39
(F) Deauville 14800 41 Aa 41
(UA) Debal'ceve 48 Di 42
(MK) Debar 1250 74 Ca 49
(RUS) Debesy 23 Fd 33
(PL) Dębica 39-200 45 Cb 40
(PL) Dęblin 08-530 45 Cb 39
(PL) Dębno 74-400 27 Be 38
(SRB) Debrc 15214 59 Bk 46
(H) Debrecen 4000* 59 Cb 43
(MK) Debrešte 7537 74 Cb 49
(PL) Debrzno 77-310 28 Bh 37
(RKS) Deçan = Dečani 51000 74 Ca 48
(RKS) Dečani = Deçan 51000 74 Ca 48
(F) Decazeville 12300 55 Ac 46
(CZ) Děčín 405 01* 43 Be 40
(F) Decize 58300 55 Ad 44
(RO) Deda 547205 60 Ce 44
(TR) Dedeler 84 Dc 52
(TR) Dedeli 66840 79 Ed 51
(RUS) Dedenevo 31 Dh 34
(RUS) Dedoviči 19 Ck 33
(RUS) Dedovsk 31 Dh 35
(H) Dég 8135 59 Bi 44
(S) Degeberga 29701 27 Be 35
(S) Degerfors 69301 17 Be 31
(D) Deggendorf 94469 43 Bc 42
(TR) Değirmendere 83 Ch 52
(LT) Degučiai 83022 29 Cg 35
(RO) Dej 405200 60 Cd 43
(S) Deje 66920 17 Bd 31
(RUS) Dektjarsk 35 Ga 34
(MK) Delčevo 2320 74 Cc 49
(CH) Delémont 2800* 56 Ah 43
(NL) Delft 2600* 41 Ae 38
(NL) Delfzijl 9930 26 Ag 37
(TR) Deli 47800 87 Ea 53
(TR) Deliçay 79 Ed 51
(TR) Delice 77 De 51
(I) Deliceto 71026 73 Bf 49
(TR) Delihasan 79 Ed 51
(TR) Deliktaş 58930 78 Dh 51
(D) Delitzsch 04509 43 Bc 39
(F) Delle 90100 56 Ag 43
(D) Delmenhorst 27749* 26 Ai 37
(TR) Delnice 58 Be 45
(CH) Delsberg = Delémont 2800* 56 Ah 43
(S) Delsbo 82060 9 Bg 29
(AL) Delvinë 74 Ca 51
(RUS) Dema 23 Fe 30
(RUS) Demensk, Spas- 31 De 36
(RUS) Demidov 30 Db 35
(TR) Demirci 76 Ci 51
(TR) Demirci 85 De 52
(TR) Demirci 86 Dc 52
(TR) Demirci 86 Dk 53
(TR) Demirkent 08830 79 Eb 50
(TR) Demirköy 11800 76 Ch 49
(TR) Demirli 86 Dk 53
(TR) Demirözü 69400 78 Dk 50
(TR) Demirşeyh 19600 77 De 50
(TR) Demirtaş 16245 76 Ck 50
(TR) Demirtaş 16245 84 Dc 54
(RUS) Dem'janovo 22 Eh 30
(RUS) Demjansk 19 Dc 33
(RUS) Dem'janskoe 25 Gk 31
(RUS) Dem'jas 50 Ek 39
(D) Demmin 17109 27 Bd 37
(UA) Demuryne 48 Dg 42
(F) Denain 59220 41 Ad 40
(GB) Denbigh LL16 39 Sg 37
(NL) Den Burg 1790 26 Ae 37
(NL) Den Haag = 's-Gravenhage 2500 41 Ae 38
(NL) Den Helder 1780 26 Ae 38
(RUS) Denislav'e 12 Ea 28
(RUS) Denisovska 7 Ff 24
(TR) Deniz Kamp Yeri 83 Cg 52
(TR) Denizler 20740 84 Ck 53
(TR) Denizli 17200 76 Ch 50
(TR) Denizli 17200 84 Ck 53
(GB) Denny FK6 38 Sg 34
(NL) Den Oever 1779 26 Af 38
(B) De Panne 8660 41 Ac 39
(UA) Deražnja 46 Ch 41
(TR) Derbent 84 Dc 52
(GB) Derby DE23 39 Si 38
(TR) Dere 86 Dk 52
(TR) Derebaşı 33700 83 Ch 52
(TR) Derebucak 42480 84 Db 53
(TR) Dereköy 76 Ch 49
(TR) Dereköy 76 Ck 51
(TR) Dereler 87 Ec 53
(TR) Dereli 78 Di 50
(TR) Deremahal 77 De 51
(TR) Derepaza 53900 79 Ea 49
(TR) Derepazarı 53900 79 Ea 49
(RUS) Dereven'ka 22 Eg 29
(RUS) Derevjanka 20 De 29
(RUS) Derevjannoe 20 De 29
(RUS) Derevjansk 14 Fd 29
(RUS) Dergači 50 Ei 39
(UA) Derhačy 48 Dg 40
(UA) Derijivka 47 Dd 42
(TR) Derik 47800 87 Ea 53
(TR) Derinkuyu 85 De 52
(TR) Derinsu 47800 87 Ea 53
(BG) Dermanci 5780 75 Ce 47
(TR) Dernekpazarı 61950 79 Ea 50
(GB) Derry BT48 37 Sc 36
(GB) Derry Doire = Londonderry 37 Sc 36
(F) Derval 44590 54 Si 43
(BIH) Derventa 58 Bh 46
(RUS) Deržavino 34 Fc 37
(UA) Desantne 61 Ck 45
(F) Descartes 37160 54 Aa 44
(I) Desenzano del Garda 25015 57 Ba 45
(GR) Deskáti 51200 74 Cb 51
(SRB) Despotovac 35213 59 Cb 46
(D) Dessau-Roßlau 06844 43 Bc 39
(TR) Destek 05830 78 Dg 50
(F) Desvres 62240 41 Ab 40
(RO) Deta 305200 59 Cb 45
(D) Detmold 32756* 42 Ai 39
(NL) Deurne 5750 42 Af 39
(RO) Deva 000330* 59 Cc 45
(TR) Devecikonağı 16520 76 Ci 51
(TR) Devegölü 86 Dk 52
(TR) Develi 85 Df 52
(NL) Deventer 7400* 42 Ag 38
(BG) Devin 4800 75 Ce 49
(GB) Devizes SN10 40 Si 39
(RUS) Devjatiny 20 Dg 30
(TR) Devletliağaç 39000 76 Ch 49
(BG) Devnja 9160 61 Ch 47
(TR) Devrek 67800 76 Db 49
(CY) Dhekelia Sovereign Base Area (GB) 85 Dd 56
(AL) Dhërmi 74 Bk 50
(AL) Dhivër 74 Ca 51
(CH) Diablerets, Les 1865 56 Ah 44
(GR) Diafáni 85700 83 Ch 55
(I) Diano Marina 18013 56 Ai 47
(GR) Diavatá 57008 74 Cc 50
(TR) Dibekdüzü 86 Dk 53
(UA) Dibrivka 46 Ch 40
(TR) Dicle 73200 87 Ea 52
(TR) Dicle 73200 87 Ec 53
(GB) Didcot OX11 40 Si 39
(GR) Didimótiho 68300 75 Cg 49
(F) Die 26150 56 Af 46
(D) Dieburg 64807 57 Bc 44
(L) Diekirch 9205* 42 Ag 41
(D) Diepholz 49356 42 Ai 38
(F) Dieppe 76200 41 Ab 41
(NL) Dieren 6950 42 Ag 38
(F) Dieulefit 26220 56 Af 46
(F) Dieuze 57260 42 Ag 42
(LT) Dieveniškės 17008 29 Cf 36
(N) Digermulen 8324 2 Bf 22
(F) Digne-les-Bains 04000* 56 Ag 46
(F) Digoin 71160 55 Ae 44
(TR) Digor 36670 79 Ed 50
(RUS) Digora 79 Ee 47
(RUS) Dij 24 Fi 29
(RUS) Dijaševo 34 Fd 35
(F) Dijon 21000* 56 Af 43
(RUS) Dijur 14 Fd 25
(S) Dikanäs 91094 9 Bf 25
(TR) Dikbıyık 55510 78 Dg 49
(TR) Dikili 75 Cg 51
(TR) Dikkaya 61500 78 Dk 50
(TR) Dikmen 57660 84 Db 54
(TR) Dikmen 57660 87 Ea 53
(B) Diksmuide 8600 41 Ac 39
(TR) Dilekyolu 29600 78 Dk 50
(GR) Dílesi 32009 82 Cd 52
(UA) Diljatyn 45 Ce 42
(D) Dillenburg 35683* 42 Ai 40
(D) Dillingen an der Donau 89407 43 Ba 42
(GR) Dímitra 40003 74 Cc 51
(RUS) Dimitrievka 32 Ea 38
(BG) Dimitrovgrad 6400* 75 Cf 48
(RUS) Dimitrovgrad 33 Ek 36
(SRB) Dimitrovgrad 18320 74 Cc 47
(GR) Dimitsána 22007 82 Cc 53
(BG) Dimovo 4757 59 Cc 47
(F) Dinan 22100* 40 Sh 42
(B) Dinant 5500 41 Ae 40
(TR) Dinar 03400 84 Da 52
(F) Dinard 35800* 40 Sh 42
(GB) Dinbych = Denbigh LL16 39 Sg 37
(GB) Dinbych-y-pysgodm = Tenby SA70 40 Sf 39
(TR) Dinek 76 Db 51
(TR) Dinek 84 Dc 53
(TR) Dinek 85 Dd 53
(D) Dingelstädt 37351 43 Ba 39
(IRL) Dingle = An Daingean 37 Rk 38
(D) Dingolfing 84130 43 Bc 42
(GB) Dingwall IV15 38 Sf 33
(D) Dinkelsbühl 91550 43 Ba 41
(RUS) Dinskaja 63 Dk 45
(D) Dinslaken 46535* 42 Ag 39
(F) Diou 03290 55 Ad 44
Dipkarpaz = Rizokarpaso 85 De 55
(GR) Dipótamos 64009 75 Ce 49
(TR) Direkli 78 Dg 51
(GR) Dirráhi 22023 82 Cc 53
(CH) Disentis/Mustér 7180 56 Ai 44
(GB) Diss IP22 41 Ab 38
(GR) Dístrato 44019 74 Cb 50
(RO) Ditrău 537090 60 Cf 44
(RUS) Diveevo 32 Ed 35
(F) Dives-sur-Mer 14160* 40 Sk 41
(RUS) Div'ja 23 Fg 32
(RUS) Divnoe 64 Ed 45
(RUS) Divnogor'e 48 Dk 40
(RUS) Divo 30 Db 35
(TR) Divriği 58300 78 Di 51
(TR) Diyadin 04900 79 Ed 51
(TR) Diyarbakır 21000* 87 Ea 53
(RUS) D'jakonovo 21 Ea 31
(RUS) D'jakovo, Verhovino- 21 Ed 31
(RUS) Djat'kovo 31 De 37
(RUS) Djukovo 22 Ef 32
(BG) Djulino 9108 76 Ch 48
(IS) Djúpavík 510 36 Qi 25
(IS) Djúpivogur 765 36 Rf 26
(N) Djupvik 2 Ca 21
(S) Djurås 17 Bf 30
(RUS) Djurtjuli 34 Fe 35
(RUS) Dmitrievka 51 Fe 38
(RUS) Dmitrievka 52 Fh 38
(RUS) Dmitriev-L'govskij 48 Df 38
(RUS) Dmitrievo 32 Eb 35
(RUS) Dmitrievščina 49 Ec 38
(RUS) Dmitrievskoe 31 Di 33
(RUS) Dmitrov 31 Dh 34
(RUS) Dmitrovskij Pogost 32 Dk 35
(UA) Dmytrivka 47 Dc 40
(UA) Dmytrivka 48 Dg 42
(UA) Dmytrivka 63 Dg 44
(UA) Dneprodzeržinsk = Dniprodzeržyns'k 47 De 42
(UA) Dnepropetrovsk = Dnipropetrovs'k 48 Df 42
(RUS) Dneprovskoe 31 Dd 35
(MD) Dnestrovsc 3352 61 Ck 44
(UA) Dniprodzeržyns'k 47 De 42
(UA) Dnipropetrovs'k 48 Df 42
(UA) Dniprorudne 62 De 43
(RUS) Dno 19 Ck 33
(GB) Doagh BT39 37 Sd 36
(I) Dobbiaco = Toblach 39034 57 Bc 44
(LV) Dobele 3701* 29 Cd 34
(D) Döbeln 04720 43 Bd 39
(PL) Dobiegniew 66-520 27 Bf 38
(BIH) Doboj 74000* 59 Bi 46
(PL) Dobra 37-530 27 Bf 37
(RO) Dobra 337215 60 Cf 46
(SRB) Dobra 12224 59 Cb 46
(PL) Dobre Miasto 11-040 28 Ca 37
(BG) Dobrič 9300* 61 Ch 47
(RO) Dobriceni 247629 60 Ce 46
(RUS) Dobrinka 49 Ea 38
(RUS) Dobrino 25 Ge 32
(CZ) Dobříš 263 01 43 Be 41
(BY) Dobrjanka 47 Db 38
(RUS) Dobrjanka 23 Fg 32
(RUS) Dobrjatino 32 Eb 35
(PL) Dobrodzień 46-380 44 Bi 40
(RUS) Dobroe 32 Dk 38
(UA) Dobromyl' 45 Cc 41
(UA) Dobron' 45 Cc 42
(UA) Dobropil'l'a 48 Dh 42
(BIH) Dobro Polje 59 Bi 47
(RO) Dobroteşti 147115 60 Ce 46
(UA) Dobrovelyčkivka 47 Db 42
(UA) Dobrovil'l'a 48 Dg 42
(RUS) Dobrovol'sk 29 Cc 36
(RUS) Dobruči 19 Ch 32
(BIH) Dobrun 59 Bk 47
(BY) Dobruš 47 Db 38
(PL) Dobrzyń nad Wisłą 87-610 44 Bk 38
(S) Docksta 87033 9 Bi 27
(GR) Dodóni 45500 74 Ca 51
(TR) Dodurga 19060 76 Ck 51
(TR) Dodurga 19060 77 De 50
(NL) Doetinchem 7001* 42 Ag 39
(TR) Doğanbey 42980 83 Cg 52
(TR) Doğanbey 42980 84 Db 53
(TR) Doğanbeyli 24450 78 Dk 51
(TR) Doğanca 37800 87 Ec 53
(TR) Doğanca 37800 87 Ed 53
(TR) Doğançay 47510 76 Da 50
(TR) Doğançayır 26960 76 Da 51
(TR) Doğanhisar 42930 84 Db 52
(TR) Doğankent 66740 78 Di 50
(TR) Doğankent 66740 85 Df 54
(TR) Doğanlı 14370 77 Df 51
(TR) Doğanoğlu 26860 76 Db 51
(TR) Doğanpınar 27920 86 Dh 54
(TR) Doğanşar 58780 78 Dh 50
(TR) Doğanşehir 44500 86 Df 52
(TR) Doğansu 04530 79 Ec 51
(TR) Doğantepe 05070 77 Df 50
(TR) Doğanyol 44880 86 Dk 52
(TR) Doğanyurt 78 Dg 50
(TR) Döğer 76 Da 51
(I) Dogliani 12063 56 Ah 46
(TR) Doğruyol 79 Ed 49
(TR) Doğubayazıt 04400 79 Ee 51
(BG) Dojrenci 5550 60 Ce 47
(N) Dokka 2870 16 Ba 30
(NL) Dokkum 9100 26 Af 37
(TR) Dökmetepe 60800 78 Dg 50
(CZ) Doksy 472 01 43 Be 40
(BY) Dokšycy 30 Ch 36
(RO) Doktor Petru Groza = Ştei 415600 59 Cc 44
(UA) Dokučaevs'k 63 Dh 43
(RUS) Dokukino 33 Ef 34
(TR) Dokuz 11130 84 Dc 52
(TR) Dokuzyol 85 Dd 53
(F) Dol-de-Bretagne 35120 40 Si 42
(F) Dole 39100* 56 Af 43
(MK) Dolenci 7244 74 Cb 49
(GB) Dolgellau LL40 39 Sg 38
(RUS) Dolgie Budy 48 Df 39
(RUS) Dolgoderevenskoe 35 Gb 35
(RUS) Dolgoe 48 Dh 38
(RUS) Dolgorukovo 28 Ca 36
(RUS) Dolgorukovo 48 Di 38
(RUS) Dolgoščel'e 13 Ed 24
(I) Dolianova 09041 71 Ak 51
(RUS) Dolina Karzanov 64 Ec 47
(RUS) Dolina Narzanov 64 Ec 47
(SRB) Doljevac 59 Cb 47
(BG) Dolna Dikanja 2420 75 Cd 48
(BG) Dolna Mitropolija 5855 60 Ce 47
(BG) Dolni Čiflik 9120 76 Ch 48
(BG) Dolni Dăbnik 5870 60 Ce 47
(BG) Dolni Lom 3958 59 Cc 47
(SK) Dolný Kubín 026 01 44 Bk 41
(E) Dolores 81 Sk 52
(TR) Doluca 86 Dg 53
(UA) Dolyna 45 Ce 42
(UA) Dolyns'ka 47 Dc 42
(UA) Dolyns'ke 61 Ck 43
(RUS) Dolžanskaja 63 Dh 44
(TR) Domaniç 43850 76 Ck 51
(UA) Domanivka 62 Db 43
(PL) Domaradz 36-230 45 Cb 41
(RUS) Domaška 34 Fa 38
(CZ) Domažlice 344 01 43 Bc 41
(RUS) Dombaj 64 Eb 47
(RUS) Dombarovka 52 Fi 40
(RUS) Dombarovskij 52 Fk 40
(N) Dombås 2660 8 Ak 28
(F) Dombasle-sur-Meurthe 54110 42 Ag 42
(H) Dombóvár 7200 59 Bi 44
(H) Dombrád 4492 45 Cb 42
(F) Domérat 03410 55 Ac 44
(F) Domfront 61700 40 Sk 42
(D) Dömitz 19303 27 Bb 37
(RO) Domneşti 077090 60 Ce 45
(GR) Domnísta 82 Cb 52
(RUS) Domodedovo 31 Dh 35
(I) Domodossola 28845 56 Ai 44
(F) Dompaire 88270 42 Ag 42
(F) Dompierre-sur-Besbre 03290 55 Ad 44
(SLO) Domžale 1230 58 Be 44
(RUS) Don 23 Fd 29

A B C D E F G H I J K L M N O P Q R S T U V W X Y Z

(D) Donaueschingen 78166 56 Ai 43
(D) Donauwörth 86609 43 Ba 42
(E) Don Benito 06400 68 Se 52
(GB) Doncaster DN1 39 Si 37
(MD) Dondjušany = Donduşeni 5106 46 Ch 42
(MD) Donduşeni 5106 46 Ch 42
(RUS) Doneck 48 Dk 42
(UA) Donec'k 63 Dh 43
(UA) Doneck = Donec'k 63 Dh 43
(RUS) Doneckij, Ust'- 64 Ea 43
(RUS) Doneckoe 51 Fe 39
(UA) Donec'kyj 48 Di 42
(IRL) Donegal = Dún na nGall 37 Sb 36
(TR) Dönemeç 87 Ed 52
(HR) Donja Brela 58 Bg 47
(HR) Donja Konjšćina 58 Bg 44
(SRB) Donja Rudnica 59 Ca 47
(HR) Donja Stupnica 58 Bg 45
(HR) Donji Lapac 58 Bf 46
(HR) Donji Miholjac 59 Bi 45
(SRB) Donji Milanovac 19220 59 Cc 46
(HR) Donji Muć 58 Bg 47
(HR) Donji Srb 58 Bg 46
(BIH) Donji Vakuf 58 Bh 46
(F) Donjon, le 03130 55 Ad 44
(E) Donostia-San Sebastián 20001 54 Si 47
(RUS) Donskoe 48 Di 38
(RUS) Donskoe 52 Fh 39
(RUS) Donskoe 64 Eb 45
(RUS) Donskoj 31 Di 37
(F) Donzère 26290 55 Ae 46
(F) Donzy 58220 55 Ad 43
(B) Doornik = Tournai 7500 41 Ad 40
(RUS) Dor 21 Eb 32
(F) Dorat, le 87210 55 Ab 44
(GB) Dorchester OX10 40 Sh 40
(NL) Dordrecht 3300* 41 Ae 39
(D) Dorfen 84405 43 Bc 42
(A) Dörfles 2115 44 Bg 42
(I) Dorgali 08022 71 Ak 50
(GR) Dório 24011 82 Cb 53
(GR) Dorisko 68500 75 Cg 50
(GB) Dorking RH4 40 Sk 39
(D) Dormagen 41539* 42 Ag 39
(F) Dormans 51700 41 Ad 41
(RO) Dor Mărunt 917055 60 Cg 46
(A) Dornbirn 6850* 57 Ak 43
(GB) Dornoch IV25 38 Sf 33
(RO) Dorobanţu 827070 61 Ci 46
(RUS) Dorobino 31 Dh 37
(RUS) Dorofeevo 32 Dk 35
(RUS) Dorogobuž 31 Dd 36
(RUS) Dorogorskoe 13 Ee 25
(RO) Dorohoi 715200 60 Cg 43
(RUS) Dorohovo 31 Dg 35
(RUS) Dorošata 22 Fb 33
(S) Dorotea 91701 9 Bg 26
(D) Dorsten 46282* 42 Ag 39
(TR) Dörtdivan 77 Dc 50
(D) Dortmund 44135* 42 Ah 39
(TR) Dörtyol 05800 85 Df 52
(TR) Dörtyol 05800 85 Dg 54
(D) Dorum 27632 26 Ai 37
(TR) Dorutay 87 Ee 52
(RUS) Doščatoe 32 Ec 35
(TR) Döşemealtı 84 Da 53
(E) Dos Hermanas 41700 80 Se 53
(BG) Dospat 4831 75 Ce 49
(F) Douai 59500 41 Ad 40
(F) Douarnenez 29100 40 Sf 42
(F) Douchy 45220 55 Ad 43
(F) Doudeville 76560 41 Aa 41
(F) Doué-la-Fontaine 49700 54 Sk 43
(GB) Douglas ML12 39 Sg 35
(GBM) Douglas IM1 39 Sf 36
(F) Doullens 80600 41 Ac 40
(GB) Dounreay KW14 38 Sg 32
(F) Dourdan 91410 41 Ac 42
(GB) Dover CT16 41 Ab 39
(UA) Dovhe 45 Cd 42
(N) Dovre 2662 8 Ak 29
(BY) Dovsk 30 Da 37
(GB) Downham Market PE38 41 Aa 38
(GB) Downpatrick BT30 37 Se 36
(GR) Doxáto 75 Ce 49
(UA) Drabiv 47 Dc 41
(NL) Drachten 9200* 26 Ag 37
(RO) Dragalina 917080 61 Ch 46
(RO) Drăgăneşti-Olt 235400 60 Ce 46
(RO) Drăgăneşti-Vlaşca 147135 60 Cf 46
(BG) Draganovo 9349 60 Cf 47
(RKS) Dragaš = Dragash 22000 74 Ca 48
(RKS) Dragash = Dragaš 22000 74 Ca 48
(RO) Drăgăşani 245700 60 Ce 46
(SRB) Draglica 31317 59 Bk 47
(AL) Dragoç 74 Bk 48
(BG) Dragoman 2210 74 Cc 48
(RO) Dragomireşti 617165 61 Ch 44
(BG) Dragomirovo 5285 60 Cf 47
(FIN) Dragsfjärd 25870 18 Cc 30
(F) Draguignan 83300* 56 Ag 47
(RUS) Dragunskoe 48 Dg 40
(RO) Drăguşeni 807115 60 Cg 43
(BY) Drahičyn 46 Cf 38
(GR) Drakótripa 43060 74 Cb 51
(GR) Dráma 66100 75 Ce 49
(N) Drammen 3004* 16 Ba 31
(N) Drangedal 3750 16 Ak 31
(IS) Drangsnes 510 36 Qi 25
(PL) Drawsko Pomorskie 78-500 27 Bf 37
(PL) Drążdżewo 06-214 28 Cb 37
(BG) Drenovec 3920 59 Cc 47
(D) Dresden 01067* 43 Bd 39
(BY) Drètun' 30 Ck 35
(F) Dreux 28100* 41 Ab 42
(N) Drevsjø 2443 9 Bc 29
(PL) Drezdenko 66-530 27 Bf 38
(BIH) Drežnica 57 Bd 44
(GB) Driffield YO25 39 Sk 36
(GR) Drimó 82 Cc 54
(GR) Drimós 57200 74 Cc 50
(BG) Drjanovo 6493 75 Cf 48
(RUS) Drjazgi 48 Dk 38
(HR) Drniš 58 Bg 47
(N) Drøbak 1440 16 Ba 31
(RO) Drobeta-Turnu Severin 000220* 59 Cc 46
(MD) Drochia 5200 46 Ch 42
(IRL) Drogheda = Droichead Átha 37 Sd 37
(UA) Drogobyč = Drohobyč 45 Cd 41
(UA) Drohobyč 45 Cd 41
(IRL) Droichead Átha = Drogheda 37 Sd 37
(IRL) Droichead na Bandan = Bandan 37 Sb 39
(IRL) Droim Seanbho 37 Sb 36
(IRL) Dromad 37 Sc 37
(IRL) Dromod = Dromad 37 Sc 37
(GB) Dromore BT78 37 Sc 36
(IRL) Dromore West 37 Sb 36
(I) Dronero 12025 56 Ah 46
(NL) Dronten 8250* 42 Af 38
(A) Drosendorf Stadt-Zissersdorf 2095 44 Bf 42
(RUS) Droskovo 48 Dg 38
(GR) Drossopigí 47043 74 Cb 51
(UA) Drozdyn' 46 Ch 39
(SRB) Drume 74 Bk 48
(IRL) Drumshanbo = Droim Seanbho 37 Sb 36
(LT) Druskininkai 66001 29 Cd 36
(UA) Družba 47 Dd 38
(UA) Družbivka 62 De 44
(RUS) Družinino 35 Fk 34
(UA) Družkivka 48 Dh 42
(UA) Družkovka = Družkivka 48 Dh 42
(RUS) Družnyj 35 Gb 35
(HR) Drvenik 73 Bh 47
(P) Duas Igrejas 3560-048* 68 Sd 49
(MD) Dubăsari 4500 61 Ck 43
(RUS) Dubec 20 Di 32
(D) Düben, Bad 04849 43 Bc 39
(RUS) Dubenki 33 Eg 36
(RUS) Dubenskij 52 Fg 39
(MD) Dubėsar' = Dubăsari 4500 61 Ck 43
(RUS) Dub"jazy 33 Ek 34
(RUS) Dubki 50 Eg 39
(IRL) Dublin = Baile Átha Cliath 37 Sd 37
(RUS) Dubna 31 Dg 36
(RUS) Dubna 31 Dh 34
(UA) Dubno 46 Cf 40
(MD) Dubossary = Dubăsari 4500 61 Ck 43
(BIH) Duboštica 59 Bi 46
(SRB) Dubovac 26224 59 Cb 46
(RUS) Dubovaja Gora 34 Ff 34
(RUS) Dubovaja Rošča 31 Dg 37
(UA) Dubove 45 Cd 42
(UA) Dubovjazivka 47 Dd 39
(RUS) Dubovka 49 Ee 41
(RUS) Dubovo 23 Ff 33
(RUS) Dubovskoe 64 Ec 43
(RUS) Dubovyj Ovrag 49 Ee 42
(RUS) Dubovyj Umet 34 Fa 38
(RUS) Dubrovino 24 Gc 32
(RUS) Dubrovka 22 Fb 31
(RUS) Dubrovka 30 Ci 34
(RUS) Dubrovka 31 Dd 37
(RUS) Dubrovka 49 Eb 39
(RUS) Dubrovki 32 Ed 37
(BY) Dubrovna 30 Da 36
(HR) Dubrovnik 73 Bi 48
(RUS) Dubrovnoe 25 Gk 33
(RUS) Dubrovo 20 Dh 31
(RUS) Dubrovo 34 Fe 34
(UA) Dubrovycja 46 Cg 39
(F) Ducey 50220 40 Si 42
(UA) Duchanivka 47 Dd 39
(CZ) Duchcov 419 01 43 Bd 40
(L) Dudelange 3401 42 Ag 41
(D) Duderstadt 37115 43 Ba 39
(RO) Dudeşti 817040 61 Ch 46
(GB) Dudley DY3 40 Sh 38
(RUS) Dudorovskij 31 Df 37
(E) Dueñas 34210 69 Sf 49
(GB) Dufftown AB55 38 Sg 33
(SRB) Duga Poljana 36312 59 Ca 47
(HR) Duga Resa 58 Bf 45
(RUS) Dugna 31 Dg 36
(HR) Dugo Selo 58 Bg 45
(RUS) Duhovnickoe 50 Ei 38
(RUS) Duhovščina 30 Dc 35
(F) Duingt 74410 56 Ag 45
(I) Duino-Aurisina 34013 57 Bd 45
(D) Duisburg 47051* 42 Ag 39
(AL) Dukëz 74 Bk 50
(PL) Dukla 38-450 45 Cb 41
(BY) Dukora 30 Ch 37
(LT) Dūkštas 30042 29 Cg 35
(RUS) Duljapino 21 Ea 33
(D) Dülmen 48249 42 Ah 39
(BG) Dulovo 7650 61 Ch 47
(GB) Dumbarton G82 39 Sf 35
(GB) Dumfries DG1 39 Sg 35
(RUS) Duminiči 31 Df 37
(TR) Dumlu 79 Eb 50
(TR) Dumluca 26600 76 Db 51
(TR) Dumlupınar 43820 84 Ck 52
(H) Dunaföldvár 7020 59 Bi 44
(UA) Dunajivci 46 Cg 41
(UA) Dunajivci 46 Cg 42
(SK) Dunajská Streda 929 01 58 Bh 43
(H) Dunaszekcső 59 Bi 44
(H) Dunaújváros 2400 59 Bi 44
(BG) Dunavci 6145 59 Cc 47
(GB) Dunbar EH42 39 Sh 35
(GB) Dunblane FK15 38 Sg 34
(LV) Dundaga 3270 18 Cc 33
(IRL) Dundalk = Dún Dealgan 37 Sd 36
(IRL) Dún Dealgan = Dundalk 37 Sd 36
(GB) Dundee DD3 38 Sh 34
(GB) Dunfermline KY11 38 Sg 34
(GB) Dungannon BT71 37 Sd 36
(IRL) Dún Gar 37 Sb 37
(IRL) Dún Garbhán = Dungarvan 37 Sc 38
(IRL) Dungarvan = Dún Garbhán 37 Sc 38
(GB) Dungiven BT47 37 Sd 36
(IRL) Dunglow = An Clochán Liath 37 Sb 36
(MK) Dunje 7506 74 Cb 49
(GB) Dunkeld 38 Sg 34
(F) Dunkerque 59140* 41 Ac 39
(IRL) Dún Laoghaire 37 Sd 37
(IRL) Dunleary = Dún Laoghaire 37 Sd 37
(IRL) Dún Mánmhaí 37 Sa 39
(IRL) Dunmanway = DúnMήmhaí 37 Sa 39
(IRL) Dún Mor 37 Sb 37
(IRL) Dunmore = Dún Mor 37 Sb 37
(IRL) Dún na nGall 37 Sb 36
(IRL) Dún na Séad = Baltimore 37 Sa 39
(GB) Dunoon PA23 39 Sf 35
(IRL) Dún Selachainn 37 Sd 37
(IRL) Dunshaughlin = Dún Selachainn 37 Sd 37
(F) Dun-sur-Auron 18130 55 Ac 44
(F) Dun-sur-Meuse 55110 42 Af 41
(GB) Dunvegan IV55 38 Sd 33
(BG) Dupnica 2600 75 Cd 48
(TR) Durağan 57700 77 Df 49
(TR) Durak 01470 76 Ci 51
(E) Durango 48200 54 Sh 47
(F) Duras 47120 54 Aa 46
(LV) Durbe 3440 28 Cb 34
(HR) Đurđenovac 59 Bi 45
(HR) Đurđevac 58 Bh 44
(D) Düren 52349* 42 Ag 40
(GB) Durham DH1 39 Si 36
(TR) Durhasan 84 Ci 52
(IRL) Durlas = Thurles 37 Sc 38
(GB) Durness IV27 38 Sf 32
(A) Dürnstein 3601 44 Bf 42
(D) Dürrenberg, Bad 06231 43 Bc 39
(AL) Durrës 74 Bk 49
(IRL) Durrow = Darú 37 Sc 38
(TR) Dursunbey 10800 76 Ci 51
(F) Durtal 49430 54 Sk 43
(TR) Durusu 34557 76 Ci 49
(LT) Dusetos 32029 29 Cf 35
(BIH) Dusina 58 Bh 47
(D) Düsseldorf 40210* 42 Ag 39
(RUS) Dutluca 78 Di 51
(RUS) Dutovo 15 Fg 27
(RUS) Duvan 35 Fh 35
(RUS) Duvanej, Udel'no- 34 Ff 35
(TR) Düvertepe 76 Ci 51
(BIH) Duvno 58 Bh 47
(TR) Düzağaç 86 Dk 52
(TR) Düzbağ 46000 86 Dh 53
(TR) Düzce 76 Db 50
(TR) Düzgeçit 79 Ed 50
(TR) Düziçi 01970 86 Dg 53
(TR) Düzköy 61390 78 Dk 50
(BG) Dve Mogili 7150 60 Cf 47
(RUS) Dvinskoj 13 Ef 28
(RUS) Dvojni 32 Dk 35
(HR) Dvor 58 Bg 45
(UA) Dvorična 48 Dh 41
(RUS) Dvoriki 31 Di 34
(RUS) Dvorišči 20 Df 32
(RUS) Dvurečensk 35 Gb 34
(CZ) Dvůr Králové nad Labem 544 01* 44 Bf 40
(GB) Dyce AB21 38 Sh 33
(UA) Dykan'ka 47 De 41
(UA) Dymer 47 Da 40
(RUS) Dymnica 21 Ec 33
(UA) Dymytrove 47 Dc 42
(PL) Dynów 36-065 45 Cc 41
(N) Dyrnes 8 Ah 27
(RUS) Džabyk 35 Ga 37
(RUS) Džalil' 34 Fc 35
(RUS) Džalykovo 65 Eh 45
(UA) Džankoj 62 De 45
(RUS) Dzeržinsk 32 Ed 34
(UA) Dzeržyns'k 48 Dh 42
(PL) Działdowo 13-200 28 Ca 37
(PL) Dzierzgoń 82-440 28 Bk 37
(PL) Dzierżoniów 58-200 44 Bg 40
(RUS) Dzinaga 79 Ed 48
(BY) Dzisna 30 Ci 35
(BY) Dzivin 45 Ce 39
(BY) Dzjarečyn 29 Ce 37
(BY) Dzjaržynsk 30 Ch 37
(BY) Dzjatlava 29 Cf 37
(RUS) Džubga 63 Di 46
(UA) Džuryn 46 Ci 42
(PL) Dźwierzuty 12-120 28 Ca 37

E

(IRL) Eachroim 37 Sd 38
(IRL) Éadan Doire = Edenderry 37 Sc 37
(FIN) Eanodat = Enontekiö 99401 3 Cd 22
(IRL) Eas Geitine 37 Sb 38
(GB) Eastbourne BN20 41 Aa 40
(GB) East Dereham 41 Aa 38
(GB) East Kilbride G74 39 Sf 35
(F) Eauze 32800 54 Aa 47
(TR) Ebecik 84 Ci 53
(DK) Ebeltoft 8400 27 Ba 34
(D) Eberbach 69412 42 Ai 41
(D) Ebersbach-Neugersdorf 04643 43 Be 39
(A) Eberstein 9372 58 Be 44
(D) Eberswalde 16225 27 Bd 38
(I) Eboli 84025 73 Bf 50
(D) Ebstorf 29574 27 Ba 37
(TR) Eceabat 17900 75 Cg 50
(GB) Echt AB32 38 Sh 33
(L) Echternach 6408* 42 Ag 41
(E) Écija 41400 80 Se 53
(D) Eckernförde 24340 26 Ak 36
(AX) Eckerö 22271 18 Bk 30
(F) Ecommoy 54 Aa 43
(F) Ecueillé 36240 55 Ab 43
(S) Ed 16 Bb 32
(NL) Ede 6710 42 Af 38
(S) Edefors 83070 10 Ca 24
(IRL) Edenderry = Éadan Doire 37 Sc 37
(GR) Édessa 58200 74 Cc 50
(IRL) Edgeworthstown = Meathas Troim 37 Sc 37
(GB) Edinburgh KY11 39 Sg 35
(TR) Edincik 10640 76 Ch 50
(MD) Edincy = Edineţ 4600 46 Ch 42
(MD) Edinec = Edineţ 4600 46 Ch 42
(MD) Edineţ 4600 46 Ch 42
(TR) Edirne 22000* 75 Cg 49
(I) Edolo 25048 57 Ba 44
(TR) Edremit 65170 75 Ch 51
(S) Edsbro 76031 17 Bi 31
(S) Edsbruk 59098 17 Bg 32
(S) Edsbyn 82801 17 Bf 29
(S) Edsele 88041 9 Bg 27
(S) Edsvalla 66052 17 Bd 31
(BY) Ėdy 30 Ch 35
(B) Eeklo 9900 41 Ad 39
(TR) Efeköy 84 Da 52
(A) Eferding 4070 43 Be 42
(RUS) Efimovka 51 Fc 38
(RUS) Efimovskij 20 Dn 31
(GR) Efíra 27069 82 Cb 53
(TR) Eflâni 67180 77 Dc 49
(RO) Eforie Nord 905350 61 Ci 46
(RUS) Efremov 31 Di 37
(RUS) Efremo-Zykovo 34 Fd 37
(RUS) Efrosimovka 48 Dg 38
(S) Egby 38701 28 Bg 34
(H) Eger 59 Ca 43
(TR) Eğerci 67840 76 Db 49
(N) Egersund 4370 16 Ag 32
(N) Eggedal 3359 16 Ak 30
(D) Eggenfelden 84307 43 Bc 42
(H) Eghezée 5310 41 Ae 40
(PL) Egiertowo 83-314 28 Bi 36
(TR) Eğil 21360 87 Ea 52
(IS) Egilsstaðir 700* 36 Rf 25
(GR) Egínio 59032 74 Cc 50
(GR) Égio 25100 82 Cc 52
(TR) Eğirdir 32500 84 Da 53
(F) Egletons 19300 55 Ac 45
(NL) Egmond aan Zee 1930 26 Ae 38
(RUS) Egor'e 31 Dg 35
(RUS) Egor'evsk 32 Dk 35
(RUS) Egorlykskaja 64 Ea 44
(RUS) Egorovo 6 Eh 24
(RUS) Egošinskaja 22 Ei 30
(TR) Eğribayat 84 Dc 52
(DK) Egtved 6040 26 Ak 35
(F) Eguzon-Chatôme 55 Ab 44
(RUS) Egva 23 Fe 31
(D) Ehingen (Donau) 89584 42 Ak 42
(GR) Ehînos 75 Ce 49
(N) Ehodak 3 Cd 22
(A) Eichgraben 3032 44 Bf 42
(D) Eichstätt 85072 43 Bb 42
(N) Eide 6409 8 Ah 28
(N) Eidfjord 5783 16 Ah 30
(FO) Eiði 470 38 Sc 28
(N) Eidsdal 6215 8 Ah 28
(N) Eidskog 17 Bb 30
(N) Eidsvåg 6636 8 Ai 28
(N) Eidsvoll 2080 16 Bb 30
(N) Eikefjord 6940 16 Af 29
(D) Eilenburg 04838 43 Bc 39
(N) Eina 2843 16 Ba 30
(D) Einbeck 37547 42 Ak 39
(NL) Eindhoven 5600* 42 Af 39
(IS) Einholt 310 36 Qh 26
(D) Eisenach 99817 43 Ba 40
(A) Eisenerz 8790 58 Be 43
(D) Eisenhüttenstadt 15890 43 Be 38
(A) Eisenkappel 9135 58 Be 44
(A) Eisenstadt 7000* 58 Bg 43
(D) Eisfeld 98673 43 Ba 40
(LT) Eišiškės 17017 29 Cf 36
(D) Eisleben, Lutherstadt 06295 43 Bb 39
(N) Eivindvik 5966 16 Af 30
(E) Eivissa 07800 70 Ab 52
(FO) Ejde = Eiði 470 38 Sc 28
(RUS) Ėjna 4 Dc 21
(RUS) Ejsk 63 Di 44
(RUS) Ejskoe Ukreplenie 63 Di 44
(RUS) Ekaterinburg 35 Ga 34
(RUS) Ekaterinovka 48 Di 38
(RUS) Ekaterinovka 48 Dk 40
(RUS) Ekaterinovka 49 Ee 38
(FIN) Ekenäs 10600* 18 Cd 31
(S) Ekenäs 17 Bd 32
(S) Ekeren 2180 41 Ae 39
(RUS) Ekimoviči 31 Dd 36
(TR) Ekinözü 46360 86 Dh 52
(TR) Ekinyolu 87 Ea 52
(S) Ekshärad 68050 17 Bd 30
(TR) Ekşili 07145 84 Da 53
(S) Eksjö 57501* 17 Be 33
(RUS) Elabuga 34 Fc 35
(GR) Elafónissos 23053 82 Cc 54
(RUS) Elan' 24 Gd 33
(RUS) Elan' 49 Ed 40
(RUS) Elan'-Kolenovskij 49 Eb 39
(GR) Elassóna 40200 74 Cc 51
(RUS) Elat'ma 32 Eb 36
(RUS) Elaur 33 Ei 37
(TR) Elâzığ 23000* 86 Dk 52
(AL) Elbasan 74 Ca 49
(TR) Elbaşı 38610 85 Df 52
(F) Elbeuf 76500 41 Aa 41
(TR) Elbeyli 86 Dh 54
(TR) Elbistan 46300 86 Dh 52
(PL) Elbląg 82-300 28 Bk 36
(RUS) Ėl'brus 64 Ec 47
(RUS) Ėl'brus 79 Ec 47
(RUS) Ėl'brusskij 64 Ec 47
(E) Elche = Elx 03201 81 Sk 52
(RUS) Ėl'cy 31 Dd 34
(E) Elda 03600 70 Sk 52
(TR) Eldivan 77 Dd 50
(IS) Eldjarnsstaðir 540 36 Ql 25
(RUS) Elec 48 Di 38
(RUS) Eleckaja Lozovka 48 Dk 38
(GR) Elefsína 19201 82 Cd 52
(GR) Eleftheroupoli 75 Ce 50
(RUS) Elegino 21 Eb 32
(LV) Eleja 3023 29 Cd 34
(H) Elek 5742 59 Cb 44
(LT) Elektrėnai 26001 29 Ce 36
(RUS) Ėlektrostal' 31 Di 35
(RUS) Ėlektrougli 31 Di 35
(BG) Elena 5070 75 Cf 48
(RUS) Elenovka 52 Fk 40
(RUS) Elenskij 31 Df 37
(TR) Eleşkirt 04600 79 Ec 51
(N) Elgå 8 Bb 28
(GB) Elgin IV30 38 Sg 33
(RUS) Ėl'hotovo 64 Ee 47
(RUS) Ėl'hotovo 79 Ee 47
(RUS) Elhovka 34 Fa 37
(BG) Elhovo 6064 75 Cg 48
(GB) Elie KY9 38 Sh 34
(FIN) Elimäki 47201 18 Cg 30
(RUS) Elionka 47 Dc 38
(RUS) Ėlista 64 Ee 44
(N) Elistranda 8 Ba 27
(RUS) Elizavetopol'skoe 53 Ga 38
(PL) Ełk 19-300 29 Cc 37
(RUS) Ėl'kib 14 Ei 27
(GB) Ellon AB41 38 Sh 33
(S) Ellös 47401 16 Bb 32
(D) Ellwangen (Jagst) 73479 43 Ba 42
(TR) Elmadağ 06780 77 Dd 51
(TR) Elmalı 75 Cg 50
(TR) Elmalı 79 Ea 51

(TR) Elmalı 84 Ck 54
(TR) Elmalı 85 Df 52
(TR) Elmalı 86 Dh 52
(TR) Elmalıdere 79 Ec 51
(D) Elmshorn 25335* 26 Ak 37
(F) Elne 66200* 70 Ac 48
(N) Elnesvågan 6409 8 Ah 28
(RUS) El'niki 32 Ed 36
(RUS) El'nja 31 Dd 36
(RUS) Eloga 23 Fd 31
(RUS) Elovo 34 Fe 33
(RUS) Elšanka 50 Eg 39
(RUS) Elšanka 52 Ff 39
(RUS) Elšanka Pervaja 34 Fb 38
(N) Elsfjord 8672 9 Bd 24
(BY) El'sk 46 Ck 39
(N) Elstad 16 Ba 29
(D) Elsterwerda 04910 43 Bd 39
(D) Eltmann 97483 43 Ba 41
(EST) Elva 61503* 18 Cg 32
(TR) Elvanlı 33730 85 De 54
(P) Elvas 7350-001* 80 Sc 52
(F) Elven 56250 54 Sh 43
(N) Elverum 2406* 16 Bb 30
(E) Elx = Elche 81 Sk 52
(GB) Ely CB6 41 Aa 38
(D) Elze 31008 42 Ak 38
(S) Emådalen 17 Be 29
(RUS) Emanželinsk 35 Gb 36
(GR) Embório 85200 83 Cf 54
(LV) Embūte 3436 28 Cb 34
(RUS) Emca 12 Ea 27
(D) Emden 26721* 26 Ah 37
(RUS) Emeck 13 Eb 27
(TR) Emek 87 Ed 52
(RUS) Emel'janovka 11 Da 27
(RUS) Emel'janovskaja 13 Eb 26
(TR) Emet 43700 76 Ck 51
(TR) Emiralem 35670 83 Ch 52
(TR) Emirdağ 03600 76 Db 51
(TR) Emirgazi 42910 85 Dd 53
(TR) Emirler 77 Dc 51
(TR) Emirler 86 Dg 53
(TR) Emiryusuf 78 Dg 49
(D) Emlichheim 49824 42 Ag 38
(S) Emmaboda 36101 27 Bf 34
(EST) Emmaste 92001 18 Cc 32
(NL) Emmeloord 8300* 26 Af 38
(NL) Emmen 7722 26 Ag 38
(D) Emmendingen 79312 42 Ah 42
(D) Emmerich am Rhein 46446 42 Ag 39
(BG) Emona 8252 76 Ch 48
(GR) Empessós 30017 74 Cb 51
(I) Empoli 50053 57 Ba 47
(D) Ems, Bad 56130 42 Ah 40
(D) Emsdetten 48282 42 Ah 38
(RUS) Emva 14 Fa 28
(RUS) Ėna 4 Db 23
(UA) Enakievo = Jenakijeve 48 Di 42
(S) Enånger 82519 17 Bh 29
(TR) Encekler 84 Ci 52
(N) Endrespless 9 Bd 25
(RUS) Ėnergetik 52 Fi 39
(TR) Enez 22700 75 Cg 50
(IRL) Enfield = An Bóthar Buí 37 Sd 37
(CH) Engelberg 6390 56 Ai 44
(A) Engelhartszell 4090* 43 Bd 42
(RUS) Ėngel's 50 Eg 39
(N) Engjan 8 Ai 27
(RUS) Engozero 11 Dd 25
(LV) Engure 3113 18 Cd 33
(RUS) Enjukovo 20 Dh 31
(NL) Enkhuizen 1600 26 Af 38
(S) Enköping 74500* 17 Bh 31
(I) Enna 94100 72 Be 53
(TR) Enne 76 Ck 51
(IRL) Ennis = Inis 37 Sb 38
(IRL) Enniscorthy = Inis Córthaidh 37 Sd 38
(IRL) Ennis Diomáin 37 Sa 38
(GB) Enniskillen BT74 37 Sc 36
(IRL) Ennistymon = Ennis Diomáin 37 Sa 38
(A) Enns 4470* 43 Be 42
(FIN) Eno 81201 11 Da 28
(N) Enodden 8 Ba 28
(FIN) Enonkoski 58175 11 Ci 28
(FIN) Enontekiö 99401 3 Cd 22
(RUS) Enotaevka 65 Eg 43
(NL) Enschede 7500* 42 Ag 38
(F) Entrains-sur-Nohain 58410 55 Ad 43
(F) Entraygues-sur-Truyère 12140 55 Ac 46
(F) Entrevaux 04320 56 Ag 47
(P) Entroncamento 2330-001* 68 Sb 51
(H) Enying 8130 59 Bi 44
(IRL) Eochaill = Youghal 37 Sc 39
(GR) Epanomí 57500 74 Cc 50
(NL) Epe 48599 42 Af 38
(F) Épernay 51200* 41 Ad 41
(RUS) Epifan' 31 Di 37
(F) Épinac 71360 55 Ae 44
(F) Épinal 88000* 42 Ag 42
(CY) Episkopi Bay 84 Dc 56
(D) Eppingen 75031 42 Ai 41
(GB) Epsom KT19 40 Sk 39
(I) Eraclea 30020 57 Bc 45
(RUS) Erahtur 32 Eb 36
(TR) Erarslan 05000 77 Df 50
(GR) Erátini 33058 82 Cc 52
(GR) Erátira 50003 74 Cb 50
(TR) Erbaa 60500* 78 Dg 50
(TR) Erbalunga 20222 71 Ak 48
(TR) Erçek 65210 87 Ed 52
(TR) Erciş 65400 79 Ed 51
(H) Érd 2030 59 Bi 43
(TR) Erdek 10500 76 Ch 50
(TR) Erdemli 33730* 85 De 54
(F) Erdeven 56410 54 Sg 43
(D) Erding 85435 43 Bb 42
(RUS) Erdnievskij 65 Eg 44
(TR) Ereğli 42310* 76 Db 49
(TR) Ereğli 42310* 85 De 53
(TR) Erentepe 49510 79 Ec 51
(GR) Eressós 81105 75 Cf 51
(GR) Erétria 37400 82 Cd 52
(N) Erfjord 16 Ag 31
(D) Erfurt 99084* 43 Bb 40
(TR) Erganı 86 Dk 52
(RUS) Ergeninskij 64 Ee 43
(LV) Ērgļi 4840 29 Cf 34
(P) Ericeira 2655-001* 68 Sa 52
(TR) Erikli 57800 75 Cg 50
(S) Erikslund 84196 9 Bf 28
(S) Eriksmåla 36194 27 Bf 34
(S) Eringsboda 37017 27 Bf 34
(GR) Erithrés 19008 82 Cd 52
(RUS) Erken-Šahar 64 Eb 46
(TR) Erkilet 38170 85 Df 52
(E) Erla 50611 70 Sk 48
(D) Erlangen 91052* 43 Bb 41
(A) Erlsbach 9963 57 Bc 44
(RUS) Ermakovo 21 Dk 32
(RUS) Ermeneevo 34 Fd 36
(TR) Ermenek 70400 84 Dc 54
(P) Ermesinde 4445-274* 68 Sb 49
(RUS) Ėrmica 6 Fc 24
(GR) Ermióni 21051 82 Cd 53
(RUS) Ermiš' 32 Ec 36
(RUS) Ermolaevo 52 Ff 38
(RUS) Ermolino 31 Dh 34
(RUS) Ermolkino 34 Fd 36
(GR) Ermoúpoli 84100 82 Ce 53
(RUS) Ėrna 23 Ff 31
(F) Ernée 53500 40 Sk 42
(RO) Ernei 547215 60 Ce 44
(F) Erquy 22430 40 Sh 42
(AL) Ersekë 74 Ca 50
(RUS) Erši 31 De 36
(RUS) Eršov 50 Eg 41
(RUS) Eršov 50 Ei 39
(RUS) Eršovo 20 Di 31
(F) Erstein 67150 42 Ah 42
(RUS) Ertil' 49 Ea 39
(RUS) Ėrtoma 13 Eh 27
(TR) Ertuğrul 76 Ch 51
(TR) Ertuğrulköy 76 Db 51
(TR) Eruh 87 Ec 53
(HR) Ervenik 58 Bf 46
(TR) Erzin (Yeşilkent) 85 Dg 54
(TR) Erzurum 25000* 79 Eb 51
(LT) Eržvilkas 74021 29 Cc 35
(TR) Eşatlar 76 Ck 51
(DK) Esbjerg 6700* 26 Ai 35
(FIN) Esbo = Espoo 02002* 18 Ce 30
(E) Escala, l' 17130 70 Ad 48
(E) Escalada 69 Sg 48
(I) Escalaplano 08043 71 Ak 51
(E) Escalona 22363 69 Sf 50
(E) Escatrón 50790 70 Sk 49
(D) Eschede 29348 27 Ba 38
(L) Esch-sur-Sûre 9635 42 Af 41
(D) Eschwege 37269 43 Ba 39
(E) Escorial, El 28280 69 Sf 50
(TR) Eşen 84 Ck 54
(TR) Esençay 05810 77 Df 49
(TR) Esençay 05810 78 Dg 50
(TR) Esençe 76 Ci 50
(TR) Esenköy 11640 84 Ci 53
(TR) Esenlik 79 Ed 51
(RUS) Esenoviči 20 De 33
(D) Esens 26427 26 Ah 37
(TR) Esenyurt 77 Dc 50
(TR) Esenyurt 78 Dg 51
(RUS) Esinskaja 21 Eb 30
(IS) Eskifjörður 735 36 Rf 25
(TR) Eski Gediz 76 Ck 51
(TR) Eskihisar 83 Ci 53
(TR) Eskil 68800 85 Dd 52
(S) Eskilstuna 63003* 17 Bg 31
(TR) Eski Malalatya 44210 86 Di 52
(RUS) Eskino 20 Df 32
(TR) Eskipazar 67200 77 Dc 50
(TR) Eskişehir 26000* 76 Da 51
(S) Eslöv 24110* 27 Bd 35
(TR) Eşme 84 Ci 52
(TR) Eşmekaya 68150 85 Dd 52
(TR) Esmer 79 Ec 51
(F) Espalion 12500 55 Ac 46
(D) Espelkamp 32339 42 Ai 38
(E) Espiel 14220 80 Se 52
(E) Espinar, El 40400 69 Sf 50
(P) Espinho 3885-201* 68 Sb 49
(E) Espinosa de los Monteros 09560 69 Sg 47
(TR) Espiye 28600 78 Di 50
(FIN) Espoo 02002* 18 Ce 30
(P) Esposende 4740-001* 68 Sb 49
(S) Esrange 3 Cb 23
(F) Essarts, les 85140 54 Si 44
(B) Essen 45127* 41 Ae 39
(D) Essen 45127* 42 Ah 39
(RUS) Essentuki 64 Ec 46
(GR) Essími 68100 75 Cf 49
(D) Esslingen am Neckar 73728* 42 Ak 42
(RUS) Ėssojla 11 Dd 29
(F) Essones, Corbeil- 41 Ac 42
(RUS) Estapovo 22 Fa 31
(P) Estarreja 3860-201* 68 Sb 50
(E) Estépar 69 Sg 48
(E) Estepona 29680 80 Se 54
(F) Esternay 51310 41 Ad 42
(E) Esterri d'Àneu 70 Ab 48
(E) Esterri de Aneu = Esterri d'Aneu 70 Ab 48
(F) Estissac 10190 41 Ad 42
(E) Estivella 46590 70 Sk 51
(P) Estói 8005-449* 80 Sc 53
(E) Estrada, A 36680 68 Sb 48
(P) Estremoz 7100-100* 68 Sc 52
(H) Esztergom 59 Bi 43
(F) Étain 55400 42 Af 41
(F) Étampes 91150* 41 Ac 42
(TR) Etili 17420 75 Cg 51
(RUS) Etkul' 35 Gb 36
(N) Etne 5590 16 Af 31
(F) Etrépagny 27150 41 Ab 41
(F) Étretat 76790 41 Aa 41
(BG) Etropole 2180 75 Ce 48
(F) Eu 76260 41 Ab 40
(B) Eupen 4700 42 Ag 40
(FIN) Eura 27511 18 Cc 29
(FIN) Eurajoki 27101 18 Cb 29
(D) Euskirchen 53879* 42 Ag 40
(D) Eutin 23701 27 Ba 36
(N) Evanger 5707 16 Ag 30
(F) Evaux-les-Bains 23110 55 Ac 44
(RUS) Evbujak 35 Fg 35
(RUS) Evcaniči 20 Dd 32
(TR) Evciler 33630 75 Cg 51
(TR) Evciler 33630 77 Dd 51
(TR) Evciler 33630 84 Ck 52
(BY) Evdakimavičy 30 Da 36
(GR) Evdilos 83 Cg 53
(RUS) Evdino 14 Fa 27
(B) Evergem 9940 41 Ad 39
(S) Evertsberg 17 Bd 29
(GB) Evesham WR11 40 Si 38
(RUS) Evgora 11 Dd 27
(F) Évian-les-Bains 74500 56 Ag 44
(FIN) Evijärvi 62501 10 Cd 27
(I) Evisa 20126 71 Ai 48
(N) Evje 4735 16 Ah 32
(RUS) Evlanovo 48 Dh 38
(P) Évora 7100-300 80 Sc 52
(UA) Evpatorija = Jevpatorija 62 Dd 45
(TR) Evrese 17350 75 Cg 50
(F) Évreux 27000* 41 Ab 41
(F) Evron 53600* 40 Sk 42
(GR) Evrostína 20009 82 Cc 52
(F) Évry 91000 41 Ac 42
(RUS) Evsinskaja 20 Dh 29
(RUS) Evsjutino 21 Eb 31
(UA) Evsuh 48 Dk 41
(GB) Exeter EX4 40 Sg 40
(F) Exideuil 54 Aa 45
(GB) Exmouth EX8 40 Sg 40
(N) Eydehamn 16 Ai 32
(GB) Eyemouth TD14 39 Sh 35
(F) Eygurande 19340 55 Ac 45
(F) Eymet 24500 54 Aa 46
(F) Eymoutiers 87120 55 Ab 45
(TR) Eynesil 28850 78 Dk 49
(E) Ezcaray 26280 69 Sg 48
(LV) Ezere 3891 29 Cc 34
(LV) Ezernieki 5692 30 Ch 34
(RUS) Ėževo 23 Fc 32
(RUS) Ežiha 22 Eh 32
(TR) Ezine 17600 75 Cg 51
(BY) Ezjaryšča 30 Ck 35
(RUS) Ėžva 22 Fa 29

F

(DK) Faaborg = Fåborg 5600 27 Ba 35
(N) Fåberg 2625 16 Ba 29
(DK) Fåborg = Faaborg 5600 27 Ba 35
(I) Fabriano 60044 57 Bc 47
(RO) Făcăeni 927110 61 Ch 46
(I) Faenza 48018 57 Bb 46
(P) Fafe 4820-002* 68 Sb 49
(RO) Făgăraş 505200 60 Ce 45
(S) Fågelberget 83086 9 Be 26
(S) Fågelsjö 9 Be 29
(N) Fagernes 2900 16 Ak 30
(N) Fagernes 2900 2 Bk 21
(S) Fagersta 73701* 17 Bf 30
(RO) Făget 607207 59 Cc 45
(IS) Fagurhólsmýri 880 36 Rd 27
(IRL) Faing 37 Sa 38
(RUS) Fakel 23 Fd 33
(GB) Fakenham NR21 39 Aa 38
(TR) Fakılı 77 Df 51
(BIH) Fakovići 59 Bk 46
(DK) Fakse 4640 27 Bc 35
(F) Falaise 14700 40 Sk 42
(IRL) Falcarragh = An Fál Carrach 37 Sb 35
(I) Falconara Marittima 57 Bd 47
(RUS) Falenki 22 Fb 32
(MD) Fălești 5901 61 Ch 43
(MD) Falešty = Fălești 5901 61 Ch 43
(S) Falkenberg 31101* 27 Bc 34
(D) Falkenberg (Elster) 04895 43 Bd 39
(D) Falkensee 14612 43 Bd 38
(S) Falköping 52101* 17 Bd 32
(S) Fällfors 91501 10 Ca 25
(D) Fallingbostel, Bad 29683 26 Ak 38
(GB) Falmouth 40 Se 40
(E) Falset 43730 70 Aa 49
(RO) Fălticeni 725200 60 Cg 43
(S) Falun 79101* 17 Bf 30
(N) Fanahammaren 16 Af 30
(N) Fannrem 7320 8 Ak 27
(I) Fano 61032 57 Bd 47
(N) Fanrem 8 Ak 27
(F) Faouët, le 56320 40 Sg 42
(I) Fara in Sabina 02032 72 Bc 48
(S) Färgelanda 45801 16 Bb 32
(S) Färila 9 Bf 29
(GB) Faringdon SN7 40 Si 39
(S) Färjestaden 30001 28 Bg 34
(GR) Farkadóna 42031 74 Cc 51
(RO) Fărliug 327200 59 Cb 45
(P) Faro 8700-152* 80 Sc 53
(S) Fårösund 62035 17 Bk 33
(IRL) Farrenfore = An Fearann Fuar 37 Sa 38
(GR) Fársala 40300 74 Cc 51
(N) Farsund 4550 16 Ag 32
(I) Fasano 72015 73 Bh 50
(IS) Fáskrúðsfjörður 750 36 Rg 26
(UA) Fastiv 46 Ck 40
(UA) Fastov = Fastiv 46 Ck 40
(E) Fatela, La 68 Sd 50
(RUS) Fatež 48 Df 38
(TR) Fatih 34080* 76 Ci 49
(P) Fátima 2495-551* 68 Sb 51
(TR) Fatsa 52400 78 Dh 49
(F) Faulquemont 57380 42 Ag 41
(RO) Făurei 815100 61 Ch 45
(N) Fauske 8200 2 Bf 23
(F) Faute-sur-Mer, la 85460 54 Si 44
(N) Fåvang 2634 16 Ba 29
(F) Faverney 70160 56 Ag 43
(GB) Faversham ME13 41 Aa 39
(I) Favignana 91023 72 Bc 53
(GB) Fawley SO45 40 Si 40
(F) Fayl-la-Forêt 52500 56 Af 43
(E) Fayón 50795 70 Aa 49
(IRL) Fearna 37 Sd 38
(F) Fécamp 76400 41 Aa 41
(N) Fedje 5947 16 Ae 30
(RUS) Fedjukovo 31 Df 36
(RUS) Fedorovka 33 Ek 37
(RUS) Fedorovka 34 Ff 37
(RUS) Fëdorovka 63 Di 43
(RUS) Fedorovskoe 32 Dk 34
(RUS) Fedotovo 21 Ec 30
(RUS) Fedovo 12 Dk 28
(TR) Fehimli 77 Df 51
(D) Fehmarn 23769 27 Bb 36
(D) Fehrbellin 16833 27 Bc 38
(A) Feistritz an der Drau 9710 57 Bd 44
(TR) Feke 01660 85 Df 53
(TR) Felâhiye 38750* 77 Df 51
(E) Felanitx 07200 70 Ad 51
(A) Feldbach 8330 58 Bf 44
(D) Feldberg 17258 27 Bd 37
(RO) Feldioara 507065 60 Cf 45
(A) Feldkirch 6800* 57 Ak 43
(A) Feldkirchen in Kärnten 9560 58 Be 44
(MD) Fèlešt' = Fălești 61 Ch 43
(GB) Felixstowe IP11 41 Ab 39
(F) Felletin 23500 55 Ac 45
(I) Feltre 32032 57 Bb 44
(I) Fenestrelle 10060 56 Ah 45
(UA) Fenevyči 47 Da 40
(UA) Feodosija 62 Df 45
(RUS) Ferapontovo 20 Di 31
(F) Fère, la 02800 41 Ad 41
(F) Fère-Champenoise 51230 41 Ad 42
(F) Fère-en-Tardenois 02130 41 Ad 41
(I) Ferentino 03013 72 Bd 49
(RKS) Ferizaj = Uroševac 70000* 74 Cb 48
(TR) Ferizli 54110 76 Da 50
(A) Ferlach 9170* 58 Be 44
(LT) Ferma 25001 29 Ce 35
(I) Fermo 63023 57 Bd 47
(E) Fermoselle 49220 68 Sd 49
(IRL) Fermoy = Mainistir Fhear Maí 37 Sb 38
(IRL) Ferns = Fearna 37 Sd 38
(I) Ferrandina 75013 73 Bg 50
(I) Ferrara 44100 57 Bb 46
(P) Ferreira do Alentejo 7900-195* 80 Sb 52
(E) Ferreries 07750 71 Ae 51
(I) Ferriere 29024 57 Ak 46
(E) Ferrol 15510 68 Sb 47
(RUS) Feršampenuaz 35 Fk 37
(F) Ferté-Bernard, la 72400 41 Aa 42
(F) Ferté-Macé, la 61600 40 Sk 42
(F) Ferté-Saint-Aubin, la 45240 55 Ab 43
(F) Ferté-sous-Jouarre, la 77260 41 Ad 42
(N) Festvåg 2 Be 23
(RO) Fetești 925100 61 Ch 46
(TR) Fethiye 48300 84 Ck 54
(TR) Fethiye 48300 86 Di 52
(N) Fetsund 1900 16 Bb 31
(D) Feuchtwangen 91555 43 Ba 41
(F) Feurs 42110 55 Ae 45
(N) Fevik 4870 16 Ai 32
(TR) Fevzipaşa 27830 86 Dg 53
(GB) Ffestiniog LL41 39 Sg 38
(I) Fiastra 62035 72 Bd 47
(I) Ficulle 05016 72 Bc 48
(I) Fidenza 43036 57 Ba 46
(RO) Fieni 137100 60 Cf 45
(AL) Fier 74 Bk 50
(AL) Fierzë 74 Ca 48
(CH) Fiesch 3984 56 Ai 44
(I) Fiesole 50014 57 Bb 47
(F) Figari 20114 71 Ak 49
(F) Figeac 46100* 55 Ac 46
(S) Figeholm 57205 17 Bg 33
(N) Figgjo, Ålgård- 16 Af 32
(F) Figline 59100 57 Bb 47
(P) Figueira da Foz 3080-011* 68 Sb 50
(P) Figueira de Castelo Rodrigo 6440-100* 68 Sd 50
(P) Figueiró dos Vinhos 3260-305* 68 Sb 51
(E) Figueres 17600 70 Ac 48
(RUS) Fil'čenki 30 Dc 35
(BG) Filevo 75 Cf 48
(GB) Filey YO14 39 Sk 36
(GR) Filí 13601 82 Cd 52
(RO) Filiași 205300 60 Cd 46
(GR) Filiatrá 24300 82 Cb 53
(RUS) Filimonovo 35 Ga 36
(RUS) Filinskoe 32 Ec 35
(RUS) Filippovka 33 Ek 36
(RUS) Filippovka 53 Gc 39
(S) Filipstad 68201 17 Be 31
(N) Fillan 7240 8 Ai 27
(I) Finale Ligure 17024 56 Ai 46
(E) Fiñana 04500 81 Sh 53
(AX) Finby 22530 18 Ca 30
(TR) Fındık 87 Eb 53
(TR) Fındıkköyü 86 Dg 52
(TR) Fındıklı 05000 75 Cg 50
(TR) Fındıklı 05000 79 Eb 49
(TR) Fındıkpınarı 33730 85 De 54
(TR) Finike 07740 84 Da 54
(GR) Finikounda 24006 82 Cb 54
(D) Finnentrop 57413 42 Ah 39
(N) Finnskog 17 Bc 30
(N) Finnsnes 9300 2 Bh 21
(S) Finspång 61201* 17 Bf 32
(D) Finsterwalde 03238 43 Bd 39
(IRL) Fintown 37 Sb 36
(GB) Fionnphort PA76 38 Sd 34
(I) Firenze 50100* 57 Bb 47
(I) Firenzuola 50033 57 Bb 46
(F) Firminy 42700 55 Ae 45
(RUS) Firovo 20 Dd 33
(GB) Fishguard SA65 40 Sf 39
(N) Fiskå 4122 8 Af 28
(N) Fiskebøl 2 Be 22
(F) Fismes 51170 41 Ad 41
(GR) Fíties 30009 82 Cb 52
(I) Fiuggi 03014 72 Bd 49
(I) Fivizzano 54013 57 Ba 46
(N) Fjærland 6848 16 Ag 29
(S) Fjällbacka 45071 16 Bb 32
(S) Fjällnes 84098 9 Bc 28
(DK) Fjellerup 5856 27 Ba 34
(DK) Fjerritslev 9690 26 Ak 33
(N) Fjordgård 2 Bh 21
(N) Flå 3539 16 Ak 30
(N) Flakstad 2 Bd 22
(N) Flåm 5743 16 Ah 30
(IS) Flateyri 425 36 Qg 24
(N) Flatval 8 Ai 27
(F) Flèche, la 72200* 54 Sk 43
(GB) Fleetwood FY7 39 Sg 37
(N) Flekkefjord 4400 16 Ag 32
(S) Flen 17 Bg 31
(D) Flensburg / Flensborg 24937* 26 Ak 36
(F) Flers 61100 40 Sk 42
(N) Flesberg 3620 16 Ak 31
(F) Fleurance 32500 54 Aa 47

(GB) Flint CH6 39 Sg 37
(N) Flisa 2270 17 Bc 30
(E) Flix 43750 70 Aa 49
(S) Floby 52040 17 Bd 32
(S) Floda 17 Bc 33
(D) Flöha 09557 43 Bd 40
(F) Florac 48400 55 Ad 46
(I) Florenz = Firenze 50100 57 Bb 47
(MD) Floreşt' = Floreşti 61 Ci 43
(MD) Floreşti 5000 61 Ci 43
(MD) Florešty = Floreşti 5000 61 Ci 43
(I) Floridia 96014 72 Bf 53
(GR) Flórina 53100 74 Cb 50
(N) Flornes 7525 8 Bb 27
(N) Florø 6900 16 Af 29
(BIH) Foča 59 Bi 47
(TR) Foça 35680 83 Cg 52
(GB) Fochabers IV32 38 Sg 33
(RO) Focşani 000620* 61 Ch 45
(I) Foggia 71100 73 Bf 49
(F) Foix 09000* 70 Ab 48
(BIH) Fojnica 58 Bh 47
(RUS) Foki 34 Fe 34
(RUS) Fokino 31 De 37
(N) Foldereid 7985 9 Bc 26
(GR) Folégandros 84011 82 Ce 54
(I) Foligno 06034 72 Bc 48
(GB) Folkestone CT18 41 Ab 39
(N) Follafoss 7796 8 Bb 27
(N) Folldal 2580 8 Ak 28
(N) Follebu 2656 16 Ba 29
(S) Föllinge 83060 9 Be 27
(I) Follonica 72 Ba 48
(RUS) Fominki 32 Ec 35
(RUS) Fomino 31 De 36
(RUS) Fominskij 35 Fk 36
(RUS) Fominskoe 21 Eb 32
(RUS) Fominskoe 21 Ec 31
(I) Fondi 36012 72 Bd 49
(I) Fonni 08023 71 Ak 50
(E) Fonsagrada, A 27100 68 Sc 47
(F) Fontainebleau 77300* 41 Ac 42
(UA) Fontanka 61 Da 44
(F) Fontenay-le-Comte 85200 54 Sk 44
(E) Fontiveros 05310 69 Sf 50
(IS) Fontur 36 Rf 24
(H) Fonyód 8640 58 Bh 44
(F) Forbach 76596 42 Ag 41
(F) Forcalquier 04300 56 Af 47
(D) Forchheim 91301 43 Bb 41
(N) Førde 6826 16 Af 29
(N) Førde 6826 16 Af 31
(PL) Fordon 85-900 28 Bi 37
(I) Fordongianus 09083 71 Ai 51
(GB) Forfar DD8 38 Sh 34
(F) Forges-les-Eaux 76440 41 Ab 41
(I) Forlì 57 Bc 46
(GB) Formby L37 39 Sg 37
(I) Formia 04023 72 Bd 49
(RUS) Forminskij 22 Ei 29
(E) Fornells 71 Ae 50
(I) Fornovo di Taro 43045 57 Ak 46
(UA) Foros 62 Dd 46
(GB) Forres IV36 38 Sg 33
(S) Forshaga 66701 17 Bd 31
(S) Forshällan 2 Bk 24
(S) Forsmo 88101 9 Bh 27
(N) Forsnes 7246 8 Ai 27
(FIN) Forssa 32003 18 Cd 30
(D) Forst (Lausitz) 03149 43 Be 39
(GB) Fort Augustus PH32 38 Sf 33
(GB) Fort George IV1 38 Sf 33
(E) Fortuna 30620 81 Si 52
(GB) Fort William PH33 38 Se 34
(N) Forvik 9 Bc 25
(N) Fosnavåg 6090 8 Af 28
(I) Fossano 12045 56 Ah 46
(N) Fossbakken 9350 2 Bh 22
(I) Fossombrone 61034 57 Bc 47
(GR) Fotiná 60100 74 Cc 50
(F) Fouesnant 29170 54 Sf 43
(F) Fougères 35300* 40 Si 42
(F) Fougerolles 70220 56 Ag 43
(F) Fourchambault 58600 55 Ad 43
(F) Fourmies 59610 41 Ae 40
(GR) Fourni 83 Cg 53
(IRL) Foxford = Béal Easa 37 Sa 37
(IRL) Foynes = Faing 37 Sa 38
(E) Foz 27780 68 Sc 47
(E) Fraga 22520 70 Aa 49
(GR) Fragísta 82 Cb 52
(B) Fraiture 6690 42 Af 40
(I) Francavilla Fontana 72021 73 Bh 50
(I) Francavilla in Sinni 85034 73 Bg 50
(F) Francescas 47600 54 Aa 46
(I) Francofonte 96015 72 Be 53
(NL) Franeker = Frjentsjer 26 Af 37
(D) Frankenberg (Eder) 35066 42 Ai 39
(D) Frankenthal (Pfalz) 67227 42 Ai 41
(D) Frankfurt (Oder) 15230* 43 Be 38
(D) Frankfurt am Main 60311* 42 Ai 40
(S) Frankrike 83051 9 Bd 27
(S) Fränsta 84012 9 Bg 28
(D) Franzburg 18461 27 Bc 36
(I) Frascati 00044 72 Bc 49
(GB) Fraserburgh AB43 38 Sh 33
(CH) Frauenfeld 8500* 56 Ai 43
(DK) Fredericia 7000 26 Ak 35
(DK) Frederikshavn 9900 16 Ba 33
(DK) Frederikssund 3600 27 Bc 35
(DK) Frederiksværk 3300 27 Bc 35
(S) Fredrika 91050 9 Bi 26
(S) Fredriksberg 77010 17 Be 30
(N) Fredrikstad-Sarpsborg 1604* 16 Ba 31
(E) Fregenal de la Sierra 06340 80 Sd 52
(D) Freiberg 09599 43 Bd 40
(CH) Freiburg = Fribourg 1700* 56 Ah 44
(D) Freiburg im Breisgau 79098* 56 Ah 43
(D) Freienwalde, Bad 27 Be 38
(A) Freiland 3183 58 Bf 43
(D) Freilassing 83395 57 Bc 43
(D) Freising 85354* 43 Bb 42
(A) Freistadt 4240* 43 Be 42
(D) Freital 01705 43 Bd 40
(F) Fréjus 83600* 56 Ag 47
(IRL) Frenchpark = Dún Gar 37 Sb 37
(CZ) Frenštát pod Radhoštěm 744 01 44 Bi 41
(E) Fresno-Alhándiga 68 Se 50
(E) Fresno de Caracena 42311 69 Sg 49
(N) Fresvik 6896 16 Ag 29
(F) Fréteval 41160 55 Ab 43
(F) Fretigney-et-Velloreille 70130 56 Af 43
(D) Freudenstadt 72250 42 Ai 42
(F) Frévent 62270 41 Ac 40
(D) Freyung 94078 43 Bd 42
(GR) Frí 85800 83 Cg 55
(CH) Fribourg = Freiburg 1700* 56 Ah 44
(A) Friedberg 86316 58 Bg 43
(D) Friedberg (Hessen) 61169 42 Ai 40
(D) Friedland 37133 27 Bd 37
(D) Friedrichshafen 88045* 57 Ak 43
(D) Friedrichshall, Bad 74177 42 Ak 41
(D) Friedrichstadt 25840 26 Ak 36
(A) Friesach 9360 58 Be 44
(D) Friesoythe 26169 26 Ah 37
(S) Friggesund 82700 9 Bg 29
(GR) Frikes 82 Ca 52
(S) Fristad 51300 17 Bd 33
(S) Fritsla 51110 17 Bc 33
(D) Fritzlar 34560 42 Ak 39
(RUS) Frjanovo 31 Di 34
(NL) Frjentsjer = Franeker 26 Af 37
(RUS) Frolišči 32 Ec 34
(RUS) Frolovo 20 Dh 31
(RUS) Frolovo 49 Ed 41
(GB) Frome BA11 40 Sh 39
(E) Frómista 34440 69 Sf 48
(F) Frontignan 34110* 55 Ad 47
(I) Frosinone 03100 72 Bd 49
(S) Frösö 9 Be 27
(I) Frosolone 86095 73 Be 49
(GR) Frossíni 74 Ca 51
(N) Frosta 7633 8 Ba 27
(S) Frostviksbränna 9 Bd 26
(RO) Frumoasa 147140 60 Cf 44
(RO) Frumuşani 917100 60 Cg 46
(UA) Frunze 62 De 44
(UA) Frunzivka 61 Ck 43
(CH) Frutigen 3714 56 Ah 44
(CZ) Frýdek-Místek 738 01* 44 Bi 41
(CZ) Frýdlant 464 01 44 Bf 40
(E) Fuengirola 29640 81 Sf 54
(E) Fuente-Álamo 02651 81 Si 53
(E) Fuente Dé 39588 54 Sf 47
(E) Fuente de Cantos 06240 80 Sd 52
(E) Fuente del Arco 06980 80 Se 52
(E) Fuente del Fresno 29315 69 Sg 51
(E) Fuente de San Esteban, La 68 Sd 50
(E) Fuente Obejuna 14290 80 Se 52
(E) Fuentesaúco 49400 68 Se 49
(E) Fuentes de Ebro 50740 70 Sk 49
(E) Fuentes de Nava 34337 69 Sf 48
(DK) Fuglebjerg 4250 27 Bb 35
(D) Fulda 36037* 42 Ak 40
(S) Fulunäs 17 Bd 29
(F) Fumel 47500 54 Aa 46
(S) Funäsdalen 84095 9 Bc 28
(P) Fundão 6100-820* 68 Sc 50
(RO) Fundulea 915200 60 Cg 46
(RO) Furculeşti 147145 60 Cf 47
(RUS) Furmanov 21 Eb 33
(B) Furnes = Veurne 8630 41 Ac 39
(D) Fürstenau 49584 42 Ah 38
(D) Fürstenberg (Havel) 16798 27 Bd 37
(A) Fürstenfeld 8280 58 Bf 43
(D) Fürstenfeldbruck 82256 43 Bb 42
(D) Fürstenwalde (Spree) 15517 43 Be 38
(D) Fürth 64658 43 Ba 41
(D) Furth im Wald 93437 43 Bc 41
(D) Furtwangen im Schwarzwald 78120 42 Ai 42
(S) Furudal 79070 17 Bf 29
(N) Furuflaten 9062 2 Ca 21
(S) Furuvik 81491 17 Bh 30
(N) Fusa 5641 16 Af 30
(A) Fusch an der Großglocknerstraße 5672 57 Bc 43
(AL) Fushë-Arrëz 74 Ca 48
(AL) Fushë-Krujë 74 Bk 49
(D) Füssen 87629 57 Ba 43
(DK) Fynshav 6440 26 Ak 36
(N) Fyresdal 3870 16 Ai 31

G

(BG) Gabare 3265 60 Cd 47
(RUS) Gabovo 23 Fd 30
(BG) Gabreševci 2557 74 Cc 48
(RKS) Gabrica 74 Cb 48
(BG) Gabrovo 5300* 75 Cf 48
(F) Gacé 61230 41 Aa 42
(BIH) Gacko 73 Bi 47
(S) Gäddede 83090 9 Be 26
(D) Gadebusch 19205 27 Bb 37
(RUS) Gadja 23 Fh 29
(BY) Gadjač = Hadjač 47 Dd 40
(RO) Găeşti 135200 60 Cf 46
(I) Gaeta 04024 72 Bd 49
(RUS) Gagino 33 Ef 35
(RUS) Gagrino 20 De 31
(RUS) Gagšor 22 Fa 30
(LV) Gaiķi 3872 29 Cc 34
(D) Gaildorf 74405 42 Ak 41
(F) Gaillac 81600* 55 Ab 47
(IRL) Gaillimh = Galway 37 Sa 37
(GB) Gainsborough DN21 39 Sk 37
(GR) Gaïou 74 Ca 51
(GB) Gairloch IV21 38 Se 33
(HR) Gaj 58 Bh 45
(RUS) Gaj 52 Fi 39
(RUS) Gajny 23 Fe 30
(RUS) Gajutino 20 Di 32
(RUS) Gakugsa 20 Dg 29
(BG) Gălăbovo 2784 75 Cf 48
(RUS) Galanovo 34 Fe 34
(GB) Galashiels TD1 39 Sh 35
(CY) Galata 2827 84 Dc 55
(GR) Galatás 82 Cd 53
(RO) Galaţi 000800* 61 Ci 45
(I) Galatina 73013 73 Bi 50
(GR) Galátista 63073 75 Cd 50
(E) Galera 18840 81 Sh 53
(F) Galeria 71 Ai 48
(RO) Gâlgău 457140 60 Cd 43
(RUS) Galiakberovo 35 Fh 37
(RUS) Galič 21 Ec 32
(RO) Galicea 247205 60 Ce 46
(MK) Galičnik 1256 74 Ca 49
(RUS) Galkino 25 Ge 32
(I) Gallarate 21013 56 Ai 45
(I) Gallipoli 73014 73 Bh 50
(S) Gällivare 98201 2 Ca 23
(S) Gällö 84050 9 Bf 28
(IRL) Galway = Gaillimh 37 Sa 37
(RUS) Gam 14 Ek 28
(F) Gamaches 80220 41 Ab 41
(S) Gamleby 59401 17 Bg 33
(S) Gammelstaden 97100 10 Cc 25
(N) Gamvik 9775 3 Ci 19
(F) Gan 64290 54 Sk 47
(B) Gand = Gent 9000 41 Ad 39
(D) Ganderkesee 27777 26 Ai 37
(D) Gandersheim, Bad 37581 43 Ba 39
(E) Gandesa 43780 70 Aa 49
(E) Gandía 46700 70 Sk 52
(RO) Găneasa 237185 60 Ce 46
(F) Ganges 34190 55 Ad 47
(F) Gannat 03800 55 Ad 44
(A) Gänserndorf 2230 44 Bg 42
(RUS) Gapkin 64 Eb 43
(RUS) Gar' 22 Ei 30
(BG) Gara Hitrino 9780 60 Cg 47
(D) Garbsen 30823* 42 Ak 38
(I) Garda 37016 57 Ba 45
(F) Gardanne 13120 56 Af 47
(S) Gardby 38701 28 Bg 34
(D) Gardelegen 39638 43 Bb 38
(GR) Gardíki 46200 74 Cb 51
(GR) Gardíki 46200 82 Cb 52
(S) Gärdnäs 83086 9 Bf 26
(I) Gardone Val Trompia 57 Ba 45
(S) Gärdsjö 17 Bf 30
(HR) Garešnica 58 Bg 45
(GR) Gargaliáni 24400 82 Cb 53
(S) Gargnäs 92073 9 Bh 25
(LT) Gargždai 96001 28 Cb 35
(RUS) Gari 24 Gc 31
(RUS) Gar'inskij 22 Fa 29
(I) Garlasco 27026 56 Ai 45
(LT) Garliava 53030 29 Cd 36
(F) Garlin 64330 54 Sk 47
(D) Garmisch-Partenkirchen 82467 57 Bb 43
(N) Garmo 2685 16 Ai 29
(E) Garrovillas 10940 68 Sd 51
(E) Garrucha 04630 81 Si 53
(S) Gärsnäs 27203 27 Be 35
(D) Gartz (Oder) 16307 27 Be 37
(RUS) Garusovo 20 Df 33
(N) Gårva 3 Cf 21
(P) Garvão 7670-121* 80 Sb 53
(PL) Garwolin 08-400 45 Cb 39
(D) Garz 17419 27 Bd 36
(RUS) Gaškovo 24 Fi 31
(RO) Gătaia 307185 59 Cb 45
(RUS) Gatčina 19 Da 31
(GB) Gatehouse of Fleet DG7 39 Sf 36
(GB) Gateshead NE11 39 Si 36
(I) Gattinara 13045 56 Ai 45
(E) Gaucín 29480 80 Se 54
(N) Gaupne 6868 16 Ah 29
(F) Gavarnie 65120 70 Sk 48
(P) Gavião 6050-201 68 Sc 51
(S) Gävle 80002* 17 Bh 30
(F) Gavray 50450 40 Si 42
(RUS) Gavrilkovo 21 Ea 31
(RUS) Gavrilov-Jam 21 Dk 33
(RUS) Gavrilov Posad 32 Ea 34
(GR) Gávrio 84501 82 Ce 53
(S) Gavsele 91060 9 Bh 26
(S) Gävunda 17 Be 30
(TR) Gazi Antep 86 Dh 53
(TR) Gaziler 79 Ec 50
(TR) Gaziler 79 Ed 50
Gazimagusa = Ammochostos 85 Dd 55
(TR) Gazipaşa 84 Dc 54
(TR) Gazlıgöl 84 Db 52
(TR) Gazlıkuyu 86 Dk 54
(PL) Gdańsk 80-009* 28 Bi 36
(RUS) Gdov 19 Ch 32
(PL) Gdynia 81-004* 28 Bi 36
(TR) Geben 46420 86 Dg 53
(TR) Gebiz 07540 84 Da 53
(TR) Gebze 41400* 76 Ck 50
(TR) Geçitli 87 Ed 53
(TR) Gedikbaşı 78 Di 51
(TR) Gedikdere 24860 79 Ea 51
(TR) Gedikler 62630 78 Di 51
(TR) Gedikli 85 Df 52
(TR) Gediksaray 05910 77 Df 50
(B) Gedinne 5575 41 Ae 41
(TR) Gediz 43600 84 Ck 52
(DK) Gedser 4874 27 Bb 36
(B) Geel 2440 42 Af 39
(D) Geilenkirchen 52511 42 Ag 40
(N) Geilo 3580 16 Ai 30
(D) Geisenfeld 85290 43 Bb 42
(D) Geislingen an der Steige 73312 42 Ak 42
(N) Geiterygghytta 16 Ah 30
(N) Geithus, Åmot- 3360 16 Ai 31
(I) Gela 93012 72 Be 53
(D) Geldern 47608 42 Ag 39
(TR) Gelembe 76 Ch 51
(TR) Gelendost 32900 84 Db 52
(RUS) Gelendžik 63 Di 46
(TR) Gelenler 87 Ee 52
(TR) Gelibolu 48700 75 Cg 50
(D) Gelnhausen 63571 42 Ak 40
(D) Gelsenkirchen 45879* 42 Ah 39
(D) Gelting 24395 26 Ak 36
(B) Gembloux 5030 41 Ae 40
(TR) Gemerek 58840 78 Dg 51
(TR) Gemlik 16600 76 Ck 50
(I) Gemona del Friuli 33013 57 Bd 44
(F) Gémozac 17260 54 Sk 45
(D) Gemünden am Main 97737 42 Ak 40
(TR) Genç 12500 87 Ea 52
(TR) Gencek 42482 84 Db 53
(RUS) Generalovskij 64 Ed 43
(BG) General Toševo 9500 61 Ci 47
(CH) Genève 1200* 56 Ag 44
(CH) Genf = Genève 1200* 56 Ag 44
(B) Genk 3600 42 Af 40
(F) Genlis 21110 56 Af 43
(NL) Gennep 6590 42 Ag 39
(F) Gennes 49350 54 Sk 43
(I) Genova 16100 56 Ai 46
(B) Gent 9000 41 Ad 39
(D) Genthin 39307 43 Bc 38
(I) Genua = Genova 56 Ai 46
(I) Genzano di Lucania 85013 73 Bg 50
(RUS) Georgievka 34 Fa 37
(RUS) Georgievsk 64 Ed 46
(RUS) Georgievskoe 20 Dg 31
(RUS) Georgievskoe 22 Ef 32
(RUS) Georgiu-Dež = Liski 48 Dk 40
(D) Gera 07545* 43 Bc 40
(B) Geraardsbergen 9500 41 Ad 40
(I) Gerace 89040 73 Bg 52
(GR) Gérakas 23070 82 Cd 54
(GR) Geráki 23058 82 Cc 54
(F) Gérardmer 88400* 42 Ag 42
(RUS) Gerasimovka 25 Gf 32
(TR) Gercüş 72300 87 Eb 53
(TR) Gerede 14900 77 Dc 50
(E) Gerena 41860 80 Sd 53
(E) Gérgal 04550 81 Sh 53
(TR) Gerger 86 Dk 52
(TR) Geriş 07635 84 Db 54
(TR) Germencik 09700 83 Ch 53
(D) Germersheim 76726 42 Ai 41
(E) Gernika-Lumo 48300 54 Sh 47
(GR) Geroliménas 23071 82 Cc 54
(E) Gerona = Girona 17001 70 Ac 49
(D) Geseke 59590 42 Ai 39
(S) Gesunda 17 Be 30
(AX) Geta 22340 18 Bk 30
(E) Getafe 28901* 69 Sg 50
(S) Getinge 31044 27 Bc 34
(TR) Gevaş 65700 87 Ed 52
(MK) Gevgelija 1480* 74 Cc 49
(F) Gex 01170 56 Ag 44
(TR) Geyikli 61500 75 Cg 51
(TR) Geyikpınar 87 Eb 52
(TR) Geyre 09385 84 Ci 53
(TR) Geyve 54700 76 Da 50
(TR) Gezi 38180 85 Df 52
(TR) Gezin 86 Dk 52
(AL) Gëziq 74 Bk 49
(A) Gföhl 3542* 44 Bf 42
(I) Ghedi 25016 57 Ba 45
(RO) Gheorghe Gheorghiu-Dej = Oneşti 000601* 60 Cg 44
(RO) Gheorgheni 535500 60 Cf 44
(RO) Gherla 405300 60 Cd 43
(I) Ghilarza 09074 71 Ai 50
(RO) Ghimpaţi 087095 60 Cf 46
(F) Ghisonaccia 20240 71 Ak 48
(RUS) Giaginskaja 63 Ea 46
(F) Giandola, la 06540 56 Ah 47
(GR) Giannitsá 58100 74 Cc 50
(I) Giarre 95014 72 Bf 53
(F) Giat 63620 55 Ac 45
(I) Giba 09010 71 Ai 51
(N) Gibostad 9372 2 Bi 21
(E) Gibraleón 21500 80 Sd 53
(GBZ) Gibraltar 80 Se 54
(S) Gideå 89037 10 Bk 27
(F) Gien 45500* 55 Ac 43
(F) Gières 38610 56 Af 45
(D) Gießen 35390* 42 Ai 40
(NL) Gieten 9460 26 Ag 37
(NL) Giethoorn 8355 26 Ag 38
(D) Gifhorn 38518 43 Ba 38
(RUS) Gigant 64 Eb 44
(A) Giggl 6553 57 Ba 43
(RO) Ghighera 207285 60 Cd 47
(I) Giglio Castello 72 Ba 48
(F) Gignac 34150 55 Ad 47
(E) Gijón = Xixón 03200* 68 Se 47
(RO) Gilău 407310 60 Cd 44
(FIN) Gilbbesjavri = Kilpisjärvi 99460 2 Ca 21
(DK) Gilleleje 3250 27 Bc 34
(S) Gillesnuole 9 Bg 25
(GB) Gillingham SP8 41 Aa 39
(S) Gimo 74702 17 Bi 30
(RUS) Gimoly 11 Dc 28
(F) Gimont 32200 54 Aa 47
(I) Gioia del Colle 70023 73 Bg 50
(I) Gioia Tauro 89013 72 Bf 52
(GR) Giokaréika 82 Cc 53
(RUS) Gir, Saraj- 34 Fd 37
(TR) Giresun 28000* 78 Di 50
(I) Girifalco 88024 73 Bg 52
(TR) Girmeli 47330 87 Eb 53
Girne = Keryneia 85 Dd 55
(E) Girona 17001 70 Ac 49
(E) Gironella 08680 70 Ab 48
(RO) Girov 617210 60 Cg 44
(GB) Girvan KA26 39 Sf 35
(RUS) Girvas 11 Dd 28
(RUS) Girvas 4 Da 23
(S) Gislaved 33201 17 Bd 33
(F) Gisors 27140 41 Ab 41
(GR) Githio 23200 82 Cc 54
(S) Gittun 2 Bi 24
(RO) Giubega 207290 60 Cd 46
(I) Giulianova 64021 72 Bd 48
(RO) Giurgeni 927135 61 Ch 46
(RO) Giurgiu 000080* 60 Cf 47
(MD) Giurgiuleşti 5318 61 Ci 45
(DK) Give 7323 26 Ak 35
(F) Givet 08600 41 Ae 40
(F) Givors 69700 55 Ae 45
(RUS) Gizel' 79 Ee 48
(F) Gizeux 37340 54 Aa 43
(PL) Giżycko 11-500* 28 Cb 36
(N) Gjerstad 4980 16 Ak 32
(N) Gjersvik 9 Bd 26
(N) Gjesvær 9765 3 Cf 19
(RKS) Gjilan = Gnjilane 60000* 74 Cb 48
(AL) Gjirokastër 74 Ca 50
(FO) Gjógv 476 38 Sd 28
(AL) Gjormë 74 Bk 50
(FO) Gjøv = Gjógv 476 38 Sd 28
(N) Gjøvik 16 Ba 30
(RUS) Glad' 19 Dc 31
(N) Gladstad 8 Bb 25
(BIH) Glamoč 58 Bg 46
(N) Glåmos 7372 8 Bb 28
(DK) Glamsbjerg 5620 27 Ba 35
(CH) Glarus 8750 57 Ak 43
(GB) Glasgow G40 39 Sf 35
(GB) Glastonbury BA16 40 Sh 39

D Glauchau 08371 43 Bc 40
IS Glaumbær 36 Ql 25
HR Glavace 58 Bf 46
BIH Glavatićevo 59 Bi 47
BG Glavinica 4409 60 Cg 47
RUS Glazaniha 12 Di 27
RUS Glazov 23 Fc 32
RUS Glazunovka 48 Dg 38
IRL Gleann Beithe 37 Rl 38
A Gleisdorf 8200* 58 Bf 43
IRL Glenamoy 37 Sa 36
GB Glenariff BT44 37 Sd 35
GB Glenarm BT44 37 Se 36
GB Glenavy BT29 37 Sd 36
IRL Glenbeigh = Gleann Beithe 37 Rl 38
IRL Glengarriff = An Glean Garbh 37 Sa 39
GB Glenluce DG8 39 Sf 36
GB Glenrothes KY6 38 Sg 34
IRL Glenties = Na Gleannta 37 Sb 36
GR Glifa 35013 82 Cc 52
S Glimåkra 28064 27 Be 34
HR Glina 58 Bg 45
RUS Glinka 30 Dc 36
PL Glinojeck 06-450 28 Ca 38
PL Gliwice 44-100* 44 Bi 40
AL Gllavë 74 Bk 50
MD Glodeni 4900 61 Ch 43
A Gloggnitz 2640* 58 Bf 43
PL Głogów 67-200* 44 Bg 39
N Glomfjord 8160 2 Bd 24
S Glommersträsk 93081 10 Bk 25
GB Glossop SK13 39 Si 37
RUS Glotovka 33 Eg 37
RUS Glotovo 14 Ek 27
GB Gloucester GL2 40 Sh 39
PL Główczyce 76-220 28 Bh 36
PL Głowno 11-040 44 Bk 39
PL Głubczyce 48-100 44 Bh 40
RUS Glubokij 49 Ea 42
PL Głuchołazy 48-340 44 Bh 40
D Glückstadt 25348 26 Ak 37
RUS Gluhovo 32 Ed 35
BY Gluša 30 Ci 37
RUS Gluškovo 47 De 39
RUS Gmelinka 50 Eg 40
A Gmünd 9853 43 Be 42
A Gmünd 9853 57 Bd 44
A Gmunden 4810* 43 Bd 43
S Gnarp 82077 9 Bh 28
D Gnarrenburg 27442 26 Ak 37
PL Gniew 83-140 28 Bi 37
PL Gniewkowo 88-140 28 Bi 38
PL Gniezno 62-200* 44 Bh 38
RKS Gnjilane = Gjilan 60000* 74 Cb 48
D Gnoien 17179 27 Bc 37
TR Göçbeyli 35700 76 Ch 51
BG Goce Delčev 2900 75 Cd 49
D Goch 47574 42 Ag 39
IS Goðdali 560 36 Ql 25
BG Godeč 2240 75 Cd 47
F Goderville 76110 41 Aa 41
PL Godętowo 84-218 28 Bh 36
H Gödöllő 59 Bk 43
PL Godziszewo 83-209 28 Bi 36
NL Goes 41 Ad 39
RUS Gofickoe 64 Ed 45
D Göhren 18586 27 Bd 36
E Goián 36750 68 Sb 49
P Góis 3330-209* 68 Sb 50
AL Gojani i Sipërm 74 Bk 49
TR Gokçebey 67670 77 Dc 49
TR Gökçedağ 76 Ci 51
TR Gökçekent 78 Di 50
TR Gökçeli 27700 78 Dg 50
TR Gökçen 83 Ch 52
TR Gökçeören 18800 84 Ci 52
TR Gökçeşeyh 25500 79 Ea 51
TR Gökçesu 76 Db 50
TR Gökdere 60030 78 Dg 50
TR Gökdere 60030 87 Ea 52
TR Gökkuşağı 33321 85 De 54
TR Gököğlan 25000 79 Eb 51
TR Gökova 83 Ci 53
TR Göksu 79 Ec 51
TR Göksun 46600 86 Dg 52
TR Göktepe 84 Ci 53
TR Göktepe 84 Dc 54
TR Gökyurt 84 Dc 53
N Gol 3570 16 Ai 30
AL Golaj 74 Ca 48
TR Gölbaşı 13800 77 Dc 51
TR Gölbaşı 13800 86 Dh 53
TR Gölcük 07350 76 Ch 51
TR Gölcük 07350 76 Ck 50
TR Gölcük 07350 85 De 52
TR Gölcük 07350 86 Dk 53
PL Golczewo 72-410 27 Be 37
PL Gołdap 19-500* 29 Cc 36
D Goldberg 19399 27 Bc 37
TR Göldüzü 87 Ed 52
RUS Goldyrevskij 23 Fh 33
TR Göle 75700 79 Ec 50
P Golegã 2150-120* 68 Sb 51
PL Goleniów 72-100* 27 Be 37
PL Golesze 97-320 44 Bk 39
I Golfo Aranci 07020 71 Ak 50
TR Gölhisar 15400 84 Ck 53
RUS Golicino 33 Ee 37
RUS Golicyno 31 Dg 35
PL Golina 62-590 44 Bi 38
LV Goliševa 5726 30 Ch 34
RUS Golitcino 4 Df 21
BG Goljama Željazna 5670 75 Ce 48
BG Goljam Manastir 8624 75 Cg 48
BG Goljamo Kruševo 8729 75 Cg 48
TR Gölköy 78 Dh 50
A Golling an der Salzach 5440 57 Bd 43
TR Göllü 77 De 51
TR Gölmarmara 45580 83 Ch 52
SLO Golnik 4204 58 Be 44
TR Gölören 85 Dd 53
TR Gölova 07350 78 Di 50
TR Gölova 07350 84 Da 54
RUS Golovcevo 33 Eg 37
RUS Golovinka 63 Dk 47
TR Gölpazarı 11130 76 Da 50
GB Golspie KW10 38 Sg 33
SRB Golubac 12223 59 Cb 46
TR Gölyaka 14380 76 Da 50
TR Gölyanı 49510 87 Ec 52
TR Gölyazı 85 Dd 52
RUS Golynki 30 Db 36
D Golzow 14778 43 Bc 38
TR Gömeç 10700 75 Cg 51
BY Gomel' = Homel' 47 Db 38
RUS Gomorovići 20 De 30
RUS Gončarovka 48 Dk 40
P Gondomar 3550-125* 68 Sb 49
TR Gönen 10900 76 Ch 50
TR Gönen 10900 84 Da 53
GR Góni 40004 74 Cc 51
GB Goole DN14 39 Sk 37
NL Goor 7470 42 Ag 38
D Göppingen 73033* 42 Ak 42
PL Góra 95-047 44 Bg 39
PL Góra 95-047 45 Ca 38
RUS Gora 21 Dk 29
RUS Goragorskij 65 Ef 47
PL Góra Kalwaria 05-530 45 Cb 39
BIH Goražde 73000* 59 Bi 47
RUS Gorbunovskij 35 Fk 37
RUS Gorčuha 21 Ed 33
S Gördalen 79091 17 Bc 29
TR Gördes 45750 84 Ci 52
RUS Gordino 23 Fd 32
TR Görele 28800 78 Dk 49
RUS Gorelki 31 Dh 36
TR Göreme 50000 85 De 52
RUS Gorevaja 22 Ef 31
IRL Gorey = Guaire 37 Sd 38
RUS Goricy 20 Dg 33
RUS Goricy 32 Eb 33
NL Gorinchem 4200* 41 Ae 39
I Gorizia 34170 57 Bd 45
RUS Gorjačevodskij 64 Ed 46
RUS Gorjačij Ključ 63 Dk 46
RUS Gorjainovka 50 Ei 38
RUS Gorka 20 Dd 33
RUS Gor'kij = Nižnij Novgorod 32 Ed 34
RUS Gor'kovskij 49 Ee 42
DK Gørlev 4281 27 Bb 35
PL Gorlice 38-300* 45 Cb 41
D Görlitz 02826* 43 Be 39
UA Gorlovka = Horlivka 48 Di 42
RUS Gorlovo 32 Dk 37
BG Gorna Orjahovica 5100 75 Cf 47
BG Gorna Studena 5294 60 Cf 47
RUS Gorneckoe 19 Dc 32
RUS Gornjackij 49 Ea 42
RUS Gornjak 32 Dk 37
SRB Gornji Milanovac 32300* 59 Ca 46
BIH Gornji Vakuf-Uskoplje 58 Bh 47
RUS Gornoslinkino 25 Gi 32
RUS Gornozavodsk 24 Fi 32
RUS Gornručej 20 Df 30
RUS Gornyj 50 Ei 39
RUS Gorodec 32 Ed 34
RUS Gorodeck 13 Ef 27
RUS Gorodišče 19 Ck 32
RUS Gorodišče 33 Ef 37
RUS Gorodišče 33 Eh 36
RUS Gorodišče 51 Fe 39
RUS Gorodišče, Krestovo- 33 Ei 36
RUS Gorodnja 31 Dg 34
RUS Gorodovikovsk 64 Eb 44
RUS Gorohovec 32 Ec 34
PL Górowo Iławieckie 28 Ca 36
F Gorron 53120 40 Sk 42
RUS Goršečnoe 48 Di 39
BG Gorski Izvor 6865 75 Cf 48
RUS Goršok 13 Ec 25
IRL Gort = An Gort 37 Sb 37
TR Göründü 87 Ec 52
S Görvik 9 Bf 27
PL Gorzów Wielkopolski 66-400* 27 Bf 38
D Goslar 38640* 43 Ba 39
HR Gospić 58 Bf 46
CH Gossau (SG) 9202 57 Ak 43
MK Gostivar 1230* 74 Ca 49
PL Gostyń 72-405 44 Bh 39
PL Gostynin 09-500 44 Bk 38
S Göteborg 40010* 16 Bb 33
S Götene 53301 17 Bd 32
D Gotha 99867 43 Ba 40
S Gothem 62030 17 Bi 33
D Göttingen 37073* 42 Ak 39
S Gottskär 17 Bc 33
UA Gotval'd = Zmijiv 48 Dg 41
NL Gouda 2801* 41 Ae 38
GR Goúra 20014 82 Cc 53
F Gourdon 46300 55 Ab 46
F Gourin 56110 40 Sg 42
F Gournay-en-Bray 76220 41 Ab 41
P Gouveia 2705-409* 68 Sc 50
GR Gouvia 74 Bk 51
F Gouzon 23230 55 Ac 44
TR Göynücek 05900 77 Df 50
TR Göynük 50500 76 Da 50
TR Göynük 50500 79 Ea 51
TR Göynük 50500 84 Da 52
TR Gözeli 86 Dk 52
TR Gözkaya 27800 86 Dg 54
TR Gözne 33400 85 De 54
S Gräbo 17 Bc 33
D Grabow 19300 27 Bb 37
PL Grabów nad Prosną 63-520 44 Bi 39
HR Gračac 58 Bf 46
BIH Gračanica 59 Bi 46
F Graçay 18310 55 Ab 43
RUS Gračevka 34 Fc 38
RUS Gračevka 49 Ea 38
RUS Gračevka 64 Ec 45
RUS Gračev Kust 50 Ek 39
HR Gradac 73 Bh 47
MNE Gradac 84 215 59 Bk 47
BIH Gradačac 59 Bi 46
BG Gradec 8990 59 Cc 46
BG Gradec 8990 75 Cg 48
E Gradefes 24160 68 Se 48
A Grades 9362 58 Be 44
RO Grădinari 237205 60 Ce 46
RO Grădiștea 077110 61 Ch 46
BG Gradnica 9498 75 Ch 47
I Grado 34073 57 Bd 45
E Grado, El 70 Aa 48
E Grado (Grau) 33820 68 Sd 47
MK Gradsko 1420 74 Cb 49
D Gräfelfing 82166 43 Bb 42
D Grafenau 94481 43 Bd 42
D Gräfenhainichen 06773 43 Bc 39
BG Graf Ignatievo 4198 75 Ce 48
D Grafing bei München 85567 43 Bb 42
RUS Grahovo 34 Fc 34
MNE Grahovo 81 420 74 Bi 48
IRL Graig na Managh 37 Sd 38
IRL Graiguenamanagh = Graig na Managh 37 Sd 38
PL Grajewo 19-200 29 Cc 37
RUS Grajvoron 48 Df 40
DK Gram 6510 26 Ak 35
BG Gramada 3830 59 Cc 47
F Gramat 46500 55 Ab 46
B Grammont = Geraardsbergen 9500 41 Ad 40
AL Gramsh 74 Ca 50
D Gramzow 17291 27 Be 37
N Gran 2750 16 Ba 30
E Granada 18001* 81 Sg 53
E Granadella, la 03738 70 Aa 49
IRL Granard 37 Sc 37
E Grandas (Grandas de Salime) 33730 68 Sd 47
F Grand-Combe, la 30110 55 Ae 46
F Grande-Motte, la 34280 55 Ae 47
F Grand-Fougeray 35390 54 Si 43
F Grand-Lucé, le 72150 54 Aa 43
P Grândola 7570-112* 80 Sb 52
F Grandvilliers 60210 41 Ab 41
E Grañén 22260 70 Sk 49
IRL Grange = An Ghrainseach 37 Sb 36
S Grängesberg 77201 17 Bf 30
S Graninge 88295 9 Bg 27
E Granja de Torrehermosa 06910 80 Se 52
S Grankullavik 38075 17 Bh 33
S Gränna 56301 17 Be 32
S Grannäs 92397 9 Bg 25
S Granö 92295 10 Bk 26
E Granollers 08400* 70 Ac 49
D Gransee 16775 27 Bd 37
S Grånssjö 9 Be 25
GB Grantham NG31 39 Sk 38
GB Grantown-on-Spey PH26 38 Sg 33
F Granville 50400* 40 Si 42
N Granvin 5736 16 Ag 30
F Grasse 06130* 56 Ag 47
DK Gråsten 6300 26 Ak 35
S Grästorp 46701 17 Bc 32
F Graulhet 81300* 55 Ab 47
E Graus 22430 70 Aa 48
NL Grave 5360 42 Af 39
F Gravelines 59820 41 Ac 40
NL Gravenhage, 's- = Den Haag 2554* 41 Ae 38
I Gravina di Puglia 70022 73 Bg 50
F Gray 70100* 56 Af 43
A Graz 8010* 58 Bf 43
SRB Grdelica 16220 74 Cc 48
GB Great Ayton TS9 39 Si 36
GB Great Malvern WR14 40 Sh 38
GB Great Yarmouth NR30 41 Ab 38
S Grebbestad 45702 16 Bb 32
BY Grebinka = Hrebimka 47 Dc 40
RUS Grebnevo 32 Dk 36
GB Greenock PA16 39 Sf 35
GB Greenwich SE10 41 Aa 39
D Greifswald 17489* 27 Bd 36
A Grein 4360* 43 Be 42
D Greiz 07973 43 Bc 40
RUS Gremiha 5 Dk 22
RUS Gremjač'e 48 Dk 39
RUS Gremjačevo 32 Ed 35
RUS Gremjačinsk 23 Fh 32
DK Grenå = Grenaa 8500 27 Ba 34
DK Grenaa = Grenå 8500 27 Ba 34
F Grenade 31330 55 Ab 47
F Grenade-sur-l'Adour 40270 54 Sk 47
CH Grenchen 2540 56 Ah 43
IS Grenivík 610 36 Rb 25
F Grenoble 38000* 56 Af 45
N Grense Jakobselv 4 Da 21
N Gressåmoen 9 Bd 26
GB Gretna DG16 39 Sg 36
F Greux 88630 42 Af 42
I Greve in Chianti 50022 57 Bb 47
D Greven 48268 42 Ah 38
GR Grevená 51100 74 Cb 50
D Grevenbroich 41515* 42 Ag 39
GR Greveniti 44014 74 Cb 51
IRL Greystones = Na Clocha Liatha 37 Sd 37
RUS Gribanovskij 49 Eb 39
RUS Gridino 12 De 25
D Griesbach im Rottal, Bad 94086 43 Bd 42
RUS Grigor'evka 52 Ff 39
RUS Grigor'evskaja 23 Ff 32
RUS Grigor'evskoe 21 Ed 33
MD Grigoriopol 4500 61 Ck 43
RUS Grigoropolisskaja 64 Eb 45
D Grimma 04668 43 Bc 39
D Grimmen 18507 27 Bd 36
GB Grimsby L3 39 Sk 37
IS Grímsstaðir 660 36 Rd 25
N Grimstad 4876 16 Ai 32
DK Grimstrup 4700 26 Ai 35
IS Grimstunga 531 36 Qk 25
IS Grindavík 240 36 Qh 27
CH Grindelwald 3818 56 Ai 44
DK Grindsted 7200 26 Ai 35
S Gripenberg 57300 17 Be 33
LT Griškabūdis 71041 29 Cd 36
RUS Griškino 33 Eh 34
F Grisolles 82170 55 Ab 47
S Grisslehamn 76045 17 Bi 30
RUS Griva 22 Fa 30
RUS Grivenskaja 63 Di 45
RO Grivița 927145 61 Ch 46
RUS Grjadcy 30 Db 34
RUS Grjady 19 Db 32
RUS Grjazi 48 Dk 38
RUS Grjaznovskij, Ust'- 49 Ec 42
RUS Grjazovec 21 Ea 32
N Groa 6612 8 Ai 28
LV Grobiņa 3430 28 Cb 34
A Gröbming 8962 57 Bd 43
SRB Grocka 11306 59 Ca 46
N Grodås 6763 8 Ag 29
PL Grodków 49-200 44 Bh 40
BY Grodno = Hrodna 29 Cd 37
PL Grodzisk Mazowiecki 08-825 45 Ca 38
PL Grodzisk Wielkopolski 62-065 44 Bg 38
NL Groenlo 7140 42 Ag 38
F Groix 56590 54 Sg 43
PL Grójec 05-600 45 Ca 39
D Grömitz 23743 27 Ba 36
RUS Gromovo 28 Cb 36
N Grong 7870 9 Bc 26
NL Groningen 9700* 26 Ag 37
S Grönskåra 57993 17 Bf 33
D Großenhain 27624 43 Bd 39
I Grosseto 58100 72 Bb 48
A Großgerungs 3920 43 Be 42
N Grotavær 9423 2 Bg 22
N Grov 2625 2 Bh 22
E Grove, O 36980 68 Sb 48
RUS Groznyj 65 Ef 47
N Grua 2742 16 Ba 30
HR Grubišno Polje 58 Bh 45
BG Grudovo = Sredec 8300 76 Ch 48
PL Grudusk 06-460 28 Ca 37
PL Grudziądz 86-300 28 Bi 37
RO Gruia 227240 59 Cc 46
N Grumantbyen 2 I Svalbard
S Grums 66401 17 Bd 31
A Grünau im Almtal 4645* 57 Bd 43
D Grünberg 35305 42 Ai 40
IS Grundarfjörður 350 36 Qg 26
S Gruvberget 82201 17 Bg 29
SRB Gruža 34230 59 Ca 47
LT Gruzdžiai 81024 29 Cd 34
PL Grybów 33-330 45 Ca 41
PL Gryfice 72-300 27 Bf 37
PL Gryfino 74-100 27 Be 37
PL Gryfów Śląski 59-620 44 Bf 39
AL Grykë 74 Bk 50
N Gryllefjord 9380 2 Bh 21
CH Gryon 1882 56 Ah 44
S Gryt 61042 17 Bg 32
E Guadalajara 19001* 69 Sg 50
E Guadalcanal 41390 80 Se 52
E Guadalupe 10140 68 Se 51
E Guadisa 68 Se 51
IRL Guaire 37 Sd 38
I Gualdo Tadino 06023 57 Bc 47
P Guarda 3240-671* 68 Sc 50
E Guarda, A 36780 68 Sb 49
E Guardamar del Segura 03140 81 Sk 52
E Guardia, La 45760 69 Sg 51
I Guardiagrele 66016 73 Be 48
I Guardia Sanframondi 82034 73 Be 49
E Guardo 34880 69 Sf 48
E Guareña 05540 80 Sd 52
I Guastalla 42016 57 Ba 46
RUS Guba Dolgaja 7 Fi 20
RUS Gubaha 23 Fh 32
I Gubbio 06024 57 Bc 47
S Gubbträsk 92070 9 Bh 25
D Guben 03172 43 Be 39
PL Gubin 66-620 43 Be 39
D Gubin = Guben 03172 43 Be 39
RUS Gubkin 48 Dh 39
SRB Guča 32230 59 Ca 47
TR Gücük 46300 86 Dh 52
RUS Gudbor 23 Fg 30
DK Gudhjem 3760 27 Be 35
E Gudiña, A 32540 68 Sc 48
TR Güdül 29650 77 Dc 50
N Gudvangen 5747 16 Ag 30
F Guebwiller 68500* 56 Ah 43
F Guémené-sur-Scorff 56160 40 Sg 42
F Guer 56380 54 Sh 43
F Guérande 44350 54 Sh 43
F Guerche-de-Bretagne, la 35130 54 Si 43
F Guéret 23000* 55 Ab 44
F Guérigny 58130 55 Ad 43
F Gueugnon 71130 55 Ae 44
I Guglionesi 86034 73 Be 49
F Guichen 35580 54 Si 43
E Guijuelo 37770 68 Se 50
F Guillaumes 06470 56 Ag 46
F Guillestre 05600 56 Ag 46
P Guimarães 4800-001* 68 Sb 49
F Guingamp 22200* 40 Sg 42
F Guise 02120 41 Ad 41
E Guissona 25210 70 Ab 49
E Guitiriz 27300 68 Sc 47
LV Gulbene 4401 18 Cg 33
TR Güldere 85 Dd 53
TR Gülek 33590 85 De 53
BG Guljanci 5960 60 Ce 47
RUS Gul'kevići 64 Ea 45
N Gullesfjordbotn 8400 2 Bf 22
S Gullspång 54700 17 Be 32
TR Güllü 79 Ec 51
TR Güllü 84 Ck 52
TR Güllük 48200 83 Ch 53
TR Gülnar 33700 85 Dd 54
TR Gülpınar 17600 75 Cg 51
TR Gülşehir 50900 85 De 52
RUS Gumarino 11 Dd 28
E Gumiel de Hizán 09370 69 Sg 49
D Gummersbach 51643* 42 Ah 39
TR Gümüşakar 78 Di 51
TR Gümüşdere 87 Ed 52
TR Gümüşhacıköy 05700 77 Df 50
TR Gümüşhane 29000 78 Dk 50
TR Gümüşkent 50900 85 De 52
TR Gümüşsu 83 Ch 52
TR Gümüşsu 84 Da 52
TR Gündoğdu 29800 76 Ch 50
TR Gündoğmuş 84 Dc 54
TR Güneşli 73200 76 Ci 51
TR Güneşli 73200 85 Df 52
TR Güney 84 Ck 52
TR Güneysu 53350 79 Ea 50
TR Güneyyurt 84 Dc 54
S Gunnarn 92051 9 Bh 25
S Gunnarsbyn 96197 10 Cb 24
S Gunnilbo 17 Bf 31
TR Günyüzü 76 Db 51
D Günzburg 89312 43 Ba 42
D Gunzenhausen 91710 43 Ba 41
RO Gurahonț 317145 59 Cc 44
RO Gura Humorului 725300 60 Cf 43
RO Gura Teghii 127280 60 Cg 45
TR Gürbulak 79 Ec 51
TR Güre 10305 84 Ck 52

(RUS) Gur'evka 34 Fb 34
(TR) Gürgentepe 52610 78 Dh 50
(A) Gurk 9342* 58 Be 44
(BG) Gurkovo 9644 75 Cf 48
(TR) Güroymak 13800 87 Ec 52
(TR) Gürpınar 65900 87 Ed 52
(TR) Gürsu 76 Ck 50
(TR) Gürün 58800 86 Dh 52
(RUS) Gusev 29 Cc 36
(RUS) Gusevo 31 Dd 34
(RUS) Gus'-Hrustal'nyj 32 Ea 35
(RUS) Gusino 30 Db 36
(AL) Gusmar 74 Bk 50
(I) Guspini 09036 71 Ai 51
(A) Güssing 7540* 58 Bg 43
(S) Gustavsberg 13400 17 Bi 31
(S) Gustavsfors 66693 17 Bd 30
(D) Güstrow 18273 27 Bc 37
(RUS) Gus'-Železnyj 32 Eb 35
(GB) Gutcher ZE2 38 Si 30
(A) Gutenstein 2770* 58 Bf 43
(D) Gütersloh 33330* 42 Ai 39
(N) Guvåg 2 Be 22
(TR) Güvem 06890 77 Dc 50
(TR) Güzelbağ 07645 84 Db 54
(TR) Güzelbahçe 35311 83 Cg 52
(TR) Güzeloluk 33730 85 De 54
(TR) Güzelsu 13800 84 Db 54
(TR) Güzelsu 13800 87 Ed 52
(TR) Güzelyurt 25000 85 De 52
(RUS) Gvardejsk 28 Cb 36
(N) Gvarv 3810 16 Ak 31
(RKS) Gyakovë = Đakovica 74 Ca 48
(RUS) Gybdan 34 Fb 34
(S) Gyljen 3 Cc 24
(H) Gyoma 5500 59 Ca 44
(H) Gyöngyös 3200 59 Bk 43
(H) Győr 9010* 58 Bh 43
(S) Gysinge 81021 17 Bg 30
(H) Gyula 5700 59 Cb 44

H

(EST) Häädemeeste 86001 18 Ce 32
(NL) Haag, Den = ,s-Gravenhage 2554* 41 Ae 38
(D) Haag in Oberbayern 83527 43 Bc 42
(NL) Haaksbergen 7480 42 Ag 38
(FIN) Haapajärvi 54270 10 Cf 27
(FIN) Haapavesi 86601 10 Cf 26
(EST) Haapsalu 90502* 18 Cd 32
(NL) Haarlem 2011* 41 Ae 38
(RUS) Habariha 14 Fc 25
(TR) Haberli 73300 87 Eb 53
(RUS) Habez 64 Eb 46
(S) Habo 56601 17 Be 33
(TR) Hacıbektaş 50800 85 De 52
(TR) Hacıfakılı 39000 84 Db 52
(TR) Hacıhamza 19910 77 De 49
(TR) Hacılar 71480 77 Dd 51
(TR) Hacılar 71480 84 Da 53
(TR) Hacılar 71480 85 Df 52
(TR) Hacıömer 79 Eb 51
(S) Hackås 83023 9 Be 28
(DK) Haderslev 6100 26 Ak 35
(TR) Hadım 42830 84 Dc 53
(TR) Hadımköy 34232 76 Ci 49
(UA) Hadjač 47 Dd 40
(DK) Hadsten 8370 27 Ba 34
(DK) Hadsund 9560 27 Ba 34
(RUS) Hadyžensk 63 Dk 46
(N) Hægeland 4720 16 Ah 32
(TR) Hafik 58760 78 Dh 51
(IS) Hafnarfjörður 220* 36 Qi 26
(IS) Hafnir 230 36 Qh 27
(D) Hagen 58089* 42 Ah 39
(D) Hagenow 19230 27 Bb 37
(F) Hagetmau 40700 54 Sk 47
(S) Hagfors 68301 17 Bd 30
(S) Häggenås 83030 9 Be 27
(S) Häggnäset 83090 9 Be 26
(S) Häggsjöbränna 9 Bc 27
(IS) Hagi 801 36 Qg 25
(F) Haguenau 67500* 42 Ah 42
(RUS) Hahaly 33 Ee 34
(H) Hahót 8771 58 Bg 44
(FIN) Hailuoto 90480 10 Ce 25
(A) Hainfeld 3170 44 Bf 42
(D) Hainichen 09661 43 Bd 40
(H) Hajdúböszörmény 4220 59 Cb 43
(H) Hajdúnánás 4080 59 Cb 43
(H) Hajdúszoboszló 4200 59 Cb 43
(PL) Hajnówka 17-200 29 Cd 38
(UA) Hajsyn 46 Ck 42
(TR) Hakkâri 30000 87 Ed 53
(S) Hakkas 98041 3 Cb 24
(N) Hakkstabben 9532 3 Cd 20
(GR) Halandritsa 25008 82 Cb 52
(D) Halberstadt 38820* 43 Bb 39
(N) Halden 1763* 16 Bb 31
(D) Haldensleben 39340 43 Bb 38
(GB) Halesworth IP19 41 Ab 38
(TR) Halfeti 63950 86 Dh 53
(GB) Halifax HX2 39 Si 37
(TR) Halilkaya 25900 79 Ea 50
(RUS) Halilovo 35 Fi 37
(RUS) Halilovo 52 Fi 39
(TR) Halitçavuş 79 Eb 51
(TR) Halitpaşa 45850 83 Ch 52
(EST) Haljala 45301 18 Cg 31
(TR) Halkapınar 42280 85 De 53
(GR) Hálki 40009 83 Ch 54
(GR) Halkiádes 74 Cc 51
(GR) Halkída 34100 82 Cd 52
(GR) Halkidó 74 Cc 50
(S) Hälla 91060 9 Bh 27
(B) Halle 37620 41 Ae 40
(D) Halle (Saale) 06108* 43 Bb 39
(D) Halle (Westfalen) 33790 42 Ai 38
(S) Hällefors 71201 17 Be 31
(A) Hallein 5400* 57 Bd 43
(S) Hällekis 53304 17 Bd 32
(S) Hallen 83001 9 Be 27
(S) Hällestad 17 Bf 32
(A) Hall in Tirol 6060 57 Bb 43
(S) Hällnäs 10 Bk 26
(IS) Hallormstaður 36 Rf 25
(S) Hallsberg 69401 17 Bf 31
(S) Hallstavik 76300 17 Bi 30
(S) Halmstad 30004* 27 Bc 34
(DK) Hals 9370 27 Ba 33
(N) Halsa 8178 8 Ai 27
(BY) Hal'šany 29 Cg 36
(FIN) Halsua 69510 10 Ce 27
(D) Haltern am See 45721 42 Ah 39
(RUS) Halturin 22 Ei 32
(GB) Haltwhistle NE49 39 Sh 36
(UA) Halyč 45 Ce 41
(F) Ham 80400 41 Ad 41
(TR) Hamam 86 Dg 54
(TR) Hamamözü 05700 77 Df 50
(N) Hamar 2315* 16 Bb 30
(D) Hamburg 20099* 27 Ba 37
(S) Hamburgsund 45070 16 Bb 32
(TR) Hamdi 19600 77 De 50
(FIN) Hämeenkyrö 39101 18 Cd 29
(FIN) Hämeenlinna 13100* 18 Ce 29
(D) Hameln 31785* 42 Ak 38
(TR) Hamidiye 75 Cg 49
(TR) Hamidiye 76 Da 51
(GB) Hamilton 39 Sf 35
(FIN) Hamina 49461 19 Ch 30
(D) Hamm 59063* 42 Ah 39
(S) Hammarstrand 84070 9 Bg 27
(FIN) Hammaslahti = Pyhäselkä 82200* 11 Ck 28
(DK) Hammel 8450 26 Ak 34
(D) Hammelburg 97762 42 Ak 40
(S) Hammerdal 83070 9 Bf 27
(N) Hammerfest 9600 3 Cd 20
(DK) Hammershøj 9460 26 Ak 34
(N) Hamneidet 9181 2 Ca 21
(B) Hamont-Achel 3930 42 Af 39
(S) Hamra 82051 17 Be 29
(S) Hamrånge 17 Bh 30
(TR) Hamur 04850 79 Ec 51
(RUS) Hamyski 63 Ea 46
(TR) Hamzalar 79 Eb 51
(TR) Hamzalı 50900 87 Eb 52
(TR) Hanak 75900 79 Ec 49
(D) Hanau 63450* 42 Ai 40
(BY) Hancavičy 29 Cg 38
(S) Handen 17 Bi 31
(S) Handöl 83019 9 Bc 27
(N) Hanestad 2478 8 Ba 29
(FIN) Hangö 10900* 18 Cc 31
(TR) Hani 21800 87 Ea 52
(GR) Haniá 73101 82 Ce 55
(RUS) Hanino 31 Dg 36
(FIN) Hankasalmen asema 41521 10 Cg 28
(TR) Hankendi 23130 86 Dk 52
(FIN) Hanko = Hangö 10900* 18 Cc 31
(TR) Hanköy 85 Dg 52
(D) Hann. Münden 34346 42 Ak 39
(D) Hannover 30159* 42 Ak 38
(BIH) Han Pijesak 59 Bi 46
(RUS) Hanskaja 63 Dk 46
(DK) Hanstholm 7730 16 Ai 33
(RUS) Hanty-Mansijsk 25 Gk 29
(SK) Hanušovce nad Topl'ou 094 31 45 Cb 41
(S) Haparanda 95301 10 Ce 25
(N) Håra 16 Ag 31
(RUS) Harabali 65 Eh 43
(TR) Harabeköy 84 Dc 52
(TR) Harabekri = Knidos Harabekri 83 Ch 54
(TR) Harabeleri 48980 83 Ch 54
(BY) Haradok 30 Ck 35
(BY) Haradok, Davyd- 46 Ch 38
(BY) Haradzeja 29 Cg 37
(BY) Haradzišča 29 Cg 37
(TR) Haravgí 50200 74 Cb 50
(DK) Harboro 26 Ai 34
(D) Harburg 21073* 26 Ak 37
(D) Harburg (Schwaben) 86655 43 Ba 42
(N) Hardbakke 6924 16 Ae 29
(NL) Hardenberg 7770 42 Ag 38
(NL) Harderwijk 3840* 42 Af 38
(N) Hareid 6060 8 Ag 28
(D) Haren (Ems) 49733 26 Ah 38
(N) Harestua 2743 16 Ba 30
(RUS) Harino 21 Ed 31
(RUS) Haritonovo 22 Eh 29
(H) Harkány 7815 59 Bi 45
(UA) Har'kov = Charkiv 48 Dg 41
(RUS) Har'kovka 52 Fg 40
(RUS) Harlamovskaja 20 Dh 32
(RO) Hârlău 705100 60 Cg 43
(GB) Harleston IP20 41 Ab 38
(DK) Hårlev 4652 27 Bc 35
(NL) Harlingen = Harns 26 Af 37
(RUS) Harlovka 4 Dh 22
(RUS) Harlovskoe 24 Gd 33
(GB) Harlow CM17 41 Aa 39
(RO) Hârman 507085 60 Cf 45
(TR) Harmancık 76 Ck 51
(TR) Harmancık 78 Dh 51
(S) Harmånger 82075 9 Bh 29
(FIN) Härmänkylä 11 Ck 26
(BG) Harmanli 6450 75 Cf 49
(TR) Harmanlı 86 Dh 53
(S) Härnösand 87101* 9 Bh 28
(NL) Harns = Harlingen 26 Af 37
(E) Haro 26200 69 Sh 48
(GB) Haroldswick ZE2 38 Sk 30
(RUS) Harovsk 21 Ea 31
(D) Harpstedt 27243 26 Ai 38
(TR) Harput 23140 86 Dk 52
(N) Harran 7873 9 Bc 26
(TR) Harran 86 Dk 54
(GB) Harrogate HG3 39 Si 37
(D) Harsefeld 21698 26 Ak 37
(RO) Hârşova 61 Ch 46
(N) Harstad 9402* 2 Bg 22
(N) Harsvik 8 Ba 26
(A) Hartberg 8230* 58 Bf 43
(GB) Hartlepool TS24 39 Si 36
(FIN) Hartola 19601 18 Cg 29
(TR) Harun 77 De 50
(GB) Harwich CO12 41 Ab 39
(D) Harzburg, Bad 38667 43 Ba 39
(D) Harzgerode 06493 43 Bb 39
(TR) Hasanağa 76 Ci 50
(TR) Hasançelebi 44420 86 Dh 52
(TR) Hasankeyf 72350 87 Eb 53
(TR) Hasanoğlan 06850 77 Dd 50
(TR) Hasbek 66670 77 Df 51
(D) Haselünne 49740 26 Ah 38
(BG) Haskovo 6300* 75 Cf 49
(TR) Hasköy 22500 75 Cg 49
(TR) Hasköy 22500 79 Ec 50
(GB) Haslemere GU27 40 Sk 39
(DK) Haslev 4690 27 Bb 35
(F) Hasparren 64240 54 Si 47
(TR) Hassa 31700 86 Dg 54
(S) Hassela 82078 9 Bg 28
(B) Hasselt 3500 42 Af 40
(D) Haßfurt 97437 43 Ba 40
(D) Haßlau, Wilkau- 08112 43 Bc 40
(S) Hässleholm 28101* 27 Bd 34
(GB) Hastings TN34 41 Aa 40
(S) Hästveda 28023 27 Bd 34
(N) Hasvik 9590 3 Cc 20
(TR) Hatay (Antakya) 85 Dg 54
(RO) Haţeg 335500 59 Cc 45
(GB) Hatfield AL9 40 Sk 39
(TR) Hatip 42215 84 Dc 53
(N) Hatlestrand 16 Af 30
(N) Hattfjelldal 8690 9 Bd 25
(FIN) Hattuselkonen 81950 11 Da 27
(FIN) Hattuvaara 81650 11 Db 28
(TR) Hatunsaray 42220 84 Dc 53
(H) Hatvan 3000* 59 Bk 43
(N) Haugesund 5514* 16 Af 31
(N) Haugland 16 Ae 30
(FIN) Hauho 14700 18 Ce 29
(IS) Haukadalur 810 36 Qk 26
(N) Haukeligrend 16 Ah 31
(FIN) Haukipudas 90840 10 Cf 25
(FIN) Haukivuori 51601 11 Ch 28
(S) Haurida 57874 17 Be 33
(FIN) Hausjärvi 12520 18 Ce 30
(FIN) Hautajärvi 98995 3 Ck 24
(RUS) Hautavaara 11 Dc 28
(D) Hauzenberg 94051 43 Bd 42
(TR) Havaalanı 78 Dg 51
(GB) Havant PO9 40 Sk 40
(D) Havelberg 39539 27 Bc 38
(GB) Haverfordwest SA61 40 Sf 39
(GB) Haverhill CB9 41 Aa 38
(CZ) Havlíčkův Brod 580 01 44 Bf 41
(N) Havøysund 9690 3 Ce 19
(TR) Havran 10560 76 Ch 51
(F) Havre, Le 76600 41 Aa 41
(UA) Havrylivka 48 Dg 42
(TR) Havsa 22500 75 Cg 49
(S) Havsnäs 83081 9 Bf 26
(TR) Havuz 58940 78 Dh 51
(TR) Havza 55700 77 Df 50
(GB) Hawes DL8 39 Sh 36
(GB) Hawick TD9 39 Sh 35
(F) Hayange 57700 42 Ag 41
(TR) Haydarlı 03480 84 Da 52
(TR) Haydere 84 Ci 53
(F) Haye-du-Puits, La 50250 40 Si 41
(TR) Haymana 06860 77 Dc 51
(TR) Hayrabolu 59400 76 Ch 49
(TR) Hayrat 61450 79 Ea 50
(GB) Haywards Heath TR21 40 Sk 39
(TR) Hazar 86 Dk 52
(F) Hazebrouck 59190 41 Ac 40
(TR) Hazine 87 Ed 52
(TR) Hazro 21560 87 Ea 52
(IRL) Headfort = Áth Cinn 37 Sa 37
(NL) Hearrenfean, It = Heerenveen 8411* 26 Af 38
(S) Heby 74401 17 Bg 31
(D) Hechingen 72379 42 Ai 42
(N) Hedal 2930 16 Ak 30
(S) Hede 9 Bd 28
(S) Hedemora 77601 17 Bf 30
(S) Hedenäset 95795 10 Cd 24
(DK) Hedensted 8722 26 Ak 35
(S) Hedesunda 81040 17 Bg 30
(S) Hedeviken 84092 9 Bd 28
(GB) Hedon HU12 39 Sk 37
(NL) Heerenveen = It Hearrenfean 8411* 26 Af 38
(NL) Heerlen 6400* 42 Af 40
(H) Hegyeshalom 9222 58 Bh 43
(D) Heide 25746 26 Ak 36
(D) Heidelberg 69115* 42 Ai 41
(D) Heidenheim an der Brenz 89518* 43 Ba 42
(A) Heidenreichstein 3860* 44 Bf 42
(FIN) Heikkilä 27511 11 Ck 25
(GB) Heilam IV27 38 Sf 32
(D) Heilbad Heiligenstadt 37308 43 Ba 39
(D) Heilbronn 74072* 42 Ak 41
(A) Heiligenblut am Großglockner 9844* 57 Bc 43
(D) Heiligenhafen 23774 27 Ba 36
(D) Heiligenstadt, Heilbad 37308 43 Ba 39
(NL) Heiloo 1850 26 Ae 38
(N) Heimdal 7072 8 Ba 27
(FIN) Heinävesi 79701 11 Ci 28
(FIN) Heinola 18200 18 Cg 29
(B) Heist, Knokke- 8300 41 Ad 39
(B) Heist-op-den-Berg 2220 41 Ae 39
(FIN) Heituinlahti 54770 19 Ch 29
(S) Hejde 62020 17 Bi 33
(TR) Hekimdağ 76 Da 51
(TR) Hekimhan 44400 86 Dh 52
(PL) Hel 84-150 28 Bi 36
(S) Helagsstugorna 84035 9 Bc 28
(NL) Helder, Den 1783 26 Ae 38
(GB) Helensburgh G84 38 Sf 34
(S) Helgum 88293 9 Bg 27
(IS) Hella 850 36 Qk 27
(N) Helle, Vadfoss- 16 Ak 32
(N) Helleland 4376 16 Ag 32
(N) Hellemobotn 2 Bg 23
(N) Hellesvik 8 Ai 27
(N) Hellesylt 6218 8 Ag 28
(NL) Hellevoetsluis 3220* 41 Ae 39
(E) Hellín 02400 81 Si 52
(IS) Hellisandur 360 36 Qg 26
(N) Hellnessund 2 Be 23
(NL) Helmond 5700* 42 Af 39
(GB) Helmsdale KW8 38 Sg 32
(GB) Helmsley YO62 39 Si 36
(D) Helmstedt 38350 43 Ba 38
(S) Helsingborg 25002* 27 Bc 34
(FIN) Helsingfors = Helsinki 00002* 18 Ce 30
(DK) Helsingør 3000 27 Bc 34
(FIN) Helsinki 23311 18 Ce 30
(GB) Helston TR13 40 Se 40
(S) Hemavan 9 Bf 25
(GB) Hemel Hempstead HP1 40 Sk 39
(F) Heming 57830 42 Ag 42
(S) Hemling 89051 9 Bi 27
(S) Hemmingsmark 94493 10 Cb 25
(N) Hemnes 1970 16 Bb 31
(N) Hemnesberget 8640 2 Bd 24
(S) Hemse 62012 17 Bi 33
(N) Hemsedal 3560 16 Ai 30
(S) Hemsö 87010 9 Bi 28
(S) Henån 47301 16 Bb 32
(F) Hendaye 64700* 54 Si 47
(TR) Hendek 54300 76 Da 50
(NL) Hengelo 7255* 42 Ag 38
(UA) Heničes'k 62 De 44
(GB) Henley-on-Thames RG9 40 Sk 39
(F) Hennebont 56700 54 Sg 43
(D) Hennigsdorf 16761 43 Bd 38
(N) Henningsvær 2 Be 22
(N) Heradsbygd 2415 16 Bb 30
(F) Herbault 41190 55 Ab 43
(F) Herbiers, les 85500 54 Si 44
(F) Herbignac 44410 54 Sh 43
(PL) Herby 42-284 44 Bi 40
(MNE) Herceg-Novi 85 340 73 Bi 48
(SRB) Hercegovačka Goleša = Pribojska Goleša 59 Bk 47
(N) Herefoss 4766 16 Ai 32
(TR) Hereke 41800 76 Ck 50
(IS) Herfell 36 Rf 25
(D) Herford 32049* 42 Ai 38
(F) Héricourt 70400 56 Ag 43
(CH) Herisau 9100* 57 Ak 43
(D) Herleshausen 37293 43 Ba 39
(A) Hermagor-Pressegger See 9620 57 Bd 44
(D) Hermannsburg 29320 27 Ba 38
(N) Hermansverk 6863 16 Ag 29
(DK) Herning 7400 26 Ai 34
(N) Herøy 9 Bc 25
(N) Herre 3965 16 Ak 31
(D) Herrenberg 71083 42 Ai 42
(E) Herrera del Duque 06670 68 Se 51
(E) Herrera de Pisuerga 34400 69 Sf 48
(E) Herreruela 10560 68 Sd 51
(N) Herringbotn 9 Bd 25
(S) Herrljunga 52401 17 Bd 32
(D) Hersbruck 91217 43 Bb 41
(D) Hersfeld, Bad 36251 42 Ak 40
(UA) Herson = Cherson 62 Dc 44
(NL) Hertogenbosch, ,s- 5248 42 Af 39
(D) Herzberg (Elster) 04916 43 Bd 39
(D) Herzberg am Harz 37412 43 Ba 39
(F) Hesdin 62140 41 Ac 40
(N) Hessfjord 2 Bk 21
(D) Hessisch Lichtenau 37235 42 Ak 39
(IS) Hesteyri 400 36 Qh 24
(FIN) Hetekylä 91300 10 Cg 25
(RUS) Hetolambina 4 Dd 24
(RUS) Hetovo 13 Ec 27
(H) Heves 3360 59 Ca 43
(CZ) Hevlín 671 69 44 Bg 42
(GB) Hexham NE46 39 Sh 36
(GB) Heysham LA3 39 Sh 36
(RUS) Hibiny 4 Dd 23
(H) Hidasnémeti 3876 45 Cb 42
(D) Hiddensee 27 Bd 36
(A) Hieflau 8920* 58 Be 43
(FIN) Hietapera 88901 11 Ck 26
(GB) High Wycombe HP12 40 Sk 39
(FIN) Hiirola 51520 11 Ch 29
(E) Híjar 44530 70 Sk 49
(D) Hildburghausen 98646 43 Ba 40
(D) Hildesheim 31134* 42 Ak 38
(GR) Hiliomódi 20008 82 Cc 53
(NL) Hillegom 2180 41 Ae 38
(DK) Hillerød 3400 27 Bc 35
(S) Hillerstorp 33033 17 Bd 33
(GB) Hillswick ZE2 38 Si 30
(TR) Hilvan 63900 86 Di 53
(NL) Hilversum 1200* 42 Af 38
(FIN) Himanka 68100 10 Cd 26
(AL) Himarë 74 Bk 50
(RUS) Himki 31 Dh 35
(TR) Himmetdede 38420 85 Df 52
(MD) Hînceşti 3400 61 Ci 44
(GB) Hinckley LE10 40 Si 38
(S) Hindås 43063 17 Bc 33
(TR) Hınıs 25600 79 Eb 51
(FIN) Hinnerjoki 27600 18 Cb 30
(E) Hinojosa del Duque 14270 80 Se 52
(GR) Híos 82100 83 Cg 52
(D) Hirschberg 59581 43 Bb 40
(FIN) Hirsilä 35320 18 Ce 29
(F) Hirson 02500 41 Ae 41
(MD) Hîrtop 61 Ci 44
(DK) Hirtshals 9850 16 Ak 33
(FIN) Hirvas 97130 3 Cf 24
(TR) Hisar 73400 77 Dd 51
(TR) Hisarcık 43780 76 Ck 51
(BG) Hisarja 4180 75 Ce 48
(RUS) Hislaviči 30 Dc 36
(BG) Hitovo 9433 61 Ch 47
(TR) Hizan 13600 87 Ec 52
(DK) Hjallerup 9320 16 Ba 33
(N) Hjellestad 5259 16 Af 30
(N) Hjellset 8 Ah 28
(N) Hjelmeland 16 Ag 31
(N) Hjerkinn 2661 8 Ak 28
(S) Hjo 54401 16 Be 32
(DK) Hjørring 9800 16 Ba 33
(S) Hjortkvarn 69793 17 Bf 32
(UA) Hlavani 61 Ck 45
(BG) Hlebarovo = Car Kalojan 7280 60 Cg 47
(RUS) Hlepen' 31 De 35
(UA) Hlevacha 47 Da 40
(CZ) Hlinsko 370 01 44 Bf 41
(UA) Hlobyne 47 Dd 41
(SK) Hlohovec 920 01 44 Bh 42
(UA) Hluchiv 47 Dd 39
(BY) Hluša 30 Ci 37
(BY) Hlusk 30 Ci 38
(BY) Hluškavičy 46 Ch 39
(UA) Hlyboka 46 Cf 42
(BY) Hlybokae 30 Ch 35
(UA) Hlyns'k 47 Dc 42
(RUS) Hlystalovo 22 Ek 31
(RUS) Hmelevka 22 Eg 32
(RUS) Hmelita 31 Dd 35

(UA) Hmel'nickij = Chmel'nyc'kyj 46 Cg 41
(UA) Hnivan' 46 Ci 41
(SK) Hnúšťa 981 01 44 Bk 42
(DK) Hobro 9500 26 Ak 34
(TR) Hocabey 78 Dg 51
(TR) Hocalar 03530 84 Ck 52
(D) Höchstadt an der Aisch 91315 43 Ba 41
(H) Hódmezővásárhely 59 Ca 44
(CZ) Hodonín 695 01 44 Bh 42
(RUS) Hodovariha 6 Fd 22
(NL) Hoek van Holland 3150 41 Ae 39
(D) Hof 04758 43 Bh 40
(IS) Höfðakaupstaður = Skagaströnd 36 Qk 25
(D) Hofgeismar 34369 42 Ak 39
(IS) Höfn 780 36 Re 26
(S) Hofors 81301 17 Bg 30
(IS) Hofsós 565* 36 Ql 25
(NL) Hof van Twente 7470* 42 Ag 38
(S) Höganäs 26300* 27 Bc 34
(S) Högby 38075 17 Bh 33
(S) Högbynäs 83081 9 Bf 26
(S) Högland 91494 9 Bf 26
(S) Höglekardalen 83001 9 Bd 27
(S) Högsäter 17 Bc 32
(S) Högsby 57900 17 Bg 33
(N) Høgstadgård 2 Bk 22
(H) Hőgyész 59 Bi 44
(A) Hohenems 6845* 57 Ak 43
(D) Hohenwestedt 24594 26 Ak 36
(UA) Hoholiv 47 Db 40
(RUS) Hohol'skij 48 Di 39
(DK) Højer 6280 26 Ai 36
(N) Hokksund 3300 16 Ak 31
(N) Hol 3576 16 Ai 30
(RUS) Hol, Ulan- 65 Eg 45
(UA) Hola Prystan' 62 Dc 41
(IS) Hólar 551 36 Ql 25
(DK) Holbæk 8950 27 Bb 35
(CZ) Holešov 769 01 44 Bh 41
(CZ) Holice 783 71 44 Bf 40
(S) Höljes 68065 17 Bc 30
(A) Hollabrunn 2020* 44 Bg 42
(GB) Hollandstrom 38 Sh 31
(N) Hollen 16 Ah 32
(H) Hollókő 3176 59 Bk 43
(S) Höllviken 23601 27 Bc 35
(IRL) Hollywood = Cillín Chaoimhín 37 Sd 37
(FIN) Holm 25488 10 Cc 27
(RUS) Holm 25488 19 Db 33
(S) Holm 30279 9 Bg 28
(S) Holmajärvi 2 Bk 23
(IS) Hólmavík 510* 36 Qi 25
(RUS) Holmeči 47 De 38
(N) Holmedal 6982 16 Af 29
(N) Holmenkollen 0010* 16 Ba 31
(N) Holmestrand 3080 16 Ba 31
(RUS) Holmogorskaja 12 Ea 27
(RUS) Holmogory 13 Eb 26
(RUS) Holmskij 63 Di 46
(S) Holmsund 91301 10 Ca 27
(S) Holmsveden 82392 17 Bg 29
(RUS) Holm-Žirkovskij 31 Dd 35
(UA) Holoby 46 Cf 39
(UA) Holovkivka 47 Dc 41
(N) Holøydal 2540 8 Bb 28
(DK) Holstebro 7500 26 Ai 34
(DK) Holsted 6670 26 Ai 35
(GB) Holsworthy EX22 40 Sf 40
(RUS) Holtobino 31 Di 36
(NL) Holwerd 26 Af 37
(GB) Holyhead LL65 39 Sf 37
(GB) Holy Island TD15 39 Si 35
(D) Holzkirchen 83607 57 Bb 43
(D) Holzminden 37603 42 Ak 39
(D) Homberg (Ohm) 35315 42 Ak 40
(D) Homburg 66424 42 Ah 41
(D) Homburg vor der Höhe, Bad 61348* 42 Ai 40
(BY) Homel' 47 Db 38
(N) Hommelsto 8960 9 Bc 25
(N) Hommelvik 7550 8 Ba 27
(RUS) Homutovka 47 De 39
(RUS) Homutovo 31 Dh 38
(TR) Honaz 20330* 84 Ck 53
(E) Hondarribia 20280 54 Si 47
(N) Hønefoss 3510* 16 Ba 30
(F) Honfleur 14600 41 Aa 41
(GB) Honiton EX14 40 Sg 40
(FIN) Honkajoki 38951 10 Cc 29
(D) Hönningen, Bad 53557 42 Ah 40
(N) Honningsvåg 9750 3 Cf 20
(NL) Hoogeveen 7900* 26 Ag 38
(S) Höör 24301 27 Bd 35
(NL) Hoorn 1620* 26 Af 38
(TR) Hopa 08600 79 Eb 49
(N) Hopen 8 Ai 27
(N) Hopen Radio 2 I Svalbard
(N) Hopseidet 3 Ch 20
(GR) Hóra 24600 82 Cb 53
(TR) Horasan 25800 79 Ec 50
(CZ) Horažďovice 341 01 43 Bd 41
(S) Hörby 24201 27 Bd 35
(E) Horcajo de los Montes 13110 69 Sf 51
(E) Horcajo de Santiago 16410 69 Sh 51
(UA) Hordyšče 48 Dk 41
(RUS) Horej-Ver 7 Fh 23
(BY) Horki 30 Da 36
(UA) Horlivka 48 Di 42
(A) Horn 3580* 44 Bf 42
(N) Horn 9 Bc 25
(S) Horn 59042 17 Bf 33
(E) Hornachos 06228 80 Sd 52
(E) Hornachuelos 14740 80 Se 53
(D) Horn-Bad Meinberg 32805 42 Ai 39
(GB) Horncastle LN9 39 Sk 37
(S) Horndal 77404 17 Bg 30
(D) Horneburg 21640 26 Ak 37
(S) Hörnefors 91020 10 Bk 27
(CZ) Horní Lideč 756 12 44 Bi 41
(DK) Hørning 8900 27 Ba 34
(GB) Hornsea HU18 39 Sk 37
(S) Hörnsjö 91495 10 Bk 27
(DK) Hornslet 8543 27 Ba 34
(DK) Hornum 26 Ak 34
(D) Hörnum (Sylt) 25997 26 Ai 36
(UA) Horochiv 45 Ce 40
(UA) Horodec 46 Cg 39
(UA) Horodenka 46 Cf 42
(UA) Horodnja 47 Db 39
(UA) Horodnycja 46 Ch 40
(UA) Horodok 45 Cd 41
(UA) Horodok 46 Cg 41
(UA) Horodyšče 47 Db 41
(S) Horred 51900 17 Bc 33
(DK) Horsens 8700 26 Ak 35
(GB) Horsham RH13 40 Sk 39
(DK) Hørsholm 2970 27 Bc 35
(DK) Horslunde 27 Bb 36
(CZ) Horšovský Týn 346 01 43 Bc 41
(TR) Horsunlu 09950 84 Ci 53
(N) Horten 3181* 16 Ba 31
(RUS) Horticy 20 Di 31
(H) Hortobágy 4071 59 Cb 43
(BY) Hory 30 Db 36
(UA) Hošča 46 Cg 40
(RUS) Hošeutovo 65 Eh 44
(S) Hosjö 84050 17 Bf 30
(E) Hospitalet de l'Infant, l' 43890 70 Aa 50
(E) Hospitalet de Llobregat, l' 08901 70 Ac 49
(F) Hospitalet-près-l'Andorre, l' 09390 70 Ab 48
(FIN) Hossa 89999 11 Ck 25
(F) Hossegor, Soorts- 40510 54 Si 47
(RUS) Hosta 63 Dk 47
(E) Hostalric 17450 70 Ac 49
(UA) Hostomel' 47 Da 40
(TR) Hotamış 42405 85 Dd 53
(RO) Hotarele 087125 60 Cg 46
(S) Hoting 83080 9 Bg 26
(RUS) Hotynec 31 Df 37
(GB) Houbie ZE2 38 Sk 30
(F) Hourtin 33990 54 Si 45
(FIN) Houtskär 21770 18 Cb 30
(DK) Hov 7700 27 Ba 35
(N) Hov 2862 16 Ba 30
(S) Hova 54800 17 Be 32
(N) Hovden 16 Ah 31
(S) Hovmantorp 36051 27 Bf 34
(UA) Hovtrojic'ke 63 Dh 43
(N) Høyanger 6993 16 Ag 29
(D) Hoyerswerda 02977 43 Be 39
(N) Høylandet 7977 9 Bc 26
(TR) Hozat 62400 78 Dk 51
(BY) Hrabjani 46 Ci 39
(CZ) Hradec Králové 500 02* 44 Bf 40
(UA) Hradyz'k 47 Dd 41
(BY) Hradzjanka 30 Ci 37
(CZ) Hranice 351 24 44 Bh 41
(SLO) Hrastnik 1430 58 Bf 44
(IS) Hraun 545 36 Qk 24
(UA) Hrebinka 47 Dc 40
(UA) Hrebinky 47 Da 41
(UA) Hresivs'ke 62 De 45
(IS) Hrísey 630 36 Rb 25
(GR) Hrissoúpoli 64200 75 Ce 50
(RUS) Hrjaščevka 33 Ek 37
(BY) Hrodna 29 Cd 37
(SK) Hronský Beňadik 966 53 44 Bi 42
(PL) Hrubieszów 22-500 45 Cd 40
(UA) Hrušuvacha 48 Dg 41
(UA) Hryhorivka 47 Db 41
(UA) Hubynycha 48 Df 42
(D) Hückelhoven 41836 42 Ag 39
(GB) Huddersfield HD2 39 Si 37
(S) Hudiksvall 82400* 9 Bh 29
(RUS) Huduk, Naryn- 65 Eg 45
(RO) Huedin 405400 60 Cd 44
(F) Huelgoat 29690 40 Sg 42
(E) Huelma 23560 81 Sg 53
(E) Huelva 21001* 80 Sd 53
(E) Huércal-Overa 04600 81 Si 53
(E) Huesca 22001* 70 Sk 48
(E) Huéscar 18830 81 Sh 53
(E) Huete 16500 69 Sh 50
(FIN) Huittinen 32701 18 Cc 29
(UA) Hukovo 48 Dk 42
(UA) Hul'ajpole 63 Dg 43
(RUS) Hulhuta 65 Eg 44
(NL) Hulst 4560 41 Ae 39
(S) Hultanäs 57498 17 Bf 33
(S) Hultsfred 57701 17 Bf 33
(BIH) Hum 74 Bi 47
(E) Humada 09124 69 Sf 48
(E) Humanes 19220 69 Sg 50
(SK) Humenné 066 01 45 Cb 42
(CZ) Humpolec 396 01 44 Bf 41
(FIN) Humppila 31641 18 Cd 30
(DK) Hundested 3390 27 Bb 35
(RO) Hunedoara 000331* 59 Cc 45
(D) Hünfeld 36088 42 Ak 40
(D) Hungen 35410 42 Ai 40
(S) Hunnebostrand 45046 16 Bb 32
(GB) Hunstanton PE36 39 Aa 38
(GB) Huntingdon PE29 40 Sk 38
(GB) Huntly AB54 38 Sh 33
(F) Huppain, Port-en-Bessin- 14520 40 Sk 41
(N) Hurdal 2090 16 Bb 30
(RO) Hurezani 217260 60 Cd 46
(UA) Hurivka 47 Dd 42
(BY) Hurki 30 Da 35
(DK) Hurup 7760 26 Ai 34
(UA) Hurzuf 62 De 46
(RUS) Hurzuk 64 Ec 47
(IS) Húsafell 311 36 Qk 26
(IS) Húsavík 720 36 Rc 24
(S) Husby 17 Bg 30
(N) Husbysjøen 7113 8 Ba 27
(GB) Hushinish HS3 38 Sc 33
(RO) Huşi 735100 61 Ci 44
(UA) Husjatyn 46 Cg 41
(S) Huskvarna 56101* 17 Be 33
(N) Husnes 5460 16 Af 31
(N) Hustad 8 Ah 28
(D) Husum 31632 26 Ak 36
(S) Husum 89035 10 Bk 27
(S) Husvallgölen 17 Bd 29
(N) Husvika 8883 9 Bc 25
(BIH) Hutovo 73 Bh 48
(A) Hüttenberg 35625 58 Be 44
(FIN) Huutoniemi 99950 3 Cg 21
(B) Huy 4500 42 Af 40
(TR) Hüyük 84 Db 53
(RUS) Hvalovo 19 Dc 31
(DK) Hvalpsund 26 Ak 34
(RUS) Hvalynsk 50 Ei 38
(IS) Hvammstangi 531 36 Qk 25
(HR) Hvar 73 Bg 47
(UA) Hvardijs'ke 62 De 45
(RUS) Hvastoviči 31 Df 37
(IS) Hveragerði 810 36 Qi 26
(IS) Hveravellir 640 36 Ql 26
(DK) Hvide Sande 6960 26 Ai 34
(N) Hvittingfoss 3647 16 Ba 31
(RUS) Hvojnaja 20 De 32
(IS) Hvolsvöllur 850 36 Qk 27
(RUS) Hvorostjanka 49 Ea 38
(RUS) Hvorostjanka 50 Ei 38
(GB) Hwlfordd = Haverfordwest SA61 40 Sf 39
(S) Hycklinge 59042 17 Bf 33
(N) Hyen 6829 8 Af 29
(F) Hyères 83400* 56 Ag 47
(S) Hyltebruk 31401 27 Bd 33
(MD) Hynčešt' = Hînceşti 3400 61 Ci 44
(FIN) Hyrynsalmi 89401 11 Ci 26
(FIN) Hytölä 44220 10 Cg 28
(FIN) Hyvinkää 05950 18 Ce 30

I

(RO) Iacobeni 727315 60 Cf 43
(GR) Ialissos 84 Ci 54
(MD) Ialoveni 6801 61 Ci 44
(RO) Ianca 815200 61 Ch 45
(MD) Iargara 6321 61 Ci 44
(RO) Iaşi 000700* 61 Ch 43
(RUS) Ib 22 Fa 29
(RUS) Iba 13 Eh 27
(UA) Ibakibka = Ivanivka 45 Cc 42
(D) Ibbenbüren 49477* 42 Ah 38
(TR) İbek 77 Df 50
(N) Ibestad 9419 2 Bh 22
(E) Ibi 03440 81 Sk 52
(E) Ibiza = Eivissa 07800 70 Ab 52
(RUS) Ibragimovo 34 Ff 36
(RUS) Ibresi 33 Eh 35
(TR) İbriktepe 22410 75 Cg 49
(RUS) Ibrjaevo 34 Fc 36
(TR) İçel (Mersin) 85 De 54
(TR) İçeriçumra 42970 84 Dc 53
(TR) İçme 23150 86 Dk 52
(UA) Ičnja 47 Dc 40
(P) Idanha-a-Nova 6060-100* 68 Sc 51
(D) Idar-Oberstein 55743 42 Ah 41
(RUS) Idel' 12 De 26
(RUS) Idel'bakovo 52 Fh 39
(TR) İdil 73300 87 Eb 53
(S) Idivuoma 3 Cc 22
(GR) Ídra 15351 82 Cd 53
(S) Idre 79091 9 Bc 29
(SLO) Idrija 5280 57 Bd 45
(D) Idstein 65510 42 Ai 40
(LV) Iecava 3913 29 Ce 34
(B) Ieper 8900 41 Ac 40
(GR) Ierápetra 72200 83 Cf 55
(RO) Iernut 545100 60 Ce 44
(RUS) Ievlevo 25 Gh 33
(N) Ifjord 9742 3 Ch 20
(H) Igal 7275 58 Bh 44
(TR) Iğdecik 38655 76 Db 51
(TR) Iğdeli 78 Dh 51
(TR) Iğdir 76000 77 Dd 49
(TR) Iğdir 76000 77 Df 50
(TR) Iğdir 76000 79 Ee 51
(S) Iggesund 82500 17 Bh 29
(I) Iglesias 09016 71 Ai 51
(RUS) Iglino 35 Fg 36
(LT) Ignalina 30001 29 Cg 35
(RUS) Ignatovo 20 Dh 30
(TR) İğneada 39650 76 Ch 49
(RUS) Igodovo 21 Ec 32
(GR) Igoumenitsa 46100 74 Ca 51
(RUS) Igra 23 Fd 33
(E) Igualada 08700 70 Ab 49
(E) Igüeña 68 Sd 48
(RUS) Igumhovskaja 13 Ee 28
(RUS) Igumnovskaja 21 Ed 30
(TR) Ihlara 68570 85 De 52
(TR) İhsangazi 37250 77 Dd 49
(TR) İhsaniye 41650 76 Da 51
(BG) Ihtiman 2050 75 Cd 48
(EST) Iisaku 41101 19 Ch 31
(FIN) Iisalmi 74130 11 Ch 27
(NL) IJmuiden 1970* 41 Ae 38
(FIN) Ikaalinen 39510 18 Cd 29
(DK) Ikast 7430 26 Ak 34
(RUS) Iki-Durul 64 Ee 45
(TR) İkikuyu 87 Ea 52
(RUS) Iki Manlan 65 Ef 43
(TR) İkizce 77 Dc 51
(TR) İkizdere 79 Ea 50
(TR) İkizören 18900 77 Dd 50
(RUS) Ikrjanoe 65 Eh 44
(RUS) Ikša 31 Dh 34
(LV) Ikšķile 29 Ce 34
(SK) Ilava 019 01 44 Bi 42
(TR) Ildır 83 Cg 52
(RUS) Ileck, Sol'- 51 Fe 39
(RUS) Ilek 51 Fd 39
(RUS) Ileksinskaja 20 Dh 29
(F) Île-Rousse, L' 20220 71 Ai 48
(GB) Ilfracombe EX34 40 Sf 39
(TR) Ilgaz 18400 77 Dd 50
(TR) Ilgın 42600 84 Db 52
(TR) İlhanköy 76 Ch 50
(P) Ílhavo 3830-024* 68 Sb 50
(RO) Ilia 337270 59 Cc 45
(TR) Ilıbaşı 76 Da 51
(TR) Iliç 78 Di 51
(RUS) Il'iča 23 Fg 33
(TR) Ilıca 37620 76 Ch 51
(TR) Ilıca 76 Ci 51
(TR) Ilıca 37620 77 Dc 51
(TR) Ilıca 37620 79 Eb 51
(TR) Ilıca 37620 83 Cg 52
(TR) Ilıca 37620 84 Dc 54
(TR) Ilıca 37620 86 Dg 53
(TR) Ilıcalar 87 Ea 52
(BIH) Ilidža 59 Bi 47
(RUS) Ilim 24 Fi 33
(RUS) Il'inka 49 Eb 38
(RUS) Il'inka 52 Fh 39
(RUS) Il'inka 65 Eh 44
(RUS) Il'ino 30 Db 35
(RUS) Il'inskaja 64 Ea 45
(RUS) Il'inskij 19 Dc 29
(RUS) Il'inskij 23 Fe 32
(RUS) Il'inskoe 20 Di 33
(RUS) Il'inskoe 31 Dh 34
(RUS) Il'inskoe 34 Fc 34
(RUS) Il'inskoe- Hovanskoe 32 Dk 34
(RUS) Il'insko-Podomskoe 22 Eh 29
(RUS) Il'insko-Zaborskoe 21 Ee 33
(SLO) Ilirska Bistrica 6250 58 Be 45
(BY) Il'ja 30 Ch 36
(RUS) Iljuhinskaja 21 Eb 30
(RUS) Il'kino 32 Eb 35
(GB) Ilkley LS29 39 Si 37
(F) Ille-sur-Têt 66130 70 Ac 48
(UA) Illičivs'k 61 Da 44
(F) Illiers-Combray 28120 41 Ab 42
(UA) Illinci 46 Ck 41
(FIN) Ilmajoki 60801 10 Cc 28
(RUS) Il'men' 49 Ee 40
(D) Ilmenau 98693 43 Ba 40
(RUS) Il'men'-Suvorovskij 49 Ed 42
(FIN) Ilomantsi 82901 11 Da 28
(UA) Ilovajs'k 63 Di 43
(RUS) Ilovatka 50 Ef 40
(RUS) Ilovka 48 Di 40
(RUS) Ilovlja 49 Ee 41
(PL) Iłowa 68-120 44 Bf 39
(LV) Ilūkste 5447 29 Cg 35
(TR) Ilyaspaşa 76 Db 51
(PL) Iłża 27-100 45 Cb 39
(TR) İmamoğlu 37400 85 Df 53
(RUS) Imandra 4 Dd 23
(FIN) Imatra 55100* 19 Ci 29
(TR) İmecik 07350 84 Da 54
(RUS) Imena Babuškina 21 Ed 31
(RUS) Imeni Michaila Ivanoviča Kalinina 22 Ef 33
(RUS) Imjanlikuevo 34 Fe 35
(D) Immenstadt im Allgäu 87509 57 Ba 43
(GB) Immingham DN40 39 Sk 37
(I) Imola 40026 57 Bb 46
(HR) Imotski 58 Bh 47
(I) Imperia 18100 56 Ai 47
(F) Imphy 58160 55 Ad 44
(TR) İmranlı 58980 78 Di 51
(TR) İmroz 75 Cf 50
(A) Imst 6460* 57 Ba 43
(FIN) Inari 99871 3 Ch 22
(E) Inca 07300 70 Ac 51
(TR) İncesu 85 Dd 52
(TR) İncesu 85 Df 52
(TR) İncetarla 85 Df 53
(TR) İncidere 86 Di 54
(TR) İncirli 86 Di 53
(TR) İncirlik 01340 85 Df 53
(TR) İncirliova 09600 83 Ch 53
(RUS) Incy 12 Ea 25
(S) Indal 86040 9 Bh 28
(RO) Independa 827150 61 Ck 45
(RUS) Indiga 6 Ek 23
(SRB) Inđija 22319* 59 Ca 45
(N) Indre Billefjord 9710 3 Cf 20
(TR) İnece 39050 76 Ch 49
(TR) İnecik 76 Ch 50
(TR) İnegöl 16400 76 Ck 50
(RO) Ineu 315300 60 Cb 44
(E) Infiesto 33530 68 Se 47
(FIN) Ingå 10160 18 Ce 30
(S) Ingatorp 57031 17 Bf 33
(B) Ingelmunster 8770 41 Ad 40
(D) Ingolstadt 85049* 43 Bb 42
(TR) İnhisar 11640 76 Da 50
(GR) Ínio 83 Cf 55
(IRL) Inis = Ennis 37 Sb 38
(GB) Inis Ceithleann = Enniskillen BT74 37 Sc 36
(IRL) Inis Córthaidh = Enniscorthy 37 Sd 38
(FIN) Inkoo = Ingå 10160 18 Ce 30
(TR) İnlice 84 Dc 53
(N) Innbygda 17 Bc 29
(N) Inndyr 8140 2 Be 23
(GB) Innerleithen EH44 39 Sg 35
(CH) Innertkirchen 3862 56 Ai 44
(A) Innsbruck 6020* 57 Bb 43
(N) Innset 2 Bi 22
(N) Innset 8 Ba 28
(TR) İnönü 76 Da 51
(PL) Inowrocław 88-100 28 Bi 38
(RUS) Inozemcevo 64 Ed 46
(RUS) Insar 33 Ee 37
(S) Insjön 79304 17 Bf 30
(RUS) Inta 15 Ga 24
(TR) İntepe 17060 75 Cg 50
(CH) Interlaken 3800* 56 Ah 44
(GB) Inveraray PA32 38 Se 34
(GB) Inverbervie AB30 38 Sh 34
(GB) Invergarry PH35 38 Sf 33
(GB) Inverness IV3 38 Sf 33
(GB) Inverurie AB51 38 Sh 33
(RUS) Inza 33 Eg 37
(RUS) Inžavino 49 Ec 38
(RUS) Inzer 35 Fh 36
(GR) Ioánnina 45001* 74 Ca 51
(LT) Ionava 29 Ce 35
(GR) Íos 83 Cf 54
(RUS) Ipatovo 64 Ec 45
(TR) İpsala 22400 75 Cg 50
(GB) Ipswich IP4 41 Ab 38
(RUS) Ira 34 Ff 38
(RUS) Iraël' 14 Ff 26
(GR) Iráklia 62400 75 Cd 49
(GR) Iráklio 71001* 83 Cf 55
(RUS) Irbit 24 Gd 33
(RUS) Irgakly 64 Ee 46
(RUS) Irgizly 35 Fh 38
(RUS) Iriklinskij 52 Fi 39
(RUS) Irklievskaja 63 Dk 45
(UA) Irklijiv 47 Dc 41
(GB) Iron-Bridge 40 Sh 38
(UA) Iršava 45 Cd 42
(I) Irsina 75022 73 Bg 50
(RUS) Irta 14 Ei 28
(E) Irún 20301 54 Si 47
(E) Irurita 31730 69 Si 47
(GB) Irvine KA12 39 Sf 35
(GB) Irvinestown BT94 37 Sc 36
(E) Isaba 31417 70 Sk 48
(RO) Isaccea 825200 61 Ci 45
(IS) Ísafjörður 415 36 Qg 24

UA Isajeve 61 Da 43
RUS Isakly 34 Fb 36
RUS Isakovo 31 De 35
RO Isalniţa 207340 60 Cd 46
GB Isbister ZE2 38 Si 30
E Iscar 47420 69 Sf 49
TR İscehisar 03750 84 Da 52
I Ischia 57 Bb 44
I Ischia 80077 72 Bd 50
RUS Iševka 33 Ei 36
I Iseo 25049 57 Ba 45
RUS Isergapovo 34 Fd 36
D Iserlohn 58636* 42 Ah 39
I Isernia 86170 73 Be 49
N Isfjorden 6320 8 Ah 28
N Isfjord Radio 2 I Svalbard
F Isigny-sur-Mer 14230 40 Si 41
TR Işıklı 31330 84 Ck 52
TR Işıklı 31330 87 Ed 53
I Isili 08033 71 Ak 51
RUS Išimbaj 35 Fg 37
RUS Isjangulovo 52 Fg 38
RUS Iska 25 Gf 33
RUS Iškeevo 34 Fb 35
TR İskele 09290 84 Ci 53
TR İskenderun 31200* 86 Dg 54
RUS Iske-Rjazap 33 Ek 36
TR İskilip 19400 77 De 50
BG Iskra 7580 75 Cf 49
RUS Iskušta 35 Fh 36
TR İslahiye 53350 86 Dg 53
RO Islaz 147160 60 Ce 47
F Isle-en-Dodon, l' 31230 54 Aa 47
F Isle-Jourdain, l' 86150 55 Ab 44
F Isle-sur-la-Sorgue, l' 84800 56 Af 47
RUS Išlja 35 Fh 37
RUS Išly 34 Ff 36
RUS Išma 12 Ea 26
D Ismaning 85737 43 Bb 42
TR İsmetpaşa 77 Dc 50
TR İsmil 85 Dd 53
RUS Išmurzino 52 Fi 38
D Isny im Allgäu 88316 57 Ba 43
FIN Isojoki 64901 10 Cb 28
FIN Isokylä 76940 3 Ch 24
FIN Isokyrö 61501 10 Cc 27
I Isola del Gran Sasso d'Italia 64045 72 Bd 48
F Ispagnac 48320 55 Ad 46
TR Isparta 32000 84 Da 53
BG Isperih 7400 60 Cg 47
TR İspir 25900 79 Ea 50
RUS Issa 33 Ee 37
F Issoire 63500 55 Ad 45
F Issoudun 36100 55 Ab 44
F Is-sur-Tille 21120 56 Af 43
TR İstanbul 34000* 76 Ci 49
GR Istiéa 34200 82 Cd 52
RUS Istobnoe 48 Di 39
RKS Istog = Istok 31000 74 Ca 48
RKS Istok = Istog 31000 74 Ca 48
RUS Istra 31 Dg 35
F Istres 13800 55 Ae 47
RO Istria 907155 61 Ci 46
FIN Istunmäki 44220 10 Cg 28
TR İstuzu 84 Ci 54
FIN Itäkoski 95370 10 Ce 25
GR Itéa 33200 74 Cc 51
GR Itéa 33200 82 Cc 52
GR Itháki 28300 82 Ca 52
I Ittiri 07044 71 Ai 50
D Itzehoe 25524 26 Ak 37
BY Ivacèvičy 29 Cf 38
BG Ivajlovgrad 6570 75 Cg 49
FIN Ivalo 99801 3 Ch 22
BY Ivanava 46 Cf 38
CZ Ivančice 664 91 44 Bg 41
HR Ivanec 58 Bg 44
RUS Ivangorod 19 Ci 31
MNE Ivangrad = Berane 84 300 74 Bk 48
UA Ivanhorod 47 Dc 39
HR Ivanić Grad 58 Bg 45
RUS Ivaniščі 32 Ea 35
RUS Ivaniši 31 Df 34
UA Ivanivka 45 Cc 42
UA Ivanivka 48 Di 42
UA Ivanivka 62 De 44
SRB Ivanjica 32250 59 Ca 47
BIH Ivanjska 58 Bh 46
UA Ivankiv 46 Ck 40
RUS Ivan'kovo 31 Dh 36
UA Ivano-Frankivs'k 45 Ce 42
UA Ivano-Frankove 45 Cd 41
UA Ivano-Frankovsk = Ivano-Frankivs'k 45 Ce 42
RUS Ivano-Kuvalat 52 Fh 38
UA Ivanopil' 46 Ci 41
RUS Ivanovka 34 Fd 38
RUS Ivanovka 34 Fe 36
BG Ivanovo 6465 60 Cf 47
RUS Ivanovo 30 Da 34
RUS Ivanovo 32 Ea 34
RUS Ivanovsk, Katav- 35 Fi 36
RUS Ivanovskaja 63 Di 45
RUS Ivanovskoe 21 Ee 32
RUS Ivanovskoe 23 Ff 32
RUS Ivanovskoe, Usen'- 34 Fe 36
BG Ivanski 9810 61 Ch 47
RUS Ivanteevka 50 Ek 38
RUS Ivanteevo 20 Dd 33
RUS Ivaševo 21 Ec 33
BY Iv'e 29 Cf 37
RO Iveşti 737320 61 Ch 45
BY Ivjanec 29 Cg 37
RUS Ivlevskaja 13 Ec 28
RUS Ivnja 48 Dg 39
RUS Ivot Star' 31 De 37
I Ivrea 10015 56 Ah 45
TR İvrindi 10770 76 Ch 51
TR İyidere 53600 79 Ea 49
RUS Ižberdino 52 Fg 38
PL Izbica Kujawska 87-865 44 Bi 38
RO Izbiceni 237230 60 Ce 47
RUS Izborsk 19 Ch 33
RUS Izdeškovo 31 Dd 35
P Izeda 5300-591* 68 Sd 49
RUS Iževsk 34 Fd 34
RUS Iževskoe 32 Ea 36
RUS Izi-Kugunur 33 Ei 34
UA Izjum 48 Dh 41
RUS Ižma 14 Fd 25
UA Izmail = Izmajil 61 Ci 45
UA Izmajil 61 Ci 45
RUS Izmajlovo 2-e(Vtoroe) 20 Di 32
RUS Izmalkovo 48 Dh 38
TR İzmir 35000* 83 Ch 52
TR İzmit = Kocaeli 76 Ck 50
TR İznik 16860 76 Ck 50
RUS Iznoski 31 De 35
RUS Izobil'noe 51 Fe 39
RUS Izobil'nyj 64 Eb 45
SLO Izola 6310 57 Bd 45
H Izsák 6070 59 Bk 44
RUS Izumrud 24 Gb 33
BG Izvor 8153 74 Cc 48
MK Izvor 1414 74 Cb 49
RO Izvoru 117405 60 Cf 46

J

FIN Jaakonvaara 81430 11 Da 27
FIN Jaala 47710 18 Cg 29
BIH Jablan Do 73 Bi 48
BG Jablanica 5750 75 Ce 47
BIH Jablanica 58 Bh 47
CZ Jablonec nad Nisou 466 01* 44 Bf 40
PL Jabłonna 62-067 45 Ca 38
PL Jabłonowo Pomorskie 87-330 28 Bk 37
SRB Jabukovac 19304 59 Cc 46
E Jaca 22700 70 Sk 48
CZ Jáchymov 362 51 43 Bc 40
E Jadraque 19240* 69 Sh 50
RUS Jadrin 33 Eg 35
E Jaén 23001 81 Sg 53
BG Jagoda 6167 75 Cf 48
SRB Jagodina 35000* 59 Cb 47
RUS Jagodnoe 33 Ek 37
RUS Jagubovka 33 Ee 35
UA Jahotyn 47 Db 40
RUS Jahren'ga 22 Eg 30
F Jailleu, Bourgoin- 38300 56 Af 45
BIH Jajce 58 Bh 46
RUS Jajva 23 Fh 31
S Jäkkvik 2 Bg 24
FIN Jakobstad 68600* 10 Cc 27
RUS Jakolevo 48 Dg 40
BG Jakoruda 2790 75 Cd 48
RUS Jakovlevka 50 Eg 39
RUS Jakovlevo 31 Dh 36
RUS Jakovlevskaja 13 Ed 28
RUS Jakovlevskij 31 Dh 36
RUS Jakovo 23 Fd 29
RUS Jakša 15 Fg 29
RUS Jakšino 14 Fc 24
RUS Jakšino 20 Dh 30
RUS Jakun'ël' 22 Ek 31
RUS Jakunvara 11 Db 28
UA Jakymivka 62 Df 44
FIN Jalasjärvi 61601 10 Cc 28
RUS Jal'čiki 33 Ei 35
RUS Jalguba 12 De 29
F Jaligny-sur-Besbre 03220 55 Ad 44
UA Jalta 62 De 46
UA Jama 48 Di 42
RUS Jamansaz 52 Fi 38
RUS Jambirno 32 Ec 36
BG Jambol 8600* 75 Cg 48
SRB Jamena 59 Bk 46
FIN Jämijärvi 38800 10 Cc 29
S Jämjö 37300 27 Bf 34
RUS Jamkino 19 Ck 33
RUS Jamnovo 33 Ee 34
UA Jampil' 46 Cg 41
UA Jampil' 47 Dd 39
FIN Jämsä 42120 10 Cf 29
RUS Janaul 34 Fe 34
BY Janavičy 30 Da 35
RUS Jandovka 31 Di 37
RUS Jangiskain 35 Fg 37
RUS Janiševo 20 Dh 29
RUS Janiskoski 3 Ci 22
HR Janjina 73 Bh 48
S Jänkisjärvi 3 Cd 24
H Jánoshalma 6440 59 Bk 44
PL Janów Lubelski 23-300 45 Cc 40
PL Janów Podlaski 21-505 45 Cd 38
S Jänsmässholmen 83051 9 Bd 27
RUS Jantarnyi 28 Bk 36
RUS Jantikovo 33 Eh 35
F Janzé 35150 54 Si 43
RUS Jar 23 Fc 32
RUS Jar 25 Gf 33
E Jaraicejo 10380 68 Se 51
E Jaraíz de la Vera 10400 68 Se 50
E Jarandilla de la Vera 10450 68 Se 50
RUS Jaransk 22 Eh 33
S Järbo 17 Bg 30
RUS Jarcevo 30 Dc 35
RUS Jarega 14 Fd 27
RUS Jarenga 14 Ek 28
RUS Jarensk 14 Ek 28
F Jargeau 45150 55 Ac 43
S Jarhois 3 Cd 24
RUS Jarkovo 25 Gg 33
D Jarmen 17126 27 Bd 37
UA Jarmolynci 46 Cg 41
S Järna 15300 17 Bh 31
S Järna, Dala- 17 Be 30
F Jarnac 16200 54 Sk 45
S Järnäsklubb 91401 10 Bk 27
RUS Jarnema 12 Dk 28
S Järnforsen 57081 17 Bf 33
F Jarny 54800 42 Af 41
PL Jarocin 63-200 44 Bh 39
RUS Jarok 32 Ea 38
CZ Jaroměř 551 01 44 Bf 40
RUS Jaroslaviči 20 De 30
RUS Jaroslavka 35 Fh 35
RUS Jaroslavl' 21 Dk 33
RUS Jaroslavskaja 64 Ea 46
PL Jarosław 37-500 45 Cc 40
S Järpås 53104 17 Bc 32
S Järpen 83005 9 Bd 27
EST Järva-Jaani 73301 18 Cf 31
EST Järvakandi 79101 18 Ce 32
FIN Järvenpää 73901 10 Cb 28
FIN Järvenpää 73901 18 Cf 30
S Järvsö 82040 17 Bg 29
RUS Jašalta 64 Ec 44
SRB Jaša Tomić 23230 59 Ca 45
UA Jasenivs'kyj 48 Dk 42
RUS Jasenki 48 Di 39
RUS Jasenskaja 63 Di 44
UA Jasinja 45 Ce 42
LT Jašiūnai 17038 29 Cf 36
RUS Jaškino 34 Fd 38
RUS Jaškul' 65 Ef 44
RUS Jaškur-Bod'ja 23 Fd 33
PL Jasło 38-200 45 Cb 41
RUS Jasnaja Poljana 31 Dh 36
RUS Jasnogorsk 31 Dh 36
RUS Jasnogorskij 51 Fd 38
RUS Jasnoje 28 Cb 35
RUS Jasnyj 52 Fk 40
PL Jastarnia 84-140 28 Bi 36
HR Jastrebarsko 58 Bf 45
PL Jastrowie 64-915 28 Bg 37
RUS Jasunt 15 Ga 26
UA Jasynuvata 48 Dh 42
H Jászapáti 5130 59 Ca 43
H Jászárokszállás 5123 59 Bk 43
H Jászberény 5100 59 Bk 43
LV Jaungulbene 4420 18 Cg 33
LV Jaunjelgava 5134 29 Cf 34
LV Jaunpiebalga 4125 29 Cg 33
LV Jaunpils 3145 29 Cd 34
RUS Javgil'dino 35 Fg 35
UA Javkyne 62 Dc 43
UA Javoriv 45 Cd 41
S Jävre 94401 10 Cb 25
F Javron-les-Chapelles 53250 40 Sk 42
RUS Javzora 13 Ef 27
PL Jawor 56-330 44 Bg 39
PL Jaworzno 43-600 44 Bk 40
RUS Jažełbicy 19 Dc 32
RUS Jazevec 13 Eg 25
RUS Jažma 5 Ee 24
RUS Jazykovo 31 Dh 38
RUS Jazykovo 33 Eh 36
RUS Jazykovo 34 Fe 36
GB Jedburgh TD8 39 Sh 35
PL Jedwabne 18-420 29 Cc 37
LV Jēkabpils 5201* 29 Cf 34
RUS Jekaterinburg = Ekaterinburg 35 Ga 34
N Jektvika 2 Bd 24
UA Jelanec' 62 Db 43
PL Jelenia Góra 58-500 44 Bf 40
LV Jelgava 3001* 29 Cd 34
DK Jelling 7300 26 Ak 35
DK Jels 6630 26 Ak 35
HR Jelsa 73 Bg 47
SK Jelšava 049 16 45 Ca 42
UA Jelyzavethradka 47 Dc 42
UA Jemil'čyne 46 Ch 40
D Jena 07743* 43 Bb 40
UA Jenakijeve 48 Di 42
A Jenbach 6200* 57 Bb 43
UA Jenerhodar 62 De 43
FIN Jeppo 66850 10 Cc 27
FIN Jepua = Jeppo 66850 10 Cc 27
E Jerez de la Frontera 11401* 80 Sd 54
E Jerez de los Caballeros 06380 80 Sd 52
E Jérica 12450 70 Sk 51
D Jerichow 39319 43 Bc 38
LV Jersika 5315 29 Cg 34
SLO Jesenice 4270 58 Be 44
CZ Jeseník 790 01 44 Bh 40
SK Jesenské 980 02 45 Ca 42
I Jesi 60035 57 Bd 47
I Jesolo 30016 57 Bc 45
D Jessen (Elster) 06917 43 Bc 39
N Jessheim 2050* 16 Bb 30
F Jeumont 59460 41 Ae 40
D Jever 26441 26 Ah 37
N Jevnaker 3520 16 Ba 30
UA Jevpatorija 62 Dd 45
HR Jezerane 58 Bf 45
BIH Jezero 58 Bh 46
PL Jeziorany 11-320 28 Ca 37
RO Jibou 455200 60 Cd 43
CZ Jičín 506 01* 44 Bf 40
LT Jieznas 59058 29 Ce 36
CZ Jihlava 586 01 44 Bf 41
E Jijona = Xixona 03100 70 Sk 52
CZ Jilemnice 514 01 44 Bf 40
S Jiltjer 9 Bg 25
RO Jimbolia 305400 59 Ca 45
E Jimena de la Frontera 11330* 80 Se 54
CZ Jindřichův Hradec 377 01 44 Bf 41
CZ Jirkov 431 11* 43 Bd 40
D Joachimsthal 16247 27 Bd 38
E Jócar 81 Sg 53
S Jock 3 Cc 24
FIN Joensuu 80100* 11 Ck 28
S Joesjö 9 Be 25
EST Jõgeva 48303* 18 Cg 32
D Johanngeorgenstadt 08349 43 Bc 40
GB John o'Groats KW1 38 Sg 32
EST Jõhvi-Ahtme 41541 19 Ch 31
F Joigny 89300* 41 Ad 43
F Joinville 52300* 42 Af 42
S Jokkmokk 96201 2 Bk 24
AX Jomala 22151 18 Bk 30
N Jondal 5627 16 Ag 30
LT Joniškėlis 39027 29 Ce 34
LT Joniškis 84001 29 Cd 34
S Jönköping 55001* 17 Be 33
BG Jonkova 7450 60 Cg 47
E Jonquera, La 17700 70 Ac 48
F Jonzac 17500 54 Sk 45
N Jordet 2430 17 Bc 29
N Jorgastak 3 Cf 21
AL Jorgucat 74 Ca 51
S Jormlien 9 Bd 26
S Jörn 93055 10 Cc 25
FIN Joroinen 79601 11 Ch 28
N Jørpeland 4100 16 Ag 31
RUS Joškar-Ola 33 Eh 34
HR Jospidol 58 Bf 45
S Jössefors 17 Bc 31
N Jøssund 7746 8 Ba 26
FIN Joukokylä 89320 11 Ch 25
FIN Joutsa 19651 18 Cg 29
FIN Joutseno 54101 19 Ci 29
FIN Joutsijärvi 98710 3 Ch 24
N Jovik 2 Bk 21
BG Jovkovo 9531 61 Ci 47
F Joyeuse 07260 55 Ae 46
FIN Juankoski 73501 11 Ci 27
A Judenburg 8750* 58 Be 43
RUS Judin 49 Eb 42
RUS Judinki 31 Dh 36
RUS Judybaevo 52 Fh 38
DK Juelsminde 7130 27 Ba 35
RUS Jug 23 Fg 33
RUS Jugo-Kamskij 23 Ff 33
RUS Jugydtydor 14 Fd 28
RUS Juhnevo 21 Ec 29
RUS Juhnov 31 Df 36
RUS Juhoviči 30 Ci 34
RUS Juhovo 30 Da 34
RO Jui, Bumbeşti- 215100 60 Cd 45
F Juillac 19350 55 Ab 45
RUS Jukamenskoe 23 Fc 33
S Jukkasjärvi 98191 2 Ca 23
RUS Jukseevo 23 Fe 31
S Juktfors 92070 9 Bh 25
N Jule 9 Bd 26
D Jülich 52428 42 Ag 40
RUS Jum 23 Fe 31
RUS Juma 11 Dd 25
RUS Jumaguzino 35 Fg 38
F Jumelles, Longué- 49160 54 Sk 43
E Jumilla 30520 81 Si 52
FIN Juminen 73230 11 Ch 27
FIN Jumisko 97870 3 Ci 24
UA Junakivka 48 Df 39
S Junosuando 98062 3 Cc 23
E Junquera, La = La Jonquera 17700 70 Ac 48
S Junsele 88037 9 Bg 27
FIN Juntusranta 89770 11 Ck 25
LT Juodrantė 28 Cb 35
LT Juodupė 42063 29 Cf 34
S Juoksengi 95723 3 Cd 24
FIN Juoksenki 95640 3 Cd 24
FIN Juorkuna 91630 10 Cg 26
BY Juratiški 29 Cf 36
LT Jurbarkas 74001 29 Cc 35
RUS Jur'evec 21 Ed 33
RUS Jur'evo 22 Ei 32
RUS Jur'ev-Pol'skij 32 Dk 34
RO Jurilovca 827115 61 Ci 46
RUS Jurino 33 Eg 34
RUS Jur'ja 22 Ek 31
UA Jurjivka 48 Dg 42
RUS Jurjuzan' 35 Fi 36
RUS Jurkino 21 Dk 33
RUS Jurkovka 65 Eg 46
RUS Jurla 23 Fe 31
RUS Jurlovka 49 Ea 38
LV Jūrmala 3015 29 Cd 34
RUS Juroma 13 Ef 25
RUS Jurovo 21 Ed 33
RUS Jurovo 31 Dd 38
FIN Jurva 66301 10 Cb 28
RUS Jury 30 Dc 36
RUS Jušala 25 Ge 33
RUS Jušino 6 Fe 22
RUS Juškozero 11 Dc 26
F Jussey 70500 56 Af 43
RUS Justa 65 Eg 43
RUS Justozero 11 Dd 28
RUS Jus'va 23 Ff 32
D Jüterbog 14913 43 Bd 39
RUS Jutuz, Ust'- 35 Fh 34
FIN Juuka 83901 11 Ck 27
FIN Juuma 93850 3 Ck 24
FIN Juva 23101 11 Ch 29
F Juvigné 53380 40 Si 42
F Juvisy-sur-Orge 91200 41 Ac 42
RUS Juža 32 Ee 34
RUS Južakovo 24 Gb 33
RUS Južno Suhokumsk 65 Ef 46
RUS Južno-Suhokumsk 65 Ef 46
UA Južnoukrains'k 62 Db 43
RUS Južnoural'sk 35 Gb 36
RUS Južnyj 35 Ga 37
RUS Južnyj 51 Fb 38
RUS Južnyj 64 Eb 43
RUS Južnyj 64 Ee 45
DK Jyderup 4560 27 Bb 35
FIN Jyrkkä 74380 11 Ch 27
FIN Jyväskylä 40100* 10 Cf 28

K

FIN Kaamanen 99910 3 Ch 21
FIN Kaamasmukka 99950 3 Cg 21
FIN Kaaresuvanto 99460 3 Cc 22
FIN Kaarina 20781 18 Cc 30
FIN Kaavi 73601 11 Ci 28
TR Kabaca 76 Db 50
TR Kabadüz 78 Dh 50
TR Kabahaydar 86 Dk 53
UA Kabanne 48 Di 41
S Kåbdalis 96205 10 Bk 24
BY Kabeljaj pervyj 29 Ce 37
BG Kableškovo 9488 76 Ch 48
UA Kača 62 Dd 46
RUS Kačalino 49 Ee 41
RKS Kaçanik = Kačanik 71000 74 Cb 48
RKS Kačanik = Kaçanik 71000 74 Cb 48
RUS Kačanovo 19 Ch 33
TR Kaçarlı 06956 77 Dd 51
RUS Kacbahskij 35 Fk 38
UA Kachovka 62 Dd 44
RUS Kačkanar 24 Fk 32
MD Kačul = Cahul 3900 61 Ci 45
CZ Kadaň 432 01 43 Bd 40
H Kadarkút 7530 58 Bh 44
UA Kadijivka 48 Di 42
TR Kadiköy = Evrese 17350 75 Cg 50
TR Kadıkuyusu 76 Db 51
TR Kadınhanı 42800 84 Dc 52
TR Kadirli 80750* 85 Dg 53
TR Kadışehri 66540 77 Df 50
RUS Kadnikov 21 Ea 31
RUS Kadnikovskij 21 Ea 30
RUS Kadom 32 Ec 36
RUS Kadoškino 33 Ee 36
RUS Kaduj 20 Dh 31
RUS Kadyj 21 Ed 33

RUS Kadžerom 14 Ff 26
N Kåfjord 3 Cf 20
N Kåfjordbotn 2 Ca 21
RUS Kagal'nickaja 64 Ea 44
S Kåge 93401 10 Ca 26
TR Kağızman 36700 79 Ed 50
TR Kağnılı 79 Ed 51
UA Kaharlyk 47 Da 41
TR Kahramanlar 25000 79 Eb 51
TR Kahramanmaraş 46000* 86 Dg 53
TR Kâhta 02400 86 Di 53
MD Kahul = Cahul 3900 61 Ci 45
EST Käina 92101 18 Cc 32
S Kainulasjärvi 98065 3 Cc 22
RUS Kairovo 35 Fh 35
D Kaiserslautern 67655* 42 Ah 41
LT Kaišiadorys 56001 29 Ce 36
S Kaitum 2 Ca 23
FIN Kajaani 87100* 11 Ch 26
RUS Kajasula 65 Ef 46
BG Kajnardža 7550 61 Ch 47
RUS Kajsackoe 50 Eg 41
RUS Kajuki 33 Ek 35
RUS Kajvaksa 20 Dd 31
BIH Kakanj 59 Bi 46
TR Kaklık 20340 84 Ck 53
TR Kalaba 06121 85 De 52
RUS Kalač 49 Eb 40
RUS Kalač-na-Donu 49 Ed 42
FIN Kalajoki 85101 10 Cd 26
N Kalak 3 Ch 20
FIN Kalakoski 61650 10 Cd 28
GR Kalamariá 55101* 74 Cc 50
GR Kalamáta 24100 82 Cc 53
GR Kalambáka 42200 74 Cb 51
GR Kalamiá 74 Ca 51
GR Kalamítsi 63081 75 Cd 51
TR Kalamos 83 Cf 53
EST Kalana 92212 18 Cc 32
UA Kalančak 62 Dd 44
GR Kalándra 63077 75 Cd 51
MD Kalaraš = Călăraşi 4400 61 Ci 43
S Kälarne 9 Bg 28
RUS Kalašnikov 20 Df 33
GR Kalávrita 25001 82 Cc 52
SLO Kalce 1370 58 Be 45
N Kaldfarnes 9395 2 Bg 21
TR Kale 78 Dk 50
TR Kale 84 Ci 53
TR Kale 84 Da 54
TR Kale 85 Df 53
TR Kale 85 Df 54
TR Kale 86 Di 52
TR Kalecik 77 Dd 50
TR Kaleköy 77 Df 50
RUS Kalepiiha 22 Ef 31
EST Kaleste 18 Cc 32
RUS Kalevala 11 Db 25
IS Kálfafell 880 36 Rc 27
IS Kálfafellsstaður 780 36 Re 26
RUS Kal'i 13 Ec 27
GR Kaliáni 20016 82 Cc 53
RUS Kalikino 34 Fe 38
GR Kálimnos 85200 83 Cg 54
RUS Kalinin = Tver' 31 Df 34
RUS Kaliningrad 28 Ca 36
RUS Kalinino 33 Eg 35
RUS Kalinino 63 Di 45
RUS Kalininsk 49 Ee 39
RUS Kalininskaja 63 Di 45
BY Kalinkavičy 46 Ck 38
RUS Kalinniki 34 Ff 35
RUS Kalino 23 Fg 33
RUS Kalino 23 Fh 32
BIH Kalinovik 59 Bi 47
RUS Kalinovka 34 Fa 37
PL Kalisz 62-800 44 Bi 39
PL Kalisz Pomorski 78-540 27 Bf 37
GR Kalíves 64004 75 Ce 50
GR Kalivia 82 Cc 53
S Kalix 95200 10 Cd 25
S Kalixforsbron 2 Ca 23
RUS Kal'ja 24 Ga 30
RUS Kaljazin 20 Dh 33
TR Kalkan 84 Ck 54
TR Kalkan 87 Ea 52
TR Kalkandere 53500 79 Ea 50
D Kalkar 47546 42 Ag 39
TR Kalkım 76 Ch 51
S Kall 83005 9 Bd 27
EST Kallaste 60103* 19 Ch 32
EST Kalli 88403 18 Ce 32
FIN Kallislahti 58810 11 Ci 29
GR Kalloni 84200 74 Cb 50
GR Kalloni 84200 75 Cg 51
FIN Kalmankaltio 99430 3 Ce 22
S Kalmar 28 Bg 34
RUS Kalmaš 35 Fh 35
RUS Kalmykovskij 49 Ec 42
SRB Kalna 19353 59 Cc 47
SK Kalná nad Hronom 935 32 44 Bi 42
LV Kalnciems 29 Cd 34
H Kalocsa 6300 59 Bi 44
BY Kalodna 46 Cg 39
BG Kalojanovo 8881 75 Ce 48
BY Kalonija 45 Ce 38
GR Kalpáki 44004 74 Ca 51
LT Kaltanėnai 18028 29 Cf 35
RUS Kaltasy 34 Fe 34
D Kaltenkirchen 24568 26 Ak 37
D Kaltennordheim 36452 43 Ba 40
LT Kaltinėnai 75044 29 Cc 35
RUS Kaluga 31 Dg 36
DK Kalundborg 4400 27 Bb 35
UA Kaluš 45 Ce 41
N Kalvåg 6729 8 Ae 29
LT Kalvarija 69030 29 Cd 36
FIN Kälviä 68301 10 Cd 27
FIN Kalvola 14530 18 Ce 29
S Kalvträsk 93027 10 Bk 26
A Kalwang 8775 58 Be 43
UA Kalynivka 46 Ci 41
UA Kalynivka 47 Da 40
UA Kalynivka 62 Dc 43
UA Kalyta 47 Db 40
TR Kaman 40300 77 Dd 51
GR Kamáres 70002 82 Ce 54
RUS Kambarka 34 Fe 34
GR Kámbos 85500 83 Cg 53
RUS Kamčuga 21 Ed 30
RUS Kameevo 35 Fg 35
BG Kamen 59174 60 Cf 47
BY Kamen' 30 Ci 35
RUS Kamen' 24 Fi 31
UA Kamenec-Podol'skij = Kam'janec'-Podil's'kyj 46 Cg 42
BIH Kamenica 59 Bk 47
RUS Kamenka 25 Gf 33
RUS Kamenka 30 Dc 35
RUS Kamenka 33 Ee 37
RUS Kamenka 48 Dk 40
RUS Kamenka 52 Ff 38
RUS Kamenka 6 Fa 23
RUS Kamenki 31 Dh 34
RUS Kamennyj Perebor 22 Fb 33
RUS Kamennobrodskaja 64 Eb 45
RUS Kamennoe 13 Ee 29
RUS Kamennoe 22 Ef 33
RUS Kamennogorsk 19 Ck 30
RUS Kamennomostskij 63 Ea 46
BG Kameno 8120 76 Ch 48
RUS Kamenskij 50 Ef 40
RUS Kamenskoe 31 Dg 35
RUS Kamensk-Šahtinskij 49 Ea 42
RUS Kamensk-Ural'skij 35 Gb 34
D Kamenz 01917 43 Be 39
RUS Kameškovo 32 Eb 34
RUS Kamešnaja 21 Dk 30
PL Kamienna, Skarżysko- 26-100 45 Ca 39
PL Kamienna Góra 58-400 44 Bg 40
PL Kamień Pomorski 72-400 27 Be 37
PL Kamieńsk 97-360 44 Bk 39
TR Kâmil 19500 77 De 49
UA Kamin'-Kašyrs'kyj 45 Ce 39
RUS Kaminskij 21 Eb 33
TR Kamışlı 85 De 53
TR Kamışlık 87 Ee 53
TR Kamışlıkuyu 85 De 53
BY Kamjanec 45 Cd 38
UA Kam'janec'-Podil's'kyj 46 Cg 42
UA Kamjanka 47 Dc 41
UA Kam'janka 48 Dk 41
UA Kam'janka 61 Da 44
UA Kamjanka-Buz'ka 45 Ce 40
UA Kamjans'ka Sloboda 47 Dd 38
UA Kam'janske 45 Cc 42
SLO Kamnik 1241 58 Be 44
NL Kampen 8260* 42 Af 38
RUS Kamskij 23 Fd 31
RUS Kamskoe Ust'e 33 Ek 35
RUS Kamyševatskaja 63 Dh 44
RUS Kamyšin 50 Ef 40
RUS Kamyšla 34 Fc 36
UA Kamyšuvacha 62 Df 43
RUS Kamyzjak 65 Ei 44
RUS Kanabeki 23 Fh 33
RUS Kanadej 33 Eh 37
GR Kanála 84006 82 Ce 53
GR Kanália 38500 74 Cc 51
RUS Kananikol'skij 35 Fh 38
RUS Kanaš 33 Eh 35
RUS Kanavka 50 Ei 40
RUS Kandalakša 4 Dc 23
LV Kandava 3120 29 Cc 33
D Kandel 76870 42 Ai 41
TR Kandilli 25680 79 Ea 51
TR Kandıra 41600 76 Da 49
RUS Kandry 34 Fe 36
EST Kanepi 63101 18 Cg 33
RUS Kanevka 5 Dk 23
RUS Kanevskaja 63 Di 44
GR Kangádio 25200 82 Cb 52
TR Kangal 58900 78 Dh 51
FIN Kangaslampi 79480 11 Ci 28
FIN Kangasniemi 51201 10 Cg 29
S Kangos 98063 3 Cc 23
FIN Kangosjärvi 99360 3 Cd 23
RUS Kanin Nos 5 Ed 22
UA Kaniv 47 Db 41
SRB Kanjiža 24420 59 Ca 44
FIN Kankaanpää 38701 10 Cc 29
FIN Kankainen 41410 10 Cg 28
TR Kanlıavşar 86 Di 53
TR Kanlıdivane 33730 85 De 54
FIN Kannonkoski 43300 10 Cf 28
FIN Kannonsaha 43340 10 Cf 28
FIN Kannus 69101 10 Cd 27
FIN Kantala 77380 11 Ch 28
TR Kantar 87 Eb 53
TR Kantarma 86 Dh 52
RUS Kantemirovka 48 Dk 41
N Kantornes 2 Bk 21
IRL Kanturk = Ceann Toirc 37 Sb 38
BG Kaolinovo 9960 61 Ch 47
SRB Kaona 32234 59 Ca 47
SRB Kaonik 37256 59 Cb 47
BY Kapatkevičy 46 Ci 38
LT Kapčiamiestis 67039 29 Cd 36
B Kapellen 47608 41 Ae 39
A Kapfenberg 8605* 58 Bf 43
LV Kapini 30 Ch 34
CZ Kaplice 382 41* 43 Be 42
H Kaposvár 7400 58 Bh 44
N Kapp 2849 16 Ba 30
D Kappel 55483 42 Ah 40
S Kappellskär 17 Bk 31
D Kappeln 24376 26 Ak 36
S Kappelshamn 17 Bi 33
GR Kapsorráhi 30015 82 Cb 52
TR Kaptanpaşa 53350 79 Ea 50
RUS Kapustin Jar 50 Ef 42
RUS Kapustino 34 Fc 34
RUS Kapustnoe 4 De 23
UA Kapustynci 47 De 40
H Kapuvár 9330 58 Bh 43
BY Kapyl' 29 Ch 37
RUS Kara 35 Fh 37
TR Karaağa 42950 84 Dc 54
TR Karaağaç 79 Ec 51
TR Karaağaç 84 Ci 54
TR Karaağıl 49550 79 Ec 51
RUS Karabanovka 34 Fb 37
RUS Karabanovo 31 Di 34
RUS Karabaš 34 Fc 36
RUS Karabaš 35 Ga 35
RUS Karabaška 25 Gf 32
TR Karabeyli 84 Ck 52
TR Karabiga 17950 76 Ch 50
TR Karabucak 85 Df 53
TR Karabük 07350 77 Dc 49
RUS Karabulak 64 Ee 47
TR Karaburun 34558 76 Ci 49
TR Karaburun 34558 83 Cg 52
TR Karacaali 16670 76 Ck 50
TR Karacabey 16700 76 Ci 50
TR Karacadağ 76 Ch 49
TR Karacadağ 86 Dk 53
RUS Karačaevsk 64 Eb 47
TR Karacagür 75 Cg 49
TR Karacahisar 84 Db 53
TR Karačaj Tereze 64 Ec 47
TR Karacaköy 48700 76 Ci 49
TR Karacaören 78 Di 51
TR Karacasu 14020 84 Ci 53
TR Karaçay 19300 77 De 50
TR Karaçayır 78 Dg 51
RUS Karačev 31 Df 37
TR Karaçoban 25620 79 Ec 51
TR Karadere 10700 76 Ch 51
TR Karadere 10700 76 Da 50
TR Karadirek 03550 84 Da 52
RUS Karagač 52 Fg 39
RUS Karagaj 23 Ff 32
TR Karagöl 31825 77 Dc 50
TR Karagöl 31825 78 Dg 51
TR Karahallı 64700 84 Ck 52
TR Karahasan 52700 79 Ec 51
TR Karahasanlı 50610 77 De 51
RUS Karaidel' 35 Fg 35
RUS Karaidel'skij 35 Fh 35
TR Karaisalı 33830 85 Df 53
RUS Karaja Masel'ga 12 De 27
RUS Karaj-Saltykovo 49 Ec 38
TR Karakale 79 Ed 49
TR Karakaya 76 Db 50
TR Karakaya 84 Dc 53
TR Karakeçi 63620 86 Dk 53
TR Karakeçili 71500 77 Dd 51
TR Karakent 84 Da 53
TR Karakoç 87 Ed 52
TR Karakoçan 23600 87 Ea 52
TR Karaköprü 05000 79 Eb 51
TR Karaköy 76 Db 50
TR Karaköy 79 Eb 51
TR Karaköy 83 Ch 52
TR Karaköy 84 Ci 53
TR Karakoyunlu 79 Ee 51
RUS Karakša 33 Eh 33
TR Karakulak 24860 79 Ea 51
RUS Karakulino 34 Fd 34
TR Karakurt 79 Ec 50
TR Karamağara = Saraykent 66320 77 Df 51
TR Karaman 70000* 85 Dd 53
TR Karamanlı 46000 84 Ck 53
TR Karamürsel 41500 76 Ck 50
TR Karamusa 77 Dd 50
RUS Karamyševo 19 Ci 33
TR Karaoğlan 78 Dk 51
TR Karaova 48200 83 Ch 53
TR Karapazar 77 Dc 50
BG Karapelit 9390 61 Ch 47
TR Karapınar 84 Db 52
TR Karapınar 85 Dd 53
TR Karapürçek 76 Da 50
RUS Karaš 32 Dk 34
TR Karaşar 18600 77 Dc 50
FIN Karasavvon = Kaaresuvanto 99460 3 Cc 22
TR Karasinir 84 Dc 53
N Karasjok 9730 3 Cf 21
TR Karasu 54500 76 Da 49
UA Karasyn 46 Cf 39
RUS Karatajka 7 Gb 22
TR Karataş 84 Ci 52
TR Karataş 85 Df 54
TR Karatoprak = Turgutreis 48960 83 Ch 54
S Karats 2 Bi 24
RUS Karaul'skoe 24 Ga 31
TR Karaurgan 36520 79 Ec 50
BY Karavacičy 47 Da 38
GR Karavás 82 Cc 54
BG Karavelovo 4350 75 Cg 48
TR Karayaka 60540 78 Dg 50
TR Karayazı 25830 79 Ec 51
TR Karayün 78 Dh 51
RUS Karbany 25 Gg 33
TR Karbeyaz 31000 85 Dg 54
S Kårböle 82043 9 Bf 29
DK Karby 7960 26 Ai 34
H Karcag 5300 59 Ca 43
GR Kardakáta 82 Ca 52
GR Kardámena 85300 83 Ch 54
GR Kardámila 82300 83 Cg 52
GR Kardamili 82 Cc 54
HR Kardeljevo = Ploče 73 Bh 47
GR Karditsa 43101 74 Cb 51
EST Kärdla 92411* 18 Cc 32
RUS Kardymovo 30 Dc 36
BG Kărdžali 6600* 75 Cf 49
BG Kărdžali 75 Cf 49
RUS Kardžin 79 Ee 47
RUS Karelakša 11 Dc 25
BY Karèličy 29 Cg 37
RUS Karelina 25 Gi 33
RUS Karelino 24 Ga 32
RUS Karelino 34 Fa 34
RUS Karel'skaja Masel'ga 11 Dd 27
RUS Karepol'e 13 Ed 25
S Karesuando 98016 3 Cc 22
RUS Kargala 51 Fe 39
RUS Kargali 34 Fa 35
TR Kargı 19900 77 De 49
TR Kargı 19900 84 Ck 54
TR Kargı 19900 84 Da 53
TR Kargıcak 48200 85 Dd 54
TR Kargın 58510 77 De 50
TR Kargın 58510 84 Da 53
RUS Kargino 33 Eh 37
RUS Kargopol' 20 Di 29
PL Kargowa 66-120 44 Bf 38
FIN Karhukangas 86480 10 Cf 26
FIN Karhula 48810 18 Cg 30
RUS Karian 49 Eb 38
GR Kariés 23067 75 Ce 50
FIN Karigasniemi 99950 3 Cf 21
EST Karilatsi 63501 18 Cg 32
FIN Karinainen 21840 18 Cc 30
TR Karine 83 Ch 53
RUS Karinka 22 Fa 32
GR Káristos 34001 82 Ce 52
FIN Karjaa = Karis 10300* 18 Cd 30
FIN Karjalaisenniemi 97890 3 Ci 24
FIN Karjalan kirkonkylä 18 Cc 30
GR Karkinágri 83 Cg 53
FIN Karkkila 03620 18 Ce 30
FIN Kärkölä 16610 18 Cd 30
EST Karksi-Nuia 69104 18 Cf 32
FIN Karleby = Kokkola 67100* 10 Cd 27
PL Karlino 78-230 27 Bf 36
TR Karlıova 12900 79 Eb 51
UA Karlivka 48 Df 41
HR Karlobag 58 Bf 46
UA Karlo-Libknehtovsk = Soledar 48 Di 42
HR Karlovac 58 Bf 45
GR Karlovássi 83200 83 Cg 53
RUS Karlovka 50 Ek 39
BG Karlovo 4300 75 Ce 48
CZ Karlovy Vary 360 01* 43 Bc 40
S Karlsborg 10 Cd 25
S Karlsborg 17 Be 32
S Karlshamn 37400* 27 Be 34
S Karlskoga 69101* 17 Be 31
S Karlskrona 37100* 27 Bf 34
D Karlsruhe 76131* 42 Ai 41
S Karlstad 65001* 17 Bd 31
D Karlstadt 97753 42 Ak 41
RUS Karlyhanovo 35 Fi 35
BY Karma 30 Da 37
RUS Karmanovo 31 De 35
RUS Karmaskaly 35 Fg 36
BG Kărnare 4337 75 Ce 48
BG Karnobat 8400 75 Cg 48
PL Karpacz 58-540 44 Bf 40
FIN Kärpänkylä 93990 11 Ck 25
GR Kárpathos 85700 83 Ch 55
GR Karpenissi 36100 82 Cb 52
GR Karperó 42200 74 Cb 51
RUS Karpinsk 24 Ga 31
RUS Karpogory 13 Ee 26
RUS Karpuninskij 24 Gb 32
RUS Karpušiha 24 Fk 33
TR Karpuzlu 75 Cg 50
TR Karpuzlu 83 Ch 53
TR Kars 36000* 79 Ed 50
FIN Kärsämäki 86710 10 Cf 27
LV Kārsava 5717 30 Ch 34
RUS Karsovaj 23 Fd 32
FIN Karstula 43501 10 Ce 28
RUS Karsun 33 Eg 36
RUS Karsy 35 Gb 36
RUS Kartaël' 14 Fd 26
RUS Kartaly 35 Ga 37
FIN Karttula 72101 10 Cg 28
PL Kartuzy 83-300 28 Bi 36
S Karungi 95393 10 Cd 24
FIN Karunki 95530 10 Ce 24
DK Karup 7470 26 Ak 34
FIN Kärväskylä 44910 10 Cf 27
FIN Karvia 39930 10 Cc 28
CZ Karviná 733 01* 44 Bi 41
FIN Karvio 11 Ci 28
RUS Karžimant 33 Ef 38
TR Kaş 84 Ck 54
TR Kaş 85 Dg 53
TR Kasaba 07580 84 Ck 54
FIN Kasaböle = Kasala 29901 10 Cb 29
FIN Kasala 29901 10 Cb 29
BY Kašalëvo, Buda- 30 Da 38
RUS Kašary 49 Ea 41
BY Kascjanevičy 30 Ch 36
BY Kascjukovičy 30 Dc 37
BY Kascjukovka 47 Da 38
S Käseberga 27 Be 35
RUS Kašhatau 64 Ed 47
TR Kasımoğlu 87 Ed 52
RUS Kasimov 32 Eb 36
RUS Kašin 20 Dh 33
TR Kaşınhanı 42206 84 Dc 53
RUS Kašira 31 Di 36
RUS Kaskara 25 Gf 33
RUS Kaškarancy 4 Dg 24
FIN Kaskinen 64260 10 Cb 28
RUS Kaškino 35 Fh 34
FIN Kaskö = Kaskinen 64260 10 Cb 28
RUS Kasli 35 Ga 35
UA Kašperivka 46 Ci 41
RUS Kaspijskij = Lagan' 65 Eh 45
GR Kassándria 63077 75 Cd 50
GR Kassandrinó 75 Cd 50
D Kassel 63599 42 Ak 39
GR Kassiópi 49100 74 Bk 51
TR Kastamonu 37000* 77 Dd 49
GR Kastania 60100 74 Cc 50
GR Kastéli 82 Cd 55
GR Kastoriá 52100 74 Cb 50
RUS Kastornoe 48 Di 39
UA Kašyrs'kyj, Kamin'- 45 Ce 39
FIN Katäkolo 27100 82 Cb 53
GR Katastári 29090 82 Ca 53
RUS Katav, Ust'- 35 Fi 36
RUS Katav-Ivanovsk 35 Fi 36
GR Katerini 60100 74 Cc 50
UA Katerynopil' 47 Da 42
MK Katlanovo 1044 74 Cb 49
GR Káto Ahaia 82 Cb 52
GR Káto Alepohóri 19012 82 Cd 52
GR Káto Figália 27054 82 Cb 53
GR Káto Glikóvrisi 82 Cc 54
GR Káto Kateliós 82 Ca 52
GR Káto Nevrokópi 66033 75 Cd 49
CY Kato Pyrgos 84 Dc 55
GR Káto Samikó 82 Cb 53
GR Káto Soúnio 19500 82 Ce 53
PL Katowice 40-001 44 Bk 40
S Katrineholm 64101* 17 Bg 32
GR Kattavía 85019 83 Ch 55
S Katterjåkk 2 Bi 22
S Katthammarsvik 17 Bi 33
S Kattilasaari 10 Cd 25
S Kattisavan 92195 9 Bi 26
BG Katunci 2830 75 Cd 49
RUS Katunino 22 Ef 32
NL Katwijk aan Zee 2225 41 Ae 38
D Kaufbeuren 87600 57 Ba 43
FIN Kauhajoki 61801 10 Cc 28

(FIN) Kauhava 62201 ... 10 Cd 27
(FIN) Kaukonen 99110 ... 3 Ce 23
(EST) Kauksi 41001 ... 19 Ch 32
(LT) Kaunas 44001* ... 29 Cd 36
(N) Kaupanger 6854 ... 16 Ah 29
(MD) Kaušany = Căuşeni 4300 ... 61 Ck 44
(FIN) Kaustinen 69601 ... 10 Cd 27
(N) Kautokeino ... 3 Cd 21
(TR) Kavacık ... 76 Ci 51
(TR) Kavacık ... 77 Dc 50
(MK) Kavadarci 1430* ... 74 Cc 49
(AL) Kavajë ... 74 Bk 49
(TR) Kavak ... 75 Cg 50
(TR) Kavak ... 77 De 50
(TR) Kavak ... 78 Dg 49
(TR) Kavak ... 78 Dh 51
(TR) Kavakbaşı 13730 ... 87 Eb 52
(TR) Kavaklıdere 48570 ... 84 Ci 53
(GR) Kavála 65000 ... 75 Ce 50
(BG) Kavarna 9650 ... 61 Ci 47
(LT) Kavarskas 29021 ... 29 Ce 35
(RUS) Kaverino ... 32 Eb 36
(S) Kävlinge 24401 ... 27 Bd 35
(GR) Kávos 49080 ... 74 Ca 51
(RUS) Kavra ... 13 Ed 27
(S) Kaxås 83051 ... 9 Bd 27
(TR) Kayabaşı ... 77 Dc 51
(TR) Kayacık ... 87 Ea 52
(TR) Kayadibi 37400 ... 78 Dg 51
(TR) Kayaönü ... 85 Dd 53
(TR) Kayapınar ... 87 Eb 53
(FIN) Käylä 93850 ... 3 Ck 24
(S) Käymäjärvi ... 3 Cc 23
(TR) Kaymaz 26640 ... 76 Da 50
(TR) Kaymaz 26640 ... 76 Db 51
(TR) Kaynar 38710 ... 86 Dg 52
(TR) Kaynarca 16900 ... 76 Ck 50
(TR) Kaynarca 16900 ... 76 Da 49
(TR) Kaypak 01970 ... 86 Dg 53
(TR) Kayrak 37620 ... 85 Dd 54
(TR) Kayseri 38000* ... 85 Df 52
(UA) Kazača Lopan' ... 48 Dg 40
(RUS) Kazačka ... 49 Ed 39
(RUS) Kazaki ... 48 Di 38
(RUS) Kazakkulovo ... 35 Fi 37
(RUS) Kazan' ... 33 Ek 35
(TR) Kazan ... 77 Dc 50
(TR) Kazancı 18400 ... 84 Dc 54
(TR) Kazancı 18400 ... 87 Ea 53
(UA) Kazanka ... 62 Dc 43
(BG) Kazanlăk 6100* ... 75 Cf 48
(TR) Kazanlı 37600 ... 85 De 54
(RUS) Kazanskaja ... 49 Eb 41
(RUS) Kazarka ... 33 Ef 37
(RUS) Kazenščina ... 13 Eb 27
(TR) Kazıklı 48400 ... 83 Ch 53
(RUS) Kazil'skoe ... 52 Fi 38
(TR) Kâzımkarabekir ... 84 Dc 53
(RUS) Kazinaka ... 48 Dh 40
(BY) Kaz'jany ... 29 Cg 35
(BY) Kaz'jany ... 30 Ck 35
(LT) Kazlų Rūda ... 29 Cd 36
(RUS) Kažma ... 12 De 28
(LT) Kažukas = Marijampole ... 29 Cd 36
(RUS) Kažym ... 22 Fb 30
(RUS) Kčevka ... 50 Ei 40
(PL) Kcynia 89-240 ... 28 Bh 38
(TR) Keban 23700 ... 86 Di 52
(S) Kebnekaise fjällstation ... 2 Bi 23
(H) Kecel 6237 ... 59 Bk 44
(TR) Keçiborlu 32700 ... 84 Da 53
(TR) Keçiler ... 84 Ck 52
(TR) Keçiören 55810 ... 77 Dc 50
(H) Kecskemét 6000 ... 59 Bk 44
(LT) Kėdainiai 57001* ... 29 Cd 35
(GR) Kédra 36072 ... 74 Cb 51
(GR) Kédros 43300 ... 74 Cc 51
(RUS) Kedrozero ... 12 De 28
(PL) Kędzierzyn 47-200 ... 44 Bi 40
(PL) Kędzierzyn-Koźle 47-200 ... 44 Bi 40
(IRL) Keel = An Caol ... 37 Rk 37
(GR) Kéfalos 85301 ... 83 Cg 54
(TR) Kefken 41610 ... 76 Da 49
(IS) Keflavík 415 ... 36 Qh 26
(D) Kehl 77694 ... 42 Ah 42
(EST) Kehra 74305* ... 18 Cf 31
(UA) Kehyčivka ... 48 Df 41
(GB) Keighley BD21 ... 39 Si 37
(FIN) Keikyä 32730 ... 18 Cc 29
(EST) Keila 76605* ... 18 Ce 31
(LV) Ķeipene 5062 ... 29 Cf 34
(FIN) Keitele 72601 ... 10 Cg 27
(GB) Keith AB55 ... 38 Sh 33
(FIN) Kelankylä 97785 ... 11 Ch 25
(AL) Këlcyrë ... 74 Ca 50
(TR) Kelekçi 20870 ... 84 Ck 53
(MD) Kėlėraš' = Călăraşi 4400 ... 61 Ci 43
(TR) Keles 16740 ... 76 Ck 51
(D) Kelheim 93309 ... 43 Bb 42
(TR) Kelkit 29600 ... 78 Dk 50
(D) Kellinghusen 25548 ... 26 Ak 37
(FIN) Kelloselkä 98920 ... 3 Ci 24
(LT) Kelmė 86001 ... 29 Cc 35
(UA) Kel'menci ... 46 Cg 42
(GB) Kelso TD5 ... 39 Sh 35
(RUS) Kem' ... 12 De 26
(TR) Kemah 24400 ... 78 Dk 51
(TR) Kemâliye ... 78 Di 51
(TR) Kemalpaşa 08610 ... 79 Eb 49
(TR) Kemalpaşa 08610 ... 83 Ch 52
(TR) Kemer 17220 ... 76 Ch 50
(TR) Kemer 17220 ... 84 Ci 53
(TR) Kemer 17220 ... 84 Ck 54
(TR) Kemer 17220 ... 84 Da 53
(TR) Kemer 17220 ... 84 Da 54
(TR) Kemer 17220 ... 85 Dd 52
(TR) Kemerburgaz 34075 ... 76 Ci 49
(TR) Kemerhisar 51730 ... 85 De 53
(FIN) Kemi 94900 ... 10 Ce 25
(FIN) Kemihaara 98840 ... 3 Ci 23
(FIN) Kemijärvi 98999 ... 3 Ch 24
(FIN) Keminmaa 94450 ... 10 Ce 25
(FIN) Kemiö 25701 ... 18 Cc 30
(RUS) Kemlja ... 33 Ef 36
(D) Kemnath 95478 ... 43 Bb 41
(FIN) Kempele 90451 ... 10 Cf 26
(D) Kempen 47906 ... 42 Ag 39
(D) Kempten (Allgäu) 87435* ... 57 Ba 43
(GB) Kendal LA9 ... 39 Sh 36
(RUS) Kenica ... 13 Eb 26
(IRL) Kenmare = Neidín ... 37 Sa 39
(RUS) Kento ... 11 Db 25
(GR) Kéntro 27200 ... 82 Cb 53
(N) Kenttan ... 3 Cf 21
(RUS) Kepa ... 11 Dc 25
(RUS) Kepino ... 13 Eb 25
(PL) Kępno 63-600 ... 44 Bh 39
(TR) Kepsut 10660 ... 76 Ci 51
(GR) Keramotí 64011* ... 75 Ce 50
(S) Keräntöjärvi ... 3 Cc 23
(UA) Kerč ... 63 Dg 45
(RUS) Kerčëm'ja ... 23 Fd 29
(RUS) Kerčevskij ... 23 Fg 31
(AL) Kërçukaj ... 74 Bk 49
(H) Kerecsend 3396 ... 59 Ca 43
(RUS) Keret' ... 4 Dd 24
(GR) Kerí 29092 ... 82 Ca 53
(FIN) Kerimäki 58201 ... 11 Ck 29
(GR) Kérkira 49100 ... 74 Bk 51
(BG) Kermen 8870 ... 75 Cg 48
(RUS) Keros ... 23 Fc 30
(D) Kerpen 50169* ... 42 Ag 40
(S) Kerstinbo ... 17 Bg 30
(DK) Kerteminde 5300 ... 27 Ba 35
(GR) Kértezi 25011 ... 82 Cb 53
Keryneia = Girne ... 85 Dd 55
(FIN) Kesälahti 59801 ... 11 Ck 29
(TR) Keşan 22800* ... 75 Cg 50
(TR) Keşap 28900 ... 78 Di 50
(TR) Kesikköprü ... 77 Dd 51
(TR) Kesikköprü Hani ... 77 De 51
(FIN) Keskikylä 61680 ... 10 Ce 26
(TR) Keskin 71800 ... 77 Dd 51
(RUS) Kesova Gora ... 20 Dh 33
(RUS) Kesten'ga ... 11 Db 25
(FIN) Kestilä 92700 ... 10 Cg 26
(GB) Keswick NR12 ... 39 Sg 36
(H) Keszthely 8360 ... 58 Bh 44
(RUS) Ketčenery ... 64 Ee 43
(PL) Kętrzyn 11-401 ... 28 Cb 36
(GB) Kettering NN15 ... 40 Sk 38
(GB) Kettletoft KW17 ... 38 Sh 31
(PL) Kęty 32-650 ... 44 Bk 41
(D) Ketzin/Havel 14669 ... 43 Bc 38
(FIN) Keuruu 42721 ... 10 Ce 28
(MD) Kėušen' = Căuseni 4300 ... 61 Ck 44
(D) Kevelaer 47623* ... 42 Ag 39
(RUS) Kevjudy ... 64 Ee 45
(RUS) Kez ... 23 Fd 33
(SK) Kežmarok ... 45 Ca 41
(GR) Kiáto 20200 ... 82 Cc 52
(TR) Kıbrıscık 14610 ... 76 Db 50
(MK) Kičevo 6250* ... 74 Ca 49
(RUS) Kičižno ... 13 Eb 26
(UA) Kicman' ... 46 Cf 42
(RUS) Kičmengskij Gorodok ... 22 Ef 31
(GB) Kidderminster DY10 ... 40 Sh 38
(RUS) Kidekša ... 32 Ea 34
(GB) Kidwelly SA17 ... 40 Sf 39
(RUS) Kidyš ... 35 Ga 36
(FIN) Kiekinkoski 88901 ... 11 Da 26
(D) Kiel 24103* ... 27 Ba 36
(PL) Kielce 25-001 ... 45 Ca 40
(PL) Kieleczka 44-187 ... 44 Bi 40
(BIH) Kifino Selo ... 59 Bi 47
(GR) Kifissiá 14501 ... 82 Cd 52
(TR) Kiğı 12800 ... 79 Ea 51
(EST) Kihelkona ... 18 Cc 32
(FIN) Kihlanki 95950 ... 3 Cd 23
(FIN) Kihniö 39820 ... 10 Cd 28
(FIN) Kiikala 25390 ... 18 Cd 30
(FIN) Kiikoinen 38360 ... 18 Cc 29
(FIN) Kiiminki 90901 ... 10 Cf 25
(FIN) Kiistala 99250 ... 3 Cf 23
(RUS) Kija ... 5 Ee 23
(RUS) Kijasovo ... 34 Fd 34
(RKS) Kijevo = Rixhevë 24060 ... 74 Ca 48
(RUS) Kikerino ... 19 Ck 31
(SRB) Kikinda 23300* ... 59 Ca 45
(RUS) Kiknur ... 22 Eh 33
(RUS) Kikvidze ... 49 Ed 40
(S) Kil ... 17 Bd 31
(S) Kila ... 17 Bg 32
(S) Kilafors 82301 ... 17 Bg 29
(TR) Kılbasan 70120 ... 85 Dd 53
(IRL) Kilbeggan = Cill Bheagáin ... 37 Sc 37
(N) Kilboghamn ... 2 Bd 24
(N) Kilbotn 9402 ... 2 Bg 22
(RUS) Kil'čenga ... 22 Eg 30
(IRL) Kilcullen = Cill Chuilin ... 37 Sd 37
(IRL) Kildare = Cill Dara ... 37 Sd 37
(RUS) Kil'dinstroj ... 4 Dd 22
(RUS) Kilemary ... 33 Eg 34
(TR) Kılıç 77020 ... 76 Ck 50
(TR) Kılıçkaya 08820 ... 79 Eb 50
(BG) Kilifarevo 5050 ... 75 Cf 48
(UA) Kilija ... 61 Ck 45
(TR) Kilimli ... 76 Db 49
(EST) Kilingi-Nõmme ... 18 Ce 32
(GR) Kilíni 27068 ... 82 Cb 53
(TR) Kilis ... 86 Dh 54
(IRL) Kilkee = Cill Chaoi ... 37 Sa 38
(GB) Kilkeel BT34 ... 37 Sd 36
(IRL) Kilkenny = Cill Chainnigh ... 37 Sc 38
(GR) Kilkís 61100 ... 74 Cc 50
(IRL) Killaloe = Cill Dalua ... 37 Sb 38
(IRL) Killarney = Cill Airne ... 37 Sa 38
(IRL) Killenaule = Cill Náile ... 37 Sc 38
(TR) Killik 57200 ... 84 Ci 52
(S) Killinge ... 2 Ca 23
(FIN) Killinkoski 34980 ... 10 Cd 28
(IRL) Killorglin = Cill Orglan ... 37 Sa 38
(IRL) Killybegs = Na Ceala Beaga ... 37 Sb 36
(GB) Kilmarnock KA3 ... 39 Sf 35
(GB) Kilmelfort PA34 ... 38 Se 34
(RUS) Kil'mez' ... 34 Fb 33
(RUS) Kil'mez' ... 34 Fb 34
(RUS) Kil'mez', Ust'- ... 34 Fa 34
(FIN) Kilpisjärvi 99460 ... 2 Ca 21
(RUS) Kilp'javr ... 4 Dc 21
(GB) Kilrea BT51 ... 37 Sd 36
(IRL) Kilronan = Cill Rónáin ... 37 Sa 37
(IRL) Kilrush = Cill Rois ... 37 Sa 38
(N) Kilvik ... 2 Bd 24
(GR) Kími 34003 ... 82 Ce 52
(FIN) Kimito = Kemiö 25700* ... 18 Cc 30
(RUS) Kimovaara ... 11 Db 27
(RUS) Kimovsk ... 31 Di 37
(RUS) Kimry ... 31 Dh 34
(RUS) Kimža ... 13 Ee 25
(GB) Kinbrace KW11 ... 38 Sg 32
(A) Kindberg 8650* ... 58 Bf 43
(RUS) Kindelja ... 51 Fd 39
(RUS) Kinel' ... 34 Fa 37
(RUS) Kinelahti ... 19 Dc 29
(RUS) Kinel'-Čerkasy ... 34 Fb 37
(RUS) Kinešma ... 21 Ec 33
(RUS) Kingisepp ... 19 Ci 31
(GB) King's Lynn PE30 ... 39 Aa 38
(GB) Kingston upon Hull HU1 ... 39 Sk 37
(GB) Kingussie PH21 ... 38 Sf 33
(TR) Kınık ... 76 Ch 51
(TR) Kınık ... 84 Ck 54
(GB) Kinloch Rannoch PH16 ... 38 Sf 34
(S) Kinna 51100* ... 17 Bc 33
(S) Kinnarp 52103 ... 17 Bd 32
(IRL) Kinnegad = Cionn Átha Gad ... 37 Sc 37
(FIN) Kinnula 43901 ... 10 Ce 27
(IRL) Kinsale = Cionn Sáile ... 37 Sb 39
(N) Kinsarvik 5780 ... 16 Ag 30
(IRL) Kinvarra = Cinn Mhara ... 37 Sb 37
(CY) Kionia ... 85 Dd 56
(GR) Kiparissía 24500 ... 82 Cb 53
(RUS) Kipelovo ... 21 Dk 31
(RUS) Kipen' ... 19 Ck 31
(RUS) Kipievo ... 14 Fe 25
(FIN) Kipinä 93140 ... 10 Cg 25
(GR) Kipouriou 51031 ... 74 Cb 51
(GR) Kipséli 40009 ... 74 Cc 51
(UA) Kipti ... 47 Db 39
(TR) Kıraçtepe ... 79 Ea 51
(BY) Kirav ... 47 Da 39
(BY) Kiravsk ... 30 Ck 37
(TR) Kiraz 35890 ... 83 Cf 52
(TR) Kirazlı ... 75 Cg 50
(TR) Kırbaşı 06733 ... 76 Db 50
(TR) Kırcasalih 22260 ... 75 Cg 49
(D) Kirchenthumbach 91281 ... 43 Bb 41
(D) Kirchhain 35274 ... 42 Ai 40
(D) Kirchheim unter Teck 73230 ... 42 Ak 42
(TR) Kırdamı ... 79 Ed 50
(RUS) Kirdasovo ... 35 Fi 37
(TR) Kireç ... 76 Ci 51
(RUS) Kireevsk ... 31 Dh 37
(TR) Kireli 42696 ... 84 Db 53
(RUS) Kirgišany ... 35 Fk 34
(RUS) Kirgiz-Mijaki ... 34 Fe 37
(GR) Kiriáki 32006 ... 82 Cc 52
(TR) Kırık 39750 ... 77 Dd 49
(TR) Kırık 39750 ... 79 Ea 50
(TR) Kırıkhan 31440 ... 85 Dg 54
(TR) Kırıkkale 71000* ... 77 Dd 51
(RUS) Kirillov ... 20 Di 31
(RUS) Kiriši ... 19 Dc 31
(TR) Kırızlı ... 85 Df 53
(RUS) Kirja ... 33 Eg 35
(RUS) Kirjabinskoe ... 35 Fk 36
(RUS) Kir'jamo ... 19 Ci 31
(TR) Kırka ... 76 Da 51
(TR) Kırkağaç 45700 ... 76 Ch 51
(GB) Kirkby Lonsdale LA6 ... 39 Sh 36
(GB) Kirkby Stephen CA17 ... 39 Sh 36
(GB) Kirkcaldy KY1 ... 38 Sg 34
(GB) Kirkcudbright DG6 ... 39 Sf 36
(DK) Kirke Hvalsø 4330 ... 27 Bb 35
(N) Kirkenær 2260 ... 17 Bc 30
(N) Kirkenes 9900 ... 4 Da 21
(TR) Kırkgeçit 65930 ... 87 Ed 52
(TR) Kırkışla ... 84 Dc 52
(IS) Kirkjubæjarklaustur 880 ... 36 Rb 27
(TR) Kırklareli 39000* ... 76 Ch 49
(GB) Kirkwall KW15 ... 38 Sh 32
(TR) Kırmızıköprü ... 78 Dk 51
(RUS) Kiroba ... 63 Dk 47
(TR) Kırobası 33975 ... 85 Dd 54
(RUS) Kirov ... 22 Ek 32
(RUS) Kirov ... 31 De 36
(RUS) Kirovgrad ... 24 Ga 33
(RUS) Kirovhrad ... 24 Ga 33
(RUS) Kirovo-Čepeck ... 22 Fa 32
(UA) Kirovograd = Kirovohrad ... 47 Dc 42
(UA) Kirovohrad ... 47 Dc 42
(RUS) Kirovsk ... 19 Db 31
(RUS) Kirovsk ... 4 Dd 23
(RUS) Kirovskaja ... 64 Ea 44
(UA) Kirovs'ke ... 48 Di 42
(UA) Kirovs'ke ... 62 Df 45
(RUS) Kirovskij ... 65 Ei 45
(RUS) Kirovskoe ... 24 Gc 32
(RUS) Kirpil'skaja ... 63 Dk 45
(GB) Kirriemuir DD8 ... 38 Sg 34
(RUS) Kirs ... 23 Fc 31
(RUS) Kirsa ... 35 Fk 37
(RUS) Kirsanov ... 49 Ec 38
(TR) Kırşehir 40000* ... 77 De 51
(RUS) Kirteli ... 33 Ei 36
(S) Kiruna 98101* ... 2 Ca 23
(RUS) Kirušca ... 49 Ea 39
(RUS) Kiržač ... 31 Di 34
(S) Kisa 59040 ... 17 Bf 33
(TR) Kısas ... 86 Di 53
(H) Kisbér 2870 ... 59 Bi 43
(RUS) Kiselëvka ... 64 Ee 43
(BIH) Kiseljak ... 59 Bi 47
(RUS) Kišert', Ust'- ... 23 Fh 33
(PL) Kisielnica 18-421 ... 29 Cc 37
(MD) Kišinev = Chişinău 2000 ... 61 Ci 43
(FIN) Kisko 25470 ... 18 Cd 30
(H) Kiskőrös ... 59 Bk 44
(H) Kiskunfélegyháza 6100 ... 59 Bk 44
(H) Kiskunhalas 6400 ... 59 Bk 44
(H) Kiskunmajsa 6120 ... 59 Bk 44
(TR) Kışlaköy ... 79 Ec 50
(RUS) Kisljakovskaja ... 63 Dk 44
(RUS) Kislovodsk ... 64 Ec 47
(GR) Kissámou Kasteli ... 82 Cd 55
(D) Kissingen, Bad 97688 ... 43 Ba 40
(HR) Kistanje ... 58 Bf 47
(H) Kistelek 6760 ... 59 Bk 44
(IS) Kistufell 660 ... 36 Rf 26
(H) Kisújszállás 5310 ... 59 Ca 43
(H) Kisvárda ... 45 Cc 42
(FIN) Kitee 82501 ... 11 Da 28
(GR) Kíthira 80100 ... 82 Cc 54
(GR) Kíthnos 84006 ... 82 Ce 53
(S) Kitkiöjoki ... 3 Cd 23
(FIN) Kittilä ... 3 Ce 23
(FIN) Kitsi ... 11 Da 27
(S) Kittelfjäll ... 9 Bf 25
(FIN) Kitula 49570 ... 18 Cd 30
(A) Kitzbühel 6370 ... 57 Bc 43
(D) Kitzingen 97318 ... 43 Ba 41
(FIN) Kiuruvesi 74701 ... 10 Cg 27
(UA) Kiverci ... 46 Cf 40
(RUS) Kiveriči ... 20 Dg 33
(FIN) Kivesjärvi 88350 ... 11 Ch 26
(FIN) Kivijärvi 43800 ... 10 Cf 27
(S) Kivik 27701 ... 27 Be 35
(EST) Kiviõli ... 18 Cg 31
(TR) Kıyıköy ... 76 Ci 49
(RUS) Kizel ... 23 Fh 31
(RUS) Kizema ... 21 Ee 29
(TR) Kızılabalı ... 77 De 48
(TR) Kızılağaç ... 87 Eb 52
(TR) Kızılburç ... 86 Di 53
(TR) Kızılcabölük ... 84 Ck 53
(TR) Kızılcadağ 07820 ... 84 Ck 53
(TR) Kızılcahamam 06890 ... 77 Dc 50
(TR) Kızılçakır ... 84 Dc 53
(TR) Kızılcaören 37400 ... 76 Da 51
(TR) Kızılırmak 18280 ... 77 Dd 50
(TR) Kızılkaya ... 84 Da 53
(TR) Kızılören ... 84 Da 52
(TR) Kızılören ... 84 Dc 53
(TR) Kızılot 07610 ... 84 Db 54
(TR) Kızılsu 73200 ... 87 Ec 53
(TR) Kızıltepe ... 87 Ea 53
(RUS) Kizner ... 34 Fb 34
(TR) Kızören ... 85 Dd 52
(RUS) Kiz'va ... 23 Fe 32
(RUS) Kjanda ... 12 Di 26
(N) Kjeldebotn 8543 ... 2 Bg 22
(DK) Kjellerup 8620 ... 26 Ak 34
(N) Kjellmyra ... 17 Bc 30
(N) Kjøllefjord 9790 ... 3 Ch 20
(N) Kjøpsvik 8590 ... 2 Bg 22
(BG) Kjustendil 2500* ... 74 Cc 48
(BIH) Kladanj ... 59 Bi 46
(SRB) Kladnica ... 59 Ca 47
(CZ) Kladno 272 01 ... 43 Be 40
(SRB) Kladovo 19320 ... 59 Cc 46
(N) Klæbu 7540 ... 8 Ba 27
(A) Klagenfurt am Wörthersee 9020* ... 58 Be 44
(LT) Klaipėda 91001* ... 28 Cb 35
(FO) Klaksvík 700 ... 38 Sd 28
(CZ) Klatovy 339 01 ... 43 Bd 41
(UA) Klavdijevo-Tarasove ... 47 Da 40
(BY) Kleck ... 29 Cg 37
(PL) Kleczew 62-540 ... 44 Bi 38
(D) Kleinen, Bad ... 27 Bb 37
(A) Klein-Pöchlarn 3660* ... 44 Bf 42
(N) Kleive 6453 ... 8 Ah 28
(RUS) Klement'evo ... 20 Di 33
(RUS) Klemušino ... 13 Ec 28
(RUS) Klenovaja ... 22 Eg 31
(RUS) Klënovo ... 23 Fe 33
(RUS) Klenovskoe ... 35 Fi 34
(N) Kleppe-Verdalen 4352 ... 16 Af 32
(UA) Klesiv ... 46 Cg 39
(RUS) Kletnja ... 31 Dd 37
(RUS) Kletskij ... 49 Ed 41
(RUS) Kletsko-Počtovskij ... 49 Ed 41
(RUS) Klevakinskoe ... 35 Gb 34
(D) Kleve 47533 ... 42 Ag 39
(BY) Kličav ... 30 Ck 37
(RUS) Klimatino ... 20 Dh 33
(BY) Klimavičy ... 30 Db 37
(BG) Klimentovo 9150 ... 61 Ch 47
(RUS) Klimkovka ... 22 Fb 32
(RUS) Klimovsk ... 31 Dh 35
(S) Klimpfjäll 91298 ... 9 Be 25
(RUS) Klin ... 31 Dg 34
(SRB) Klina 32000 ... 59 Ca 47
(RUS) Klincovka ... 50 Ek 39
(RUS) Klincy ... 30 Dc 38
(D) Klingenthal (Sachsen) 08248 ... 43 Bc 40
(RUS) Klinskoe ... 31 De 38
(S) Klintehamn 62020 ... 17 Bi 33
(S) Klippan 26401 ... 27 Bd 34
(CY) Klirou 2600 ... 85 Dd 55
(BG) Klisura 4341 ... 75 Cd 48
(BG) Klisura 4341 ... 75 Ce 48
(RUS) Kljavino ... 34 Fc 36
(BIH) Ključ ... 58 Bg 46
(RUS) Ključevka ... 52 Ff 39
(RUS) Ključevsk ... 24 Ga 33
(RUS) Ključi ... 24 Gc 33
(RUS) Ključi ... 34 Fa 34
(RUS) Ključišči ... 32 Ed 35
(RUS) Kljukino ... 22 Eg 32
(PL) Kłodawa 66-415 ... 44 Bi 38
(PL) Kłodzko 57-300 ... 44 Bg 40
(N) Kløfta ... 16 Bb 30
(N) Klokkarvik 5378 ... 16 Af 30
(AL) Klos ... 74 Ca 49
(A) Klosterneuburg 3400* ... 44 Bg 42
(CH) Klosters 7250 ... 57 Ak 44
(D) Klötze 38486 ... 43 Bb 38
(S) Klöversträsk ... 10 Cb 25
(S) Klövsjö 84032 ... 9 Be 28
(PL) Kluczbork 46-200 ... 44 Bi 40
(D) Klütz 23948 ... 27 Bb 37
(RUS) Klymovo ... 47 Dc 38
(N) Knaben ... 16 Ah 32
(S) Knaften 91050 ... 9 Bi 26
(S) Knäred 31020 ... 27 Bd 34
(GB) Knaresborough HG5 ... 39 Si 36
(N) Knarvik 5911 ... 16 Af 30
(BG) Kneža 5835 ... 60 Ce 47
(SRB) Knić 34240 ... 59 Ca 47
(TR) Knidos 48980 ... 83 Cg 54
(GB) Knighton LD7 ... 40 Sg 38
(HR) Knin ... 58 Bg 46
(A) Knittelfeld 8720 ... 58 Be 43
(RUS) Knjaginino ... 33 Ef 35
(SRB) Knjaževac 19350 ... 59 Cc 47
(BG) Knjaževo 6566 ... 75 Cg 48
(RUS) Knjaževo ... 21 Ed 31
(RUS) Knjaževo ... 21 Ee 32
(RUS) Knjazevo ... 30 Ci 34
(RUS) Knjažiha ... 20 Dg 33
(RUS) Knjažiha ... 33 Eg 35
(IRL) Knocklong ... 37 Sb 38
(B) Knokke-Heist 8300 ... 41 Ad 39
(PL) Knyszyn 19-120 ... 29 Cc 37

SLO Kobarid 5222 ... 57 Bd 44
UA Kobel'aky ... 47 De 41
DK København 1000* ... 27 Bc 35
PL Kobierzyce 55-040 ... 44 Bg 40
D Koblenz 56068* ... 42 Ah 40
UA Kobleve ... 62 Db 44
RUS Kobona ... 19 Db 30
RUS Koboža ... 20 De 32
RUS Koboža ... 20 Df 32
RUS Kobra ... 22 Fa 30
BY Kobryn ... 45 Ce 38
TR Kocaali 54800 ... 76 Da 49
TR Kocaaliler 15325 ... 84 Da 53
TR Kocaelı ... 76 Ck 50
TR Kocakoç ... 78 Dk 51
TR Koçali ... 86 Di 53
MK Kočani 2300* ... 74 Cc 49
TR Kocapınar 33940 ... 79 Ed 51
TR Koçarlı 09970 ... 83 Ch 53
TR Koçaş ... 85 Dd 52
TR Kocatepe ... 87 Ea 53
SRB Koceljeva ... 59 Bk 46
BG Kočerinovo 2640 ... 75 Cd 48
UA Kočeriv ... 46 Ck 40
RUS Kočetovka ... 32 Ea 38
SLO Kočevje 1330 ... 58 Be 45
RUS Kočevo ... 23 Fe 31
UA Kocjubyns'ke ... 47 Da 40
PL Kock 21-150 ... 45 Cc 39
RUS Kočkarlej ... 33 Eh 37
RUS Kočkoma ... 12 De 26
RUS Kočkurovo ... 33 Ef 36
TR Koçoğlu ... 79 Ec 51
RUS Kočubeevskoe ... 64 Eb 46
RUS Kočubej ... 65 Eg 46
RUS Kočunovo ... 33 Ee 35
RUS Kočury ... 32 Dk 37
RUS Kodino ... 12 Dk 27
UA Kodyma ... 46 Ck 42
TR Kofçaz 39700 ... 76 Ch 49
CY Kofinou 7735 ... 85 Dd 56
A Köflach 8580* ... 58 Bf 43
DK Køge 4600 ... 27 Bc 35
TR Koğukçınar ... 86 Dg 53
EST Kohila 79801 ... 18 Ce 31
RUS Kohma ... 32 Eb 34
EST Kohtla-Järve 30321* ... 19 Ch 31
FIN Koirakosk 74301 ... 11 Ch 27
FIN Koivu 95355 ... 10 Cf 24
RUS Kojanovo ... 23 Fg 33
RUS Kojda ... 5 Ec 24
CZ Kojetín 752 01 ... 44 Bh 41
RUS Kojgorodok ... 22 Fb 30
RUS Kojnas ... 13 Eh 26
AX Kökar 22730 ... 18 Ca 31
RUS Kokino ... 22 Ek 32
GR Kokinombléa 34200 ... 82 Cd 52
FIN Kokkola 67100* ... 10 Cd 27
LV Koknese 5113 ... 29 Cf 34
RUS Kokornaja ... 13 Ee 26
RUS Kokovka ... 12 Dk 28
RUS Kokšajsk ... 33 Eh 34
RUS Kola ... 4 Dd 22
FIN Kolari 95901 ... 3 Cd 23
SK Kolárovo 946 03 ... 58 Bh 43
S Kolåsen 83005 ... 9 Bc 27
MNE Kolašin 81 210 ... 74 Bk 48
RUS Kolatsel'ga ... 11 Dc 29
S Kolbäck 73040 ... 17 Bg 31
IS Kolbeinsstaðir 356 ... 36 Qh 26
PL Kołbiel 05-340 ... 45 Cb 38
PL Kolbuszowa 36-100 ... 45 Cb 40
RUS Kol'covo ... 35 Ga 34
RUS Kol'čugino ... 32 Dk 34
DK Kolding 6000 ... 26 Ak 35
RUS Kolenovskij, Elan'- ... 49 Eb 39
S Kolerträsk 94203 ... 10 Ca 25
RUS Koležma ... 12 Df 26
EST Kolga-Jaani 70301 ... 18 Cf 32
MD Kolibaš = Colibaşi 5313 ... 61 Ci 45
CZ Kolín 280 02 ... 44 Bf 40
UA Kolisne ... 61 Ck 44
UA Koljadivka ... 48 Dk 41
LV Kolka 3275 ... 18 Cc 33
RUS Kolkač ... 20 Di 31
UA Kolky ... 46 Cf 39
D Kölleda 99625 ... 43 Bb 39
IS Kollumulí 780 ... 36 Rf 25
D Köln 50667* ... 42 Ag 40
PL Kolno 18-500 ... 28 Cb 37
PL Koło 97-320 ... 44 Bi 38
PL Koło 97-320 ... 44 Bk 39
RUS Kolobovo ... 32 Eb 34
PL Kołobrzeg 78-100 ... 27 Bf 36
UA Koločava ... 45 Cd 42
RUS Kolodez', Kon'- ... 48 Dk 38
UA Kolodezne ... 48 Dh 41
RUS Kolodino ... 21 Dk 32
RUS Kolodnoe ... 48 Dg 39
RUS Kologriv ... 21 Ee 32
RUS Kolokolčovka ... 49 Ee 39
UA Kolomak ... 48 Df 41
RUS Kolomna ... 31 Di 35
UA Kolomyja ... 46 Cf 42
RUS Kolpakskoe ... 52 Fi 39
RUS Kolpino ... 19 Da 31
RUS Kolpny ... 48 Dh 38
RUS Kolševo ... 21 Eb 33
S Kölsillre ... 9 Bf 28
S Kolsva 73030 ... 17 Bf 31
RUS Koltubanovskij ... 34 Fb 38
TR Kolukısa 42805 ... 84 Dc 52
N Kolvereid 7970 ... 8 Bb 26
RUS Kolvica ... 4 Dd 23
UA Kolyčivka ... 47 Db 39
RUS Kolyšlej ... 33 Ee 38
RKS Komaran = Komorane 13050 ... 74 Ca 48
RUS Komariči ... 47 De 38
RUS Komariha ... 22 Eg 32
RUS Komariha ... 23 Fg 32
UA Komarne ... 45 Cd 41
SK Komárno 945 01 ... 59 Bi 43
H Komárom 2900 ... 59 Bi 43
RUS Komintern ... 52 Fk 38
UA Kominternivs'ke ... 61 Da 44
HR Komiža ... 73 Bg 47
H Komló 7300 ... 59 Bi 44
RUS Kommuna ... 14 Fc 27
RUS Kommunar ... 23 Fe 32
UA Kommunarsk = Alčevs'k ... 48 Di 42
RKS Komorane = Komaran 13050 ... 74 Ca 48
RUS Komorevo ... 31 Dg 37
GR Komotiní 69101 ... 75 Cf 49
UA Kompanijivka ... 47 Dc 42
MD Komrat = Comrat 3800 ... 61 Ci 44
RUS Komsomol'sk ... 32 Ea 33
RUS Komsomol'skij ... 11 Dd 25
RUS Komsomol'skij ... 24 Gd 29
RUS Komsomol'skij ... 33 Ef 36
RUS Komsomol'skij ... 53 Ga 39
RUS Komsomol'skij ... 7 Gd 23
RUS Komsomol'skij ... 65 Eg 45
RUS Komsomol'sk-na-Pečore ... 15 Fg 28
RUS Komsomol'skoe ... 19 Ci 30
RUS Komsomol'skoe ... 50 Eh 40
TR Kömürlimanı ... 75 Cf 50
TR Kömürlü ... 79 Ec 50
UA Komyši ... 47 De 40
UA Komyšna ... 47 Dd 40
RUS Konakovo ... 31 Dg 34
TR Konakpınar ... 76 Ch 51
TR Konakpınar ... 86 Dh 52
HR Končanica ... 58 Bh 45
GR Kondiás 81400 ... 75 Cf 51
RUS Kondol' ... 33 Ef 38
RUS Kondopoga ... 12 De 28
RUS Kondratovskaja ... 13 Ed 28
RUS Kondrovo ... 31 Df 36
RUS Konecbor ... 15 Fh 26
RUS Konecgor'e ... 13 Ed 28
RUS Konevo ... 12 Dk 28
FIN Köngäs 99950 ... 3 Cf 21
DK Kongerslev 9293 ... 27 Ba 34
FIN Konginkangas 44401 ... 10 Cf 28
N Kongsberg 3610* ... 16 Ak 31
N Kongselva ... 2 Bf 22
N Kongsmoen 7976 ... 9 Bc 26
N Kongsvinger 2208* ... 17 Bc 30
D Königsbrück 01936 ... 43 Bd 39
D Königshofen im Grabfeld, Bad 97631 ... 43 Ba 40
D Königs Wusterhausen 15711 ... 43 Bd 38
PL Konin 62-500 ... 44 Bi 38
AL Konispol ... 74 Ca 51
GR Kónitsa 44100 ... 74 Ca 50
BIH Konjic ... 58 Bh 47
RUS Kon'-Kolodez' ... 48 Dk 38
D Könnern 06420 ... 43 Bb 39
RUS Konobeevo ... 31 Di 35
RUS Konoša ... 21 Ea 30
UA Konotop ... 47 Dd 39
RUS Konša ... 22 Fb 29
PL Końskie 26-200 ... 45 Ca 39
RUS Konstantinovka ... 34 Fa 34
UA Konstantinovka = Južnoukrains'k ... 62 Db 43
RUS Konstantinovo ... 31 Di 34
RUS Konstantinovsk ... 64 Eb 43
RUS Konstantinovskij ... 21 Dk 33
D Konstanz 78462* ... 57 Ak 43
FIN Kontiolahti 81101 ... 11 Ck 28
FIN Kontiomäki 76150 ... 11 Ci 26
FIN Konttajärvi 95760 ... 3 Ce 24
TR Konuralp 14450 ... 76 Db 50
TR Konya 42000* ... 84 Dc 53
RUS Konyševka ... 48 Df 39
RUS Kopačevo ... 13 Eb 27
UA Kopajhorod ... 46 Ch 42
RUS Kopanovka ... 65 Eg 43
RUS Kopanskaja ... 63 Di 44
IS Kópasker 671 ... 36 Rd 24
IS Kópavogur 200* ... 36 Qi 26
RUS Kopejsk ... 35 Gb 35
SLO Koper 6000* ... 57 Bd 45
N Kopervik 4250 ... 16 Af 31
S Köping 73101* ... 17 Bf 31
AL Koplik ... 74 Bk 48
S Köpmanholmen 89302 ... 9 Bi 27
RUS Kopor'e ... 19 Ck 31
N Koppang 2480 ... 16 Bb 29
S Kopparberg 71401 ... 17 Be 31
S Kopparnäs ... 10 Cb 25
FIN Koppelo 99801 ... 3 Ch 22
N Kopperå 7533 ... 8 Bb 27
HR Koprivnica ... 58 Bg 44
BG Koprivštica 2077 ... 75 Ce 48
TR Köprübaşı ... 77 Df 49
TR Köprübaşı ... 79 Ea 50
TR Köprübaşı ... 84 Ci 52
TR Köprülü ... 84 Dc 54
TR Köprüören ... 76 Ck 51
RUS Kopsa ... 22 Ek 29
RUS Koptevo ... 31 De 35
UA Kopyčynci ... 46 Cf 41
RUS Korablino ... 32 Ea 37
RUS Korača ... 48 Dh 40
BIH Koraj ... 59 Bi 46
D Korbach 34497 ... 42 Ai 39
RUS Korbeniči ... 20 De 30
AL Korçë ... 74 Ca 50
HR Korčula ... 73 Bh 48
RUS Kordon ... 23 Fh 33
RUS Kordon ... 25 Gk 33
UA Korec' ... 46 Ch 40
RUS Korenevo ... 47 De 39
HR Korenica ... 58 Bf 46
RUS Korenovsk ... 63 Dk 45
RUS Korepino ... 23 Fh 29
GR Kórfos 20004 ... 82 Cd 53
TR Korgan 52700 ... 78 Dh 50
N Korgen 8646 ... 9 Bd 24
TR Korgun 18260 ... 77 Dd 50
TR Körhasan ... 76 Db 51
RUS Korino ... 21 Ea 31
GR Kórinthos 20100 ... 82 Cc 53
GR Korissía 84002 ... 82 Ce 53
RUS Korjažma ... 22 Eh 29
UA Korjukivka ... 47 Dc 39
RUS Korkino ... 35 Gb 36
TR Korkut 49740 ... 87 Eb 52
TR Korkuteli 07800 ... 84 Da 53
TR Körmen 48900 ... 83 Ch 54
H Körmend 9900 ... 58 Bg 43
RUS Kormovišče ... 24 Fi 33
A Korneuburg 2100* ... 44 Bg 42
PL Kórnik 62-035 ... 44 Bh 38
RUS Kornouhovo ... 33 Ek 35
N Kornsjø 1796 ... 16 Bb 32
RUS Korolevskaja ... 21 Ee 30
GR Koróni 24004 ... 82 Cb 54
GR Koronissía ... 74 Ca 51
PL Koronowo 86-010 ... 28 Bh 37
UA Korop ... 47 Dc 39
RUS Korošilovo ... 48 Di 39
UA Korosten' ... 46 Ci 40
RUS Korostyn' ... 19 Da 32
UA Korostyšiv ... 46 Ck 40
RUS Koroteckaja ... 20 Di 30
RUS Koroviha ... 21 Ee 33
S Korpikå ... 10 Cd 25
FIN Korpilahti 41801 ... 10 Cf 28
S Korpilombolo 98060 ... 3 Cd 24
FIN Korpo 21720 ... 18 Cb 30
FIN Korppoo = Korpo 21720 ... 18 Cb 30
S Korsberga ... 17 Bf 33
RUS Korševo ... 49 Ea 39
RUS Koršik ... 22 Ek 32
S Korskrogen 82042 ... 9 Bf 29
FIN Korsnäs 66201 ... 10 Cb 28
DK Korsør 4220 ... 27 Bb 35
UA Korsun'-Ševčenkivskyj ... 47 Db 41
FIN Kortesjärvi 62421 ... 10 Cd 27
RUS Kortkeros ... 22 Fb 29
B Kortrijk 8500 ... 41 Ad 40
TR Korucu 57200 ... 76 Ch 51
EST Kõruse ... 18 Cb 32
CZ Koryčany 768 05 ... 44 Bh 41
PL Korycin 16-140 ... 29 Cd 37
RUS Korževka ... 33 Eg 36
GR Kós 85300 ... 83 Ch 54
RUS Kosa ... 23 Ff 31
RUS Kosaja Gora ... 31 Dh 36
BY Kosava ... 29 Cf 38
PL Kościan 64-000 ... 44 Bg 38
PL Kościerzyna 83-400 ... 28 Bh 36
EST Kose 75101 ... 18 Cf 31
TR Köse 29650 ... 78 Dk 50
TR Köseali ... 84 Ci 52
TR Kösehasan ... 79 Ec 51
TR Köseler 25500 ... 75 Cg 51
TR Köseler 25500 ... 84 Da 53
D Kösen, Bad 06628 ... 43 Bb 39
TR Kösere 42280 ... 85 De 53
RUS Košezabl' ... 64 Ea 46
SK Košice 040 01* ... 45 Cb 42
RUS Kosino ... 20 Di 31
RUS Kosino ... 22 Fb 32
UA Kosiv ... 46 Cf 42
SRB Kosjerić 31260 ... 59 Bk 46
TR Köşk ... 84 Ci 53
FIN Koskenkylä = Forsby 07700 ... 18 Cf 30
FIN Koskenpäa 41901 ... 10 Cf 28
FIN Koski 16710 ... 18 Cd 30
RUS Koški ... 14 Fa 28
RUS Koški ... 34 Fa 36
RUS Koškino ... 34 Fa 34
RUS Koskolovo ... 19 Ci 31
RUS Kos'kovo ... 20 Dd 30
FIN Koskue 61720 ... 10 Cc 28
RUS Koskul' ... 53 Gb 39
S Koskullskulle 98303 ... 2 Ca 23
RUS Koslan ... 14 Ei 27
RUS Košmaki ... 24 Gc 31
RUS Kosolapovo ... 33 Ek 34
RUS Kosorža ... 48 Dg 38
RKS Kosovska Mitrovica = Mitrovicë 74 Ca 48
RUS Kospašskij, Central'no- ... 23 Fh 31
RUS Kospašskij, Severo- ... 23 Fh 31
TR Kösreli ... 85 Df 53
GR Kósta 21061 ... 82 Cd 53
HR Kostajnica ... 58 Bg 45
UA Kost'antynivka = Južnoukrains'k 62 Db 43
CZ Kostelec nad Orlicí 517 41 ... 44 Bg 40
BG Kostenec 2030 ... 75 Cd 48
BG Kostinbrod 2230 ... 75 Cd 48
RUS Kostino ... 24 Gc 33
UA Kostjantynivka ... 48 Dh 42
RUS Kostjušino ... 21 Ea 33
UA Kostobobriv ... 47 Dc 38
SRB Kostolac 12208 ... 59 Cb 46
RUS Kostomukša ... 11 Da 26
UA Kostopil' ... 46 Cg 40
RUS Kostroma ... 21 Ea 33
PL Kostrzyn 66-470 ... 43 Be 38
RUS Kostyri ... 31 Dd 36
RUS Košuki ... 25 Gf 33
PL Koszalin 75-900 ... 28 Bg 36
PL Koszęcin 42-286 ... 44 Bi 40
H Kőszeg ... 58 Bg 43
PL Koszyce 32-130 ... 45 Ca 40
AL Kotë ... 74 Bk 50
TR Kötek ... 79 Ed 50
BG Kotel 8970 ... 75 Cg 48
RUS Kotel'nič ... 22 Ei 32
RUS Kotel'nikovo ... 64 Ed 43
UA Kotel'nja ... 46 Ck 40
UA Kotel'va ... 47 De 40
D Köthen (Anhalt) 06366 ... 43 Bb 39
FIN Kotila 89140 ... 11 Ch 26
FIN Kotka 48100* ... 18 Cg 30
RUS Kotkino ... 6 Fb 23
RUS Kotlas ... 22 Eg 29
RUS Kotly ... 19 Ci 31
MNE Kotor 85 330 ... 74 Bi 48
BIH Kotorsko ... 59 Bi 46
BIH Kotor Varoš ... 58 Bh 46
RUS Kotovo ... 35 Fk 35
RUS Kotovo ... 49 Ee 40
RUS Kotovsk ... 49 Eb 38
UA Kotovs'k ... 61 Ck 43
MD Kotovsk = Hînceşti ... 61 Ci 44
GR Kótronas 23066 ... 82 Cc 54
A Kötschach-Mauthen 9640* ... 57 Bc 44
D Kötzting, Bad 93444 ... 43 Bc 41
GR Koufália 57100 ... 74 Cc 50
CY Kouklia 8500 ... 84 Dc 56
GR Koutalás 84005 ... 82 Ce 53
GR Koutsourás 72200 ... 83 Cf 55
FIN Kouvola 45201 ... 18 Cg 30
SRB Kovačica 26210 ... 59 Ca 45
RUS Kovalëvo ... 30 Dc 34
TR Kovancılar 23850 ... 86 Dk 52
TR Kovanlık 28310 ... 78 Di 50
RUS Kovarzino ... 20 Di 30
RUS Kovda ... 4 Dc 24
RUS Kovdor ... 4 Da 23
UA Kovel' = Kovil' ... 45 Ce 39
RUS Kovera ... 20 Dd 29
RUS Kovernino ... 21 Ed 33
FIN Kovero 82710 ... 11 Da 28
SRB Kovilovo ... 59 Cc 46
SRB Kovin 26220 ... 59 Ca 46
RUS Kovkula ... 12 Dk 27
RUS Kovrigino ... 21 Ed 33
RUS Kovrov ... 32 Eb 34
RUS Kovylkino ... 32 Ed 36
PL Kowalewo Pomorskie 87-410 ... 28 Bi 37
PL Kowary 58-530 ... 44 Bf 40
TR Köyceğiz ... 84 Ci 54
TR Koyulhisar 58660 ... 78 Dh 50
TR Koyunağılı ... 76 Db 51
TR Koyunculu 66540 ... 77 Df 50
TR Koyunlu ... 86 Dh 52
RUS Koza ... 21 Dk 32
TR Kozağaç 29700 ... 78 Dk 50
TR Kozak 35710 ... 75 Ch 51
TR Kozaklı 50600 ... 77 De 51
TR Kozan 54910* ... 85 Df 53
GR Kozáni 50100 ... 74 Cb 50
TR Kozanlı 42790 ... 77 Dc 51
BIH Kozarac ... 58 Bg 46
TR Kozcağa ... 77 Dc 49
RUS Kozdinga ... 13 Eh 27
UA Kozelec' ... 47 Db 40
RUS Kozel'sk ... 31 Df 36
PL Kozienice 26-900 ... 45 Cb 39
UA Kozjatyn ... 46 Ci 41
PL Koźle, Kędzierzyn- 47-200 ... 44 Bi 40
RUS Kozlina ... 21 Ea 30
BG Kozloduj 3320 ... 60 Cd 47
RUS Kozlovka ... 33 Ei 35
RUS Kozlovka ... 49 Eb 39
RUS Kozlovo ... 21 Dk 30
TR Kozlu 67600 ... 76 Db 49
TR Kozlu 67600 ... 78 Dg 50
TR Kozludere 46000 ... 86 Dh 53
TR Kozluk ... 87 Eb 52
RUS Kozly ... 12 Dk 25
PL Koźmin Wielkopolski 63-720 ... 44 Bh 39
RUS Koz'modem'jansk ... 33 Eg 34
UA Kozova ... 46 Cf 41
PL Kożuchów 67-120 ... 44 Bf 39
RUS Kožva ... 15 Fg 25
RUS Kožym ... 15 Fk 25
S Kräckelbäcken ... 17 Be 29
N Kragerø 3770 ... 16 Ak 32
SRB Kragujevac 34000* ... 59 Ca 46
RUS Kraj Bor ... 21 Ec 31
RUS Kraj Gorbatka ... 32 Eb 35
PL Krajnik Dolny 74-500 ... 27 Be 37
RUS Kraj Oktjabr' ... 32 Eb 34
UA Krakovec' ... 45 Cd 41
RUS Krakovo ... 34 Fa 37
PL Kraków 30-023 ... 44 Bk 40
CZ Králíky 561 69 ... 44 Bg 40
HR Kraljevica ... 58 Be 45
SRB Kraljevo 36000* ... 59 Ca 47
SK Kral'ovany 027 51 ... 44 Bk 41
CZ Kralovice 331 41 ... 43 Bd 41
SK Král'ovsky Chlmec 077 01 ... 45 Cb 42
CZ Kralupy nad Vltavou 278 01 ... 43 Be 40
UA Kramators'k ... 48 Dh 42
UA Kramatorsk = Kramators'k ... 48 Dh 42
S Kramfors 87200 ... 9 Bh 28
GR Kranéa ... 74 Cb 51
GR Kranídi 21300 ... 82 Cd 53
SLO Kranj 4000* ... 58 Be 44
SLO Kranjska Gora 4280 ... 57 Bd 44
HR Krapina ... 58 Bf 44
RUS Krapivenskaja ... 30 Dc 36
RUS Krapivna ... 31 Dh 37
RUS Krapivnovo ... 32 Ea 34
PL Krapkowice 47-300 ... 44 Bh 40
RUS Krasavino ... 22 Eg 30
RUS Krasino ... 6 Fe 20
RUS Krasivoe ... 32 Ea 37
LV Krāslava 5601 ... 30 Ch 35
BY Krasnae ... 30 Ch 36
RUS Krasnaja ... 13 Eg 28
BY Krasnaja Gora ... 30 Db 37
RUS Krasnaja Gorka ... 35 Fg 35
RUS Krasnaja Jaruga ... 48 Df 40
RUS Krasnaja Poljana ... 34 Fb 34
RUS Krasnaja Poljana ... 63 Ea 47
RUS Krasnaja Rečka ... 22 Fb 31
BY Krasnapolle ... 30 Db 37
RUS Krasnij Log ... 48 Dk 39
UA Krasnij Luč = Krasnyj Luč ... 48 Di 42
PL Kraśnik 23-200 ... 45 Cc 40
RUS Krasninskij ... 35 Fk 37
UA Krasni Okny ... 61 Ck 43
RUS Krasnoarmejsk ... 31 Di 35
RUS Krasnoarmejsk ... 50 Ef 39
UA Krasnoarmejsk = Krasnoarmijs'k ... 48 Dh 42
RUS Krasnoarmejskaja ... 63 Di 45
RUS Krasnoarmejskoe ... 51 Fa 38
UA Krasnoarmijs'k ... 48 Dh 42
RUS Krasnobarskij ... 20 Df 31
RUS Krasnoborsk ... 22 Ef 29
RUS Krasnodar ... 63 Di 45
UA Krasnodon ... 48 Dk 42
RUS Krasnoe ... 22 Eh 31
RUS Krasnoe ... 30 Db 36
RUS Krasnoe ... 32 Di 38
RUS Krasnoe-na-Volge ... 21 Eb 33
RUS Krasnoe Selo ... 19 Da 31
RUS Krasnogorodskoe ... 30 Ci 34
RUS Krasnogorsk ... 31 Dh 35
RUS Krasnogorskij ... 33 Ei 34
RUS Krasnogorskij ... 35 Gb 36
RUS Krasnogorskoe ... 23 Fc 33
RUS Krasnogvardejskij ... 24 Gc 33
RUS Krasnogvardejskoe ... 64 Eb 45
RUS Krasnoholm ... 51 Fe 39
RUS Krasnoholmskij ... 34 Ff 35
UA Krasnohorivka ... 48 Dh 42
UA Krasnohrad ... 48 Df 41
UA Krasnohvardijs'ke ... 62 De 45
RUS Krasnojarka ... 24 Ga 31
RUS Krasnojarskij ... 52 Fk 39
UA Krasnojil's'k ... 46 Cf 42
RUS Krasnokamsk ... 23 Ff 32
UA Krasnokuts'k ... 48 Df 40
RUS Krasnomajskij ... 20 De 33

A B C D E F G H I J K L M N O P Q R S T U V W X Y Z

(RUS) Krasnopartizanskij 64 Ed 44
(UA) Krasnopavlivka 48 Dg 41
(UA) Krasnoperekops'k 62 Dd 45
(UA) Krasnopil'l'a 48 Df 40
(RUS) Krasnoščel'e 4 Dh 23
(RUS) Krasnoselec 50 Ef 41
(RUS) Krasnoslobodsk 32 Ed 36
(RUS) Krasnoslobodsk 49 Ee 42
(RUS) Krasnotur'insk 24 Ga 31
(RUS) Krasnoufimsk 35 Fh 34
(RUS) Krasnoural'sk 24 Ga 32
(RUS) Krasnousol'skij 35 Fg 37
(RUS) Krasnovišersk 23 Fh 30
(RUS) Krasnozatoskij 22 Fa 29
(RUS) Krasnoznamensk 29 Cc 36
(RUS) Krasnye Baki 22 Ef 33
(RUS) Krasnye Barrikady 65 Eh 44
(RUS) Krasnye Tkači 21 Dk 33
(RUS) Krasnyj 30 Db 36
(RUS) Krasnyj Bor 34 Fd 35
(RUS) Krasnyj Holm 20 Dh 32
(RUS) Krasnyj Jar 34 Fa 37
(RUS) Krasnyj Jar 49 Ee 40
(RUS) Krasnyj Jar 65 Ei 44
(RUS) Krasnyj Ključ 35 Fg 35
(RUS) Krasnyj Kut 50 Eh 40
(RUS) Krasnyj Luč 19 Da 33
(UA) Krasnyj Luč 48 Di 42
(UA) Krasnyj Lyman 48 Dh 42
(RUS) Krasnyj Manyč 64 Eb 44
(RUS) Krasnyj Oktjabr' 50 Ef 41
(RUS) Krasnyj Ostrov 33 Eg 35
(RUS) Krasnyj Steklovat 33 Ei 34
(RUS) Krasnyj Sulin 64 Ea 43
(RUS) Krasnyj Zarja 31 Dh 38
(PL) Krasnystaw 22-300 45 Cd 40
(RUS) Krasuha 20 Dd 33
(RUS) Krasuha 20 Df 32
(UA) Krasyliv 46 Cg 41
(MK) Kratovo 1360 74 Cc 48
(TR) Kravga 33700 85 Dd 54
(RUS) Krečetovo 20 Di 30
(D) Krefeld 47798* 42 Ag 39
(UA) Kremenčug = Kremenčuk 47 Dd 41
(UA) Kremenčuk 47 Dd 41
(UA) Kremenec' 46 Cf 40
(MK) Kremenica 7224 74 Cb 50
(UA) Kreminci 45 Ce 42
(UA) Kreminna 48 Di 41
(SRB) Kremna 31242 59 Bk 47
(SK) Kremnica 967 01 44 Bi 42
(A) Krems an der Donau 3500* 44 Bf 42
(SRB) Krepoljin 12316 59 Cb 46
(BG) Kresna 2840 75 Cd 49
(RUS) Krestcy 19 Dc 32
(RUS) Krestcy 20 Di 32
(RUS) Krestovka 6 Fc 24
(RUS) Krestovo-Gorodišče 33 Ei 36
(RUS) Kresty 22 Eg 33
(RUS) Kresty 31 Dh 35
(RUS) Kresty 31 Di 37
(LT) Kretinga 97001 28 Cb 35
(D) Kreuznach, Bad 55543* 42 Ah 41
(BY) Krėva 29 Cg 36
(GR) Kría Vríssi 58300 74 Cc 50
(BG) Kričim 4220 75 Ce 48
(A) Krieglach 8670* 58 Bf 43
(A) Krimml 5743 57 Bc 43
(S) Kristdala 57091 17 Bg 33
(N) Kristiansand 4601* 16 Ah 32
(S) Kristianstad 29100* 27 Be 34
(N) Kristiansund 6507 8 Ah 27
(FIN) Kristiinankaupunki = Kristinestad 64100 ... 10 Cb 28
(S) Kristineberg 92037 9 Bi 25
(S) Kristinehamn 68101* 17 Be 31
(FIN) Kristinestad 64100 10 Cb 28
(GR) Kritinía 85108 83 Ch 54
(RUS) Kriuša 22 Ei 33
(RUS) Kriuša 32 Dk 36
(RUS) Kriuša 32 Ed 35
(BIH) Krivača 73 Bi 48
(SRB) Kriva Feja 17543 74 Cc 48
(MK) Kriva Palanka 1330 74 Cc 48
(RUS) Krivcy 12 Dh 29
(BG) Krivodol 3060 60 Cd 47
(RUS) Krivoe 13 Eh 27
(RUS) Krivojar 50 Eg 40
(UA) Krivoj Rog = Krivyj Rih 62 Dd 43
(RUS) Krivoles 30 Dc 37
(RUS) Krivorož'e 49 Ea 42
(RUS) Krivov 49 Ec 42
(RUS) Krivuševo 14 Ek 27
(UA) Krivyj Rih 62 Dd 43
(HR) Križevci 58 Bg 44
(RUS) Krjučkovka 52 Ff 39
(RUS) Krjukovo 23 Ff 33
(HR) Krk 58 Be 45
(CZ) Krnov 44 Bh 40
(N) Krøderen 3535 16 Ak 30
(RUS) Krohalevo 23 Ff 32
(S) Krokek 60002 17 Bg 32
(N) Kroken 6877 9 Be 25
(S) Krokom 83501 9 Be 27
(PL) Krokowa 84-110 28 Bi 36
(IS) Króksfjarðarnes 380 36 Qi 25
(S) Kroksjö 92276 9 Bh 26
(UA) Krolevec' 47 Dd 39
(CZ) Kroměříž 767 01* 44 Bh 41
(RUS) Kromy 31 Df 38
(D) Kronach 96317 43 Bb 40
(FIN) Kronoby 68500* 10 Cd 27
(RUS) Kronštadt 19 Ck 31
(RUS) Kronstadt = Kronštadt 19 Ck 31
(RUS) Kropačevo 35 Fh 35
(RUS) Kropotkin 64 Ea 45
(PL) Krośniewice 99-340 44 Bk 38
(PL) Krosno 38-400 45 Cb 41
(PL) Krosno Odrzańskie 66-600 44 Bf 38
(PL) Krotoszyn 63-700 44 Bh 39
(AL) Krrabë 74 Bk 49
(SLO) Krško 8270 58 Bf 45
(RUS) Kruglyži 22 Eh 32
(BY) Kruhlae 30 Ck 36
(AL) Krujë 74 Bk 49
(D) Krumbach (Schwaben) 86381 43 Ba 42
(AL) Krumë 74 Ca 48
(BG) Krumovgrad 6900 75 Cf 49
(SRB) Krupanj 15314 59 Bk 46
(SK) Krupina 963 01 44 Bk 42
(BY) Krupki 30 Ck 36
(BG) Krupnik 2740 75 Cd 49
(BG) Krušare 8877 75 Cg 48
(BG) Krušari 9410 61 Ch 47
(SRB) Kruševac 37000* 59 Cb 47
(BG) Kruševec 8148 76 Ch 48
(MK) Kruševo 7550 74 Cb 49
(BG) Krušovene 5860 60 Ce 47
(RUS) Krutec 20 De 32
(FIN) Kruunupyy = Kronoby 68500* 10 Cd 27
(BY) Kryčav 30 Db 37
(S) Krylbo 77525* 17 Bg 30
(RUS) Krylovka, Radica- 31 De 37
(RUS) Krylovo 28 Cb 36
(RUS) Krylovskaja 63 Dk 44
(RUS) Krylovskaja 64 Ea 44
(RUS) Krymgireevskoe 64 Ec 46
(UA) Krymne 45 Ce 39
(RUS) Krymsk 63 Dh 46
(PL) Krynica-Zdrój 45 Ca 41
(PL) Krynki 27-230 29 Cd 37
(UA) Krynyčne 61 Ci 45
(UA) Kryvče 46 Cg 42
(UA) Kryve Ozero 61 Da 43
(BY) Kryvsk 47 Da 38
(UA) Kryžopil' 46 Ci 42
(PL) Krzeszyce 66-435 44 Bf 38
(PL) Krzynowłoga Mała 06-316 28 Ca 37
(PL) Krzyż 89-650 28 Bg 38
(RUS) Kšenskij 48 Dh 39
(RUS) Kstovo 33 Ee 34
(GR) Ktíssmata 44002 74 Ca 51
(RUS) Kuba 64 Ed 47
(RUS) Kubenskoe 21 Dk 31
(RUS) Kubovo 12 Dh 29
(BG) Kubrat 7300 60 Cg 47
(RUS) Kubrinsk 31 Di 34
(RUS) Kučema 13 Ec 25
(RUS) Kučerla 64 Ed 45
(SRB) Kučevo 12240* 59 Cb 46
(RUS) Kučmalka 64 Ec 47
(AL) Kuçovë 74 Bk 50
(TR) Küçükbahçe 83 Cg 52
(TR) Küçükkuyu 17700 75 Cg 51
(TR) Küçüksu 37270 87 Ec 52
(UA) Kučurhan 61 Ck 44
(RUS) Kudeevskij 35 Fg 36
(RUS) Kudever' 30 Ck 34
(LT) Kudirkos Naumiestis 71049 29 Cc 36
(PL) Kudowa-Zdrój 44 Bg 40
(RUS) Kudrino 22 Ef 31
(RUS) Kudymkar 23 Fe 31
(RUS) Kueda 34 Ff 34
(D) Kues, Bernkastel- 54470 42 Ah 41
(A) Kufstein 6330* 57 Bc 43
(RUS) Kuganavolok 12 Dg 28
(RUS) Kugej 63 Dk 44
(RUS) Kugesi 33 Eh 34
(RUS) Kugoevskaja 64 Ea 44
(RUS) Kugul'ta 64 Ee 45
(RUS) Kugunur, Izi- 33 Ei 34
(RUS) Kugušerga 22 Eh 33
(FIN) Kuha 97701 10 Cg 25
(D) Kühlungsborn 18225 27 Bb 36
(FIN) Kuhmalahti 36880 18 Ce 29
(FIN) Kuhmo 88901 11 Ck 26
(FIN) Kuhmoinen 17801 18 Cf 29
(RUS) Kuhtinka 31 Di 36
(FIN) Kuhtur = Kuttura 99831 3 Cg 22
(FIN) Kuivajärvi 19510 11 Da 26
(FIN) Kuivaniemi 95100 10 Cf 25
(EST) Kuivastu 94702 18 Cd 32
(RUS) Kuja 6 Fd 23
(RUS) Kujbyschew = Samara 34 Fa 37
(RUS) Kujbyšev = Bulgar 33 Ek 36
(RUS) Kujbyšev = Samara 34 Fa 37
(UA) Kujbyševe 63 Dg 43
(UA) Kujbyševe 63 Dh 43
(UA) Kujbyševka 62 Db 43
(RUS) Kujbyševo 63 Di 43
(RUS) Kujbyševskij Zaton 33 Ek 35
(RUS) Kujman' 32 Dk 38
(AL) Kukës 74 Ca 48
(RUS) Kukmor 34 Fa 34
(UA) Kukolivka 47 Dd 42
(RUS) Kukuj 19 Dc 31
(RUS) Kukuštan 23 Fg 33
(BG) Kula 3800* 59 Cc 47
(SRB) Kula 25230* 59 Bk 45
(TR) Kula 45170 84 Ci 52
(TR) Kulak 85 De 54
(BG) Kulata 9361 75 Cd 49
(LV) Kuldīga 3301 28 Cb 34
(RUS) Kulebaki 32 Ec 35
(RUS) Kuleši 31 Dh 38
(RUS) Kulevči 35 Gb 37
(RUS) Kulgunino 35 Fg 37
(LT) Kuliai 90024 28 Cb 35
(RUS) Kuliga 23 Fd 32
(RUS) Kulikovka 50 Eh 38
(FIN) Kullaa 29340 18 Cc 29
(TR) Küllük 79 Ed 51
(D) Kulmbach 95326 43 Bb 40
(RUS) Kulmuksa 12 De 28
(RUS) Kulmyženskaja 49 Ec 41
(FIN) Kuloharju 97960 11 Ci 25
(RUS) Kuloj 13 Ed 26
(RUS) Kuloj 21 Ec 29
(RUS) Kulotino 20 Dd 32
(RUS) Kulozera 13 Ef 27
(TR) Kulp 21900 87 Eb 52
(RUS) Kul'šit 33 Ek 34
(TR) Kulu 42770 77 Dd 51
(RUS) Kuluevo 35 Ga 35
(TR) Kuluncak 44760 86 Dh 52
(UA) Kulykivka 47 Db 39
(UA) Kumačove 63 Di 43
(RUS) Kumak 53 Ga 39
(MK) Kumanovo 1300* 74 Cb 48
(TR) Kümbet 76 Da 51
(TR) Kümbetli 79 Ed 50
(TR) Kumdanlı 32440 84 Da 52
(RUS) Kumeny 22 Ek 32
(RUS) Kumertau 34 Ff 38
(RUS) Kuminskij 25 Gf 32
(TR) Kumkale 17600 75 Cg 51
(TR) Kumköy 17900 76 Ck 49
(S) Kumla 17 Bf 31
(AX) Kumlinge 22820 18 Ca 30
(TR) Kumlu 31520 85 Dg 54
(TR) Kumluca 84 Da 54
(TR) Kumluyazı 25770 79 Eb 50
(S) Kummavuopio 2 Ca 22
(HR) Kumrovec 58 Bf 44
(TR) Kumru 52800 78 Dh 50
(RUS) Kumskoj 65 Eg 46
(RUS) Kumyrsa 34 Fd 34
(RUS) Kuna 23 Fe 31
(RUS) Kunakbaevo 35 Fk 36
(RUS) Kunašak 35 Gb 35
(EST) Kunda 44106* 18 Cg 31
(RUS) Kundravy 35 Ga 36
(TR) Kunduzlu 19800 76 Da 51
(UA) Kun'e 48 Dh 41
(S) Kungälv 44200 16 Bb 33
(S) Kungsbacka 43400* 17 Bc 33
(S) Kungsgården 81203 17 Bg 29
(S) Kungshamn 45601 16 Bb 32
(S) Kungsör 73601 17 Bg 31
(RUS) Kungur 23 Fh 33
(H) Kunhegyes 5340 59 Ca 43
(RUS) Kun'ja 23 Fg 32
(RUS) Kun'ja 30 Da 34
(H) Kunmadaras 5321 59 Ca 43
(H) Kunszentmárton 5440 59 Ca 44
(H) Kunszentmiklós 6090 59 Bk 43
(D) Künzelsau 74653 42 Ak 41
(RUS) Kuolajarvi 3 Ck 24
(FIN) Kuolio 93999 11 Ci 25
(S) Kuollejaur 10 Bk 24
(FIN) Kuopio 70100* 11 Ch 28
(FIN) Kuortane 63101 10 Cd 28
(FIN) Kuortti 52730 18 Cg 29
(S) Kuouka 2 Ca 24
(UA) Kup'ans'k 48 Dh 41
(RUS) Kupanskoe 31 Di 34
(SRB) Kupci 37222 59 Cb 47
(RUS) Kupčik 23 Fg 30
(RUS) Kupino 48 Dh 40
(LT) Kupiškis 40001 29 Ce 35
(UA) Kup'jans'k-Vuzlovyi 48 Dh 41
(TR) Küplü 11000 75 Cg 49
(LV) Kuprava 4582 19 Ch 33
(RUS) Kupreevo 32 Eb 35
(BIH) Kupres 58 Bh 47
(RUS) Kupurinskaja 13 Ec 29
(UA) Kurachove 63 Dh 43
(TR) Kural 86 Di 53
(RUS) Kurašim 23 Fg 33
(RUS) Kuratovo 22 Ek 30
(RUS) Kurba 21 Dk 33
(RUS) Kurčatovo 48 Df 39
(RUS) Kurdzinovo 64 Ea 47
(TR) Kürecik 86 Dh 52
(FIN) Kurenalus = Pudasjärvi 93101 ... 11 Ch 25
(EST) Kuressaare 93811* 18 Cc 32
(RUS) Kurganinsk 64 Ea 46
(RUS) Kurgenicy 12 Df 28
(RUS) Kurgolovo 19 Ci 31
(FIN) Kurikka 61301 10 Cc 28
(RUS) Kurilovka 50 Ei 40
(RUS) Kur'ja 23 Fh 29
(TR) Kürkçü 85 De 53
(RUS) Kurkiëki 19 Ck 29
(RUS) Kurkino 31 Di 37
(RUS) Kurlin 51 Fa 39
(RUS) Kurlovskij 32 Ea 35
(RUS) Kurmanaevka 51 Fb 38
(BY) Kurmanava 30 Db 36
(RUS) Kurmyš 33 Eg 35
(UA) Kurne 46 Ci 40
(UA) Kurortne 61 Ck 45
(D) Kurort Schmalkalden 43 Ba 40
(RUS) Kurovskoe 31 Di 35
(RUS) Kurovskoj 31 Dg 36
(UA) Kurovyči 45 Ce 41
(PL) Kurów 21-404 45 Cc 39
(S) Kurravaara 2 Ca 23
(RUS) Kursavka 64 Ec 46
(LT) Kuršėnai 81001 29 Cc 34
(RUS) Kursk 48 Dg 39
(RUS) Kurskaja 64 Ee 47
(FIN) Kursu 98600 3 Ci 24
(SRB) Kuršumlija 18430* 74 Cb 47
(TR) Kurşunlu 16900 76 Ci 50
(TR) Kurşunlu 16900 77 Dd 50
(TR) Kurşunlu 16900 86 Dh 52
(FIN) Kurtakko 95990 3 Ce 23
(TR) Kurtalan 29600 87 Eb 53
(TR) Kurthasanlı 42815 84 Dc 52
(TR) Kurtkale 79 Ed 49
(TR) Kurtuluş 33600 85 De 54
(TR) Kürtün 78 Dk 50
(FIN) Kuru 34301 10 Cd 29
(TR) Kuruçay 06760 78 Di 51
(RUS) Kurumoč 34 Fa 37
(RUS) Kuša 12 Dg 27
(RUS) Kusa 35 Fk 35
(TR) Kuşadası 09400 83 Ch 53
(RUS) Kušalino 20 Dg 33
(RUS) Kuščevskaja 63 Dk 44
(RUS) Kus'e-Aleksandrovskij 24 Fi 32
(D) Kusel 66869 42 Ah 41
(RUS) Kusem 52 Fk 39
(TR) Kuskan 33710 85 Dd 54
(RUS) Kuškopola 13 Ee 27
(RUS) Kuskurgul' 25 Gg 32
(RUS) Kušnarenkovo 34 Ff 35
(TR) Kuşsarayı 86 Di 52
(CH) Küssnacht (SZ) 6403 56 Ai 43
(RUS) Kušva 24 Fk 32
(TR) Kütahya 43000 76 Ck 51
(RUS) Kutais 63 Dk 46
(RUS) Kutanovo 35 Fh 37
(HR) Kutina 58 Bg 45
(HR) Kutjevo 58 Bh 45
(RUS) Kutlu-Bukaš 34 Fa 35
(CZ) Kutná Hora 284 01* 44 Bf 41
(PL) Kutno 99-300 44 Bk 38
(S) Kuttainen 3 Cc 22
(FIN) Kuttura 99831 3 Cg 22
(MD) Kutuzov = Ialoveni 6800 61 Ci 44
(SK) Kúty 44 Bh 42
(EST) Kuusalu 74601 18 Cf 31
(FIN) Kuusamo 93999 11 Ck 25
(FIN) Kuusankoski 45740 18 Cg 30
(FIN) Kuusjärvi 83630 11 Ci 28
(FIN) Kuusjoki 25330 18 Cd 30
(RUS) Kuvakino 33 Eg 36
(RUS) Kuvalat, Ivano- 52 Fh 38
(RUS) Kuvandyk 52 Fh 39
(RUS) Kuvšinovo 20 De 33
(TR) Kuyubaşı 84 Dc 52
(TR) Kuyucak 84 Ci 53
(TR) Kuyucak 86 Di 53
(LT) Kužiai 80028 29 Cd 35
(RUS) Kuz'elga 35 Fh 36
(RUS) Kuzema 12 De 25
(RUS) Kuzemino 21 Ec 31
(RUS) Kuzem'jarovo 34 Ff 33
(RUS) Kužener 33 Ei 34
(RUS) Kuženkino 20 De 33
(RUS) Kuzino 35 Fk 33
(RUS) Kuzjanovo 35 Fg 37
(TR) Kuzlam 37800 77 Dd 49
(RUS) Kuz'mijar 33 Ef 34
(RUS) Kuz'minka 20 Dg 31
(RUS) Kuz'minskaja 20 Dh 30
(RUS) Kuz'minskaja 21 Ec 30
(RUS) Kuz'minskoe 32 Dk 36
(RUS) Kuznečiha 33 Ek 36
(UA) Kuznecivsk 46 Cf 39
(RUS) Kuzneck 33 Eg 37
(RUS) Kuzneckoe 35 Ga 35
(RUS) Kuznečnoe 19 Ck 29
(RUS) Kuznecova 24 Gc 31
(RUS) Kuznecovo 21 Ea 30
(RUS) Kuzomen 13 Ec 26
(RUS) Kuzomen' 4 Dg 24
(RUS) Kužorskaja 64 Ea 46
(RUS) Kuzovatovo 33 Eh 37
(RUS) Kuzreka 4 De 24
(TR) Kuzu 18000 77 Dd 50
(TR) Kuzucubelen 33730 85 De 54
(TR) Kuzyaka 37000 77 Dd 49
(N) Kvænangsbotn 3 Cc 21
(DK) Kværndrup 5772 27 Ba 35
(N) Kvaløysletta 9100 2 Bi 21
(N) Kvalsund 9620 3 Cd 20
(N) Kvalsvik 6090 8 Af 28
(RUS) Kvarkeno 52 Fk 38
(S) Kvarnberg 17 Be 29
(RUS) Kvašinskoe 24 Gc 33
(N) Kvelia 9 Bd 26
(N) Kvenvær 7243 8 Ai 27
(S) Kvikkjokk 96202 2 Bh 24
(N) Kvinesdal 4480 16 Ag 32
(N) Kviteseid 3850 16 Ai 31
(PL) Kwidzyn 82-500 28 Bi 37
(LT) Kybartai 18025 29 Cc 36
(RUS) Kydz'vidz' 22 Ek 30
(UA) Kyjiv 47 Da 40
(CZ) Kyjov 696 55* 44 Bh 41
(RUS) Kylasovo 23 Fg 33
(GB) Kyle of Lochalsh IV40 38 Se 33
(D) Kyllburg 54655 42 Ag 40
(RUS) Kyn 24 Fi 33
(RUS) Kyrčany 22 Fa 33
(D) Kyritz 16866 27 Bc 38
(N) Kyrksæterøra 7200 8 Ak 27
(FIN) Kyrkslätt = Kirkkonummi 02400* 18 Ce 30
(UA) Kyrnasivka 46 Ci 42
(UA) Kyrnyčky 61 Ck 45
(RUS) Kyrta 15 Fh 26
(RUS) Kyštym 35 Ga 35
(RUS) Kytlym 24 Fk 31
(FIN) Kyyjärvi 43701 10 Ce 27
(RUS) Kyzburun Tretij 64 Ed 47

L

(A) Laa an der Thaya 2136 44 Bg 42
(D) Laage 18299 27 Bc 37
(D) Laasphe, Bad 57334 42 Ai 40
(HR) Labin 58 Be 45
(RUS) Labinsk 64 Ea 46
(RUS) Labinsk, Ust'- 63 Dk 45
(PL) Łabiszyn 89-210 28 Bh 38
(F) Labouheyre 40210 54 Sk 46
(RUS) Labožskoe 6 Fc 23
(F) Labrit 40420 54 Sk 46
(F) Labruguière 81290 55 Ac 47
(AL) Laç 74 Bk 49
(F) Lacanau 33680 54 Si 45
(F) Lacanau-Océan 33680 54 Si 45
(F) Lacapelle-Marival 46120 55 Ab 46
(F) Lacaune 81230 55 Ac 47
(TR) Lâçin 19020 77 De 50
(S) Läckeby 28 Bg 34
(S) Läckö 17 Bd 32
(RUS) Lackoe 20 Di 32
(I) Laconi 08034 71 Ak 51
(GR) Ládi 68300 75 Cg 49
(TR) Ládik 55760 77 Df 50
(I) Ladispoli 00055 72 Bc 49
(RUS) Ladovskaja Balka 64 Eb 45
(RUS) Ladožskoe 20 Dg 32
(RUS) Ladožskoe Ozero 19 Db 30
(RUS) Laduškin 28 Ca 36
(RUS) Ladva 20 De 29
(UA) Ladyžyn 46 Ck 42
(N) Lærdalsøyri 6854 16 Ah 29
(GR) Láerma 85107 83 Ch 54
(N) Lævvajokgiedde 3 Cg 21
(RUS) Lagan' 65 Eh 45
(IS) Lagarfljót 36 Rf 25
(PL) Łagiewniki 63-740 44 Bg 40
(F) Lagnieu 73170 56 Af 45
(F) Lagny-sur-Marne 77400 41 Ac 42
(P) Lagoa 8365-092 80 Sb 53
(GR) Lágos 67063 75 Cf 49
(P) Lagos 8005-496 80 Sb 53
(F) Lagrasse 11220 70 Ac 47
(F) Laguiole 12210 55 Ac 46
(E) Laguna de Negrillos 24234 68 Se 48
(GR) Lahania 83 Ch 55
(RUS) Lahdenpoh'ja 19 Da 29
(BY) Lahišyn 46 Cf 38
(S) Lahnajärvi 3 Cc 24
(BY) Lahojsk 30 Ch 36
(S) Laholm 31200 27 Bd 34
(RUS) Lahoma 13 Ef 29
(D) Lahr/Schwarzwald 77933 42 Ah 42
(RUS) Lahta 11 Dd 29

(FIN) Lahti 23601 18 Cf 30
(D) Laichingen 89150 42 Ak 42
(GB) Laide IV22 38 Se 33
(F) Laignes 21330 55 Ae 43
(FIN) Laihia 66401 10 Cc 28
(S) Laimoluokta 2 Bk 22
(S) Lainio 3 Cc 23
(GB) Lairg IV27 38 Sf 32
(F) Laissac 12310 55 Ac 46
(S) Laisvall 93093 9 Bh 24
(FIN) Laitila 23801 18 Cb 30
(RUS) Lajmy 25 Gi 33
(S) Lakaträsk 3 Cb 24
(BG) Lăki 4241 75 Ce 49
(BG) Lâki 75 Ce 49
(GR) Lakí 83 Cg 53
(RUS) Lakinsk 32 Dk 34
(GR) Lákki 73005 82 Cd 55
(GR) Lákkoma 68002 75 Cf 50
(RUS) Lakly 35 Fi 35
(N) Lakselv 9700 3 Ce 20
(BIH) Laktaši 58 Bh 46
(TR) Lalapaşa 22950 75 Cg 49
(E) Lalín 36500 68 Sb 48
(RUS) Lal'sk 22 Eh 30
(F) Lamastre 07270 55 Ae 46
(A) Lambach 4650 43 Bd 42
(F) Lamballe 22400* 40 Sh 42
(RUS) Lambas 13 Ef 28
(RUS) Lambisel'ga 11 Dc 29
(S) Lamborn 17 Bf 30
(P) Lamego 5100-387 68 Sc 49
(GR) Lamía 35101 82 Cc 52
(FIN) Lammi 16901 18 Cf 29
(I) Lampedusa 92010 72 Bc 55
(N) Lampeland 3623 16 Ak 31
(GB) Lampeter SA48 40 Sf 38
(RUS) Lampožnja 13 Ee 25
(E) Lanaja 22250 70 Sk 49
(GB) Lanark ML11 39 Sg 35
(GB) Lancaster LA1 39 Sh 36
(I) Lanciano 66034 73 Be 48
(LT) Lančiūnava 58066 29 Ce 35
(D) Landau an der Isar 94405 43 Bc 42
(D) Landau in der Pfalz 76829 42 Ai 41
(A) Landeck 6500* 57 Ba 43
(F) Landerneau 29800 40 Sf 42
(F) Landivisiau 29400* 40 Sf 42
(S) Landön 83100 9 Be 27
(D) Landsberg am Lech 86899 43 Ba 42
(D) Landshut 84028* 43 Bc 42
(S) Landskrona 26100* 27 Bc 35
(D) Landstuhl 66849 42 Ah 41
(IRL) Lanesborough = Baile Átha Liagh 37 Sc 37
(S) Långå 84093 9 Bd 28
(GR) Langadás 57200 75 Cd 50
(E) Langa de Duero 42320 69 Sg 49
(GR) Langádia 22003 82 Cc 53
(F) Langeac 43300 55 Ad 45
(F) Langeais 37130 54 Aa 43
(FIN) Längelmäki 35480 18 Ce 29
(D) Langen 49838 26 Ai 37
(A) Längenfeld 6444 57 Ba 43
(D) Langenhagen 30851* 42 Ak 38
(D) Langensalza, Bad 99947 43 Ba 39
(CH) Langenthal 4900* 56 Ah 43
(DK) Langeskov 5550 27 Ba 35
(N) Langesund 3970 16 Ak 31
(N) Langevåg 8 Ag 28
(IS) Langholt 880 36 Rb 27
(CH) Langnau im Emmental 3550 56 Ah 44
(N) Langnes 9840 3 Ci 20
(F) Langogne 48300 55 Ad 46
(F) Langon 41320 54 Sk 46
(E) Langreo = Llangréu 33900 68 Se 47
(F) Langres 52200* 56 Af 43
(S) Långsele 88220 9 Bh 27
(N) Langstrand 3 Cd 20
(S) Långträsk 10 Ca 25
(S) Långvattnet 89054 9 Bg 25
(PL) Łanięta 99-306 44 Bk 38
(UA) Lanivci 46 Cg 41
(FIN) Länkipohja = Längelmäki 18 Ce 29
(S) Lannavaara 98013 3 Cb 22
(F) Lannemezan 65300* 70 Aa 47
(F) Lannilis 29870 40 Sf 42
(F) Lannion 22300* 40 Sg 42
(F) Lanouaille 24270 55 Ab 45
(S) Lansjärv 95698 3 Cc 24
(CZ) Lanškroun 563 01 44 Bg 41
(F) Lanslebourg-Mont-Cenis 73480 56 Ag 45
(F) Lanthenay, Romorantin- 41200* 55 Ab 43
(I) Lanusei 08045 71 Ak 51
(F) Laon 02000* 41 Ad 41
(F) Lapalisse 03120 55 Ad 44
(FIN) Lapinlahti 73101 11 Ch 27
(FIN) Lappajärvi 62601 10 Cd 27
(S) Läppe 17 Bf 31
(FIN) Lappeenranta 53006* 19 Ci 29
(FIN) Lappfjärd 64320 10 Cb 28
(FIN) Lappi 27260 18 Cb 29
(FIN) Lappohja 10820 18 Cd 31
(N) Lappoluobbal 3 Cd 21
(FIN) Lappvik = Lappohja 10820 18 Cd 31
(TR) Lapseki 75 Cg 50
(TR) Lapseki 75 Cg 50
(RUS) Lapševo 33 Ek 35
(RUS) Laptevo 30 Ci 34
(FIN) Lapua 62101 10 Cc 28
(MD) Lăpuşna 3431 61 Ci 44
(RO) Lăpuşna 547331 60 Cf 44
(FIN) Lapväärtti = Lappfjärd 64320 10 Cb 28
(I) L'Aquila 67100 72 Bd 48
(E) Laracha 15188 68 Sb 47
(E) Lara de los Infantes 09651 69 Sg 48
(IRL) Laragh = An Láithreach 37 Sd 37
(F) Laragne-Montéglin 05300 56 Af 46
(S) Lärbro 62034 17 Bi 33
(F) Larche 19600 56 Ag 46
(E) Laredo 39770 54 Sg 47
(F) Largentière 07110 55 Ae 46
(GB) Largs KA30 39 Sf 35
(GR) Lárimna 35012 82 Cd 52
(I) Larino 86035 73 Be 49
(RUS) Larino 35 Fk 36
(RUS) Larionovo 21 Dk 32
(GR) Lárissa 41001* 74 Cc 51
(N) Larkollen 1560 16 Ba 31
(CY) Larnaka 6010* 85 Dd 56
(GB) Larne BT40 37 Se 36
(F) Laroquebrou 15150 55 Ac 46
(N) Larsnes 6084 8 Af 28
(F) Laruns 64440 70 Sk 48
(N) Larvik 3256* 16 Ba 31
(PL) Łasin 86-320 28 Bk 37
(PL) Łask 98-100 44 Bk 39
(RUS) Lašma 32 Eb 36
(I) La Spezia 19100* 57 Ak 46
(D) Lassan 17440 27 Bd 37
(HR) Lastovo 73 Bg 48
(BIH) Lastva 73 Bi 48
(I) Laterza 74014 73 Bg 50
(F) La Teste-de-Buch 33260 54 Si 46
(D) Lathen 49762 26 Ah 38
(GB) Latheron KW5 38 Sg 32
(S) Latikberg 91294 9 Bh 26
(I) Latina 04100 72 Bc 49
(RUS) Lat'juga 14 Ei 26
(IS) Látrar 610 36 Qh 24
(D) Lauchhammer 01979 43 Bd 39
(N) Laudal 16 Ah 32
(GB) Lauder TD2 39 Sh 35
(E) Laudio = Llodio 01400 69 Sh 47
(LV) Ļaudona 4862 29 Cg 34
(D) Lauenburg/Elbe 21481 27 Ba 37
(D) Lauf an der Pegnitz 91207 43 Bb 41
(IS) Laugarvatn 810 36 Qk 26
(E) Laujar de Andarax 04470 81 Sh 54
(S) Lauker 10 Bk 25
(N) Lauksletta 9194 2 Ca 20
(F) Laumes, les 55 Ae 43
(GB) Launceston PL15 40 Sf 40
(D) Laupheim 88471 42 Ak 42
(GB) Laurencekirk AB30 38 Sh 34
(I) Lauria 85044 73 Bf 50
(FIN) Lauritsala 56330 19 Ci 29
(CH) Lausanne 1000* 56 Ag 44
(D) Lauterbach (Hessen) 36341 42 Ak 40
(D) Lauterberg im Harz, Bad 37431 43 Ba 39
(D) Lauterecken 67742 42 Ah 41
(F) Laval 53000* 40 Sk 42
(F) Lavandou, le 83980 56 Ag 47
(GR) Lávara 68004 75 Cg 49
(F) Lavaur 81500 55 Ab 47
(F) Lavelanet 09300 70 Ab 48
(I) Lavello 85024 73 Bf 49
(I) Laveno Mombello 21014 56 Ai 45
(FIN) Lavia 38601 18 Cc 29
(N) Lavik 6947 16 Af 29
(I) Lavis 38015 57 Bb 44
(P) Lavre 7050-467 80 Sb 52
(GR) Lavrio 82 Ce 53
(RUS) Lavrovo 20 Dh 31
(RUS) Lavrovo 20 Dh 33
(RUS) Lavsja 32 Eb 35
(S) Laxå 69501 17 Be 32
(S) Laxbäcken 91201 9 Bg 26
(GBM) Laxey IM4 39 Sf 36
(GB) Laxford Bridge IV27 38 Se 32
(GB) Laxo ZE2 38 Si 30
(RUS) Laž 22 Ek 33
(SRB) Lazarevac 11550* 59 Ca 46
(RUS) Lazarevo 34 Fa 34
(RUS) Lazarevskaja 21 Dk 29
(RUS) Lazarevskoe 63 Dk 47
(LT) Lazdijai 67001 29 Cd 36
(MD) Lazo 4222 61 Ci 43
(MD) Lazovsk = Sîngerei 6200 61 Ci 43
(PL) Łeba 84-360 28 Bh 36
(SRB) Lebane 16230 74 Cb 48
(B) Lebbeke 9280 41 Ae 39
(RUS) Lebedino 33 Ek 35
(RUS) Lebedjan' 32 Dk 37
(UA) Lebedyn 47 De 40
(RUS) Lebjaž'e 22 Ek 33
(RUS) Lebjažsk 23 Fe 29
(PL) Lębork 84-300* 28 Bh 36
(E) Lebrija 41740 80 Sd 54
(RUS) Lebskoe 14 Ei 26
(I) Lecce 73100 73 Bi 50
(I) Lecco 23900 57 Ak 45
(A) Lech 6764* 57 Ba 43
(LV) Lēči 3622 18 Cb 33
(E) Leciñena 50160 70 Sk 49
(D) Leck 25917 26 Ai 36
(F) Lectoure 32700 54 Aa 47
(PL) Łęczna 21-010 45 Cc 39
(PL) Łęczyca 99-100 44 Bk 38
(E) Ledesma 37100 68 Se 49
(GB) Ledmore Junction IV27 38 Sf 32
(RUS) Ledmozero 11 Dc 26
(RUS) Led'ozero 13 Eb 28
(GB) Leeds LS7 39 Si 37
(GB) Leek ST13 39 Sh 37
(D) Leer (Ostfriesland) 26789 26 Ah 37
(NL) Leerdam 4140 42 Af 39
(EST) Leesi 18 Cf 31
(NL) Leeuwarden = Ljouwert 8900* 26 Af 37
(GR) Lefkáda 31082 82 Ca 52
(GR) Lefkónas 62100 75 Cd 49
Lefkoniko 85 Dd 55
Lefkoşa = Lefkosia 85 Dd 55
(CY) Lefkosia 1010* 85 Dd 55
(E) Leganés 28911 69 Sg 50
(F) Legé 44650 54 Si 44
(PL) Legionowo 05-118* 45 Ca 38
(RUS) Legkovo 20 Di 32
(I) Legnano 20025 56 Ai 45
(PL) Legnica 59-200 44 Bg 39
(HR) Legrad 58 Bg 44
(F) Le Havre 76600* 41 Aa 41
(GR) Lehena 27053 82 Cb 53
(D) Lehrte 31275 42 Ak 38
(RUS) Lehtä 11 Dd 26
(RUS) Lëhta 22 Ei 30
(FIN) Lehtimäki 63501 10 Cd 28
(A) Leibnitz 8430* 58 Bf 44
(GB) Leicester LE5 40 Si 38
(NL) Leiden 2300* 41 Ae 38
(IRL) Leighlinbridge = Leithghlinn an Droichid 37 Sd 38
(GB) Leighton Buzzard LU7 40 Sk 39
(N) Leikanger 6863 16 Ag 29
(N) Leikanger 6863 8 Af 28
(S) Leipojärvi 3 Cb 23
(D) Leipzig 04103* 43 Bc 39
(N) Leira 7112 16 Ak 30
(N) Leira 7112 8 Ai 27
(N) Leiråmoen 2 Be 24
(P) Leiria 2400-013* 68 Sb 51
(FO) Leirvík 520 38 Sd 28
(N) Leirvik 5411 16 Af 29
(N) Leirvik 5411 16 Af 31
(EST) Leisi 94501 18 Cc 32
(GB) Leiston IP16 41 Ab 38
(IRL) Leithghlinn an Droichid 37 Sd 38
(IRL) Leitir Creanainn = Letterkenny 37 Sc 36
(FIN) Leivonmäki 41770 10 Cg 29
(E) Leiza 31880 69 Si 47
(GR) Lekáni 64009 75 Ce 49
(AL) Lekbibaj 74 Bk 48
(E) Lekeitio 48280 54 Sh 47
(RUS) Lekma 22 Ek 31
(N) Leknes 8370 2 Bd 22
(S) Leksand 79301 17 Bf 30
(N) Leksvik 7120 8 Ba 27
(N) Leland 2 Bc 24
(BY) Lel'čycy 46 Ci 39
(RUS) Lel'ma 12 Ea 28
(NL) Lelystad 8200* 42 Af 38
(F) Le Mans 72000* 54 Aa 43
(F) Lembeye 64350 54 Sk 47
(CY) Lemesos = Limassol 3010* 85 Dc 56
(RUS) Lemeza 35 Fh 36
(D) Lemgo 32657 42 Ai 38
(RUS) Lem'ju 14 Fe 26
(FIN) Lemmenjoki 99885 3 Cg 22
(NL) Lemmer 26 Af 38
(GR) Lémos 53077 74 Cb 50
(FIN) Lempäälä 37560 18 Cd 29
(F) Lempdes 43410 55 Ad 45
(RUS) Lemptybož 15 Fg 27
(DK) Lemvig 7620 26 Ai 34
(RUS) Lenavož 14 Ff 27
(A) Lend 5651 57 Bd 43
(GR) Léndas 70400 82 Ce 56
(SLO) Lendava 9220 58 Bg 44
(RUS) Lendery 11 Db 27
(D) Lengerich 49838 42 Ah 38
(D) Lenggries 83661 57 Bb 43
(S) Lenhovda 36073 27 Bf 34
(BY) Lenina 47 Db 38
(UA) Lenine 62 Df 45
(RUS) Leningrad = Sankt-Peterburg 190000* 19 Da 31
(RUS) Leningradskaja 63 Dk 44
(RUS) Leninogorsk 34 Fc 36
(RUS) Leninsk 23 Fe 32
(RUS) Leninsk 35 Fk 36
(RUS) Leninsk 50 Ef 42
(RUS) Leninskij 31 Dh 36
(RUS) Leninskoe 22 Eh 32
(CH) Lenk 3775 56 Ah 44
(UA) Lenkivci 46 Ch 40
(F) Lens 62300 41 Ac 40
(RUS) Lent'evo 20 Dg 32
(FIN) Lentiira 88930 11 Ck 26
(I) Lentini 96016 72 Be 53
(LT) Lentvaris 25001 29 Cf 36
(A) Leoben 8700* 58 Bf 43
(GB) Leominster HR6 40 Sh 38
(E) León 24001* 68 Se 48
(F) Léon 40550 54 Si 47
Leonarisso 85 De 55
(GR) Leondári 22021 82 Cc 53
(I) Leonforte 94013 72 Be 53
(GR) Leonídio 22300 82 Cc 53
(B) Leopoldsburg 3970 42 Af 39
(A) Leopoldsdorf im Marchfelde 2285 44 Bg 42
(MD) Leova 6300 61 Ci 44
(MD) Leovo = Leova 6300 61 Ci 44
(E) Lepe 21440 80 Sc 53
(BY) Lepel' 30 Ci 36
(SRB) Leposavić 43500 59 Ca 47
(GR) Lépoura 34500 82 Ce 52
(FIN) Leppävirta 79101 11 Ch 28
(H) Lepsény 8132 59 Bi 44
(GR) Leptokariá 68100 74 Cc 50
(I) Lercara Friddi 90025 72 Bd 53
(I) Lerici 19032 57 Ak 46
(E) Lérida = Lleida 25001 70 Aa 49
(E) Lerma 09340 69 Sg 48
(RUS) Lermontov 64 Ed 46
(RUS) Lermontovo 32 Ed 38
(A) Lermoos 6631 57 Ba 43
(S) Lerum 44300* 17 Bc 33
(N) Lervik 16 Ba 31
(GB) Lerwick ZE1 38 Si 30
(E) Les 25540 70 Aa 48
(F) Lescoff 29770 40 Sf 42
(RUS) Leshoz 34 Fa 34
(I) Lesina 71010 73 Bf 49
(N) Lesja 2665 8 Ai 28
(N) Lesjaskog 2668 8 Ai 28
(S) Lesjöfors 68096 17 Be 31
(RUS) Lesken 79 Ed 47
(PL) Lesko 38-600 45 Cc 41
(SRB) Leskovac 74 Cb 48
(AL) Leskovik 74 Ca 50
(PL) Leśna 59-820 44 Bf 39
(F) Lesneven 29260 40 Sf 42
(RUS) Lesnikovo 32 Eb 35
(RUS) Lesnoe 20 Df 32
(RUS) Lesnoe Ukolovo 48 Di 40
(RUS) Lesnoj 23 Fc 31
(RUS) Lesnoj 32 Ea 36
(RUS) Lesnoj 35 Ga 36
(RUS) Lesogorsk 32 Ed 35
(F) Lesparre-Médoc 33340 54 Sk 45
(F) Lesperon 40260 54 Si 47
(F) Lessay 50430 40 Si 41
(FIN) Lestijärvi 69440 10 Ce 27
(RUS) Lešukonskoe 13 Ef 26
(PL) Leszno 05-084 44 Bg 39
(H) Létavértes 4281 59 Cb 43
(H) Letenye 8868 58 Bg 44
(RUS) Letka 22 Ek 31
(FIN) Letku 31380 18 Cd 30
(RUS) Letneozerskij 12 Ea 27
(RUS) Letnerečenskij 12 De 26
(BG) Letnica 5570 60 Cf 47
(RUS) Letnij Navolok 12 Dh 25
(RUS) Letnjaja Zolotica 12 Dg 26
(IRL) Letterkenny = Leitir Creanainn 37 Sc 36
(UA) Letyčiv 46 Ch 41
(F) Leucate-Plage 11370 70 Ad 48
(CH) Leukerbad 3954 56 Ah 44
(RUS) Leunova 13 Ec 26
(MD) Leuşeni 3432 61 Ci 44
(D) Leutkirch im Allgäu 88299 57 Ba 43
(B) Leuven 3000 41 Ae 40
(RUS) Leuza 35 Fi 35
(B) Leuze-en-Hainaut 7900 41 Ad 40
(FIN) Levä 51310 11 Ch 28
(N) Levanger 7600 8 Bb 27
(I) Levanto 19015 57 Ak 46
(GB) Leven KY8 38 Sh 34
(TR) Levent 86 Dh 52
(D) Leverkusen 51371* 42 Ag 39
(GR) Levídi 22002 82 Cc 53
(F) Levie 20170 71 Ak 49
(F) Levier 25270 56 Ag 44
(RUS) Levino 21 Dk 33
(BG) Levka 6540 75 Cg 49
(GR) Levkadíti 33053 82 Cc 52
(GR) Levkás 35003 82 Cb 52
(RUS) Levkinskaja 14 Fb 26
(SK) Levoča 054 01 45 Ca 41
(RUS) Levokumskoe 64 Ee 46
(F) Levroux 36110 55 Ab 44
(BG) Levski 9171 60 Cf 47
(RUS) Lev Tolstoj 32 Dk 37
(BG) Levunovo 2817 75 Cd 49
(GB) Lewes SO45 41 Aa 40
(GB) Leyland PR25 39 Sh 37
(RUS) Ležduq 6 Fc 23
(AL) Lezhë 74 Bk 49
(F) Lézignan-Corbières 11200 55 Ac 47
(BY) Lëzna 30 Da 35
(RUS) Ležnevo 32 Ea 34
(F) Lezoux 63190 55 Ad 45
(RUS) L'gov 48 Df 39
(RUS) L'govski, Dmitriev 48 Df 38
(N) Liabygd 6230 8 Ah 28
(S) Liatorp 34374 27 Be 34
(CZ) Liberec 460 01* 44 Bf 40
(AL) Libohovë 74 Ca 50
(F) Libourne 33500* 54 Sk 46
(AL) Librazhd 74 Ca 49
(I) Licata 92027 72 Bd 53
(TR) Lice 21700 87 Ea 52
(GB) Lichfield WS13 39 Si 38
(D) Lichtenfels 35104 43 Bb 40
(BY) Lida 29 Cf 37
(S) Liden 91094 9 Bg 28
(S) Lidhult 34010 27 Bd 34
(S) Lidköping 53101* 17 Bd 32
(I) Lido di Ostia 00121 72 Bc 49
(PL) Lidzbark 13-230 28 Bk 37
(PL) Lidzbark Warmiński 11-100* 28 Ca 36
(D) Liebenwalde 16559 27 Bd 38
(D) Liebenwerda, Bad 04924 43 Bd 39
(D) Lieberose 15868 43 Be 39
(B) Liège 4000* 42 Af 40
(FIN) Lieksa 81720 11 Da 27
(LV) Lielvārde 5070* 29 Ce 34
(A) Lienz 9900* 57 Bc 44
(LV) Liepāja 3401* 28 Cb 34
(B) Lier 2500 41 Ae 39
(B) Lierre = Lier 2500 41 Ae 39
(CH) Liestal 4410 56 Ah 43
(S) Lietekkåbba 2 Bk 23
(FIN) Lieto 21421 18 Cc 30
(FIN) Lievestuore 41401 10 Cg 28
(F) Liévin 62143 41 Ac 40
(A) Liezen 8940* 58 Be 43
(F) Liffol-le-Grand 88350 42 Af 42
(GB) Lifford BT78 37 Sc 36
(IRL) Lifford 37 Sc 36
(F) Liffré 35340 40 Si 42
(I) Lignano Sabbiadoro 33054 57 Bd 45
(F) Lignières 18160 55 Ac 44
(F) Ligny-en-Barrois 55500 42 Af 42
(GR) Ligórtinos 83 Cf 55
(F) Ligueil 37240 54 Aa 43
(RUS) Lihačevo 20 Dh 32
(GR) Lihás 34300 82 Cc 52
(RUS) Lihoslavl' 20 Df 33
(RUS) Lihovskoj 49 Ea 42
(EST) Lihula 90302* 18 Cd 32
(GR) Lílea 82 Cc 52
(D) Lilienthal 28865 26 Ai 37
(S) Lilla Edet 46301 17 Bc 32
(F) Lille 59000* 41 Ad 40
(F) Lillebonne 76170 41 Aa 41
(N) Lillehammer 2608* 16 Ba 29
(F) Lillers 62190 41 Ac 40
(N) Lillesand 4790 16 Ai 32
(N) Lillestrøm 2000 16 Bb 31
(S) Lillhärdal 84080 9 Be 29
(E) Lillo 45870 69 Sg 51
(S) Lillögda 91050 9 Bh 26
(S) Lima 78064 17 Bd 30
(RUS) Liman 65 Eh 45
(UA) Liman 48 Dg 41
(N) Limannvika 9 Bd 26
(PL) Limanowa 34-600* 45 Ca 41
(CY) Limassol = Lemesos 3010* 85 Dc 56
(GB) Limavady BT49 37 Sd 35
(LV) Limbaži 4001 18 Ce 33
(D) Limburg an der Lahn 65549* 42 Ai 40
(S) Limedsforsen 17 Bd 30
(GR) Liménas Hersónissos 83 Cf 55
(IRL) Limerick = Luimneach 37 Sb 38
(FIN) Liminka 91901 10 Cf 26
(S) Limmared 51404 17 Bd 33
(GR) Límnes 21055 82 Cc 53
(GR) Límni 34005 82 Cd 52
(F) Limoges 87000* 55 Ab 45
(F) Limogne-en-Quercy 46260 55 Ab 46
(I) Limone Piemonte 12015 56 Ah 46
(TR) Limonlu 33770 85 De 54
(F) Limoux 11300 70 Ac 47
(RUS) Linahamari 4 Db 21
(E) Linares 39580 81 Sg 52
(GR) Linariá 34007 82 Ce 52
(BY) Linava 45 Ce 38
(GB) Lincoln LN4 39 Sk 37
(D) Lindau (Bodensee) 88131 57 Ak 43
(S) Lindesberg 71101 17 Bf 31
(GR) Líndos 85107 84 Ci 54
(RUS) Lindozero 11 Dd 28

(E) Línea de la Concepción, La 11300 80 Se 54
(RUS) Linec 48 Df 38
(RUS) Linejnoe 65 Eh 44
(RUS) Linevo 49 Ee 40
(D) Lingen (Ems) 49808* 42 Ah 38
(S) Linköping 58002* 17 Bf 32
(LT) Linkuva 83046 29 Cd 34
(GB) Linlithgow EH49 39 Sg 35
(RUS) Linovo 19 Ch 33
(S) Linsell 84201 9 Bd 28
(CH) Linthal 8783 57 Ak 44
(A) Linz 53545 43 Be 42
(F) Lion-d'Angers, le 49220 54 Sk 43
(IRL) Lios Duin Bhearn 37 Sa 37
(IRL) Lios Mór = Lismore 37 Sc 38
(IRL) Lios Tuathail = Listowel 37 Sa 38
(SK) Lipany 082 71 45 Ca 41
(I) Lipari 98055 72 Be 52
(MD) Lipcani 4706 46 Cg 42
(RUS) Lipeck 48 Dk 38
(FIN) Liperi 83101 11 Ck 28
(SLO) Lipica 6210 57 Bd 45
(RUS) Lipicy-Zybino 31 Dh 37
(RUS) Lipin Bor 20 Di 30
(RKS) Lipjan = Lipljan 14000 74 Cb 48
(PL) Lipka 77-420 28 Bh 37
(MD) Lipkany = Lipcani 4706 46 Cg 42
(RUS) Lipki 31 Dh 37
(MK) Lipkovo 1307 74 Cb 48
(RKS) Lipljan = Lipjan 14000 74 Cb 48
(RUS) Lipnaja Gorka 20 Dd 31
(CZ) Lipník nad Bečvou 751 31 44 Bh 41
(PL) Lipno 64-111 28 Bk 38
(RO) Lipova 607275 59 Cb 44
(RUS) Lipovik 13 Ec 27
(RUS) Lipovskij 50 Ek 39
(RUS) Lipovskoe 24 Gb 33
(RUS) Lipovskoe 24 Gd 33
(D) Lippstadt 59555* 42 Ai 39
(PL) Lipsk 16-315 29 Cd 37
(PL) Lipsko 27-300 45 Cb 39
(SK) Liptovský Mikuláš 031 01 44 Bk 41
(P) Lisboa 1000-001* 80 Sa 52
(GB) Lisburn BT27 37 Sd 36
(IRL) Lisdoonvarna = Lios Duin Bhearn 37 Sa 37
(UA) Lisičansk = Lysyčans'k 48 Di 42
(F) Lisieux 14100* 41 Aa 41
(RUS) Lisij Nos 19 Ck 31
(RUS) Lis'ja 23 Fe 33
(GB) Liskeard PL14 40 Sf 40
(RUS) Liski 48 Dk 40
(F) Lisle-sur-Tarn 81310 55 Ab 47
(FIN) Lisma 99195 3 Cf 22
(IRL) Lismore 37 Sc 38
(GB) Lisnaskea BT92 37 Sc 36
(S) Lisskogsbrändan 17 Bd 30
(D) List 25992 26 Ai 35
(BIH) Lištica = Široki Brijeg 58 Bh 47
(IRL) Listowel = Lios Tuathail 37 Sa 38
(S) Lit 83030 9 Be 27
(GR) Lithio 83 Cg 52
(SLO) Litija 1270 58 Be 44
(GR) Litóhoro 60200 74 Cc 50
(CZ) Litoměřice 412 01 43 Be 40
(CZ) Litomyšl 570 01 44 Bg 41
(CZ) Litovel 784 01 44 Bh 41
(CZ) Litvínov 435 14* 43 Bd 40
(RUS) Litvinovo 22 Ei 29
(UA) Lityn 46 Ci 41
(RO) Livada 447180 60 Cd 43
(GR) Livaderó 66100 75 Ce 49
(GR) Livádi 40002 74 Cc 50
(GR) Livádi 40002 82 Ce 53
(GR) Livadiá 82 Cc 52
(LV) Līvāni 29 Cg 34
(RUS) Livenka 48 Di 40
(GB) Liverpool L19 39 Sh 37
(GB) Livingston EH54 39 Sg 35
(BIH) Livno 58 Bh 47
(RUS) Livny 48 Dh 38
(FIN) Livo 93220 10 Cg 25
(I) Livorno 57100* 57 Ba 47
(GR) Lixoúri 28200 82 Ca 52
(LV) Lizums 4425 18 Cg 33
(I) Lizzano 74020 73 Bh 50
(BY) Ljachavičy 29 Cg 37
(RUS) Ljady 19 Ci 32
(RUS) Ljali 14 Fa 28
(RUS) Ljalja-Titova 24 Gb 31
(RUS) Ljambir' 33 Ef 36
(RUS) Ljamca 12 Dh 26
(RUS) Ljamino 23 Fh 32
(RUS) Ljangasovo 22 Ek 32
(RUS) Ljaskelja 11 Db 29
(BY) Ljasnaja 29 Cf 38
(BY) Ljavki 30 Ci 37
(SRB) Ljig 14240 59 Ca 46
(N) Ljørdal 17 Bc 29
(BY) Ljuban' 30 Ci 38
(RUS) Ljuban' 19 Db 31
(UA) Ljubar 46 Ch 41
(UA) Ljubašivka 61 Da 43
(UA) Ljubeč 47 Da 39
(BG) Ljuben 7534 75 Ce 48
(RUS) Ljubercy 31 Dh 35
(UA) Ljubešiv 46 Cf 39
(RUS) Ljubickoe 50 Ek 39
(RUS) Ljubim 21 Ea 32
(BG) Ljubimec 6550 75 Cg 49
(BIH) Ljubinje 73 Bi 48
(SLO) Ljubljana 1000* 58 Be 44
(UA) Ljuboml' 45 Ce 39
(SRB) Ljubovija 15320 59 Bk 46
(BIH) Ljubuški 73 Bh 47
(UA) Ljubyc'ke 62 Df 43
(UA) Ljubymivka 47 Da 40
(UA) Ljubymivka 63 Dg 43
(RUS) Ljubytino 20 Dd 32
(RUS) Ljudinovo 31 De 37
(RUS) Ljudkovo 31 De 36
(S) Ljugarn 62016 17 Bi 33
(RUS) Ljugoviči 20 Dd 30
(BG) Ljuljakovo 9525 76 Ch 48
(S) Ljungby 34101* 27 Bd 34
(S) Ljungdalen 84035 9 Bc 28
(S) Ljungskile 45901 16 Bb 32
(S) Ljusdal 82700 9 Bg 29
(S) Ljusne 82020 17 Bh 29
(S) Ljustorp 86040 9 Bh 28
(E) Llagostera 17240 70 Ac 49
(GB) Llanbedr Pont Steffan = Lampeter SA48 40 Sf 38
(GB) Llandeilo SA19 40 Sg 39
(GB) Llandovery SA20 40 Sg 39
(GB) Llandrindod Wells LD1 40 Sg 38
(GB) Llandudno LL30 39 Sg 37
(GB) Llanelli SA15 40 Sf 39
(E) Llanes 33500 54 Sf 47
(GB) Llanfair Caereinion SY21 39 Sg 38
(GB) Llanfair-ym-Mualt = Buith Wells LD2 40 Sg 38
(GB) Llangefni LL77 39 Sf 37
(GB) Llangollen LL20 39 Sg 38
(E) Llangréu = Langreo 33930 68 Se 47
(GB) Llangurig SY18 40 Sg 38
(GB) Llanidloes SY18 40 Sg 38
(GB) Llanwrtyd Wells LD5 40 Sg 38
(GB) Llanymddyfri = Llandovery SA20 40 Sg 39
(E) Lleida 25001* 70 Aa 49
(E) Llerena 06900 80 Sd 52
(E) Llíria 46160 70 Sk 51
(E) Llívia 17527 70 Ab 48
(E) Llodio = Laudio 69 Sh 47
(E) Lluanco = Luanco 68 Se 47
(RUS) Loban 13 Ef 25
(RUS) Lobanovo 23 Fg 33
(D) Löbau 02708 43 Be 39
(RUS) Lobcovo 32 Ea 34
(D) Lobenstein, Bad 07356 43 Bb 40
(S) Löberöd 24033 27 Bd 35
(PL) Łobez 73-150 27 Bf 37
(RUS) Lobnja 31 Dh 34
(RUS) Lobskoe 12 Df 28
(D) Loburg 39279 43 Bc 38
(RUS) Lobva 24 Ga 31
(CH) Locarno 6600* 56 Ai 44
(D) Loccum, Rehburg- 31547 42 Ak 38
(GB) Lochaline PA34 38 Se 34
(GB) Lochboisdale HS8 38 Sc 33
(GB) Lochearnhead FK19 38 Sf 34
(NL) Lochem 7240 42 Ag 38
(F) Loches 37600 54 Aa 43
(IRL) Loch Garman = Wexford 37 Sd 38
(GB) Lochgilphead PA31 38 Se 34
(GB) Lochinver IV27 38 Se 32
(GB) Lochmaben DG11 39 Sg 35
(GB) Lochmaddy 38 Sc 33
(PL) Łochów 07-130 45 Cb 38
(GB) Lochranza KA27 39 Se 35
(UA) Lochvycja 47 Dd 40
(GB) Lockerbie DG11 39 Sg 35
(D) Löcknitz 17321 27 Be 37
(CH) Locle, Le 2400* 56 Ag 43
(F) Locmaria 56240 54 Sg 43
(F) Locminé 56500 54 Sh 43
(I) Locri 89044 73 Bg 52
(I) Lodè 08020 71 Ak 50
(RUS) Lodejka 22 Ef 30
(RUS) Lodejnoe Pole 20 Dd 30
(F) Lodève 34700 55 Ad 47
(I) Lodi 26900 57 Ak 45
(N) Løding 8200 2 Be 23
(N) Lødingen 8550 2 Bf 22
(S) Lödöse 46371 17 Bc 32
(PL) Łódź 90-001* 44 Bk 39
(BY) Loev 47 Da 39
(S) Lofsdalen 84085 9 Bd 28
(S) Loftahammar 59095 17 Bg 33
(N) Lofthus 5781 16 Ag 30
(RUS) Log 49 Ed 41
(N) Loga 4400 16 Ag 32
(RUS) Logačevka 51 Fc 38
(RUS) Loginovo 35 Gb 34
(RUS) Logovskij 49 Ed 42
(E) Logrosán 10120 68 Se 51
(DK) Løgstør 9670 26 Ak 34
(DK) Løgumkloster 6240 26 Ai 35
(DK) Lohals 5953 27 Ba 35
(F) Lohéac 35550 54 Si 43
(RUS) Lohguba 11 Dc 25
(FIN) Lohilahti 58620 19 Ci 29
(FIN) Lohiniva 97420 3 Ce 23
(FIN) Lohja 08201 18 Ce 30
(D) Lohr am Main 97816 43 Ak 41
(FIN) Loimaa 32210 18 Cd 30
(D) Loitz 17121 27 Bd 37
(RUS) Lojga 21 Ee 29
(RUS) Lojmola 11 Db 29
(RUS) Lojno 23 Fc 31
(UA) Lokači 45 Ce 40
(FIN) Lokalahti 23450 18 Cb 30
(N) Løken 1960 16 Bb 31
(B) Lokeren 9160 41 Ad 39
(FIN) Lokka 99645 3 Ch 23
(DK) Løkken 9480 16 Ak 33
(N) Løkken 7327 8 Ak 27
(RUS) Loknja 30 Da 34
(RUS) Lokot 47 De 38
(RUS) Lola 64 Ee 44
(BG) Lom 3600 60 Cd 47
(N) Lom 2686 8 Ai 29
(BG) Lomci 7838 60 Cg 47
(RUS) Lomejkovo 30 Dc 36
(N) Lomen 2967 16 Ai 29
(S) Lomma 23401 27 Bd 35
(B) Lommel 3920 42 Af 39
(RUS) Lomonosov 19 Ck 31
(RUS) Lomovka 35 Fi 37
(RUS) Lomovoe 12 Ea 26
(PL) Łomża 18-400 29 Cc 37
(GB) London BT93 40 Sk 39
(IRL) Longford = An Longfort 37 Sc 37
(I) Longobucco 87066 73 Bg 51
(GB) Longtown CA6 39 Sh 35
(F) Longueau 80330 41 Ac 41
(F) Longué-Jumelles 49160 54 Sk 43
(F) Longuyon 54260 42 Af 41
(F) Longwy 54400* 42 Af 41
(N) Longyarbyen 9170 2 I Svalbard
(I) Lonigo 36045 57 Bb 45
(D) Löningen 49624 26 Ah 38
(S) Lönsboda 28070 27 Be 34
(F) Lons-le-Saunier 39570 56 Af 44
(RUS) Loo 63 Dk 47
(UA) Lopasna 48 Di 42
(RUS) Lopatino 19 Dc 33
(RUS) Lopatino 50 Ef 38
(RUS) Lopatovo 19 Ci 33
(UA) Lopatyn 45 Ce 40
(RUS) Lop'juvad 23 Ff 29
(FIN) Loppi 12701 18 Ce 30
(RUS) Lopšen'ga 12 Dh 26
(RUS) Loptjuga 13 Eh 27
(RUS) Lopydino 23 Fc 29
(N) Lora 2666 8 Ai 28
(E) Lora del Río 41440 80 Se 53
(E) Lorca 31292 81 Si 53
(D) Lorch 65391 42 Ak 42
(I) Loreto 60025 57 Bd 47
(I) Loreto Aprutino 65014 72 Bd 48
(F) Lorient 56100* 54 Sg 43
(F) Loriol-sur-Drôme 26270 55 Ae 46
(F) Lormes 58140 55 Ad 43
(D) Lörrach 79539* 56 Ah 43
(F) Lorris 45260 55 Ac 43
(D) Lorsch 64653 42 Ai 41
(S) Los 82050 17 Bf 29
(E) Losar de la Vera 10460 68 Se 50
(RUS) Losevo 49 Ea 40
(PL) Łosice 08-200 45 Cc 38
(PL) Łosino 76-251 28 Bh 36
(RUS) Los'mino 31 De 35
(GB) Lossiemouth IV31 38 Sg 33
(N) Løten 2340 16 Bb 30
(RUS) Lotošino 31 Df 34
(F) Loudéac 22600* 40 Sh 42
(F) Loudun 86200 54 Aa 43
(F) Loué 72540 54 Sk 43
(GB) Loughborough LE11 39 Si 38
(IRL) Loughrea = Baile Locha Riach 37 Sb 37
(FIN) Louhala 93920 11 Ck 24
(F) Louhans 71500* 56 Af 44
(RUS) Louhi 11 Dd 24
(IRL) Louisburgh = Cluain Cearbán 37 Sa 37
(P) Loulé 8100-221* 80 Sb 53
(F) Loupe, la 28240 41 Ab 42
(F) Lourdes 65100* 70 Sk 47
(P) Loures 2670-012* 68 Sa 52
(P) Lourinhã 2530-089* 68 Sa 51
(P) Lousã 3020-578 68 Sb 50
(P) Lousa 2670-742* 68 Sa 52
(GB) Louth HU9 39 Sk 37
(GR) Loutrá 82 Ce 53
(GR) Loutrá Edipsoú 34300 82 Cd 52
(GR) Loutrá Eleftheró 75 Ce 50
(GR) Loutra Kilínis 82 Cb 53
(GR) Loutró 82 Cc 53
(GR) Loutró Elénis 20100 82 Cc 53
(B) Louvain = Leuven 3000 41 Ae 40
(B) Louvière, La 7100 41 Ae 40
(F) Louviers 27400 41 Ab 41
(F) Louvigné-du-Désert 35420 40 Si 42
(S) Lövånger 93010 10 Cb 26
(S) Lövåsen 88041 9 Bg 27
(S) Lövberga 83301 9 Bf 27
(BG) Loveč 5500* 75 Ce 47
(I) Lovere 24065 57 Ba 45
(S) Lövestad 27370 27 Bd 35
(FIN) Loviisa = Lovisa 07900* 18 Cg 30
(FIN) Lovisa 07900* 18 Cg 30
(HR) Lovište 73 Bh 47
(RUS) Lovlja 22 Ek 31
(S) Lövlund 9 Bf 25
(S) Lövnäs 17 Bd 29
(S) Lövnäs 2 Bh 24
(S) Lövnäsvallen 84080 9 Bd 29
(CZ) Lovosice 410 02 43 Be 40
(RUS) Lovozero 4 Df 22
(RO) Lovrin 307250 59 Ca 45
(S) Lövstabruk 17 Bh 30
(D) Löwenberg (Mark) 27 Bd 38
(GB) Lowestoft NR32 41 Ab 38
(PL) Łowicz 99-400 44 Bk 38
(BG) Lozen 6552 75 Cd 48
(SRB) Loznica 32101* 59 Bk 46
(RUS) Loznoe 49 Ee 41
(UA) Lozno-Oleksandrivka 48 Di 41
(UA) Lozova 48 Dg 42
(UA) Lozoven'ka 48 Dg 41
(UA) Lozuvatka 47 Dd 42
(E) Luanco = Lluanco 68 Se 47
(E) Luarca 33700 68 Sd 47
(PL) Lubaczów 37-600 45 Cd 40
(PL) Lubań 59-800* 44 Bf 39
(LV) Lubāna 4830 29 Cg 34
(PL) Lubartów 21-100* 45 Cc 39
(PL) Lubawa 14-260 28 Bk 37
(D) Lübbecke 32312 42 Ai 38
(D) Lübben (Spreewald) 15907 43 Bd 39
(D) Lübbenau (Spreewald) 03222 43 Bd 39
(D) Lübeck 23552* 27 Ba 37
(RUS) Lubegošči 20 Dg 32
(CZ) Lubenec 439 83 43 Bd 40
(F) Lubersac 19210 55 Ab 45
(PL) Lubień Kujawski 87-840 44 Bk 38
(PL) Lubin 59-300 44 Bg 39
(RUS) Lubjaniki 32 Eg 36
(RUS) Lubjanki 48 Df 38
(RUS) Lubjany 34 Fb 34
(PL) Lublin 20-001* 45 Cc 39
(PL) Lubliniec 42-700 44 Bi 40
(RUS) Lubnica 19 Dc 33
(UA) Lubny 47 Dc 41
(RUS) Lubonos 32 Eb 36
(PL) Lubsko 68-300 43 Be 39
(D) Lübtheen 19249 27 Bb 37
(D) Lübz 19386 27 Bc 37
(F) Luc, le 83340 56 Ag 47
(I) Lucca 55100 57 Ba 47
(E) Lucena del Cid 70 Sk 50
(F) Luc-en-Diois 26310 56 Af 46
(SK) Lučenec 984 01* 44 Bk 42
(I) Lucera 71036 73 Bf 49
(CH) Lucerne = Luzern 6000* 56 Ai 43
(D) Lüchow 29439 27 Bb 38
(UA) Luc'k 46 Cf 40
(UA) Luck = Luc'k 46 Cf 40
(D) Luckau 15926 43 Bd 39
(D) Luckenwalde 14943 43 Bd 38
(F) Luçon 85400 54 Si 44
(HR) Ludbreg 58 Bg 44
(F) Lude, le 72800 54 Aa 43
(D) Lüdenscheid 58507* 42 Ah 39
(D) Lüdinghausen 59348 42 Ah 39
(GB) Ludlow SY8 40 Sh 38
(RO) Luduş 545200 60 Ce 44
(S) Ludvika 77101* 17 Bf 30
(D) Ludwigsburg 71634* 42 Ak 42
(D) Ludwigshafen am Rhein 67059* 42 Ai 41
(D) Ludwigslust 19288 27 Bb 37
(LV) Ludza 5701 30 Ch 34
(RUS) Luga 19 Ck 32
(CH) Lugano 6900* 56 Ai 44
(UA) Lugansk = Luhans'k 48 Dk 42
(S) Lugnvik 87275 9 Bh 28
(E) Lugo 27001* 68 Sc 47
(I) Lugo 48022 57 Bb 46
(RO) Lugoj 305500 59 Cb 45
(RUS) Luh 32 Ec 33
(CZ) Luhačovice 763 26 44 Bh 41
(UA) Luhans'k 48 Dk 42
(UA) Luhans'ke 48 Di 42
(UA) Luhans'ke, Stanyčno- 48 Dk 42
(RUS) Luhmanskij Majdan 33 Ee 37
(RUS) Luhovicy 32 Dk 36
(RUS) Luhyny 46 Ci 39
(B) Luik = Liège 4000 42 Af 40
(FIN) Luikonlahti 73670 11 Ci 28
(IRL) Luimneach = Limerick 37 Sb 38
(I) Luino 21016 56 Ai 45
(SRB) Luka 19234 59 Cc 46
(UA) Luka 47 Da 41
(UA) Luka-Bars'ka 46 Ch 41
(BIH) Lukavac 75300* 59 Bi 46
(RUS) Lukojanov 33 Ee 35
(BG) Lukovit 5770 60 Ce 47
(RUS) Lukovnikovo 31 De 34
(SRB) Lukovo 19371 59 Cb 47
(HR) Lukovo Šugarje 58 Bf 46
(PL) Łuków 21-400 45 Cc 39
(PL) Łukta 14-105 28 Ca 37
(S) Luleå 97100* 10 Cc 25
(TR) Lüleburgaz 39750 76 Ch 49
(RUS) Lumbovka 5 Ea 23
(E) Lumbrales 37240 68 Sd 50
(AX) Lumparland 22630 18 Ca 30
(RO) Lunca Corbului 117435 60 Ce 46
(RO) Luncaviţa 827120 61 Ci 45
(S) Lund 22002* 27 Bd 35
(S) Lunda 17 Bi 31
(N) Lunde 16 Ak 31
(S) Lunde 9 Bh 28
(N) Lunderseter 17 Bc 30
(D) Lüneburg 21335* 27 Ba 37
(F) Lunel 34400 55 Ae 47
(F) Lunéville 54300* 42 Ag 42
(AL) Lunik 74 Ca 49
(BY) Lunin 46 Cg 38
(BY) Luninec 46 Cg 38
(RUS) Lunino 29 Cc 36
(RUS) Lunino 33 Ef 37
(A) Lunz am See 3293* 58 Bf 43
(I) Luogosanto 07020 71 Ak 49
(RUS) Luostari 4 Db 21
(RO) Lupeni 537165 60 Cd 45
(F) Lure 70200 56 Ag 43
(GB) Lurgan BT67 37 Sd 36
(AL) Lushnjë 74 Bk 50
(P) Luso 3050-221* 68 Sb 50
(F) Lussac-les-Châteaux 86320 54 Aa 44
(F) Lussan 32270 55 Ae 46
(N) Lustad 9 Bc 26
(N) Luster 6872 16 Ah 29
(TR) Lütfiye 41650 83 Ch 52
(D) Lutherstadt Eisleben 06295 43 Bb 39
(D) Lutherstadt Wittenberg 06886 43 Bc 39
(D) Lütjenburg 24321 27 Ba 36
(N) Lutnes 17 Bc 29
(GB) Luton LU2 40 Sk 39
(RUS) Lutovino, Spasskoe- 31 Dg 37
(B) Lüttich = Liège 4000 42 Af 40
(UA) Lutuhyne 48 Dk 42
(PL) Lututów 98-360 44 Bi 39
(FIN) Luumäki 54530 19 Ch 30
(RUS) Luusalma 11 Db 25
(FIN) Luusua 98230 3 Ch 24
(RUS) Luvozero 11 Da 26
(L) Luxembourg 1009* 42 Ag 41
(F) Luxeuil-les-Bains 70300* 56 Ag 43
(F) Luynes 37230 54 Aa 43
(RUS) Luza 22 Eh 30
(CH) Luzern 6000* 56 Ai 43
(RUS) Lužica 19 Ci 32
(BY) Lužki 30 Ch 35
(F) Luz-Saint-Sauveur 65120 70 Aa 48
(F) Luzy 58170 55 Ad 44
(UA) L'viv 45 Ce 41
(UA) L'vov = L'viv 45 Ce 41
(PL) Lwówek 64-310 44 Bg 38
(PL) Lwówek Śląski 59-600* 44 Bf 39
(UA) Lychačiv 47 Db 39
(D) Lychen 17279 27 Bd 37
(UA) Lychivka 47 Dd 42
(CY) Lyci 85 Dd 55
(S) Lyckeby 27 Bf 34
(RUS) Lyčkovo 19 Dc 33
(S) Lycksele 92101* 9 Bi 26
(GB) Lydd TN29 41 Aa 40
(GB) Lydney GL15 40 Sh 39
(S) Lye 17 Bi 33
(UA) Lyman 48 Di 41
(GB) Lyme Regis DT7 40 Sh 40
(GB) Lymington SO41 40 Si 40
(GB) Lyness KW16 38 Sg 32
(N) Lyngseidet 9060 2 Ca 21
(UA) Lynovycja 47 Dc 40
(GB) Lynton EX35 40 Sg 39
(BY) Lyntupy 29 Cg 35
(F) Lyon 69001* 55 Ae 45
(F) Lyons-la-Forêt 27480 41 Ab 41
(UA) Lypci 48 Dg 40
(UA) Lypova Dolyna 47 Dd 40
(UA) Lypovec' 46 Ck 41
(RUS) Lyrma 23 Fg 33
(S) Lysekil 45300 16 Bb 32
(UA) Lysjanka 47 Da 41
(RUS) Lyskovo 33 Ee 37
(N) Lysøysund 8 Ak 27
(RUS) Lys'va 23 Fh 32
(S) Lysvik 68697 17 Bd 30
(UA) Lysyčans'k 48 Di 42
(RUS) Lysye Gory 49 Ee 39
(PL) Łyszkowice 99-420 44 Bk 39

(GB) Lytham Saint Anne's FY8 ... 39 Sg 37
(RUS) Lytkarino ... 31 Dh 35
(RUS) Lyža, Ust'- ... 15 Fg 25

M

(FIN) Maalahti = Malax 66100* ... 10 Cb 28
(IRL) Maam Cross = An Teach Doite ... 37 Sa 37
(FIN) Maaninka 71750 ... 11 Ch 27
(FIN) Maaninkavaara 98780 ... 3 Ci 24
(FIN) Maanselkä 88670 ... 11 Ci 27
(EST) Maardu 74111* ... 18 Cf 31
(AX) Maarianhamina = Mariehamn 22100* ... 18 Bk 30
(B) Maaseik 3680 ... 42 Af 39
(NL) Maastricht 6200* ... 42 Af 40
(GB) Mablethorpe ... 39 Aa 37
(F) Macau 33460 ... 54 Sk 45
(GB) Macduff AB44 ... 38 Sh 33
(P) Macedo de Cavaleiros 5340-193* ... 68 Sd 49
(BY) Maceevičy ... 30 Ck 37
(I) Macerata 62100 ... 57 Bd 47
(RUS) Macesta ... 63 Dk 47
(F) Machecoul 44270 ... 54 Si 44
(F) Machine, la 58260 ... 55 Ad 44
(GB) Machynlleth SY20 ... 40 Sg 38
(RO) Măcin 825300 ... 61 Ci 45
(F) Macinaggio 20248 ... 71 Ak 48
(TR) Maçka 61750 ... 78 Dk 50
(I) Macomer 08015 ... 71 Ai 50
(F) Mâcon 71000* ... 55 Ae 44
(IRL) Macroom = Maigh Chromtha ... 37 Sb 39
(RUS) Madaevo ... 33 Ee 36
(BG) Madan 4900 ... 75 Ce 49
(BG) Madara 9971 ... 61 Ch 47
(I) Maddalena, la 07024 ... 71 Ak 49
(TR) Maden 63570 ... 79 Ea 50
(TR) Maden 63570 ... 85 De 53
(TR) Maden 63570 ... 86 Dk 52
(LV) Madona 4801 ... 29 Cg 34
(BG) Mădrec 6674 ... 75 Cg 48
(BG) Mâdrec 6292 ... 75 Cg 48
(E) Madrid 28001* ... 69 Sg 50
(E) Madridejos 45710 ... 69 Sg 51
(E) Madrigal de las Altas Torres 05220 ... 68 Se 49
(E) Madrigalejo 10110 ... 68 Se 51
(E) Madroñera 10210 ... 68 Se 51
(RUS) Madža ... 14 Fb 29
(BG) Madžarovo 6480 ... 75 Cf 49
(N) Mæl ... 16 Ai 31
(E) Maella 50710 ... 70 Aa 49
(RUS) Maevo ... 30 Ck 34
(P) Mafra 2640-389* ... 68 Sa 52
(E) Magalluf 07181 ... 70 Ac 51
(D) Magdeburg 39104* ... 43 Bb 38
(I) Magenta 20013 ... 56 Ai 45
(GB) Maghera BT46 ... 37 Sd 36
(BIH) Maglaj ... 59 Bi 46
(I) Magliano in Toscana 58051 ... 72 Bb 48
(I) Maglie 73024 ... 73 Bi 50
(BG) Măgliž 6180 ... 75 Cf 48
(RUS) Magnetity ... 4 Dd 22
(RUS) Magnitka ... 35 Fk 35
(RUS) Magnitogorsk ... 35 Fk 37
(N) Magnor 2240 ... 17 Bc 31
(F) Magny-en-Vexin 95420 ... 41 Ab 41
(RO) Măgurele 077125 ... 60 Cg 45
(MNE) Mahala ... 74 Bk 48
(UA) Mahdalynivka ... 47 De 42
(BY) Mahilëv ... 30 Da 37
(TR) Mahmudiye 26800 ... 76 Db 51
(RUS) Mahmud Mekteb ... 65 Ef 46
(TR) Mahmutlar ... 84 Da 53
(TR) Mahmutlar ... 84 Dc 54
(RUS) Mahnevo ... 24 Gb 32
(E) Maials 25179 ... 70 Aa 49
(RO) Măicănești 627190 ... 61 Ch 45
(F) Maîche 25120 ... 56 Ag 43
(GB) Maidstone ME16 ... 41 Aa 39
(RO) Măieruş 507120 ... 60 Cf 45
(IRL) Maigh Chromtha = Macroom ... 37 Sb 39
(IRL) Maighean Rátha ... 37 Sc 37
(IRL) Maigh Nuad = Maynooth ... 37 Sd 37
(I) Mailand = Milano 20100 ... 57 Ak 45
(F) Maillezais 85420 ... 54 Sk 44
(F) Mailly-Champagne ... 41 Ae 41
(F) Mailly-le-Camp 10230 ... 41 Ae 42
(D) Mainburg 84048 ... 43 Bb 42
(IRL) Mainistir an Corann ... 37 Sb 39
(IRL) Mainistir Eimhin ... 37 Sc 37
(IRL) Mainistir Fhear Maí = Fermoy ... 37 Sb 38
(IRL) Mainistir Laoise ... 37 Sc 38
(IRL) Mainistir na Búille = Boyle ... 37 Sb 37
(IRL) Mainistir na Féile = Abbeyfeale ... 37 Sa 38
(F) Maintenon 28130 ... 41 Ab 42
(FIN) Mainua 88201 ... 11 Ch 26
(D) Mainz 55116* ... 42 Ai 41
(LT) Maišiagala 14025 ... 29 Cf 36
(RUS) Majačnyj ... 52 Ff 38
(RUS) Majak Oktjabrja ... 50 Ef 41
(UA) Majaky ... 61 Da 44
(RUS) Majda ... 5 Eb 24
(RUS) Majdan ... 33 Ei 35
(UA) Majdan ... 45 Cd 42
(SRB) Majdanpek 19250 ... 59 Cb 46
(RUS) Majkop ... 63 Ea 46
(RUS) Majkor ... 23 Ff 31
(RUS) Majna ... 33 Eh 36
(RUS) Majorovskij ... 49 Ed 42
(RUS) Majorskij ... 64 Ec 43
(BY) Majseevščyna ... 30 Ci 36
(RUS) Majskij ... 64 Ee 47
(RUS) Makar'e ... 22 Ei 32
(RUS) Makar'ev ... 21 Ed 33
(RUS) Makar'evo ... 33 Ef 34
(RUS) Makar'evskaja ... 20 Df 30
(UA) Makariv ... 46 Ck 40
(RUS) Makarov Dvor ... 21 Ea 29
(RUS) Makarovo ... 49 Ed 38
(HR) Makarska ... 58 Bh 47
(UA) Makeevka = Makijivka ... 48 Di 42
(UA) Makijivka ... 47 Db 40
(UA) Makijivka ... 48 Di 42
(FIN) Makkola 51201 ... 11 Ci 29
(RUS) Maklaki ... 31 De 36
(H) Makó 6900 ... 59 Ca 44
(SK) Makov 023 56 ... 44 Bi 41
(RUS) Makovo ... 65 Ei 44
(PL) Maków Mazowiecki 06-200 ... 28 Cb 38
(GR) Makrakómi 35011 ... 82 Cc 52
(BY) Makrany ... 45 Ce 39
(GR) Makriráhi 37001 ... 75 Cd 51
(GR) Makrirráhi 37001 ... 74 Cc 51
(FIN) Maksamaa = Maxmo 66640 ... 10 Cc 27
(RUS) Maksatiha ... 20 Df 33
(UA) Maksymec' ... 45 Ce 42
(S) Malå 93070 ... 9 Bi 25
(IRL) Mala = Mallow ... 37 Sb 38
(SK) Malacky 901 01 ... 44 Bh 42
(BY) Maladzečna ... 29 Cg 36
(E) Málaga 29001 ... 81 Sf 54
(E) Malagón 13420 ... 69 Sg 51
(IRL) Malahide = Mullach Íde ... 37 Sd 37
(RUS) Malaja Azjas' ... 32 Ed 36
(RUS) Malaja Bykovka ... 50 Eh 39
(RUS) Malaja Dubna ... 31 Di 35
(RUS) Malaja Malyševka ... 34 Fa 37
(RUS) Malaja Purga ... 34 Fd 34
(RUS) Malaja Serdoba ... 49 Ee 38
(RUS) Malaja Višera ... 19 Dc 32
(RUS) Malaja Žokovo ... 31 Di 36
(BG) Malăk Izvor 6394 ... 75 Cf 49
(BY) Malaryta ... 45 Ce 39
(TR) Malatya 44000* ... 86 Di 52
(F) Malaucène 84340 ... 56 Af 46
(UA) Mala Vovča ... 48 Dh 40
(UA) Mala Vyska ... 47 Db 42
(FIN) Malax 66100* ... 10 Cb 28
(TR) Malazgirt 49400 ... 79 Ec 51
(PL) Malbork 82-200* ... 28 Bk 36
(I) Malcesine 37018 ... 57 Ba 45
(RUS) Mal'cevo ... 25 Ge 33
(D) Malchin 17139 ... 27 Bc 37
(D) Malchow 17213 ... 27 Bc 37
(B) Maldegem 9990 ... 41 Ad 39
(GB) Maldon CM9 ... 41 Aa 39
(I) Malè 38027 ... 57 Ba 44
(RUS) Malebka ... 23 Fh 33
(GR) Máleme 73006 ... 82 Cd 55
(RUS) Malen'ga ... 12 Dg 27
(D) Malente 23714 ... 27 Ba 36
(S) Målerås 38042 ... 27 Bf 34
(GR) Máles 72056 ... 83 Cf 55
(F) Malesherbes 45330 ... 41 Ac 42
(GR) Malesína 35001 ... 82 Cd 52
(F) Malestroit 56140 ... 54 Sh 43
(BG) Malevo 6392 ... 75 Cf 49
(I) Malfa 98050 ... 72 Be 52
(RUS) Malgobek ... 64 Ee 47
(E) Malgrat de Mar 08380 ... 70 Ac 49
(GR) Mália 70007 ... 83 Cf 55
(F) Malicorne-sur-Sarthe 72200 ... 54 Sk 43
(RUS) Malikovka ... 49 Ed 38
(S) Målilla 57082 ... 17 Bf 33
(HR) Mali Lošinj ... 58 Be 46
(BG) Malina 9559 ... 76 Ch 48
(B) Malines = Mechelen 2800 ... 41 Ae 39
(S) Malingsbo ... 17 Bf 31
(RUS) Malino ... 31 Di 35
(RUS) Malinovka ... 12 Ea 27
(RUS) Malinovka ... 25 Gi 33
(RUS) Malinovka ... 32 Eb 37
(HR) Malinska ... 58 Be 45
(AL) Maliq ... 74 Ca 50
(RUS) Malka ... 64 Ed 47
(TR) Malkara 59300 ... 75 Cg 50
(BG) Malko Gradište 6558 ... 75 Cf 49
(BG) Malko Tărnovo ... 76 Ch 49
(BG) Malko Târnovo 8162 ... 76 Ch 49
(GB) Mallaig PH41 ... 38 Se 33
(IRL) Mallaranny ... 37 Sa 37
(CH) Malleray 2735 ... 56 Ah 43
(D) Mallersdorf-Pfaffenberg 84066 ... 43 Bc 42
(IRL) Mallow = Mala ... 37 Sb 38
(N) Malm 7790 ... 8 Bb 26
(S) Malmbäck 57021 ... 17 Be 33
(S) Malmberget 98320* ... 2 Ca 23
(B) Malmédy 4960 ... 42 Ag 40
(S) Malmköping 64032 ... 17 Bg 31
(S) Malmö 20001* ... 27 Bc 35
(RUS) Malmyž ... 34 Fa 34
(RUS) Maloarhangel'sk ... 48 Dg 38
(RUS) Maloe Čuraševo ... 33 Eg 35
(RUS) Malojaroslavec ... 31 Dg 35
(UA) Malojaroslavec' Peršyj ... 61 Ck 44
(RUS) Malojaz ... 35 Fi 35
(RUS) Malokirsanovka ... 63 Di 43
(N) Måløy 6700 ... 8 Af 29
(RUS) Maložujka ... 12 Dh 27
(E) Malpartida de Plasencia 10680 ... 68 Sd 51
(E) Malpica 15113 ... 68 Sb 47
(TR) Maltepe 34845* ... 83 Cg 52
(GB) Malton YO17 ... 39 Sk 36
(S) Malung 78201 ... 17 Bd 30
(S) Malungen 82078 ... 9 Bg 28
(N) Malvik 7563 ... 8 Ba 27
(RUS) Malye Derbety ... 64 Ee 43
(RUS) Malyj Uzen' ... 50 Eh 40
(UA) Malyn ... 46 Ck 40
(UA) Malyns'k ... 46 Cg 39
(RUS) Malyševa ... 24 Gb 33
(RUS) Malyševo ... 32 Eb 35
(RUS) Mamadyš ... 34 Fb 35
(RO) Mamaia 900001 ... 61 Ci 46
(TR) Mamak 06261 ... 77 Dc 51
(F) Mamers 72600 ... 41 Aa 42
(RUS) Mamonovo ... 32 Dk 37
(AL) Mamurras ... 74 Bk 49
(RUS) Mamykovo ... 34 Fa 36
(E) Manacor 07500 ... 70 Ad 51
(FIN) Manamansalo 88340 ... 11 Ch 26
(RO) Mănăstirea 917170 ... 60 Cg 46
(TR) Manavgat 07600 ... 84 Db 54
(RUS) Mančaž ... 35 Fi 34
(GB) Manchester M5 ... 39 Sh 37
(I) Manciano 58014 ... 72 Bb 48
(RUS) Mandač ... 22 Fa 29
(N) Mandal 4513 ... 16 Ah 32
(I) Mandas 09040 ... 71 Ak 51
(GR) Mándra 19600 ... 75 Ce 50
(GR) Mandráki 85303 ... 83 Ch 54
(I) Manduria 74024 ... 73 Bh 50
(UA) Manevyči ... 46 Cf 39
(I) Manfredonia 71043 ... 73 Bf 49
(RO) Mangalia 905500 ... 61 Ci 47
(S) Mångsbodarna ... 17 Bd 29
(P) Mangualde 3530-092* ... 68 Sc 50
(I) Maniago 33085 ... 57 Bc 44
(RUS) Manino ... 49 Eb 40
(TR) Manisa 45000* ... 83 Ch 52
(E) Manises 46940 ... 70 Sk 51
(GB) Manish HS3 ... 38 Sd 33
(UA) Man'kivka ... 47 Da 42
(RUS) Manlan, Iki ... 65 Ef 43
(E) Manlleu 08560 ... 70 Ac 48
(D) Mannheim 68159* ... 42 Ai 41
(IRL) Manorhamilton = Cluainin ... 37 Sb 36
(F) Manosque 04100 ... 56 Af 47
(E) Manresa 08241* ... 70 Ab 49
(D) Mansfeld 06343 ... 43 Bb 39
(GB) Mansfield NG18 ... 39 Si 37
(E) Mansilla 40591 ... 69 Sh 48
(E) Mansilla de Burgos ... 69 Sg 48
(E) Mansilla de las Mulas 24210 ... 68 Se 48
(F) Mansle 16230 ... 54 Aa 45
(TR) Mansurlu ... 85 Df 53
(GR) Mantamãdos ... 75 Cg 51
(TR) Mantarlı ... 86 Dk 53
(GR) Mantasiá ... 74 Cc 51
(P) Manteigas 6260-014* ... 68 Sc 50
(F) Mantes-la-Jolie 78520 ... 41 Ab 42
(I) Mantova 46100 ... 57 Ba 45
(FIN) Mäntsälä 04601 ... 18 Cf 30
(FIN) Mänttä 35820 ... 10 Ce 28
(RUS) Manturovo ... 21 Ee 32
(FIN) Mäntyharju 52701 ... 18 Cg 29
(FIN) Mantyjärvi 97901 ... 3 Ch 24
(TR) Manyas 10470 ... 76 Ch 50
(RUS) Manyčskoe ... 64 Ed 44
(E) Manzanares 13200 ... 81 Sg 52
(E) Maó 07701 ... 71 Ae 51
(E) Maqueda 45515 ... 69 Sf 50
(TR) Maradit ... 79 Eb 49
(F) Marans 49500 ... 54 Si 44
(RO) Mărăşeşti 625200 ... 61 Ch 45
(P) Marateca 2900-001 ... 80 Sb 52
(GR) Marathónas 19007 ... 82 Cd 52
(F) Marbache 54820 ... 42 Ag 42
(E) Marbella 14880 ... 81 Sf 54
(D) Marburg (Lahn) 35037* ... 42 Ai 40
(H) Marcali 8700 ... 58 Bh 44
(RUS) Marčata ... 22 Fa 33
(GB) March PE15 ... 41 Aa 38
(B) Marche-en-Famenne 6900 ... 42 Af 40
(E) Marchena 41620 ... 80 Se 53
(F) Marcigny 71110 ... 55 Ae 44
(F) Marcillac-Vallon 12330 ... 55 Ac 46
(LT) Marcinkonys 65027 ... 29 Ce 36
(E) Mar de Cristal 30384 ... 81 Sk 53
(TR) Mardin 47000* ... 87 Ea 53
(F) Marennes 17320 ... 54 Si 45
(F) Mareuil 24340 ... 54 Aa 45
(RUS) Mar'evka ... 50 Ek 38
(RUS) Marevo ... 19 Dc 33
(RUS) Marfino ... 65 Ei 44
(UA) Marganec = Marhanec' ... 62 De 43
(RUS) Margaritovo ... 63 Di 44
(GB) Margate CT9 ... 41 Ab 39
(I) Margherita di Savoia 71044 ... 73 Bg 49
(RO) Marghita 415300 ... 59 Cc 43
(UA) Marhanec' ... 62 De 43
(CY) Mari 7736 ... 85 Dd 56
(E) María 04838 ... 81 Sh 53
(DK) Mariager 9550 ... 26 Ak 34
(P) Marialva 6430-081* ... 68 Sc 50
(S) Mariannelund 57030 ... 17 Bf 33
(CZ) Mariánské Lázně 353 01 ... 43 Bc 41
(A) Mariazell 8630 ... 58 Bf 43
(DK) Maribo 4930 ... 27 Bb 36
(SLO) Maribor 2000* ... 58 Bf 44
(BG) Marica 2044 ... 75 Cf 48
(RUS) Mariec ... 33 Ek 34
(S) Mariefred 64701 ... 17 Bh 31
(AX) Mariehamn 22100* ... 18 Bk 30
(S) Mariestad 54201* ... 17 Bd 32
(F) Marignane 13700 ... 56 Af 47
(RUS) Mariinsk ... 35 Fk 34
(RUS) Mariinskoe ... 53 Gb 38
(LT) Marijampolė 68001* ... 29 Cd 36
(E) Marín 36900 ... 68 Sb 48
(I) Marina di Campo 57034 ... 72 Ba 48
(I) Marina di Gioiosa Jonica ... 73 Bg 52
(I) Marina di Leuca 73040 ... 73 Bi 51
(I) Marina di Pisa 56013 ... 57 Ba 47
(I) Marina di Ragusa 97010 ... 72 Be 54
(I) Marina di Ravenna 40023 ... 57 Bc 46
(BY) Mar'ina Horka ... 30 Ci 37
(I) Marinella ... 72 Bc 53
(I) Marineo 90035 ... 72 Bd 52
(F) Marines 95640 ... 41 Ab 41
(F) Maringues 63350 ... 55 Ad 45
(P) Marinha Grande 2430-034* ... 68 Sb 51
(RUS) Mar'insko ... 19 Ci 32
(RUS) Mari-Turek ... 33 Ek 34
(UA) Mariupol' = Maryupol' ... 63 Dh 43
(EST) Märjamaa 78301 ... 18 Ce 32
(UA) Marjans'ke ... 62 Dd 43
(S) Markaryd 28501 ... 27 Bd 34
(GB) Market Drayton TF9 ... 39 Sh 38
(GB) Market Harborough LE16 ... 40 Sk 38
(GB) Market Rasen LN8 ... 39 Sk 37
(RUS) Marki ... 48 Dk 40
(D) Märkisch Buchholz 15748 ... 43 Bd 38
(UA) Markivka ... 48 Dk 41
(D) Markkleeberg 04416 ... 43 Bc 39
(GR) Markópoulo 19003 ... 82 Cd 53
(SRB) Markovac 35210 ... 59 Cb 46
(BG) Markovo 4108 ... 61 Ch 47
(RUS) Markovo ... 20 Dg 30
(RUS) Marks ... 50 Eg 39
(D) Marktheidenfeld 97828 ... 42 Ak 41
(D) Marktredwitz 95615 ... 43 Bc 40
(GB) Marlborough SN8 ... 40 Si 39
(F) Marle 02250 ... 41 Ad 41
(F) Marmande 47200* ... 54 Aa 46
(TR) Marmara 10360 ... 76 Ch 50
(TR) Marmara Ereğlisi 59000 ... 76 Ch 50
(TR) Marmaraereğlisi 59000 ... 76 Ch 50
(TR) Marmaris 48700 ... 84 Ci 54
(GR) Mármaro 82300 ... 83 Cg 52
(S) Marmaskogen ... 17 Bh 30
(F) Marnay 86160 ... 56 Af 43
(D) Marne 25709 ... 26 Ak 37
(F) Marquise 62250 ... 41 Ab 40
(I) Marradi 50034 ... 57 Bb 46
(I) Marsala 91025 ... 72 Bc 53
(RUS) Maršavicy ... 19 Ci 33
(I) Marsciano 06055 ... 72 Bc 48
(F) Marseille 13001* ... 56 Af 47
(F) Marseille-en-Beauvaisis 60690 ... 41 Ab 41
(F) Mars-la-Tour 54800 ... 42 Af 41
(S) Märsta 19500* ... 17 Bh 31
(DK) Marstal 5960 ... 27 Ba 36
(N) Marstein 6310 ... 8 Ah 28
(TR) Mart ... 77 Dd 50
(I) Martano 73025 ... 73 Bi 50
(F) Martel 46600 ... 55 Ab 46
(GR) Mártha 70015 ... 83 Cf 55
(F) Martigné-Ferchaud 35640 ... 54 Si 43
(CH) Martigny 1920 ... 56 Ah 44
(F) Martigues 13500 ... 56 Af 47
(SK) Martin 036 01 ... 44 Bi 41
(I) Martina Franca 74015 ... 73 Bh 50
(A) Martinsberg 3664* ... 44 Bf 42
(I) Martinsicuro 64014 ... 72 Bd 48
(RUS) Mart'janovo ... 30 Da 34
(DK) Martofte 5390 ... 27 Ba 35
(E) Martorell 08760 ... 70 Ab 49
(E) Martos 23600 ... 81 Sg 53
(FIN) Martti 98830 ... 3 Ci 23
(FIN) Marttila 21490 ... 18 Cc 30
(P) Marvão 7330-339 ... 68 Sc 51
(F) Marvejols 48100 ... 55 Ad 46
(GB) Maryport CA15 ... 39 Sg 36
(UA) Maryupol' ... 63 Dh 43
(F) Mas-d'Azil, le 09290 ... 70 Ab 47
(E) Masegoso de Tajuña 19490 ... 69 Sh 50
(RUS) Masel'gskaja ... 12 De 27
(UA) Maševe ... 47 Dc 38
(N) Masfjorden 5994 ... 16 Af 30
(N) Masi ... 3 Cd 21
(UA) Mašivka ... 47 De 41
(RUS) Maškino ... 31 Dg 36
(FIN) Masku 21251 ... 18 Cc 30
(RUS) Maslova ... 24 Gb 31
(BIH) Maslovare ... 58 Bh 46
(I) Massa 54100 ... 57 Ba 46
(I) Massafra 74016 ... 73 Bh 50
(I) Massa Marittima ... 72 Ba 47
(I) Massarosa 55054 ... 57 Ba 47
(F) Massat 09320 ... 70 Ab 48
(F) Massay 18120 ... 55 Ab 43
(F) Masseube 32140 ... 54 Aa 47
(F) Massiac 15500 ... 55 Ad 45
(BY) Masty ... 29 Ce 37
(S) Masugnsbyn ... 3 Cc 23
(N) Måsvik ... 2 Bi 21
(PL) Maszewo 72-130 ... 27 Bf 37
(PL) Maszewo Lęborskie 84-315 ... 28 Bh 36
(GR) Matala 70200 ... 82 Ce 56
(E) Mataporquera 39410 ... 69 Sf 48
(E) Mataró 08301 ... 70 Ac 49
(FIN) Mätäsvaara 81850 ... 11 Ck 27
(RUS) Matčerka ... 32 Ec 37
(I) Matelica 62024 ... 57 Bd 47
(I) Matera 75100 ... 73 Bg 50
(H) Mátészalka 4700 ... 59 Cc 43
(S) Matfors 86401 ... 9 Bh 28
(F) Matha 17160 ... 54 Sk 45
(F) Matignon 22550 ... 40 Sh 42
(LV) Matīši 4210 ... 18 Cf 33
(LV) Matiši ... 29 Cg 35
(GB) Matlock DE4 ... 39 Si 37
(RUS) Matoksa ... 19 Da 30
(P) Matosinhos 4450-001* ... 68 Sb 49
(A) Matrei in Osttirol 9971* ... 57 Bc 44
(RUS) Matrosy ... 11 Dd 29
(A) Mattersburg 7210* ... 58 Bg 43
(A) Mattighofen 5230 ... 43 Bd 42
(S) Mattmar 83002 ... 9 Bd 27
(S) Mattsmyra 82050 ... 17 Bf 29
(RUS) Matveeevskaja ... 21 Ee 30
(RUS) Matveevka ... 33 Ek 36
(RUS) Matveevka ... 34 Fd 37
(RUS) Matveev Kurgan ... 63 Di 43
(RUS) Matveevskoe ... 21 Dk 31
(UA) Matvijivka ... 62 Df 43
(F) Maubeuge 59600 ... 41 Ad 40
(D) Maulbronn 75433 ... 42 Ai 41
(F) Mauléon 79700 ... 54 Sk 44
(F) Maulévrier 49360 ... 54 Sk 43
(S) Maunu ... 3 Cc 22
(F) Mauriac 15200 ... 55 Ac 45
(F) Mauron 56430 ... 40 Sh 42
(F) Maurs 15600 ... 55 Ac 46
(A) Mauterndorf 5570 ... 57 Bd 43
(F) Mauvezin 65130 ... 54 Aa 47
(F) Mauzé-sur-le-Mignon 79210 ... 54 Sk 44
(BY) Mavčadz' ... 29 Cf 37
(GR) Mavrothálassa 62049 ... 75 Cd 50
(FIN) Maxmo 66640 ... 10 Cc 27
(GB) Maybole KA19 ... 39 Sf 35
(D) Mayen 56727 ... 42 Ah 40
(F) Mayenne 53100* ... 40 Sk 42
(F) Mayet-de-Montagne, le 03250 ... 55 Ad 44
(IRL) Maynooth = Maigh Nuad ... 37 Sd 37
(E) Mayorga 47680 ... 68 Se 48
(A) Mayrhofen 6290* ... 57 Bb 43
(E) Mazagón ... 80 Sd 53
(F) Mazamet 81200 ... 55 Ac 47
(I) Mazara del Vallo 91026 ... 72 Bc 53
(E) Mazarrón 30870 ... 81 Si 53
(LT) Mažeikiai 89001* ... 29 Cc 34
(TR) Mazgirt 62800 ... 78 Dk 51
(TR) Mazı 48200 ... 83 Ch 53
(TR) Mazıdağı 47700 ... 87 Ea 53
(LV) Mazirbe 3273 ... 18 Cc 33
(LV) Mazsalaca 4215 ... 18 Cf 33
(BY) Mazyr ... 46 Ck 38
(RUS) Mcensk ... 31 Dg 37
(M) Mdina ... 72 Be 55
(P) Mealhada 3050-006* ... 68 Sb 50
(IRL) Meathas Troim ... 37 Sc 37
(F) Meaux 77100 ... 41 Ac 42
(RUS) Mečetinskaja ... 64 Ea 44
(RUS) Mečetka ... 49 Ea 40
(RUS) Mečetlino ... 35 Fh 35
(B) Mechelen 2800 ... 41 Ae 39
(TR) Mecitözü 19700 ... 77 Df 50
(BG) Mečka 5843 ... 60 Ce 47
(HR) Medank ... 58 Bf 46
(NL) Medemblik 1670 ... 26 Af 38

(BIH) Medena Selišta 58 Bg 46
(TR) Medet 84 Ck 53
(S) Medevi 17 Be 32
(RO) Medgidia 905600 61 Ci 46
(RO) Mediaş 000551* 60 Ce 44
(I) Medicina 40059 57 Bb 46
(E) Medina del Campo 47400 69 Sf 49
(E) Medina de Pomar 09500 69 Sg 48
(E) Medina de Rioseco 47800 68 Se 49
(E) Medina-Sidonia 11170 80 Se 54
(LT) Medininkai 13019 29 Cf 36
(RUS) Medjanka 23 Fh 33
(S) Medle 93100 10 Ca 26
(RUS) Mednoe 31 Df 34
(RUS) Mednogorsk 52 Fh 39
(BIH) Međugorje 73 Bh 47
(SRB) Medveđa 16240 74 Cb 48
(RUS) Medvedka 24 Fk 32
(RUS) Medvedok 22 Fa 33
(RUS) Medvenka 48 Dg 39
(RUS) Medvež'egorsk 12 De 28
(RUS) Medvežka 6 Fc 24
(RUS) Medvežskaja 15 Fh 26
(PL) Medyka 37-732 45 Cc 41
(RUS) Medyn' 31 Df 36
(LV) Medze 3461 28 Cb 34
(SK) Medzilaborce 068 01 45 Cb 41
(UA) Medžybiž 46 Ch 41
(EST) Meeksi 65302 19 Ch 32
(GR) Megali Panagia 75 Cd 50
(GR) Méga Livádi 84005 82 Ce 53
(GR) Megálo Horio 83 Ch 54
(GR) Megalópoli 22200 82 Cc 53
(GR) Megara 82 Cd 53
(N) Megard 7760 9 Bc 26
(F) Megève 74120 56 Ag 45
(RUS) Megorskij Pogost 20 Df 30
(RUS) Megra 13 Eb 24
(RUS) Megrozero 20 Dd 29
(N) Mehamn 9770 3 Ch 19
(TR) Mehmetli 01970 86 Dg 53
(F) Mehun-sur-Yèvre 55 Ac 43
(D) Meinberg, Bad Horn- 42 Ai 39
(D) Meiningen 98617 43 Ba 40
(E) Meira 27240 68 Sc 47
(D) Meißen 01662 43 Bd 39
(N) Melbu 8445 2 Be 22
(GB) Melby Ho ZE2 38 Si 30
(N) Meldal 7336 8 Ak 27
(D) Meldorf 25704 26 Ak 36
(I) Melegnano 20077 57 Ak 45
(RUS) Melehina 23 Ff 31
(RUS) Melehovo 32 Eb 34
(SRB) Melenci 23269* 59 Ca 45
(RUS) Melenki 32 Eb 35
(RUS) Melent'evo 14 Ei 27
(RUS) Meleuz 34 Ff 38
(I) Melfi 85025 73 Bf 50
(N) Melfjordbotn 8182 2 Bd 24
(P) Melgaço 4960-578* 68 Sb 48
(E) Melgar de Fernamental 09100 69 Sf 48
(IS) Melgraseyri 36 Qh 24
(N) Melhus 7224 8 Ba 27
(E) Melide 15800 68 Sb 48
(P) Melides 7570-600* 80 Sb 52
(GR) Meliki 59031 74 Cc 50
(E) Melilla = Melilla 81 Sh 55
(E) Melilla 52001 81 Sh 55
(RO) Melineşti 207385 60 Cd 46
(I) Melito di Porto Salvo 89063 72 Bf 53
(UA) Melitopol' 62 Df 44
(GR) Melívia 40003 74 Cc 51
(A) Melk 3390 44 Bf 42
(FIN) Mellakoski 95690 3 Ce 24
(S) Mellansel 89042 9 Bi 27
(S) Mellanström 93092 9 Bi 25
(D) Melle 49324* 42 Ai 38
(F) Melle 49324* 54 Sk 44
(S) Mellerud 46401 17 Bc 32
(M) Melliera 72 Be 55
(FIN) Mellilä 32300 18 Cc 30
(D) Mellrichstadt 97638 43 Ba 40
(CZ) Mělník 276 01 43 Be 40
(UA) Mel'nycja-Podil's'ka 46 Cg 42
(RUS) Melovatka 49 Ea 40
(FIN) Meltaus 97340 3 Cf 24
(GB) Melton Mowbray LE14 39 Sk 38
(FIN) Meltosjärvi 95675 3 Ce 24
(F) Melun 77000 41 Ac 42
(E) Membrío 68 Sc 51
(D) Memmingen 87700 57 Ba 43
(UA) Mena 47 Dc 39
(F) Mende 48000 55 Ad 46
(RUS) Mendeleevo 25 Gi 32
(RUS) Mendeleevsk 34 Fc 35
(TR) Menderes 35470 83 Ch 52
(TR) Menemen 35660 83 Ch 52
(B) Menen 8930 41 Ad 40
(FIN) Menesjärvi 99880 3 Cg 22
(F) Ménestérol, Montpon- 24700 54 Aa 45
(I) Menfi 92013 72 Bc 53
(E) Mengamuñoz 05131 69 Sf 50
(TR) Mengen 14840 77 Dc 50
(E) Mengíbar 23620 81 Sg 53
(GR) Menídi 30016 74 Cb 51
(FIN) Menisjävri = Menesjärvi 99880 3 Cg 22
(F) Mens 38710 56 Af 46
(RUS) Men'šikovo 47 De 39
(F) Menton 06500* 56 Ah 47
(RUS) Menzelinsk 34 Fd 35
(NL) Meppel 7940 26 Ag 38
(D) Meppen 49716 26 Ah 38
(E) Mequinenza 50170 70 Aa 49
(F) Mer 41500 55 Ab 43
(N) Meråker 7530 8 Bb 27
(I) Meran = Merano 39012 57 Bb 44
(I) Merano = Meran 39012 57 Bb 44
(E) Mercadal, Es 07740 71 Ae 51
(TR) Mercimekkale 49090 87 Eb 52
(F) Merdrignac 22230 40 Sh 42
(UA) Merefa 48 Dg 41
(B) Merelbeke 9820 41 Ad 40
(D) Mergentheim, Bad 97980 42 Ak 41
(TR) Meriç 22600 75 Cg 49
(BG) Meričleri 6430 75 Cf 48
(E) Mérida 06800 80 Sd 52
(F) Mérignac 33700 54 Sk 46
(FIN) Merijärvi 86220 10 Ce 26
(FIN) Merikarvia 29901 10 Cb 29
(FIN) Merimasku 21160 18 Cb 30
(RO) Merişani 117455 60 Ce 46
(LT) Merkinė 65035 29 Ce 36
(F) Merlerault, le 61240 41 Aa 42
(TR) Mermer 87 Ea 52
(H) Mernye 7453 58 Bh 44
(L) Mersch 7409* 42 Ag 41
(D) Merseburg 06217 43 Bb 39
(TR) Mersin = İçel 85 De 54
(LV) Mērsrags 3284 18 Cd 33
(GB) Merthyr Tydfil CF47 40 Sg 39
(P) Mértola 7750-320* 80 Sc 53
(F) Méru 60110 41 Ac 41
(BY) Mëry 30 Ch 35
(TR) Merzifon 05300 77 Df 50
(D) Merzig 66663 42 Ag 41
(I) Mesagne 72023 73 Bh 50
(GR) Mesagrós 19005 82 Cd 53
(D) Meschede 59872 42 Ai 39
(RUS) Meščovsk 31 Df 36
(RUS) Meseda 35 Fi 36
(S) Meselefors 91060 9 Bg 26
(TR) Meşelik 33590 85 De 53
(RUS) Mesjagutovo 35 Fi 35
(RUS) Meškovskaja 49 Eb 41
(F) Meslay-du-Maine 53170 54 Sk 43
(TR) Mesudiye 78 Dh 50
(SRB) Mešnik 59 Bk 47
(CH) Mesocco 6563 57 Ak 44
(CY) Mesogi 8280 84 Dc 56
(GR) Mesohóri 74 Cc 51
(I) Mesola 44026 57 Bc 46
(GR) Mesopótamo 48062 74 Ca 51
(I) Messina 98100* 72 Bf 52
(GR) Messíni 24200 82 Cc 53
(S) Messlingen 84035 9 Bc 28
(GR) Messolóngi 30200 82 Cb 52
(GR) Mestá 82102 83 Cf 52
(E) Mestanza 13592 81 Sf 52
(GR) Mésti 68100 75 Cf 50
(I) Mestre 30175* 57 Bc 45
(RUS) Mešura 14 Fa 27
(I) Metaponto 75010 73 Bg 50
(GR) Méthana 18030 82 Cd 53
(GR) Methóni 60066 82 Cb 54
(HR) Metković 73 Bh 47
(SLO) Metlika 8330 58 Bf 45
(GR) Metóhi 82 Cd 53
(FIN) Metsäkylä 56730 11 Ci 25
(FIN) Metsälä = Ömossa 64440 10 Cb 28
(FIN) Metsämaa 32270 18 Cd 30
(GR) Métsovo 44200 74 Cb 51
(B) Mettet 5640 41 Ae 40
(F) Metz 57000* 42 Ag 41
(F) Meung-sur-Loire 45130 55 Ab 43
(F) Meximieux 01800 56 Af 45
(TR) Meydan 87 Eb 52
(TR) Meydancık 79 Ec 49
(D) Meyenburg 16945 27 Bc 37
(F) Meymac 19250 55 Ac 45
(F) Meyrueis 48150 55 Ad 46
(RUS) Mežador 22 Fa 29
(BG) Mezdra 3100 75 Cd 47
(RUS) Meždurečensk 33 Ek 37
(RUS) Mezen' 13 Ee 25
(UA) Mezenivka 48 Df 40
(RUS) Meževoj 35 Fi 35
(RUS) Mezga 20 Dg 32
(F) Mézier, Charleville- 41 Ae 41
(F) Mézières-sur-Issoire 87330 54 Aa 44
(F) Mézin 47170 54 Aa 46
(RUS) Mežog 14 Ek 28
(H) Mezőkövesd 59 Ca 43
(F) Mézos 40170 54 Si 46
(H) Mezőtúr 59 Ca 43
(UA) Mežova 48 Dg 42
(RUS) Mežozernyj 35 Fk 36
(TR) Mezraa 55900 77 Df 49
(TR) Mezraa 55900 79 Ed 50
(I) Mezzaselva = Mittewald 57 Bb 44
(RUS) Mga 19 Db 31
(RUS) Mglin 30 Dc 37
(E) Miajadas 10100 68 Se 51
(PL) Mianowice 76-231 28 Bh 36
(RUS) Miass 35 Ga 35
(RUS) Miasskoe 35 Gb 35
(PL) Miastko 77-200* 28 Bg 36
(RO) Micfalău 527115 60 Cf 44
(SK) Michalovce 071 01 45 Cb 42
(D) Michelstadt 64720 42 Ak 41
(RUS) Mičurinsk 32 Ea 38
(RUS) Mičurinskoe 19 Ck 30
(NL) Middelburg 4330* 41 Ad 39
(DK) Middelfart 5500 26 Ak 35
(NL) Middelharnis 3240 41 Ae 39
(B) Middelkerke 8430 41 Ac 39
(GB) Middlesbrough TS5 39 Si 36
(GB) Midhurst GU29 40 Sk 40
(IRL) Midleton = Mainistir an Corann 37 Sb 39
(IS) Miðsandur 340 36 Qi 26
(N) Midsund 6475 8 Ag 28
(TR) Midyat 47510 87 Eb 53
(PL) Miechów 32-200 45 Ca 40
(PL) Międzychód 64-400 44 Bf 38
(PL) Międzyrzec Podlaski 21-560* 45 Cc 39
(PL) Międzyrzecz 66-300 44 Bf 38
(PL) Międzyzdroje 72-500 27 Be 37
(F) Miélan 32170 54 Aa 47
(PL) Mielec 39-300 45 Cb 40
(RO) Miercurea-Ciuc 000530* 60 Cf 44
(E) Mieres 33600 68 Se 47
(N) Mieron 3 Cd 21
(PL) Mieszkowice 74-505 27 Be 38
(FIN) Mietaa 61301 10 Cc 28
(FIN) Mietoinen 23120 18 Cb 30
(F) Migennes 89400 55 Ad 43
(I) Miglionico 75010 73 Bg 50
(RUS) Migološči 20 De 32
(RO) Mihăileşti 085200 60 Cf 46
(RO) Mihăileşti 085200 60 Cg 46
(RO) Mihail Kogălniceanu 927165 61 Ci 46
(RUS) Mihajlov 32 Dk 36
(BG) Mihajlovgrad = Montana 3400* 60 Cd 47
(RUS) Mihajlovka 21 Ed 30
(RUS) Mihajlovka 30 Dc 36
(RUS) Mihajlovka 34 Fc 36
(RUS) Mihajlovka 35 Fh 36
(RUS) Mihajlovka 49 Ed 40
(RUS) Mihajlovka 65 Eh 43
(RUS) Mihajlovka, Podyem- 51 Fa 38
(BG) Mihajlovo 3355 60 Cd 47
(RUS) Mihajlovsk 35 Fk 34
(RUS) Mihajlovskoe 20 Dd 32
(RUS) Mihajlovskoe 33 Ef 34
(TR) Mihalgazi (Gümele) 26880 76 Da 50
(RUS) Mihali 31 De 35
(TR) Mihalıççık 26900 76 Db 51
(GR) Mihas 82 Cb 52
(RUS) Miheevo 21 Eb 31
(RUS) Mihnevo 31 Dh 35
(RUS) Mihninskaja 22 Eg 30
(RUS) Mijaki, Kirgiz- 34 Fe 37
(BY) Mikaševičy 46 Ch 38
(FIN) Mikkeli 50100* 19 Ch 29
(N) Mikkelvik 2 Bk 20
(UA) Mikolajivka 61 Da 43
(GR) Míkonos 84600 83 Cf 53
(BG) Mikrevo 2826 75 Cd 49
(GR) Mikró Dério 75 Cg 49
(RUS) Mikšino 20 Df 33
(RUS) Mikulino 31 Df 34
(CZ) Mikulov 692 01 44 Bg 42
(RUS) Mikun' 14 Fa 28
(RUS) Mila 13 Ef 28
(PL) Miłakowo 14-310 28 Ca 36
(I) Milano 20100* 57 Ak 45
(TR) Milas 48200 83 Ch 53
(I) Milazzo 98057 72 Bf 52
(IRL) Milestone 37 Sb 38
(GB) Milford NE61 40 Sk 39
(GB) Milford Haven SA73 40 Se 39
(PL) Milicz 56-300 44 Bh 39
(F) Millas 66170 70 Ac 48
(F) Millau 12100* 55 Ad 46
(RUS) Millerovo 49 Ea 42
(IRL) Millford = Baile na nGallóglach 37 Sc 35
(GB) Millom LA18 39 Sg 36
(IRL) Milltown Malbay = Sraid na Cathrach 37 Sa 38
(HR) Milna 58 Bg 47
(GR) Milopótamos 80100 82 Cc 54
(GR) Milos 84800 82 Ce 54
(SRB) Miloševa Kula 59 Cc 46
(AL) Milot 74 Bk 49
(D) Miltenberg 63897 42 Ak 41
(GB) Milton Keynes MK6 40 Sk 38
(F) Mimizan 40200 54 Si 46
(CZ) Mimoň 471 24 43 Be 40
(P) Mina de São Domingos 7750-120* 80 Sc 53
(D) Mindelheim 87719 43 Ba 42
(D) Minden 32423* 42 Ai 38
(RUS) Mindjak 35 Fi 36
(GB) Minehead TA24 40 Sg 39
(RUS) Mineral'nye Vody 64 Ed 46
(E) Mingorría 69 Sf 50
(SRB) Minićevo 19340 59 Cc 47
(RUS) Min'jar 35 Fh 35
(RUS) Min'kino 21 Dk 32
(RUS) Minnibaevo 34 Fc 36
(BY) Minsk 30 Ch 37
(PL) Mińsk Mazowiecki 05-300* 45 Cb 38
(GB) Mintlaw AB42 38 Si 33
(SRB) Mionica 14242 59 Ca 46
(MNE) Mioska 81 214 74 Bk 48
(I) Mira 30034 57 Bc 45
(P) Mira 3070-301* 68 Sb 50
(F) Miramas 13140 56 Af 47
(F) Mirambeau 17270 54 Sk 45
(F) Miramont-de-Guyenne 47800 54 Aa 46
(E) Miranda de Ebro 09200 69 Sh 48
(P) Miranda do Douro 5210-001* 68 Sd 49
(F) Mirande 32300 54 Aa 47
(P) Mirandela 5370-200* 68 Sc 49
(I) Mirandola 41037 57 Bb 46
(I) Mirano 30035 57 Bc 45
(AL) Miras 74 Ca 50
(F) Mirebeau 86110 54 Aa 44
(F) Mirebeau 86110 56 Af 43
(F) Mirecourt 88500 42 Ag 42
(F) Mirepoix 09500 70 Ab 47
(GR) Mirina 81400 75 Cf 51
(RUS) Mirnyj 12 Ea 28
(RUS) Mirnyj 21 Ee 29
(RUS) Mirnyj 22 Ei 32
(SRB) Miroševce 16204 74 Cb 48
(PL) Mirosławiec 78-650 28 Bg 37
(D) Mirow 17252 27 Bc 37
(RUS) Mišeronskij 32 Dk 35
(FIN) Misi 97580 3 Cg 24
(RUS) Mišino 31 De 35
(RUS) Miškino 34 Ff 35
(H) Miskolc 45 Ca 42
(A) Mistelbach an der Zaya 2130 44 Bg 42
(UA) Mistky 48 Di 41
(I) Mistretta 98073 72 Be 53
(N) Misvær 8100 2 Bf 23
(IRL) Mitchelstown = Baile Mhistéala 37 Sb 38
(GR) Mithimna 81108 75 Cg 51
(GR) Mitilíni 81100 75 Cg 51
(RUS) Mitino 20 Dg 30
(RUS) Mitjušino 33 Ee 34
(RUS) Mitrofanovka 48 Dk 41
(RUS) Mitrofanovo 15 Fg 27
(RKS) Mitrovicë = Kosovska Mitrovica 74 Ca 48
(A) Mittelberg 6993* 57 Ba 43
(A) Mittersill 5730* 57 Bc 43
(I) Mittewald = Mezzaselva 39045 57 Bb 44
(UA) Mižhir'a 45 Cd 42
(BG) Mízija 3330 60 Cd 47
(RO) Mizil 105800 60 Cg 45
(RUS) Mizur 79 Ee 48
(BY) Mjadzel 29 Cg 36
(RUS) Mjaksa 20 Di 32
(RUS) Mjakur'e 13 Eb 27
(S) Mjällom 87031 9 Bi 28
(RUS) Mjasnaja 23 Fh 30
(RUS) Mjatlevo 31 Df 36
(S) Mjöback 17 Bc 33
(S) Mjölby 59501* 17 Bf 32
(N) Mjølfjell 5700 16 Ag 30
(N) Mjøndalen 3050 16 Ba 31
(CZ) Mladá Boleslav 293 01 43 Be 40
(SRB) Mladenovac 11400* 59 Ca 46
(PL) Mława 06-500 28 Ca 37
(RUS) Mlebnikovo 34 Fa 34
(BIH) Mlinište 58 Bg 46
(UA) Mlyniv 46 Cf 40
(CZ) Mnichovo Hradiště 295 01 43 Be 40
(N) Mo 6210 16 Bb 30
(RO) Moara Vlăsiei 077130 60 Cg 46
(IRL) Moate = An Móta 37 Sc 37
(F) Modane 73500 56 Ag 45
(I) Modena 41100 57 Ba 46
(I) Modica 97015 72 Be 54
(A) Mödling 2340 44 Bg 42
(SK) Modra 900 01* 44 Bh 42
(BIH) Modriča 59 Bi 46
(MK) Modrište 74 Cb 49
(N) Moelv 2390 16 Ba 30
(N) Moen 9321 2 Bi 21
(D) Moers 47441* 42 Ag 39
(GB) Moffat DG10 39 Sg 35
(P) Mogadouro 5200-010 68 Sd 49
(BY) Mogilev = Mahilëv 30 Da 37
(PL) Mogilno 88-300 44 Bh 38
(I) Mogoro 09095 71 Ai 51
(E) Moguer 21800 80 Sd 53
(RUS) Mogutovskij 53 Ga 38
(H) Mohács 7700 59 Bi 44
(S) Moheda 34036 27 Be 33
(CZ) Mohelnice 789 85 44 Bg 41
(F) Mohon 56490 40 Sh 42
(UA) Mohyliv-Podil's'kyj 46 Ch 42
(N) Moi 4460 16 Ag 32
(P) Moimenta da Beira 3620-300* 68 Sc 50
(RO) Moineşti 605400 60 Cg 44
(IRL) Móinteach Mílic 37 Sc 37
(N) Mo i Rana 8610* 2 Be 24
(F) Moirans-en-Montagne 39260 56 Af 44
(EST) Mõisaküla 69302* 18 Cf 32
(RUS) Moiseevskaja 21 Eb 30
(RO) Moisei 437195 60 Ce 43
(FIN) Moisiovaara 89540 11 Ck 26
(F) Moissac 82200 55 Ab 46
(E) Mojácar 04638 81 Si 53
(E) Mojados 47250 69 Sf 49
(MNE) Mojkovac 84 205 74 Bk 48
(RUS) Mokraja Ol'hovka 50 Ef 40
(UA) Mokra Kalihyrka 47 Db 42
(BG) Mokren 8994 75 Cg 48
(SRB) Mokrin 23305 59 Ca 45
(RUS) Mokroe 32 Eb 36
(RUS) Mokrous 50 Eh 39
(RUS) Mokšan 33 Ee 37
(UA) Mokvin 63 Dh 43
(B) Mol 2400 42 Af 39
(I) Mola di Bari 70042 73 Bh 49
(N) Molde 6444* 8 Ah 28
(LT) Molėtai 33001 29 Cf 35
(I) Molfetta 70056 73 Bg 49
(F) Molières 82220 55 Ab 46
(E) Molina de Segura 30500 81 Si 52
(CY) Molini 85 Dd 56
(I) Molini di Tures = Mühlen in Taufers 57 Bb 44
(E) Molinillo, El 18183 69 Sf 51
(I) Moliterno 85047 73 Bf 50
(S) Molkom 66060 17 Bd 31
(TR) Mollafeneri 41800 76 Ck 50
(TR) Mollakasım 87 Ed 52
(TR) Mollakendi 23250 86 Dk 52
(AL) Mollas 74 Ca 50
(A) Möllbrücke 9813 57 Bd 44
(S) Mölle 26042 27 Bc 34
(E) Mollerusa = Mollerussa 25230 70 Aa 49
(E) Mollerussa 25230 70 Aa 49
(D) Mölln 23879 27 Ba 37
(S) Mollösund 47402 16 Bb 32
(S) Mölltorp 54672 17 Be 32
(S) Mölndal 43100* 17 Bc 33
(S) Mölnlycke 43500 17 Bc 33
(UA) Moločans'k 62 Df 43
(RUS) Moločnoe 21 Dk 31
(BY) Molodečno = Maladzečna 29 Cg 36
(RUS) Molokovo 20 Dg 32
(GR) Mólos 35009 82 Cc 52
(RUS) Moloskovicy 19 Ck 31
(F) Molsheim 67120 42 Ah 42
(RUS) Molvoticy 19 Dc 33
(E) Mombeltrán 05410 68 Se 50
(E) Mombuey 49310 68 Sd 48
(BG) Momčilgrad 6800 75 Cf 49
(DK) Mommark 6470 27 Ba 36
(MC) Monaco 56 Ah 47
(IRL) Monaghan = Muineachán 37 Sd 36
(UA) Monaši 61 Da 44
(I) Monasterace Marina 89040 73 Bg 52
(IRL) Monasterevin = Mainistir Eimhin 37 Sc 37
(RUS) Monastyr' 13 Eg 28
(RUS) Monastyrščina 30 Db 36
(UA) Monastyryšče 46 Ck 42
(UA) Monastyryšče 47 Dc 40
(UA) Monastyrys'ka 46 Cf 41
(E) Moncada 46113 70 Sk 51
(I) Moncalieri 10024 56 Ah 45
(P) Monção 4925-577* 68 Sb 48
(RUS) Mončegorsk 4 Dc 23
(D) Mönchengladbach 41061* 42 Ag 39
(P) Monchique 8550-421* 80 Sb 53
(F) Moncontour 86330 40 Sh 42
(F) Moncoutant 79320 54 Sk 44
(E) Mondéjar 19110 69 Sg 50
(I) Mondello 90151 72 Bd 52
(P) Mondim de Basto 4880-231* 68 Sc 49
(E) Mondoñedo 27740 68 Sc 47
(F) Mondoubleau 41170 54 Aa 43
(I) Mondovì 12084 56 Ah 46
(I) Mondragone 81034 72 Bd 49
(A) Mondsee 5310 57 Bd 43
(F) Monein 64360 54 Sk 47
(GR) Monemvassía 23070 82 Cd 54
(E) Monesterio 06260 80 Sd 52
(RUS) Monetnyj 35 Ga 33
(GB) Moneymore BT45 37 Sd 36
(I) Monfalcone 34074 57 Bd 45
(P) Monforte 7450-101* 68 Sc 51
(E) Monforte (Monforte de Lemos) 68 Sc 48
(F) Monistrol-sur-Loire 43120 55 Ae 45
(PL) Mońki 19-100 29 Cc 37
(GB) Monmouth NP25 40 Sh 39
(GR) Monodéndri 44007 74 Ca 51
(GR) Monólithos 85108 83 Ch 54
(I) Monopoli 70043 73 Bh 50
(H) Monor 2200 59 Bk 43
(RO) Monor 427175 60 Ce 44

(E) Monóvar 03640 81 Sk 52
(I) Monreale 90046 72 Bd 52
(E) Monroy 10194 68 Sd 51
(E) Monroyo 44652 70 Sk 50
(B) Mons 7000 41 Ad 40
(P) Monsanto 6060-085* 68 Sc 50
(P) Monsaraz 80 Sc 52
(D) Monschau 52156 42 Ag 40
(I) Monselice 35043 57 Bb 45
(D) Montabaur 56410 42 Ah 40
(F) Montagnac 34530 55 Ad 47
(I) Montagnana 35044 57 Bb 45
(F) Montaigu 85600 54 Si 44
(E) Montalbán 44700 70 Sk 50
(E) Montalbo 16440 69 Sh 51
(I) Montalcino 53024 72 Bb 47
(P) Montalegre 5470-471 68 Sc 49
(I) Montalto di Castro 01014 72 Bb 48
(I) Montalto Uffugo 87046 73 Bg 51
(E) Montamarta 49149 68 Se 49
(BG) Montana 3400* 60 Cd 47
(E) Montánchez 10170 68 Sd 51
(E) Montanejos 12448 70 Sk 50
(P) Montargil 7400-201 68 Sb 51
(F) Montargis 19700 55 Ac 43
(F) Montataire 60160 41 Ac 41
(F) Montauban 82000* 40 Sh 42
(F) Montauban 82000* 55 Ab 46
(F) Montbard 21500* 55 Ae 43
(F) Montbazon 37250 54 Aa 43
(F) Montbéliard 25200* 56 Ag 43
(E) Montblanc 43400 70 Ab 49
(F) Montbrison 42600* 55 Ae 45
(F) Montceau-les-Mines 71300 55 Ae 44
(F) Montchanin 71210 55 Ae 44
(F) Montcuq 46800 55 Ab 46
(F) Mont-de-Marsan 40000* 54 Sk 47
(F) Montdidier 80500 41 Ac 41
(F) Mont-Dore, le 55 Ac 45
(E) Montealegre del Castillo 02650 81 Si 52
(I) Montebelluna 31044 57 Bc 45
(MC) Monte-Carlo 56 Ah 47
(I) Montecatini Terme 51016 57 Ba 47
(F) Montech 82700 55 Ab 47
(I) Montefalco 06036 72 Bc 48
(I) Montefalcone nel Sannio 73 Be 49
(I) Montefiorino 41045 57 Ba 46
(E) Montefrío 18270 81 Sf 53
(F) Montéglin, Laragne- 05300 56 Af 46
(E) Montehermoso 10810 68 Sd 50
(F) Montélimar 26200* 55 Ae 46
(I) Montella 83048 73 Bf 50
(E) Montellano 41770 80 Se 54
(P) Montemor-o-Novo 7050-001* 80 Sb 52
(F) Montendre 17130 54 Sk 45
(I) Montepulciano 53045 72 Bb 47
(F) Montereau-faut-Yonne 41 Ac 42
(I) Monteriggioni 53035 57 Bb 47
(I) Monterotondo 00015 72 Bc 48
(E) Monterrubio de la Serena 06427 80 Se 52
(I) Montesano sulla Marcellana 84033 73 Bf 50
(I) Monte Sant'Angelo 71037 73 Bf 49
(I) Montesarchio 82016 73 Be 49
(F) Montesquieu-Volvestre 31310 70 Ab 47
(I) Montevarchi 52025 57 Bb 47
(F) Montfaucon-en-Velay 43290 55 Ae 45
(F) Montfort 64190 40 Si 42
(F) Montfort-le-Rotrou 41 Aa 42
(F) Montguyon 17270 54 Sk 45
(I) Monti 07020 71 Ak 50
(I) Monticiano 53015 72 Bb 47
(F) Montier-en-Der 52220 41 Ae 42
(F) Montignac 24320 55 Ab 45
(F) Montigny-le-Roi 52140 42 Af 43
(E) Montijo 06480 80 Sd 52
(P) Montijo 2870-001* 80 Sb 52
(E) Montilla 14550 81 Sf 53
(F) Montivilliers 76290 41 Aa 41
(F) Mont-Louis 66210 70 Ac 48
(F) Montluçon 03100* 55 Ac 44
(F) Montmarault 03390 55 Ac 44
(F) Montmirail 72320 41 Ad 42
(F) Montmoreau-Saint-Cybard 16190 54 Aa 45
(F) Montmorillon 86500 54 Aa 44
(F) Montoire-sur-le-Loir 41800 54 Aa 43
(E) Montoro 14600 81 Sf 52
(F) Montpellier 34000* 55 Ad 47
(F) Montpon-Ménestérol 24700 54 Aa 45
(F) Montréjeau 31210 70 Aa 47
(F) Montreuil 62170 41 Ab 40
(F) Montreuil-Bellay 49260 54 Sk 43
(CH) Montreux 1820* 56 Ag 44
(F) Montrichard 41400 55 Ab 43
(GB) Montrose DD10 38 Sh 34
(E) Montroy 46193 70 Sk 51
(F) Mont-Saint-Michel, le 40 Si 42
(E) Montseny 70 Ac 49
(F) Mont-sous-Vaudrey 39380 56 Af 44
(F) Montsûrs 53150 40 Sk 42
(E) Montuïri 07230 70 Ac 51
(F) Montville 76710 41 Ab 41
(I) Monza 20052 57 Ak 45
(E) Monzón 22400 70 Aa 49
(D) Moormerland 26802 26 Ah 37
(D) Moosburg an der Isar 85368 43 Bb 42
(I) Moos in Passeier = Moso in Passiria 39013 57 Bb 44
(A) Mooskirchen 8562 58 Bf 44
(H) Mór 8060 59 Bi 43
(E) Mora 45400 69 Sg 51
(P) Mora 7490-420 68 Sb 52
(S) Mora 79201* 17 Be 29
(E) Mora d'Ebre 43740 70 Aa 49
(E) Mora de Rubielos 44400* 70 Sk 50
(PL) Morąg 14-300* 28 Bk 37
(MNE) Moraice 84 210 59 Bk 47
(GR) Moraïtika 74 Bk 51
(MNE) Morakovo 81 400 74 Bk 48
(E) Moral, El 30413 81 Sh 53
(E) Moral de Calatrava 13350 81 Sg 52
(E) Moraleja 10840 68 Sd 50
(I) Morano Calabro 87016 73 Bg 51
(RO) Morăreşti 117495 60 Ce 45
(E) Moratalla 14749 81 Si 52
(RO) Moraviţa 307280 59 Cb 45
(CZ) Moravská Třebová 569 21* 44 Bg 41
(CZ) Moravské Budějovice 676 02 44 Bf 41
(PL) Morawica 26-026 45 Ca 40
(D) Morbach 54497 42 Ah 41
(I) Morbegno 23017 57 Ak 44
(S) Mörbylånga 38062 28 Bg 34
(F) Morcenx 40110 54 Sk 46
(TR) Mordoğan 35970 83 Cg 52
(RUS) Mordovo 49 Ea 38
(RUS) Mor'e 19 Db 30
(GB) Morecambe LA3 39 Sh 36
(E) Moreda 33684 81 Sg 53
(E) Morella 12300 70 Sk 50
(RO) Moreni 135300 60 Cf 46
(I) Moretta 12033 56 Ah 46
(F) Moreuil 80110 41 Ac 41
(GR) Mórfi 46200 74 Ca 51
Morfou 84 Dc 55
(CY) Morfou Bay 84 Dc 55
(CH) Morges 1110 56 Ag 44
(F) Moriani-Plage 20230 71 Ak 48
(RUS) Morino 19 Da 33
(S) Morjärv 95042 10 Cc 24
(N) Morkabygd 8 Bb 27
(RUS) Morki 33 Ek 34
(RUS) Morkiny Gory 20 Dg 33
(CZ) Morkovice-Slížany 768 33 44 Bh 41
(S) Mörkret 79091 17 Bc 29
(F) Morlaàs 64160 54 Sk 47
(F) Morlaix 29600* 40 Sg 42
(I) Mormanno 87026 73 Bf 51
(UA) Moročne 46 Cf 39
(E) Morón de la Frontera 41530 80 Se 53
(RUS) Morozkovo 24 Gb 31
(RUS) Morozovsk 49 Eb 42
(GB) Morpeth NE61 39 Si 35
(RUS) Morša 51 Fa 38
(RUS) Moršank 32 Eb 37
(FIN) Mörskom = Myrskylä 07600* 18 Cf 30
(DK) Morsø 26 Ai 34
(RUS) Morsovo 32 Ec 37
(N) Mørsvikbotn 8266 2 Bf 23
(UA) Moršyn 45 Cd 41
(F) Mortagne-au-Perche 61400 41 Aa 42
(F) Mortagne-sur-Sèvre 85130 54 Sk 44
(I) Mortara 27036 56 Ai 45
(F) Morteau 25500 56 Ag 43
(F) Mortrée 61570 41 Aa 42
(RUS) Morty 34 Fb 35
(RUS) Morygino 30 Dc 36
(UA) Mosal'sk 31 De 36
(D) Mosbach 74821 42 Ak 41
(N) Mosby 4619 16 Ah 32
(HR) Moščenička Draga 58 Be 45
(RUS) Moseevo 13 Eg 25
(RUS) Moseevo 21 Ec 30
(PL) Mosina 62-050 44 Bg 38
(RUS) Mosino 35 Fh 34
(N) Mosjøen 8655* 9 Bd 25
(RUS) Moskakasy 33 Eg 34
(RUS) Moški 31 Df 34
(S) Moskosel 93086 10 Bk 25
(RUS) Moskovo 34 Ff 35
(RUS) Moskva 31 Dh 35
(RUS) Mošnikovskaja 20 Dg 30
(UA) Mošny 47 Db 41
(I) Moso in Passiria = Moos in Passeier 39013 57 Bb 44
(RUS) Mošok 32 Eb 35
(H) Mosonmagyaróvár 58 Bh 43
(N) Moss 1511* 16 Ba 31
(CZ) Most 434 01* 43 Bd 40
(RUS) Most 12 Dk 28
(BIH) Mostar 88000* 58 Bh 47
(RO) Moşteni, Trivalea- 147410 60 Cf 46
(E) Móstoles 28931 69 Sg 50
(RUS) Mostovaja 23 Fe 33
(RUS) Mostovskoj 64 Ea 46
(UA) Mostys'ka 45 Cd 41
(E) Mota del Cuervo 16630 69 Sh 51
(E) Mota del Marqués 47120 68 Se 49
(BY) Motal' 46 Cf 38
(S) Motala 59100* 17 Bf 32
(F) Mothe-Achard, la 85150 54 Si 44
(GB) Motherwell ML1 39 Sg 35
(E) Motril 18600 81 Sg 54
(RO) Motru 215200 59 Cc 46
(I) Mottola 74017 73 Bh 50
(CH) Moudon 1510 56 Ag 44
(GR) Moúdros 75 Cf 51
(F) Mougins 06250 56 Ag 47
(FIN) Mouhijärvi 38460 18 Cc 29
(F) Moulins 35680 55 Ad 44
(IRL) Mount Bellew Bridge = An Creagán 37 Sb 37
(IRL) Mountmellick = Móinteach Mílic 37 Sc 37
(IRL) Mountrath = Maighean Rátha 37 Sc 37
(P) Moura 7860-001* 80 Sc 52
(P) Mourão 7885-011 80 Sc 52
(F) Mourenx 64150 54 Sk 47
(GR) Mourési 37001 75 Cd 51
(F) Moustiers-Sainte-Marie 04360 56 Ag 47
(F) Moûtiers 73600 56 Ag 45
(F) Moutiers-les-Mauxfaits 85540 54 Si 44
(GR) Moutsoúna 84302 83 Cf 53
(F) Mouy 60250 41 Ac 41
(GR) Mouzáki 43060 74 Cb 51
(RO) Movila 927175 61 Ch 46
(RO) Movila Miresii 817100 61 Ch 45
(RO) Moviliţa 927180 60 Cg 46
(IRL) Moville 37 Sc 35
(GR) Movríki 32200 82 Cd 52
(F) Moyeuvre-Grande 57250 42 Ag 41
(E) Moyuela 50143 70 Sk 49
(RUS) Možaisk 31 Dg 35
(RUS) Mozdok 64 Ee 47
(RUS) Možga 34 Fc 34
(BY) Mozyr' = Mazyr 46 Ck 38
(PL) Mrągowo 11-700* 28 Cb 37
(RUS) Mrakovo 52 Fg 38
(SRB) Mrčajevci 32210 59 Ca 47
(MK) Mrežičko 7508 74 Cb 49
(RUS) Mrjasimovo 35 Fg 35
(BIH) Mrkalji 59 Bi 46
(BIH) Mrkonjić Grad 58 Bh 46
(PL) Mrzeżyno 72-330 27 Bf 36
(BY) Mscislav 30 Db 36
(BY) Msciž 30 Ci 36
(RUS) Mšinskaja 19 Ck 31
(RUS) Msta 20 De 33
(RUS) Mstera 32 Eb 34
(PL) Mszczonów 96-320 45 Ca 39
(RUS) Mučkapskij 49 Ec 39
(RUS) Mučkas 14 Ei 26
(TR) Mucur 40500 77 De 51
(TR) Mudanya 16940 76 Ci 50
(RUS) Mud'juga 12 Dk 27
(TR) Mudurnu 14800 76 Db 50
(RUS) Muezerskij 11 Dc 27
(RUS) Muftjuga 13 Eg 26
(I) Muggia 57 Bd 45
(TR) Muğla 48000 84 Ci 53
(RUS) Mugreevskij 32 Ec 34
(D) Mühlacker 75417 42 Ai 42
(D) Mühldorf am Inn 84453 43 Bc 42
(I) Mühlen in Taufers = Molini di Tures 57 Bb 44
(D) Mühlhausen/Thüringen 99974 43 Ba 39
(FIN) Muhos 91501 10 Cg 26
(RUS) Muhtolovo 32 Ed 35
(IRL) Muinchille 37 Sc 36
(IRL) Muineachán = Monaghan 37 Sd 36
(GB) Muir of Ord IV6 38 Sf 33
(UA) Mukačeve 45 Cc 42
(UA) Mukačevo = Mukačeve 45 Cc 42
(E) Mula 30170 81 Si 52
(F) Mulhouse 68050* 56 Ah 43
(IRL) Mullach Íde 37 Sd 37
(D) Müllheim 79379 56 Ah 43
(IRL) Mullingar = An Muileann-gCearr 37 Sc 37
(RUS) Mullovka 33 Ek 36
(S) Mullsjö 56501 17 Bd 33
(FIN) Multia 42601 10 Ce 28
(RUS) Mumra 65 Eh 45
(D) Münchberg 95213 43 Bb 40
(D) Müncheberg 15374 43 Be 38
(D) München 80331* 43 Bb 42
(D) Münden = Hann Münden 34346 42 Ak 39
(GB) Mundesley NR11 39 Ab 38
(E) Mungia 48100 54 Sh 47
(E) Muniesa 44780 70 Sk 49
(S) Munka-Ljungby 26620 27 Bc 34
(S) Munkedal 45501 16 Bb 32
(S) Munkfors 68401 17 Bd 31
(CH) Münsingen 72525 56 Ah 44
(D) Munster 29633 27 Ba 38
(D) Münster 48143* 42 Ah 39
(F) Munster 29633 42 Ah 42
(CH) Münster = Müstair 7537 57 Ba 44
(S) Munsvattnet 83090 9 Be 26
(RO) Munţi, Ruşii- 547505 60 Ce 44
(S) Muodoslompolo 98495 3 Cd 23
(FIN) Muonio 99301 3 Cd 23
(TR) Muradiye 65500 83 Ch 52
(TR) Muradiye 65500 87 Ed 52
(RUS) Muraši 22 Ei 31
(F) Murat 15300 55 Ac 45
(TR) Murat 79 Ed 51
(TR) Muratlı 63570 76 Ch 49
(F) Murato 20239 71 Ak 48
(F) Murat-sur-Vèbre 81320 55 Ac 47
(A) Murau 8850 58 Be 43
(I) Muravera 09043 71 Ak 51
(P) Murça 5090-101* 68 Sc 49
(E) Murcia 30001* 81 Si 53
(F) Mur-de-Barrez 12600 55 Ac 46
(F) Mur-de-Bretagne 40 Sh 42
(F) Mure, la 38350 56 Af 46
(A) Mureck 8480* 58 Bf 44
(TR) Mürefte 59800 76 Ch 50
(RO) Mureşenii Bârgăului 60 Ce 43
(F) Muret 31600* 55 Ab 47
(RO) Murgeni 737370 61 Ci 44
(TR) Murgul 79 Eb 49
(RUS) Murino 35 Gb 34
(S) Murjek 96033 2 Ca 24
(RUS) Murmansk 4 Dd 22
(RUS) Murmaši 4 Dc 22
(RUS) Murmino 32 Ea 36
(E) Muro 07440 70 Ad 51
(E) Muro del Acoy = Muro del Comtat 70 Sk 52
(FIN) Murole 34410 10 Cd 29
(I) Muro Lucano 85054 73 Bf 50
(RUS) Murom 32 Ec 35
(RUS) Murom 48 Dg 40
(E) Muros 33138 68 Sa 48
(UA) Murovani Kurylivci 46 Ch 42
(PL) Murowana Goślina 62-095* 44 Bh 38
(D) Murrhardt 71540 42 Ak 42
(TR) Mursal 78 Dh 51
(RUS) Mursalimkino 35 Fi 35
(TR) Mürşitpınar 86 Di 54
(SLO) Murska Sobota 9000* 58 Bg 44
(FIN) Murtovaara 81810 11 Ck 25
(RUS) Murygino 22 Ek 32
(A) Mürzzuschlag 8680* 58 Bf 43
(TR) Muş 49000* 87 Eb 52
(RUS) Muša 22 Ei 33
(TR) Musabeyli 77 De 51
(TR) Musabeyli 86 Dg 54
(RUS) Musljumkino 34 Fa 35
(RUS) Musljumovo 34 Fd 35
(RUS) Musljumovo 35 Gb 35
(RUS) Musorka 33 Ek 37
(GB) Musselburgh EH15 39 Sg 35
(F) Mussidan 24400 54 Aa 45
(RUS) Mustaevo 51 Fd 39
(TR) Mustafakemalpaşa 76 Ci 50
(CH) Müstair = Münster 7537 57 Ba 44
(CH) Mustér, Disentis/ 7180 56 Ai 44
(EST) Mustjala 93601 18 Cc 32
(EST) Mustla 69701 18 Cf 32
(EST) Mustvee 49603* 18 Cg 32
(PL) Muszyna 33-370 45 Ca 41
(TR) Mut 33600 85 Dd 54
(TR) Mutki 13700 87 Eb 52
(RUS) Mutnyj Materik 14 Ff 25
(TR) Muttalip 26555 76 Da 51
(UA) Mutyn 47 Dd 39
(FIN) Muurasjärvi 44880 10 Cf 27
(FIN) Muurola 49760 3 Cf 24
(FIN) Muuruvesi 73460 11 Ci 27
(E) Muxía 15124 68 Sa 47
(RUS) Mužič'e 49 Eb 40
(F) Muzillac 56190 54 Sh 43
(RUS) Muzyvalen 33 Eg 34
(UA) Mychajlivka 48 Df 42
(UA) Mychajlivka 62 Df 43
(UA) Mychajlivka 63 Di 43
(S) Myckelgensjö 37034 9 Bh 27
(RUS) Myeldino 14 Fe 29
(SK) Myjava 907 01 44 Bh 42
(N) Mykland 16 Ai 32
(UA) Mykolajiv 45 Cd 41
(UA) Mykolajiv 62 Db 44
(UA) Mykolajivka 47 De 42
(UA) Mykolajivka 62 Dd 46
(RUS) Myla 14 Fa 25
(FIN) Mynämäki 23101 18 Cb 30
(N) Myrdal 5718 16 Ah 30
(N) Myre 84340 2 Bf 22
(S) Myrheden 10 Ca 25
(UA) Myrhorod 47 Dd 41
(IS) Mýri 660 36 Rc 25
(UA) Myrne 62 Dd 44
(UA) Myronivka 47 Da 41
(FIN) Myrskylä 07601 18 Cf 30
Myrtou 84 Dc 55
(S) Myrviken 9 Be 28
(RUS) Mys 23 Fe 30
(N) Mysen 1850 16 Bb 31
(RUS) Myškin 20 Di 33
(RUS) Myškino = Myškin 20 Di 33
(PL) Myślenice 32-400 44 Bk 41
(PL) Myślibórz 74-300 27 Be 38
(PL) Mysłowice 41-400* 44 Bk 40
(PL) Myszyniec 07-430 28 Cb 37
(RUS) Myt 32 Ec 34
(RUS) Mytišči 31 Dh 35
(RUS) Mytišino 31 De 36

N

(FIN) Naantali 21110 18 Cc 30
(FIN) Naarajärvi 76851 11 Ch 28
(NL) Naarden 1410 42 Af 38
(FIN) Naarva 81470 11 Db 27
(IRL) Naas = An Nás 37 Sd 37
(FIN) Näätämö 99940 3 Ck 21
(D) Nabburg 92507 43 Bc 41
(RUS) Naberežnye Čelny 34 Fc 35
(RUS) Načalovo 65 Ei 44
(IRL) Na Ceala Beaga 37 Sb 36
(CZ) Náchod 390 01 44 Bg 40
(IRL) Na Clocha Liatha 37 Sd 37
(RUS) Nadeždinka 50 Ei 38
(RO) Nădlac 315500 59 Ca 44
(RUS) Nadporož'e 20 Di 31
(UA) Nadvirna 45 Ce 42
(RUS) Nadvojcy 12 De 27
(N) Nærbø 4365 16 Af 32
(DK) Næstved 4700 27 Bb 35
(GR) Náfpaktos 30300 82 Cb 52
(GR) Nafplio 21100 82 Cc 53
(RUS) Nagaevo 35 Fg 36
(RUS) Nagajbakovo 34 Fd 35
(RUS) Nagavskaja 64 Ec 43
(S) Naggen 84013 9 Bf 28
(D) Nagold 72202 42 Ai 42
(RUS) Nagor'e 31 Di 34
(RUS) Nagornskij 23 Fh 32
(RUS) Nagorsk 22 Fa 31
(RUS) Nagutskoe 64 Ec 46
(H) Nagyatád 7500 58 Bh 44
(H) Nagygéc 59 Cc 43
(H) Nagykálló 4320 59 Cb 43
(H) Nagykanizsa 8800 58 Bg 44
(H) Nagykáta 2760 59 Bk 43
(H) Nagykőrös 59 Bk 43
(H) Nagyszénás 5931 59 Ca 44
(D) Naila 95119 43 Bb 40
(F) Naintré 86530 54 Aa 44
(GB) Nairn IV12 38 Sg 33
(F) Najac 12270 55 Ab 46
(E) Nájera 26300 69 Sh 48
(RUS) Najstenjarvi 11 Dc 28
(PL) Nakło nad Notecią 89-100* 28 Bh 37
(DK) Nakskov 4900 27 Bb 36
(RO) Nalbant 827160 61 Ci 45
(RUS) Nal'čik 64 Ed 47
(BY) Nalibaki 29 Cg 37
(FIN) Näljänkä 89670 11 Ci 25
(TR) Nallıhan 06920 76 Db 50
(B) Namen = Namur 5000 41 Ae 40
(SK) Námestovo 029 01 44 Bk 41
(N) Namsos 7800 8 Bb 26
(N) Namsskogan 7890 9 Bd 26
(N) Namsvassgardan 9 Bd 26
(B) Namur 5000 41 Ae 40
(PL) Namysłów 46-100 44 Bh 39
(F) Nancy 54000* 42 Ag 42
(F) Nangis 77370 41 Ad 42
(N) Nannestad 16 Bb 30
(F) Nant 12230 55 Ad 46
(F) Nanterre 92000 41 Ac 42
(F) Nantes 44000* 54 Si 43
(F) Nanteuil-le-Haudouin 60440 41 Ac 41
(GB) Nantwich CW5 39 Sh 37
(GR) Náousa 84401 83 Cf 53
(GR) Náoussa 59200 74 Cc 50
(RO) Napoca, Cluj- 000400* 60 Cd 44
(I) Napoli 80100* 73 Be 50
(BY) Narač 29 Cg 36
(RUS) Naratasty 34 Fd 36
(RUS) Naratasty 34 Fe 36
(GB) Narberth SA67 40 Sf 39
(F) Narbonne 11100* 70 Ac 47
(N) Narbuvoll 2540 8 Bb 28
(I) Nardo 73048 73 Bi 50
(BG) Narečenski Bani 4239 75 Ce 49
(RUS) Narezka 19 Dc 33
(RUS) Narimanov 65 Eh 44
(TR) Narince 02440 86 Di 53
(RUS) Nar'jan-Mar 6 Fc 23
(TR) Narlı 10510 86 Dh 53
(TR) Narlı 10510 87 Ec 53
(TR) Narlıdere 13040 87 Eb 52
(TR) Narlık 19600 85 Df 54
(TR) Narman 25530 79 Eb 50
(I) Narni 05035 72 Bc 48
(UA) Narodyči 46 Ck 39
(RUS) Naro-Fominsk 31 Dg 35
(RUS) Narovčat 32 Ed 37
(BY) Narovlja 46 Ck 39
(FIN) Närpes 64260 10 Cb 28
(FIN) Närpiö = Närpes 64260 10 Cb 28

(RUS) Nartkala 64 Ed 47
(RUS) Naruksovo 33 Ee 36
(EST) Narva 20103* 19 Ci 31
(FIN) Narva 37370 18 Cd 29
(EST) Narva-Jõesuu 29021* 19 Ci 31
(N) Narvik 8514* 2 Bh 22
(RUS) Naryn-Huduk 65 Eg 45
(RUS) Naryškino 31 Df 38
(S) Nasafjäll 2 Bf 24
(S) Näsåker 88030 9 Bg 27
(RO) Năsăud 425200 60 Ce 43
(IRL) Na Sceirí 37 Sd 37
(HR) Našice 59 Bi 45
(TR) Naşidiye 85 Df 53
(PL) Nasielsk 05-190 45 Ca 38
(RUS) Naslednickoe 53 Ga 38
(A) Nassereith 6465 57 Ba 43
(S) Nässjö 88041 17 Be 33
(S) Nastansjö 91201 9 Bg 26
(FIN) Nastola 15561 18 Cf 30
(RUS) Nasva 30 Da 34
(RUS) Natal'in Jar 51 Fa 39
(RUS) Natal'ino 33 Ek 38
(S) Nattavaara 98206 2 Ca 24
(I) Naturno = Naturns 39025 57 Ba 44
(I) Naturns = Naturno 39025 57 Ba 44
(F) Naucelle 12800 55 Ac 46
(UA) Naučnyj 62 De 46
(D) Nauen 14641 43 Bc 38
(LT) Naujoji Akmenė 85001 29 Cc 34
(D) Naumburg (Saale) 06618 43 Bb 39
(RUS) Naumovskaja 21 Ed 30
(RUS) Naumovskij 64 Eb 43
(S) Nausta 2 Bk 24
(N) Naustdal 6817 16 Af 29
(S) Nautijaur 2 Bk 24
(RUS) Nautsi 3 Ck 21
(E) Nava 33520 68 Se 47
(BY) Navacёlki 46 Ci 38
(E) Nava de la Asunción 40450 69 Sf 49
(E) Nava del Rey 47500 68 Se 49
(E) Nava de Ricomalillo, La 45670 69 Sf 51
(E) Nava de Santiago, La 06486 68 Sd 51
(BY) Navael'nja 29 Cf 37
(E) Navahermosa 45150 69 Sf 51
(BY) Navahrudak 29 Cf 37
(E) Navalcarnero 28600 69 Sf 50
(E) Navalmanzano 40280 69 Sf 49
(E) Navalmoral de la Mata 10300 68 Se 51
(E) Navalmorales, Los 45140 69 Sf 51
(E) Navalvillar de Pela 06760 68 Se 51
(IRL) Navan = An Uaimh 37 Sd 37
(BY) Navapolack 30 Ci 35
(E) Navarrés 46823 70 Sk 51
(E) Navas de la Concepción, Las 41460 80 Se 53
(E) Navas del Madroño 10930 68 Sd 51
(BY) Navasёlki 29 Cg 38
(SRB) Navašino 32 Ec 35
(RUS) Navesnoe 48 Dh 38
(E) Navia 33710 68 Sd 47
(RUS) Navlja 31 De 38
(RO) Năvodari 905700 61 Ci 46
(RUS) Navoloki 21 Eb 33
(GR) Náxos 84300 83 Cf 53
(F) Nay-Bourdettes 64800 70 Sk 47
(P) Nazaré 2450-100* 68 Sa 51
(RUS) Nazija 19 Db 31
(TR) Nazilli 09800* 84 Ci 53
(TR) Nazimiye 62950 78 Dk 51
(GR) Néa Apolonía 75 Cd 50
(GR) Néa Kalikrátia 63080 75 Cd 50
(GR) Néa Mákri 19005 82 Cd 52
(GR) Néa Mihaniόna 57004 74 Cc 50
(GR) Néa Moudania 75 Cd 50
(RO) Neamţ, Piatra- 000610* 60 Cg 44
(I) Neapel = Napoli 73 Be 50
(GR) Neápoli 23053 74 Cb 50
(GR) Neápoli 23053 82 Cd 54
(GR) Neápoli 23053 83 Cf 55
(GR) Néa Potídea 75 Cd 50
(GB) Neath SA11 40 Sg 39
(GR) Néa Zihni 62042 75 Cd 49
(TR) Nebiler 35980 75 Cg 51
(RUS) Nebolči 20 Dd 31
(RUS) Nečaevka 33 Ee 37
(UA) Nechvoroša 47 De 41
(D) Neckargemünd 69151 42 Ai 41
(E) Neda 15510 68 Sb 47
(BG) Nedelino 4990 75 Cf 49
(RUS) Nedel'noe 31 Dg 36
(UA) Nedobojivci 46 Cg 42
(UA) Nedryhajliv 47 Dd 40
(N) Nedstrand 5560 16 Af 31
(RUS) Nedvigouka 63 Dk 43
(RUS) Neftegorsk 34 Fb 38
(RUS) Neftegorsk 63 Dk 46
(RUS) Neftekamsk 34 Fe 34
(RUS) Neftekumsk 64 Ee 46
(RUS) Neftekumsk 65 Ef 46
(RUS) Negonovo 31 De 34
(SRB) Negotin 19300* 59 Cc 46
(MK) Negotino 1235 74 Cc 49
(RO) Negraşi 117535 60 Cf 46
(E) Negreira 15830 68 Sb 48
(F) Nègrepelisse 82800 55 Ab 46
(RO) Negreşti-Oaş 445200 60 Cd 43
(RO) Negru Vodă 905800 61 Ci 47
(RUS) Nehaevskij 49 Eb 40
(RO) Nehoiu 125100 60 Cg 45
(N) Neiden 9930 3 Ck 21
(IRL) Neidín = Kenmare 37 Sa 39
(RUS) Neja 21 Ed 32
(RUS) Nejvinskij, Verh- 24 Ga 33
(RUS) Nejvo-Rudjanka 24 Ga 33
(RUS) Nekljudovo 20 Dh 33
(RUS) Nekljudovo 32 Ed 34
(RUS) Nekrasovo 35 Gb 34
(RUS) Nekrasovskoe 21 Ea 33
(DK) Neksø 27 Bf 35
(P) Nelas 3505-172* 68 Sc 50
(RUS) Nelidovo 30 Dc 34
(FIN) Nellim 99860 3 Ci 22
(RUS) Nema 22 Fa 33
(RUS) Neman 29 Cc 35
(GR) Neméa 20500 82 Cc 53
(LT) Nemenčinė 15019 29 Cf 36
(RUS) Nemnjuga 13 Ee 27
(F) Nemours 77140* 41 Ac 42
(UA) Nemyriv 45 Cd 40
(UA) Nemyriv 46 Ci 42
(IRL) Nenagh = An tAonach 37 Sb 38
(GR) Nenitoúria 82103 83 Cf 52
(RUS) Nenoksa 12 Dk 26
(GR) Neohóri 68200 74 Ca 51
(GR) Neohóri 68200 74 Cb 51
(GR) Neohóri 68200 82 Cb 52
(GR) Néo Petrítsi 62043 75 Cd 49
(GR) Néos Marmarás 75 Cd 50
(RUS) Nepljuevo 31 Dg 38
(CZ) Nepomuk 335 01 43 Bd 41
(F) Nérac 47600 54 Aa 46
(GR) Neraída 43100 74 Cb 51
(CZ) Neratovice 277 11 43 Be 40
(RUS) Nerdva 23 Ff 32
(RUS) Nerehta 21 Ea 33
(SRB) Neresnica 12242 59 Cb 46
(LV) Nereta 5118 29 Cf 34
(RUS) Nerl' 31 Dh 33
(RUS) Nerl' 32 Ea 34
(F) Nérondes 18350 55 Ac 44
(E) Nerva 21670 80 Sd 53
(N) Nes 7630 16 Ak 30
(RUS) Nes' 5 Ee 24
(N) Nesbyen 3540 16 Ak 30
(BG) Nesebăr 8230 76 Ch 48
(N) Nesflaten 4244 16 Ag 31
(IS) Neskaupstaður 740 36 Rg 25
(N) Nesna 8700 2 Bd 24
(N) Nesoddtangen 1450 16 Ba 31
(N) Nesseby 5131 3 Ci 20
(RUS) Nesterov 29 Cc 36
(UA) Nesterov = Žovkva 45 Cd 40
(RUS) Nesterovka 51 Fd 38
(RUS) Nestiary 33 Ef 34
(GR) Nestório 52051 74 Cb 50
(RUS) Nesvetajskaja, Rodionovo- 63 Dk 43
(D) Neubrandenburg 17033* 27 Bd 37
(D) Neubukow 18233 27 Bb 36
(D) Neuburg an der Donau 86633 43 Bb 42
(CH) Neuchâtel 2000* 56 Ag 43
(D) Neuenahr-Ahrweiler, Bad 53474 42 Ah 40
(CH) Neuenburg = Neuchâtel 2000* 56 Ag 43
(D) Neuenhagen bei Berlin 15366 43 Bd 38
(D) Neuenhaus 49828 42 Ag 38
(F) Neuf-Brisach 68600 42 Ah 42
(B) Neufchâteau 6840 42 Af 41
(F) Neufchâteau 88300 42 Af 42
(F) Neufchâtel-en-Bray 76270 41 Ab 41
(F) Neufchâtel-sur-Aisne 02190 41 Ae 41
(D) Neuhaus am Rennweg 98724 43 Bb 40
(F) Neuillé-Pont-Pierre 37360 54 Aa 43
(D) Neukloster 23992 27 Bb 37
(BIH) Neum 73 Bh 48
(A) Neumarkt im Hausruckkreis 4720 43 Bd 42
(D) Neumarkt in der Oberpfalz 92318 43 Bb 41
(D) Neumünster 24534* 26 Ak 36
(F) Neung-sur-Beuvron 41210 55 Ab 43
(A) Neunkirchen 66538* 58 Bg 43
(D) Neunkirchen 66538* 42 Ah 41
(D) Neuruppin 16816 27 Bc 38
(A) Neusiedl an der Zaya 2183 44 Bg 42
(D) Neuss 41460* 42 Ag 39
(D) Neustadt (Dosse) 16845 27 Bc 38
(D) Neustadt (Orla) 07806 43 Bb 40
(D) Neustadt, Titisee- 79822 56 Ai 43
(D) Neustadt am Rübenberge 31535 42 Ak 38
(D) Neustadt an der Aisch 91413 43 Ba 41
(D) Neustadt an der Donau 93333 43 Bb 42
(D) Neustadt an der Weinstraße 67433* 42 Ai 41
(D) Neustadt in Holstein 23730 27 Ba 36
(D) Neustrelitz 17235 27 Bd 37
(D) Neu-Ulm 89231* 43 Ba 42
(F) Neuve-Lyre, la 27330 41 Aa 42
(F) Neuvic 24190 55 Ac 45
(F) Neuville-de-Poitou 86170 54 Aa 44
(F) Neuville-sur-Saône 69250 55 Ae 45
(F) Neuvy-Saint-Sépulchre 36230 55 Ab 44
(F) Neuvy-sur-Barangeon 18330 55 Ac 43
(D) Neuwied 56564* 42 Ah 40
(RUS) Nevel' 30 Ck 34
(F) Nevers 58000* 55 Ad 44
(BIH) Nevesinje 59 Bi 47
(BG) Nevestino 2595 74 Cc 48
(RUS) Nevinnomyssk 64 Eb 46
(RUS) Nev'jansk 24 Ga 33
(TR) Nevşehir 50000* 85 De 52
(RUS) Nevskij, Aleksandro 32 Ea 37
(GB) Newark on Trent NG24 39 Sk 37
(GB) Newbiggin-by-the-Sea NE64 39 Si 35
(GB) Newcastle BT22 37 Se 36
(GB) Newcastle upon Tyne NE2 39 Si 36
(IRL) Newcastle West = An Caisleán Nua 37 Sa 38
(GB) New Galloway DG7 39 Sf 35
(GB) Newhaven CT11 41 Aa 40
(GB) Newmarket CB8 41 Aa 38
(GB) Newport CB11 39 Sh 38
(GB) Newport CB11 40 Sh 39
(GB) Newport CB11 40 Si 40
(GB) Newquay TR7 40 Se 40
(GB) New Quay SA45 40 Sf 38
(GB) New Romney TN28 41 Aa 40
(IRL) New Ross = Ros Mhic Thriúin 37 Sd 38
(GB) Newry BT34 37 Sd 36
(GB) New Tolsta HS2 38 Sd 32
(GB) Newton IV27 38 Se 33
(GB) Newton Abbot TQ12 40 Sg 40
(GB) Newton Stewart DG8 39 Sf 36
(GB) Newtown SY16 40 Sg 38
(GB) Newtownabbey BT37 37 Se 36
(GB) Newtownards BT23 37 Se 36
(GB) Newtownsteward BT78 37 Sc 36
(F) Nexon 87800 55 Ab 45
(RUS) Nezamaevskaja 64 Ea 44
(UA) Nežin = Nižyn 47 Db 39
(RUS) Nežinka 52 Ff 39
(RUS) Neznanovo 32 Ea 36
(RUS) Nežnurskij 33 Eg 34
(UA) Nezvys'ko 46 Cf 42
(GR) Niáta 23060 82 Cc 54
(DK) Nibe 9240 26 Ak 34
(AL) Nicaj-Shalë 74 Bk 48
(I) Nicastro 88046 73 Bg 52
(F) Nice 06000* 56 Ah 47
(RUS) Nicinskoe, Ust'- 25 Ge 33
(RUS) Nicolo-Berezovec 21 Ec 32
(I) Nicosia 94014 72 Be 53
(CY) Nicosia = Lefkosia 1010* 85 Dd 55
(I) Nicotera 89844 72 Bf 52
(LT) Nida 93012 28 Cb 35
(PL) Nida, Ruciane- 12-220 28 Cb 37
(GR) Nídri 31084 82 Ca 52
(PL) Nidzica 13-100 28 Ca 37
(D) Niebüll 25899 26 Ai 36
(PL) Niechorze 72-350 27 Bf 36
(F) Niederbronn-les-Bains 67110 42 Ah 42
(D) Niemegk 14823 43 Bc 38
(S) Niemisel 95595 10 Cc 24
(D) Nienburg (Weser) 31582 42 Ak 38
(D) Niesky 02906 43 Be 39
(B) Nieuwpoort 8620 41 Ac 39
(TR) Niğde 51000* 85 De 52
(GR) Nigríta 62200 75 Cd 50
(E) Níjar 04100 81 Sh 54
(HR) Nijemci 59 Bk 45
(NL) Nijkerk 3860 42 Af 38
(NL) Nijmegen 6500* 42 Af 39
(NL) Nijverdal 7440 42 Ag 38
(RUS) Nikel' 4 Da 21
(RUS) Nikifarovo 34 Fe 37
(RUS) Nikiforovo 20 Di 29
(RUS) Nikitino 21 Ee 33
(RUS) Nikitovka 48 Di 40
(S) Nikkaluokta 2 Bi 23
(UA) Nikolaev = Mykolajiv 62 Db 44
(RUS) Nikolaevka 30 Dc 37
(RUS) Nikolaevka 33 Eh 37
(RUS) Nikolaevka 34 Ff 37
(RUS) Nikolaevka 50 Ei 38
(RUS) Nikolaevo 19 Ck 32
(RUS) Nikolaevsk 50 Ef 40
(RUS) Nikoliskoe 21 Ee 32
(RUS) Nikologry 32 Ec 34
(RUS) Nikolo-Pavlovskoe 24 Ga 33
(RUS) Nikolo-Šanga 22 Ef 32
(RUS) Nikol'sk 22 Ef 32
(RUS) Nikol'sk 33 Eg 37
(RUS) Nikol'skaja 34 Fd 37
(RUS) Nikol'skij Toržok 20 Di 31
(RUS) Nikol'skoe 21 Ec 31
(RUS) Nikol'skoe 21 Ee 31
(RUS) Nikol'skoe 33 Ee 38
(RUS) Nikol'skoe 48 Dg 38
(RUS) Nikol'skoe 48 Dk 38
(RUS) Nikol'skoe 51 Fe 39
(RUS) Nikol'skoe 52 Ff 38
(RUS) Nikols'koe 64 Ee 46
(RUS) Nikol'skoe 65 Eg 43
(RUS) Nikol'skoe-na-Čeremšane 33 Ek 36
(BG) Nikopol 5940 60 Ce 47
(UA) Nikopol' 62 De 43
(TR) Niksar 60600* 78 Dg 50
(MNE) Nikšić 81 400* 74 Bi 48
(RUS) Nikulino 21 Ee 32
(RUS) Nikuljata 22 Ei 33
(RUS) Nikul'skoe 21 Dk 33
(S) Nilivaara 3 Cb 23
(RUS) Nil'maguba 11 Dc 25
(FIN) Nilsiä 73301 11 Ci 27
(RUS) Nimen'ga 12 Dh 27
(F) Nîmes 30000* 55 Ae 47
(HR) Nin 58 Bf 46
(F) Niort 79000* 54 Sk 44
(SRB) Niš 18101* 59 Cb 47
(P) Nisa 6050-302* 68 Sc 51
(I) Niscemi 93015 72 Be 53
(PL) Nisko 37-400 45 Cc 40
(MD) Nisporen' = Nisporeni 6400 61 Ci 43
(MD) Nisporeni 6400 61 Ci 43
(MD) Nisporeny = Nisporeni 6400 61 Ci 43
(N) Nissedal 3854 16 Ai 31
(FIN) Nissilä 74250 10 Cg 27
(LV) Nitaure 29 Cf 33
(SK) Nitra 031 01* 44 Bi 42
(SK) Nitrianske Pravno 972 13 44 Bi 42
(F) Nitry 89310 55 Ad 43
(N) Nittedal 16 Ba 30
(FIN) Nivala 85540 10 Ce 27
(RUS) Nivenskoe 28 Ca 36
(RUS) Nivšera 14 Fc 28
(RUS) Nivskij 4 Dc 23
(RUS) Niz 13 Eb 28
(RUS) Niz 20 Df 31
(RUS) Niža 5 Ed 24
(TR) Nizip 27700 86 Dh 53
(RUS) Nižmozero 12 Dh 26
(RUS) Nižnee Al'keevo 34 Fa 36
(RUS) Nižnee Ust'e 12 Di 28
(RUS) Nižneirginskoe 35 Fh 34
(RUS) Nižneivkino 22 Ek 32
(RUS) Nižnekamsk 34 Fb 35
(RUS) Nižnepavlovka 51 Fe 39
(RUS) Nižnetroickij 34 Fd 36
(RUS) Nižnie Kigi 35 Fi 35
(RUS) Nižnie Sergi 35 Fk 34
(RUS) Nižnie Vjazovye 33 Ei 35
(RUS) Nižnij Bajgora 48 Dk 39
(RUS) Nižnij Baskunčak 50 Eg 42
(RUS) Nižnij Čir 49 Ec 42
(UA) Nižnij Duvanka 48 Di 41
(RUS) Nižnij Enagsk 22 Eg 31
(RUS) Nižnij Kisljaú 49 Ea 40
(RUS) Nižnij Lomov 32 Ed 37
(RUS) Nižnij Luh 23 Fg 32
(RUS) Nižnij Novgorod 32 Ed 34
(RUS) Nižnij Odes 14 Fe 27
(RUS) Nižnij Tagil 24 Fk 33
(RUS) Nižnij Takanyš 34 Fb 35
(RUS) Nižnij Ufalej 35 Fk 35
(RUS) Nižnij Veduga 48 Di 39
(RUS) Nižnij Voč' 23 Fe 29
(RUS) Nižnij Zaramag 79 Ee 48
(RUS) Nižnjaja 13 Eg 26
(RUS) Nižnjaja Maktama 34 Fc 36
(RUS) Nižnjaja Mgla 5 Ee 24
(RUS) Nižnjaja Mondoma 20 Dh 30
(RUS) Nižnjaja Omra 14 Ff 28
(RUS) Nižnjaja Peša 6 Eh 24
(RUS) Nižnjaja Pokrovka 51 Fa 39
(RUS) Nižnjaja Salda 24 Ga 32
(RUS) Nižnjaja Sanarka 35 Gb 36
(RUS) Nižnjaja Stanovaja 21 Ec 31
(RUS) Nižnjaja Tavda 25 Gg 33
(RUS) Nižnjaja Tura 24 Fk 32
(RUS) Nižnjaja Zolotica 12 Ea 25
(UA) Nižyn 47 Db 39
(RUS) Njalinskoe 25 Gk 29
(RUS) Njandoma 21 Ea 29
(IS) Njarðvík 230 36 Qh 27
(RUS) Njašabož 14 Fd 25
(BY) Njasviž 29 Cg 37
(RUS) Njazepetrovsk 35 Fk 34
(FIN) Njellim = Nellim 99860 3 Ci 22
(RUS) Njučpas 22 Fb 30
(RUS) Njuhča 12 Dg 27
(RUS) Njuhča 13 Eg 27
(RUS) Njuksenica 21 Ee 30
(FIN) Njunnas = Nunnanen 99430 3 Ce 22
(FIN) Njuorggam = Nuorgam 99990 3 Ch 20
(S) Njurunda 86202 9 Bh 28
(RUS) Njuvčim 22 Fa 29
(I) Noasca 10080 56 Ah 45
(I) Nocera Inferiore 84014 73 Be 50
(I) Nocera Umbra 06025 57 Bc 47
(N) Nodeland 4645 16 Ah 32
(E) Nogales 06173 80 Sd 52
(TR) Nogaylar 86 Dg 53
(F) Nogent 52800 42 Af 42
(F) Nogent-le-Roi 28210 41 Ab 42
(F) Nogent-le-Rotrou 28400* 41 Aa 42
(F) Nogent-sur-Seine 10400* 41 Ad 42
(S) Nogersund 27 Be 34
(RUS) Noginsk 31 Di 35
(E) Noia 15200 68 Sb 48
(F) Noirétable 42440 55 Ad 45
(F) Noirmoutier-en-l'Île 85330 54 Sh 43
(FIN) Nokia 37150 18 Cd 29
(S) Nol 44911 17 Bc 33
(I) Nola 80035 73 Be 50
(RUS) Nolinsk 22 Fa 33
(S) Nolvik 9 Bf 25
(F) Nonancourt 27320 41 Ab 42
(RUS) Nonburg 14 Fa 25
(F) Nontron 24300 54 Aa 45
(NL) Noordwijk aan Zee 2202 41 Ae 38
(FIN) Noormarkku 29601 18 Cb 29
(S) Nora 86040 17 Bf 31
(N) Norberg 8 Ai 29
(S) Norberg 73801 17 Bf 30
(I) Norcia 06046 72 Bd 48
(DK) Nordborg 6430 26 Ak 35
(DK) Nordby 6720 27 Ba 35
(N) Norddal 6214 16 Af 29
(D) Norden 26506 26 Ah 37
(D) Nordenham 26954 26 Ai 37
(N) Norderhov 16 Ba 30
(D) Norderney 26548 26 Ah 37
(S) Norderö 9 Be 27
(D) Norderstedt 22844* 26 Ak 37
(N) Nordfjord 4 Da 20
(N) Nordfjordeid 6770 8 Af 29
(N) Nordfold 8286 2 Bf 23
(D) Nordhausen 99734 43 Ba 39
(D) Nordhorn 48527* 42 Ah 38
(N) Nordkjosbotn 9040 2 Bk 21
(N) Nordli 7882 9 Bd 26
(D) Nördlingen 86720 43 Ba 42
(S) Nordmaling 91401 10 Bk 27
(S) Nordmark 17 Be 31
(N) Nordmela 8489 2 Bf 21
(N) Nordneidet 2 Bk 21
(RUS) Nordovka 34 Ff 37
(N) Nordreisa 3 Cb 21
(S) Nordsjö 82011 17 Bg 29
(IS) Norðurfjörður 510 36 Qi 24
(N) Nord-Vågsøy 8 Af 29
(N) Nore 3629 16 Ak 30
(N) Noresund 3536 16 Ak 30
(N) Norheimsund 5600 16 Ag 30
(S) Norra Fjällnäs 9 Bf 25
(S) Norrahammar 56201* 17 Be 33
(S) Norråker 83081 9 Bf 26
(S) Norra Ny 17 Bd 30
(S) Norrby 9 Bi 26
(DK) Nørre Alslev 4840 27 Bb 36
(DK) Nørre Nebel 6830 26 Ai 35
(DK) Nørresundby 9400 26 Ak 33
(DK) Nørre Vorupør 7700 26 Ai 34
(S) Norrfors 91493 9 Bi 27
(S) Norrhult-Klavreström 36042 17 Bf 33
(S) Norrköping 60002* 17 Bg 32
(FIN) Norrnäs 64530 10 Cb 28
(S) Norrtälje 76100* 17 Bi 31
(S) Norsholm 61021 17 Bf 32
(S) Norsjö 93501 10 Bk 26
(GB) Northallerton DL6 39 Si 36
(GB) Northampton NN1 40 Sk 38
(GB) North Berwick KY11 38 Sh 34
(D) Northeim 37154 42 Ak 39
(GB) North Sunderland NE68 39 Si 35
(GB) North Walsham NR28 39 Ab 38
(GB) Northwich CW9 39 Sh 37
(D) Nortorf 24589 26 Ak 36
(F) Nort-sur-Erdre 44390 54 Si 43
(GB) Norwich NR4 41 Ab 38
(UA) Nosivka 47 Db 40
(RUS) Nosly 34 Fa 34
(RUS) Nosovaja 22 Ef 33
(RUS) Nosovaja 6 Fe 22
(RUS) Nosovskaja 13 Ed 29
(S) Nossebro 46501 17 Bc 32
(RUS) Nošul' 22 Ek 30
(I) Noto 96017 72 Bf 54
(N) Notodden 3674 16 Ak 31
(GB) Nottingham NG1 39 Si 38
(F) Nouans-les-Fontaines 37460 55 Ab 43
(UA) Nova Astrachan 48 Di 41
(UA) Nova Basan' 47 Db 40
(UA) Nova Borova 46 Ci 40
(BG) Novačene 2147 75 Cd 48
(MK) Novaci 7211 74 Cb 49
(I) Novafeltria 57 Bc 47
(HR) Nova Gradiška 58 Bh 45
(UA) Nova Halešćyna 47 Dd 41
(RUS) Novaja 13 Eb 29
(UA) Novaja Kahovka = Nova Kachovka 62 Dd 44
(RUS) Novaja Kalitva 49 Ea 40
(RUS) Novaja Kriuša 49 Eb 40
(RUS) Novaja Ladoga 19 Dc 30
(RUS) Novaja Lavela 13 Ef 27

RUS Novaja Ljada 49 Eb 38
RUS Novaja Ljalja 24 Ga 31
RUS Novaja Majna 33 Ek 36
RUS Novaja Poltavka 50 Eg 40
RUS Novaja Porubežka 50 Ek 39
RUS Novaja Usman' 48 Dk 39
UA Nova Kachovka 62 Dd 44
BY Novalukoml' 30 Ck 36
UA Nova Majačka 62 Dd 44
UA Nova Odesa 62 Db 43
I Novara 28100 56 Ai 45
UA Nova Radča 46 Ck 39
I Novara di Sicilia 98058 72 Bf 52
UA Nova Rjabyna 48 Df 40
UA Nova Sloboda 47 De 39
I Novate Mezzola 23025 57 Ak 44
BIH Nova Topola 58 Bh 45
UA Nova Ušycja 46 Ch 42
SRB Nova Varoš 31320 59 Bk 47
UA Nova Vodolaha 48 Df 41
BG Nova Zagora 75 Cg 48
CZ Nové Město nad Moravě 592 31 44 Bg 41
SK Nové Mesto nad Váhom 915 01 44 Bh 42
SK Nové Zámky 940 51* 59 Bi 43
RUS Novgorod 19 Db 32
RUS Novgorodka 30 Ci 33
UA Novhorodka 47 Dc 42
UA Novhorod-Siver'skyj 47 Dd 38
UA Novhorods'ke, Znob'- 47 Dd 38
SRB Novi Bečej 23272 59 Ca 45
UA Novi Belokorovyči 46 Ci 39
HR Novigrad 57 Bd 45
BG Novi Iskăr 1280 75 Cd 48
BY Novi Jarylovyči 47 Db 38
UA Novi Jarylovyči 47 Db 38
RUS Novikbož 15 Fg 24
I Novi Ligure 15067 56 Ai 46
BG Novi Pazar 6710 61 Ch 47
SRB Novi Pazar 36300* 74 Ca 47
SRB Novi Sad 21101* 59 Bk 45
UA Novi Sanžary 47 De 41
HR Novi Vinodolski 58 Be 45
RUS Novlenskoe 21 Dk 31
UA Novoadjar 48 Dk 42
RUS Novoaleksandrovka 51 Fc 38
RUS Novoaleksandrovsk 64 Eb 45
RUS Novoalekseevskaja 64 Ea 46
RUS Novoanninskij 49 Ec 40
RUS Novoaptula 25 Gi 33
UA Novoarchanhel's'k 47 Da 42
RUS Novoarhangelovka 34 Ff 38
UA Novoazovs'k 63 Di 43
RUS Novobaltačevo 34 Fe 35
RUS Novobelokataj 35 Fi 35
UA Novoborovyci 63 Dk 43
RUS Novočeboksarsk 33 Eh 34
RUS Novočeremšansk 34 Fa 36
RUS Novočerkassk 52 Fg 39
RUS Novočerkassk 64 Ea 43
RUS Novocimljanskaja 64 Ec 43
RUS Novodevič'e 33 Ei 37
RUS Novodugino 31 De 35
RUS Novodvinsk 12 Ea 26
RUS Novoe Bajbatyrevo 33 Eh 35
RUS Novoe Ermakovo 34 Fb 36
RUS Novoe Mansurkino 34 Fb 37
RUS Novoe Mašozero 11 Dd 26
UA Novofedorivka 62 Dc 44
RUS Novogornyj 35 Ga 35
UA Novograd-Volynskij = Novohrad-Volyns'kyj 46 Ch 40
RUS Novohoperskij 49 Eb 39
UA Novohrad-Volyns'kyj 46 Ch 40
RUS Novoil'inskij 23 Ff 33
RUS Novojantuzovo 34 Ff 35
RUS Novokašpirskij 33 Ei 37
RUS Novokubansk 64 Eb 45
RUS Novokujbyševsk 33 Ek 37
RUS Novol'vovsk 31 Di 37
RUS Novomalorossijskaja 63 Dk 45
RUS Novomar'evka 52 Ff 40
SLO Novo Mesto 8000* 58 Bf 45
RUS Novomičurinsk 32 Dk 36
RUS Novomihajlovskij 63 Di 46
RUS Novominskaja 63 Di 44
RUS Novomoskovsk 31 Di 36
UA Novomoskovs'k 48 Df 42
UA Novomoskovsk = Novomoskovs'k 48 Df 42
RUS Novomuraptalovo 52 Ff 38
RUS Novomusino 34 Fe 38
UA Novomykolajivka 62 Dc 44
UA Novomykolajivka 62 Df 43
UA Novomyrhorod 47 Db 42
RUS Novonikolaevka 50 Eg 42
RUS Novonikolaevskaja 63 Di 45
RUS Novonikolaevskij 49 Ec 40
UA Novooleksijivka 62 De 44
RUS Novoorenburg 52 Fk 38
RUS Novoorsk 52 Fk 39
UA Novopavlivka 48 Dg 42
RUS Novopavlovsk 64 Ed 47
UA Novopetrivka 63 Dg 44
RUS Novopetrovo 25 Gk 33
RUS Novopetrovskoe 31 Dg 35
UA Novopetrykivka 63 Dg 43
RUS Novopokrovka 52 Fh 39
UA Novopokrovka 47 De 42
RUS Novopokrovskaja 64 Ea 45
RUS Novopokrovskoe 49 Ed 39
RUS Novopolevodino 50 Eh 39
RUS Novopoljan'e 32 Dk 37
BY Novopolock = Navapolack 30 Ci 35
UA Novopskov 48 Dk 41
RUS Novorepnoe 50 Ei 39
RUS Novorossijsk 63 Dh 46
RUS Novorossošanskij 64 Eb 43
RUS Novoržev 30 Ck 33
RUS Novosadkovskij 64 Eb 43
RUS Novošahtinsk 63 Dk 43
RUS Novoščerbinovskaja 63 Di 44
RUS Novosel'cy 19 Db 32
AL Novoselë 74 Bk 50
RUS Novosel'e 19 Ci 32
BG Novoselec 8958 75 Cg 48
RUS Novoselickoe 64 Ed 46
UA Novoselivs'ke 62 Dd 45
RUS Novoselka 34 Ff 38
MK Novo Selo 2434* 74 Cc 49
RUS Novosel'skoe 49 Ed 39
UA Novoselycja 46 Cg 42
RUS Novosemejkino 34 Fa 37
RUS Novosergievka 51 Fd 38
RUS Novošešminsk 34 Fb 35
RUS Novosil' 31 Dh 38
RUS Novosil'skoe 48 Di 39
RUS Novosineglazovskij 35 Gb 35
RUS Novosokol'niki 30 Da 34
RUS Novospasskoe 33 Eh 37
RUS Novospasskoe 51 Fe 38
UA Novosvitlivka 48 Dk 42
RUS Novotaimasovo 34 Ff 38
RUS Novotitarovskaja 63 Di 45
RUS Novot'jalovo 25 Gg 33
RUS Novotroick 52 Fi 39
RUS Novotroickaja 64 Eb 45
RUS Novotroickoe 22 Eh 32
RUS Novotroickoe 33 Ee 36
UA Novotroji'cke 62 De 44
RUS Novotulka 50 Eh 40
UA Novoukrajinka 47 Db 42
RUS Novoul'janovsk 33 Ei 36
RUS Novouspenskoe 22 Eg 33
RUS Novoutkinsk 35 Fk 34
RUS Novouzensk 50 Ei 40
UA Novovasylivka 62 Df 44
UA Novov'azivs'ke 48 Df 42
RUS Novovil'venskij 24 Fi 32
RUS Novovjatsk 22 Ek 32
RUS Novovladimirovskaja 64 Ea 45
UA Novovolyns'k 45 Ce 40
UA Novovolynsk = Novovolyns'k 45 Ce 40
UA Novovoroncovka 62 Dd 43
RUS Novozavidovskij 31 Dg 34
RUS Novožedrino 34 Fd 37
RUS Novozizevka 50 Ei 40
RUS Novozybkov 47 Db 38
HR Novska 58 Bg 45
CZ Nový Bor 473 01 43 Be 40
CZ Nový Bydžov 504 01 44 Bf 40
MD Novye Aneny = Anenii Noi 6500 61 Ck 44
RUS Novye Burasy 50 Eg 38
RUS Novye Ljady 23 Fg 32
RUS Novye Selo 20 Dd 31
RUS Novye Zjatcy 23 Fc 33
RUS Novyi Oskol 48 Dh 40
RUS Novyj 65 Ef 45
RUS Novyj Bor 6 Fc 24
UA Novyj Buh 62 Dc 43
RUS Novyj Bujan 34 Fa 37
RUS Novyj Byt 32 Eb 35
RUS Novyj Egorlyk 64 Eb 44
CZ Nový Jičín 741 01* 44 Bi 41
RUS Novyj Karačaj 64 Eb 47
RUS Novyj Kiner 33 Ek 34
RUS Novyj Multan 23 Fc 33
RUS Novyj Nekouz 20 Di 33
UA Novyj Rozdol 45 Ce 41
RUS Novyj Sinec 31 Dg 37
RUS Novyj Skrebel' 20 Dd 33
RUS Novyj Subaj 35 Fh 35
RUS Novyj Tap 25 Gh 33
RUS Novyj Tor''jal 22 Ei 33
BY Novy Pahost 30 Ch 35
PL Nowa Karczma 83-404 28 Bi 36
PL Nowa Ruda 57-400* 44 Bg 40
PL Nowa Sól 67-100* 44 Bf 39
PL Nowe 86-170 28 Bi 37
PL Nowe Brzesko 32-120 45 Ca 40
PL Nowe Miasteczko 67-124 44 Bf 39
PL Nowe Miasto Lubawskie 13-300 28 Bk 37
PL Nowe Miasto nad Pilicą 26-420 45 Ca 39
PL Nowe Warpno 72-022 27 Be 37
PL Nowogard 72-200 27 Bf 37
PL Nowogród Bobrzański 66-010 44 Bf 39
PL Nowy Dwór Gdański 82-100 28 Bk 36
PL Nowy Dwór Mazowiecki 05-100* 45 Ca 38
PL Nowy Sącz 33-300 45 Ca 41
PL Nowy Targ 34-400* 45 Ca 41
PL Nowy Tomyśl 64-300 44 Bg 38
F Noyant 49490 54 Aa 43
F Noyers 89310 55 Ad 43
F Noyon 60400 41 Ad 41
F Nozay 44170 54 Si 43
RUS Nudol' 31 Dg 34
E Nuevo Riaño 24900 69 Sf 48
RUS Nuguš 35 Fg 37
F Nuits-Saint-Georges 21700 55 Ae 43
E Nules 12520 70 Sk 51
GB Nuneaton CV10 40 Si 38
FIN Nunnanen 99430 3 Ce 22
NL Nunspeet 8070 42 Af 38
FIN Nuorgam 99990 3 Ch 20
I Nuoro 08100 71 Ak 50
IS Núpsdalstunga 531 36 Qk 25
RUS Nur, Cagan- 65 Ef 43
TR Nurhak 46370 86 Dh 53
RUS Nurlat 34 Fa 36
RUS Nurlaty 33 Ei 35
FIN Nurmes 75531 11 Ck 27
FIN Nurmijärvi 81950 11 Ck 27
FIN Nurmijärvi 81950 18 Ce 30
D Nürnberg 90402* 43 Bb 41
D Nürtingen 72622 42 Ak 42
TR Nusaybin 47300 87 Eb 53
FIN Nuvvus = Nuuvos 3 Cg 21
S Nyåker 91494 10 Bk 27
N Ny Ålesund 9173 2 I Svalbard
N Nybergsund 2422 17 Bc 29
RUS Nybor 23 Fg 30
DK Nyborg 5800 27 Ba 35
S Nyborg 95281 10 Cd 25
S Nybro 38201* 27 Bf 34
H Nyékládháza 3433 59 Ca 43
S Nyhammar 77014 17 Be 30
H Nyírád 58 Bh 43
H Nyíradony 4254 59 Cb 43
H Nyírbátor 4300 59 Cc 43
H Nyíregyháza 4400 59 Cb 43
FIN Nykarleby 66900 10 Cc 27
N Nykirke 3180 16 Ba 30
DK Nykøbing Falster 4800 27 Bb 36
DK Nykøbing Mors 7900 26 Ai 34
DK Nykøbing Sjælland 4500 27 Bb 35
S Nyköping 61100* 17 Bh 32
S Nykroppa 68090 17 Be 31
S Nyland 87052 10 Bh 28
RUS Nylga 34 Fc 34
CZ Nymburk 288 02 44 Bf 40
N Nymoen 9 Be 25
S Nynäshamn 14900* 17 Bh 32
N Nyneset 7870 9 Bc 26
CH Nyon 1260 56 Ag 44
F Nyons 26110 56 Af 46
RUS Nyr 22 Eh 33
RUS Nyrud 3 Ck 21
PL Nysa 48-300* 44 Bh 40
RUS Nyša 34 Fb 34
S Nysäter 17 Bc 31
DK Nysted 4880 27 Bb 36
RUS Nytva 23 Ff 33
N Nyvoll 3 Cd 20
UA Nyžankovyči 45 Cc 41
UA Nyžni Sirohozy 62 De 44
UA Nyžni Torhaji 62 De 44
UA Nyžni Vorota 45 Cd 42
UA Nyžn'ohirs'kyj 62 De 45

O

GB Oakham LE15 39 Sk 38
RO Oancea 807235 61 Ci 45
BY Obal' 30 Ck 35
GB Oban PA34 38 Se 34
S Obbola 91341 10 Ca 27
TR Öbektaş 29650 85 Dd 53
LT Obeliai 42006 29 Cf 35
D Oberammergau 82487 57 Bb 43
A Oberdrauburg 9781 57 Bc 44
D Oberhausen 46045* 42 Ag 39
D Oberkirch 77704 42 Ai 42
F Obernai 67210 42 Ah 42
A Oberndorf bei Salzburg 5110 43 Bc 43
A Oberpullendorf 7350 58 Bg 43
D Oberstdorf 87561 57 Ba 43
D Oberstein, Idar- 55743 42 Ah 41
A Obervellach 9821 57 Bd 44
A Oberwart 7400* 58 Bg 43
A Oberwölz Stadt 8832 58 Be 43
A Oberzeiring 8762 58 Be 43
P Óbidos 2510-001* 68 Sa 51
RUS Obil'noe 64 Ee 43
RUS Ob''jačevo 22 Ek 30
RUS Oblastnaja 34 Fc 34
RUS Obninsk 31 Dg 35
BG Obnova 5922 60 Ce 47
UA Obodivka 46 Ck 42
RUS Obojan 48 Dg 39
RUS Obolensk 31 Dh 36
UA Obolon' 47 Dc 41
E Obón 70 Sk 50
PL Oborniki 64-600* 44 Bg 38
PL Oborniki Śląskie 55-120 44 Bg 39
RUS Obozerskij 12 Ea 27
SRB Obrenovac 11500* 59 Ca 46
BG Obročište 9630 61 Ci 47
HR Obrovac 58 Bf 46
RUS Obručevka 52 Fk 38
TR Obruk 85 Dd 52
RUS Obšarovka 33 Ei 37
UA Obuchiv 47 Da 40
RUS Obval 32 Ed 38
RUS Obvinsk 23 Fe 32
RUS Obža 19 Dc 30
BG Obzon 76 Ch 48
UA Očakiv 62 Db 44
TR Ocaklı 25500 79 Ed 50
E Ocaña 45300 69 Sg 51
RUS Očer 23 Fe 33
UA Očeretuvate 62 Df 43
BIH Očevlje 59 Bi 46
D Ochsenfurt 97199 43 Ba 41
D Ochtrup 48607 42 Ah 38
UA Ochtyrka 47 De 40
S Ockelbo 81601 17 Bg 30
RO Ocna Mureş 515700 60 Cd 44
RO Ocna Sibiului 555600 60 Ce 45
F Octeville, Cherbourg- 40 Si 41
RUS Octovcy 31 Dd 34
N Odda 5750 16 Ag 30
DK Odder 8300 27 Ba 35
P Odeceixe 8670-320* 80 Sb 53
P Odeleite 8950-351* 80 Sc 53
P Odemira 7630-121* 80 Sb 53
TR Ödemiş 18000 83 Ch 52
S Odensbacken 71501 17 Bf 31
DK Odense 5000* 27 Ba 35
I Oderzo 31046 57 Bc 45
UA Odesa 61 Da 44
S Ödeshög 59901 17 Be 32
UA Odessa = Odesa 61 Da 44
RUS Odincovo 31 Dh 35
RO Odobeşti 137345 61 Ch 45
RUS Odoev 31 Dg 37
RUS Odomlja 20 Df 33
RO Odorheiu Secuiesc 535600 60 Cf 44
PL Odrzywół 26-425 45 Ca 39
TR Odunboğazı 77 Dd 51
SRB Odžaci 25250 59 Bk 45
BIH Odžak 59 Bi 45
D Oebisfelde-Weferlingen 39646 43 Ba 38
P Oeiras 2780-001* 80 Sa 52
D Oelsnitz 08606 43 Bc 40
D Oettingen in Bayern 86732 43 Ba 42
NL Oever, Den 1779 26 Af 38
TR Of 61830 79 Ea 50
D Offenbach am Main 63065* 42 Ai 40
D Offenburg 77652* 42 Ah 42
F Offranville 76550 41 Ab 41
RUS Ogarkovo 20 Di 32
TR Oğdem 79 Eb 50
RUS Ogorelyši 12 Df 27
LV Ogre 5001* 29 Ce 34
TR Oğulcak 77 Df 51
HR Ogulin 58 Bf 45
IS Ögur 420 36 Qh 24
TR Oğütlü 87 Eb 53
TR Oğuz 78 Di 51
TR Oğuz 87 Eb 53
RUS Ohansk 23 Ff 33
RUS Ohlebinino 35 Fg 36
RUS Ohotino 20 Di 33
MK Ohrid 6000* 74 Ca 49
RUS Ohtoma 21 Eb 29
FIN Ohtsejohka = Utsjoki 99981 3 Ch 21
FIN Oijärvi 95160 10 Cf 25
FIN Oikarainen 97610 3 Cg 24
IRL Oileán Ciarraí 37 Sa 38
F Oissel 76350 41 Ab 41
FIN Oja 68550 10 Cc 27
S Öje 78061 17 Bd 30
S Öjung 82801 17 Bf 29
GB Okehampton EX20 40 Sf 40
RUS Okladnevo 20 Dd 32
BG Okorš 7680 61 Ch 47
S Oksajärvi 3 Cc 23
DK Oksbøl 6430 26 Ai 35
DK Oksby 6857 26 Ai 35
N Øksfjord 9550 3 Cc 20
RUS Oksino 6 Fc 23
RUS Oksovskij 12 Dk 28
RUS Oktarbr'skij 48 Dg 40
RUS Oktjabr'sk 33 Ei 37
RUS Oktjabr'skaja 12 Dg 28
RUS Oktjabr'skaja 63 Dk 44
RUS Oktjabr'skij 20 Dg 29
RUS Oktjabr'skij 21 Ed 29
RUS Oktjabr'skij 31 Di 36
RUS Oktjabr'skij 32 Dk 37
RUS Oktjabr'skij 33 Ei 34
RUS Oktjabr'skij 33 Ei 36
RUS Oktjabr'skij 34 Fd 36
RUS Oktjabr'skij 35 Fh 34
RUS Oktjabr'skij 4 De 23
RUS Oktjabr'skij 64 Ed 43
RUS Oktjabr'skoe 49 Eb 39
RUS Oktjabr'skoe 52 Ff 38
RUS Oktjabr'skoe 64 Ec 45
HR Okučani 58 Bh 45
HR Okuklje 73 Bh 48
RUS Okulovka 20 Dd 32
RUS Okulovo 13 Ee 24
RUS Okulovo 35 Gb 34
RUS Okulovskaja 21 Ed 30
RUS Okunev Nos 6 Fc 24
TR Okurcalar 07415 84 Db 54
RUS Ola, Joškar- 33 Eh 34
IS Ólafsfjörður □ 36 Rb 24
IS Ólafsvík 355 36 Qg 26
LV Olaine 2114 29 Cd 34
F Olargues 34390 55 Ac 47
PL Oława 55-200 44 Bh 40
D Olbernhau 09526 43 Bd 40
I Olbia 07026 71 Ak 50
N Olden 6788 8 Ag 29
D Oldenburg 26121* 26 Ai 37
D Oldenburg (Holstein) 23758 27 Ba 36
N Olderdalen 9146 2 Ca 21
N Olderfjord 3 Cf 20
N Oldervik 9034 2 Bk 21
GB Oldham OL1 39 Sh 37
GB Oldmeldrum AB51 38 Sh 33
PL Olecko 19-400 29 Cc 36
E Oleiros 68 Sb 47
P Oleiros 6160-011 68 Sc 51
UA Oleksandrivka, Lozno- 48 Di 41
UA Oleksandrivka 47 Db 42
UA Oleksandrivka 47 Dc 42
UA Oleksandrivka 47 Dd 42
UA Oleksandrivka 48 Dg 42
UA Oleksandrivka 62 Db 43
UA Oleksandrivka 62 Dc 44
UA Oleksandrivka 63 Dh 43
RUS Olema 13 Eg 26
N Ølen 5580 16 Af 31
RUS Olenica 4 Df 24
RUS Olenino 31 Dd 34
UA Olenivka 62 Dc 45
UA Olenivka 63 Dh 43
RUS Olenogorsk 4 Dd 22
UA Oles'ko 45 Ce 41
PL Oleśnica 28-220* 44 Bh 39
PL Olesno 33-210 44 Bi 40
UA Olevs'k 46 Ch 39
RUS Ol'ginka 63 Di 46
RUS Ol'gino 32 Ea 36
DK Ølgod 6870 26 Ai 35
P Olhão 8700-152* 80 Sc 53
FIN Olhava 91140 10 Cf 25
RUS Ol'hi 32 Eb 37
UA Ol'hovatka 48 Dk 40
UA Ol'hovatka 48 Dh 40
RUS Ol'hovka 49 Ee 41
HR Olib 58 Be 46
I Oliena 08025 71 Ak 50
GR Olimbia 27065 82 Cb 53
GR Ólimbos 85700 83 Ch 55
S Olingskog 17 Be 29
E Oliva 46780 70 Sk 52
E Oliva de la Frontera 06120 80 Sd 52
P Oliveira de Azeméis 3720-001* 68 Sb 50
P Oliveira do Hospital 3400-056* 68 Sc 50
E Olivenza 06100 80 Sc 52
PL Olkusz 32-300 44 Bk 40
GB Ollerton NG22 39 Sk 37
E Olmedo 47410 69 Sf 49
E Olmillos de Sasamón 69 Sf 48
S Olofström 29300 27 Be 34
CZ Olomouc 771 00* 44 Bh 41
RUS Olonec 19 Dc 30
F Olonzac 34210 55 Ac 47
F Oloron-Sainte-Marie 64400* 70 Sk 47
E Olot 17800 70 Ac 48
BIH Olovo 59 Bi 46
D Olpe 57462 42 Ah 39
RUS Ol'ša 30 Db 36
RUS Ol'šanka 48 Dh 40
PL Olsztyn 10-900 28 Ca 37
PL Olsztynek 11-015 28 Ca 37
RO Olt, Drăgăneşti 60 Ce 46
N Oltedal 4333 16 Ag 32
CH Olten 4600* 56 Ah 43
RO Olteniţa 915400 60 Cg 46
RO Oltina 907215 61 Ch 46
TR Oltu 25400 79 Ec 50
TR Ölüdeniz 84 Ck 54
TR Oluközü 66300 77 Df 51
TR Olukpınar 84 Dc 54
TR Olur 25650 79 Ec 50
RUS Olymskij 48 Di 39
RUS Oma 6 Eg 24
GB Omagh BT79 37 Sc 36
I Omegna 28887 56 Ai 45
UA Omel'nyk 47 Dd 41

(TR) Ömerli 76 Ck 49
(TR) Ömerli 87 Ea 53
(HR) Omiš 58 Bg 47
(RUS) Omitrovsk-Orlovskij 48 Df 38
(NL) Ommen 7730 42 Ag 38
(GR) Omólio 40007 74 Cc 51
(SRB) Omoljica 26230 59 Ca 46
(FIN) Ömossa 64930 10 Cb 28
(BG) Omurtag 7900 75 Cg 47
(RUS) Omutninsk 23 Fc 32
(E) Oña 09530 69 Sg 48
(E) Oñati 20560 69 Sh 47
(TR) Onbirnisan 86 Di 53
(E) Onda 12200 70 Sk 51
(E) Ondarroa 48700 54 Sh 47
(TR) Ondokuzmayıs 55420 78 Dg 49
(RUS) Ondozero 11 Dd 27
(RUS) Onega 12 Di 27
(RO) Onești 000601* 60 Cg 44
(RUS) Onež'e 14 Fa 28
(FIN) Onkamo 82360 11 Da 28
(RUS) Onolva, Ust'- 23 Fe 31
(E) Ontinyent 46870 70 Sk 52
(FIN) Ontojoki 88640 11 Ci 26
(E) Ontur 02652 81 Si 52
(B) Oostende 8400 41 Ac 39
(NL) Oosterhout 4900* 41 Ae 39
(BG) Opaka 7840 60 Cg 47
(TR) Opanözü 76 Ck 51
(RUS) Oparino 22 Ei 31
(HR) Opatija 58 Be 45
(PL) Opatów 42-152 45 Cb 40
(CZ) Opava 44 Bh 41
(RUS) Opečenskij Posad 20 De 32
(MK) Opejica 74 Ca 49
(UA) Opišn'a 47 De 41
(RUS) Opočka 30 Ci 34
(PL) Opoczno 26-300 45 Ca 39
(PL) Opole 45-076 44 Bh 40
(PL) Opole Lubelskie 24-300 45 Cb 39
(N) Oppdal 7340 8 Ak 28
(D) Oppenheim 55276 42 Ai 41
(N) Oppstryn 8 Ah 29
(BY) Opsa 29 Cg 35
(I) Ora = Auer 39040 57 Bb 44
(RO) Oradea 000410* 59 Cb 43
(RKS) Orahovac = Rahovec 21000* 74 Ca 48
(BIH) Orahov Do 73 Bh 48
(HR) Orahovica 58 Bh 45
(F) Orange 84100* 55 Ae 46
(I) Orani 08026 71 Ak 50
(D) Oranienburg 16515 27 Bd 38
(IRL) Oran Mór 37 Sb 37
(IRL) Oranmore = Oran Mór 37 Sb 37
(RUS) Oranžerei 65 Eh 45
(BIH) Orašje 59 Bi 45
(RO) Orăștie 335700 60 Cd 45
(UA) Orativ 46 Ck 41
(FIN) Oravainen = Oravais 66800 10 Cc 27
(FIN) Oravais 66800 10 Cc 27
(RO) Oravița 325600 59 Cb 45
(D) Orb, Bad 63619 42 Ak 40
(DK) Ørbæk 5853 27 Ba 35
(RO) Orbeasca de Jos 147237 60 Cf 46
(F) Orbec 14290 41 Aa 41
(I) Orbetello 58015 72 Bb 48
(F) Orchies 59310 41 Ad 40
(RUS) Orda 23 Fg 33
(TR) Ördekçi 84 Db 52
(E) Ordes 15680 68 Sb 47
(TR) Ordu 52000* 78 Dh 50
(E) Orduña 48460 69 Sg 48
(UA) Ordžonikidze 62 De 43
(RUS) Ordžonikidze = Vladikavkaz 79 Ee 48
(RUS) Ordžonikidzevskij 64 Eb 47
(HR) Orebić 73 Bh 48
(S) Örebro 70002* 17 Bf 31
(RUS) Oredež 19 Da 32
(S) Öregrund 74071 17 Bi 30
(RUS) Orehovka 53 Ga 39
(RUS) Orehovo-Zuevo 31 Di 35
(RUS) Orel 23 Fg 31
(RUS) Orel 31 Dg 38
(E) Orellana la Vieja 06740 68 Se 51
(TR) Ören 28850 83 Ch 53
(RUS) Orenburg 52 Ff 39
(TR) Örencik 76 Ck 51
(TR) Örenköy 86 Dh 52
(E) Orense = Ourense 32001 68 Sc 48
(TR) Örenşehir 86 Dg 51
(GR) Orestiáda 68200 75 Cg 49
(GR) Orfáni 64008 75 Cd 50
(GB) Orford IP12 41 Ab 38
(GR) Orgáni 69500 75 Cf 49
(E) Organyà 70 Ab 48
(E) Orgaz 45450 69 Sg 51
(MD) Orgeev = Orhei 3500 61 Ci 43
(I) Orgosolo 08027 71 Ak 50
(TR) Örgütlü 86 Di 53
(TR) Orhaneli 16980 76 Ci 51
(TR) Orhangazi 16800 76 Ck 50
(TR) Orhanlı 84 Ck 53
(MD) Orhei 3500 61 Ci 43
(MD) Orhej = Orhei 3500 61 Ci 43
(GR) Orhomenós 22002 82 Cc 52
(E) Oria 04810 81 Sh 53
(UA) Orichiv 62 Df 43
(RUS) Oriči 22 Ek 32
(E) Orihuela 03300 81 Sk 52
(UA) Oril'ka 48 Dg 42
(FIN) Orimattila 16301 18 Cf 30
(FIN) Oripää 32500 18 Cc 30
(EST) Orissaare 94601 18 Cd 32
(I) Oristano 09170 71 Ai 51
(FIN) Orivesi 35301 18 Ce 29
(BG) Orjahovo 6555 60 Cd 47
(N) Ørje 1870 16 Bb 31
(E) Órjiva 18400 81 Sg 54
(N) Orkanger 7300 8 Ak 27
(S) Örkelljunga 28601 27 Bd 34
(H) Orkény 2377 59 Bk 43
(F) Orléans 45000* 55 Ab 43
(RUS) Orlecy 22 Fb 31
(RO) Orlești 247450 60 Ce 46
(UA) Orlivka 61 Ci 45
(RUS) Orlov Gaj 50 Ei 40
(RUS) Orlovo 48 Dk 39
(RUS) Orlovskij 64 Ec 44
(RUS) Orlovskij, Omitrovsk- 48 Df 38
(GR) Órma 58400 74 Cb 50
(TR) Ormanlı 76 Db 49
(TR) Ormanözü 05000 77 Df 50
(I) Ormea 12078 56 Ah 46
(GR) Órmos 82 Ce 53
(GR) Órmos Panórmou 83 Cf 53
(SLO) Ormož 2270 58 Bg 44
(F) Ornans 25290 56 Ag 43
(N) Ørnes 8150 2 Bd 24
(PL) Orneta 11-130 28 Ca 36
(S) Örnsköldsvik 89101* 9 Bi 27
(RO) Orodel 207435 60 Cd 46
(E) Oropesa 45560 68 Se 51
(I) Orosei 08028 71 Ak 50
(H) Orosháza 5900 59 Ca 44
(H) Oroszlány 2840 59 Bi 43
(E) Orpesa 12594 70 Aa 50
(BY) Orša 30 Da 36
(S) Orsa 79401 17 Be 29
(RUS) Oršanka 33 Eh 34
(S) Örsjö 38290 27 Bf 34
(RUS) Orsk 52 Fi 39
(RO) Orșova 225200 59 Cc 46
(N) Ørsta 6150 8 Ag 28
(DK) Ørsted 5620 27 Ba 34
(S) Örsundsbro 74082 17 Bh 31
(TR) Orta 77 Dd 50
(TR) Ortabağ 07580 87 Ec 53
(TR) Ortaca 47510 84 Ci 54
(TR) Ortacalar 08200 79 Eb 49
(TR) Ortadirek 79 Ed 51
(TR) Ortakent 58670 78 Di 50
(TR) Ortakent 58670 83 Ch 53
(TR) Ortaklar 83 Ch 53
(TR) Ortaklı 27800 86 Dg 54
(TR) Ortaköy 58400 77 Df 50
(TR) Ortaköy 58400 78 Dg 51
(TR) Ortaköy 58400 79 Eb 49
(TR) Ortaköy 58400 85 De 52
(I) Orta Nova 71045 73 Bf 49
(RUS) Ortatjube 65 Ef 46
(I) Orte 01028 72 Bc 48
(A) Orth an der Donau 2304 44 Bg 42
(F) Orthez 64300* 54 Sk 47
(E) Ortigueira 15330 68 Sc 47
(N) Ortnevik 6894 16 Ag 29
(I) Ortona 66026 73 Be 48
(S) Örträsk 93055 10 Bk 26
(RUS) Orusjarvi 19 Dc 29
(I) Orvieto 05018 72 Bc 48
(I) Orzinuovi 25034 57 Ak 45
(UA) Orživ 46 Cg 40
(PL) Orzysz 12-250 28 Cb 37
(N) Os 5200 8 Bb 28
(RUS) Osa 23 Ff 33
(PL) Osada, Czyżew- 18-220 29 Cc 38
(S) Osby 28301 27 Bd 34
(D) Oschatz 04758 43 Bd 39
(D) Oschersleben (Bode) 39387 43 Bb 38
(I) Oschiri 07027 71 Ak 50
(SRB) Osečina 59 Bk 46
(RO) Osica de Sus 60 Ce 46
(PL) Osie 86-150 28 Bi 37
(RUS) Osija 19 Db 32
(HR) Osijek 59 Bi 45
(I) Osilo 07033 71 Ai 50
(RUS) Osincevo 23 Fh 33
(RUS) Osinki 33 Ek 38
(RUS) Osinovo 13 Ec 28
(RUS) Os'ja 34 Fe 34
(RUS) Osjatkino 13 Eg 28
(S) Oskarshamn 57200* 17 Bg 33
(S) Oskarström 31301 27 Bc 34
(RUS) Os'kino 48 Di 39
(N) Oslo 0010 16 Ba 31
(TR) Osmancalı 83 Ch 52
(TR) Osmancık 39000 77 De 50
(TR) Osmaneli 11500 76 Da 50
(TR) Osmaniye 80010* 85 Dg 53
(TR) Osmankalfalar 84 Ck 53
(TR) Osmanpaşa 66140 77 De 51
(RUS) Os'mino 19 Ck 31
(RUS) Ošminskoe 22 Eh 33
(S) Ösmo 14800 17 Bh 32
(D) Osnabrück 49074* 42 Ai 38
(E) Osorno 34460 69 Sf 48
(RUS) Osovik 31 Dd 37
(N) Osøyro 5003 16 Af 30
(NL) Oss 5340* 42 Af 39
(E) Ossa de Montiel 02611 69 Sh 52
(RUS) Oššepkovo 23 Fg 31
(S) Östansjö 82519 9 Bi 25
(RUS) Ostaševo 31 Df 35
(RUS) Ostaškov 20 Dd 33
(S) Östavall 84103 9 Bf 28
(N) Østby 2423 17 Bc 29
(N) Østby 2423 8 Bb 27
(UA) Oster 47 Da 40
(D) Osterburg (Altmark) 39606 27 Bb 38
(S) Österbybruk 74801 17 Bh 30
(S) Österbymo 57060 17 Bf 33
(S) Österfärnebo 81020 17 Bg 30
(D) Osterholz-Scharmbeck 27711 26 Ai 37
(D) Osterode am Harz 37520 43 Ba 39
(S) Östersund 83100* 9 Be 27
(FIN) Östersundom 01151 18 Cf 30
(DK) Øster Vrå 9750 16 Ba 33
(D) Osterwieck 38835 43 Ba 39
(S) Östhammar 74200 17 Bi 30
(D) Osthofen 67574 42 Ai 41
(I) Ostia 00119 72 Bc 49
(I) Ostiglia 46035 57 Bb 45
(RUS) Oštinskij Pogost 20 Df 30
(N) Østnes 9 Bd 26
(RUS) Ostoženka 23 Ff 33
(S) Östra Ed 17 Bg 32
(S) Östra Frölunda 51263 17 Bd 33
(CZ) Ostrava 703 00* 44 Bi 41
(PL) Ostróda 14-100* 28 Bk 37
(RUS) Ostrogožsk 48 Dk 40
(UA) Ostroh 46 Cg 40
(PL) Ostrołęka 26-650 28 Cb 37
(RUS) Ostrolenskij 35 Fk 37
(RO) Ostrov 827175 61 Ch 46
(RO) Ostrov 827175 61 Ci 46
(RUS) Ostrov 19 Ci 33
(RUS) Ostrov 20 Dg 29
(RUS) Ostrov 20 Dh 30
(RUS) Ostrovnoe 52 Fg 39
(RUS) Ostrovskaja 49 Ee 40
(RUS) Ostrovskoe 21 Ec 33
(PL) Ostrowiec Świętokrzyski 27-400* 45 Cb 40
(PL) Ostrów Mazowiecka 07-300 28 Cb 38
(PL) Ostrów Wielkopolski 63-400* 44 Bh 39
(PL) Ostrzeszów 63-500 44 Bh 39
(D) Ostseebad Kühlungsborn 27 Bb 36
(D) Ostseebad Wustrow 27 Bc 36
(D) Ostseebad Zingst am Darß 27 Bc 36
(D) Ostseebad Zinnowitz 27 Bd 36
(I) Ostuni 72017 73 Bh 50
(RUS) Osujskoe 31 De 34
(E) Osuna 41640 80 Se 53
(GB) Oswestry SY11 39 Sg 38
(PL) Oświęcim 63-505 44 Bk 40
(UA) Osypenko 63 Dg 44
(FIN) Otanmäki 88201 11 Ch 26
(RUS) Ot'assy 32 Eb 37
(N) Oteren 9046 2 Bk 21
(TR) Otmanlar 84 Ci 53
(N) Otnes 6680 16 Bb 29
(HR) Otočac 58 Bf 46
(HR) Otok 59 Bi 45
(RO) Otopeni 075100 60 Cg 46
(RUS) Otradinskij 31 Dg 37
(RUS) Otradnaja 31 Dd 34
(RUS) Otradnaja 64 Eb 46
(RUS) Otradnovo 24 Gc 32
(RUS) Otradnyj 34 Fb 37
(I) Otranto 73028 73 Bi 50
(N) Otta 2670 16 Ak 29
(I) Ottana 08020 71 Ak 50
(S) Ottenby 38062 28 Bg 34
(D) Otterndorf 21762 26 Ai 37
(DK) Otterup 5450 27 Ba 35
(S) Ottsjö 83010 9 Bd 27
(PL) Otwock 05-400 45 Cb 38
(UA) Otynja 45 Ce 42
(IRL) Oughterard = Uachtar Ard 37 Sa 37
(F) Ouillins 55 Ae 45
(F) Ouistreham 14150 40 Sk 41
(FIN) Oulainen 86301 10 Ce 26
(IRL) Oulart = An tAbhallort 37 Sd 38
(FIN) Oulu 90006* 10 Cf 25
(I) Oulx 10056 56 Ag 45
(GR) Ouranópoli 75 Cd 50
(E) Ourense (Orense) 32054 68 Sc 48
(P) Ourique 7670-216* 80 Sb 53
(FIN) Outakoski 99970 3 Cg 21
(E) Outeiro de Rei 68 Sc 47
(E) Outes 15230 68 Sb 48
(FIN) Outokumpu 83501 11 Ck 28
(F) Ouzouer-le-Marché 41240 55 Ab 43
(F) Ouzouer-sur-Loire 45570 55 Ac 43
(TR) Ovabağ 86 Dk 53
(TR) Ovacık 77 Dc 49
(TR) Ovacık 78 Dk 51
(TR) Ovacık 79 Eb 50
(TR) Ovacık 85 Dd 54
(TR) Ovacık 86 Di 53
(TR) Ovacık 87 Ed 53
(I) Ovada 15076 56 Ai 46
(TR) Ovakışla 13430 87 Ec 52
(P) Ovar 3880-001* 68 Sb 50
(RUS) Ovečkino 32 Ea 35
(D) Overath 51491 42 Ah 40
(N) Øvergård 2 Bk 21
(RUS) Overjata 23 Ff 32
(S) Överkalix 95601 3 Cc 24
(FIN) Övermark 64610* 10 Cb 28
(S) Övertorneå 95701 3 Cd 24
(S) Överturingen 84024 9 Be 28
(S) Överum 59096 17 Bg 33
(UA) Ovidiopol' 61 Da 44
(RO) Ovidiu 905900 61 Ci 46
(E) Oviedo = Uviéu 33001* 68 Se 47
(RUS) Ovino 20 Dd 31
(LV) Ovišu 18 Cb 33
(RUS) Ovošči 64 Ed 45
(RUS) Ovražno-Travino 65 Eh 45
(N) Øvre Årdal 6884 16 Ah 29
(N) Øvre Rendal 2480 8 Bb 29
(S) Övre Soppero 98014 3 Cb 22
(UA) Ovruč 46 Ci 39
(S) Oxelösund 61300* 17 Bh 32
(GB) Oxford 40 Si 39
(TR) Oyaca 19410 77 Dc 51
(TR) Oyalı 73300 87 Eb 53
(N) Øye 2977 16 Ai 29
(F) Oyonnax 01100 56 Af 44
(TR) Özalp 65800 87 Ed 52
(PL) Ożarów 27-530 45 Cb 40
(TR) Özbaşı 83 Ch 53
(H) Ózd 3600 45 Ca 42
(RUS) Ožerel'e 31 Di 36
(RUS) Ozerki 33 Eg 34
(RUS) Ozerki 33 Eg 37
(RUS) Ozerki 50 Ef 38
(RUS) Ozerki 51 Fe 39
(RUS) Ozernoe 51 Fb 39
(RUS) Ozërnyj 24 Gb 33
(RUS) Ozërnyj 30 Dc 35
(RUS) Ozernyj 53 Ga 39
(RUS) Ozersk 29 Cc 36
(RUS) Ozery 31 Di 36
(I) Ozieri 07014 71 Ak 50
(PL) Ozimek 46-040 44 Bi 40
(RUS) Ozinki 50 Ek 39
(TR) Özkonak 50500 85 De 52
(TR) Özlüce 37270 79 Ea 51
(RUS) Ožmegovo 23 Fc 31
(H) Ozora 7086 59 Bi 44
(PL) Ozorków 95-035* 44 Bk 39
(TR) Özpınar 87 Ec 52

P

(FIN) Paavola 92430 10 Cf 26
(PL) Pabianice 95-200 44 Bk 39
(LT) Pabradė 18017 29 Cf 36
(E) Paca, La 30812 81 Si 53
(F) Pacaudière, la 42310 55 Ad 44
(RUS) Pačelma 32 Ed 37
(I) Pachino 96018 72 Bf 54
(RUS) Pačiha 13 Ee 27
(CZ) Pacov 395 01 44 Bf 41
(PL) Paczków 48-370 44 Bh 40
(RUS) Padany 11 Dd 27
(BY) Padarosk 29 Ce 38
(FIN) Padasjoki 17501 18 Cf 29
(DK) Padborg 6330 26 Ak 36
(D) Paderborn 33098* 42 Ai 39
(GB) Padiham BB12 39 Sh 37
(RO) Padina 127410 61 Ch 46
(I) Padova 35100* 57 Bb 45
(RUS) Padovka 50 Ek 39
(E) Padrón 15900 68 Sb 48
(BY) Padsville 30 Ch 35
(I) Padula 84034 73 Bf 50
(CY) Pafos 8010* 84 Dc 56
(HR) Pag 58 Bf 46
(LT) Pagėgiai 99032 28 Cb 35
(RUS) Pahomovo 31 Dh 36
(BY) Pahraničny 29 Ce 37
(EST) Paide 72711* 18 Cf 32
(FIN) Paijärvi 49640 19 Ch 30
(FIN) Paimio 21531 18 Cc 30
(F) Paimpol 22500 40 Sg 42
(GB) Paisley PA1 39 Sf 35
(S) Paittasjärvi 3 Cc 22
(RUS) Paj 20 De 29
(S) Pajala 98401 3 Cd 23
(E) Pajares 68 Se 47
(RUS) Pajgiševo 22 Ei 33
(RUS) Pakali 22 Eg 33
(PL) Pakosze 14-520 28 Ca 36
(HR) Pakrac 58 Bh 45
(LT) Pakruojis 83001 29 Cd 35
(H) Paks 7030 59 Bi 44
(GB) Palace House 40 Si 40
(E) Palacios y Villafranca, Los 41720 80 Se 53
(E) Palafrugell 17200 70 Ad 49
(F) Palais, le 56360 54 Sg 43
(GR) Palamás 74 Cc 51
(E) Palamós 17230 70 Ad 49
(TR) Palamut 59800 83 Ch 52
(TR) Palamut = Zeytinliova 83 Ch 52
(LT) Palanga 00001* 28 Cb 35
(I) Palau 07020 71 Ak 49
(I) Palazzolo Acreide 96010 72 Be 53
(I) Palazzolo sull'Oglio 25036 57 Ak 45
(EST) Paldiski 76805* 18 Ce 31
(BIH) Pale 59 Bi 47
(GR) Paleá Epídavros 21059 82 Cd 53
(RUS) Paleh 32 Eb 34
(GR) Palékastro 72300 83 Cg 55
(E) Palencia 34001* 69 Sf 48
(GR) Paleohóra 73004 82 Cd 55
(GR) Paleokastritsa 49083 74 Bk 51
(GR) Paleópoli 68002 75 Cf 50
(I) Palermo 90100* 72 Bd 52
(GR) Páleros 30012 82 Ca 52
(BY) Palesse 30 Db 37
(I) Palestrina 00036 72 Bc 49
(RUS) Paleva 23 Fh 30
(RUS) Paliki 31 De 37
(F) Palinges 71430 55 Ae 44
(I) Palinuro 84064 73 Bf 50
(GR) Palioúri 63085 75 Cd 51
(FIN) Pälkäne 37860 18 Ce 29
(RUS) Palkino 19 Ci 33
(RUS) Palkino 21 Ec 32
(RUS) Palkino 21 Ee 32
(RUS) Pallasovka 50 Eg 40
(E) Palma del Condado, La 21700 80 Sd 53
(E) Palma del Río 14700 80 Se 53
(E) Palma de Mallorca 07001* 70 Ac 51
(P) Palmela 2950-007* 80 Sb 52
(I) Palmi 89015 72 Bf 52
(LT) Palnosiai 89091 29 Cc 34
(FIN) Palojärvi 97240 3 Cd 22
(FIN) Palojoensuu 99450 3 Cd 22
(AL) Palokastër 74 Ca 50
(E) Palomas 06476 80 Sd 52
(RUS) Paloščel'e 13 Eh 26
(RUS) Palova 13 Eg 28
(FIN) Paltamo 88300 11 Ch 26
(FIN) Paltaniemi 87850 11 Ch 26
(RO) Păltinoasa 727415 60 Cf 43
(TR) Palu 23500 86 Dk 52
(RUS) Paluga 13 Ef 25
(A) Pamhagen 7152 58 Bg 43
(F) Pamiers 09100 70 Ab 47
(P) Pampilhosa da Serra 3320-200* 68 Sc 50
(TR) Pamucak 83 Ch 53
(TR) Pamukkale 20280 84 Ck 53
(TR) Pamukova 54900 76 Da 50
(BG) Panagjurište 4500 75 Ce 48
(SRB) Pančevo 26101* 59 Ca 46
(RO) Panciu 625400 61 Ch 45
(E) Pancorvo 69 Sg 48
(RO) Pâncota 315600 59 Cb 44
(LT) Pandėlys 42041 29 Cf 34
(RUS) Pan'ël' 22 Fa 29
(E) Panes 69 Sf 47
(LT) Panevėžys 35001* 29 Ce 35
(BG) Paničerevo 6172 75 Cf 48
(RUS) Panikovec 48 Di 38
(RUS) Panino 49 Ea 39
(FIN) Pankakoski 81751 11 Da 27
(RUS) Pankratovo 21 Ed 31
(B) Panne, De 8660 41 Ac 39
(CY) Pano Panagia 84 Dc 56
(CY) Pano Platres 84 Dc 56
(GR) Pánormos 84201 82 Ce 55
(GR) Pánormos 84201 83 Cf 53
(RUS) Panozero 11 Dc 26
(RUS) Pan'šino 33 Ei 38
(FIN) Päntäne 61980 10 Cc 28
(I) Pantelleria 91017 72 Bb 54
(RUS) Pantyj 14 Ei 28
(I) Paola 87027 73 Bg 51
(H) Pápa 8500 58 Bh 43
(GR) Papadiánika 23056 82 Cc 54
(PL) Paparzyn 86-212 28 Bi 37
(D) Papenburg 26871 26 Ah 37
(IS) Papey 36 Rf 26
(LT) Papilys 41012 29 Cf 34
(RUS) Paporotno 19 Db 32
(RUS) Papuševo 32 Ea 36
(SRB) Paraćin 35250* 59 Cb 47
(P) Parada 3430-721* 68 Sc 49
(P) Parada 3430-721* 68 Sd 49
(GR) Paradísi 84 Ci 54

UA Parafijivka 47 Dc 40
FIN Parainen 21601 18 Cc 30
GR Parákila 81107 75 Cg 51
S Parakka 3 Cb 23
GR Paralia 82 Cc 54
TR Paralimni 85 Dd 56
E Páramo del Sil 24470 68 Sd 48
RUS Paramonov 64 Eb 43
RUS Paramonove 31 Dh 37
GR Paranésti 66035 75 Ce 49
RUS Paran'ga 33 Ek 34
AL Paraspuar 74 Ca 50
F Paray-le-Monial 71600* 55 Ae 44
PL Parcele-Przewodowo 06-126 28 Ca 38
D Parchim 19370 27 Bb 37
PL Parczew 63-405 45 Cc 39
CZ Pardubice 530 02* 44 Bf 40
E Paredes de Nava 34300 69 Sf 48
F Parentis-en-Born 40160 54 Si 46
RUS Parfen'evo 21 Ed 32
RUS Parfino 19 Db 33
GR Párga 48060 74 Ca 51
FIN Pargas = Parainen 21601 18 Cc 30
RUS Pargolovo 19 Da 30
F Parigné-l'Évêque 72250 54 Aa 43
FIN Parikkala 59101 19 Ck 29
F Paris 75001* 41 Ac 42
EST Pärispea 18 Cf 31
S Parkalompolo 3 Cc 23
FIN Parkano 39701 10 Cd 28
I Parma 43100 57 Ba 46
RUS Parma 23 Fh 32
SK Párnica 027 52 44 Bk 41
EST Pärnu 80010* 18 Ce 32
EST Pärnu-Jaagupi 87201 18 Ce 32
GR Páros 84400 83 Cf 53
D Parsberg 92331 43 Bb 41
RUS Paršikov 61 Fh 43
RUS Parskij Ugol 32 Eb 37
FIN Partakko 99910 3 Ch 21
D Partenkirchen, Garmisch- 82467 57 Bb 43
F Parthenay 79200* 54 Sk 44
GR Parthéni 85400 83 Cg 53
S Partille 43300 17 Bc 33
I Partinico 90047 72 Bd 52
SRB Partizani 59 Ca 46
SK Partizánske 958 01 44 Bi 42
BG Pǎrvomaj 4270 75 Cf 48
BY Paryčy 30 Ck 38
S Påryd 38850 27 Bf 34
RUS Paša 20 Dd 30
RO Paşcani 705200 60 Cg 43
D Pasewalk 17309 27 Bd 37
LV Pasiene 5732 30 Ci 34
RUS Pašija 24 Fi 32
TR Pasinler 25300 79 Eb 51
S Påskallavik 57090 17 Bg 33
RUS Paškovo 32 Ec 37
RUS Paškovskij 63 Dk 45
PL Pasłęk 14-400 28 Bk 36
D Passau 94032* 43 Bd 42
I Passignano sul Trasimeno 06065 57 Bc 47
BY Pastavy 29 Cg 35
E Pastrana 30876 69 Sh 50
RUS Pas'va 21 Ec 29
LT Pasvalys 39001 29 Ce 34
F Patay 45310 41 Ab 42
I Paterno 72 Be 53
GR Pátmos 85500 83 Cg 53
TR Patnos 04500 79 Ec 51
FIN Patoniva 99981 3 Ch 21
AL Patos 74 Bk 50
GR Pátra 26001* 82 Cb 52
RUS Patrakeevka 12 Ea 26
IS Patreksfjörður 450* 36 Qg 25
I Patti 98066 72 Be 52
RO Pătulele 227350 59 Cc 46
F Pau 64000* 54 Sk 47
F Pauillac 33250 54 Sk 45
F Paulhaguet 43230 55 Ad 45
GR Paúliani 82 Cc 52
RO Păuliş 317230 59 Cb 44
S Pautrāsk 92195 9 Bh 26
RUS Pavda 24 Fk 31
I Pavia 27100 57 Ak 45
P Pavia 7490-420* 68 Sb 52
LV Pāvilosta 3466 28 Cb 34
RUS Pavino 22 Eg 31
RUS Pavinskoe, Unže- 24 Gd 32
BG Pavlikeni 5200 60 Cf 47
UA Pavlivka 63 Dh 43
UA Pavlograd = Pavlohrad 48 Df 42
UA Pavlohrad 48 Df 42
HR Pavlovac 58 Bh 45
RUS Pavlov Huter 31 Di 37
RUS Pavlovka 35 Fg 35
RUS Pavlovka 50 Eh 38
RUS Pavlovo 32 Ed 35
RUS Pavlovsk 19 Da 31
RUS Pavlovsk 49 Ea 40
RUS Pavlovskaja 63 Dk 44
RUS Pavlovskij Posad 31 Di 35
RUS Pavlovskoe 32 Eb 34
RUS Pavlovskoe, Nikolo- 24 Ga 33
UA Pavlyš 47 Dd 42
I Pavullo nel Frignano 41026 57 Ba 46
TR Payamlı 86 Di 53
CH Payerne 1530 56 Ag 44
E Paymogo 21560 80 Sc 53
TR Pazar 06893 77 Dc 50
TR Pazar 06893 78 Dg 50
TR Pazar 06893 79 Ea 49
TR Pazarcık 78 Dg 51
TR Pazarcık 79 Ed 50
TR Pazarcık 86 Dh 53
BG Pazardzik 75 Ce 48
BG Pazardžik 4400* 75 Ce 48
TR Pazarköy 77 Dc 50
TR Pazarlar 43350 76 Ck 51
TR Pazarören 85 Dg 52
TR Pazaryeri 11800 76 Ck 50
TR Pazaryolu 25900 79 Ea 50
HR Pazin 52000 57 Bd 45
A Paznaun 6561 57 Ba 43
E Peal de Becerro 23460 81 Sg 53
RKS Peć = Pejë 30000* 74 Ca 48
TR Peçenek 06742 77 Dc 50
RUS Pečenga 4 Db 21
RUS Pečengskoe, Ust'- 21 Ec 31
RUS Pečeničino 30 Dc 35
SRB Pečenjevce 16251 74 Cb 47
RUS Pečerniki 32 Dk 36
SRB Pecka 14207 59 Bk 46
RUS Pečmen' 35 Fg 34
RUS Pečora 15 Fh 25
RUS Pečory 19 Ch 33
H Pécs 7600* 59 Bi 44
E Pedrafita do Cebreiro 27670 68 Sc 48
E Pedraza de la Sierra 40172 69 Sg 49
E Pedro Muñoz 10630 69 Sh 51
E Pedroñeras, Las 16660 60 Sh 51
E Pedroso, El 41360 80 Se 53
GB Peebles EH45 39 Sg 35
GBM Peel IM5 39 Sf 36
D Peenemünde 17449 27 Bd 36
RUS Peganovo 22 Eg 30
D Pegau 04523 43 Bc 39
D Pegnitz 91257 43 Bb 41
E Pego 03780 70 Sk 52
RUS Pegyš 14 Fa 27
MK Pehčevo 2326 74 Cc 49
TR Pehlivanköy 39210 75 Cg 49
D Peine 31224* 43 Ba 38
FIN Peipohja 32810 18 Cc 29
D Peitz 03185 43 Be 39
RKS Pejë = Peć 30000* 74 Ca 48
RUS Peklino 31 Dd 37
RUS Pektubaevo 33 Ei 33
GR Pelasgía 35013 82 Cc 52
CZ Pelhřimov 350 02 44 Bf 41
TR Pelitbükü 55700 77 Df 49
FIN Pelkosenniemi 98500 3 Ch 23
FIN Pello 95701 3 Cd 24
BG Pelovo 5870 60 Ce 47
FIN Peltovuoma 99420 3 Ce 22
RUS Pelym 23 Fe 31
TR Pembecik 33700 85 Dd 54
GB Pembroke SA71 40 Sf 39
E Peñafiel 47300 69 Sf 49
P Penafiel 4560-450* 68 Sb 49
E Peñaflor 33829 80 Se 53
P Penamacor 6090-508* 68 Sc 50
E Peñaranda de Bracamonte 37300 68 Se 50
E Peñaranda de Duero 09410 69 Sg 49
E Peñarroya-Pueblonueva 14200 80 Se 52
GB Penarth CF64 40 Sg 39
E Peñas de San Pedro 02120 81 Si 52
E Peñausende 49178 68 Se 49
GR Pendéli 15236 82 Cd 52
P Penela 3230-249* 68 Sb 50
GB Penfro = Pembroke SA71 40 Sf 39
P Peniche 2520-200* 68 Sa 51
D Penig 09322 43 Bc 40
RUS Peninga 11 Dc 27
RUS Penkino 32 Ea 34
F Penmarc'h 29760 54 Sf 43
I Penne 65017 72 Bd 48
RUS Penno 30 Dc 34
GB Penrith CA11 39 Sh 36
GR Pentálofos 50007 74 Cb 50
RUS Penza 33 Ef 37
GB Penzance TR18 40 Se 40
D Penzberg 82377 57 Bb 43
AL Peqin 74 Bk 49
H Pér 9099 58 Bh 43
P Pêra 80 Sb 53
GR Perahóra 20300 82 Cc 52
E Peraleda de la Mata 10335 68 Se 51
E Peraleda de Zaucejo 06919 80 Se 52
GR Pérama 74052 82 Ce 55
FIN Peranka 89770 11 Ci 25
E Peranzanes 24429 68 Sd 48
FIN Perä-Posio 97820 3 Ch 24
FIN Peräseinäjoki 61101 10 Cd 28
GR Pérdika 46100 74 Ca 51
GR Pérdika 46100 82 Cd 53
UA Perečyn 45 Cc 42
UA Perehins'ke 45 Ce 42
UA Perejaslav-Chmel'nyc'kyj 47 Db 40
RUS Perejaslovskaja 63 Dk 45
RUS Perekopka 49 Ed 41
RUS Perelešinskij 49 Ea 39
RUS Pereljub 51 Fa 39
UA Peremoha 47 Db 40
RUS Peremyšl' 31 Dg 36
UA Peremyšljany 45 Ce 41
UA Pereščepyne 48 Df 41
MD Peresecina 3541 61 Ci 43
RUS Pereslavl'-Zalesskij 31 Di 34
RUS Peresypkino Pervoe 32 Ec 38
RUS Per'evo 21 Dk 31
RUS Perevolockij 51 Fe 39
RUS Perevoz 33 Ee 35
I Pergine Valsugana 38057 57 Bb 44
I Pergola 57 Bc 47
FIN Perho 31140 10 Ce 27
RO Periam 307315 59 Ca 44
F Périers 50190 40 Si 41
RO Perieţi 927190 61 Ch 46
F Périgueux 24000* 54 Aa 45
RO Perişoru 917195 61 Ch 46
D Perleberg 19348 27 Bb 37
RUS Perlevka 48 Di 39
RUS Perm' 23 Fg 32
RUS Permas 22 Ef 31
AL Përmet 74 Ca 50
BG Pernik 2300* 75 Cd 48
FIN Perniö 25501 18 Cd 30
F Péronne 80200 41 Ac 41
AL Përparim 74 Bk 51
F Perpignan 66000* 70 Ac 48
F Perros-Guirec 22700 40 Sg 42
S Persåsen 9 Be 28
TR Perşembe 52750 70 Dh 40
RUS Peršinskaja 21 Ea 30
UA Peršotravneve = Mokvin 63 Dh 43
UA Peršotravnevoe = Mokvin 63 Dh 43
S Perstorp 28401 27 Bd 34
TR Pertek 86 Dk 52
GB Perth PH1 38 Sg 34
RUS Pertjugskij 22 Eg 31
RUS Pertominsk 12 Di 26
F Pertuis 84120 56 Af 47
FIN Pertunmaa 52730 18 Cg 29
I Perugia 06100 72 Bc 47
HR Perušić 58 Bf 46
TR Pervari 56700 87 Ec 53
RUS Pervoavgustovskij 48 Dh 38
UA Pervomaiskyj 48 Dg 41
UA Pervomajsk 32 Ed 36
UA Pervomajs'k 47 Da 42
UA Pervomajs'k 48 Di 42
UA Pervomajsk = Pervomajs'k 47 Da 42
UA Pervomajs'ke 62 Dc 43
UA Pervomajs'ke 62 Dd 45
RUS Pervomajskij 21 Ee 29
RUS Pervomajskij 32 Ea 37
RUS Pervomajskij 34 Fb 37
RUS Pervomajskij 35 Gb 36
RUS Pervomajskij 49 Ee 38
RUS Pervomajskij 50 Ei 39
RUS Pervomajskij 51 Fb 39
RUS Pervomajskoe 19 Ck 30
RUS Pervomajskoe 49 Eb 42
RUS Pervomajskoe 50 Eh 39
RUS Pervoural'sk 35 Fk 34
I Pesaro 61100 57 Bc 47
RUS Pesčanoe 12 Df 28
RUS Pesčanokopskoe 64 Eb 44
I Pescara 65100* 73 Be 48
RUS Peščera 23 Fc 31
I Peschici 71010 73 Bg 49
I Peschiera del Garda 37019 57 Ba 45
I Pescina 67057 72 Bd 48
RUS Pescočnja 31 Dd 37
RUS Pesenec 13 Ee 28
AL Peshkëpi 74 Bk 50
AL Peshkopi 74 Ca 49
FIN Pesiökylä 89640 11 Ci 26
RUS Peski 31 Di 35
RUS Peski 49 Ea 40
RUS Peskovka 23 Fc 31
RUS Peškovo 48 Dh 38
MK Pesočani 6342 74 Ca 49
RUS Pesočnja 32 Ea 36
RUS Pesocnoe 19 Ck 30
P Peso da Régua 5050-208* 68 Sc 49
F Pessac 33600 54 Sk 46
MK Peštani 6323 74 Ca 49
BG Peštera 4754 75 Ce 48
RUS Pestjaki 32 Ec 34
RUS Pestovo 20 Df 32
RUS Pestravka 50 Ek 38
FIN Petäiskylä 75930 11 Ck 27
FIN Petäjävesi 41901 10 Cf 28
FIN Petalax 66240 10 Cb 28
GR Petalidi 24005 82 Cb 54
GB Peterborough PE3 40 Sk 38
GB Peterculter 38 Sh 33
GB Peterhead AB42 38 Si 33
GB Peterlee SR8 39 Si 36
GB Petersfield GU32 40 Sk 39
H Pétervására 3250 45 Ca 42
E Petín 68 Sc 48
F Petit-Quevilly, le 76140 41 Ab 41
FIN Petkula 99670 3 Cg 23
FIN Petolahti = Petalax 66240 10 Cb 28
GR Pétra 60100 75 Cg 51
F Petreto-Bicchisano 20140 71 Ai 49
BG Petrič 2850 75 Cd 49
RO Petrila 335800 60 Cd 45
HR Petrinja 58 Bg 45
RUS Petriščevo 30 Dc 35
UA Petrivka 47 Db 40
UA Petrivka 48 Dk 42
UA Petrivka 61 Da 44
UA Petrivka 62 De 44
RUS Petrjaevskij 22 Ef 31
RUS Petrodvorec 19 Ck 31
RUS Petrokamenskoe 24 Ga 33
RUS Petrokrepost' = Šlissel'burg 19 Db 31
A Petronell-Carnuntum 2404 44 Bg 42
UA Petropavlika 48 Dh 41
UA Petropavlivka 48 Dg 42
RUS Petropavlovka 35 Fk 35
RUS Petropavlovka 49 Ea 40
RUS Petropavlovka 50 Eh 40
RUS Petropavlovsk 23 Fe 33
RUS Petropavlovsk 35 Fh 34
RUS Petropavlovskij 35 Fk 36
RUS Petropavlovskoe 64 Ee 45
RO Petroşani 000332* 60 Cd 45
RUS Petrova 13 Ed 26
BY Petrova Buda 30 Db 38
SRB Petrovac 12300 59 Cb 46
MNE Petrovac na moru 85 300 74 Bi 48
RUS Petrovcy 23 Fd 32
UA Petrove 47 Dd 42
RUS Petroviči 30 Dc 37
RUS Petrovka 34 Fb 37
RUS Petrovka 49 Ea 40
RUS Petrovo 20 Df 32
RUS Petrovsk 50 Ef 38
RUS Petrovskaja 63 Dh 45
RUS Petrovskij 32 Ea 34
RUS Petrovskoe 32 Dk 33
RUS Petrovskoe 35 Fg 37
RUS Petrovskoe 49 Ea 38
RUS Petrov Val 50 Ef 40
RUS Petrozavodsk 12 De 29
RUS Petrušino 32 Dk 35
BY Petrykav 46 Ci 38
UA Petrykivka 47 De 42
RUS Petuški 32 Dk 35
A Peuerbach 4722 43 Bd 42
F Peyrehorade 40300 54 Si 47
AL Pezë e Vogël 74 Bk 49
F Pézenas 34120 55 Ad 47
CZ Pezinok 44 Bh 42
RUS Pezmog 14 Fb 29
D Pfaffenberg, Mallersdorf- 84066 43 Bc 42
D Pfarrkirchen 84347 43 Bc 42
D Pforzheim 75172* 42 Ai 42
D Pfullendorf 88630 57 Ak 43
A Pfunds 6542 57 Ba 44
F Phalsbourg 57370* 42 Ah 42
B Philippeville 5600 41 Ae 40
I Piacenza 29100 57 Ak 45
I Piadena 26034 57 Ba 45
I Pianoro 40065 57 Bb 46
I Pianosa 57036 72 Ba 48
P Pias 7860-001 80 Sc 52
PL Piaseczno 74-110 45 Cb 38
PL Piaski 63-820 45 Cc 39
PL Piątek 99-120 44 Bk 38
RO Piatra 907197 60 Cf 47
RO Piatra-Neamţ 000610* 60 Cg 44
I Piazza Armerina 94015 72 Be 53
I Piazza Brembana 24014 57 Ak 45
RUS Pičaevo 32 Ec 37
RUS Pičiha 21 Dk 30
GB Pickering YO18 39 Sk 36
RUS Pičkirjaevo 32 Ec 36
D Picnjo = Peitz 03185 43 Be 39
F Picquigny 80310 41 Ac 41
UA Pidhajci 46 Cf 41
RUS Pid'ma 20 De 30
I Piedimonte Matese 81016 73 Be 49
E Piedrabuena 13100 69 Sf 51
E Piedrahita 68 Se 50
FIN Pieksämäki 76150 11 Ch 28
FIN Pielavesi 72430 10 Cg 27
PL Pieniężno 14-520 28 Ca 36
PL Pieńsk 59-930 44 Bf 39
I Pienza 53026 72 Bb 47
GB Pierowall KW17 38 Sh 31
F Pierrefort 15230 55 Ac 46
F Pierrelatte 26700 55 Ae 46
SK Piešťany 44 Bh 42
FIN Pietarsaari = Jakobstad 68600* 10 Cc 27
I Pietra Ligure 56 Ai 46
I Pietrasanta 55045 57 Ba 47
RO Pietroşani 147250 60 Cf 47
I Pieve di Teco 18026 56 Ah 46
RUS Pigari 50 Ek 39
FIN Pihlajavesi 42910 10 Ce 28
FIN Pihtipudas 44801 10 Cf 27
FIN Piippola 92620 10 Cf 26
FIN Piittisjärvi 97630 3 Cg 24
RUS Pikalevo 20 De 31
EST Pikasilla 18 Cg 32
PL Piła 64-920 28 Bg 37
RUS Pil'na 33 Ef 35
GR Pilorí 51100 74 Cb 50
GR Pilos 24001 82 Cb 54
LV Piltene 3620 18 Cb 33
PL Pilzno 39-220 45 Cb 41
TR Pınarbaşı 85 Dd 53
TR Pınarbaşı 86 Dg 52
TR Pınarbaşı 87 Ea 53
TR Pınarcık 83 Ch 53
F Pinarellu 20144 71 Ak 49
TR Pınarhisar 39300 76 Ch 49
TR Pınarlar 86 Dk 52
PL Pińczów 28-400 45 Ca 40
RUS Pinduši 12 De 28
RUS Pinega 13 Ed 26
I Pinerolo 10064 56 Ah 46
I Pineto 64025 73 Be 48
F Piney 10220 41 Ae 42
P Pinhel 4485-431 68 Sc 50
RUS Pinjug 22 Eh 30
D Pinneberg 25421 26 Ak 37
E Pinoso 03650 81 Si 52
BY Pinsk 46 Cg 38
FIN Pintamo 93290 11 Ch 25
E Pinto 28320 69 Sg 50
I Piombino 57025 72 Ba 48
RUS Pionerskij 28 Ca 36
PL Piotrków Trybunalski 97-300 44 Bk 39
I Piove di Sacco 35028 57 Bc 45
F Pipriac 35550 54 Si 43
AL Piqeras 74 Bk 50
TR Piraziz 28340 78 Di 50
GR Pireás 18547 82 Cd 53
GR Pírgi 82102 83 Cf 52
GR Pírgos 70010 82 Cb 53
GR Pírgos 70010 83 Cf 55
TR Pirinçlik 53400 87 Ea 53
RUS Pirinem 13 Ee 26
UA Pirki 47 Da 39
FIN Pirkkiö 95470 10 Ce 25
MD Pîrliţa 3641 61 Ch 43
D Pirmasens 66953* 42 Ah 41
D Pirna 01796 43 Bd 40
SRB Pirot 18300* 59 Cc 47
HR Pirovac 58 Bf 47
GR Pirsógiani 44015 74 Ca 50
FIN Pirttikoski 14450 3 Ch 24
I Pisa 56100* 57 Ba 47
HR Pisarovina 58 Bf 45
UA Pišča 45 Cd 39
UA Piščane 47 Db 41
UA Piščanka 46 Ci 42
UA Piščanyj Brid 47 Db 42
RUS Piscovo 21 Ea 33
RO Piscu Vechi 207455 60 Cd 47
CZ Písek 397 01 43 Be 41
UA Piski-Rad'kivs'ki 48 Dh 41
UA Piskivka 46 Ck 40
RUS Pišnur 22 Eh 33
GR Pissés 82 Ce 53
F Pissos 40410 54 Sk 46
I Pisticci 75015 73 Bg 50
I Pistoia 57 Ba 47
PL Pisz 12-200 28 Cb 37
S Piteå 94101* 10 Cb 25
RUS Pitelino 32 Eb 36
RUS Piterka 50 Eh 40
RO Piteşti 110323 60 Ce 46
GR Pithagório 83103 83 Cg 53
F Pithiviers 45300 41 Ac 42
I Pitigliano 58017 72 Bb 48
GR Pititsa 82 Cb 52
RUS Pitkjaranta 19 Db 29
RUS Pitkul' 4 Dd 23
GB Pitlochry PH16 38 Sg 34
HR Pitomača 58 Bh 45
SLO Pivka 6257 58 Be 45
PL Piwniczna-Zdrój 45 Ca 41
RUS Pižanka 22 Ei 33
RUS Pižma 22 Eh 33
I Pizzo 89812 73 Bg 52
RUS Pjalica 12 Dk 24
RUS Pjalka 5 Ea 24
RUS Pjal'ma 12 Df 28
RUS Pjanda 13 Ec 28
RUS Pjanteg 23 Fg 30
RUS Pjaozerskij 11 Db 25
RUS Pjašnica 20 Dg 31
RUS Pjatigorsk 64 Ed 46
UA Pjatychatky 47 Dd 42
RUS Pjaželka 20 Df 30

A B C D E F G H I J K L M N O P Q R S T U V W X Y Z

(GR) Pláka 81401 75 Cf 50
(GR) Pláka 81401 82 Cc 53
(BIH) Plana 73 Bi 48
(F) Plancoët 22940 40 Sh 42
(SRB) Plandište 26360 59 Cb 45
(UA) Planers'ke 62 Df 46
(AL) Plasë 74 Ca 50
(E) Plasencia 10600 68 Sd 50
(HR) Plaški 58 Bf 45
(N) Plassen 2427 17 Bc 29
(RUS) Plast 35 Ga 36
(RUS) Plastmass 31 Dh 36
(GR) Platanistós 34001 82 Ce 52
(D) Plattling 94447 43 Bc 42
(D) Plau 27 Bc 37
(D) Plauen 08523* 43 Bc 40
(MNE) Plav 84 325 74 Bk 48
(LV) Plavinas 29 Cf 34
(RUS) Plavsk 31 Dh 37
(F) Pleaux 15700 55 Ac 45
(RUS) Ples 21 Eb 33
(RUS) Plešanovo 34 Fd 38
(BY) Pleščanicy 30 Ch 36
(RUS) Pleseck 12 Ea 28
(RUS) Pleški 31 De 34
(RUS) Plëso 20 Df 31
(PL) Pleszew 63-300 44 Bh 39
(HR) Pleternica 58 Bh 45
(BG) Pleven 5800* 60 Ce 47
(F) Pleyben 29190 40 Sg 42
(BY) Plisa 30 Ch 35
(HR) Plitvica 58 Bf 46
(MNE) Pljevlja 84 210* 59 Bk 47
(RUS) Pljussa 19 Ck 32
(HR) Ploče 73 Bh 47
(PL) Płock 09-400 44 Bk 38
(F) Ploërmel 56800 54 Sh 43
(RO) Ploieşti 000100* 60 Cg 46
(GR) Plomári 81200 83 Cg 52
(D) Plön 24306 27 Ba 36
(PL) Płońsk 09-100 45 Ca 38
(RUS) Ploska 21 Ee 33
(RUS) Ploskoe 31 Df 36
(RUS) Ploskoš' 30 Db 34
(RUS) Plotniki 20 Dg 33
(PL) Płoty 72-310 27 Bf 37
(F) Plouaret 22420 40 Sg 42
(F) Plouay 56240 54 Sg 43
(F) Ploudalmézeau 29830 40 Sf 42
(F) Plouézec 22470 40 Sh 42
(F) Plouguer, Carhaix- 29270 40 Sg 42
(F) Plouha 22580 40 Sh 42
(BG) Plovdiv 4000* 75 Ce 48
(F) Plozévet 29710 40 Sf 43
(GB) Plumbridge BT79 37 Sc 36
(LT) Plungė 90001 28 Cb 35
(F) Pluvigner 56330 54 Sg 43
(GB) Plymouth PL9 40 Sf 40
(CZ) Plzeň 301 00* 43 Bd 41
(PL) Pniewy 62-045 44 Bg 38
(BG) Pobeda 8679 75 Cg 48
(RUS) Pobeda 32 Ec 34
(RUS) Pobedino 29 Cc 36
(E) Pobla de Lillet, la 08696 70 Ab 48
(E) Pobla de Segur, la 25500 70 Aa 48
(RUS) Poboišče 52 Fh 38
(UA) Pobuz'ke 47 Da 42
(RUS) Poča 12 Di 28
(UA) Počajiv 46 Cf 40
(UA) Počapynci 47 Da 41
(RUS) Počep 31 Dd 38
(RUS) Počiniki 33 Ee 36
(RUS) Počinok 20 De 33
(RUS) Počinok 30 Dc 36
(BIH) Počitelj 73 Bh 47
(GB) Pocklington YO42 39 Sk 37
(RUS) Počtovskij, Kletsko- 49 Ed 41
(RO) Podari 207465 60 Cd 46
(RUS) Podbel'sk 34 Fb 37
(RUS) Podberez'e 19 Db 32
(RUS) Podberez'e 30 Da 34
(RUS) Podbolot'e 21 Ee 31
(CZ) Podbořany 441 01 43 Bd 40
(RUS) Podborka 12 Ea 26
(RUS) Podborov'e 19 Ci 33
(MNE) Podbožur 74 Bi 48
(RUS) Podčer'e 15 Fh 27
(PL) Poddębice 99-200 44 Bi 39
(RUS) Poddor'e 19 Db 33
(CZ) Poděbrady 290 01 44 Bf 40
(HR) Podgorac 59 Bi 45
(RUS) Podgorenski 48 Dk 40
(MNE) Podgorica 81 101* 74 Bk 48
(AL) Podgorje 74 Ca 50
(RUS) Podgornaja 49 Eb 40
(RUS) Podgornoe 64 Ed 44
(RUS) Podhožee 31 Di 36
(BIH) Podhum 58 Bh 47
(UA) Podil 47 Dd 41
(RUS) Podjuga 21 Ea 29
(BG) Podkova 6880 75 Cf 49
(GR) Podogorá 30018 82 Cb 52
(RUS) Podol'sk 31 Dh 35
(RUS) Podol'sk 52 Fi 38
(RUS) Podol'skaja 13 Eg 28
(RUS) Podomskoe, Il'insko- 22 Eh 29
(RUS) Podophaj 31 Dd 36
(RUS) Podora 14 Fe 28
(RUS) Podosinovec 22 Eg 30
(RUS) Podporož'e 20 De 30
(HR) Podravska Slatina 58 Bh 45
(RUS) Podrezčiha 22 Fb 31
(BIH) Podromanija 59 Bi 47
(RUS) Podsnežnoe 50 Ef 38
(RO) Podu Iloaiei 707365 61 Ch 43
(RKS) Podujevë = Podujevo 74 Cb 48
(RKS) Podujevo = Podujevë 74 Cb 48
(RO) Podu Turcului 607450 61 Ch 44
(RUS) Podvislovo 32 Ea 37
(RUS) Podvoloč'e 12 Ea 28
(RUS) Podyem-Mihajlovka 34 Fa 38
(RUS) Podymalovo 34 Ff 36
(RUS) Podyvot'e 47 De 38
(RUS) Podz' 22 Fa 30
(RUS) Pogar 47 Dd 38
(I) Poggibonsi 53036 57 Bb 47
(I) Poggio Rusco 46025 57 Bb 46
(RO) Pogoanele 125200 60 Cg 46
(RUS) Pogorelec 13 Ef 25
(RUS) Pogorelka 20 Dh 31
(RUS) Pogoreloe Gorodišče 31 De 34
(RUS) Pogost 12 Di 29
(RUS) Pogost 13 Eb 27
(AL) Pogradec 74 Ca 50
(RUS) Pograničnoe 50 Ei 40
(RUS) Pogromnoe 51 Fc 38
(RUS) Pogruznaja 34 Fa 36
(FIN) Pohjaslahti 97630 10 Ce 28
(FIN) Pohjois-li 10 Cf 25
(CZ) Pohořelice 691 23 44 Bg 42
(UA) Pohrebyšče 46 Ck 41
(RUS) Pohvistnevo 34 Fc 37
(RO) Poiana Mare 207470 60 Cd 47
(RO) Poiana Stampei 727430 60 Cf 43
(RO) Poiana Teiului 617340 60 Cf 43
(RUS) Poim 52 Fh 39
(RUS) Poisevo 34 Fd 35
(F) Poissy 78300 41 Ac 42
(F) Poitiers 86000* 54 Aa 44
(F) Poix-de-Picardie 80290 41 Ab 41
(F) Poix-Terron 08430 41 Ae 41
(SRB) Pojate 37214 59 Cb 47
(FIN) Pokka 99195 3 Cf 22
(RUS) Pokoinoe 64 Ee 46
(RUS) Pokrov 32 Dk 35
(RUS) Pokrovka 33 Ek 38
(RUS) Pokrovka 34 Fd 37
(RUS) Pokrovka 35 Fg 37
(RUS) Pokrovka 50 Eg 42
(RUS) Pokrovka 51 Fd 39
(RUS) Pokrovskaja Arčada 33 Ee 38
(UA) Pokrovs'ke 48 Di 41
(UA) Pokrovs'ke 63 Dg 43
(RUS) Pokrovskoe 12 Di 26
(RUS) Pokrovskoe 25 Gg 33
(RUS) Pokrovskoe 31 Dg 35
(RUS) Pokrovskoe 35 Gb 34
(RUS) Pokrovskoe 48 Dg 38
(RUS) Pokrovskoe 63 Di 43
(RUS) Pokrovsk-Ural'skij 24 Fk 30
(RUS) Pola 19 Db 33
(HR) Polače 73 Bh 48
(BY) Polack 30 Ci 35
(E) Pola de Allande 33880 68 Sd 47
(E) Pola de Gordón, La 24600 68 Se 48
(E) Pola de Laviana 33980 68 Se 47
(E) Pola de Lena 33630 68 Se 47
(E) Pola de Siero 33510 68 Se 47
(E) Pola de Somiedo (La Pola) 68 Sd 47
(PL) Polanów 76-010 28 Bg 36
(TR) Polateli 86 Dh 54
(TR) Polatlar 77 Dc 51
(TR) Polatlı 06900 77 Dc 51
(RUS) Polazna 23 Fg 32
(RUS) Polbino 33 Eh 36
(PL) Połczyn Zdrój 78-320 28 Bg 37
(RUS) Poldarsa 22 Ef 30
(RUS) Poldnevaja 35 Ga 34
(RUS) Polessk 28 Cb 36
(RUS) Polevskoj 35 Ga 34
(RUS) Polga 12 De 27
(H) Polgár 4090 59 Cb 43
(CY) Poli 84 Dc 55
(AL) Poliçan 74 Ca 50
(PL) Police 72-010 27 Be 37
(I) Policoro 75025 73 Bg 50
(GR) Polígiros 63100 75 Cd 50
(I) Polignano a Mare 70044 73 Bh 50
(F) Poligny 39800 56 Af 44
(GR) Políhnitos 75 Cg 51
(GR) Políkastro 61200 74 Cc 50
(RUS) Polino-Ašlyk 25 Gk 33
(UA) Polis'ke 46 Ck 39
(I) Polistena 89024 73 Bg 52
(RUS) Politovo 14 Ei 26
(RUS) Poljakovka 35 Fk 36
(RUS) Poljana, Bedeeva- 35 Fg 35
(RUS) Poljana, Jasnaja 31 Dh 36
(RUS) Poljany 19 Ck 30
(RUS) Poljarnye Zori 4 Dc 23
(RUS) Poljarnyj 4 Dd 21
(BIH) Poljico 59 Bi 46
(UA) Polkova 48 Df 40
(I) Polla 84035 73 Bf 50
(E) Pollença 07460 70 Ad 51
(N) Polmak 9840 3 Ci 20
(BY) Polock = Polack 30 Ci 35
(RUS) Polockoe 52 Fk 38
(UA) Polohy 63 Dg 43
(RUS) Polom 22 Fa 31
(RUS) Polom 23 Fd 33
(RUS) Polom 23 Fe 32
(UA) Polonne 46 Ch 40
(RUS) Polotnjanyj Zavod 31 Df 36
(RUS) Polovišćenskij 22 Eg 30
(RUS) Polovniki 14 Fa 28
(BG) Polski Gradec 6276 75 Cg 48
(BG) Polski Trămbeš 5180 60 Cf 47
(UA) Poltava 47 De 41
(EST) Põltsamaa 48103* 18 Cf 32
(EST) Põlva 63303* 19 Ch 32
(I) Pomarance 56045 57 Ba 47
(FIN) Pomarkku 29631 18 Cb 29
(P) Pombal 3100-310* 68 Sb 51
(BG) Pomorie 8200 76 Ch 48
(UA) Pomorjany 45 Ce 41
(CY) Pomos 8870 84 Dc 55
(RUS) Ponazyrevo 22 Eg 32
(E) Ponferrada 24400 68 Sd 48
(RUS) Ponga 12 Di 27
(PL) Poniatów 97-330 44 Bk 39
(MK) Ponikve 74 Cc 48
(RUS) Ponino 23 Fc 32
(RUS) Ponizov'e 30 Db 35
(RUS) Ponoj 5 Eb 23
(RUS) Ponomarevka 34 Fe 37
(F) Pons 17800 54 Sk 45
(F) Pontacq 64530 70 Sk 47
(F) Pont-à-Mousson 54700* 42 Ag 42
(F) Pontarlier 25300* 56 Ag 44
(I) Pontassieve 50065 57 Bb 47
(F) Pont-Audemer 27500 41 Aa 41
(F) Pontaumur 63380 55 Ac 45
(F) Pontcharra 38530 56 Ag 45
(F) Pontchâteau 44160 54 Sh 43
(F) Pont-d'Ain 01160 56 Af 44
(F) Pont-de-Beauvoisin, le 38480 56 Af 45
(E) Pont de Suert, el 25520 70 Aa 48
(F) Pont-de-Veyle 01290 55 Ae 44
(E) Ponteareas 36860 68 Sb 48
(P) Ponte da Barca 4980-610* 68 Sb 49
(P) Ponte de Lima 4990-011* 68 Sb 49
(I) Pontedera 56025 57 Ba 47
(P) Ponte de Sor 7400-201* 68 Sb 51
(E) Pontedeume 15600 68 Sb 47
(GB) Pontefract WF8 39 Si 37
(GB) Ponteland NE20 39 Si 35
(F) Ponte Leccia 20218 71 Ak 48
(I) Ponte nelle Alpi 32014 57 Bc 44
(E) Pontenova, A 27720 68 Sc 47
(E) Pontes de García Rodríguez, As 15320 68 Sc 47
(E) Pontevedra 36001* 68 Sb 48
(F) Pontivy 56300 40 Sh 42
(F) Pont-l'Abbé 50360 54 Sf 43
(F) Pont-l'Évêque 14130 41 Aa 41
(F) Pontoise 04800 41 Ac 41
(GR) Pontokerasía 75 Cd 49
(F) Pontorson 50170 40 Si 42
(I) Pontremoli 54027 57 Ak 46
(CH) Pontresina 7504 57 Ak 44
(F) Pontrieux 22260 40 Sg 42
(E) Ponts 25740 70 Ab 49
(F) Pont-Sainte-Maxence 60700 41 Ac 41
(F) Pont-Saint-Esprit 30130* 55 Ae 46
(F) Ponts-de-Cé, Les 49130 54 Sk 43
(F) Pont-sur-Yonne 89140 41 Ad 42
(F) Pontvallain 72510 54 Aa 43
(GB) Pontypool NP4 40 Sg 39
(GB) Pontypwl = Pontypwl 40 Sg 39
(RUS) Ponurovka 47 Dc 38
(RUS) Ponyri 48 Dg 38
(I) Ponza 04027 72 Bc 50
(GB) Poole BH15 40 Si 40
(RUS) Popča 14 Fc 27
(LV) Pope 3614 18 Cb 33
(RO) Popeni 61 Ch 44
(B) Poperinge 8970 41 Ac 40
(UA) Popil'nja 46 Ck 41
(BG) Popinci 4528 75 Ce 48
(RUS) Popolevinskij 32 Dk 37
(I) Popoli 65026 72 Bd 48
(BG) Popovica 4127 75 Cf 48
(RUS) Popovka 34 Fd 36
(RUS) Popovka 49 Eb 41
(BG) Popovo 8735 60 Cg 47
(RUS) Popov Porog 12 De 27
(I) Poppi 52014 57 Bb 47
(SK) Poprad 058 01 45 Ca 41
(RUS) Poputnaja 64 Eb 46
(BY) Porazava 29 Ce 38
(E) Porcuna 23790 81 Sf 53
(I) Pordenone 33170 57 Bc 45
(BG) Pordim 5898 60 Ce 47
(HR) Poreč 57 Bd 45
(RUS) Poreč'e 20 Dg 32
(RUS) Poreč'e 31 Df 35
(RUS) Poreč'e-Rybnoe 32 Dk 33
(RUS) Poreckoe 33 Eg 35
(RUS) Porez 22 Fb 33
(RUS) Porhov 19 Ck 33
(FIN) Pori 28003* 18 Cb 29
(RUS) Por'jaguba 4 Dd 24
(S) Porjus 98260 2 Bk 24
(FIN) Porkala = Porkkala 02400* 18 Ce 31
(FIN) Porkkala 02400* 18 Ce 31
(IS) Porlakshöfn 36 Qi 27
(F) Pornic 44210 54 Sh 43
(F) Pornichet 44380 54 Sh 43
(RUS) Porog 12 Di 27
(GR) Póros 28086 82 Ca 52
(RUS) Porosozero 11 Dc 28
(RUS) Porožsk 14 Fd 27
(CH) Porrentruy 2900* 56 Ah 43
(I) Porretta Terme 40046 57 Ba 46
(E) Porriño, O 36400 68 Sb 48
(N) Porsgrunn-Skien 3910* 16 Ak 31
(GB) Portadown BT66 37 Sd 36
(GB) Portaferry BT22 37 Se 36
(P) Portalegre 7300-002* 68 Sc 51
(IRL) Port an Salainn 37 Sc 35
(GB) Port Askaig PA46 37 Sd 35
(E) Portbou 17497 70 Ad 48
(F) Port-de-Bouc 13110 55 Ae 47
(E) Port de Pollença 07470 70 Ad 51
(P) Portel 7220-353* 80 Sc 52
(GB) Port Ellen PA42 37 Sd 35
(F) Port-en-Bessin-Huppain 14520 40 Sk 41
(GBM) Port Erin IM9 39 Sf 36
(GB) Porthcawl CF36 40 Sg 39
(GB) Porthmadog LL49 39 Sf 38
(P) Portimão 8500-069* 80 Sb 53
(FIN) Portimo 97701 10 Cg 24
(GB) Portknockie AB56 38 Sh 33
(IRL) Port Láirge = Waterford 37 Sc 38
(F) Port-la-Nouvelle 11210 70 Ad 47
(IRL) Port Laoise 37 Sc 37
(F) Port-Louis 56290 54 Sg 43
(IRL) Portmagee = An Caladh 37 Rk 39
(F) Porto 20150 71 Ai 48
(P) Porto 4000-008* 68 Sb 49
(I) Porto Azzurro 57036 72 Ba 48
(I) Porto Cervo 07026 71 Ak 49
(I) Porto Cesareo 73010 73 Bh 50
(E) Porto Cristo 70 Ad 51
(I) Porto d'Ascoli 72 Bd 48
(E) Porto do Son 15970 68 Sa 48
(I) Porto Empedocle 92014 72 Bd 53
(I) Portoferraio 57037 72 Ba 48
(I) Portofino 16034 57 Ak 46
(GB) Port of Ness HS2 38 Sd 32
(I) Portogruaro 30026 57 Bc 45
(GR) Pórto Kágio 23071 82 Cc 54
(I) Porto Levante 98055 72 Be 52
(FIN) Pörtom 66270 10 Cb 28
(IRL) Port Omna = Portumna 37 Sb 37
(I) Porto Recanati 62017 57 Bd 47
(SLO) Portorož 6320 57 Bd 45
(I) Porto San Giorgio 63023 57 Bd 47
(I) Porto Santo Stefano 58015 72 Bb 48
(I) Portoscuso 09010 71 Ai 51
(I) Porto Tolle 45018 57 Bc 46
(I) Porto Torres 07046 71 Ai 50
(F) Porto-Vecchio 20137 71 Ak 49
(I) Portovenere 19025 57 Ak 46
(GB) Portpatrick DG9 39 Se 36
(GB) Portree IV51 38 Sd 33
(GB) Portrush BT56 37 Sd 35
(F) Port-Saint-Louis-du-Rhône 13230 55 Ae 47
(IRL) Portsalon = Port an Salainn 37 Sc 35
(GB) Portsmouth PO2 40 Si 40
(GB) Port Talbot SA12 40 Sg 39
(GB) Port Tywyn = Burry Port SA16 40 Sf 39
(E) Portugalete 48920 54 Sg 47
(IRL) Portumna = Port Omna 37 Sb 37
(F) Port-Vendres 66660 70 Ad 48
(RUS) Poryš, Ust'- 23 Fd 30
(RUS) Porzdni 32 Ec 33
(E) Porzuna 13120 69 Sf 51
(RUS) Posad 12 Dk 27
(E) Posadas 26289 80 Se 53
(RUS) Pošegda 13 Ed 28
(RUS) Pošehon'e 21 Dk 32
(AL) Poshnje 74 Bk 50
(FIN) Posio 97901 3 Ci 24
(I) Positano 84017 73 Be 50
(GR) Possidónia 84100 82 Ce 53
(D) Pößneck 07381 43 Bb 40
(RUS) Possoš' 48 Dk 40
(SLO) Postojna 6230 58 Be 45
(BIH) Posušje 58 Bh 47
(GR) Potamós 80200 82 Cd 55
(RO) Potcoava 237355 60 Ce 46
(I) Potenza 85100 73 Bf 50
(E) Potes 39570 54 Sf 47
(UA) Potijivka 46 Ci 40
(HR) Potok 58 Bg 45
(GR) Potós 64002 75 Ce 50
(D) Potsdam 14467* 43 Bd 38
(TR) Pötürge 86 Di 52
(F) Pouancé 49420 54 Si 43
(F) Pouilly-en-Auxois 21320 55 Ae 43
(F) Pouzauges 85700 54 Sk 44
(P) Póvoa de Lanhoso 4830-191* 68 Sb 49
(P) Póvoa de Varzim 4490-001* 68 Sb 49
(TR) Poyraz 77 Dc 51
(TR) Poyraz 86 Dk 52
(FIN) Pöytyä 21880 18 Cc 30
(E) Poza de la Sal 09246 69 Sg 48
(TR) Pozantı 01470 85 De 53
(SRB) Požarevac 12000* 59 Cb 46
(RUS) Požarišče 20 De 31
(RUS) Požeg 14 Fe 28
(SRB) Požega 31210 59 Ca 47
(PL) Poznań 60-700* 44 Bg 38
(RUS) Požnja 30 Db 34
(E) Pozo Alcón 23485 81 Sh 53
(E) Pozo-Cañada 02510 81 Si 52
(E) Pozuelo de Alarcón 28923 69 Sg 50
(RUS) Požva 23 Fg 31
(RUS) Požva, Ust'- 23 Fg 31
(I) Pozzuoli 80078 73 Be 50
(PL) Prabuty 82-550 28 Bk 37
(BIH) Prača 59 Bi 47
(CZ) Prachatice 383 01 43 Bd 41
(E) Prades 43364 70 Aa 49
(F) Prades 81220 70 Ac 48
(E) Prado del Rey 11660 80 Se 54
(E) Pradoluengo 09260 69 Sg 48
(DK) Præstø 4720 27 Bc 35
(CZ) Praha 100 00 43 Be 40
(SRB) Prahovo 19330 59 Cc 46
(I) Praia a Mare 87028 73 Bf 51
(P) Praia de Mira 3070-301 68 Sb 50
(RO) Praid 537240 60 Cf 44
(F) Pralognan-la-Vanoise 73710 56 Ag 45
(GR) Prámanda 44001 74 Cb 51
(RUS) Praskoveja 64 Ee 46
Prastio 85 Dd 55
(PL) Praszka 46-320 44 Bi 39
(I) Prato 59100 57 Bb 47
(E) Prats de Lluçanès 08513 70 Ac 48
(E) Prats de Llusanés = Prats de Lluçanès 08513 70 Ac 48
(F) Prats-de-Mollo-la-Preste 66230 70 Ac 48
(RUS) Pravdinsk 28 Cb 36
(RUS) Pravdinsk 32 Ed 34
(BY) Pravdzinski 30 Ch 37
(BG) Pravec 2161 75 Cd 48
(E) Pravia 33120 68 Sd 47
(BY) Prazaroki 30 Ci 35
(RUS) Prečistoe 21 Ea 32
(RUS) Prečistoe 30 Dc 35
(I) Predazzo 38037 57 Bb 44
(RO) Predeal 505300 60 Cf 45
(A) Predlitz-Turrach 8864 57 Bd 43
(F) Pré-en-Pail 53140 40 Sk 42
(D) Preetz 24211 27 Ba 36
(A) Pregarten 4230* 43 Be 42
(RUS) Pregradnaja 64 Eb 47
(RUS) Pregradnoe 64 Eb 45
(LV) Preiļi 5301 29 Cg 34
(SRB) Preljina 32212 59 Ca 47
(F) Prémery 58700 55 Ad 43
(D) Prenzlau 17291 27 Bd 37
(CZ) Přerov 750 02* 44 Bh 41
(I) Pre-Saint-Didier 11010 56 Ag 45
(BG) Preselenci 9558 61 Ci 47
(SRB) Preševo 17523* 74 Cb 48
(BG) Preslav = Veliki Preslav 9850 75 Cg 47
(SK) Prešov 080 01* 45 Cb 42
(N) Prestfoss 16 Ak 30
(CZ) Přeštice 334 01 43 Bd 41
(GB) Preston DT3 39 Sh 37
(GB) Prestwick KA9 39 Sf 35
(F) Preuilly-sur-Claise 37290 54 Aa 44
(GR) Préveza 48100 82 Ca 52
(RUS) Priazovskaja 63 Di 45
(RUS) Pribel'skij 35 Fg 36
(SRB) Priboj 59 Bk 47
(SRB) Pribojska Goleša 59 Bk 47
(CZ) Příbram 664 87 43 Be 41
(BIH) Pridvorci 59 Bi 47
(E) Priego de Córdoba 14800 81 Sf 53
(LT) Priekulė 96047 28 Cb 35
(LV) Priekule 3434 28 Cb 34
(LT) Prienai 59001 29 Cd 36
(D) Prien am Chiemsee 83209 57 Bc 43
(SK) Prievidza 971 01 44 Bi 42
(BIH) Prijedor 79000* 58 Bg 46
(SRB) Prijepolje 31300* 59 Bk 47
(RUS) Prijutnoe 64 Ed 44
(RUS) Prijutovo 34 Fd 37
(RUS) Prikumskij 65 Ef 45

(BG) Prilep 9352 75 Cg 48
(MK) Prilep 7500* 74 Cb 49
(RUS) Priluki 12 Dk 27
(RUS) Priluki 21 Ec 29
(RUS) Priluki 21 Ed 29
(UA) Priluki = Pryluky 47 Dc 40
(RUS) Primorsk 19 Ci 30
(RUS) Primorsk 28 Ca 36
(RUS) Primorsk 50 Ef 41
(BG) Primorsko 8180 76 Ch 48
(RUS) Primorsko-Ahtarsk 63 Di 44
(BG) Primorsko Kiten 8180 76 Ch 48
(HR) Primošten 58 Bf 47
(RUS) Priozërsk 19 Da 29
(RUS) Prirečnyj 4 Da 21
(RUS) Prisal'skij 64 Ed 43
(BG) Priselci 9131 61 Ch 47
(RKS) Prishtinë = Priština 10000* 74 Cb 48
(BIH) Prisoje 58 Bh 47
(F) Prissac 36370 55 Ab 44
(RUS) Pristan' 35 Fi 34
(RUS) Pristen 48 Dg 39
(RKS) Priština = Prishtinë 10000* 74 Cb 48
(D) Pritzwalk 16928 27 Bc 37
(RUS) Priural'skoe 15 Fh 26
(F) Privas 07000* 55 Ae 46
(I) Priverno 04015 72 Bd 49
(RUS) Privodino 22 Eg 29
(RUS) Privokzal'nyj 24 Ga 32
(RUS) Privol'naja 63 Di 44
(RUS) Privol'nyj 65 Ef 44
(RUS) Privolž'e 33 Ei 38
(RUS) Privolžsk 21 Eb 33
(RUS) Privolžskoe 50 Ef 39
(RKS) Prizren 20000* 74 Ca 48
(I) Prizzi 90038 72 Bd 53
(RUS) Prjamicino 40 Df 30
(RUS) Prjaža 20 Dd 29
(BIH) Prnjavor 58 Bh 46
(D) Probstzella 07330 43 Bb 40
(PL) Prochowice 59-230 44 Bg 39
(P) Proença-a-Nova 6150-310* 68 Sc 51
(RUS) Prohladnyj 64 Ee 47
(RUS) Prohladyj 64 Ee 47
(SRB) Prohor Pčinjski 74 Cb 48
(RUS) Prokop'evka 14 Fa 29
(RUS) Prokop'evka 22 Ek 31
(RUS) Prokop'evskaja Salda 24 Gb 32
(RUS) Prokoševo 33 Ee 35
(SRB) Prokuplje 18400* 59 Cb 47
(RUS) Proletarij 19 Db 32
(RUS) Proletarka 12 De 28
(RUS) Proletarsk 64 Eb 44
(RUS) Proletarskij 48 Df 40
(RUS) Promysla 24 Fk 32
(RUS) Promyslovka 65 Eg 45
(RUS) Pronin 49 Ec 41
(RUS) Pronino 21 Ec 32
(RUS) Pronsk 32 Dk 36
(RKS) Propaštica 74 Cb 48
(F) Propriano 20110 71 Ai 49
(BG) Prosenik 8548 76 Ch 48
(RUS) Prosnica 22 Fa 32
(GR) Prossotsáni 66200 75 Cd 49
(CZ) Prostějov 796 01* 44 Bh 41
(PL) Proszenie 97-320 44 Bk 39
(GR) Proussós 36074 82 Cb 52
(BG) Provadija 9200 76 Ch 47
(F) Provins 77160* 41 Ad 42
(BIH) Prozor 58 Bh 47
(RUS) Prozorovo 22 Ek 33
(RUS) Prudentov 50 Eg 41
(RUS) Prudišči 33 Ef 34
(RUS) Prudki 31 Dg 36
(PL) Prudnik 48-200 44 Bh 40
(D) Prüm 54595 42 Ag 40
(RO) Prundu 087180 60 Cg 46
(RO) Prunişor 227390 59 Cc 46
(PL) Pruszcz Gdański 83-000* 28 Bi 36
(A) Prutz 6522* 57 Ba 43
(BY) Pružany 45 Ce 38
(RUS) Pružinki 32 Dk 38
(UA) Pryazovs'ke 62 Df 44
(UA) Pryluky 47 Dc 40
(UA) Prymors'k 63 Dg 44
(UA) Prymors'ke 63 Dh 44
(UA) Pryp'jat' 47 Da 39
(UA) Pryvitne 62 De 46
(PL) Przasnysz 06-300 28 Ca 37
(PL) Przedbórz 97-570 44 Bk 39
(PL) Przemyśl 37-700 45 Cc 41
(PL) Przewodowo, Parcele- 06-126 28 Ca 38
(PL) Przeworsk 37-200 45 Cc 40
(PL) Przewóz 68-132 43 Be 39
(GR) Psahná 34400 82 Cd 52
(GR) Psará 82104 83 Cf 52
(GR) Psarádes 53077 74 Cb 50
(GR) Psári 20500 82 Cc 53
(RUS) Psebaj 64 Ea 46
(GR) Psihro 72052 83 Cf 55
(RUS) Pskov 19 Ci 33
(PL) Pszczyna 43-200 44 Bi 41
(GR) Ptolemaïda 50200 74 Cb 50
(SLO) Ptuj 2250 58 Bf 44
(BIH) Pucarevo 58 Bh 46
(LV) Pūceskrogs 29 Cc 34
(RUS) Pučež 32 Ed 34
(RO) Puchenii Mari 107485 60 Cg 46
(UA) Puchivka 47 Da 40
(RO) Pucioasa 135400 60 Cf 45
(E) Puçol 46530 70 Sk 51
(FIN) Pudasjärvi 93101 11 Ch 25
(RUS) Pudem 23 Fc 32
(RUS) Pudož 12 Dg 29
(E) Puebla de Alcocer 06630 68 Se 52
(E) Puebla de Don Fadrique 18820 81 Sh 53
(E) Puebla de Don Rodrigo 13109 69 Sf 51
(E) Puebla de Guzmán 21550 80 Sc 53
(E) Puebla de Lillo 24855 68 Se 47
(E) Puebla del Río, La 41130 80 Sd 53
(E) Puebla de Montalbán 69 Sf 51
(E) Puebla de Sanabria 49300 68 Sd 48
(E) Puebla de Valverde, La 44450 70 Sk 50
(E) Puente del Arzobispo, El 45570 68 Se 51
(E) Puente-Genil 14500 81 Sf 53
(E) Puerto de Santa María, El 11500 80 Sd 54
(E) Puertollano 13500 81 Sf 52
(E) Puerto Lumbreras 30890 81 Si 53
(E) Puerto Real 11510 80 Sd 54
(RUS) Pugačev 50 Ei 38
(RUS) Pugačevo 34 Fd 34
(RUS) Pugačevskij 52 Ff 39
(EST) Pühajärve 67406 18 Cg 32
(RUS) Puhnovo 30 Db 35
(FIN) Puhos 93350 11 Ch 25
(FIN) Puhos 93350 11 Ck 28
(EST) Puiatu 18 Cf 32
(RO) Puieşti 737425 61 Ch 44
(E) Puigcerdà 17520 70 Ab 48
(E) Puig-Reig 08692 70 Ab 49
(E) Puigreig = Puig-Reig 08692 70 Ab 49
(S) Pukavik 37520 27 Be 34
(AL) Pukë 74 Bk 48
(RUS) Pukšen'ga 13 Eb 27
(HR) Pula 57 Bd 46
(I) Pula 09010 71 Ai 51
(AL) Pulaj 74 Bk 49
(PL) Puławy 24-100 45 Cb 39
(FIN) Pulkkila 17320 10 Cf 26
(RUS) Pulonga 5 Dk 24
(RUS) Pulozero 4 Dd 22
(E) Pulpí 04640 81 Si 53
(S) Pulsujärvi 3 Cb 22
(PL) Pułtusk 06-100 28 Cb 38
(TR) Pülümür 78 Dk 51
(RUS) Pummanki 4 Db 21
(LT) Pumpėnai 39012 29 Ce 35
(FIN) Punkaharju 58501 19 Ck 29
(FIN) Punkalaidun 31901 18 Cd 29
(FIN) Punkasalmi = Punkaharju 58450* 19 Ck 29
(E) Punta Umbría 21100 80 Sd 53
(FIN) Puoddopohki = Patoniva 99981 3 Ch 21
(FIN) Puokio 91750 11 Ch 26
(FIN) Puolanka 89201 11 Ch 26
(S) Puoltikasvaara 3 Cb 23
(S) Puottaure 10 Ca 24
(E) Purchena 04870 81 Sh 53
(RUS) Purdoški 32 Ed 36
(RUS) Pureh 32 Ed 34
(NL) Purmerend 1440* 41 Ae 38
(RUS) Purnema 12 Dh 26
(TR) Pusatlı 38950 85 Df 52
(RUS) Puščino 31 Dh 36
(RUS) Puškin 19 Da 31
(RUS) Puškino 31 Df 34
(RUS) Puškino 31 Dh 34
(RUS) Puškino 50 Eh 39
(RUS) Puškinskie Gory 30 Ci 33
(RUS) Pušlahta 12 Dg 26
(RUS) Pušnoj 12 De 26
(H) Püspökladány 4150 59 Cb 43
(RUS) Pustaja Guba 4 Dd 23
(I) Pusterno 57 Bb 45
(RUS) Pustoška 30 Ck 34
(D) Putbus 18581 27 Bd 36
(RO) Putineiu 145200 60 Ce 47
(RUS) Putjanino 32 Eb 36
(RUS) Putjaševo 23 Fd 30
(D) Putlitz 16949 27 Bc 37
(D) Puttgarden 23769 27 Bb 36
(UA) Putyvl' 47 Dd 39
(FIN) Puukkokumpu 95255 10 Cf 25
(FIN) Puumala 52201 19 Ci 29
(F) Puy-en-Velay, le 43000* 55 Ad 45
(F) Puy-L'Evêque 46700 55 Ab 46
(RUS) Puzači 48 Dh 39
(GB) Pwllheli LL53 39 Sf 38
(RUS) Pyčas 34 Fc 34
(FIN) Pyhäjärvi 98510 10 Cf 27
(FIN) Pyhäjärvi 98510 3 Ch 23
(FIN) Pyhäjoki 27920 10 Ce 26
(FIN) Pyhäkylä 89770 11 Ci 25
(FIN) Pyhäntä 92930 10 Cg 26
(FIN) Pyhäranta 23950 18 Cb 30
(FIN) Pyhäselkä 82200* 11 Ck 28
(FIN) Pyhtää 49270 18 Cg 30
(RUS) Pylema 13 Ef 26
(RUS) Pylemec 6 Fc 23
(FIN) Pylkönmäki 43440 10 Ce 28
(N) Pyramiden 9179 2 I Svalbard
(UA) Pyrižky 46 Ck 40
(UA) Pyrjatyn 47 Dc 40
(D) Pyrmont, Bad 31812 42 Ak 39
(PL) Pyrzyce 74-200 27 Be 37
(RUS) Pyščyg 22 Ef 32
(RUS) Pyš'ja, Ust'- 23 Ff 31
(PL) Pyskowice 44-120 44 Bi 40
(UA) Pys'menne 48 Df 42
(BY) Pyšna 30 Ci 36
(RUS) Pytalovo = Abrene 29 Ch 33
(RUS) Pytalovo = Abrene 30 Ch 33
(FIN) Pyttis = Pyhtää 49270 18 Cg 30
(PL) Pyzdry 62-310 44 Bh 38

Q

(AL) Qaf-Mollë 74 Bk 49
(AL) Qeparo 74 Bk 50
(D) Quakenbrück 49610 26 Ah 38
(P) Quarteira 8125-001* 80 Sb 53
(I) Quartu Sant'Elena 09045 71 Ak 51
(D) Quedlinburg 06484 43 Bb 39
(GB) Queensferry EH30 39 Sg 35
(F) Quelaines-Saint-Gault 53360 54 Sk 43
(D) Querfurt 06268 43 Bb 39
(F) Quettehou 50630 40 Si 41
(F) Quiberon 56170* 54 Sg 43
(D) Quickborn 25451 26 Ak 37
(F) Quillan 11500 70 Ac 48
(F) Quimper 29000* 40 Sf 43
(F) Quimperlé 29300 54 Sg 43
(E) Quintana del Castillo 24397 68 Sd 48
(E) Quintanar de la Orden 45800 69 Sg 51
(E) Quintanilla del Coco 09348 69 Sg 49
(F) Quintin 22800 40 Sh 42
(E) Quinto 50770 70 Sk 49
(F) Quissac 30260 55 Ae 47
(AL) Qukës-Skënderbej 74 Ca 49
(AL) Qyrsaç 74 Bk 48
(AL) Qyteti Stalin = Kuçovë 74 Bk 50

R

(A) Raabs an der Thaya 3820 44 Bf 42
(FIN) Raahe 92150 10 Ce 26
(FIN) Rääkkylä 82301 11 Ck 28
(NL) Raalte 8100 42 Ag 38
(FIN) Raanujärvi 97250 3 Ce 24
(FIN) Raattama 99340 3 Ce 22
(HR) Rab 58 Be 46
(RO) Răbăgani 417400 59 Cc 44
(M) Rabat 72 Be 55
(M) Rabat = Victoria 72 Be 54
(PL) Rabka-Zdrój 34-700 44 Bk 41
(RUS) Rabočeostrovsk 12 De 26
(SRB) Rabrovo 12254 59 Cb 46
(RO) Răcăciuni 607480 60 Cg 44
(RO) Răcăşdia 327315 59 Cb 46
(UA) Rachiv 45 Ce 42
(PL) Raciąż 09-140 28 Ca 38
(PL) Racibórz 47-400 44 Bi 40
(BY) Radaškovičy 30 Ch 36
(RO) Rădăuţi 725400 60 Cf 43
(D) Radeberg 01454 43 Bd 39
(SLO) Radeče 1433 58 Bf 44
(UA) Radechiv 45 Ce 40
(RUS) Radica-Krylovka 31 De 37
(RUS) Radiščevo 33 Eg 37
(RUS) Radiščevo 33 Eh 38
(UA) Rad'kivis'ki, Piski- 48 Dh 41
(BG) Radnevo 6260 75 Cf 48
(BIH) Radohova 58 Bh 46
(D) Radolfzell am Bodensee 78315 56 Ai 43
(PL) Radom 26-600 45 Cb 39
(BG) Radomir 2400 74 Cc 48
(RO) Radomireşti 237365 60 Ce 46
(PL) Radomsko 97-500 44 Bk 39
(UA) Radomyšl' 46 Ck 40
(RO) Radovan 207485 60 Cd 46
(BG) Radovec 6564 75 Cg 49
(MK) Radoviš 2420* 74 Cc 49
(A) Radstadt 5550 57 Bd 43
(LT) Radviliškis 82001 29 Cd 35
(PL) Radymno 37-550 45 Cc 41
(PL) Radziejów 88-200 44 Bi 38
(PL) Radzyń Chełmiński 87-220 28 Bi 37
(PL) Radzyń Podlaski 21-300 45 Cc 39
(D) Raesfeld 46348 42 Ag 39
(RUS) Raevskij 34 Fe 36
(I) Raffadali 92015 72 Bd 53
(GR) Rafina 19009 82 Ce 52
(LV) Ragana 2144 18 Ce 33
(RUS) Raglicy 19 Da 32
(RUS) Raguli 64 Ed 45
(I) Ragusa 97100 72 Be 54
(BY) Rahačav 30 Da 37
(D) Rahden 32369 42 Ai 38
(RUS) Rah'ja 19 Da 30
(RUS) Rahmanovka 50 Ek 38
(RUS) Rahmanovka 50 Ek 39
(N) Råholt 2070 16 Bb 30
(RKS) Rahovec = Orahovac 21000* 74 Ca 48
(D) Rain 86641 43 Ba 42
(FIN) Raisio 21280 18 Cc 30
(FIN) Raivala 39610 10 Cc 29
(FIN) Raja-Jooseppi 99801 3 Ci 22
(FIN) Rajala 99650 3 Cg 23
(UA) Rajhorodka 48 Di 42
(BY) Rakav 30 Ch 37
(BG) Rakitovo 4640 75 Ce 49
(N) Rakkestad 1890 16 Bb 31
(BG) Rakovica 3820 59 Cc 47
(CZ) Rakovník 269 01* 43 Bd 40
(RUS) Rakovskaja 13 Eb 28
(BG) Rakovski 4150 75 Ce 48
(EST) Rakvere 44306* 18 Cg 31
(UA) Rakytne 47 Da 41
(SRB) Ralja 11233 59 Ca 46
(FIN) Rallpaluoto = Repolt 10 Cb 27
(E) Ramales de la Victoria 39800 54 Sg 47
(RUS) Ramasuha 31 Dd 38
(F) Rambervillers 88700 42 Ag 42
(F) Rambouillet 78120* 41 Ab 42
(RUS) Ramen'e 20 Df 33
(RUS) Ramen'e 21 Ea 32
(RUS) Ramenskoe 31 Di 35
(A) Rammersdorf 3231 44 Bf 42
(S) Ramnäs 73060 17 Bg 31
(N) Ramnes 3175 2 Bg 22
(BY) Ramni 30 Da 35
(RO) Râmnicu de Jos 907073 61 Ci 46
(RO) Râmnicu Sărat 125300 61 Ch 45
(RO) Râmnicu Vâlcea 000240* 60 Ce 45
(RUS) Ramon' 48 Dk 39
(S) Ramsberg 71198 17 Bf 31
(S) Ramsele 08037 9 Bg 27
(GB) Ramsey IM8 39 Sf 36
(GB) Ramsgate CT11 41 Ab 39
(S) Ramsjö 82700 9 Bf 28
(S) Ramundberget 84097 9 Bc 28
(RUS) Ramuševo 19 Db 33
(S) Ramvik 87016 9 Bh 28
(LT) Ramygala 38031 29 Ce 35
(RUS) Rancevo 31 Dd 34
(GB) Randalstown BT41 37 Sd 36
(I) Randazzo 95036 72 Be 53
(S) Rånddalen 84093 9 Bd 28
(DK) Randers 8900 27 Ba 34
(S) Randijaur 2 Bk 24
(S) Råneå 95501 10 Cc 25
(N) Ranemsletta 8 Bb 26
(GB) Ranish HS2 38 Sd 32
(RUS) Rannee 51 Fc 39
(S) Rånön 10 Cc 25
(S) Rantajärvi 3 Cd 24
(FIN) Rantasalmi 58901 11 Ci 28
(FIN) Rantsila 92501 10 Cf 26
(FIN) Ranua 97701 10 Cg 25
(I) Rapallo 16035 57 Ak 46
(EST) Räpina 64503* 19 Ch 32
(EST) Rapla 79512* 18 Ce 31
(CH) Rapperswil-Jona 8640 56 Ai 43
(HR) Raša 58 Be 45
(LT) Raseiniai 60001 29 Cd 35
(SRB) Raška 36350* 59 Ca 47
(BY) Rasna 30 Db 37
(RO) Râşnov 505400 60 Cf 45
(BY) Rasony 30 Ci 35
(RO) Rasova 907250 61 Ch 46
(RUS) Rasskazovo 49 Eb 38
(RUS) Rassypnaja 51 Fd 39
(D) Rastatt 76437 42 Ai 42
(D) Rastede 26180 26 Ai 37
(RO) Răstoci 457202 60 Cd 43
(S) Rätansbyn 84030 9 Be 28
(RUS) Ratčino 32 Dk 37
(IRL) Ráth Caola 37 Sb 38
(IRL) Ráth Droma 37 Sd 38
(IRL) Rathdrum = Ráth Droma 37 Sd 38
(D) Rathenow 14712 43 Bc 38
(GB) Rathfriland BT34 37 Sd 36
(IRL) Rathkeale = Ráth Caola 37 Sb 38
(IRL) Rath Luirc 37 Sb 38
(D) Ratingen 40878* 42 Ag 39
(UA) Ratne 45 Ce 39
(A) Ratten 8673* 58 Bf 43
(A) Rattenberg 6240* 57 Bb 43
(S) Rättvik 79501 17 Bf 30
(D) Ratzeburg 23909 27 Ba 37
(LT) Raudonė 74057 29 Cd 35
(IS) Raufarhöfn 675 36 Re 24
(N) Raufoss 2830 16 Ba 30
(N) Rauland 3864 16 Ai 31
(FIN) Rauma 27003 18 Cb 29
(FIN) Rautalampi 77701 10 Cg 28
(FIN) Rautavaara 73901 11 Ci 27
(FIN) Rautjärvi 19 Ck 29
(UA) Rava-Rus'ka 45 Cd 40
(S) Rävemåla 36023 27 Bf 34
(I) Ravenna 48100 57 Bc 46
(D) Ravensburg 88212* 57 Ak 43
(PL) Rawa Mazowiecka 96-200 45 Ca 39
(PL) Rawicz 63-900 44 Bg 39
(MD) Razeni 7727 61 Ci 44
(RUS) Razgort 14 Ei 27
(BG) Razgrad 7200* 60 Cg 47
(BG) Razlog 2760 75 Cd 49
(GB) Reading RG2 40 Sk 39
(I) Reale, la 07042 71 Ai 49
(F) Réalmont 81120 55 Ac 47
(RUS) Reboly 11 Da 27
(P) Rebordelo 5320-164 68 Sc 49
(BG) Rebrovo 2294 75 Cd 48
(RUS) Rečane 30 Db 34
(RO) Recaş 307340 59 Cb 45
(F) Recey-sur-Ource 21290 55 Ae 43
(BY) Rečica = Rèčyca 47 Da 38
(D) Recke 49509 42 Ah 38
(D) Recklinghausen 45657* 42 Ah 39
(B) Recogne 6800 42 Af 41
(BY) Rèčyca 47 Da 38
(PL) Recz 73-210 27 Bf 37
(PL) Reda 84-240 28 Bi 36
(GB) Redcar TS10 39 Si 36
(GB) Redditch B97 40 Si 38
(H) Rédics 8978 58 Bg 44
(RUS) Redkino 31 Dg 34
(RUS) Red'kino 34 Fe 35
(F) Redon 35600* 54 Sh 43
(E) Redondela 68 Sb 48
(P) Redondo 7005-760 80 Sc 52
(TR) Refahiye 24300 78 Di 51
(S) Reftele 33021 17 Bd 33
(RUS) Reftinskij 24 Gb 33
(D) Regen 94209 43 Bd 42
(D) Regensburg 93047* 43 Bc 41
(D) Regenstauf 93128 43 Bc 41
(I) Reggio di Calabria 89100 72 Bf 52
(I) Reggio nell'Emilia 42100 57 Ba 46
(RO) Reghin 545300 60 Ce 44
(S) Regna 17 Bf 32
(FIN) Reguby 18 Cc 31
(P) Reguengos de Monsaraz 80 Sc 52
(D) Rehau 95111 43 Bc 40
(D) Rehburg-Loccum 31547 42 Ak 38
(D) Rehna 19217 27 Bb 37
(GB) Reigate RH2 40 Sk 39
(F) Reims 51100* 41 Ae 41
(D) Reinbek 21465 27 Ba 37
(N) Reine 8390 2 Bd 23
(E) Reinosa 39200 54 Sf 47
(N) Reinsvoll 2840 16 Ba 30
(TR) Reis 42580 84 Db 52
(FIN) Reisjärvi 85900 10 Ce 27
(PL) Rękoraj 97-310 44 Bk 39
(SRB) Rekovac 35260 59 Cb 47
(E) Relleu 03578 70 Sk 52
(F) Rémalard 61110 41 Aa 42
(RUS) Remennikovo 30 Ci 34
(FIN) Remeskylä 74940 10 Cg 27
(F) Remiremont 88200* 42 Ag 42
(RUS) Remontnoe 64 Ed 44
(D) Remscheid 42853* 42 Ah 39
(N) Rena 2450 16 Bb 29
(B) Renaix = Ronse 9600 41 Ad 40
(S) Renålandet 82064 9 Bf 26
(LV) Rencēni 4232 18 Cf 33
(LV) Renda 3319 18 Cc 33
(D) Rendsburg 24768 26 Ak 36
(UA) Reni 61 Ci 45
(N) Rennebu 7391 8 Ak 28
(F) Rennes 35000* 40 Si 42
(S) Rensjön 88041 2 Bk 22
(GR) Rentína 43068 74 Cb 51
(GR) Rentína 43068 75 Cd 50
(F) Réole, la 33190* 54 Sk 46
(H) Répcelak 9653 58 Bh 43
(RUS) Rep'evka 48 Di 39
(RUS) Repino 19 Ck 30
(FIN) Replot 65930 10 Cb 27
(N) Reppen 2 Bd 24
(N) Repvåg 9768 3 Cf 20
(F) Réquista 12170 55 Ac 46
(TR) Reşadiye 78 Dh 50
(TR) Reşadiye 87 Ec 52
(BIH) Resanovci 58 Bg 46
(SRB) Resavica 35237 59 Cb 46
(BG) Resen 5060 60 Cf 47
(MK) Resen 7310 74 Cb 49
(P) Resende 4660-211* 68 Sc 49
(RUS) Rešetnikovo 31 Dg 34
(UA) Rešetylivka 47 De 41
(RO) Reşiţa 000320* 59 Cb 45
(PL) Resko 72-315 27 Bf 37
(PL) Reszel 11-440 28 Cb 36
(F) Rethel 08300* 41 Ae 41
(GR) Réthimno 74100 88 Ce 55
(F) Retiers 35240 54 Si 43
(F) Retournac 43130 55 Ae 45
(E) Retuerta del Bullaque 13194 69 Sf 51
(A) Retz 2070* 44 Bf 42
(E) Reus 43201* 70 Ab 49

RUS Reutec 48 Df 39
D Reuterstadt Stavenhagen 17153 27 Bc 37
D Reutlingen 72760* 42 Ak 42
RUS Revda 35 Fk 34
RUS Revda 4 De 23
F Revel 31250 55 Ac 47
F Revigny-sur-Ornain 55800 41 Ae 42
F Revin 08170 41 Ae 41
IS Reyðarfjörður 36 Rf 25
TR Reyhanlı 31500 86 Dg 54
IS Reykhólar 380 36 Qh 25
IS Reykholt 311 36 Qi 26
IS Reykjahlíð 36 Rd 25
IS Reykjavík 150* 36 Qi 26
RUS Rež 24 Gb 33
F Rezé 44400 54 Si 43
LV Rēzekne 4601* 30 Ch 34
MD Rezina 5400 61 Ci 43
BG Rezovo 8281 76 Ch 48
SRB Rgotina 19214 59 Cc 46
GB Rhayader LD6 40 Sg 38
D Rheda-Wiedenbrück 33378 42 Ai 39
D Rheine 48429* 42 Ah 38
D Rheinfelden (Baden) 79618 56 Ah 43
D Rheinsberg 16831 27 Bc 37
GB Rhiconich IV27 38 Sf 32
D Rhinow 14728 27 Bc 38
I Rho 20017 57 Ak 45
GB Rhondda CF41 40 Sg 39
GB Rhydaman = Ammanford SA18 40 Sg 39
GB Rhyl LL18 39 Sg 37
GR Riákia 60100 74 Cc 50
E Riaza 40500 69 Sg 49
E Ribadavia 32400 68 Sb 48
E Ribadeo 27700 68 Sc 47
E Ribadesella 33560 68 Se 47
SRB Ribare 37259 59 Cb 47
BG Ribarica 5720 75 Ce 48
SRB Ribariće 36309 74 Ca 48
DK Ribe 6760 26 Ai 35
F Ribeauvillé 68150* 42 Ah 42
P Ribeira de Pena 4870-150* 68 Sc 49
I Ribera 92016 72 Bd 53
F Ribérac 24600 54 Aa 45
E Ribes de Freser 17534 70 Ac 48
BIH Ribnica 59 Bi 46
SLO Ribnica 6240 58 Be 45
MD Rîbnița 5500 61 Ck 43
D Ribnitz-Damgarten 18311 27 Bc 36
BG Ribnovo 2967 75 Cd 49
E Ricabo 68 Se 47
CZ Říčany 664 82 43 Be 41
I Riccione 47838 57 Bc 46
F Riceys, les 10340 41 Ae 43
F Richelieu 37120 54 Aa 43
GB Richmond TW10 39 Si 36
D Riedenburg 93339 43 Bb 42
A Ried im Innkreis 4910* 43 Bd 42
D Riedlingen 88499 42 Ak 42
D Riesa 01587* 43 Bd 39
I Riesi 93016 72 Be 53
LT Rietavas 90018 28 Cb 35
I Rieti 02100 72 Bc 48
F Rieumes 31370 55 Ab 47
F Riez 04500 56 Ag 47
LV Rīga 1001* 29 Ce 34
RUS Rigozero 12 De 27
EST Riguldi 91202 18 Cd 31
FIN Riihimäki 11910 18 Ce 30
FIN Riistavesi 71161 11 Ci 28
HR Rijeka 58 Be 45
NL Rijsenburg, Driebergen- 3972 42 Af 38
BG Rila 2630 75 Cd 48
SK Rimavská Sobota 979 01 45 Ca 42
S Rimbo 76200 17 Bi 31
S Rimforsa 59041 17 Bf 32
I Rimini 47900 57 Bc 46
RUS Rimsko-Korsakovka 50 Ei 39
N Rindal 6657 8 Ak 27
S Ringarum 61041 17 Bg 32
DK Ringe 5750 27 Ba 35
DK Ringkøbing 6950 26 Ai 34
DK Ringsted 4100* 27 Bb 35
GB Ringwood BH24 40 Si 40
RUS Rintala 19 Ck 29
D Rinteln 31737 42 Ak 38
GR Río 26504 82 Cb 52
F Riom 63200* 55 Ad 45
P Rio Maior 2040-092* 68 Sb 51
F Riom-ès-Montagnes 15400 55 Ac 45
I Rionero in Vulture 85028 73 Bf 50
SRB Ripanj 11232* 59 Ca 46
UA Ripky 47 Db 39
E Ripoll 17500 70 Ac 48
GB Ripon HG4 39 Si 36
MNE Risan 85 337 74 Bi 48
S Risbäck 91703 9 Bf 26
MD Rîșcani 5600 61 Ch 43
F Riscle 32400 54 Sk 47
N Risør 4950 16 Ak 32
N Risøyhamn 8484 2 Bf 22
N Rissa 7100 8 Ba 27
S Rissna 83076 9 Bf 27
EST Risti 90901 18 Ce 32
FIN Ristiina 50770 19 Ch 29
FIN Ristijärvi 88401 11 Ci 26
I Riva del Garda 38066 57 Ba 45
F Rive-de-Gier 42800 55 Ae 45
I Rivergaro 29029 57 Ak 46
F Rivesaltes 66600* 70 Ac 48
UA Rivne 46 Cg 40
UA Rivnoe 47 Db 42
I Rivoli 10098 56 Ah 45
RKS Rixhevë = Kijevo 24060 74 Ca 48
TR Rize 53000* 79 Ea 49
Rizokarpaso = Dipkarpaz 85 De 55
RUS Rjabinino 23 Fg 30
RUS Rjabovo 19 Db 31
RUS Rjabovskij 49 Eb 40
RUS Rjapusovskij Pogost 12 Di 28
RUS Rjazan' 32 Dk 36
RUS Rjazancevo 32 Dk 34
RUS Rjazanka 49 Ec 38
RUS Rjazanovka 34 Fd 37
RUS Rjazanovskij 32 Dk 35
RUS Rjazanskaja 63 Dk 46
RUS Rjazap, Iske- 33 Ek 36
RUS Rjažsk 32 Ea 37
N Rjukan 3660 16 Ai 31
E Roa 09300 69 Sg 49
N Roald 6002 8 Ag 28
F Roanne 42300* 55 Ae 44
D Röbel 27 Bc 37
S Robertsfors 91501 10 Ca 26
GB Robin Hood's Bay YO22 39 Sk 36
E Robla, La 24640 68 Se 48
E Roca de la Sierra, La 06190 68 Sd 51
GB Rochdale OL11 39 Sh 37
F Roche-Bernard, la 56130 54 Sh 43
F Roche-Chalais, la 24490 54 Aa 45
F Rochechouart 87600 54 Aa 45
B Rochefort 5580 42 Af 40
F Rochefort 17300* 54 Sk 45
F Rochelle, la 17000* 54 Si 44
F Roche-Posay, la 86270 54 Aa 44
F Rocheservière 85620 54 Si 44
GB Rochester ME2 41 Aa 39
F Roche-sur-Foron, la 74800* 56 Ag 44
F Roche-sur-Yon, la 85000* 54 Si 44
D Rochlitz 09306 43 Bc 39
E Rocío, El 80 Sd 53
F Rocroi 08230 41 Ae 41
N Rødberg 3630 16 Ai 30
DK Rødby 4970 27 Bb 36
DK Rødbyhavn 4970 27 Bb 36
DK Rødekro 6230 26 Ak 35
GB Rodel 38 Sd 33
E Rodellar 22144 70 Sk 48
NL Roden 9300 26 Ag 37
F Rodez 12000* 55 Ac 46
D Roding 93426 43 Bc 41
RUS Rodinka 21 Ed 33
RUS Rodionovo-Nesvetajskaja 63 Dk 43
RO Rodna 427245 60 Ce 43
RUS Rodniki 21 Eb 33
BY Rodnja 30 Dc 37
GR Rodolívos 75 Cd 50
GR Ródos 85100 84 Ci 54
DK Rødvig 4673 27 Bc 35
UA Rodyns'ke 48 Dh 42
NL Roermond 6040* 42 Ag 39
B Roeselare 9550 41 Ad 40
HR Rogač 58 Bg 47
RUS Rogačevka 48 Dk 39
SRB Rogačica 62050 59 Bk 46
SLO Rogaška Slatina 3250 58 Bf 44
BIH Rogatica 59 Bi 47
I Rogliano 87054 73 Bg 51
N Rognan 8250 2 Bf 23
N Rogne 2943 16 Ak 29
RUS Rognedino 31 Dd 37
N Rognli 2 Ca 21
HR Rogoznica 58 Bf 47
PL Rogoźno 95-100 28 Bg 38
AL Rogu 74 Ca 50
UA Rohatyn 45 Ce 41
A Rohrbach in Oberösterreich 4150 43 Bd 42
EST Rohuküla 90531 18 Cd 32
LV Roja 3264 18 Cc 33
LT Rokiškis 42001 29 Cf 35
S Roknäs 94631 10 Cb 25
CZ Rokycany 337 01* 43 Bd 41
UA Rokytne 46 Ch 39
N Røldal 5760 16 Ag 31
N Rollag 3626 16 Ak 31
CH Rolle 1180 56 Ag 44
N Rolvåg 2 Bc 24
I Rom = Roma 00100* 72 Bc 49
I Roma 00100* 72 Bc 49
S Roma 17 Bi 33
BG Roman 3130 75 Cd 47
RO Roman 000611* 60 Cg 44
RO Românași 60 Cd 43
UA Romankivci 46 Ch 42
MK Romanovce 1322 74 Cb 48
RUS Romanovka 49 Ec 39
RUS Romanovka 50 Eh 39
RUS Romanovo 24 Gb 31
RUS Romanovskoe 20 Dh 32
CH Romanshorn 8590 57 Ak 43
F Romans-sur-Isère 26100 56 Af 45
RUS Romaškino 51 Fb 38
F Romenay 71470 56 Af 44
F Romilly-sur-Seine 10100* 41 Ad 42
UA Romny 47 Dd 40
UA Romodan 47 Dd 40
RUS Romodanovo 33 Ef 36
F Romorantin-Lanthenay 41200* 55 Ab 43
S Rönas 9 Be 25
I Roncade 31056 57 Bc 45
E Roncesvalles 69 Si 47
F Ronchamp 70250 56 Ag 43
E Ronda 29400 80 Se 54
DK Rønde 8410 27 Ba 34
EST Röngu 18 Cg 32
DK Rønne 3700 27 Be 35
S Ronneby 37200* 27 Bf 34
DK Rønnede 4683 27 Bc 35
S Rönnöfors 83051 9 Bd 27
E Ronquillo, El 41880 80 Sd 53
B Ronse 9600 41 Ad 40
NL Roosendaal 4700* 41 Ae 39
N Ropeid 16 Ag 31
N Ropelv 4 Da 21
RUS Ropša 19 Ck 31
F Roquefort 40120 54 Sk 46
F Roquemaure 30150 55 Ae 46
E Roquetas de Mar 04740* 81 Sh 54
E Roquetes 43520 70 Aa 50
N Røros 7374 8 Bb 28
CH Rorschach 9400* 57 Ak 43
N Rørvik 7900 8 Bb 26
BY Ros' 29 Ce 37
RUS Rošal' 32 Dk 35
E Rosal de la Frontera 21250 80 Sc 53
I Rosarno 89025 72 Bf 52
RUS Rošča 24 Fi 33
RUS Roščino 19 Ck 30
F Roscoff 29680* 40 Sg 42
IRL Ros Comáin = Roscommon 37 Sb 37
IRL Roscommon = Ros Comáin 37 Sb 37
IRL Ros Cré = Roscrea 37 Sc 38
IRL Roscrea = Ros Cré 37 Sc 38
D Rosenberg, Sulzbach- 92237 43 Bb 41
N Rosendal 5470 16 Ag 31
D Rosenheim 83022* 57 Bc 43
E Roses 17480 70 Ad 48
RO Roseți 917210 61 Ch 46
I Roseto degli Abruzzi 64026 73 Be 48
RO Roșia 557210 59 Cc 44
BG Rosica 9540 61 Ch 47
CZ Rosice 665 01 44 Bg 41
I Rosignano Marittima 57 Ba 47
RO Roșiori de Vede 145100 60 Ce 46
DK Roskilde 4000 27 Bc 35
IRL Ros Láir = Rosslare 37 Sd 38
RUS Roslawl' 30 Dc 37
IRL Ros Mhic Thriúin = New Ross 37 Sd 38
I Rossano 87067 73 Bg 51
P Rossio ão Sul do Tejo 68 Sb 51
IRL Rosslare = Ros Láir 37 Sd 38
D Roßlau, Dessau- 06844 43 Bc 39
RUS Rossoha 13 Ed 29
RUS Rossolovo 21 Eb 32
GB Ross-on-Wye HR9 40 Sh 39
RUS Rossoši 48 Di 39
N Røst 8064 2 Bc 23
S Röstånga 26024 27 Bd 34
D Rostock 18055* 27 Bc 36
RUS Rostoši 49 Ea 39
RUS Rostov 21 Dk 33
RUS Rostov-na-Donu 63 Dk 43
F Rostrenen 22110 40 Sg 42
N Røsvik 8220 2 Bf 23
S Rosvik 94523 10 Cb 25
E Rota 11520 80 Sd 54
D Rotenburg (Wümme) 27356 26 Ak 37
GB Rothbury NE65 39 Si 35
D Rothenburg/Oberlausitz 02929 43 Be 39
D Rothenburg ob der Tauber 91541 43 Ba 41
GB Rotherham S60 39 Si 37
GB Rothesay PA20 39 Se 35
NL Rotterdam 3000* 41 Ae 39
S Rottneros 68694 17 Bd 31
D Rottweil 78628 42 Ai 42
S Rötviken 83100 9 Be 27
D Rötz 92444 43 Bc 41
F Roubaix 59100 41 Ad 40
CZ Roudnice nad Labem 413 01 43 Be 40
F Rouen 76000* 41 Ab 41
F Rouillac 16170 54 Sk 45
F Roussillon 38150 55 Ae 45
FIN Rovaniemi 96100* 3 Cf 24
RUS Rovdino 21 Ec 29
UA Roven'ki 48 Di 41
UA Roven'ky 48 Dk 42
I Rovereto 44015 57 Bb 45
N Roverud 2216 17 Bc 30
I Rovigo 45100 57 Bb 45
RO Rovinari 215400 60 Cd 46
HR Rovinj 57 Bd 45
UA Rovno = Rivne 46 Cg 40
RUS Rovnoe 50 Eg 40
GB Royal Leamington Spa 40 Si 38
GB Royal Tunbrigde Wells 41 Aa 39
F Royan 17200 54 Si 45
F Roye 80700 41 Ac 41
N Røyken 3440 16 Ba 31
N Røyrvik 9 Bd 26
GB Royston S71 40 Sk 38
MNE Rožaje 84 310 74 Ca 48
PL Różan 06-230 28 Cb 38
F Rozay-en-Brie 77540 41 Ac 42
RUS Roždestveno 31 Dg 34
RUS Roždestveno 34 Fa 37
RUS Roždestvensk 23 Ff 32
RUS Roždestvenskoe 22 Ef 32
UA Rozdol'ne 62 Dd 45
UA Rozdyl'na 61 Da 44
RUS Rožencovo 33 Eg 33
F Rozier, le 48150 55 Ad 46
UA Rozivka 63 Dh 43
RUS Rožki 34 Fa 34
CZ Rožmitál pod Třemšínem 262 42 43 Bd 41
SK Rožňava 048 01 45 Ca 42
CZ Rožnov pod Radhoštěm 756 61 44 Bi 41
PL Rozogi 12-114 28 Cb 37
RUS Rožok 32 Ed 35
BG Rozovec 4154 75 Cf 48
UA Rožyšče 46 Cf 40
AL Rrëshen 74 Bk 49
RUS Rsaevo 34 Fe 35
RUS Rtiščevo 49 Ed 38
BY Ruba 30 Da 35
UA Rubanivka 62 De 43
E Rubena 09199 69 Sg 48
SRB Rubeži 74 Bk 48
RUS Rubežinskij 51 Fc 39
E Rubio, El 41568 81 Sf 53
LV Rucava 3477 28 Cb 34
RUS Ruč'i 13 Eb 24
PL Ruciane-Nida 12-220 28 Cb 37
S Ruda 57076 17 Bg 33
D Rüdersdorf bei Berlin 15562 43 Bd 38
D Rüdesheim am Rhein 65385 42 Ah 41
LT Rūdiškės 21016 29 Ce 36
RUS Rudjanka, Nejvo- 24 Ga 33
DK Rudkøbing 5900 27 Ba 36
UA Rudky 45 Cd 41
UA Rudne 45 Cd 41
RUS Rudničnyj 23 Fc 31
RUS Rudničnyj 24 Ga 31
SRB Rudnik 59 Ca 46
RUS Rudnja 30 Db 36
UA Rudnja 46 Ci 39
BIH Rudo 59 Bk 47
D Rudolstadt 07407 43 Bb 40
BG Rudozem 4960 75 Ce 49
LV Rudzāti 5328 29 Cg 34
BY Rudzensk 30 Ch 37
E Rueda 47490 69 Sf 49
F Ruelle-sur-Touvre 16600 54 Aa 45
F Ruffec 36300 54 Aa 44
LV Rugāji 4570 19 Ch 33
GB Rugby CV22 40 Si 38
MK Rugince 1304 74 Cb 48
RUS Ruguj 19 Dc 31
RUS Ruhan' 30 Dc 37
D Ruhland 01945 43 Bd 39
E Ruidera 13249 69 Sh 52
LV Rūjiena 4240 18 Cf 33
FIN Ruka 93850 3 Ck 24
RUS Rukopol' 50 Ei 39
H Rum 9766 58 Bg 43
SRB Ruma 22400* 59 Bk 45
CZ Rumburk 408 01 43 Be 40
GB Runcorn WA7 39 Sh 37
FIN Ruokojärvi 95850 3 Ce 23
FIN Ruokolahti 56101 19 Ci 29
S Ruokto 2 Bk 23
F Ruoms 07120 55 Ae 46
FIN Ruovesi 34601 18 Ce 29
RO Rupea 505500 60 Cf 44
RUS Rusanovo 7 Fg 20
BG Ruse 7000* 60 Cf 47
S Rusele 92195 9 Bi 26
GB Rushden NN10 40 Sk 38
RO Rușii-Munți 547505 60 Ce 44
UA Rus'ka 60 Cf 43
UA Rus'ka, Rava- 45 Cd 40
RUS Ruskeala 11 Da 29
S Ruskele 92194 9 Bi 26
S Ruskträsk 92101 9 Bi 26
LT Rusnė 99047 28 Cb 35
RUS Rusoma 13 Ef 26
SK Rusovce 850 09 44 Bh 42
D Rüsselsheim 65428 42 Ai 40
N Russelv 2 Ca 21
I Russi 48026 57 Bc 46
RUS Russkaja Tavra 35 Fh 34
RUS Russkajy Žuravka 49 Ea 40
RUS Russkij Aktaš 34 Fc 35
RUS Russkij Barmak 52 Fh 39
RUS Russkij Brod 48 Dh 38
RUS Russkij Kameškir 33 Eg 38
N Rustefjelbma 9840 3 Ci 20
PL Ruszów 59-950 44 Bf 39
FIN Ruukki 92401 10 Cf 26
FIN Ruuvaoja 98840 3 Ci 23
RUS Ruza 31 Dg 35
RUS Ruzaevka 33 Ee 36
BY Ružany 29 Ce 38
BG Ružinci 3930 59 Cc 47
SK Ružomberok 034 01 44 Bk 41
UA Ružyn 46 Ck 41
DK Ry 8680 26 Ak 34
RUS Rybačij 28 Ca 35
RUS Rybinsk 20 Di 32
RUS Rybnaja Sloboda 34 Fa 35
MD Rybnica = Rîbnița 5500 61 Ck 43
PL Rybnik 44-200 44 Bi 40
RUS Rybnoe 32 Dk 36
RUS Rybreka 20 Df 29
CZ Rychnov nad Kněžnou 516 01 44 Bg 40
PL Rychwał 62-570 44 Bi 38
RUS Ryčkovo 24 Gb 32
S Rydaholm 33017 27 Be 34
GB Ryde PO33 40 Si 40
N Rygge 16 Ba 31
N Rykene 4821 16 Ai 32
PL Ryki 08-500 45 Cb 39
RUS Ryl'sk 47 De 39
CZ Rýmařov 795 01 44 Bh 41
FIN Rymättylä 21140 18 Cb 30
RUS Rymnikskij 53 Ga 38
RUS Rynda 4 Dg 22
RUS Rynok 65 Eh 45
N Rypefjord 9610 3 Cd 20
PL Rypin 87-500 28 Bk 37
S Ryssby 38402 27 Be 34
FIN Rytinki 93240 11 Ch 25
UA Ryžanivka 47 Da 41
UA Ryzyne 47 Da 41
RUS Ržaksa 49 Ec 38
PL Rzeczenica 77-304 28 Bh 37
PL Rzepin 69-110 43 Be 38
PL Rzeszów 35-000 45 Cc 40
RUS Ržev 31 De 34
UA Ržyščiv 47 Db 41

S

FIN Sääksjärvi 62800 10 Cd 27
D Saalfeld 07318 43 Bb 40
CH Saanen 3792 56 Ah 44
D Saarbrücken 66111* 42 Ah 41
D Saarburg 54439 42 Ag 41
EST Sääre 93101 18 Cc 33
FIN Saarijärvi 29340 10 Cf 28
FIN Saariselkä 99831 3 Ch 22
D Saarlouis 66740 42 Ag 41
CH Saas Fee 3906 56 Ah 44
CH Saas im Prättigau 7247 57 Ak 44
SRB Šabac 15000* 59 Bk 46
E Sabadell 08201* 70 Ac 49
RUS Šabanovskoe 63 Di 46
TR Şabanözü 77 Dc 51
TR Şabanözü 77 Dc 51
TR Şabanözü 77 Dd 50
RO Săbăoani 617400 60 Cg 43
I Sabaudia 04016 72 Bd 49
I Sabbioneta 46018 57 Ba 45
LV Sabiles 18 Cc 33
E Sabiñánigo 22600 70 Sk 48
BG Šabla 9680 61 Ci 47
F Sables-d'Olonne, les 85100* 54 Si 44
F Sablé-sur-Sarthe 72300 54 Sk 43
RUS Sablinskoe 64 Ed 46
RUS Šablykino 31 Df 38
F Sabres 40630 54 Sk 46
RUS Šabrovskij 35 Ga 34
P Sabugal 6320-261 68 Sc 50
TR Sabuncu 76 Da 51
E Sacedón 19120 69 Sh 50
RO Săcel 537255 60 Ce 43
RO Săcele 505600 60 Cf 45
UA Sachnovščyna 48 Df 41
UA Šachtars'k 48 Di 42
I Sacile 33077 57 Bc 45
BY Sack 30 Ch 37
RUS Šack 32 Eb 36
UA Šac'k 45 Cd 39
RO Sacu 327325 59 Cc 45
RO Sadova 727470 60 Cd 47
UA Sadove 62 De 45
BG Sadovec 5896 60 Ce 47
BG Sadovo 4122 75 Ce 48
RUS Sadovoe 64 Ee 43
RUS Sadovyj 49 Ee 39
RUS Šadriči 22 Ei 32
RUS Šadrino 22 Eh 31
N Sæbø 8 Ag 28

(IS) Sæból 400 36 Qg 24
(DK) Sæby 4070 16 Ba 33
(BG) Săedinenie 4190 75 Ce 48
(BG) Săedinenie 7779 75 Ce 48
(E) Saelices 16430 69 Sh 51
(N) Sætre 3475 16 Ba 31
(P) Safara 7875-051* 80 Sc 52
(S) Säffle 66100* 17 Bc 31
(GB) Saffron Walden CB10 41 Aa 38
(UA) Safonove, Trojic'ko- 62 Dc 43
(RUS) Safonovo 13 Eh 25
(RUS) Safonovo 31 Dd 35
(TR) Safranbolu 67700 77 Dc 49
(RUS) Sagarčin 52 Ff 40
(S) Sågen 17 Be 30
(GR) Sagiáda 46300 74 Ca 51
(TR) Sağınlı 13620 87 Ec 52
(TR) Sağkaya 01990 85 Df 53
(F) Sagone 20118 71 Ai 48
(TR) Sağpazar 19410 77 De 50
(P) Sagres 8650-317* 80 Sb 53
(E) Sagunt 46500 70 Sk 51
(E) Sagunto = Sagunt 46500 70 Sk 51
(RUS) Saguny 48 Dk 40
(E) Sahagún 24320 68 Se 48
(RUS) Šahar, Erken- 64 Eb 46
(TR) Şahin 75 Cg 49
(TR) Şahnalar 36790 79 Ed 50
(RUS) Šahovskaja 31 Df 34
(RUS) Šahta 23 Fh 31
(RUS) Šahtinskij, Kamensk- 49 Ea 42
(RUS) Šahtnyj 23 Fh 32
(RUS) Šahty 64 Ea 43
(RUS) Šahun'ja 22 Eg 33
(SK) Šahy 936 01 44 Bi 42
(FIN) Saija 98950 3 Ci 23
(F) Saillans 26340 66 Af 46
(TR) Saimbeyli 01740 85 Dg 52
(F) Saint-Affrique 12400 55 Ac 47
(F) Saint-Aignan 41110 55 Ab 43
(GB) Saint Albans AL3 40 Sk 39
(F) Saint-Amand-en-Puisaye 58310 55 Ad 43
(F) Saint-Amand-les-Eaux 59230* 41 Ad 40
(F) Saint-Amand-Montrond 18200* 55 Ac 44
(F) Saint-Amour 39160 56 Af 44
(F) Saint-André-de-Cubzac 33240 54 Sk 46
(GB) Saint Andrews KY16 38 Sh 34
(F) Saint-Aubin-du-Cormier 35140 40 Si 42
(F) Saint-Aulaye 24410 54 Aa 45
(GB) Saint Austell PL25 40 Sf 40
(F) Saint-Avold 57500 42 Ag 41
(F) Saint-Béat 31440 70 Aa 48
(F) Saint-Brieuc 22000* 40 Sh 42
(F) Saint-Calais 72120 54 Aa 43
(F) Saint-Céré 46400 55 Ab 46
(F) Saint-Chamond 42400 55 Ae 45
(F) Saint-Chély-d'Apcher 48200 55 Ad 46
(F) Saint-Chinian 34360 55 Ac 47
(F) Saint-Claude 42670 56 Af 44
(F) Saint-Cybard, Montmoreau- 16190 54 Aa 45
(GB) Saint David's SA62 40 Se 39
(F) Saint-Denis 93200* 41 Ac 42
(F) Saint-Dié 88100* 42 Ag 42
(F) Saint-Dizier 52100* 41 Ae 42
(F) Sainte-Foy-la-Grande 33220 54 Aa 46
(F) Sainte-Hermine 85210 54 Si 44
(F) Saint-Eloy-les-Mines 63700 55 Ac 44
(F) Sainte-Maure-de-Touraine 37800 54 Aa 43
(F) Sainte-Maxime 83120 56 Ag 47
(F) Sainte-Menehould 51800* 41 Ae 41
(F) Saintes 17100* 54 Sk 45
(F) Saintes-Maries-de-la-Mer 13460 55 Ae 47
(F) Saint-Étienne 42100 55 Ae 45
(F) Saint-Fargeau 89170 55 Ad 43
(GB) Saintfield BT24 37 Se 36
(F) Saint-Florent 45600 71 Ak 48
(F) Saint-Florentin 89570 55 Ad 43
(F) Saint-Florent-sur-Cher 18400 55 Ac 44
(F) Saint-Flour 15100* 55 Ad 45
(F) Saint-Gaudens 31800* 70 Aa 47
(F) Saint-Gaultier 36800 55 Ab 44
(F) Saint-Germain-du-Bois 71330 56 Af 44
(F) Saint-Germain-les-Belles 87380 55 Ab 45
(F) Saint-Gervais-d'Auvergne 63390 55 Ac 44
(F) Saint-Géry 46330 55 Ab 46
(F) Saint-Gilles 35590 55 Ae 47
(F) Saint-Gilles-Croix-de-Vie 85800 54 Si 44
(CH) Saint-Gingolph 1898 56 Ag 44
(F) Saint-Gingolph 74500 56 Ag 44
(F) Saint-Girons 09200 70 Ab 48
(F) Saint-Gravé 56220 54 Sh 43
(GB) Saint Helens WA10 39 Sh 37
(GBJ) Saint-Helier JE1 40 Sh 41
(F) Saint-Herblain 44800 54 Si 43
(F) Saint-Hilaire, Talmont- 85440 54 Si 44
(F) Saint-Hilaire-Bonneval 87260 55 Ab 45
(F) Saint-Hilaire-du-Harcouët 50600 40 Si 42
(F) Saint-Hippolyte-du-Fort 30170 55 Ad 47
(B) Saint-Hubert 6870 42 Af 40
(GB) Saint Ives PE17 40 Se 40
(GB) Saint Ives PE17 40 Sk 38
(F) Saint-Jean-d'Angély 17400 54 Sk 45
(F) Saint-Jean-de-Bournay 38440 56 Af 45
(F) Saint-Jean-de-Losne 21170 56 Af 43
(F) Saint-Jean-de-Luz 64500 54 Si 47
(F) Saint-Jean-de-Monts 85160 54 Sh 44
(F) Saint-Jean-Pied-de-Port 64220 69 Si 47
(GB) Saint John's Chapel DL13 39 Sh 36
(F) Saint-Juéry 81990 55 Ac 47
(F) Saint-Junien 87200 54 Aa 45
(F) Saint-Just-en-Chaussée 60130 41 Ac 41
(F) Saint-Just-Saint-Rambert 42170 55 Ae 45
(F) Saint-Lary-Soulan 65170 70 Aa 48
(F) Saint-Laurent-de-la-Salanque 66250 70 Ac 48
(F) Saint-Laurent-en-Grandvaux 39150 56 Af 44
(F) Saint-Laurent-Médoc 33112 54 Sk 45
(F) Saint-Léonard-de-Noblat 87400 55 Ab 45
(F) Saint-Lô 50000* 40 Si 41
(F) Saint-Loup-sur-Semouse 70800 56 Ag 43
(F) Saint-Maixent-l'École 79400 54 Sk 44
(F) Saint-Malo 35400* 40 Sh 42
(F) Saint-Mamet-la-Salvetat 15220 55 Ac 46
(F) Saint-Marcellin 38160 56 Af 45
(F) Saint-Martin-de-Londres 34380 55 Ad 47
(F) Saint-Martin-de-Ré 17410 54 Si 44
(F) Saint-Martin-du-Var 06670 56 Ah 47
(F) Saint-Maurice-sur-Moselle 88560 56 Ag 43
(F) Saint-Maximin-la-Sainte-Baume 83470 56 Af 47
(F) Saint-Méen-le-Grand 35290 40 Sh 42
(F) Saint-Michel-de-Maurienne 73450 56 Ag 45
(F) Saint-Mihiel 55300 42 Af 42
(F) Saint-Nazaire 44600* 54 Sh 43
(GB) Saint Neots 40 Sk 38
(F) Saint-Nicolas-de-Port 54210 42 Ag 42
(F) Saint-Omer 62500* 41 Ac 40
(F) Saint-Palais 64120 54 Si 47
(F) Saint-Paul-de-Fenouillet 66220 70 Ac 48
(F) Saint-Paul-lès-Dax 40990 54 Si 47
(F) Saint-Péray 07130 55 Ae 46
(GBG) Saint Peter Port GY1 40 Sh 41
(F) Saint-Philbert-de-Grand-Lieu 44310 54 Si 43
(F) Saint-Pierre-d'Oléron 17310 54 Si 45
(F) Saint-Pierre-le-Moûtier 58240 55 Ad 44
(F) Saint-Pierre-sur-Dives 14170 40 Sk 41
(F) Saint-Pol-de-Léon 29250 40 Sg 42
(F) Saint-Pol-sur-Ternoise 62130 41 Ac 40
(F) Saint-Pons-de-Thomières 34220 55 Ac 47
(F) Saint-Pourçain-sur-Sioule 03500 55 Ad 44
(F) Saint-Quentin 02100* 41 Ad 41
(F) Saint-Rambert-d'Albon 26140 55 Ae 45
(F) Saint-Raphaël 83700* 56 Ag 47
(F) Saint-Rémy-de-Provence 13210* 55 Ae 47
(F) Saint-Saulge 58330 55 Ad 43
(F) Saint-Saveur-sur-Tinée 56 Ah 46
(F) Saint-Savin 33920 54 Aa 44
(F) Saint-Sever 40500* 54 Sk 47
(F) Saint-Sulpice 81370 55 Ab 47
(F) Saint-Symphorien 33113 54 Sk 46
(B) Saint-Trond = Sint-Truiden 3800 42 Af 40
(F) Saint-Tropez 83990* 56 Ag 47
(F) Saint-Vaast-la-Hougue 50550 40 Si 41
(F) Saint-Valéry-en-Caux 41 Aa 41
(F) Saint-Valery-sur-Somme 80230 41 Ab 40
(F) Saint-Vallier 26240 55 Ae 44
(F) Saint-Vallier 26240 55 Ae 45
(F) Saint-Vaury 23320 55 Ab 44
(F) Saint-Vincent-de-Tyrosse 40230 54 Si 47
(B) Saint-Vith 4780 42 Ag 40
(F) Saint-Vivien-de-Médoc 33590 54 Si 45
(F) Saint-Yrieix-la-Perche 87500 55 Ab 45
(F) Saissac 11310 55 Ac 47
(RUS) Saitbaba 35 Fg 36
(S) Saittarova 3 Cc 23
(RUS) Saja 23 Fh 33
(RUS) Šajduriha 24 Ga 33
(RUS) Šajgino 22 Eg 33
(SRB) Šajince 74 Cc 48
(H) Sajószentpéter 3770 45 Ca 42
(TR) Sakaevi 18800 77 Dd 50
(TR) Sakaltutan 38610 85 Df 52
(TR) Sakarya 46090 76 Da 50
(TR) Sakçagöz 86 Dg 53
(LT) Šakiai 71001 29 Cd 36
(RUS) Šakin 49 Ec 41
(TR) Sakız 57200 76 Ch 49
(RUS) Sakmara 52 Ff 39
(RUS) Sakony 32 Ed 35
(DK) Sakskøbing 4990 27 Bb 36
(UA) Saky 62 Dd 45
(TR) Sakyatan 84 Dc 53
(FIN) Säkylä 27920 18 Cc 29
(S) Sala 73301* 17 Bg 31
(SK) Šal'a 927 01* 44 Bh 42
(LV) Salacgrīva 18 Ce 33
(I) Sala Consilina 84036 73 Bf 50
(GR) Sálakos 85106 83 Ch 54
(RUS) Šalakuša 12 Ea 28
(E) Salamanca 37001* 68 Se 50
(RUS) Salamat 35 Gb 37
(GR) Salamína 18900 82 Cd 53
(LT) Salantai 97035 28 Cb 34
(E) Salas 33860 68 Sd 47
(E) Salas de los Infantes 09600 69 Sg 48
(F) Salau 09140 70 Ab 48
(RUS) Salavat 34 Ff 37
(TR) Salbaş 01780 85 Df 53
(F) Salbris 41300 55 Ac 43
(LT) Šalčininkai 17001 29 Cf 36
(E) Saldaña 34100 69 Sf 48
(RUS) Šaldež 33 Ee 34
(LV) Saldus 3801 29 Cc 34
(P) Salema 80 Sb 53
(I) Salemi 91018 72 Bc 53
(S) Sälen 78067 17 Bd 29
(F) Salernes 83690 56 Ag 47
(I) Salerno 84100* 73 Be 50
(RUS) Salgan 33 Ef 35
(H) Salgótarján 3100 44 Bk 42
(RUS) Šalgovaara 11 Dd 27
(HR) Sali 58 Bf 47
(RUS) Šali 33 Ek 35
(F) Salies-de-Béarn 64270 54 Sk 47
(TR) Salihler 17600 75 Cg 51
(TR) Salihler 17600 76 Db 51
(TR) Salihli 83 Ci 52
(BY) Salihorsk 30 Ch 38
(RUS) Salino 31 De 34
(F) Salins-les-Bains 39110 56 Af 44
(TR) Salıpazarı 55530 77 De 49
(GB) Salisbury SP1 40 Si 39
(RO) Săliște 557225 60 Cd 45
(RUS) Šalja 24 Fi 33
(UA) Sal'kove 46 Ck 42
(FIN) Salla 98901 3 Ci 24
(F) Sallanches 74700 56 Ag 45
(E) Sallent 08650 70 Ab 49
(F) Salles 33770 54 Sk 46
(TR) Salmanlı 66910 77 De 51
(RUS) Salmi 19 Db 29
(FIN) Salo 25003 18 Cd 30
(I) Salò 25087 57 Ba 45
(F) Salon-de-Provence 13300 56 Af 47
(RO) Salonta 415500 59 Cb 44
(TR) Şalpazarı 61670 78 Dk 50
(N) Salsbruket 7960 8 Bb 26
(F) Salses 66600 70 Ac 48
(RUS) Sal'sk 64 Eb 44
(RUS) Šal'skij 12 Dg 29
(I) Salsomaggiore Terme 43039 57 Ak 46
(GB) Saltash PL12 40 Sf 40
(GB) Saltburn- by-the-Sea 39 Sk 36
(GB) Saltfleet LN11 39 Aa 37
(S) Saltoluoktafjällstation 2 Bi 23
(S) Saltsjöbaden 13300 17 Bi 31
(AX) Saltvik 22430 18 Ca 30
(RUS) Šalty 34 Fd 36
(RUS) Šalty 34 Fd 37
(RUS) Saltyki 32 Dk 37
(RUS) Saltykovo, Karaja- 49 Ec 38
(TR) Salur 86 Db 53
(I) Saluzzo 12037 56 Ah 46
(RO) Salva 427255 60 Ce 43
(P) Salvaterra de Magos 2120-051* 68 Sb 51
(E) Salvatierra de los Barros 06175 80 Sd 52
(F) Salviac 46340 55 Ab 46
(RUS) Saly, Sultan- 63 Dk 43
(UA) Šalyhyne 47 De 39
(A) Salzburg 5020* 57 Bd 43
(D) Salzgitter 38226* 43 Ba 38
(D) Salzungen, Bad 36433 43 Ba 40
(D) Salzwedel 29410 27 Bb 38
(E) Sama (Langreo) 68 Se 47
(BY) Samachvalavičy 30 Ch 37
(TR) Samailli 84 Ci 52
(TR) Samandağ 31770 85 Df 54
(TR) Samandere 76 Db 50
(RUS) Samara 34 Fa 37
(RUS) Samarkovo 64 Ed 47
(RUS) Samarskoe 52 Fi 39
(RUS) Samarskoe 63 Dk 44
(RUS) Šamary 24 Fi 33
(F) Samatan 32130 54 Aa 47
(TR) Şambayat 02340 86 Di 53
(UA) Sambir 45 Cd 41
(UA) Sambir 47 Dd 39
(CH) Samedan 7503 57 Ak 44
(GR) Sámi 28080 82 Ca 52
(RUS) Samino 22 Ei 29
(TR) Şamlı 10180 76 Ch 51
(HR) Samobor 58 Bf 45
(RUS) Samoded 12 Ea 27
(RUS) Samofalovka 49 Ee 42
(RUS) Samojlovka 49 Ed 39
(BG) Samokov 2000 75 Cd 48
(SK) Šamorín 931 01 44 Bh 42
(GR) Sámos 83100 83 Cg 53
(GR) Samothráki 68002 75 Cf 50
(RUS) Samovol'no-Ivanovka 51 Fa 38
(I) Sampeyre 12020 56 Ah 46
(RUS) Sampur 49 Eb 38
(TR) Samsun 55000* 78 Dg 49
(I) Samugheo 09086 71 Ai 51
(RUS) Samylovo 21 Ee 32
(E) San Bartolomé de la Torre 21510 80 Sc 53
(I) San Bartolomeo in Galdo 82028 73 Bf 49
(I) San Benedetto del Tronto 63039 72 Bd 48
(I) San Benedetto Po 46027 57 Ba 45
(I) San Bonifacio 37047 57 Bb 45
(TR) Sancak 12300 79 Ea 51
(F) Sancerre 18300 55 Ac 43
(E) Sanchidrián 05290 69 Sf 50
(F) Sancoins 18600 55 Ac 44
(E) Sancti-Spíritus 68 Sd 50
(RUS) Sančursk 33 Eh 34
(N) Sand 4230 16 Ag 31
(N) Sand 4230 16 Bb 30
(N) Sandane 6823 8 Ag 29
(BG) Sandanski 2800 75 Cd 49
(S) Sandared 51820 17 Bc 33
(RUS) Sandata 64 Eb 44
(N) Sandbukta 3 Cb 21
(D) Sande 26452 26 Ai 37
(N) Sande 16 Af 29
(N) Sande 16 Ba 31
(N) Sandefjord 3208* 16 Ba 31
(IS) Sandgerði 245 36 Qh 26
(S) Sandhammaren 27 Be 35
(TR) Sandıklı 03500 84 Da 52
(S) Sandnäset 84040 9 Bg 28
(N) Sandnes 16 Af 32
(N) Sandneshamn 2 Bi 21
(N) Sandnessjøen 8800 2 Bc 24
(PL) Sandomierz 27-600* 45 Cb 40
(I) San Donà di Piave 30027 57 Bc 45
(RUS) Sandovo 20 Dg 32
(UA) Šandrivka 48 Df 42
(S) Sandsjö 91050 17 Be 29
(N) Sandstad 8 Ak 27
(DK) Sandvig 4735 27 Be 35
(S) Sandvik 59010 17 Bg 33
(S) Sandvika 83015 9 Bc 27
(S) Sandviken 81100* 17 Bg 30
(E) San Esteban de Gormaz 42330 69 Sg 49
(I) San Felice Circeo 04017 72 Bd 49
(E) San Felices de los Gallegos 37270 68 Sd 50
(E) San Fernando 37492 80 Sd 54
(RUS) Šanga, Nikola- 22 Ef 32
(D) Sangerhausen 06526 43 Bb 39
(RO) Sângeru 60 Cg 45
(I) San Gimignano 53037 57 Bb 47
(I) San Ginesio 62026 72 Bd 47
(FIN) Sanginkylä 91620 10 Cg 26
(I) San Giorgio Ionico 74027 73 Bh 50
(I) San Giovanni in Fiore 87055 73 Bg 51
(I) San Giovanni in Persiceto 40017 57 Bb 46
(I) San Giovanni Rotondo 71013 73 Bf 49
(S) Sangis 95272 10 Cd 25
(E) San Ildefonso o La Granja 40100 69 Sf 50
(E) San Janvier 81 Sk 53
(E) San José 81 Sh 54
(E) San Juan de Alacant 81 Sk 52
(E) San Juan de Alicante = San Juan de Alacant 81 Sk 52
(TR) Sankok 84 Db 53
(A) Sankt Aegyd am Neuwalde 3193 58 Bf 43
(A) Sankt Anton am Arlberg 8560 57 Ba 43
(CH) Sankt Gallen 9000* 57 Ak 43
(A) Sankt Gilgen 5340 57 Bd 43
(D) Sankt Goar 56329 42 Ah 40
(A) Sankt Johann im Pongau 5600* 57 Bd 43
(D) Sankt Michaelisdonn 25693 26 Ak 37
(CH) Sankt Moritz 7500* 57 Ak 44
(RUS) Sankt-Peterburg 190000* 19 Da 31
(D) Sankt Peter-Ording 25826 26 Ai 36
(A) Sankt Pölten 3100* 44 Bf 42
(A) Sankt Veit an der Glan 9300* 58 Be 44
(B) Sankt-Vith = Saint-Vith 4780 42 Ag 40
(D) Sankt Wendel 66606 42 Ah 41
(E) San Leonardo de Yagüe 42140 69 Sg 49
(TR) Şanlıca 79 Eb 51
(TR) Şanlı Urfa 86 Di 53
(E) San Lorenzo 28200 69 Sf 50
(E) San Lorenzo de Calatrava 13779 81 Sg 52
(E) Sanlúcar de Barrameda 11540 80 Sd 54
(E) Sanlúcar de Guadiana 21595 80 Sc 53
(E) Sanlúcar la Mayor 41800 80 Sd 53
(I) Sanluri 09025 71 Ai 51
(I) San Marcello Pistoiese 51028 57 Ba 46
(RSM) San Marino 47890 57 Bc 47
(E) San Martín de Castañeda 68 Sd 48
(E) San Martín de Montalbán 45165 69 Sf 51
(E) San Martín de Valdeiglesias 28680 69 Sf 50
(I) San Martino di Castrozza 38058 57 Bb 44
(E) San Miguel de Salinas 03193 81 Sk 53
(S) Sänna 17 Be 32
(RO) Sânnicolau Mare 305600 59 Ca 44
(PL) Sanniki 09-540 44 Bk 38
(PL) Sanok 38-500 45 Cc 41
(E) San Pedro del Pinatar 30740 81 Sk 53
(I) Sanremo 18038 56 Ah 47
(E) San Roque 11360 80 Se 54
(E) San Sadurniño = Avenida do Marqués de Figueroa 68 Sb 47
(E) San Sebastián = Donostia 20001 54 Si 47
(E) San Sebastián de los Reyes 28700 69 Sg 50
(I) Sansepolcro 52037 57 Bc 47
(I) San Severino Marche 62027 57 Bd 47
(I) San Severo 71016 73 Bf 49
(RUS) Šanskij Zavod 31 Df 35
(BIH) Sanski Most 58 Bg 46
(I) San Stino di Livenza 57 Bc 45
(E) Santa Amalia 06410 68 Sd 51
(E) Santa Bárbara de Casa 21570 80 Sc 53
(I) Santa Caterina di Pittinuri 09078 71 Ai 50
(I) Santa Cesarea Terme 73020 73 Bi 50
(P) Santa Clara-a-Velha 7665-880* 80 Sb 53
(E) Santa Coloma de Farners 17430 70 Ac 49
(P) Santa Comba Dão 3440-313* 68 Sb 50
(I) Santa Cristina Valgardena = Sankt Christina in Gröden 39047 57 Bb 44
(I) Santa Croce Camerina 97017 72 Be 54
(E) Santa Cruz de Mudela 13730 81 Sg 52
(I) Santa Domenica Talao 87020 73 Bf 51
(E) Santa Eufemia 14491 81 Sf 52
(E) Santa Eugenia (Ribeira) 68 Sb 48
(P) Santa Eulália 7450-101 68 Sc 51
(E) Santa Eulària del Riu 70 Ab 52
(E) Santa Fé 18320 81 Sg 53
(I) Sant'Agata di Militelo 72 Be 52
(I) Santa Margherita Ligure 16038 57 Ak 46
(I) Santa Maria Capua Vetere 81055 73 Be 49
(E) Santa Maria de Arzua 68 Sb 48
(E) Santa Maria del Camí 07320 70 Ac 51
(E) Santa María del Páramo 24240 68 Se 48
(E) Santa Marta 80 Sd 52
(E) Santana 69 Sf 48
(P) Santana da Serra 7670-613 80 Sb 53
(E) Santander 00001* 54 Sg 47
(I) Sant'Angelo dei Lombardi 83054 73 Bf 50
(I) Sant'Angelo Lodigiano 26866 57 Ak 45
(I) Sant'Antioco 09017 71 Ai 51
(E) Sant Antoni 70 Ab 52
(E) Santa Olalla del Cala 21260 80 Sd 53
(E) Santa Pau 17811 70 Ac 48
(E) Santa Pola 03130 81 Sk 52
(I) Sant'Arcangelo 85037 73 Bg 50
(P) Santarém 2000-005* 68 Sb 51
(I) Santa Sofia 47018 57 Bb 47
(I) Santa Teresa di Gallura 07028 71 Ak 49
(E) Sant Carles de la Ràpita 43540 70 Aa 50
(E) Sant Celoni 08470 70 Ac 49
(I) San Teodoro 08020 71 Ak 50
(E) Santesteban 31720 69 Si 47
(I) Sant'Eufemia Lamezia 73 Bg 52
(E) Sant Feliu de Guíxols 17220 70 Ad 49
(E) Sant Francesc de Formentera 07860 70 Ab 52
(E) Santiago de Alcántara 10510 68 Sc 51
(E) Santiago de Compostela 15701* 68 Sb 48
(P) Santiago do Cacém 7540-100* 80 Sb 52
(E) Santibáñez de la Sierra 68 Se 50
(E) Sant Mateu 12170 70 Aa 50
(E) Santo Domingo de la Calzada 26250 69 Sh 48
(GR) Santoméri 82 Cb 53
(E) Santoña 39740 54 Sg 47
(I) Santo Stefano di Camastra 98077 72 Be 52
(P) Santo Tirso 4640-273* 68 Sb 49
(E) San Vincente de Alcántara 68 Sc 51
(I) San Vincenzo 57027 72 Ba 47
(I) San Vito lo Capo 91010 72 Bc 52
(P) São Bartolomeu de Messines 8375-100* 80 Sb 53
(P) São Brás de Alportel 8150-101 80 Sc 53
(P) São João da Madeira 3700-011 68 Sb 50
(P) São Martinho do Porto 2460-083* 68 Sa 51
(P) São Teotónio 7630-611* 80 Sb 53
(P) São Vicente da Beira 6005-270 68 Sc 50
(TR) Sapanca 17600 76 Da 50
(RUS) Sapërnoe 19 Ck 30
(GR) Sápes 69300 75 Cf 49
(TR) Şaphane 43950 76 Ck 51
(RUS) Šapki 19 Db 31
(RUS) Šapkino 49 Ec 39
(TR) Sapmaz 78 Di 50
(RUS) Sapožnikovo 51 Fb 39
(RUS) Sapožok 32 Ea 37
(NL) Sappemeer, Hoogezand- 9615 26 Ag 37
(I) Sapri 84073 73 Bf 50
(FIN) Sara 39980 10 Cc 28
(RUS) Sara 33 Eg 36
(RUS) Sara 52 Fh 39
(RUS) Sarabikulovo 34 Fb 36
(N) Saraby 3 Cd 20
(RUS) Saraevo 22 Ef 30
(RUS) Saragulka 25 Ge 32
(RUS) Sarai 32 Ea 37
(FIN) Säräisniemi 91760 10 Cg 26

RO Saraiu 907255 61 Ci 46
FIN Sarajärvi 93250 11 Ch 25
BIH Sarajevo 71000* 59 Bi 47
RUS Saraj-Gir 34 Fd 37
GR Sarakiniko 82 Cd 52
RUS Saraktaš 52 Fg 39
RUS Šaran 34 Fe 36
RUS Sarana 35 Fh 34
BG Saranci 2120 75 Cd 48
AL Sarandë 74 Ca 51
RUS Šaranga 22 Eg 33
RUS Saranpaul' 15 Ga 26
RUS Saransk 33 Ef 36
BG Saransko 8659 75 Cg 48
RUS Šarapovo 33 Ee 35
RUS Sarapul 34 Fd 34
RUS Šarašenskij 49 Ec 40
RUS Saraši 34 Ff 34
BY Sarašova 45 Ce 38
UA Sarata 61 Ck 44
RO Sărățel 427301 60 Ce 43
RUS Saratov 50 Eg 39
TR Saravakpınar = Sırpsındığı 22770 75 Cg 49
TR Saray 65830 76 Ch 49
TR Saray 65830 77 De 51
TR Saray 65830 87 Ee 52
TR Saraycık 77 Df 50
TR Saraydüzü 77 De 49
TR Sarayköy 20300 76 Db 51
TR Sarayköy 20300 84 Ci 53
TR Sarayönü 42430 84 Dc 52
RUS Sarbala 21 Ed 30
RUS Šardonem' 13 Ee 27
CH Sargans 7320 57 Ak 43
TR Sargin 55700 77 Df 49
UA Šarhorod 46 Ci 42
GR Saria 83 Ch 55
TR Sarıbeyler 10590 76 Ch 51
TR Sarıbuğday 77 Df 50
TR Sarıcakaya 26870 76 Da 50
TR Sarıgöl 55810 79 Eb 50
TR Sarıgöl 55810 84 Ci 52
TR Sarıkamış 36500 79 Ec 50
TR Sarıkavak 85 Dd 54
TR Sarıkaya 77 Df 51
TR Sarıkaya 84 Ci 52
TR Sarıkaya 84 Dc 52
TR Sarıkonak 87 Eb 52
TR Sarıköy 10680 76 Ch 50
TR Sarılar 59850 86 Db 53
TR Sarımazı 01956 85 Df 54
E Sariñena 22200 70 Sk 49
TR Sarıoba 77 Dc 51
TR Sarıoğlan 38820* 85 Df 51
RUS Šaripovo 34 Ff 36
TR Sarısu = Aktepe 79 Ec 51
TR Sarıveliler 70800 84 Dc 54
TR Sariyar 34886 76 Ck 49
TR Sarıyar 57710 76 Db 50
TR Sarız 38660* 86 Dg 52
RUS Sar'ja 19 Dc 31
RUS Šar'ja 22 Ef 32
H Sarkad 5720 59 Cb 44
RUS Šarkan 23 Fd 33
BY Šarkavščyna 30 Ch 35
TR Şarkîkaraağaç 84 Db 52
FIN Särkisalmi 59310 19 Ck 29
TR Şarkışla 58400 78 Dg 51
BG Sarkovo 75 Cg 48
BG Šarkovo 8753 75 Cg 48
TR Şarköy 59800 76 Ch 50
TR Şarlakköy 86 Dg 52
F Sarlat-la-Canéda 24200 55 Ab 46
RUS Šarlyk 34 Fe 38
RUS Sarmakovo 64 Ed 47
RUS Sarmanaj 34 Fe 37
RUS Sarmanovo 34 Fc 35
RO Sărmășel Gară 547521 60 Ce 44
RO Sarmizegetusa 337415 59 Cc 45
S Särna 79090 17 Bd 29
CH Sarnen 6060* 56 Ai 44
BG Sărnica 6361 75 Cd 49
BG Sărnica 4633 75 Ce 49
S Särnstugan 76296 17 Bd 29
RUS Šarnut 64 Ed 43
UA Sarny 46 Cg 39
I Saronno 20030 57 Ak 45
TR Sarot 76 Db 50
RUS Sarova 32 Ed 36
SK Šarovce 44 Bi 42
RUS Sarpa 65 Ef 43
N Sarpsborg, Fredrikstad- 1706* 16 Bb 31
F Sarrebourg 57400* 42 Ah 42
F Sarreguemines 57200* 42 Ah 41
F Sarre-Union 67260 42 Ah 42
E Sarria 27600 68 Sc 48
E Sarrión 44460 70 Sk 50
D Sarroch 09018 71 Ak 51
I Sarsina 57 Bc 47
F Sartène 20100 71 Ai 49
GR Sárti 63078 75 Cd 50
F Sartilly 50530 40 Si 42
TR Saruhanlı 45800 83 Ch 52
RUS Saruj 33 Eh 35
H Sárvár 9600 58 Bg 43
FIN Sarvela 39960 10 Cc 28
S Särvsjön 84035 9 Bd 28
F Sarzeau 56370 54 Sh 43
TR Sasallı 83 Cg 52
H Sásd 7370 59 Bi 44
TR Sason 72500 87 Eb 52
RUS Sasovo 32 Eb 36
I Sassari 07100 71 Ai 50
F Sassenage 38360 56 Af 45
D Sassnitz 18546 27 Bd 36
D Saßnitz = Sassnitz 18546 27 Bd 36
I Sassuolo 41049 57 Ba 46
RUS Sasykoli 65 Eh 43
UA Sataniv 46 Cg 41
S Såtenäs 17 Bc 32
S Säter 78301 17 Bf 30
TR Satıköy 87 Ea 53
RUS Satino 23 Fd 32
RUS Satka 35 Fk 35
RUS Šatki 33 Ee 35
H Sátoraljaújhely 3980 45 Cb 42
BG Satovča 2950 75 Cd 49
RO Satu Mare 727480 59 Cc 43
RUS Šatura 32 Dk 35
N Sauda 4200 16 Ag 31
IS Sauðárkrókur 551 36 Ql 25
F Saugues 43170 55 Ad 46
F Saujon 17600 54 Sk 45
FIN Saukkola 09430 18 Cd 30
F Saulieu 21210 55 Ae 43
LV Saulkrasti 2160 18 Ce 33
F Sault 84390 56 Af 46
F Saumur 49400* 54 Sk 43
FIN Saunajärvi 88901 11 Ck 27
F Sauveterre-de-Guyenne 33540 54 Sk 46
FIN Sauvo 21571 18 Cc 30
F Sauzé-Vaussais 79190 54 Aa 44
F Sauzon 56360 54 Sg 43
BY Sava 30 Da 36
S Sävar 91801 10 Ca 27
RUS Šavaržakovo 22 Ei 33
TR Savaştepe 10580 76 Ch 51
TR Savcılı 40410 77 Dd 51
RUS Savcyno 20 Dh 33
F Savenay 44260 54 Si 43
RO Săveni 715300 60 Cg 43
F Saverdun 09700 55 Ab 47
F Saverne 67700* 42 Ah 42
I Savigliano 12038 56 Ah 46
FIN Savikylä 75650 11 Ci 27
RUS Savinka 50 Eh 40
RUS Savino 20 Dg 30
RUS Savino 32 Eb 34
RUS Savinobor 15 Fg 27
RUS Savinskij 12 Ea 28
FIN Savitaipale 54801 19 Ch 29
MNE Šavnik 81 450 74 Bk 48
I Savona 17100 56 Ai 46
FIN Savonlinna 57810 11 Ci 29
FIN Savonranta 58300 11 Ck 28
UA Savran' 47 Da 42
TR Şavşat 08700 79 Ec 49
S Sävsjö 57601 17 Be 33
FIN Savukoski 98800 3 Ci 23
TR Savur 47860 87 Ea 53
UA Savynci 48 Dh 41
GB Saxmundham IP17 41 Ab 38
S Saxnäs 9 Bf 26
FIN Säyneinen 73770 11 Ci 27
FIN Säytsjärvi 99910 3 Ch 21
RUS Sazan 52 Fg 39
TR Sazılar 77 Dc 51
RUS Sažino 35 Fi 34
RUS Sazonovo 20 Df 31
F Scaër 29390 40 Sg 42
GB Scalasaig PA61 38 Sd 34
GB Scalby YO12 39 Sk 36
GB Scalloway ZE1 38 Si 30
I Scansano 58054 72 Bb 48
RO Scânteia 927210 61 Ch 46
GB Scarborough YO11 39 Sk 36
GB Scarinish PA77 38 Sd 34
IRL Scarriff = An Scairbh 37 Sb 38
RUS Ščekino 31 Dh 36
RUS Ščel' 14 Fd 26
RUS Ščel'jabož 7 Fg 24
RUS Ščeljajur 14 Fd 25
RUS Ščelkovo 31 Di 35
RUS Ščerbinka 31 Dh 35
A Schachendorf 7472* 58 Bg 43
CH Schaffhausen 8200* 56 Ai 43
NL Schagen 1740 26 Ae 38
CH Schanf 7525 57 Ak 44
A Schärding 4780 43 Bd 42
A Scharnitz 6108 57 Bb 43
A Scheibbs 3270* 44 Bf 43
D Scherfede 34414 42 Ak 39
I Schio 36015 57 Bb 45
D Schkeuditz 04435 43 Bc 39
A Schladming 8970* 57 Bd 43
I Schlanders = Silandro 39028 57 Ba 44
D Schleiden 53937 42 Ag 40
D Schleiz 07907 43 Bb 40
D Schleswig 24837 26 Ak 36
D Schleusingen 98553 43 Ba 40
A Schlierbach 34599 43 Be 43
D Schlotheim 99994 43 Ba 39
D Schlüchtern 36381 42 Ak 40
I Schluderns = Sluderno 39020 57 Ba 44
D Schmalkalden 98574 43 Ba 40
D Schmiedeberg, Bad 06905 43 Bc 39
D Schnackenburg 29493 27 Bb 37
D Schneverdingen 29640 26 Ak 37
D Schönberg 16866 27 Ba 37
D Schönberg (Holstein) 24217 27 Ba 36
D Schönebeck (Elbe) 39218 43 Bb 38
D Schongau 86956 57 Ba 43
D Schönsee 92539 43 Bc 41
D Schopfheim 79650 56 Ah 43
D Schramberg 78713 42 Ai 42
D Schrobenhausen 86529 43 Bb 42
A Schruns 6780 57 Ak 43
CH Schuls, Scuols/ 7550 57 Ba 44
D Schussenried, Bad 88427 42 Ak 42
D Schwaan 18258 27 Bc 37
D Schwabach 91126 43 Bb 41
D Schwäbisch Gmünd 73525* 42 Ak 42
D Schwäbisch Hall 74523 42 Ak 41
D Schwabmünchen 86830 43 Ba 42
D Schwandorf 92421 43 Bc 41
D Schwarmstedt 29690 42 Ak 38
D Schwarzenbek 21493 27 Ba 37
A Schwaz 6130 57 Bb 43
A Schwechat 2320 44 Bg 42
D Schwedt/Oder 16303 27 Be 37
D Schweinfurt 97421* 43 Ba 40
D Schwenningen, Villingen- 78048* 42 Ai 42
D Schwerin 19053* 27 Bb 37
D Schwetzingen 68723 42 Ai 41
CH Schwyz 6430* 56 Ai 43
I Sciacca 92019 72 Bd 53
RUS Ščigry 48 Dg 39
I Scordia 95048 72 Be 53
RO Scornicești 235600 60 Ce 46
UA Ščors 47 Db 39
RO Scorțeni 107525 60 Cg 44
GB Scourie IV27 38 Se 32
RUS Ščuč'e Ozero 35 Fg 34
BY Ščučyn 29 Ce 37
GB Scunthorpe DN16 39 Sk 37
CH Scuol/Schuls 7550 57 Ba 44
RUS Ščurovo 20 Di 33
RUS Ščutenskie Peski 49 Ea 39
IRL Searcóck 37 Sd 37
GB Seascale CA20 39 Sg 36
RUS Šebekino 48 Dg 40
TR Seben 14750 76 Db 50
RO Sebeș 515800 60 Cd 45
RUS Sebeusad 33 Ei 34
RUS Sebež 30 Ci 34
TR Şebinkarahisar 28400 78 Di 50
RO Sebiș 315700 59 Cc 44
D Sebnitz 01855 43 Be 40
E Sebta = Ceuta 51000* 80 Se 55
E Sebta = Ceuta 51000* 81 Sf 55
RUS Sečenovo 33 Ef 35
F Secondigny 79130 54 Sk 44
SK Sečovce 078 01 45 Cb 42
RO Secuieni 617415 61 Ch 44
LT Seda 89051 29 Cc 34
F Sedan 08200 41 Ae 41
F Séderon 26560 56 Af 46
GB Sedgefield TS21 39 Si 36
CZ Sedlčany 264 01 43 Be 41
RUS Šedok 64 Ea 46
RUS Sedtydin 14 Fe 29
LT Šeduva 82007 29 Cd 35
PL Sędziszów Małopolski 39-120 45 Cb 40
D Seebad Ahlbeck 27 Be 37
D Seebad Bansin 27 Be 37
D Seehausen (Altmark) 39615 27 Bb 38
D Seelow 15306 43 Be 38
F Sées 61500 41 Aa 42
D Seesen 38723 43 Ba 39
A Seewiesen 8636 58 Bf 43
TR Şefaatli 66800 77 De 51
TR Seferihisar 35460 83 Cg 52
N Segalstad 2656 16 Ba 29
RO Segarcea 205400 60 Cd 46
RUS Segeža 12 De 27
N Seglvik 9182 3 Cb 20
RUS Šegmas 14 Ek 26
F Segonzac 19310 54 Sk 45
E Segorbe 12400 70 Sk 51
E Segovia 40001* 69 Sf 50
F Segré 49500* 54 Sk 43
P Segura 6060-521 68 Sd 51
TR Şehit Nusretbey 86 Di 54
P Seia 6270-374* 68 Sc 50
F Seiches-sur-le-Loir 49140 54 Sk 43
F Seilhac 19700 55 Ab 45
FIN Seinäjoki 60100* 10 Cc 28
RO Seini 435400 60 Cd 43
LT Seirijai 67010 29 Cd 36
RUS Šeitovka 65 Ei 44
PL Sejny 16-500 29 Cd 36
RUS Sejtjakovo 34 Ff 35
RUS Šejva 23 Fd 30
RUS Sekači 49 Ed 40
TR Şekerli 25530 86 Dk 53
TR Seki 48860 84 Ck 54
TR Sekili 66930 77 De 51
TR Şekizli 85 Dd 53
BIH Šekovići 59 Bi 46
RUS Šekšema 22 Ef 32
RUS Šeksna 20 Di 31
RO Șelaru 137425 60 Cf 46
RUS Šelaša 13 Ec 29
D Selb 95100 43 Bc 40
N Selbekken 8 Ak 27
N Selbu 7580 8 Bb 27
GB Selby YO8 39 Si 37
RUS Sel'co 31 De 37
TR Selçuk 35920 83 Ch 53
RUS Sel'cy 20 Df 33
RUS Selehovskaja 12 Di 29
TR Selendi 45970 84 Ci 52
AL Selenicë 74 Bk 50
GR Sélero 67100 75 Ce 49
F Sélestat 67600* 42 Ah 42
SRB Selevac 11407 59 Ca 46
IS Selfoss 801 36 Qi 27
RUS Sel'gi 11 Dd 27
RUS Selib 14 Ei 27
D Seligenstadt 63500 42 Ai 40
TR Selim 36900 79 Ec 50
TR Selimiye 48230 83 Ch 53
RUS Selino 47 De 38
RUS Selišči 33 Ef 36
RUS Seliše 13 Eg 26
AL Selishtë 74 Ca 49
RUS Selitrennoe 65 Eh 43
RUS Selivanovskaja 49 Eb 42
RUS Seližarovo 31 Dd 34
UA Seljatyn 60 Cf 43
N Selje 6740 8 Af 28
N Seljelvnes 2 Bk 21
N Seljord 3840 16 Ai 31
GB Selkirk TD7 39 Sh 35
N Selkopp 3 Ce 20
F Selles-sur-Cher 41130 55 Ab 43
GR Sellía 82 Ce 55
RUS Selo 20 Di 29
F Selonnet 04460 56 Ag 46
S Selsviken 9 Bf 27
IS Seltjarnarnes 170* 36 Qh 26
RUS Selty 23 Fc 33
F Seltz 67470 42 Ai 42
UA Selydove 48 Dh 42
N Sem 16 Ba 31
RUS Šemaniha 22 Ef 33
TR Şemdinli 30800 87 Ee 53
UA Semenivka 47 Dc 38
UA Semenivka 47 Dd 41
RUS Semenov 33 Ee 34
RUS Semënovka 49 Ee 41
RUS Semenovskoe 21 Dk 32
RUS Semenovskoe 31 Df 35
RUS Šemetovo 31 Di 36
RUS Semibalki 63 Dk 44
RUS Semibratovo 21 Dk 33
RUS Semibugry 65 Ei 44
UA Semičnyj 64 Ec 43
RUS Semigorodnjaja 21 Ea 31
RUS Semikarakorsk 64 Ea 43
RUS Semiluki 48 Di 39
CZ Semily 513 01 44 Bf 40
BIH Semizovac 59 Bi 47
RUS Semlevo 31 Dd 35
A Semmering 2680 58 Bf 43
RUS Šemordan 34 Fa 34
RUS Šemurša 33 Eh 36
UA Semyduby 47 Da 42
UA Semypolky 47 Da 40
UA Šemyšejka 33 Ef 38
RUS Sëmža 5 Ee 24
D Sendenhorst 48324 42 Ah 39
D Senftenberg 01968 43 Be 39
E Sénia, la 43560 70 Aa 50
SK Senica 974 01 44 Bh 42
I Senigallia 57 Bd 47
TR Senirce 84 Da 53
TR Senirkent 32600 84 Da 52
HR Senj 58 Be 46
TR Şenkaya 25360 79 Ec 50
RUS Sen'kove 48 Dh 41
TR Şenköy 47510 87 Eb 53
RUS Šenkursk 13 Ec 28
F Senlis 62310 41 Ac 41
GB Sennen TR19 40 Se 40
RUS Sennoj 49 Ed 40
RUS Sennoj 50 Eg 38
BG Senokos 2752 61 Ci 47
I Senorbì 09040 71 Ak 51
F Sens 89100* 41 Ad 42
SRB Senta 24400* 59 Ca 45
RUS Šentala 34 Fb 36
TR Şenyurt 60320 79 Eb 50
TR Şenyurt 60320 87 Ea 53
E Seoane 68 Sc 48
TR Sepetçi 76 Da 51
UA Šepetivka 46 Ch 40
UA Šepit 60 Cf 43
PL Sępólno Krajeńskie 89-400 28 Bh 37
BG Septemvri 4490 75 Ce 48
E Sepúlveda 40300 69 Sg 49
RUS Sepyč 23 Fe 32
RUS Serafimovič 49 Ec 41
RUS Serafimovskij 34 Fd 36
B Seraing 4100 42 Af 40
RO Șerbănești 237450 60 Ce 46
RO Sercaia 507195 60 Cf 45
RUS Serdobsk 49 Ee 38
RUS Serebrjanka 24 Fk 33
RUS Serebrjanskij 19 Ck 32
RUS Serebrjanye Prudy 31 Di 36
SK Sereď 926 01 44 Bh 42
RUS Sereda 31 Df 35
RUS Seredka 19 Ci 32
RUS Serednikovo 32 Dk 35
RUS Seredskaja 21 Ec 30
UA Seredyna Buda 47 De 38
TR Şerefiye 57400 78 Dh 50
TR Şereflikoçhisar 06950 85 Dd 52
RUS Seregovo 14 Fa 28
RUS Šeremet'evka 34 Fb 35
GR Séres 75 Cd 49
RUS Serga 23 Fg 33
RUS Sergač 33 Ef 35
RUS Sergeevsk 34 Fb 37
RUS Sergeevskij 23 Fe 30
TR Sergen 63700 76 Ch 49
TR Sergen 63700 86 Dk 53
RUS Sergievka 51 Fb 39
RUS Sergievo 12 Dg 28
RUS Sergiev Posad 31 Di 34
RUS Sergievskoe 64 Ec 46
UA Serhijivka 48 Dh 42
UA Serhijivka 61 Da 44
TR Serik 07500 84 Db 54
TR Serinhisar 20430* 84 Ck 53
TR Serinkum 13200 87 Ec 52
TR Serinyol 31120 85 Dg 54
RUS Šer'jag 23 Fe 29
RUS Serkova 24 Gc 33
RUS Sermenevo 35 Fi 37
P Sernancelhe 3640-209* 68 Sc 50
RUS Sernovodsk 34 Fb 37
RUS Sernur 33 Ek 34
PL Serock 05-140 45 Cb 38
RUS Seroglazka 65 Eh 44
E Serón 81 Sh 53
RUS Serov 24 Ga 31
P Serpa 7830-320* 80 Sc 53
RUS Serpejsk 31 De 36
RUS Serpuhov 31 Dh 36
E Serra de Outes, A (Outes) 68 Sb 48
E Serradilla 10530 68 Sd 51
I Serra San Bruno 89822 73 Bg 52
F Serres 84200 56 Af 46
P Sertã 6100-598* 68 Sb 51
TR Servi 12510 87 Ea 52
GR Sérvia 50500 74 Cc 50
P Sesimbra 2970-001* 80 Sa 52
S Seskarö 95394 10 Cd 25
I Sessa Aurunca 81037 72 Bd 49
RUS Šestakovo 22 Fa 32
RUS Šestovoe 25 Gi 33
I Sestriere 10058 56 Ag 46
I Sestri Levante 16039 57 Ak 46
RUS Sestroreck 19 Ck 30
RUS Šešurga 22 Eh 33
GR Séta 34600 82 Cd 52
LT Šėta 58005 29 Ce 35
F Sète 34200* 55 Ad 47
N Setermoen 2 Bi 22
RUS Setraki 49 Ea 41
I Settimo Torinese 10036 56 Ah 45
GB Settle BD24 39 Sh 36
P Setúbal 2900-001* 80 Sb 52
E Seu d'Urgell, la 25700 70 Ab 48
I Seui 08037 71 Ak 51
UA Sevastopol' 62 Dd 46
UA Ševčenkivskyj, Korsun'- 47 Db 41
UA Ševčenkovo 48 Dh 41
RUS Ševelevskaja 21 Ee 30
GB Sevenoaks TN13 41 Aa 39
RUS Sever 23 Fd 32
F Sévérac-le-Château 12150 55 Ad 46
RUS Severka 35 Ga 34
RUS Severnoe 34 Fc 36
RUS Severnoe 64 Ec 46
RUS Severnyj 11 Dc 26
RUS Severnyj 7 Gd 23
RUS Severnyj 65 Ef 43
RUS Severnyj Kolčim 23 Fh 30
UA Severodonec'k 48 Di 42
RUS Severodvinsk 12 Dk 26
RUS Severo-Kospašskij 23 Fh 31

RUS Severomorsk 4 Dd 21
RUS Severoural'sk 24 Ga 30
RUS Severo-Zadonsk 31 Di 36
FIN Sevettijärvi 99930 3 Ci 21
GR Sevgáraki 82 Cb 52
E Sevilla 41001* 80 Se 53
TR Sevindikli 41795 76 Ck 50
TR Şevketiye 76 Ch 50
BG Sevlievo 5400 60 Cf 47
SLO Sevnica 8290 58 Bf 44
RUS Sevrjukovo 31 Dg 36
RUS Sevsk 47 De 38
BG Sevštari 7400 60 Cg 47
TR Seydim 19110 77 De 50
TR Seydişehir 42360* 84 Db 53
IS Seyðisfjörður 36 Rf 25
TR Seyfeköy 77 De 51
TR Şeyhali 77 Dc 51
TR Şeyhli 78 Dg 50
TR Şeyhmehmet 47510 87 Eb 53
TR Seyitgazi 26950 76 Da 51
TR Seyitoba 83 Ch 52
F Seyne-sur-Mer, la 83500* 56 Af 47
F Seyssel 74910 56 Af 45
SLO Sežana 6210 57 Bd 45
F Sézanne 51120* 41 Ad 42
I Sezze 04018 72 Bd 49
GR Sfakia 82 Ce 55
RO Sfântu Gheorghe 000520* 60 Cf 45
RO Sfântu Gheorghe 000520* 61 Ck 46
GR Sfinári 73014 82 Cd 55
NL 's-Gravenhage = Den Haag 2491* 41 Ae 38
GB Shader HS2 38 Sd 32
GB Shaftesbury SP7 40 Sh 39
IRL Shannon = Sionainn 37 Sb 38
GB Sheerness ME12 41 Aa 39
GB Sheffield S5 39 Si 37
GB Shegra IV27 38 Se 32
AL Shëngjin 74 Bk 49
AL Shënmëri = Buçimas 74 Ca 49
GB Sherborne DT9 40 Sh 40
GB Sheringham NR26 39 Ab 38
NL 's-Hertogenbosch 5200* 42 Af 39
AL Shijak 74 Bk 49
AL Shkodër 74 Bk 48
GB Shrewsbury SY5 39 Sh 38
RKS Shtime = Štimlje 72000 74 Cb 48
PL Sianów 76-004 28 Bg 36
LT Šiaulėnai 82043 29 Cd 35
LT Šiauliai 76001* 29 Cd 35
RUS Sibaj 52 Fi 38
I Sibari 87070 73 Bg 51
HR Šibenik 58 Bf 47
RO Sibiu 000550* 60 Ce 45
RUS Sičuga 22 Eg 29
SRB Šid 22239* 59 Bk 45
BY Sidaravičy 30 Da 37
TR Side 07330 84 Db 54
RUS Sidel'kino 34 Fb 36
CH Siders = Sierre 3960 56 Ah 44
GR Sidira 82 Cb 52
GR Sidirókastro 62300 75 Cd 49
UA Sidlyšče 46 Cf 39
GB Sidmouth EX10 40 Sg 40
RUS Sidorovo 20 Di 33
RUS Sidorovo 22 Fa 30
RUS Šidrovo 13 Ec 28
PL Siedlce 08-100* 45 Cc 38
D Siegburg 53721 42 Ah 40
D Siegen 57072* 42 Ai 40
PL Siemiatycze 17-300 45 Cc 38
I Siena 53100 57 Bb 47
FIN Sieppijärvi 95800 3 Cd 23
PL Sieradz 98-200 44 Bi 39
PL Sieraków 42-790 44 Bg 38
PL Sierpc 09-200 28 Bk 38
CH Sierre 3960 56 Ah 44
FIN Sievi 85410 10 Ce 27
RUS Sig 12 De 25
N Sigdal 16 Ak 30
F Sigean 11130 70 Ac 47
N Sigerfjord 8400 2 Bf 22
RO Sighetu Marmaţiei 435500 60 Cd 43
RO Sighişoara 545400 60 Ce 44
IS Siglufjörður 36 Rb 24
D Sigmaringen 72488 42 Ak 42
RUS Šigony 33 Ei 37
GR Sígri 81103 75 Cf 51
S Sigtuna 19300 17 Bh 31
LV Sigulda 2150 18 Ce 33
RUS Šihany 50 Eh 38
RUS Šihtovo 30 Dc 35
FIN Siikainen 29811 10 Cb 29
FIN Siilinjärvi 71801 11 Ch 27
TR Siirt 56000* 87 Eb 53
FIN Siivikko 93350 11 Ch 25
S Sikfors 10 Cb 25
GR Sikia 75 Cd 50
GR Síkinos 84010 83 Cf 54
H Siklós 7800 59 Bi 45
LT Šilalė 75001 29 Cc 35
I Silandro = Schlanders 57 Ba 44
RUS Šil'da 52 Fk 39
TR Şile 34981* 76 Ck 49
RUS Šilega 13 Ee 26
RUS Šilekša 21 Ec 33
TR Silifke 33940* 85 Dd 54
RUS Silikatnyj 33 Ei 37
I Siliqua 09010 71 Ai 51
RO Siliştea 907290 60 Cf 46
RO Silistraru 817177 61 Ch 45
TR Silivri 34570* 76 Ci 49
N Siljan 3748 16 Ak 31
DK Silkeborg 26 Ak 34
E Silla 46460 70 Sk 51
EST Sillamäe 40231* 19 Ch 31
TR Sille 42240 84 Dc 53
E Silleda 36540 68 Sb 48
F Sillé-le-Guillaume 72140 40 Sk 42
GR Silli 75 Ce 49
A Sillian 9920 57 Bc 44
TR Silopi 73400 87 Ec 53
RUS Šilovo 31 Di 37
RUS Šilovo 32 Ea 36
N Silsand 9303 2 Bh 21
LT Šilutė 99001 28 Cb 35
E Silván 68 Sd 48
TR Silvan 21640* 87 Eb 52
P Silves 8300-100* 80 Sb 53
RUS Sim 23 Fh 31
RUS Sim 35 Fh 35
RUS Sima 32 Dk 34
UA Simakivka 46 Ci 40
E Simancas 47130 69 Sf 49
RO Şimand 317335 59 Cb 44
TR Simav 43500 76 Ci 51
RUS Simbirsk 33 Ei 36
UA Simejkyne 48 Dk 42
RO Şimeria 335900 60 Cd 45
UA Simferopol' 62 De 46
GR Simi 83 Ch 54
GR Simi 85600 83 Ch 54
BG Simitli 2730 75 Cd 49
LT Simkaičiai 29 Cc 35
RO Şimleu Silvaniei 455300 59 Cc 43
LT Simnas 64037 29 Cd 36
FIN Simo 95201 10 Cf 25
H Simontornya 7081 59 Bi 44
FIN Simpele = Rautjärvi 56610 19 Ck 29
S Simrishamn 27200 27 Be 35
RUS Šimsk 19 Da 32
EST Simuna 46401 18 Cg 31
I Sinalunga 53048 57 Bb 47
TR Sinan 87 Ea 53
TR Sinanpaşa 03850 84 Da 52
TR Sincan 58365 77 Dc 51
TR Sincan 58365 78 Dh 51
TR Sincik 86 Di 52
DK Sindal 9870 16 Ba 33
D Sindelfingen 71063* 42 Ai 42
EST Sindi 86703* 18 Ce 32
I Sindia 08018 71 Ai 50
TR Sındırgı 10330 76 Ci 51
RUS Sindor 14 Fb 28
RUS Sinegor'e 22 Fa 31
RUS Sinegorskij 24 Fk 33
RUS Sinegorskij 49 Ea 42
TR Sinekçi 17260 76 Ch 50
TR Sinekli 76 Ci 49
P Sines 7520-001* 80 Sb 53
RO Sineşti 247595 60 Cd 46
FIN Sinettä 97220 3 Cf 24
E Sinéu 07510 70 Ad 51
RUS Sinezerki 31 De 37
D Singen (Hohentwiel) 78224 56 Ai 43
MD Sîngerei 6200 61 Ci 43
RUS Singilej 33 Ei 37
S Singistugorna 2 Bi 23
N Singsås 7387 8 Ba 28
RUS Sinie Lipjagi 48 Di 39
TR Sinirli 83 Ch 52
I Siniscola 08029 71 Ak 50
HR Sinj 58 Bg 47
BY Sinjavka 29 Cg 38
RUS Sinjavka 49 Ea 39
RUS Sinodskoe 50 Eg 39
TR Sinop 57000 77 Df 48
D Sinsheim 74889 42 Ai 41
B Sint-Niklaas 9100 41 Ae 39
P Sintra 2710-204* 68 Sa 52
B Sint-Truiden 3800 42 Af 40
H Siófok 8600 59 Bi 44
CH Sion 1950* 56 Ah 44
IRL Sionainn = Shannon 37 Sb 38
RUS Šipicyno 22 Eg 29
BG Šipka 6150 75 Cf 48
RUS Šipunovskaja 13 Ec 28
N Sira 4438 16 Ag 32
I Siracusa 96100 72 Bf 53
TR Şiran 29700 78 Dk 50
TR Sırcalı 77 Df 51
RUS Širega 21 Eb 30
RO Siret 725500 60 Cg 43
N Sirevåg 4364 16 Af 32
RUS Širinguši 32 Ec 37
TR Sirkeli 77 Dc 50
FIN Sirkka 99131 3 Ce 23
TR Şırnak 73000 87 Ec 53
BY Sirocina 30 Ck 35
BIH Široki Brijeg 58 Bh 47
RUS Širokij Karamyš 50 Ef 39
RUS Širokij Ustup 49 Ee 39
RUS Širokovskij 23 Fh 32
RUS Sirotinskaja 49 Ed 41
TR Sırpsındığı 22770 75 Cg 49
TR Sırtköy 84 Db 53
TR Sirvan 87 Ec 52
LT Širvintos 19001 29 Ce 35
HR Sisak 58 Bg 45
RUS Šiškeevo 33 Ee 36
CH Sissach 4450 56 Ah 43
GR Sisses 71001 82 Ce 55
F Sisteron 04200 56 Af 46
E Sitges 08870 70 Ab 49
GR Sitía 72300 83 Cg 55
S Sitojaurestugorna 2 Bi 23
RUS Šitovo 22 Fa 32
NL Sittard 6130* 42 Af 39
CH Sitten = Sion 1950* 56 Ah 44
RUS Siuč 20 Dg 31
RUS Siva 23 Fe 32
SRB Sivac 25223 59 Bk 45
FIN Sivakka 88901 11 Ck 27
TR Sivas 58000* 78 Dh 51
TR Sivaslı 84 Ck 52
TR Siverek 63600 86 Dk 53
RUS Siverskij 19 Da 31
UA Siver'skyj, Novhorod- 47 Dd 38
RUS Sivomaskinskij 7 Gc 24
TR Sivrice 23900 86 Dk 52
TR Sivrihisar 26600 76 Db 51
TR Sızır 58880 78 Df 51
RUS Siz'ma 20 Di 31
TR Sızma 42208 84 Dc 52
F Sizun 29450 40 Sf 42
RUS Sjamža 21 Eb 30
BY Sjanno 30 Ck 36
RUS Sjas'stroj 19 Dc 30
RUS Sjava 22 Eg 32
SRB Sjenica 36310 59 Ca 47
S Sjöbo 27500 27 Bd 35
N Sjøholt 6260 8 Ag 28
N Sjoneidet 2 Bd 24
S Sjötorp 54066 17 Bd 32
S Sjoutnäs 9 Be 26
N Sjøvegan 9350 2 Bi 22
RUS Sjumsi 22 Fb 33
FIN Sjundeå = Siuntio 02580 18 Ce 30
N Sjursvik 2 Bg 21
RUS Sjus'ma 12 Dk 26
RUS Sjuzva 23 Fd 31
UA Skadovs'k 62 Dc 44
DK Skælskør 4230 27 Bb 35
DK Skærbæk 7400 26 Ai 35
IS Skaftafell 880 36 Rc 26
IS Skagaströnd 545 36 Qk 25
IS Skagaströnd = Höfðakaupstaður 36 Qk 25
DK Skagen 9990 16 Ba 33
S Skagshamn 89035 10 Bk 27
N Skaidi 3 Ce 20
GB Skaill KW17 38 Sg 31
GB Skaill KW17 38 Sh 32
LT Skaistgirys 84025 29 Cd 34
LV Skaistkalne 3924 29 Ce 34
GR Skála 23051 82 Ce 54
GR Skala Eressós 75 Cf 51
GR Skaláni 83 Cf 55
GR Skála Oropoú 19017 82 Cd 52
UA Skala-Podil's'ka 46 Cg 42
FO Skálavik 220 38 Sd 29
N Skålevik 16 Ai 32
IS Skálholt 810 36 Qk 26
GR Skalía 83 Cg 53
RUS Skaljap 15 Fg 27
RUS Skal'nyj 24 Fi 32
GR Skalohóri 52200 74 Cb 50
GR Skaloti 75 Ce 49
DK Skanderborg 8660 26 Ak 34
S Skånes-Fagerhult 27 Bd 34
N Skånevik 5593 16 Af 31
S Skänninge 59601 17 Bf 32
S Skanör med Falsterbo 27 Bc 35
S Skansnäs 9 Bh 25
N Skanvik 4 Da 21
S Skara 53201* 17 Bd 32
S Skarberget 2 Bg 22
N Skare 5763 16 Ag 31
S Skåre 17 Bd 31
N Skarnes 2100 16 Bb 30
S Skärplinge 81065 17 Bh 30
N Skarsvåg 9763 3 Cf 19
DK Skårup 7742 27 Ba 35
S Skarvsjöby 91201 9 Bh 26
PL Skarżysko-Kamienna 26-100* 45 Ca 39
S Skattkärr 65671 17 Bd 31
N Skatval 7510 8 Ba 27
LT Skaudvilė 73028 29 Cc 35
S Skaulo 3 Cb 23
BY Skavšyn 46 Ch 38
S Skebrobuk 17 Bi 31
GB Skegness PE25 39 Aa 37
N Skei 7711 16 Ag 29
N Skei-Surnadalsøra 6640 8 Ai 28
S Skellefteå 93100* 10 Ca 26
S Skelleftehamn 93201 10 Cb 26
BIH Skender Vakuf 58 Bh 46
PL Skępe 87-630 28 Bk 38
IRL Skerries = Na Sceiri 37 Sd 37
N Ski 1400* 16 Ba 31
GR Skíathos 37002 75 Cd 51
IRL Skibbereen = An Sciobairin 37 Sa 39
DK Skibby 4050 27 Bb 35
N Skibotn 9143 2 Ca 21
GR Skídra 58500 74 Cc 50
N Skien, Porsgrunn- 3701* 16 Ak 31
PL Skierniewice 96-100* 45 Ca 39
S Skillingaryd 56820 17 Be 33
S Skillinge 27603 27 Be 35
GB Skipton BD23 39 Sh 37
N Skiptvet 1816 16 Bb 31
GR Skíros 34007 82 Ce 52
DK Skive 7800 26 Ak 34
N Skjånes 9771 3 Ci 20
DK Skjern 6900 26 Ai 35
N Skjerstad 2 Bf 23
N Skjervøy 9180 2 Ca 20
N Skjolden 6876 16 Ah 29
N Skjomen 8514 2 Bh 22
UA Šklo 45 Cd 41
BY Šklov 30 Da 36
PL Skoczów 43-430 44 Bi 41
SLO Škofja Loka 4220 58 Be 44
S Skog 82392 17 Bg 29
N Skoganvarra 3 Cf 21
IS Skógar 861 36 Ql 27
N Skogfoss 3 Ck 21
S Skoghall 66301* 17 Bd 31
UA Skole 45 Cd 41
N Skollenborg 3618 16 Ak 31
S Sköllersta 69774 17 Bf 31
GR Skópelos 37003 75 Cd 51
RUS Skopin 32 Dk 37
MK Skopje 1000* 74 Cb 48
GR Skopos 64009 75 Ce 49
FO Skopun 240 38 Sd 29
PL Skórcz 83-220 28 Bi 37
RUS Skorlyvanovo 21 Ec 33
RUS Skorodnoe 48 Df 39
RUS Skorodnoe 48 Dh 39
N Skorovatn 7893 9 Bd 26
S Skorped 89597 9 Bh 27
RUS Skosyrskaja 49 Eb 42
N Skotterud 2230 17 Bc 31
GR Skoulikariá 47044 74 Cb 51
S Skövde 54101* 17 Bd 32
HR Skrad 58 Be 45
HR Skradin 58 Bf 47
HR Skradnik 58 Bf 45
S Skråmträsk 93701 10 Ca 26
N Skreia 2848 16 Ba 30
LV Skriveri 29 Cf 34
IS Skrúður 36 Rg 26
LV Skrunda 3326 29 Cc 34
BY Skrydleva 30 Da 35
N Skudeneshavn 4280 16 Af 31
N Skulgam 2 Bk 21
RUS Skuljabiha 22 Ef 33
IRL Skull = An Scoil 37 Sa 39
S Skultorp 54101 17 Bd 32
S Skultuna 73050 17 Bg 31
RUS Škunovka 52 Ff 40
LT Skuodas 98001 28 Cb 34
RUS Skuratovskij 31 Dh 36
RUS Škurinskaja 63 Dk 44
S Skurup 27401 27 Bd 35
N Skutvik 8290 2 Bf 22
UA Skvyra 46 Ck 41
PL Skwierzyna 66-440 44 Bf 38
S Skyttmon 83076 9 Bf 27
DK Slagelse 4200 27 Bb 35
S Slagnäs 93091 9 Bi 25
RUS Slancy 19 Ci 31
RUS Šlanga 33 Eh 36
HR Slano 73 Bh 48
CZ Slaný 274 01 43 Be 40
RO Slatina 117543 60 Ce 46
N Slattum 1480 16 Ba 30
RUS Slautino 19 Dc 33
BY Slavharad 30 Da 37
UA Slavhorod 48 Df 42
SRB Slavinja 59 Cc 47
BG Slavjanovo 6473 60 Cg 47
UA Slavjansk = Slovjans'k 48 Dh 42
RUS Slavjansk-na-Kubani 63 Di 45
RUS Slavkoviči 19 Ck 33
CZ Slavkov u Brna 684 01 44 Bg 41
RUS Slavnoe 31 Dg 34
CZ Slavonice 378 81 44 Bf 42
HR Slavonska Požega 58 Bh 45
HR Slavonski Brod 59 Bi 45
RUS Slavsk 28 Cb 35
UA Slavuta 46 Cg 40
UA Slavutyč 47 Da 39
PL Sławatycze 21-515 45 Cd 39
PL Sławno 78-450 28 Bg 36
GB Sleaford NG34 39 Sk 38
GB Sleights YO21 39 Sk 36
PL Ślesin 62-561 44 Bi 38
N Slevik 16 Ba 31
IRL Sligeach = Sligo 37 Sb 36
IRL Sligo = Sligeach 37 Sb 36
RUS Šlissel'burg 19 Db 31
S Slite 62030 17 Bi 33
BG Sliven 8800* 75 Cg 48
BG Slivnica 2844 75 Cd 48
BG Slivo Pole 7060 60 Cg 47
CZ Slížany 44 Bh 41
RUS Sloboda 49 Ea 39
UA Sloboda 47 Dd 38
RUS Slobodskoj 22 Fa 32
RO Slobozia 000920* 61 Ch 46
RO Slobozia Mândra 147355 60 Ce 47
PL Słomniki 32-090 45 Ca 40
BY Slonim 29 Cf 37
RUS Slonovka 48 Dh 40
GB Slough SL1 40 Sk 39
UA Slovečne 46 Ci 39
SLO Slovenj Gradec 2380 58 Bf 44
SLO Slovenska Bistrica 2310 58 Bf 44
SLO Slovenske Konjice 3210 58 Bf 44
RUS Slovinka 21 Ed 32
UA Slov"janohirs'k 48 Dh 41
UA Slovjanoserbs'k 48 Di 42
UA Slovjans'k 48 Dh 42
UA Slovjans'ke 62 Dd 45
PL Słubice 09-533 43 Be 38
BY Sluck 30 Ch 37
I Sluderno = Schluderns 39020 57 Ba 44
RUS Sludka 23 Fg 32
NL Sluis 4524 41 Ad 39
HR Slunj 58 Bf 45
PL Słupca 62-400 44 Bh 38
PL Słupsk 76-201* 28 Bh 36
S Slussfors 92397 9 Bg 25
S Smålandsstenar 33301 17 Bd 33
LT Smalininkai 74009 29 Cc 35
BY Smaljany 30 Da 36
RO Smârdioasa 147360 60 Cf 47
BY Smarhon' 29 Cg 36
SRB Smederevo 11300* 59 Ca 46
SRB Smederevska Palanka 11420* 59 Ca 46
S Smedjebacken 77701 17 Bf 30
S Smedsbyn 10 Cc 25
UA Smela = Smila 47 Db 41
UA Smila 47 Db 41
BY Smilavičy 30 Ci 37
NL Smilde 9422 26 Ag 38
LV Smiltene 4729 18 Cf 33
BG Smirnenski 7074 60 Cg 47
RUS Smirnovo 33 Ee 35
BG Smjadovo 9820 75 Cg 47
MK Smokvica 74 Cc 49
RUS Smolenec 13 Ef 26
SK Smolenice 919 04 44 Bh 42
RUS Smolensk 30 Dc 36
BY Smoleviči 30 Ci 36
BG Smoljan 4700 75 Ce 49
SK Smolník 055 66 45 Ca 42
UA Smolyn 47 Da 39
UA Smolyno 47 Db 42
UA Smotryč 46 Cg 42
S Smygehamn 23105 27 Bd 35
UA Smyrnove 63 Dg 43
RUS Smyšljaevsk 34 Fa 37
N Snåsa 7760 9 Bc 26
NL Sneek = Snits 26 Af 37
IRL Sneem = An Snaidhm 37 Rl 39
UA Snihurivka 62 Dc 43
SK Snina 069 01 45 Cc 42
UA Snižne 48 Di 42
UA Snjatyn 46 Cf 42
N Snøfjord 3 Ce 20
RUS Snopa 6 Eh 24
D Sobernheim, Bad 55566 42 Ah 41
CZ Soběslav 392 01 43 Be 41
RUS Sobinka 32 Ea 35
RUS Sobolevo 31 Di 35
RUS Sobolevo 32 Ea 36
PL Sochaczew 96-500* 45 Ca 38
RUS Soči 63 Dk 47
E Socuéllamos 13630 69 Sh 51
FIN Sodankylä 99601 3 Cg 23
S Söderala 82661 17 Bh 29
S Söderfors 81504 17 Bh 30
S Söderhamn 82601* 17 Bh 29
S Söderköping 61401 17 Bg 32
S Södertälje 15100* 17 Bh 31
S Södra Möckleby 28 Bg 34
FIN Södra Vallgrund 65930 10 Cb 27
D Soest 59494 42 Ai 39
GR Sofádes 74 Cc 51
BG Sofija 1000* 75 Cd 48
UA Sofijivka 47 Dd 42

(RUS) Sofporog 11 Db 25
(TR) Soğanlı 55780 84 Da 53
(D) Sögel 49751 26 Ah 38
(N) Sogndal 16 Ah 29
(N) Søgne 4640 16 Ah 32
(RUS) Sogra 13 Eg 28
(TR) Soğukpınar 76 Ck 50
(TR) Soğuksu 41520 76 Da 50
(TR) Söğüt 76 Da 50
(TR) Söğüt 84 Ck 53
(TR) Söğüt 84 Ck 54
(TR) Söğütalan 76 Ci 50
(TR) Söğütlü 76 Da 50
(TR) Söğütlü 87 Ea 52
(GR) Sohós 57002 75 Cd 50
(B) Soignies 7060 41 Ae 40
(FIN) Soini 63801 10 Ce 28
(F) Soissons 02200* 41 Ad 41
(RUS) Sojala 13 Ed 26
(RUS) Sojana 13 Ed 25
(RUS) Sojju 15 Fg 27
(RUS) Šojna 5 Ee 23
(UA) Sokal' 45 Ce 40
(TR) Söke 09200 83 Ch 53
(N) Sokna 3534 16 Ak 30
(N) Soknedal 7288 8 Ba 28
(SRB) Soko Banja 18230 59 Cb 47
(RUS) Sokol 21 Ea 31
(PL) Sokółka 16-100 29 Cd 37
(RUS) Sokolka 34 Fb 35
(RUS) Sokol'nikovo 21 Dk 30
(CZ) Sokolov 356 01* 43 Bc 40
(PL) Sokołów Podlaski 08-300* 45 Cc 38
(RUS) Sokol'skoe 21 Ed 33
(PL) Sokoły 18-520 29 Cc 37
(RUS) Sokrutovka 65 Eg 43
(RUS) Šokša 20 Df 29
(RUS) Sokur 50 Ef 39
(UA) Sokyrjany 46 Ch 42
(E) Solana, La 13593 81 Sg 52
(E) Solana del Pino 13593 81 Sf 52
(E) Solares 39710 54 Sg 47
(S) Solberg 9 Bh 27
(RO) Solca 725600 60 Cf 43
(RUS) Sol'cy 19 Da 32
(RUS) Soldato Aleksandrovskoe 64 Ed 46
(RUS) Soldatskaja 64 Ed 47
(RUS) Soldatskaja Tašla 33 Ei 37
(RUS) Soldatskoe 48 Di 39
(RUS) Soldatsko-Stepnoe 50 Ef 41
(UA) Soledar 48 Di 42
(N) Solem 8 Bb 26
(RUS) Solënoe 64 Ec 44
(RUS) Solënoe Zajmišče 65 Eg 43
(RUS) Solënyj 65 Eg 44
(F) Solenzara 20145 71 Ak 49
(F) Solesmes 59730 41 Ad 40
(CH) Soleure = Solothurn 4500* 56 Ah 43
(RUS) Solginskij 21 Eb 29
(TR) Solhan 12700 87 Eb 52
(N) Solheim 5353 16 Af 30
(UA) Solidars'k = Soledar 48 Di 42
(RUS) Soligalič 21 Ec 31
(BY) Soligorsk = Salihorsk 30 Ch 38
(GB) Solihull B91 40 Si 38
(RUS) Solikamsk 23 Fg 31
(RUS) Sol'-Ileck 51 Fe 39
(HR) Solin 58 Bg 47
(D) Solingen 42651* 42 Ah 39
(RUS) Soljanka 51 Fa 39
(S) Sollebrunn 46601 17 Bc 32
(S) Sollefteå 9 Bh 27
(S) Sollentuna 19100* 17 Bh 31
(E) Sóller 07100 70 Ac 51
(S) Sollerön 79205 17 Be 30
(DK) Søllested 5620 27 Bb 36
(RUS) Solncevo 48 Dg 39
(RUS) Solnečnogorsk 31 Dg 34
(BG) Solnik 9122 76 Ch 48
(RUS) Solodča 49 Ee 41
(RUS) Solodniki 50 Ef 42
(RUS) Solohaul 63 Dk 47
(RUS) Soloh-Aul 63 Dk 47
(RUS) Šolohovskij 49 Eb 42
(UA) Solone 47 De 42
(RUS) Solotča 32 Dk 36
(CH) Solothurn 4500* 56 Ah 43
(RUS) Solovatovo 21 Ed 33
(RUS) Soloveckie 12 Df 25
(RUS) Soloveckoe 22 Eh 31
(RUS) Soloveckoe 22 Ei 32
(TR) Sölöz 76 Ck 50
(RUS) Solozero 12 Di 26
(N) Solsem 8 Bb 25
(E) Solsona 25280 70 Ab 49
(N) Solsvik 16 Ae 30
(H) Solt 6320 59 Bk 44
(RUS) Soltanovo 21 Ed 32
(D) Soltau 29614 26 Ak 38
(S) Sölvesborg 29400 27 Be 34
(RUS) Sol'vyčegodsk 22 Eg 29
(E) Solynieve 81 Sg 53
(RUS) Solza 12 Dk 26
(TR) Soma 45500 76 Ch 51
(SRB) Sombor 25101* 59 Bk 45
(RUS) Šombozero 11 Dc 25
(FIN) Somero 31401 18 Cd 30
(RUS) Somino 20 Df 31
(S) Sommen 57302 17 Be 32
(F) Sommepy-Tahure 51600 41 Ae 41
(D) Sömmerda 99610 43 Bb 39
(F) Sommières 30250 55 Ae 47
(RO) Somova 827210 61 Ci 45
(PL) Sompolno 62-610 44 Bi 38
(E) Soncillo 09572 69 Sg 48
(N) Søndeled 4990 16 Ak 32
(DK) Sønderborg 6400 26 Ak 36
(DK) Sønder Omme 7260 26 Ai 35
(D) Sondershausen 99706 43 Ba 39
(DK) Søndersø 27 Ba 35
(DK) Søndervig 6950 26 Ai 34
(I) Sondrio 23100 57 Ak 44
(RUS) Šonga 22 Ef 31
(N) Songe 4909 16 Ak 32
(FIN) Sonkajärvi 74301 11 Ch 27
(RUS) Sonkovo 20 Dh 33
(D) Sonneberg 96515 43 Bb 40
(CH) Sonogno 6611 56 Ai 44
(RUS) Šonoša, Ust'- 21 Eb 29
(RUS) Sonostrov 12 De 24
(E) Sonseca 45100 69 Sg 51
(D) Sonthofen 87527 57 Ba 43
(F) Soorts-Hossegor 40150 54 Si 47
(RUS) Sopki 19 Da 33
(RUS) Sopoha 11 Dd 28
(PL) Sopot 81-701* 28 Bi 36
(H) Sopron 9400 58 Bg 43
(RUS) Šopša 21 Dk 33
(I) Sora 03039 72 Bd 49
(S) Söråker 86035 9 Bh 28
(E) Sorbas 04270 81 Sh 53
(N) Sørbøvåg 16 Af 29
(S) Sörbygden 84067 9 Bg 28
(F) Sore 40430 54 Sk 46
(N) Sør-Flatanger 5357 8 Ba 26
(S) Sörfors 91135 10 Ca 27
(I) Sorgono 08038 71 Ak 50
(TR) Sorgun 06843 77 Df 51
(TR) Sorgun 06843 85 De 54
(N) Sørgutvik 8 Bb 25
(I) Soriano nel Cimino 01038 72 Bc 48
(PL) Sorkwity 11-731 28 Ca 37
(N) Sørli 7884 9 Bd 26
(S) Sörmjöle 91020 10 Bk 27
(N) Sørmoen 7663 9 Bc 27
(DK) Sorø 4180 27 Bb 35
(MD) Soroca 3000 46 Ci 42
(RUS) Soroč'i Gory 34 Fa 35
(RUS) Soročinsk 51 Fd 38
(MD) Soroka = Soroca 3000 46 Ci 42
(MD) Soroki = Soroca 3000 46 Ci 42
(RUS) Sorokino 19 Ck 33
(RUS) Sorokovaja 23 Ff 31
(N) Sørreisa 9310 2 Bi 21
(I) Sorrento 80067 73 Be 50
(S) Sorsele 92070 9 Bh 25
(I) Sorso 07037 71 Ai 50
(N) Sørstraumen 9162 3 Cb 21
(E) Sort 25560 70 Ab 48
(FIN) Sortavala 19 Da 29
(N) Sortland 8400 2 Bf 22
(N) Sør Tverrfjord 3 Cb 20
(S) Sorunda 14802 17 Bh 31
(N) Sørværøy 2 Bc 23
(N) Sørvågen 8392 2 Bd 23
(FO) Sørvágur 380 38 Sc 28
(N) Sørvika 7374 8 Bb 28
(RUS) Sosedka 32 Ec 37
(RUS) Sosenskij 31 Df 36
(RUS) Soskovo 31 Df 38
(UA) Sosnivka 45 Ce 40
(RUS) Sosnogorsk 14 Fd 27
(RUS) Sosnovaja Maza 33 Eh 38
(UA) Sosnove 46 Ch 40
(RUS) Sosnovec 12 De 26
(PL) Sosnovice 44 Bk 40
(RUS) Sosnovka 32 Eb 37
(RUS) Sosnovka 34 Fb 34
(RUS) Sosnovka 34 Fb 37
(RUS) Sosnovka 5 Ea 24
(RUS) Sosnovka 49 Ed 38
(RUS) Sosnovoborsk 33 Eg 37
(RUS) Sosnovskoe 32 Ed 35
(RUS) Sosnovyj 11 Dc 24
(RUS) Sosnovyj Bor 19 Ck 31
(RUS) Sosnovyj Bor 23 Ff 33
(RUS) Sosnovyj Solonec 33 Ek 37
(UA) Sosnycja 47 Dc 39
(F) Sospel 06380 56 Ah 47
(UA) Šostka 47 Dd 39
(RUS) Sos'va 24 Gb 31
(FIN) Sotkamo 88601 11 Ci 26
(RUS) Sotnicyno 32 Eb 36
(RUS) Sotnikov Oskoe 64 Ed 46
(RUS) Sotnikovskoe 64 Ed 45
(E) Soto 68 Sd 47
(RUS) Soudozero 11 Dd 28
(GR) Soufli 75 Cg 49
(GR) Soúgia 73004 82 Cd 55
(F) Souillac 17270 55 Ab 46
(F) Soulac-sur-Mer 33780 54 Si 45
(P) Sousel 7470-201* 68 Sc 52
(F) Soustons 40140 54 Si 47
(F) Souterraine, la 23300 55 Ab 44
(GB) Southampton SO17 40 Si 40
(GB) Southend-on-Sea SS0 41 Aa 39
(GB) Southport PR8 39 Sg 37
(GB) South Shields NE29 39 Si 35
(RO) Sovata 545500 60 Cf 44
(RUS) Sov'e 22 Ek 32
(I) Soverato 88068 73 Bg 52
(I) Soveria Mannelli 88049 73 Bg 51
(RUS) Sovetsk 22 Ei 33
(RUS) Sovetsk 28 Cb 35
(RUS) Sovetskaja 49 Ec 42
(RUS) Sovetskaja 64 Eb 46
(RUS) Sovetskaja 64 Ee 47
(RUS) Sovetskij 19 Ci 30
(RUS) Sovetskij 24 Gd 29
(RUS) Sovetskij 33 Ei 34
(RUS) Sovetskoe 32 Eb 37
(RUS) Sovetskoe 34 Fc 37
(RUS) Sovetskoe 48 Di 40
(RUS) Sovetskoe 51 Fb 38
(RUS) Sovetskoe 52 Fg 39
(RUS) Sovetskoe = Kaštatau 79 Ed 47
(RUS) Sovhoz Zilairskij 52 Fi 38
(RUS) sovhoz Zilairskij 52 Fi 38
(RUS) Sovpol'e 13 Ee 25
(TR) Söylemez 79 Eb 51
(RUS) Sozga 22 Ei 29
(RUS) Sozonovo 25 Gg 33
(BG) Sozopol 8130 76 Ch 48
(B) Spa 4900 42 Af 40
(RUS) Spakojnaja 64 Eb 46
(RUS) Špakovskoe 64 Ec 45
(GB) Spalding 39 Sk 38
(D) Spalt 91174 43 Ba 41
(N) Sparbu 7710 8 Bb 27
(GR) Spárti 23101 82 Cc 53
(RUS) Spas 21 Ea 33
(RUS) Spas-Demensk 31 De 36
(RUS) Spas-Klepiki 32 Ea 35
(BG) Spasovo 6249 61 Ci 47
(RUS) Spasporub 22 Ek 30
(RUS) Spasskaja Guba 11 Dd 28
(RUS) Spasskij 35 Fk 37
(RUS) Spasskoe 22 Eg 31
(RUS) Spasskoe 33 Ef 35
(RUS) Spasskoe 52 Fg 38
(RUS) Spasskoe-Lutovino 31 Dg 37
(RUS) Spassk-Rjazanskij 32 Ea 36
(GB) Spean Bridge PH34 38 Sf 34
(D) Speyer 67346 42 Ai 41
(I) Spezzano Albanese 87019 73 Bg 51
(IRL) Spiddal = An Spideal 37 Sa 37
(A) Spielfeld 8471* 58 Bf 44
(CH) Spiez 3700* 56 Ah 44
(I) Spilimbergo 57 Bc 44
(I) Spinazzola 70058 73 Bg 50
(CZ) Špindlerův Mlýn 543 51 44 Bf 40
(RUS) Spirovo 20 De 33
(SK) Spišská Nová Ves 052 01 45 Ca 42
(SK) Spišské Podhradie 053 04 45 Ca 42
(A) Spittal an der Drau 9800* 57 Bd 44
(RUS) Splavnoj 13 Ee 28
(HR) Split 58 Bg 47
(CH) Splügen 7435 57 Ak 44
(GR) Spóa 83 Ch 55
(DK) Spodsbjerg 5900 27 Bb 36
(LV) Špogi 30 Ch 34
(UA) Špola 47 Db 41
(I) Spoleto 06049 72 Bc 48
(D) Spremberg 03130 43 Be 39
(D) Springe 31832 42 Ak 38
(N) Sprova 7750 8 Bb 26
(N) Spydeberg 1820 16 Bb 31
(UA) Špykiv 46 Ci 42
(I) Squinzano 73018 73 Bi 50
(IRL) Sraid na Cathrach 37 Sa 38
(UA) Šramkivka 47 Dc 40
(RKS) Srbica 41000 74 Ca 48
(SRB) Srbobran 21480 59 Bk 45
(BIH) Srebrenica 59 Bk 46
(RUS) Sred Apočki 48 Dh 39
(BG) Sredec 8300 75 Cf 48
(RUS) Sredneivkino 22 Ek 32
(RUS) Sredneural'sk 35 Ga 33
(RUS) Srednij Bugalyš 35 Fh 34
(RUS) Srednij Egorlyk 64 Ea 44
(RUS) Srednij Ikorec 48 Dk 39
(RUS) Srednjaja Tereška 33 Eh 38
(RUS) Srednjaja Us'va 24 Fk 32
(BG) Srednogorie = Pirdop + Zlatica 75 Ce 48
(PL) Śrem 63-100* 44 Bh 38
(SRB) Sremska Mitrovica 22000* 59 Bk 46
(RUS) Sretenskoe 23 Ff 32
(UA) Sribne 47 Dc 40
(PL) Środa Wielkopolska 63-000* 44 Bh 38
(PL) Srokowo 11-420 28 Cb 36
(D) Stade 21680* 26 Ak 37
(NL) Stadskanaal 26 Ag 38
(D) Stadtroda 07646 43 Bb 40
(S) Staffanstorp 24501 27 Bd 35
(GB) Stafford ST16 39 Sh 38
(UA) Stahanov = Kadijivka 48 Di 42
(LV) Staicele 4043 18 Ce 33
(GB) Staines TW20 40 Sk 39
(A) Stainz 8510* 58 Bf 44
(SK) Stakčín 067 61 45 Cc 42
(LV) Stalbe 4151 18 Cf 33
(S) Staloluoktastugorna 2 Bg 23
(BG) Stambolijski 4210 75 Ce 48
(GB) Stamford PE9 40 Sk 38
(N) Stamnes 5727 16 Af 30
(N) Stamsund 8340 2 Bd 22
(N) Stange 2335 16 Bb 30
(GB) Stanhope DL13 39 Sh 36
(RUS) Stanilovo 20 Dh 32
(BG) Stanke Dimitrov = Dupnica 2600 75 Cd 48
(GB) Stanley DH9 39 Si 36
(RUS) Stanovoe 48 Di 38
(RUS) Stanovoj Kolodez' 31 Dg 38
(CH) Stans 6370* 56 Ai 44
(UA) Stanyčno-Luhans'ke 48 Dk 42
(GB) Stapleford, Beeston and NG9 39 Si 38
(RUS) Staraja Belogorka 51 Fd 38
(RUS) Staraja Ivanovka 34 Fa 36
(RUS) Staraja Kalitva 48 Dk 40
(RUS) Staraja Kulatka 33 Eh 38
(RUS) Staraja Ljalja 24 Fk 31
(RUS) Staraja Majna 33 Ek 36
(RUS) Staraja Matveevka 34 Fd 35
(RUS) Staraja Poltavka 50 Eg 40
(RUS) Staraja Račejka 33 Ei 37
(RUS) Staraja Russa 19 Db 33
(RUS) Staraja Sahča 34 Fa 36
(RUS) Staraja Toropa 30 Db 34
(RUS) Staraja Vičuga 21 Eb 33
(SK) Stará Ľubovňa 064 01 45 Ca 41
(HR) Stara Novalja 58 Be 46
(UA) Stara Oržycja 47 Dc 41
(BG) Stara Reka 8841 75 Cg 48
(UA) Stara Synjava 46 Ch 41
(MK) Staravina 7214 74 Cb 49
(UA) Stara Vyživka 45 Ce 39
(BG) Stara Zagora 6000* 75 Cf 48
(PL) Stargard Szczeciński 73-100* 27 Bf 37
(N) Stårheim 6777 8 Af 29
(MNE) Stari Bar 85 354 74 Bk 48
(RUS) Starica 31 De 34
(RUS) Starica 31 Df 37
(RUS) Starica 50 Ef 42
(RUS) Starickoe 52 Ff 39
(RUS) Starie Saviny 48 Dh 39
(HR) Starigrad 73 Bg 47
(HR) Starigrad-Paklenica 58 Bf 46
(HR) Stari Mikanovci 59 Bi 45
(RUS) Starkovo 32 Ea 35
(D) Starnberg 82319 43 Bb 42
(RUS) Starobaltačevo 34 Ff 34
(UA) Starobeševe 63 Di 43
(UA) Starobil's'k 48 Di 41
(BY) Starobin 30 Ch 38
(RUS) Staročerkasskaja 64 Ea 43
(RUS) Starodub 47 Dc 38
(RUS) Staroe 32 Dk 35
(RUS) Staroe Bajsarovo 34 Fd 35
(RUS) Staroe Šajgovo 33 Ee 36
(RUS) Staroe Šajmyrzino 33 Eh 36
(RUS) Staroe Slavkino 50 Ef 38
(RUS) Staroe Soljakovo 34 Fd 34
(PL) Starogard Gdański 83-200* 28 Bi 37
(RUS) Starogol'skoe 31 Dh 37
(RUS) Starojur'evo 32 Ea 37
(UA) Starokostjantyniv 46 Ch 41
(UA) Starokozače 61 Ck 44
(RUS) Starokuručevo 34 Fe 35
(RUS) Starominskaja 63 Dk 44
(RUS) Staronikol'skoe 48 Di 39
(RUS) Staronižesteblievskaja 63 Di 45
(BG) Staro Orjahovo 9110 76 Ch 47
(RUS) Staroščerbinovskaja 63 Di 44
(RUS) Starosel'e 31 Dg 37
(RUS) Starošešminsk 34 Fb 35
(RUS) Starosubhangulovo 35 Fh 37
(RUS) Starotimoškino 33 Eh 37
(RUS) Starotitarovskaja 63 Dh 45
(RUS) Staroutkinsk 24 Fk 33
(RUS) Staroverčeskaja 22 Ei 31
(RUS) Starovo 20 Dd 33
(RUS) Starožilovo 32 Dk 36
(BY) Staryca 30 Ch 37
(UA) Staryči 45 Cd 41
(RUS) Starye Maklauši 33 Eh 36
(RUS) Starye Tukmakly 34 Ff 36
(RUS) Starye Zjatcy 23 Fc 33
(RUS) Staryj Oskol 48 Dh 39
(BY) Staryja Darohi 30 Ci 37
(RUS) Staryj Dvor 32 Ea 34
(UA) Staryj Krym 62 Df 45
(RUS) Staryj Kurdym 34 Ff 34
(RUS) Staryj Lesken 64 Ed 47
(UA) Staryj Ostropil' 46 Ch 41
(RUS) Staryj Rjab 20 De 32
(UA) Staryj Sambir 45 Cc 41
(SK) Starý Smokovec 062 01 45 Ca 41
(PL) Stary Węgliniec 59-940 44 Bf 39
(D) Staßfurt 39418 43 Bb 39
(PL) Staszów 28-200 45 Cb 40
(N) Stathelle 3960 16 Ak 31
(N) Stavanger 4005* 16 Af 32
(S) Stavaträsk 93052 10 Ca 25
(D) Stavenhagen, Reuterstadt 17153 27 Bc 37
(BG) Staverci 60 Ce 47
(N) Stavern 3290 16 Ba 31
(RUS) Stavkino 33 Eh 36
(NL) Stavoren 26 Af 38
(RUS) Stavropol' 64 Eb 45
(GR) Stavrós 35101 75 Cd 50
(GR) Stavroúpoli 67062 75 Ce 49
(RUS) Stavrovo 32 Ea 34
(UA) Stavyšče 47 Da 41
(PL) Stawiski 18-520 29 Cc 37
(PL) Stawiszyn 62-820 44 Bi 39
(NL) Steenbergen 4650 41 Ae 39
(F) Steenvoorde 59114 41 Ac 40
(NL) Steenwijk 8330 26 Ag 38
(GR) Stefáni 48061 74 Ca 51
(MD) Ştefan Vodă 4200 61 Ck 44
(DK) Stege 4780 27 Bc 36
(RUS) Stegrimovo 30 Db 36
(RO) Ştei 415600 59 Cc 44
(CH) Stein am Rhein 8260 56 Ai 43
(N) Steine 2 Be 22
(D) Steinfeld (Oldenburg) 49439 42 Ai 38
(D) Steinfurt 48565 42 Ah 38
(N) Steinkjer 7711* 8 Bb 26
(N) Steinshamn 6488 8 Ag 28
(N) Steinsland 2 Bg 22
(RUS) Steklino 30 Dc 34
(D) Stendal 39576 43 Bb 38
(LV) Stende 3257 18 Cc 33
(S) Steneby 17 Bc 32
(GR) Steni Dírfios 34014 82 Cd 52
(S) Stensele 92341 9 Bh 25
(S) Stenstorp 52050 17 Bd 32
(S) Stenudden 2 Bh 24
(S) Stenungsund 44400 16 Bb 32
(UA) Stepan' 46 Cg 39
(UA) Stepanivka I-a (Perša) 62 Df 44
(RUS) Stepanščino 31 Di 35
(UA) Štepivka 47 De 40
(RUS) Stepnaja 63 Di 45
(RUS) Stepnoe 33 Eh 37
(RUS) Stepnoe 34 Fb 36
(RUS) Stepnoe 35 Ga 36
(RUS) Stepnoe 50 Eg 39
(RUS) Stepnoe 64 Ee 46
(RUS) Stepnoe, Soldatsko- 50 Ef 41
(RUS) Stepnoe Matjunico 33 Eh 37
(RUS) Stepnoj 49 Ee 38
(AL) Stërblevë 74 Ca 49
(RUS) Sterlibaševo 34 Ff 37
(RUS) Sterlitamak 35 Ff 37
(D) Sternberg 19406 27 Bb 37
(CZ) Šternberk 785 01 44 Bh 41
(GR) Stérnes 73101 82 Ce 55
(I) Sterzing = Vipiteno 39049 57 Bb 44
(RUS) Steševskaja 12 Dh 29
(GB) Stevenage SG2 40 Sk 39
(A) Steyr 4400* 43 Be 42
(GR) Stilída 35101 82 Cc 52
(I) Stilo 89049 73 Bg 52
(RKS) Štimlje = Shtime 72000 74 Cb 48
(I) Stintino 07040 71 Ai 50
(MK) Štip 2000* 74 Cc 49
(GR) Stíra 34015 82 Ce 52
(GB) Stirling FK7 38 Sg 34
(CZ) Štíty 789 91 44 Bg 41
(N) Stjørdalshalsen 7500 8 Ba 27
(D) Stockach 78333 57 Ak 43
(A) Stockerau 2000* 44 Bg 42
(S) Stockholm 10005* 17 Bi 31
(GB) Stockport SK1 39 Sh 37
(GB) Stockton-on-Tees 39 Si 36
(PL) Stoczek Łukowski 21-450 45 Cb 39
(CZ) Stod 333 01 43 Bd 41
(S) Stöde 86013 9 Bg 28
(GB) Stoke-on-Trent ST4 39 Sh 37
(BG) Stokite 5462 75 Cf 48
(IS) Stokkseyri 825 36 Qi 27
(IS) Stokksnes 36 Rf 26
(N) Stokksund 6070 8 Ba 26
(N) Stokkvågen 8735 2 Bd 24
(N) Stokmarknes 8450 2 Be 22
(BIH) Stolac 73 Bh 47
(D) Stolberg (Rheinland) 52222* 42 Ag 40
(RUS) Stolbišče 33 Ek 35
(RUS) Stolbovaja 31 Dh 35
(BY) Stolin 46 Cg 39
(D) Stollberg (Erzgebirge) 09366 43 Bc 40
(HR) Ston 73 Bh 48
(GB) Stone ST15 39 Sh 38

GB Stonehaven AB39 38 Sh 34
GB Stoneybreck 38 Si 31
N Stonglandet 2 Bh 21
S Stöpen 17 Bd 32
PL Stopnica 28-130 45 Ca 40
S Stora Blåsjön 83093 9 Be 26
S Stora Forsa 17 Be 32
N Storbakken 8 Ah 27
S Storberg 9 Bi 25
AX Storby 22271 18 Bk 30
N Stordal 6250 8 Ag 28
DK Store Heddinge 4660 27 Bc 35
N Støren 7290 8 Ba 27
N Storerikvollen 8 Bb 27
S Storfors 68821 17 Be 31
N Storforshei 8630 2 Be 24
N Storjord 2 Bf 24
S Storjuktan 9 Bh 25
S Storlien 83019 9 Bc 27
GB Stornoway HS2 38 Sd 32
RUS Storoževsk 14 Fc 28
UA Storožynec' 46 Cf 42
S Storsätern 79091 9 Bc 28
S Storsjö 89501 9 Bd 28
S Storuman 92301 9 Bh 25
S Storvik 81201 17 Bg 30
DK Stouby 7140 26 Ak 35
BY Stovbcy 29 Cg 37
DK Støvring 8900 26 Ak 34
GB Stowmarket IP14 41 Aa 38
GB Strabane BT82 37 Sc 36
I Stradella 27049 57 Ak 45
BG Štrăklevo 60 Cg 47
CZ Strakonice 386 01 43 Bd 41
BG Straldža 8680 75 Cg 48
BY Stralki 30 Ci 35
D Stralsund 18435 27 Bd 36
N Stranda 6230 8 Ag 28
GB Strangford BT30 37 Se 36
S Strängnäs 64501* 17 Bh 31
GB Stranraer DG9 39 Se 36
F Strasbourg 67000* 42 Ah 42
D Strasburg 17335 27 Bd 37
A Straßwalchen 5204 43 Bd 43
GB Stratford-upon-Avon CV37 40 Si 38
GB Strathaven ML10 39 Sf 35
GR Stratóni 63075 75 Cd 50
D Straubing 94315 43 Bc 42
N Straumen 9402 2 Bf 23
N Straumen 9402 2 Bi 21
N Straumen 9402 8 Bb 27
N Straumsjøen 8475 2 Be 22
D Strausberg 15344 27 Bd 38
RUS Stravropol'-na-Volgi 33 Ek 37
RO Strehaia 225300 60 Cd 46
BG Strelča 4530 75 Ce 48
RUS Strel'na 12 Di 24
LV Strenči 4730 18 Cf 33
I Stresa 28838 56 Ai 45
BY Strešin 30 Da 38
CZ Stříbro 349 01 43 Bd 41
RUS Striži 22 Ek 32
GR Strofiliá 34004 82 Cd 52
IRL Strokestown = Tuilsce 37 Sb 37
FIN Strömma 25650 18 Cc 30
GB Stromness KW16 38 Sg 32
S Strömsbruk 82072 9 Bh 29
S Strömsnäsbruk 28721 27 Bd 34
S Strömstad 45201 16 Bb 32
S Strömsund 91094 9 Bf 27
S Strömsund 91094 9 Bg 25
I Strongoli 88816 73 Bh 51
GB Stroud GL5 40 Sh 39
DK Struer 7600 26 Ai 34
MK Struga 6330 74 Ca 49
RUS Strugi Krasnye 19 Ck 32
RUS Strukovo 51 Fe 39
MK Strumica 2400* 74 Cc 49
PL Strumień 43-246 44 Bi 41
S Strycksele 92295 10 Bk 26
UA Stryj 45 Cd 41
PL Strykowo 62-060 44 Bg 38
PL Strzegom 58-150 44 Bg 40
PL Strzelce Krajeńskie 66-500 27 Bf 38
PL Strzelce Opolskie 47-100 44 Bi 40
PL Strzelin 57-100 44 Bh 40
PL Strzelno 88-320 44 Bi 38
DK Stubbekøbing 4850 27 Bc 36
RUS Studencovo 21 Ec 30
SRB Studenica 59 Ca 47
RUS Studenka 33 Eh 34
RO Studina 237445 60 Ce 47
N Stugudalen 8 Bb 28
S Stugun 83076 9 Bf 27
BIH Stupari 59 Bi 46
RUS Stupino 31 Di 36
RUS Stupino 50 Ef 42
RUS Stupinskaja 12 Ea 28
SK Štúrovo 943 01* 59 Bi 43
D Stuttgart 70173* 42 Ak 42
IS Stykkishólmsbær 36 Qh 25
N Styrksvik 2 Bf 23
E Suances 39340 54 Sf 47
LT Subačius 40033 29 Ce 35
RKS Suharekë = Suva Reka 23000 74 Ca 48
TR Subaşı 78 Dg 51
LV Subate 5471 29 Cf 34
I Subiaco 00028 72 Bd 49
SRB Subotica 24000* 59 Bk 44
RUS Subutak 35 Fk 37
RO Suceava 000720* 60 Cg 43
RO Sucevița 60 Cf 43
PL Sucha Beskidzka 34-200 44 Bk 41
PL Suchań 73-132 27 Bf 37
BY Suchary 30 Da 37
PL Suchorze 77-235 28 Bh 36
PL Suchowola 22-442 29 Cd 37
HR Sućuraj 73 Bh 47
RUS Suda 20 Dh 31
RUS Sudaj 21 Ed 32
UA Sudak 62 De 46
IS Súðavík 420 36 Qh 24
RUS Sud'bodarovka 51 Fe 38
GB Sudbury CO10 41 Aa 38
S Suddesjaur 10 Bk 25
D Süderbrarup 24392 26 Ak 36
RUS Sudimir 31 De 37
RUS Sudislavl' 21 Eb 33
RUS Sudogda 32 Ea 35
S Sudok 2 Ca 24
UA Sudova Vyšnja 45 Cd 41
RUS Sudskoe, Borisovo- 20 Dg 31
TR Sudurağı 85 Dd 53
IS Suðureyri 430 36 Qg 24
IS Suður-Múla 36 Rf 25
RUS Sudža 48 Df 39
E Sueca 46410 70 Sk 51
RUS Šuereckoe 12 De 26
TR Sufarlı 86 Dh 53
RO Şugag 517775 60 Cd 45
RUS Šugozero 20 De 31
TR Sugözü 84 Dc 54
RUS Šugurovo 33 Eg 36
RUS Šugurovo 34 Fc 36
RUS Suhaja 23 Fh 31
RUS Suhaja Atja 35 Fh 36
BG Suhindol 5240 75 Cf 47
RUS Suhiniči 31 Df 36
D Suhl 98527* 43 Ba 40
RUS Suhodol 33 Ek 36
RUS Suhodol 34 Fb 37
RUS Suhoj Donec 49 Ea 41
RUS Suhoj Log 35 Gb 34
RUS Suhokumsk, Južno- 65 Ef 46
RUS Suhonkino 35 Fg 36
BIH Suho Polje 59 Bk 46
RUS Suhorečka 34 Fc 38
RUS Suhovarino 30 Dc 35
RUS Suhtelinskij 35 Ga 37
TR Şuhut 03800 84 Da 52
BIH Šuica 58 Bh 47
F Suippes 51600 41 Ae 41
RUS Šuja 12 De 29
RUS Šuja 32 Eb 34
RUS Šujga 13 Ef 27
RUS Šujskoe 21 Eb 31
RUS Sujutkino 65 Eh 46
FIN Sukeva 74340 11 Ch 27
RUS Sukkozero 11 Dc 27
RUS Suksun 23 Fh 33
RUS Sula 6 Fb 23
RUS Sulak 50 Ei 39
TR Sulakyurt 77 Dd 50
N Sulåmo 8 Bb 27
RUS Sul'ca 13 Eg 27
PL Sulechów 66-100 44 Bf 38
PL Sulęcin 69-200 44 Bf 38
PL Sulejów 97-330 44 Bk 39
TR Süleler 76 Db 50
TR Süleymanlı 18000 77 Dd 51
TR Süleymanlı 18000 86 Dg 53
UA Šul'hinka 48 Di 41
RO Sulina 825400 61 Ck 45
D Sulingen 27232 26 Ai 38
N Sulitjelma 8230 2 Bg 23
FIN Sulkava 74210 11 Ci 29
F Sully-sur-Loire 45600 55 Ac 43
I Sulmona 67039 72 Bd 48
TR Sülloğlu 75 Cg 49
TR Sultandağı 03900 84 Db 52
TR Sultanhanı 68190 85 Dd 52
TR Sultanhanı 68190 85 Df 52
TR Sultanhisar 09470 84 Ci 53
RUS Sultan-Saly 63 Dk 43
TR Suluçam 04420 79 Ed 51
TR Sülüklü 84 Dc 52
TR Suluova 05500 77 Df 50
TR Sulusaray 60870* 78 Dg 50
D Sulzbach-Rosenberg 92237 43 Bb 41
D Sülze, Bad 18334 27 Bc 36
HR Sumartin 58 Bg 47
GB Sumburgh ZE3 38 Si 31
H Sümeg 8330 58 Bh 44
BG Šumen 9700* 60 Cg 47
RUS Sumeriči 12 De 27
RUS Šumerlja 33 Eg 35
RUS Šumihinskij 23 Fh 32
BY Šumilina 30 Ck 35
RUS Šumilinskaja 49 Eb 41
RUS Sumkino 25 Gi 32
CZ Šumperk 787 01 44 Bg 41
RUS Sumskij Posad 12 Df 26
UA Sumy 47 De 40
RUS Suna 22 Fa 33
RUS Suna 22 Fb 32
DK Sundby 26 Ai 34
N Sunde 16 Af 31
N Sunde 16 Ak 32
GB Sunderland SR2 39 Si 36
N Sundet 8 Ba 26
S Sundom 10 Cc 25
S Sundre 62010 28 Bi 34
S Sundsvall 85003* 9 Bh 28
RUS Šun'ga 12 De 28
BG Sungurlare 8470 75 Cg 48
TR Sungurlu 77 De 50
N Sunndalsøra 6600 8 Ai 28
S Sunne 17 Bd 31
S Sunnersta 17 Bh 31
N Sunnhordland 16 Af 31
LV Suntaži 5060 29 Ce 34
RUS Suojarvi 11 Dc 28
FIN Suomussalmi 89999 11 Ci 26
FIN Suonenjoki 77601 11 Ch 28
RUS Suoperja 11 Da 25
N Suošjavrre 3 Ce 21
RUS Šupariha 21 Eb 29
HR Supetar 58 Bg 47
RO Supuru de Jos 447300 59 Cc 43
RO Supuru de Sus 59 Cc 43
SK Šurany 942 01 44 Bi 42
BY Suraž 30 Da 35
RUS Suraž 30 Dc 37
RO Surduc 457315 60 Cd 43
SRB Surdulica 17530 74 Cc 48
F Surgères 17700 54 Sk 44
TR Sürgü 86 Dh 52
TR Sürgücü 87 Ea 53
E Súria 08260 70 Ab 49
RUS Surkovo 20 Di 32
RUS Šurma 34 Fa 34
TR Sürmene 61600 79 Ea 50
N Surnadalsøra, Skei- 8 Ai 28
RUS Surok 33 Ei 34
RUS Surovikino 49 Ec 42
CH Sursee 6210 56 Ai 43
RUS Sursk 33 Ef 37
RUS Surskoe 33 Eg 36
S Surte 44502 17 Bc 33
TR Suruç 63800 86 Di 54
TR Sürügüden 87 Eb 52
I Susa 10059 56 Ah 45
RUS Susanino 21 Eb 32
TR Suşehri 58600 78 Di 50
RUS Šušer 33 Eh 34
CZ Sušice 342 01 43 Bd 41
RUS Šuškodom 21 Eb 32
RUS Suslonger 33 Ei 34
NL Susteren 6114 42 Af 39
TR Susurluk 10600 76 Ci 51
TR Susuz 76 Da 50
PL Susz 14-240 28 Bk 37
TR Sütçüler 84 Da 53
RO Şuteşti 817165 61 Ch 45
TR Sütlüce 33940 78 Dk 51
S Sutme 9 Be 26
MNE Sutomore 85 355 74 Bk 48
I Sutri 01015 72 Bc 48
FIN Suuraho 79860 11 Ci 28
EST Suure-Jaani 71502* 18 Cf 32
RKS Suva Reka = Suharekë 23000 74 Ca 48
RUS Šuvary 33 Ee 36
TR Suveren 79 Ee 51
RUS Suvodi 22 Ei 32
RUS Suvorov 31 Dg 36
UA Suvorove 61 Ci 45
RUS Suvorovo 9170 61 Ch 47
MD Suvorovo = Ştefan Vodă 4201 61 Ck 44
RUS Suvorovskaja 64 Ec 46
RUS Suvorovskij, Il'men'- 49 Ed 42
PL Suwałki 16-400 29 Cc 36
RUS Suzdal' 32 Ea 34
RUS Suzemka 47 De 38
S Svabensverk 82895 17 Bf 29
S Svaipavalle 2 Bg 24
RUS Švakino 12 Ea 27
UA Svaljava 45 Cc 42
S Svalöv 26801 27 Bd 35
S Svanabyn 91060 9 Bg 26
DK Svaneke 3740 27 Bf 35
S Svannäs 91201 9 Bi 24
S Svappavaara 98020 3 Cb 23
RUS Švapušča 19 Dc 33
S Svärdsjö 79023 17 Bf 30
S Svartå 69303 17 Be 31
N Svartevatn 16 Ag 32
N Svartisdalen 2 Be 24
S Svartlå 10 Cb 24
S Svartnäs 17 Bg 30
UA Svatove 48 Di 41
N Sveagruva 9175 2 I Svalbard
RUS Sveča 22 Eh 32
S Svedala 23301 27 Bd 35
LT Svėdasai 29 Cf 35
S Sveg 84201 9 Be 28
LT Švėkšna 99056 28 Cb 35
N Svelgen 6723 8 Af 29
LT Švenčionėliai 18022 29 Cf 35
LT Švenčionys 18001 29 Cg 35
DK Svendborg 5700 27 Ba 35
N Svenes 16 Ai 32
S Svenljunga 51200 17 Bd 33
N Svensby 9064 2 Bk 21
S Svenstavik 84040 9 Be 28
LT Šventoji 00001* 28 Cb 34
UA Sverdlove 61 Da 44
UA Sverdlovs'k 48 Dk 42
RUS Sverdlovsk = Ekaterinburg 35 Ga 34
UA Sverdlovsk = Sverdlovs'k 48 Dk 42
RUS Sverdlovskoe 35 Fi 34
BG Sveštari 7423 60 Cg 47
MNE Sveti Nikola 85 360 74 Bk 49
MK Sveti Nikole 2220 74 Cb 49
SRB Sveti Stefan 74 Bi 48
BY Svetlahorsk 46 Ck 38
RUS Svetloe 34 Fd 33
RUS Svetlogorsk 28 Ca 36
BY Svetlogorsk = Svetlahorsk 46 Ck 38
RUS Svetlograd 64 Ec 45
UA Svetlovodsk = Svitlovods'k 47 Dd 41
RUS Svetlyj 28 Ca 36
RUS Svetlyj 53 Ga 40
RUS Svetlyj Jar 49 Ee 42
RUS Svetogorsk 19 Ci 29
SRB Svetozarevo = Jagodina 35000* 59 Cb 47
SK Svidník 089 01 45 Cb 41
EST Sviibi 18 Cd 32
SRB Svilajnac 35210 59 Cb 46
BG Svilengrad 6500 75 Cg 49
RO Svinița 227440 59 Cc 46
BY Svir 29 Cg 36
RUS Svir'stroj 20 Dd 30
RUS Sviščevka 32 Ed 38
BY Svislač 29 Ce 37
BY Svislač 30 Ci 37
BG Svištov 5250 60 Cf 47
CZ Svitavy 568 02* 44 Bg 41
UA Svitlohirs'ke 47 Dd 42
UA Svitlovods'k 47 Dd 41
RUS Svity 30 Dc 35
BY Svjacilavičy 30 Db 38
RUS Svjatoslavka 49 Ed 39
RUS Svobedy 64 Ed 46
BG Svoboda 9398 61 Ch 47
SRB Svođe 16212 74 Cc 47
BG Svoge 2260 75 Cd 48
N Svolvær 8300 2 Be 22
SRB Svrljig 18360 59 Cc 47
N Svullrya 17 Bc 30
GB Swanage BH19 40 Si 40
GB Swansea SA1 40 Sg 39
PL Swarzędz 62-020 44 Bh 38
PL Świdnica 58-100* 44 Bg 40
PL Świdwin 78-300 27 Bf 37
PL Świebodzice 58-160* 44 Bg 40
PL Świebodzin 66-200 44 Bf 38
PL Świecie 87-313 28 Bi 37
PL Świeradów-Zdrój 59-850* 44 Bf 40
GB Swindon SN4 40 Si 39
PL Świnoujście 72-600* 27 Be 37
RUS Syčevka 31 De 35
RUS Syčevo 25 Gk 33
RUS Syčevo 31 Dg 35
PL Syców 56-500 44 Bh 39
FIN Sydänmaa 61150 10 Cd 28
D Syke 28857 26 Ai 38
N Sykkylven 6230 8 Ag 28
RUS Syktyvkar 22 Fa 29
S Sylarna Fjällstation 9 Bc 27
RUS Syloga 13 Ed 27
GB Symbister ZE2 38 Si 30
UA Synel'nykove 48 Df 42
UA Synivka 47 De 40
RUS Synja 15 Fh 25
MD Synžerej = Sîngerei 6201 61 Ci 43
FIN Syötekylä 93440 11 Ch 25
UA Šyrjajeve 61 Da 43
UA Šyroke 62 Dd 43
UA Šyrokolanivka 62 Db 43
UA Šyšaky 47 Dd 41
BY Šyščycy 30 Ch 37
RUS Sysert' 35 Ga 34
FIN Sysmä 19701 18 Cf 29
RUS Sysoevo 20 Dg 31
RUS Sysoevo 21 Dk 31
S Sysslebäck 68060 17 Bc 30
S Syterstugan 9 Bf 25
FIN Syväjärvi 99740 3 Cf 23
UA Syvas'ke 62 De 44
RUS Syzran' 33 Ei 37
PL Szadek 98-240 44 Bi 39
PL Szamotuły 64-500 44 Bg 38
H Szarvas 5540 59 Ca 44
PL Szczecin 70-950 27 Be 37
PL Szczecinek 78-400 28 Bg 37
PL Szczekociny 42-445 44 Bk 40
PL Szczerców 97-420 44 Bk 39
PL Szczucin 33-230 45 Cb 40
PL Szczuczyn 19-230 29 Cc 37
PL Szczytno 12-100 28 Ca 37
H Szécsény 3170 44 Bk 42
H Szeged 6700* 59 Ca 44
H Szeghalom 5520 59 Cb 43
H Székesfehérvár 8000 59 Bi 43
H Szekszárd 7100 59 Bi 44
H Szendrő 45 Ca 42
H Szentendre 59 Bk 43
H Szentes 6600 59 Ca 44
H Szentgotthárd 9970 58 Bg 44
H Szentlőrinc 58 Bh 44
H Szigetvár 58 Bh 44
H Szin 3761 45 Ca 42
PL Szlichtyngowa 67-407 44 Bg 39
H Szolnok 5000 59 Ca 43
H Szombathely 9700 58 Bg 43
PL Szprotawa 67-300 44 Bf 39
PL Sztabin 16-310 29 Cd 37
PL Sztum 82-400 28 Bk 37
PL Sztutowo 82-110 28 Bk 36
PL Szubin 89-200 28 Bh 37

T

FIN Taalintehdas = Dalsbruk 25860 18 Cc 30
FIN Taavetti = Luumäki 54500* 19 Ch 30
MK Tabanovce 1308* 74 Cb 48
E Tábara 49140 68 Se 49
S Taberg 56202 17 Be 33
CZ Tábor 390 01 43 Be 41
RUS Tabory 25 Ge 32
S Täby 18300* 17 Bi 31
RUS Tabynskoe 35 Fg 36
CZ Tachov 347 01 43 Bc 41
RUS Tacinskij 49 Eb 42
RO Taga 407565 60 Ce 44
RUS Tagaj 33 Eh 36
RUS Taganrog 63 Di 43
I Taggia 18018 56 Ah 47
I Taglio di Po 45019 57 Bc 45
UA Tahanča 47 Db 41
TR Tahir 04620 79 Ec 51
RUS Tahta 64 Ec 45
TR Tahtaköprü 16900 76 Ck 51
TR Tahtköy 69000 79 Ea 50
IRL Taibeart = Tarbert 37 Sa 38
GB Tain KW14 38 Sf 33
RUS Taiševo 35 Fi 35
FIN Taivalkoski 93401 11 Ci 25
FIN Taivassalo 23311 18 Cb 30
RUS Tajmeevo 35 Fh 35
TR Takazlı 77 Dd 51
SRB Takovo 32304 59 Ca 46
BY Talačyn 30 Ck 36
UA Talakivka 63 Dh 43
UA Talalajivka 47 Dd 40
E Talarrubias 06640 68 Se 51
TR Talas 38280* 85 Df 52
E Talavera de la Reina 45600 69 Sf 51
RUS Taldom 31 Dh 34
F Talence 33400 54 Sk 46
RUS Talica 22 Fb 32
RUS Talica 24 Gc 33
RUS Talica 24 Gd 33
RUS Talickij 49 Ea 38
EST Tallinn 10111* 18 Ce 31
S Tallsjö 91050 9 Bi 26
FIN Talluskylä 71640 10 Cg 27
RUS Tally 34 Fd 37
RO Tălmaciu 555700 60 Ce 45
F Talmont-Saint-Hilaire 85440 54 Si 44
UA Tal'ne 47 Da 42
RUS Talovaja 49 Ea 39
LV Talsi 3201 18 Cc 33
RUS Taly 49 Ea 41
RUS Tamala 49 Ed 38
E Tamames 37600 68 Sd 50
RUS Taman 23 Fg 31
RUS Taman' 63 Dg 45
AL Tamarë 74 Bk 48
E Tamarinda 07769 70 Ad 51
E Tamarite de Litera 22550 70 Aa 49
H Tamási 7090 59 Bi 44
RUS Tambicy 12 Df 28
RUS Tambov 32 Eb 38
RUS Tambovka 65 Eh 43
RUS Tamdysaj 52 Ff 40
RUS Tamica 12 Di 26
FIN Tammisaari = Ekenäs 10600* 18 Cd 31
FIN Tampere 33002* 18 Cd 29
EST Tamsalu 46106* 18 Cg 31
A Tamsweg 5580 57 Bd 43
GB Tamworth B78 40 Si 38
N Tanabru 9840 3 Ci 20
RO Țăndărei 925200 61 Ch 46

(S) Tandsjöborg 17 Be 29
(N) Tangen 2337 16 Bb 30
(D) Tangerhütte 39517 43 Bb 38
(D) Tangermünde 39590 43 Bb 38
(FIN) Tanhua 99640 3 Ch 23
(TR) Tanır 46560 86 Dg 52
(FIN) Tankavaara 99695 3 Ch 22
(D) Tann (Rhön) 36142 43 Ba 40
(S) Tännäs 84094 9 Bc 28
(S) Tänndalen 84098 9 Bc 28
(FIN) Tannila 91240 10 Cf 25
(RO) Ţântăreni 217535 60 Cd 46
(S) Tanumshede 45700 16 Bb 32
(TR) Tanyeri 78 Dk 51
(TR) Tanyeri 79 Ec 51
(TR) Tanyolu 79 Ed 51
(I) Taormina 98039 72 Bf 53
(EST) Tapa 45106* 18 Cf 31
(E) Tapia de Casariego 33740 68 Sd 47
(RUS) Tapiau = Gvardejsk 28 Cb 36
(H) Tápiószecső 59 Bk 43
(H) Tapolca 8300 58 Bh 44
(MD) Taraclia 7400 61 Ck 44
(TR) Taraklı 54750 76 Da 50
(TR) Taraksu 86 Dk 52
(E) Tarancón 16400 69 Sg 50
(UA) Taranivka 48 Dg 41
(I) Taranto 74100 73 Bh 50
(F) Tarare 69170 55 Ae 45
(UA) Tarašča 47 Da 41
(F) Tarascon 13150* 55 Ae 47
(RUS) Tarasiha 33 Ee 34
(UA) Tarasivka 63 Dg 43
(UA) Tarasove, Klavdijevo- 47 Da 40
(RUS) Tarasovo 6 Eg 24
(RUS) Tarasovskij 49 Ea 42
(RUS) Taratuhino 31 Dg 37
(GB) Tarbert PA60 38 Sd 34
(IRL) Tarbert 37 Sa 38
(F) Tarbes 65000* 54 Aa 47
(I) Tarcento 33017 57 Bd 44
(BIH) Tarčin 59 Bi 47
(E) Tardajos 09130 69 Sg 48
(S) Tärendö 98061 3 Cc 23
(BG) Tărgovište 60 Cg 47
(RO) Târgovişte 000130* 60 Cf 46
(RO) Târgu Bujor 805200 61 Ch 45
(RO) Târgu Cărbuneşti 215500 60 Cd 46
(RO) Târgu Frumos 705300 61 Ch 43
(RO) Târgu Jiu 000210* 60 Cd 45
(RO) Târgu Lăpuş 435600 60 Cd 43
(RO) Târgu Mureş 000540* 60 Ce 44
(RO) Târgu Neamţ 615200 60 Cg 43
(RO) Târgu Secuiesc 525400 60 Cg 44
(RUS) Tarhany 33 Eh 35
(E) Tarifa 11380 80 Se 54
(RUS) Tarkazy 34 Fd 37
(RUS) Tarlakovo 31 Dg 34
(DK) Tarm 6880 26 Ai 35
(S) Tärnaby 92064 9 Bf 25
(RO) Târnăveni 545600 60 Ce 44
(PL) Tarnobrzeg 39-400 45 Cb 40
(PL) Tarnogród 23-420 45 Cc 40
(RUS) Tarnogskij Gorodok 21 Ed 30
(PL) Tarnów 33-100 45 Ca 40
(S) Tärnsjö 74045 17 Bg 30
(N) Tårnvik 2 Bf 23
(P) Tarouca 3610-001* 68 Sc 49
(I) Tarquinia 01016 72 Bb 48
(E) Tarragona 43001* 70 Ab 49
(S) Tårrajaur 2 Bk 24
(E) Tàrrega 25300 70 Ab 49
(DK) Tårs 9830 27 Bb 36
(TR) Tarsus 33400* 85 De 54
(F) Tartas 40400 54 Sk 47
(RO) Tărtăşeşti 137435 60 Cf 46
(EST) Tartu 50103* 18 Cg 32
(RUS) Tarumovka 65 Eg 46
(RUS) Tarusa 31 Dh 36
(RUS) Tarutino 35 Ga 37
(UA) Tarutyne 61 Ck 44
(M) Tarxien 72 Be 55
(TR) Taşağıl 84 Db 54
(TR) Taşağıl 85 Dd 53
(UA) Tašan' 47 Db 40
(TR) Taşbaşı 79 Ed 50
(TR) Taşbükü 48700 84 Ci 54
(TR) Taşburun 79 Ee 51
(TR) Taşçapı 79 Ed 51
(TR) Taşdelen 86 Di 52
(TR) Taşevi 84 Da 52
(S) Tåsjö 83081 9 Bf 26
(TR) Taşkent 42960 84 Dc 54
(TR) Taşköprü 37400 84 Db 52
(RUS) Tašla 51 Fc 39
(TR) Taşlıçay 79 Ed 51
(RO) Tăşnad 445300 59 Cc 43
(TR) Taşoluk 25530 78 Dg 50
(TR) Taşoluk 25530 84 Da 52
(TR) Taşova 05800 78 Dg 50
(TR) Taşpınar 25900 85 De 52
(F) Tassin-la-Demi-Lune 69005 55 Ae 45
(RUS) Taštimerovo 35 Fi 37
(RUS) Tastuba 35 Fh 35
(TR) Taşucu 33900 85 Dd 54
(H) Tata 2890 59 Bi 43
(H) Tatabánya 2800 59 Bi 43
(RUS) Tatal 65 Eg 43
(RUS) Tatanovo 32 Eb 38
(UA) Tatarbunary 61 Ck 45
(RUS) Tatarinka 31 Dd 35
(RUS) Tatarino 48 Dk 40
(BY) Tatarka 30 Ci 37
(RUS) Tatarka 64 Eb 46
(TR) Tatarlı 84 Da 52
(TR) Tatarlı 85 De 53
(RUS) Tatarskaja Dymskaja 34 Fc 36
(RUS) Tatarskaja Karabolka 35 Gb 35
(RUS) Tatarskaja Kargala 52 Ff 39
(RUS) Tatarskij Sajman 33 Eh 37
(RUS) Tataurovo 21 Ed 32
(RUS) Tataurovo 22 Ek 33
(RUS) Tatiščevo 35 Ga 37
(RUS) Tatiščevo 50 Ef 39
(TR) Tatköy 84 Da 53
(TR) Tatlıkuyu 85 Dd 53
(TR) Tatvan 13200 87 Ec 52
(N) Tau 4120 16 Af 31
(D) Tauberbischofsheim 97941 42 Ak 41
(D) Taucha 04425 43 Bc 39
(GB) Taunton TA1 40 Sg 39
(LT) Tauragė 72001* 29 Cc 35
(LT) Tautušiai 60061 29 Cd 35
(TR) Tavaklı İskele 17600 75 Cg 51
(TR) Tavas 20500* 84 Ck 53
(RUS) Tavda 25 Gf 32
(S) Tavelsjö 92261 10 Ca 26
(E) Tavernes de la Valldigna 46760 70 Sk 51
(P) Tavira 8800-209* 80 Sc 53
(GB) Tavistock PL19 40 Sf 40
(TR) Tavşançalı 42780 85 Dd 52
(TR) Tavşanlı 76 Ck 51
(GR) Taxiárhes 34003 82 Ce 52
(TR) Tayfur 66700 75 Cg 50
(PL) Tczew 83-100 28 Bi 36
(RO) Teaca 427345 60 Ce 44
(I) Teano 81057 73 Be 49
(MK) Tearce 1224 74 Cb 48
(E) Teba 29327 81 Sf 54
(RUS) Teberda 64 Eb 47
(TR) Tecirli 01890 85 Dg 53
(RO) Tecuci 805300 61 Ch 45
(TR) Tefenni 15600 84 Ck 53
(NL) Tegelen 5930 42 Ag 39
(S) Tegelträsk 89501 9 Bh 27
(D) Tegernsee 83684 57 Bb 43
(RUS) Tëgrozëro 21 Eb 29
(EST) Tehumardi 18 Cc 32
(F) Teil, le 42240 55 Ae 46
(FIN) Teisko 34260 18 Cd 29
(RO) Teiuş 515900 60 Cd 44
(RUS) Tejkovo 32 Ea 34
(TR) Teke 76 Ck 49
(TR) Tekeli 87 Ee 53
(TR) Tekirdağ 59000* 76 Ch 50
(TR) Tekke 78 Dg 50
(TR) Tekkeköy 55300 78 Dg 49
(TR) Tekkeköy 55300 78 Dh 51
(TR) Tekkiraz 52330 78 Dh 50
(TR) Tekman 25560 79 Eb 51
(TR) Teknepınar 31825 85 Df 54
(RUS) Tekun 21 Ed 33
(RUS) Tekun 33 Ef 34
(CZ) Telč 588 56 44 Bf 41
(RUS) Tel'č'e 31 Dg 37
(RO) Telciu 427355 60 Ce 43
(MD) Teleneşt' = Teleneşti 5800 61 Ci 43
(MD) Teleneşti 5800 61 Ci 43
(MD) Telenešty = Teleneşti 5800 61 Ci 43
(GB) Telford TF3 39 Sh 38
(D) Telgte 48291 42 Ah 39
(RUS) Teljak, Ulu- 35 Fg 36
(UA) Tel'manove 63 Di 43
(LT) Telšiai 87001* 29 Cc 35
(D) Teltow 14513 43 Bd 38
(E) Tembleque 45780 69 Sg 51
(TR) Temelli 06909 77 Dc 51
(SRB) Temerin 21235* 59 Bk 45
(RUS) Temjasovo 35 Fi 38
(FIN) Temmes 91950 10 Cf 26
(RUS) Temnikov 32 Ed 36
(I) Tempio Pausania 07029 71 Ak 50
(IRL) Templemore = An Teampall Mór 37 Sc 38
(D) Templin 17268 27 Bd 37
(RUS) Temrjuk 63 Dh 45
(B) Temse 9140 41 Ae 39
(SRB) Temska 18355 59 Cc 47
(F) Tenay 01970 56 Af 44
(GB) Tenby SA70 40 Sf 39
(F) Tende 06430 56 Ah 46
(FIN) Tenhola = Tenala 10520 18 Cd 30
(S) Tenhult 56027 17 Be 33
(HR) Tenja 59 Bi 45
(RUS) Ten'ki 33 Ek 35
(S) Tennäng 17 Bd 29
(N) Tennevoll 9465 2 Bh 22
(GB) Tenterden TN30 41 Aa 39
(UA) Teofipol' 46 Cg 41
(FIN) Tepasto 99150 3 Ce 23
(TR) Tepe 21520 87 Ea 53
(TR) Tepecik 84 Da 53
(TR) Tepeciköre 85 Df 53
(TR) Tepehan 44860 86 Di 52
(AL) Tepelenë 74 Ca 50
(CZ) Teplá 364 61 43 Bc 41
(RUS) Teplaja Gora 24 Fk 32
(CZ) Teplice 415 01* 43 Bd 40
(RUS) Tepljaki 34 Ff 34
(RUS) Teploe 31 Dh 37
(RUS) Teplyj Stan 34 Fa 36
(UA) Teplyk 46 Ck 42
(FIN) Tepsa 99280 3 Cf 23
(I) Teramo 64100 72 Bd 48
(NL) Ter Apel 9560 26 Ah 38
(PL) Teratyn 22-510 45 Cd 40
(RUS) Terbuny 48 Di 38
(TR) Tercan 24800 79 Ea 51
(UA) Terebovlja 46 Cf 41
(RUS) Terebuš 31 Di 36
(RO) Teregova 327390 59 Cc 45
(RUS) Terek 79 Ee 47
(RUS) Terekli-Mekteb 65 Ef 46
(RUS) Teren'ga 33 Ei 37
(RUS) Terensaj 52 Fk 39
(PL) Terespol 21-550 45 Cd 38
(UA) Teresva 45 Cd 42
(RUS) Tereze 64 Ec 47
(RUS) Teriberka 4 Df 21
(RUS) Terjaevo 31 Dg 34
(TR) Terlemez 50230 85 De 52
(UA) Termachivka 46 Ck 39
(TR) Terme 55600 78 Dg 49
(I) Termini Imerese 90018 72 Bd 53
(I) Termoli 86039 73 Be 48
(A) Ternberg 4452* 58 Be 43
(NL) Terneuzen 4530* 41 Ad 39
(I) Terni 05100 72 Bc 48
(UA) Ternivka 48 Dg 42
(UA) Ternivka 62 Dc 43
(UA) Ternopil' 46 Cf 41
(UA) Ternopol' = Ternopil' 46 Cf 41
(RUS) Ternovka 49 Eb 39
(RUS) Ternovka 49 Ec 39
(UA) Ternuvate 63 Dg 43
(UA) Terny 47 Dd 39
(UA) Terpinn'a 62 Df 44
(I) Terracina 04019 72 Bd 49
(N) Terråk 7980 9 Bc 25
(I) Terralba 09098 71 Ai 51
(I) Terranova di Pollino 85030 73 Bg 51
(E) Terrassa 08221* 70 Ac 49
(F) Terrasson-la-Villedieu 24120 55 Ab 45
(RUS) Tersa 50 Eh 38
(RUS) Tersi 34 Fc 34
(I) Tertenia 08047 71 Ak 51
(BG) Tervel 9769 61 Ch 47
(LV) Tērvete 3728 29 Cd 34
(FIN) Tervo 72211 10 Cg 28
(FIN) Tervola 95300 10 Ce 24
(BIH) Tešanj 59 Bi 46
(BIH) Teslić 58 Bh 46
(RUS) Tesovo 31 De 35
(RUS) Tesovo-Netyl'skij 19 Db 32
(D) Tessin 18195 27 Bc 36
(F) Teste-de-Buch, La 33260 54 Si 46
(H) Tét 9100 58 Bh 43
(D) Teterow 17166 27 Bc 37
(BG) Teteven 5700 75 Ce 48
(UA) Tetijiv 46 Ck 41
(RUS) Tetjuši 33 Ei 36
(RUS) Tetjušskoe 33 Ei 36
(RUS) Tëtkino 47 De 39
(BG) Tetovo 7044 60 Cg 47
(MK) Tetovo 1200* 74 Cb 48
(RUS) Tetrino 12 Di 24
(RUS) Teučežsk = Adygejsk 63 Dk 46
(I) Teulada 09019 71 Ai 52
(FIN) Teuva 64701 10 Cb 28
(GB) Tewkesbury GL20 40 Sh 39
(GR) Thafmakó 35010 74 Cc 51
(D) Thale 06502 43 Bb 39
(GB) Thame OX9 40 Sk 39
(F) Thaon-les-Vosges 88150 42 Ag 42
(E) Tharsis 21520 80 Sc 53
(GR) Thássos 64004 75 Ce 50
(F) Thenon 24210 55 Ab 45
(GR) Theológos 35001 75 Ce 50
(GR) Thérmo 30008 82 Cb 52
(F) Thérouanne 62129 41 Ac 40
(GR) Thessaloníki 54625* 74 Cc 50
(GB) Thetford IP24 41 Aa 38
(AL) Theth 74 Bk 48
(I) Thiene 36016 57 Bb 45
(IS) Þingeyri 470* 36 Qg 25
(IS) Þingvellir 36 Qi 26
(F) Thionville 57100* 42 Ag 41
(GR) Thiorihia Milou 82 Ce 54
(GR) Thíra 84700 83 Cf 54
(GB) Thirsk YO7 39 Si 36
(GR) Thísbi 82 Cc 52
(DK) Thisted 7700 26 Ai 34
(GR) Thíva 32200 82 Cd 52
(F) Thiviers 24800 54 Aa 45
(F) Thizy 69550 55 Ae 44
(F) Thoissey 01140 55 Ae 44
(GR) Tholária 84008 83 Cf 54
(IRL) Thomastown = Baile Mhic Andáin 37 Sc 38
(F) Thonon-les-Bains 74200* 56 Ag 44
(F) Thorame-Haute 04170 56 Ag 46
(GB) Thorne DN8 39 Sk 37
(GB) Thornhill DG3 39 Sg 35
(FO) Thorshavn = Tórshavn 100 38 Sd 28
(IS) Þórshöfn 680* 36 Re 24
(F) Thouars 79100 54 Sk 44
(F) Thourie 35134 54 Si 43
(B) Thourout = Torhout 8820 41 Ad 39
(IS) Þrándarjökull □ 36 Rf 26
(CH) Thun 3600* 56 Ah 44
(IRL) Thurles = Durlas 37 Sc 38
(GB) Thurso KW14 38 Sg 32
(F) Thury-Harcourt 14220 40 Sk 42
(DK) Thyborøn 7680 26 Ai 34
(IS) Þykkvibær 880 36 Qk 27
(FIN) Tiainen 97540 3 Cg 24
(SK) Tibava 073 01 45 Cc 42
(S) Tibro 54301 17 Be 32
(RO) Tichileşti 817170 61 Ch 45
(S) Tidaholm 52201 17 Bd 32
(S) Tidan 54920 17 Be 32
(E) Tiedra 47870 68 Se 49
(CH) Tiefencastel 7450 57 Ak 44
(NL) Tiel 4000* 42 Af 39
(B) Tielt 3390 41 Ad 40
(B) Tienen 3300 41 Ae 40
(D) Tiengen, Waldshut- 79761 56 Ai 43
(S) Tierp 81500 17 Bh 30
(GB) Tigharry HS6 38 Sc 33
(MD) Tighina 3200 61 Ck 44
(RO) Tignăşi 59 Cc 46
(H) Tihany 8237 58 Bh 44
(RUS) Tihoreck 64 Ea 45
(RUS) Tihvin 20 Dd 31
(RUS) Tihvin Bor 12 Df 28
(RUS) Tiinsk 33 Ek 36
(FIN) Tiistenjoki 62165 10 Cd 28
(RUS) Tikša 11 Dc 26
(NL) Tilburg 5000* 42 Af 39
(GB) Tilbury RM18 41 Aa 39
(GR) Tílisos 71001 83 Cf 55
(LV) Tilža 4572 30 Ch 34
(RUS) Tim 48 Dh 39
(TR) Timar 87 Ed 52
(RUS) Timaševsk 63 Di 45
(GR) Timbáki 70200 82 Ce 55
(RO) Timişoara 000300* 59 Cb 45
(D) Timmendorfer Strand 23669 27 Ba 37
(RUS) Timohino 20 Dg 31
(RUS) Timonino 21 Eb 29
(RUS) Timošino 20 Dg 30
(RUS) Timošino 21 Ee 33
(S) Timrå 9 Bh 28
(GB) Timsgarry HS2 38 Sc 32
(RO) Tinca 417595 59 Cb 44
(F) Tinchebray 61800 40 Sk 42
(E) Tineo = Tinéu 68 Sd 47
(DK) Tinglev 6360 26 Ak 36
(S) Tingsryd 36200 27 Be 34
(S) Tingstäde 62033 17 Bi 33
(N) Tingvoll 6630 8 Ai 28
(GR) Tínos 84200 83 Cf 53
(F) Tinténiac 35190 40 Si 42
(IRL) Tiobraid Árann = Tipperary 37 Sb 38
(I) Tione di Trento 38079 57 Ba 44
(IRL) Tipperary = Tiobraid Árann 37 Sb 38
(AL) Tiranë 74 Bk 49
(I) Tirano 23037 57 Ba 44
(MD) Tiraspol 3300 61 Ck 44
(TR) Tire 35900 83 Ch 52
(TR) Tirebolu 28500 78 Di 49
(RUS) Tirljanskij 35 Fi 36
(GR) Tírnavos 40100 74 Cc 51
(MD) Tîrnova 5140 46 Ch 42
(FIN) Tirro 99871 3 Cg 22
(D) Tirschenreuth 95643 43 Bc 41
(DK) Tirstrup 8400 27 Ba 34
(RUS) Tišanka 49 Ea 39
(RUS) Tiškovo 65 Ei 44
(CZ) Tišnov 666 01* 44 Bg 41
(H) Tiszaföldvár 5430 59 Ca 44
(H) Tiszakécske 6060 59 Ca 44
(H) Tiszavasvári 4440 59 Cb 43
(RUS) Titaševo 34 Fb 37
(SRB) Titel 21240 59 Ca 45
(D) Titisee-Neustadt 79822 56 Ai 43
(SRB) Titograd = Podgorica 74 Bk 48
(RUS) Titova, Ljalja- 24 Gb 31
(RKS) Titova Mitrovica = Kosovska Mitrovica = Mitrovicë 40000* 74 Ca 48
(BIH) Titov Drvar 58 Bg 46
(RUS) Titovo 32 Ed 37
(SRB) Titovo Užice = Užice 59 Cb 47
(MK) Titov Veles = Veles 74 Cb 49
(N) Titran 7268 8 Ai 27
(D) Tittmoning 84529 43 Bc 42
(RO) Titu 135500 60 Cf 46
(FIN) Tiukka = Tjöck 64250 10 Cb 28
(MNE) Tivat 85 320 74 Bi 48
(GB) Tiverton EX16 40 Sg 40
(I) Tivoli 72 Bc 49
(UA) Tjahynka 62 Dc 44
(S) Tjällmö 59030 17 Bf 32
(S) Tjålme 2 Ca 22
(S) Tjåmotis 2 Bi 24
(IS) Tjarnír 36 Rb 25
(RUS) Tjater-Araslanovo 34 Fe 37
(S) Tjautjas 2 Ca 23
(BIH) Tjentište 59 Bi 47
(FIN) Tjöck 64250 10 Cb 28
(N) Tjøme 3145 16 Ba 31
(IS) Tjörn 620 36 Qk 25
(N) Tjøtta 8860 9 Bc 25
(S) Tjourenstugorna 83005 9 Bd 27
(RUS) Tjubuk 35 Ga 34
(RUS) Tjul'gan 52 Fg 38
(RUS) Tjuli 25 Gk 30
(RUS) Tjuljači 34 Fa 35
(RUS) Tjuljuk 35 Fi 36
(RUS) Tjul'kino 23 Fg 31
(RUS) Tjumen' 25 Gf 33
(RUS) Tjunevo 25 Gf 33
(RUS) Tjurjuševo 34 Fe 36
(HR) Tkon 58 Bf 47
(RUS) Tljaumbetovo 52 Fg 38
(UA) Tlumač 46 Cf 42
(IRL) Tobar an Choire 37 Sb 36
(E) Tobarra 02500 81 Si 52
(IRL) Tobercurry = Tobar an Choire 37 Sb 36
(GB) Tobermory PA75 38 Sd 34
(I) Toblach = Dobbiaco 39034 57 Bc 44
(RUS) Tobol'sk 25 Gi 32
(RUS) Tobol'skij 53 Gb 39
(RUS) Toboltura 25 Gi 33
(RUS) Tobseda 6 Fc 22
(RUS) Tobys' 14 Fc 27
(S) Töcksfors 67010 16 Bb 31
(N) Todal 8 Ai 28
(I) Todi 06059 72 Bc 48
(D) Todtnau 79674 56 Ah 43
(RUS) Tofickoe 64 Ed 45
(GB) Toft ZE2 38 Si 30
(N) Tofte 16 Ba 31
(N) Toftlia 2 Be 24
(DK) Toftlund 6520 26 Ak 35
(FIN) Toholampi 69301 10 Ce 27
(TR) Tohumluk 78 Di 50
(FIN) Toijala 37801 18 Cd 29
(FIN) Toivakka 97701 10 Cg 28
(FIN) Toivala 70901 11 Ch 28
(H) Tokaj 45 Cb 42
(RUS) Tokarevka 49 Eb 38
(RUS) Tokari 20 De 29
(RUS) Tokari 23 Fe 33
(TR) Tokat 60000* 78 Dg 50
(TR) Toklar 38960 85 Dg 52
(TR) Tokluman 77 Dd 51
(UA) Tokmak 62 Df 43
(TR) Tokmaklı 80750 86 Dg 53
(RUS) Toksovo 19 Da 30
(RUS) Tolbazy 34 Ff 36
(BG) Tolbuhin = Dobrič 9300* 61 Ch 47
(E) Toledo 45001* 69 Sf 51
(I) Tolfa 00059 72 Bb 48
(RUS) Tol'jatti = Stavropol'-na-Volgi 33 Ek 37
(PL) Tolkmicko 82-340 28 Bk 36
(S) Tollarp 29010 27 Bd 35
(RUS) Tolmači 20 Df 33
(RUS) Tolmačovo 19 Ck 32
(I) Tolmezzo 33028 57 Bc 44
(SLO) Tolmin 5220 57 Bd 44
(H) Tolna 7130 59 Bi 44
(E) Tolosa 20400 69 Sh 47
(FIN) Tolva 97925 3 Ci 24
(RUS) Tolvojarvi 11 Db 28
(RUS) Tolvuja 12 Df 28
(D) Tölz, Bad 83646 57 Bb 43
(UA) Tomakivka 62 De 43
(P) Tomar 2300-303* 68 Sb 51
(RUS) Tomarovka 48 Dg 40
(TR) Tomarza 38900* 85 Df 52
(BY) Tomaševka 45 Cd 39
(UA) Tomašpil' 46 Ci 42
(PL) Tomaszów Lubelski 22-600 45 Cd 40
(PL) Tomaszów Mazowiecki 97-201* 44 Bk 39
(S) Tomelilla 27301 27 Bd 35
(E) Tomelloso 13700 69 Sg 51
(GB) Tomintoul AB35 38 Sg 33
(N) Tømmervåg 6590 8 Ah 27
(GB) Tonbridge TN11 41 Aa 39
(P) Tondela 3460-519* 68 Sb 50
(DK) Tønder 6270 26 Ai 36
(B) Tongeren 3700 42 Af 40
(GB) Tongue IV27 38 Sf 32
(RUS) Tonkino 22 Eg 33
(FIN) Tonkopura 98710 3 Ci 24

(F) Tonnay-Charente 17430 54 Sk 45
(F) Tonneins 47400 54 Aa 46
(F) Tonnerre 89700 55 Ad 43
(D) Tönning 25832 26 Ai 36
(RUS) Tonšaevo 22 Eg 33
(N) Tønsberg 3101* 16 Ba 31
(N) Tonstad 4440 16 Ag 32
(TR) Tonya 61500 78 Dk 50
(EST) Tõostamaa 18 Cd 32
(TR) Topaklı 50880 77 De 51
(RUS) Topalki 20 Dg 32
(TR) Topçam 52910 78 Dh 50
(RO) Toplița 535700 60 Cf 44
(SRB) Topola 34310 59 Ca 46
(MK) Topolčani 7512 74 Cb 49
(SK) Topoľčany 955 01* 44 Bi 42
(RO) Topolog 827220 61 Ci 46
(RO) Topoloveni 115500 60 Cf 46
(BG) Topolovgrad 6560 75 Cg 48
(BG) Topolovo 4260 75 Cf 49
(RO) Toporu 087225 60 Cf 46
(RO) Topraisar 907285 61 Ci 46
(TR) Toprakkale 79 Ec 51
(TR) Toprakkale 85 Dg 53
(TR) Topsakal 87 Ee 52
(TR) Toptaş 36000 79 Ec 50
(E) Torà 70 Ab 49
(TR) Torbalı 83 Ch 52
(GB) Torbay TQ2 40 Sg 40
(RUS) Torbeevo 32 Ed 36
(N) Torberget 2429 17 Bc 29
(E) Tordehúmos 47830 68 Se 49
(E) Tordesillas 47100 68 Se 49
(S) Töre 95040 10 Cc 25
(S) Töreboda 54501 17 Be 32
(S) Torekov 26093 27 Bc 34
(E) Torelló 08570 70 Ac 48
(E) Toreno 24450 68 Sd 48
(D) Torgau 04860 43 Bc 39
(D) Torgelow 17358 28 Be 37
(S) Torhamn 37042 27 Bf 34
(B) Torhout 8820 41 Ad 39
(F) Torigni-sur-Vire 50160 40 Sk 41
(E) Torija 19190 69 Sg 50
(I) Torino 10100* 56 Ah 45
(FIN) Törmänen 93101 3 Ch 22
(RUS) Tormosin 49 Ec 42
(SK) Tornaľa 982 01 45 Ca 42
(S) Torneträsk 2 Bk 22
(FIN) Tornio 95450 10 Ce 25
(E) Toro 32621 68 Se 49
(H) Törökszentmiklós 5200 59 Ca 43
(RUS) Toropec 30 Db 34
(RUS) Torošino 19 Ci 33
(N) Torpo 3579 16 Ai 30
(S) Torpshammar 84013 9 Bg 28
(P) Torrão 7580-001 80 Sb 52
(E) Torreblanca 25746 70 Aa 50
(E) Torrecampo 14410 81 Sf 52
(E) Torre de la Higuera 80 Sd 53
(I) Torre del Greco 80059 73 Be 50
(P) Torre de Moncorvo 5160-003* 68 Sc 49
(E) Torredonjimeno 23650 81 Sg 53
(P) Torreira 3870-301* 68 Sb 50
(E) Torrejón de Ardoz 28850 69 Sg 50
(E) Torrelaguna 28180 69 Sg 50
(E) Torrelavega 39300 54 Sf 47
(E) Torrelobatón 47134 68 Se 49
(E) Torremocha 10184 68 Sd 51
(E) Torremolinos 29620 81 Sf 54
(E) Torremormojón 34305 69 Sf 49
(E) Torrent 46900 70 Sk 51
(E) Torre-Pacheco 30700 81 Sk 53
(I) Torre Pellice 10066 56 Ah 46
(P) Torres Novas 2350-409* 68 Sb 51
(P) Torres Vedras 2560-230* 68 Sa 51
(E) Torrevieja 03180 81 Sk 53
(GB) Torridon IV22 38 Se 33
(I) Torriglia 16029 57 Ak 46
(E) Torrijas 44421 70 Sk 50
(E) Torrijos 45500 69 Sf 51
(DK) Tørring 26 Ak 35
(E) Torroella de Montgrí 17257 70 Ad 48
(S) Torsås 38501 28 Bg 34
(S) Torsby 17 Bd 30
(FO) Tórshavn 100 38 Sd 28
(E) Tórtoles de Esgueva 09312 69 Sf 49
(I) Tortolì 08048 71 Ak 51
(I) Tortona 15057 56 Ai 46
(E) Tortosa 43500 70 Aa 50
(TR) Tortum 25430 79 Eb 50
(TR) Torul 29800 78 Dk 50
(PL) Toruń 87-100 28 Bi 37
(S) Torup 31403 27 Bd 34
(EST) Tõrva 68604* 18 Cf 32
(RUS) Toržok 31 De 33
(PL) Torzym 66-235 44 Bf 38
(N) Tosbotn 9 Bc 25
(RUS) Toškurovo 35 Fg 34
(RUS) Tosno 19 Da 31
(E) Tossa de Mar 17320 70 Ad 48
(D) Tostedt 21255 26 Ak 37
(RUS) Tošviska 6 Fc 23
(TR) Tosya 37300 77 De 49
(E) Totana 30850 81 Si 53
(F) Tôtes 76890 41 Ab 41
(H) Tótkomlós 5940 59 Ca 44
(RUS) Tot'ma 21 Ec 31
(GB) Totnes TQ9 40 Sg 40
(F) Toucy 89130 55 Ad 43
(F) Toul 54200* 42 Af 42
(F) Toulon 83000* 56 Af 47
(F) Toulouse 31000* 55 Ab 47
(F) Touquet-Paris-Plage, le 62520 41 Ab 40
(F) Tourcoing 59200 41 Ad 40
(F) Tour-du-Pin, la 38110 56 Af 45
(B) Tournai 7500 41 Ad 40
(F) Tournon-sur-Rhône 07300 55 Ae 45
(F) Tournus 71700 55 Ae 44
(F) Tourouvre 61190 41 Aa 42
(F) Tours 37000* 54 Aa 43
(F) Toury 28390 41 Ab 42
(RUS) Tova 12 Ea 25
(RUS) Tovarkovskij 31 Di 37
(UA) Tovste 46 Cf 42
(N) Tøymskardia 9 Bd 25
(FIN) Töysä 63600 10 Cd 28
(E) Trabanca 37173 68 Sd 49
(TR) Trabzon 61000* 78 Dk 50
(I) Tracino 91017 72 Bc 54
(E) Traiguera 12330 70 Aa 50
(A) Traisen 3153 44 Bf 42
(A) Traiskirchen 2514* 58 Bg 43
(F) Trait, le 76580 41 Aa 41
(LT) Trakai 21001 29 Ce 36
(RUS) Trakt 14 Fb 28
(IRL) Tralee = Trá Lí 37 Sa 38
(IRL) Trá Lí = Tralee 37 Sa 38
(GB) Trallwng = Welshpool SY21 40 Sg 38
(I) Tramariglio 07040 71 Ai 50
(IRL) Trá Mhór 37 Sc 38
(IRL) Tramore = Trá Mhór 37 Sc 38
(BG) Trăn 2460 74 Cc 48
(S) Tranås 57300* 17 Be 32
(F) Tranche-sur-Mer, la 85360 54 Si 44
(P) Trancoso 6420-623 68 Sc 50
(DK) Tranebjerg 8305 27 Ba 35
(S) Tranemo 51400 17 Bd 33
(I) Trani 70059 73 Bg 49
(N) Tranøy 8297 2 Bf 22
(S) Transtrand 78068 17 Bd 29
(I) Trapani 91100 72 Bc 52
(BG) Trăstenik 7092 60 Ce 47
(BG) Trăstikovo 8128 76 Ch 48
(A) Traun 4050 43 Be 42
(A) Traunkirchen 4801 57 Bd 43
(D) Traunstein 83278 57 Bc 43
(D) Travemünde 23570 27 Ba 37
(CH) Travers 8105 56 Ag 44
(BIH) Travnik 72270* 58 Bh 46
(SLO) Trbovlje 1420 58 Be 44
(CZ) Třebíč 674 01 44 Bf 41
(BIH) Trebinje 89000* 73 Bi 48
(I) Trebisacce 87075 73 Bg 51
(SLO) Trebnje 8210 58 Be 45
(CZ) Třeboň 379 01 43 Be 42
(GB) Tredegar NP22 40 Sg 39
(GB) Trefyclawdd = Knigthon LD7 40 Sg 38
(GB) Trefynwy = Monmouth NP25 40 Sh 39
(GB) Tregaron SY25 40 Sg 38
(F) Tréguier 22220 40 Sg 42
(S) Trehörningsjö 89054 9 Bi 27
(F) Treignac 19260 55 Ab 45
(F) Trélazé 49800 54 Sk 43
(S) Trelleborg 23102* 27 Bd 35
(F) Tremblade, la 17390 54 Si 45
(F) Tremblois-lès-Rocroi 08230 41 Ae 41
(E) Tremp 25620 70 Aa 48
(SK) Trenčianska Teplá 914 01 44 Bi 42
(SK) Trenčín 911 01 44 Bi 42
(I) Trento 38100 57 Bb 44
(RKS) Trepça = Trepča 74 Ca 48
(RKS) Trepča = Trepça 74 Ca 48
(F) Tréport, Le 76470 41 Ab 40
(N) Tresfjord 6391 8 Ah 28
(E) Trespaderne 09540 69 Sg 48
(CZ) Třešť 44 Bf 41
(RUS) Trestino 20 Dd 33
(RUS) Trestna 20 Df 33
(RUS) Tretnica 21 Ee 30
(F) Trets 13530 56 Af 47
(N) Tretten 16 Ba 29
(D) Treuchtlingen 91757 43 Ba 42
(D) Treuenbrietzen 14929 43 Bc 38
(I) Treviglio 24047 57 Ak 45
(I) Treviso 31100 57 Bc 45
(F) Trévoux 01600 55 Ae 45
(D) Treysa 34613 42 Ak 40
(SRB) Trgovište 17525 74 Cc 48
(GR) Triánda = Ialissos 84 Ci 54
(D) Tribsees 18465 27 Bc 36
(I) Tricarico 75019 73 Bg 50
(I) Tricase 73039 73 Bi 51
(A) Trieben 8784* 58 Be 43
(D) Trier 54290* 42 Ag 41
(I) Triest = Trieste 34100 57 Bd 45
(I) Trieste 34100* 57 Bd 45
(F) Trie-sur-Baïse 65220 54 Aa 47
(GR) Trígono 53076 74 Cb 50
(GR) Tríkala 59032 74 Cb 51
(GR) Trikéri 37009 75 Cd 51
(HR) Trilj 58 Bg 47
(IRL) Trim = Baile Átha Troim 37 Sd 37
(F) Trimouille, la 86290 55 Ab 44
(I) Trino 13039 56 Ai 45
(GR) Trípoli 22101 82 Cc 53
(GR) Tripótama 27063 82 Cb 53
(GR) Tristomo 85700 83 Ch 55
(RO) Trivalea-Moșteni 147410 60 Cf 46
(I) Trivento 86029 73 Be 49
(BG) Trjavna 5350 75 Cf 48
(SK) Trnava 917 01* 44 Bh 42
(BIH) Trnovo 59 Bi 47
(RUS) Trockoe 51 Fc 38
(S) Trödje 17 Bh 30
(RUS) Troekurovo 31 Dh 37
(RUS) Troekurovo 32 Dk 37
(N) Trofors 8680 9 Bd 25
(HR) Trogir 58 Bg 47
(I) Troia 71029 73 Bf 49
(RUS) Troick 35 Gb 36
(RUS) Troick 51 Fe 40
(RUS) Troickaja 63 Dk 46
(RUS) Troickij 24 Gd 33
(RUS) Troickij Sungur 33 Eh 37
(RUS) Troickoe 24 Gc 31
(RUS) Troickoe 34 Fc 37
(RUS) Troickoe 51 Fd 38
(RUS) Troickoe 52 Fg 38
(RUS) Troickoe 64 Ee 44
(RUS) Troicko-Pečorsk 15 Fg 28
(I) Troina 91018 72 Be 53
(D) Troisdorf 53840* 42 Ah 40
(B) Trois-Ponts 4980 42 Af 40
(MK) Trojaci 7506 74 Cb 49
(BG) Trojan 6491 75 Ce 48
(UA) Trojic'ke 48 Di 41
(UA) Trojic'ke 61 Da 43
(UA) Trojic'ko-Safonove 62 Dc 43
(S) Trollhättan 46100* 17 Bc 32
(N) Tromsø 9006* 2 Bk 21
(N) Tromvik 9107 2 Bi 21
(N) Trondheim 7010* 8 Ba 27
(S) Trönninge 27 Bc 34
(N) Tronvik 7120 16 Af 29
(I) Tropea 89861 72 Bf 52
(AL) Tropojë 74 Ca 48
(S) Trosa 61901 17 Bh 32
(LT) Troškūnai 29033 29 Ce 35
(RUS) Trosna 48 Df 38
(RUS) Trostan' 47 Dc 38
(UA) Trostjanec' 46 Ck 42
(UA) Trostjanec' 47 De 40
(RUS) Trostjanskij 49 Ed 40
(F) Trouville-sur-Mer 14360 41 Aa 41
(GB) Trowbridge BA14 40 Sh 39
(F) Troyes 10000* 41 Ae 42
(HR) Trpanj 73 Bh 47
(MNE) Trsa 81 437 74 Bi 47
(HR) Trstenik 73 Bh 48
(SRB) Trstenik 37240* 59 Cb 47
(SRB) Trstenik 37240* 74 Ca 48
(HR) Trsteno 73 Bh 48
(RUS) Trubčevsk 47 Dd 38
(RUS) Trubetčino 32 Dk 38
(E) Trubia 33100 68 Se 47
(RUS) Trudfront 65 Eh 45
(RUS) Trufanova 13 Ee 26
(E) Trujillo 10200 68 Se 51
(GB) Truro TR1 40 Se 40
(RO) Trușești 717400 61 Ch 43
(UA) Truskavec' 45 Cd 41
(RUS) Trusovo 14 Fb 25
(CZ) Trutnov 541 01* 44 Bf 40
(LT) Tryškiai 88011 29 Cc 34
(PL) Trzcianka 64-980 28 Bg 37
(PL) Trzcianka 64-980 45 Cb 39
(PL) Trzciel 66-320 44 Bf 38
(PL) Trzebiatów 73-100 27 Bf 36
(PL) Trzebnica 55-100 44 Bh 39
(PL) Trzemeszno 62-240 44 Bh 38
(GR) Tsamantás 74 Ca 51
(RUS) Tscheljabinsk = Čeljabinsk 35 Gb 35
(UA) Tschernobyl = Čornobyl' 47 Da 39
(IRL) Tuaim = Tuam 37 Sb 37
(IRL) Tuam = Tuaim 37 Sb 37
(RUS) Tuapse 63 Dk 46
(D) Tübingen 72070* 42 Ak 42
(RUS) Tubinskij 35 Fi 38
(F) Tuchan 11350 70 Ac 48
(PL) Tuchola 89-500 28 Bh 37
(UA) Tuchol'ka 45 Cd 42
(RUS) Tučkovo 31 Dg 35
(PL) Tuczno 78-640 28 Bg 37
(E) Tudela de Duero 47320 69 Sf 49
(EST) Tudu 46606 18 Cg 31
(F) Tuffé 72160 41 Aa 42
(N) Tufjord 9670 3 Cd 19
(RUS) Tugolukovo 49 Eb 39
(RUS) Tugulym 25 Ge 33
(RUS) Tugustemir 52 Fg 38
(FIN) Tuhkakylä 88120 11 Ci 26
(RUS) Tuhkala 11 Da 25
(E) Tui 36700 68 Sb 48
(IRL) Tuilsce 37 Sb 37
(RUS) Tujmazy 34 Fd 36
(RUS) Tukan 35 Fh 37
(RUS) Tukmačevo 23 Ff 31
(LV) Tukums 3101* 29 Cd 34
(RUS) Tula 31 Dh 36
(IRL) Tulach Mhór = Tullamore 37 Sc 37
(RO) Tulcea 000820* 61 Ci 45
(UA) Tul'čyn 46 Ci 42
(RO) Tulgheș 537330 60 Cf 44
(IRL) Tullamore = Tulach Mhór 37 Sc 37
(F) Tulle 19000* 55 Ab 45
(F) Tullins 38210 56 Af 45
(A) Tulln 3430 44 Bg 42
(IRL) Tullow = An Tulach 37 Sd 38
(RUS) Tulos 11 Da 27
(RUS) Tulpan 23 Fh 29
(FIN) Tulppio 98840 3 Ck 23
(RUS) Tul'skij 63 Ea 46
(RUS) Tuma 32 Ea 35
(RUS) Tumak 65 Ei 44
(RUS) Tumannyj 4 Df 22
(RUS) Tumanovo 31 De 35
(S) Tumba 14700* 17 Bh 31
(RUS) Tumbotino 32 Ed 35
(RUS) Tumutuk 34 Fd 35
(S) Tuna-Hästberg 17 Bf 30
(TR) Tunçbilek 43900 76 Ck 51
(TR) Tunceli 62000 78 Dk 51
(RUS) Tundra 12 Ea 26
(RUS) Tungozero 11 Db 25
(N) Tunnhovd 16 Ai 30
(FIN) Tuntsa 98960 3 Ck 23
(FIN) Tuohikotti 46110 19 Ch 29
(BY) Turav 46 Ch 38
(EST) Turba 76201 18 Ce 31
(BIH) Turbe 58 Bh 46
(UA) Turbiv 46 Ci 41
(RO) Turda 000401* 60 Cd 44
(E) Turégano 40370 69 Sf 49
(PL) Turek 62-700 44 Bi 38
(RUS) Turek, Mari- 33 Ek 34
(RUS) Turgenevo 32 Eb 35
(TR) Turgut 84 Ci 53
(TR) Turgut 84 Db 52
(TR) Turgutlu 83 Ch 52
(TR) Turgutreis 48960 83 Ch 54
(TR) Turhal 60030* 78 Dg 50
(EST) Türi 72210* 18 Cf 32
(UA) Turijs'k 45 Ce 39
(I) Turin = Torino 10100 56 Ah 45
(RUS) Turinsk 24 Gd 32
(RUS) Turinskaja Sloboda 25 Ge 33
(E) Turís 46389 70 Sk 51
(RUS) Turiščevo 31 De 38
(RUS) Tur'ja 14 Fa 28
(H) Türje 8796 58 Bh 44
(UA) Turka 45 Cd 41
(RUS) Turki 49 Ed 39
(TR) Türkmen 77 Df 49
(TR) Türkoğlu 46800 86 Dg 53
(RUS) Turksad 64 Ee 45
(FIN) Turku 18 Cc 30
(TR) Turlu 86 Dh 53
(LT) Turmantas 32004 29 Cg 35
(RUS) Turnaeva 25 Gg 33
(TR) Turnagöl 79 Ec 51
(B) Turnhout 2300 41 Ae 39
(CZ) Turnov 511 01 44 Bf 40
(RUS) Turnovo 32 Eb 36
(RO) Turnu Măgurele 145200 60 Ce 47
(A) Turrach, Predlitz- 8864 57 Bd 44
(GB) Turriff AB53 38 Sh 33
(SK) Turzovka 023 54 44 Bi 41
(I) Tuscania 72 Bb 48
(TR) Tut 02350 86 Dh 53
(RUS) Tutaev 21 Dk 33
(TR) Tutak 79 Ec 51
(SRB) Tutin 36320 74 Ca 47
(BG) Tutrakan 7600 60 Cg 46
(D) Tuttlingen 78532 56 Ai 43
(FIN) Tuusniemi 71201 11 Ci 28
(FIN) Tuusula 04380 18 Cf 30
(RUS) Tuutisjarvi 3 Ck 24
(TR) Tuygun 36000 79 Ec 50
(RUS) Tuža 22 Eh 33
(MNE) Tuzi 81 101 74 Bk 48
(BIH) Tuzla 75000* 59 Bi 46
(RO) Tuzla 907295 61 Ci 46
(TR) Tuzla 01915 85 De 52
(TR) Tuzla 01915 85 Df 54
(TR) Tuzlagözü 87 Eb 52
(TR) Tuzluca 76900 79 Ed 50
(TR) Tuzlukçu 42290 84 Db 52
(UA) Tuzly 61 Da 45
(TR) Tuzyaka 85 Dd 52
(S) Tvååker 43010 27 Bc 33
(FO) Tværá 800 38 Sd 29
(RUS) Tvail 14 Fe 27
(S) Tvärålund 92294 10 Bk 26
(BG) Tvărdica 8890 75 Cf 48
(N) Tvedestrand 4900 16 Ai 32
(N) Tveitsund 16 Ai 31
(RUS) Tver' 31 Df 34
(N) Tverrelvmo 2 Bk 22
(FO) Tvøroyri = Tværá 800 38 Sd 29
(SK) Tvrdošín 027 44 44 Bk 41
(PL) Twardogóra 56-416 44 Bh 39
(UA) Tychonovyči 47 Dc 39
(PL) Tychy 43-100* 44 Bk 40
(GB) Tyddewi = Saint David's SA62 40 Se 39
(S) Tyfors 17 Be 30
(RUS) Tykovo 21 Eb 32
(PL) Tyława 38-450 45 Cb 41
(S) Tylösand 27 Bc 34
(RUS) Tylovaj 23 Fd 33
(GB) Tyndrum FK20 38 Sf 34
(GB) Tynemouth NE30 39 Si 35
(S) Tyngsjö 17 Bd 30
(N) Tynset 2500 8 Ba 28
(FIN) Tyrävaara 93401 11 Ci 25
(S) Tyringe 28201 27 Bd 34
(N) Tyristrand 3533 16 Ba 30
(FIN) Tyrnävä 91800 10 Cf 26
(RUS) Tyrnovo 31 Df 36
(RUS) Tyrnvauz 64 Ec 47
(RUS) Tyrnyauz 64 Ec 47
(UA) Tyškivka 47 Da 42
(UA) Tysmenycja 45 Ce 42
(N) Tysse 5650 16 Af 30
(N) Tyssedal 5770 16 Ag 30
(LT) Tytuvėnai 86061 29 Cd 35
(UA) Tyvriv 46 Ci 41
(GB) Tywyn LL36 40 Sf 38

U

(IRL) Uachtar Ard = Oughterard 37 Sa 37
(SRB) Ub 14210 59 Ca 46
(E) Úbeda 23400 81 Sg 52
(A) Übelbach 8124* 58 Bf 43
(D) Überlingen 88662 57 Ak 43
(E) Ubrique 11600 80 Se 54
(RUS) Učaly 35 Fk 36
(TR) Uçdam 62700 79 Ea 51
(E) Ucero 42317 69 Sg 49
(TR) Üçgözeler 79 Ee 51
(TR) Üçharman 85 Dd 53
(D) Uchte 31600 42 Ai 38
(BY) Uchvala 30 Ck 36
(RUS) Učkeken 64 Ec 47
(GB) Uckfield TN22 41 Aa 40
(RUS) Učkulan 64 Ec 47
(TR) Üçpınar 84 Dc 53
(RUS) Udačnoe 65 Eg 43
(HR) Udbina 58 Bf 46
(S) Uddeholm 68340 17 Bd 30
(S) Uddevalla 45101* 16 Bb 32
(S) Uddheden 17 Bc 31
(RUS) Udel'no-Duvanej 34 Ff 35
(RUS) Udimskij 22 Ef 29
(I) Udine 33100 57 Bd 44
(RUS) Udobnaja 64 Eb 46
(LV) Ūdri 18 Ce 33
(UA) Udy 48 Dg 40
(D) Ueckermünde 17373 27 Be 37
(D) Uelzen 29525 27 Ba 38
(RUS) Ufa 34 Ff 36
(D) Uffenheim 97215 43 Ba 41
(RUS) Ufimskij 35 Fi 34
(LV) Ugāle 3615 18 Cc 33
(SRB) Ugao 36313 74 Ca 47
(I) Ugento 73059 73 Bi 51
(DK) Uggerby 9800 16 Ba 33
(E) Ugíjar 18480 81 Sg 54
(F) Ugine 73400 56 Ag 45
(RUS) Ugleural'skij 23 Fh 32
(RUS) Uglič 20 Di 33
(RUS) Uglickij 35 Ga 37
(HR) Ugljan 58 Bf 46
(RUS) Uglovka 20 Dd 32
(RUS) Ugra 31 De 36
(TR) Uğurludağ 19410 77 De 50
(CZ) Uherské Hradiště 686 01* 44 Bh 41
(CZ) Uherský Brod 687 34* 44 Bh 41
(RUS) Uholovo 32 Ea 37
(RUS) Uhta 14 Fd 27
(GB) Uig IV55 38 Sd 33
(FIN) Uimaharju 81281 11 Da 28
(RUS) Uinskoe 35 Fg 34
(NL) Uithuizen 9980 26 Ag 37
(PL) Ujście 64-850 28 Bg 37
(RUS) Ujskoe 35 Ga 36
(LT) Ukmergė 20001* 29 Ce 35
(RUS) Ukrainka 51 Fb 38
(UA) Ukrajinka 47 Da 40
(RUS) Uksora 13 Eb 28
(BY) Ula 30 Ck 35
(TR) Ula 48640 84 Ci 53
(UA) Uladivka 46 Ci 41

RUS Ulan Èrge 64 Ee 44
RUS Ulan-Hol 65 Eg 45
UA Ul'anivs'ke 63 Di 43
TR Ulaş 33590 76 Ch 49
TR Ulaş 33590 78 Dh 51
TR Ulaşar 87 Ed 52
MNE Ulcinj 85 360* 74 Bk 49
FIN Uleåborg 90006* 10 Cf 25
N Ulefoss 3830 16 Ak 31
E Uleila del Campo 04279 81 Sh 53
DK Ulfborg 6990 26 Ai 34
TR Ulgardereköy 17900 75 Cg 50
RUS Ulitino 12 Dk 28
RUS Ul'janiha 20 Dh 32
UA Uljanivka 47 Da 42
RUS Ul'janovo 29 Cc 36
RUS Ul'janovsk = Simbirsk 33 Ei 36
S Ullånger 87032 9 Bi 27
GB Ullapool IV26 38 Se 33
S Ullared 31060 17 Bc 33
S Ullatti 98042 3 Cb 23
FIN Ullava 68370 10 Cd 27
E Ulldecona 43550 70 Aa 50
S Ullfors 17 Bh 30
D Ulm 89073* 42 Ak 42
RO Ulmu 817190 61 Ch 46
BIH Ulog 59 Bi 47
S Ulricehamn 52301 17 Bd 33
NL Ulrum 9970 26 Ag 37
GB Ulsta ZE2 38 Si 30
N Ulsteinvik 6065 8 Af 28
TR Ulubey 64900 78 Dh 50
TR Ulubey 64900 84 Ck 52
TR Uluborlu 32650 84 Da 52
TR Uluçayır 69000 76 Da 51
TR Uluçınar 31825 85 Df 54
TR Uluderbent 45660 84 Ci 52
TR Uludere 87 Ec 53
TR Ulukışla 85 De 53
TR Uluköy 75 Cg 51
RUS Ulu-Teljak 35 Fg 36
GB Ulverston LA12 39 Sg 36
N Ulvik 5730 16 Ag 30
S Ulvöhamn 89399 9 Bi 27
N Ulvsvåg 8276 2 Bf 22
HR Umag 57 Bd 45
UA Uman' 47 Da 42
RUS Umba 4 De 24
S Umeå 90001* 10 Ca 27
RUS Umet 49 Ec 38
TR Umraniye 76 Db 51
TR Umurbey 16630 75 Cg 50
TR Umurca 78 Dh 50
TR Umurlu 69000 87 Ec 53
RUS Una 12 Di 26
IS Unaðsdalur 420 36 Qh 24
FIN Unaja 26910 18 Cb 29
FIN Unari 99760 3 Cf 23
MD Unčen' = Ungheni 3600 61 Ch 43
MD Unčeny = Ungheni 3600 61 Ch 43
S Undenäs 54693 17 Be 32
S Undersåker 83010 9 Bd 27
S Undersvik 17 Bg 29
RUS Undozero 12 Di 28
RUS Unduksa 12 De 25
RUS Uneča 30 Dc 38
RUS Unežma 12 Dg 27
MD Ungheni 3600 61 Ch 43
RO Ungheni 117780 60 Ce 46
RUS Ungor 32 Eb 36
RUS Uni 22 Fb 33
CZ Uničov 783 91* 44 Bh 41
PL Uniechowo 77-116 28 Bh 36
PL Uniejów 99-210 44 Bi 39
E Unión, La 30360 81 Sk 53
RUS Unkurda 35 Fk 35
D Unna 59423* 42 Ah 39
D Unterhaching 82008 43 Bb 42
TR Ünye 52300 78 Dh 49
RUS Unža 21 Ed 32
RUS Unže-Pavinskoe 24 Gd 32
RUS Upolokša 4 Db 23
RUS Upornaja 64 Ea 46
S Uppsala 74174* 17 Bh 31
RUS Uraguba 4 Dc 21
RUS Uraj 25 Ge 30
RUS Ural'sk 35 Fk 36
RUS Uralškij 23 Ff 33
RUS Ural'skij 51 Fb 39
RUS Ural'skij, Kamensk- 35 Gb 34
RUS Ural'skij, Pokrovsk- 24 Fk 30
RUS Ural'skoe 52 Fi 38
RUS Uranbaš 51 Fe 38
RUS Urazmet'evo 35 Fg 34
RUS Urazmetovo 34 Ff 37
RUS Urazovka 33 Ef 35
RUS Urazovo 48 Di 40
RUS Urban 64 Ed 47
I Urbino 61029 57 Bc 47
F Urçay 03360 55 Ac 44
F Urcel 02000 41 Ad 41
RUS Urdoma 22 Ei 29
RUS Uren' 22 Ef 33
TR Urfa = Şanlı Urfa 86 Di 53
RUS Urgala 35 Fk 35
TR Ürgüp 50400 85 De 52
FIN Urjala 31761 18 Cd 29
RUS Urjupinsk 49 Ec 40
NL Urk 8320 26 Af 38
TR Urla 35430 83 Cg 52
RO Urlaţi 106300 60 Cg 46
IRL Urlingford = Áth na nUrlainm 37 Sc 38
RUS Urljadinskij 35 Fk 36
RUS Urmary 33 Eh 35
N Urnes 16 Ah 29
RUS Urodovo 21 Ee 31
RUS Urolka 23 Ff 31
RKS Uroševac = Ferizaj 70000* 74 Cb 48
RUS Urosozero 12 De 27
RUS Uršakbaškaramaly 34 Ff 37
RUS Uršel'skij 32 Ea 35
RUS Urtazy 52 Fi 38
RUS Uruč'e 31 Dd 38
TR Üründü 84 Db 53
RUS Urup 64 Eb 47
TR Urus 06840 77 Dc 50
RUS Urusova 24 Gd 32
RUS Urussu 34 Fd 36
RO Urziceni 925300 60 Cg 46
RUS Uržum 22 Fa 33
RUS Us 24 Fk 32
RUS Usačevskaja 20 Di 29
BY Ušačy 30 Ci 35
RUS Usadišče 20 Dd 31
E Usagre 06290 80 Sd 52
TR Uşak 64000* 84 Ck 52
RUS Usakly 35 Fh 36
SRB Ušće 36342 59 Ca 47
BY Uschodni 30 Ch 37
D Usedom 17406 27 Bd 37
RUS Useninovo 24 Gd 32
RUS Usen'-Ivanovskoe 34 Fe 36
RUS Usinsk 15 Fh 25
N Uskedalen 5463 16 Af 31
TR Üsküdar 34000 76 Ck 49
D Uslar 37170 42 Ak 39
RUS Usman' 48 Dk 38
RUS Usmyn' 30 Db 35
RUS Usol'e 33 Ek 37
RUS Usol'le 23 Fg 31
RUS Usovo 22 Eg 29
RUS Usovo 32 Ec 38
UA Uspenivka 63 Dg 43
UA Uspenka 48 Dk 42
RUS Uspenskaja 64 Eb 45
RUS Uspenskij 49 Eb 40
RUS Uspenskoe 48 Dh 38
RUS Uspenskoe 64 Eb 46
F Ussel 19200* 55 Ac 45
RUS Ust'-Bagarjak 35 Gb 34
RUS Ust'-Černaja 23 Fc 30
RUS Ust'-Cil'ma 14 Fc 25
UA Ust'-Čorna 45 Cd 42
RUS Ust'-Dolyssy 30 Ck 34
RUS Ust'-Doneckij 64 Ea 43
RUS Ust'-Džeguta 64 Eb 46
RUS Ust'-Džeguta 64 Eb 46
RUS Ust'e 21 Dk 31
CH Uster 8610 56 Ai 43
RUS Ust'-Grjaznovskij 49 Ec 42
RUS Ust'-Ilyč 15 Fg 28
CZ Ústí nad Labem 400 01* 43 Be 40
CZ Ústí nad Orlicí 562 01* 44 Bg 41
RUS Ustinov = Iževsk 34 Fd 34
BIH Ustiprača 59 Bk 47
RUS Ust'-Ižma 14 Fc 25
RUS Ust'-Jutuz 35 Fh 34
RUS Ustjužina 20 Dg 32
PL Ustka 76-270 28 Bg 36
RUS Ust'-Katav 35 Fi 36
RUS Ust'-Kil'mez' 34 Fa 34
RUS Ust'-Kišert' 23 Fh 33
RUS Ust'-Koin 14 Fb 27
RUS Ust'-Konža 12 Di 27
RUS Ust'-Kulom 23 Fd 29
RUS Ust'-Labinsk 63 Dk 45
RUS Ust'-Luga 19 Ci 31
RUS Ust'-Lyža 15 Fg 25
RUS Ust'-Nem 23 Fe 29
RUS Ust'-Nicinskoe 25 Ge 33
RUS Ust'-Njafta 13 Ee 25
RUS Ust'-Očeja 14 Ei 28
RUS Ust'-Onolva 23 Fe 31
RUS Ust'-Pečengskoe 21 Ec 31
RUS Ust'-Pinega 13 Eb 26
RUS Ust'-Poča 13 Ed 26
RUS Ust'-Poryš 23 Fd 30
RUS Ust'-Požva 23 Fg 31
RUS Ust'-Pyš'ja 23 Ff 31
RUS Ustreka 20 De 32
RUS Ust'-Reka 20 Dh 29
PL Ustronie Morskie 78-111 27 Bf 36
PL Ustrzyki Dolne 38-700 45 Cc 41
PL Ustrzyki Górne 38-714 45 Cc 41
RUS Ust'-Šonoša 21 Eb 29
RUS Ust'-Un'ja 15 Fh 29
RUS Ust'-Utka 24 Fk 33
RUS Ust'-Vačerga 13 Eh 27
RUS Ust'-Vaen'ga 13 Ec 27
RUS Ust'-Vaga 13 Ec 28
RUS Ust'-Voja 15 Fh 26
RUS Ust'-Vyjskaja 13 Eg 28
RUS Ust'-Vym' 14 Fa 28
UA Ustyluh 45 Ce 40
UA Ustynivka 62 Dc 43
RUS Ust'-Zula 23 Fe 31
RUS Ušur 23 Fd 33
RUS Us'va 23 Fh 32
RUS Usvjaty 30 Da 35
FIN Utajärvi 91601 10 Cg 26
LT Utena 28001* 29 Cf 35
E Utera 80 Se 53
RUS Utevka 34 Fa 38
RUS Utka, Ust'- 24 Fk 33
RUS Utorgoš 19 Da 32
NL Utrecht 3500* 42 Af 38
FIN Utsjoki 99981 3 Ch 21
RUS Utta 65 Ef 44
GB Uttoxeter ST14 39 Si 38
N Utvik 6797 8 Ag 29
RUS Uuksu 19 Db 29
FIN Uurainen 41231 10 Cf 28
FIN Uusikaarlepyy = Nykarleby 66900 10 Cc 27
FIN Uusikaupunki 23501 18 Cb 30
RUS Uva 34 Fc 34
BY Uvaraviču 47 Da 38
RUS Uvarovica 21 Eb 31
RUS Uvarovka 31 Df 35
RUS Uvarovo 33 Ee 37
RUS Uvarovo 49 Ec 39
RUS Uvat 25 Gi 31
N Uvdal 3632 16 Ai 30
RUS Uvel'skij 35 Gb 36
E Uviéu = Oviedo 33027 68 Se 47
RUS Uzda 30 Ch 37
F Uzerche 19140 55 Ab 45
F Uzès 30700 55 Ae 46
UA Užgorod = Užhorod 45 Cc 42
UA Užhorod 45 Cc 42
SRB Užice 31000* 59 Cb 47
RUS Uzjan 35 Fh 37
RUS Uzjanbaš 35 Fi 37
RUS Uzjukovo 33 Ek 37
RUS Uzlovaja 31 Di 37
RUS Užovka 33 Ee 36
TR Üzümlü 78 Dk 51
TR Üzümlü 84 Ck 54
TR Üzümlü 84 Db 53
TR Uzunburun 26750 76 Db 51
TR Uzuncaburç 33975 85 Dd 54
TR Uzundere 25440 79 Eb 50
TR Uzungöl 61940 79 Ea 50
TR Uzunköprü 22200 75 Cg 49
TR Uzunkuyu 83 Cg 52
TR Uzunkuyu 85 Dd 53
TR Uzunpınar 84 Da 52
TR Uzunpınar 86 Dg 52
TR Uzunyol 79 Ee 51
LT Užventis 86036 29 Ce 35
UA Uzyn 47 Da 41

V

FIN Vääksy = Asikkala 17200* 18 Cf 29
FIN Vaala 91701 10 Cg 26
FIN Vaalajärvi 99710 3 Cg 23
FIN Vaalimaa 49930 19 Ch 30
FIN Vaasa 65100* 10 Cb 27
LT Vabalninkas 41033 29 Ce 35
H Vác 2600 59 Bk 43
RUS Vača 11 Dd 27
RUS Vača 32 Ec 35
E Vacar, El 14320 81 Sf 52
D Vacha 36404 43 Ba 40
RUS Vad 33 Ee 35
N Vadfoss-Helle 16 Ak 32
N Vadheim 6996 16 Af 29
RUS Vadino 31 Dd 35
RUS Vadinsk 32 Ed 37
N Vadsø 9800 3 Ck 20
S Vadstena 59201 17 Be 32
MD Vadul lui Voda 2046 61 Ck 43
FL Vaduz 9490 57 Ak 43
DK Væggerløse 4873 27 Bb 36
N Vågaholmen 8185 2 Bd 24
RUS Vagaj 25 Gi 33
N Vågåmo 2682 8 Ak 29
N Våge 16 Ah 33
S Vaggeryd 56701 17 Be 33
BG Văglevci 75 Cf 48
S Vagnhärad 61070 17 Bh 32
S Vägsele 91050 9 Bi 26
S Vägsjöfors 17 Bd 30
FO Vágur 900 38 Sd 29
FIN Vähäkyrö 66501 10 Cc 27
RUS Vahnevo 22 Ef 31
RUS Vahnovo 48 Dh 38
RUS Vahruši 22 Fa 32
RUS Vahtan 22 Eg 33
GR Vai 83 Cg 55
S Vaiges 53480 40 Sk 42
D Vaihingen an der Enz 71665 42 Ai 42
LV Vainode 3435 28 Cb 34
S Vaisaluoktastugan 2 Ba 23
F Vaison-la-Romaine 84110* 56 Af 46
RUS Vajdaguba 4 Dc 21
BG Vakarel 2060 75 Cd 48
TR Vakıf 16021 75 Cg 50
BG Vaklino 9672 61 Ci 47
N Vaksdal 5725 16 Af 30
S Vålådalen 83012 9 Bc 27
MK Valandovo 2460 74 Cc 49
CZ Valašské Meziříčí 756 63* 44 Bh 41
S Valbo 81801 17 Bh 30
BG Vălčedrăm 3650 60 Cd 47
BG Vălčidol 9280 61 Ch 47
I Valdagno 36078 57 Bb 45
RUS Valdaj 12 Df 27
RUS Valdaj 20 Dd 33
F Val-d'Ajol, le 88340 56 Ag 43
LV Valdemārpils 3260 18 Cc 33
S Valdemarsvik 61501 17 Bg 32
E Valdepeñas 13300 81 Sg 52
E Valdepeñas de Jaén 23150 81 Sg 53
E Valderas 24220 68 Se 48
E Valderrobres 44580 70 Aa 50
I Valdieri 12010 56 Ah 46
F Val-d'Isère 73150* 56 Ag 45
RUS Val'divatskoe 33 Eg 36
RO Valea Argovei 917275 60 Cg 46
RO Valea lui Mihai 415700 59 Cc 43
RO Valea Mărului 807320 61 Ch 45
P Valença do Minho 4930-587* 68 Sb 48
F Valençay 36600 55 Ab 43
F Valence 82400 54 Aa 46
F Valence 82400 55 Ae 46
F Valence-sur-Baïse 32310 54 Aa 47
E València 46001 70 Sk 51
E Valencia = València 46001 70 Sk 51
E Valencia de Alcántara 10500 68 Sc 51
E Valencia de Don Juan 24200 68 Se 48
F Valenciennes 59300 41 Ad 40
RO Văleni 237520 60 Ce 46
I Valenza 15048 56 Ai 45
N Våler 16 Bb 30
RUS Valerianovsk 24 Fk 32
EST Valga 68203* 18 Cg 33
EST Valjala 94302 18 Cc 32
SRB Valjevo 14000* 59 Bk 46
N Valjok 3 Cf 21
LV Valka 4701 18 Cg 33
FIN Valkeakoski 37860 18 Ce 29
NL Valkenswaard 5550* 42 Af 39
RUS Valki 33 Ee 34
LT Valkininkai 65063 29 Ce 36
UA Valky 48 Df 41
E Valladolid 47001* 69 Sf 49
E Valldemosa 70 Ac 51
E Vall d'Uixó, La 12600 70 Sk 51
N Valle 16 Ah 31
E Valle (Valle de Cabuérniga) 39510 54 Sf 47
S Vallen 93010 10 Cb 26
D Vallendar 56179 42 Ah 40
S Vallentuna 18600* 17 Bi 31
F Vallet 44330 54 Si 43
M Valletta 72 Be 55
F Vallières 74150 55 Ac 45
I Vallo della Lucania 84078 73 Bf 50
CH Vallorbe 1337 56 Ag 44
E Valls 43800 70 Ab 49
S Vallsta 82011 17 Bg 29
LV Valmiera 4201* 18 Cf 33
F Valognes 50700 40 Si 41
N Valøy 8 Ba 26
BY Valožyn 29 Cg 36
P Valpaços 5430-407* 68 Sc 49
HR Valpovo 59 Bi 45
F Valréas 84600 55 Ae 46
N Valset 7318 8 Ak 27
S Valsjöbyn 83067 9 Be 26
F Vals-les-Bains 07600 55 Ae 46
FIN Valtimo 75701 11 Ci 27
RUS Valujki 48 Di 40
E Valverde del Camino 21600 80 Sd 53
E Valverde de Leganés 06130 80 Sd 52
E Valverde del Fresno 10890 68 Sd 50
RUS Valyevka 64 Ed 44
RO Vama Veche 907163 61 Ci 47
FIN Vammala 38211 18 Cc 29
GR Vámos 73008 82 Ce 55
FIN Vampula 32610 18 Cc 29
TR Van 65000* 87 Ed 52
RUS Vanda 20 Dg 31
FIN Vanda = Vantaa 01002* 18 Ce 30
EST Vändra 87701 18 Cf 32
RUS Vandyš 22 Ei 29
S Vänersborg 46200 17 Bc 32
N Vang 16 Ai 29
LV Vangaži 2136 18 Ce 33
S Vängel 88050 9 Bg 27
N Vangsnes 6894 16 Ag 29
RO Vânju Mare 225400 59 Cc 46
N Vannareid 9136 2 Bk 20
S Vännäs 91101 10 Bk 27
S Vännäsby 91135 10 Bk 27
F Vannes 56000* 54 Sh 43
N Vannvikan 8 Ba 27
F Vans, les 07140 55 Ae 46
S Vansbro 78050 17 Be 30
N Vanse 4560 16 Ag 32
FIN Vantaa 01002* 18 Ce 30
FIN Vanttauskoski 97625 3 Cg 24
RUS Vapna 13 Ee 27
UA Vapnjarka 46 Ci 42
S Vara 53401 17 Bc 32
FIN Varaaslahti 74670 10 Cg 27
F Varades 44370 54 Si 43
I Varallo 13019 56 Ai 45
RUS Varandej 7 Fi 22
N Varangerbotn 9840 3 Ci 20
BY Varapaeva 30 Ch 35
HR Varaždin 58 Bg 44
I Varazze 17019 56 Ai 46
S Varberg 43200* 27 Bc 33
BG Vărbica 5845 60 Cg 47
S Vårby 17 Bh 31
DK Varde 6800 26 Ai 35
N Vardø 9950 4 Db 20
RUS Varegovo 21 Dk 33
FIN Varejoki 95300 10 Ce 24
D Varel 26316 26 Ai 37
LT Varėna 65001 29 Ce 36
RUS Varenikovskaja 63 Dh 45
RUS Varenikovskij 64 Ee 46
RUS Varenikovskoe 64 Ee 46
F Varennes-sur-Allier 03150 55 Ad 44
BIH Vareš 59 Bi 46
I Varese 21100 56 Ai 45
RO Vârfu Câmpului 717450 60 Cg 43
RO Vârfurile 317390 59 Cc 44
S Vårgårda 44700 17 Bc 32
GR Vargiádes 74 Ca 51
S Vargön 46821 17 Bc 32
N Varhaug 4360 16 Af 32
F Varilhes 09120 70 Ab 47
FIN Varislahti 83660 11 Ci 28
FIN Varkaus 78900 11 Ch 28
RUS Varlamovo 35 Ga 36
IS Varmahlíð 560 36 Ql 25
BG Varna 9000* 61 Ch 47
RUS Varna 35 Gb 37
S Värnamo 33101* 17 Be 33
RUS Varnavino 22 Ef 33
RUS Varnek 7 Ga 21
S Varnhem 53273 17 Bd 32
LT Varniai 88050 29 Cc 35
EST Varnja 60302 19 Ch 32
BY Varnjany 29 Cg 36
CZ Varnsdorf 460 05 43 Be 40
N Varntresk 9 Be 25
FIN Varpaisjärvi 73201 11 Ch 27
H Várpalota 8100 59 Bi 43
BG Văršec 3540 60 Cd 47
N Vartdal 6170 8 Ag 28
FIN Vartiala 71150 11 Ci 28
TR Varto 49600 79 Eb 51
RO Vârtoapele de Sus 147428 60 Cf 46
UA Varva 47 Dc 40
SRB Varvarin 37260 59 Cb 47
I Varzi 27057 57 Ak 46
RUS Varzino 5 Di 22
RUS Varzuga 4 Dg 24
F Varzy 58210 55 Ad 43
FIN Vasa = Vaasa 65100* 10 Cb 27
H Vásárosnamény 4800 45 Cc 42
S Väsby 17 Bh 31
BY Vasilevičy 46 Ck 38
RUS Vasil'evka 49 Ea 40
RUS Vasil'evo 19 Ch 33
RUS Vasilevo 31 Dd 35
RUS Vasil'evo 33 Ei 35
RUS Vasil'evskoe 32 Eb 34
RUS Vasil'evskoe 33 Ef 34
RUS Vasiljata 23 Fd 32
RUS Vasil'ki 20 Dh 32
RUS Vasil'ki 20 Di 33
RUS Vasil'kovo 22 Ei 33
RUS Vasil'sursk 33 Eg 34
UA Vasiščeve 48 Dg 41
LT Vaškai 39034 29 Ce 34
RUS Vaskelovo 19 Da 30
UA Vaškivci 46 Cf 42
EST Vasknarva 41001 19 Ch 31
RUS Vas'kovo 12 Ea 26
UA Vas'kovyči 46 Ci 39
RO Vaslui 000730* 61 Ch 44
GR Vassarás 82 Cc 53
GR Vassiliká 34010 75 Cd 50
GR Vassiliká 34010 82 Cd 52
S Vassmolösa 38891 28 Bg 34
S Västansjö 86040 9 Bf 25
S Västbacka 17 Be 29

(S) Västerås 72001* 17 Bg 31
(S) Västergarn 62020 17 Bi 33
(S) Västerhaninge 13700* 17 Bi 31
(S) Västervik 59300* 17 Bg 33
(I) Vasto 66054 73 Be 48
(S) Västra Ämtervik 68695 17 Bd 31
(S) Västra Ritjemjåkk 2 Bh 23
(H) Vasvár 9800 58 Bg 43
(UA) Vasylivka 62 Df 43
(UA) Vasyl'kiv 47 Da 40
(UA) Vasyl'kivka 48 Dg 42
(F) Vatan 36150 55 Ab 43
(GR) Vathi 82 Ce 54
(GR) Vathí 84003 83 Cg 53
(GR) Vathí 84003 83 Cg 54
(GR) Vatólakos 51100 74 Cb 50
(RO) Vatra Dornei 725700 60 Cf 43
(S) Vattholma 74319 17 Bh 30
(UA) Vatutine 47 Db 42
(F) Vaucouleurs 55140 42 Af 42
(F) Vauvert 30600 55 Ae 47
(BY) Vavkalata 30 Ch 36
(BY) Vavkavysk 29 Ce 37
(RUS) Vavož 34 Fb 34
(S) Växjö 35002* 27 Be 34
(S) Våxtorp 31207 27 Bd 34
(RUS) Vazerki 33 Ef 37
(RUS) Važgort 13 Eh 26
(UA) Včorajše 46 Ck 41
(FIN) Veahtøsaknjarga = Vetsikko 99981 3 Ch 21
(D) Vechta 49377 26 Ai 38
(E) Vecinos 37450 68 Se 50
(LV) Vecpiebalga 4122 29 Cf 33
(LV) Vecumnieki 29 Ce 34
(N) Vedavågen, Åkrahamn- 16 Af 31
(S) Veddige 43020 17 Bc 33
(LV) Vede 18 Cb 33
(RO) Vedea 117815 60 Ce 46
(RO) Vedea 117815 60 Cf 47
(S) Vedevåg 71172 17 Bf 31
(BG) Vedrina 9355 61 Ch 47
(RUS) Vedrovo 21 Ec 33
(NL) Veendam 9640* 26 Ag 37
(NL) Veenendaal 3900 42 Af 38
(E) Vegadeo (A Veiga) 33770 68 Sc 47
(E) Vegarienza 24132 68 Sd 48
(NL) Veghel 5460* 42 Af 39
(I) Veglie 73010 73 Bh 50
(FIN) Vehmaa 23210 18 Cb 30
(N) Veidholmen 8 Ah 27
(N) Veidnes 3 Cg 20
(E) Veiga, A 32360 68 Sc 48
(LT) Veisiejai 67043 29 Cd 36
(FIN) Veitsiluoto 95230 10 Ce 25
(LT) Veivirženai 69026 28 Cb 35
(S) Vejbystrand 26083 27 Bc 34
(RUS) Vejdelevka 48 Di 40
(DK) Vejen 6600 26 Ak 35
(E) Vejer de la Frontera 11150 80 Se 54
(DK) Vejle 5672 26 Ak 35
(RUS) Vejno 31 Df 37
(SRB) Vekike Gradište 59 Cb 46
(RUS) Vekšino 19 Db 33
(HR) Vela Luka 73 Bg 48
(GR) Velanídia 23053 82 Cd 54
(RUS) Veldor'ja 22 Ek 30
(RUS) Veldozero 19 Dc 29
(LV) Velēna 4415 18 Cg 33
(SLO) Velenje 3320* 58 Bf 44
(MK) Veles 1400* 74 Cb 49
(E) Vélez Blanco 04830 81 Sh 53
(E) Vélez Rubio 04820 81 Sh 53
(D) Velgast 18469 27 Bc 36
(RUS) Veličaevskoe 65 Ef 46
(HR) Velika 58 Bh 45
(HR) Velika Gorica 58 Bg 45
(RUS) Velikaja 6 Eh 23
(RUS) Velikaja Guba 12 Df 28
(BIH) Velika Kladuša 58 Bf 45
(SRB) Velika Plana 18403 59 Cb 47
(RUS) Velikie Luki 30 Da 34
(RUS) Velikij Dvor 20 De 31
(RUS) Velikij Topal' 47 Dc 38
(RUS) Velikij Ustjug 22 Eg 30
(BG) Veliki Preslav 9850 75 Cg 47
(RUS) Velikodvorskij 32 Ea 35
(RUS) Velikoe 20 Dh 31
(RUS) Velikoe Selo 21 Dk 32
(RUS) Velikomihajlovka 48 Dh 40
(SRB) Veliko Plana 11320 59 Cb 46
(BG) Veliko Tărnovo 5000* 75 Cf 47
(RUS) Velikovskoe 33 Ef 34
(TR) Veliköy 79 Ec 49
(MNE) Velimlje 81 428 73 Bi 48
(BG) Velingrad 4600 75 Cd 48
(RUS) Veliž 30 Db 35
(SK) Veľké Kapušany 079 01 45 Cc 42
(CZ) Velké Meziříčí 44 Bg 41
(SK) Veľký Meder 932 01 58 Bh 43
(I) Velletri 00049 72 Bc 49
(S) Vellinge 23501 27 Bd 35
(RUS) Velošel'e 13 Eg 26
(NL) Velsen 41 Ae 38
(RUS) Vel'sk 21 Ec 29
(GR) Velventós 50400 74 Cc 50
(UA) Velyka Bahačka 47 Dd 41
(UA) Velyka Bilozerka 62 De 43
(UA) Velyka Hluša 46 Cf 39
(UA) Velyka Lepetycha 62 Dd 43
(UA) Velyka Mychajlivka 61 Ck 43
(UA) Velyka Novosilka 63 Dg 43
(UA) Velyka Oleksandrivka 62 Dd 43
(UA) Velyka Pysarivka 48 Df 40
(UA) Velyka Rublivka 47 De 41
(UA) Velyka Vil'šanka 47 Da 40
(UA) Velyka Vil'šanycja 45 Ce 41
(UA) Velyka Zahorivka 47 Dc 39
(UA) Velyki Dederkaly 46 Cg 40
(UA) Velykij Bereznyj 45 Cc 42
(UA) Velykij Byčkiv 45 Ce 42
(UA) Velykij Dobron' = Dobron' 45 Cc 42
(UA) Velyki Krynky 47 Dd 41
(UA) Velyki Mosty 45 Ce 40
(UA) Velyki Soročynci 47 Dd 40
(UA) Velykodolyns'ke 61 Da 44
(UA) Velykyj Ljubin' 45 Cd 41
(UA) Velytkyi Burluk 48 Dh 40
(S) Vemhån 84091 9 Be 28
(S) Vemsdalen 9 Bd 28
(S) Vena 57701 17 Bf 33
(I) Venafro 86079 73 Be 49
(F) Vence 06140 56 Ah 47
(P) Vendas Novas 7080-011* 80 Sb 52
(RUS) Vendinga 13 Eh 27
(F) Vendôme 41100* 55 Ab 43
(E) Vendrell, el 43700 70 Ab 49
(BG) Venec 9751 75 Cg 48
(I) Venedig = Venezia 57 Bc 45
(RUS) Venev 31 Di 36
(I) Venezia 30100* 57 Bc 45
(F) Vénissieux 69200* 55 Ae 45
(S) Venjan 79293 17 Bd 30
(NL) Venlo 5900* 42 Ag 39
(N) Vennesla 4700 16 Ah 32
(I) Venosa 85029 73 Bf 50
(NL) Venray 5800 42 Af 39
(LT) Venta 85019 29 Cc 34
(E) Ventas con Peña Aguilera, Las 45127 69 Sf 51
(I) Ventimiglia 18039 56 Ah 47
(GB) Ventnor PO38 40 Si 40
(LV) Ventspils 3601* 18 Cb 33
(UA) Vepryk 47 De 40
(RUS) Ver, Horej- 7 Fh 23
(E) Vera 04620 81 Si 53
(UA) Verba 45 Ce 40
(I) Verbania 56 Ai 45
(I) Vercelli 13100 56 Ai 45
(UA) Verchivceve 47 De 42
(RUS) Verchnéfilatovo 25 Gi 32
(UA) Verchne Syn'ovydne 45 Cd 41
(UA) Verchnij Rohačyk 62 De 43
(BY) Verchnjadzvimsk 30 Ch 35
(UA) Verchn'odniprovs'k 47 De 42
(UA) Verchovyna 45 Ce 42
(N) Verdalen, Kleppe- 16 Af 32
(N) Verdalsøra 7600 8 Bb 27
(D) Verden (Aller) 27283 26 Ak 38
(F) Verdon-sur-Mer, le 33123 54 Si 45
(F) Verdun 55100* 42 Af 41
(RUS) Vereb'e 19 Dc 32
(RUS) Vereja 31 Dg 35
(RUS) Vereščagino 23 Fe 32
(EST) Vergi 45501 18 Cg 31
(F) Vergt 24380 54 Aa 45
(RUS) Verhnečirskij 49 Eb 41
(RUS) Verhneċirskij 49 Ed 42
(RUS) Verhnečusovskie Gorodki 23 Fh 32
(RUS) Verhnee Nil'dino 15 Gb 27
(RUS) Verhnee Šilovo 22 Ef 29
(RUS) Verhnee Talyzino 33 Ef 35
(RUS) Verhnejarkeevo 34 Fe 35
(RUS) Verh-Nejvinskij 24 Ga 33
(RUS) Verhnekardil'skij 49 Ec 39
(RUS) Verhnelal'sk 22 Eh 30
(RUS) Verhnelebjaž'e 65 Eh 44
(RUS) Verhnespasskoe 22 Ef 32
(RUS) Verhnetulomskij 4 Db 22
(RUS) Verhneturovo 48 Di 39
(RUS) Verhneural'sk 35 Fk 37
(RUS) Verhnie Kigi 35 Fi 35
(RUS) Verhnie Sergi 35 Fk 34
(RUS) Verhnie Tatyšly 34 Ff 34
(RUS) Verhnie Važiny 20 Dd 29
(RUS) Verhnij Avzjan 35 Fh 37
(RUS) Verhnij Baskunčak 50 Eg 42
(RUS) Verhnij Čegem 79 Ed 47
(RUS) Verhnij Fiagdon 79 Ee 48
(RUS) Verhnij Lomov 32 Ed 37
(RUS) Verhnij Mamon 49 Ea 40
(RUS) Verhnij Tagil 24 Fk 33
(RUS) Verhnij Ufalej 35 Ga 34
(RUS) Verhnij Uslon 33 Ek 35
(RUS) Verhnij Vjalozerskij 4 Df 24
(RUS) Verhnjaja Baksan 64 Ec 47
(RUS) Verhnjaja Balkarija 79 Ed 48
(RUS) Verhnjaja Buzinovka 49 Ed 41
(RUS) Verhnjaja Čegem 79 Ed 47
(RUS) Verhnjaja In'va 23 Fe 32
(RUS) Verhnjaja Jus'va 23 Fe 32
(RUS) Verhnjaja Mara 64 Ec 47
(RUS) Verhnjaja Maza 33 Eh 37
(RUS) Verhnjaja Orljanka 34 Fb 37
(RUS) Verhnjaja Osljanka 24 Fi 33
(RUS) Verhnjaja Palen'ga 13 Ec 26
(RUS) Verhnjaja Peša 6 Eh 24
(RUS) Verhnjaja Pyšma 35 Ga 34
(RUS) Verhnjaja Salda 24 Ga 32
(RUS) Verhnjaja Sanarka 35 Ga 36
(RUS) Verhnjaja Sinjačiha 24 Gb 32
(RUS) Verhnjaja Storona 21 Ea 31
(RUS) Verhnjaja Tojma 13 Ef 28
(RUS) Verhnjaja Tura 24 Fk 32
(RUS) Verhnjaja Vollmanga 22 Eh 31
(RUS) Verhnjaja Zolotica 12 Ea 25
(RUS) Verhokam'e 23 Fd 32
(RUS) Verholuz'e 22 Ei 31
(RUS) Verhoramen'e 22 Ei 31
(RUS) Verhošižem'e 22 Ek 32
(RUS) Verhosun'e 22 Fb 32
(RUS) Verhotur'e 24 Ga 32
(RUS) Verhovaž'e 21 Ec 30
(RUS) Verhov'e 31 Dh 38
(RUS) Verhovino 21 Ee 31
(RUS) Verhovino-D'jakovo 21 Ed 31
(RUS) Verhovskij 12 Ea 27
(RUS) Verhozim 33 Eg 38
(GR) Véria 59100 74 Cc 50
(RUS) Verigino 32 Ea 35
(E) Verín 32600 68 Sc 49
(RUS) Verkola 13 Ef 27
(F) Vermenton 89270 55 Ad 43
(RUS) Vernadovka 32 Ec 37
(F) Vernantes 49390 54 Aa 43
(SK) Vernár 059 17 45 Ca 42
(RO) Vernești 127675 60 Cg 45
(F) Verneuil-sur-Avre 27130 41 Aa 42
(F) Vernon 27200* 41 Ab 41
(I) Verona 37100* 57 Ba 45
(I) Verrès 11029 56 Ah 45
(F) Versailles 78000* 41 Ac 42
(RUS) Veršiny, Čelno- 34 Fb 36
(D) Versmold 33775 42 Ai 38
(RUS) Vertelim 33 Ee 36
(UA) Vertijievka 47 Db 39
(RUS) Vertjačij 49 Ed 42
(AL) Vërtop 74 Ca 50
(F) Vertou 44120 54 Si 43
(B) Verviers 4800 42 Af 40
(F) Vervins 02140 41 Ad 41
(FIN) Vesanto 72301 10 Cg 28
(RUS) Veščevo 19 Ck 30
(RUS) Ves'egonsk 20 Dh 32
(RUS) Veselaja 32 Ec 37
(RUS) Veselaja 48 Di 40
(UA) Vesele 62 De 43
(CZ) Veselí nad Lužnicí 391 81* 43 Be 41
(SK) Veselí nad Moravou 44 Bh 42
(RUS) Veselovka 35 Fk 35
(RUS) Veselyj 64 Ea 43
(UA) Veselynove 62 Db 43
(RUS) Vešenskaja 49 Eb 41
(RUS) Veškajma 33 Eh 36
(RUS) Veškoma 13 Ed 26
(RUS) Vesljana 14 Fa 27
(FIN) Vesmajärvi 99280 3 Cf 23
(F) Vesoul 70000* 56 Ag 43
(GR) Véssa 82102 83 Cg 52
(N) Vestbygd 4550 16 Ag 32
(N) Vesterli 2 Bf 23
(DK) Vestero Havn 9940 16 Ba 33
(FO) Vestmanhavn = Vestmanna 350 38 Sc 28
(FO) Vestmanna 350 38 Sc 28
(IS) Vestmannaeyjar 900* 36 Qk 27
(N) Vestnes 6390 8 Ah 28
(I) Vestone 25078 57 Ba 45
(N) Vestre Gausdal 16 Ba 29
(N) Vestre Jakobselv 9802 3 Ck 20
(H) Veszprém 8200 58 Bh 43
(H) Veszprémvarsány 8438 58 Bh 43
(H) Vésztő 59 Cb 44
(FIN) Veteli 69701 10 Cd 27
(RUS) Vet'ju 18 Ea 27
(BY) Vetka 47 Db 38
(S) Vetlanda 57400* 17 Bf 33
(RUS) Vetluga 22 Ef 33
(RUS) Vetlužskij 22 Ef 33
(BG) Vetovo 7080 60 Cg 47
(I) Vetralla 01019 72 Bc 48
(BG) Vetrino 9220 61 Ch 47
(BY) Vetryna 30 Ci 35
(FIN) Vetsikko 99981 3 Ch 21
(B) Veurne = Furnes 8630 41 Ac 39
(CH) Vevey 1800* 56 Ag 44
(GR) Vévi 53074 74 Cb 50
(F) Veynes 05400 56 Af 46
(RUS) Veža 21 Ed 29
(RUS) Vezdino 14 Ek 28
(F) Vézelay 89450 55 Ad 43
(TR) Vezirköprü 55900 77 Df 49
(S) Vi 86501 9 Bh 28
(P) Viana do Alentejo 7090-220* 80 Sb 52
(E) Viana do Bolo 32550 68 Sc 48
(P) Viana do Castelo 4900-001* 68 Sb 49
(I) Viareggio 55049 57 Ba 47
(F) Vias 34450 55 Ad 47
(DK) Viborg 8800 26 Ak 34
(I) Vibo Valentia 89900 73 Bg 52
(F) Vibraye 72320 41 Aa 42
(E) Vic 08500 70 Ac 49
(F) Vicdessos 09220 70 Ab 48
(BY) Vicebck 30 Da 35
(F) Vic-en-Bigorre 65500* 54 Aa 47
(I) Vicenza 36100 57 Bb 45
(F) Vic-Fezensac 32190 54 Aa 47
(F) Vichy 03200* 55 Ad 44
(F) Vico 20160 71 Ai 48
(RO) Vicovu de Sus 727610 60 Cf 43
(F) Vic-sur-Cère 15800 55 Ac 46
(M) Victoria 72 Be 54
(RO) Victoria 505700 60 Ce 45
(RUS) Vičuga 21 Eb 33
(BY) Vidamlja 45 Cd 38
(FO) Viðareiði 750 38 Sd 28
(DK) Videbæk 6920 26 Ai 34
(RO) Videle 145300 60 Cf 46
(FO) Vidhareidhi = Viðareiði 750 38 Sd 28
(P) Vidigueira 7960-421 80 Sc 52
(BG) Vidin 3700* 59 Cc 47
(RUS) Vidlica 19 Dc 29
(RO) Vidra 627415 60 Cg 45
(RO) Vidra 627415 60 Cg 46
(S) Vidsel 94295 10 Ca 25
(LT) Viduklė 60037 29 Cc 35
(BY) Vidzy 29 Cg 35
(D) Viechtach 94234 43 Bc 41
(P) Vieira de Leiria 2430-592* 68 Sb 51
(LT) Viekšniai 89094 29 Cc 34
(E) Vielha e Mijaran 25530 70 Aa 48
(E) Viella-Mitg Arán = Vielha e Mijaran 25530 70 Aa 48
(D) Vienenburg 38690 43 Ba 39
(F) Vienne 38200 55 Ae 45
(FIN) Vieremä 74200 11 Ch 27
(FIN) Vierumäki 19120 18 Cf 29
(F) Vierzon 18100* 55 Ac 43
(LV) Viesite 29 Cf 34
(I) Vieste 71019 73 Bg 49
(S) Vietas 2 Bi 23
(LT) Vievis 21058 29 Ce 36
(F) Vif 38450 56 Af 45
(DK) Vig 4560 27 Bb 35
(F) Vigan, le 30120 55 Ad 47
(N) Vigeland 16 Ah 32
(I) Vigevano 27029 56 Ai 45
(F) Vignacourt 80650 41 Ac 40
(I) Vignola 41058 57 Ba 46
(E) Vigo 36201 68 Sb 48
(N) Vigrestad 4362 16 Af 32
(FIN) Vihanti 86401 10 Ce 26
(F) Vihiers 49310 54 Sk 43
(FIN) Vihtari 79940 11 Ci 28
(FIN) Vihti 03401 18 Ce 30
(FIN) Viiala 37831 18 Cd 29
(FIN) Viisanmäki 41661 10 Cg 28
(FIN) Viitasaari 44501 10 Cf 27
(EST) Viitna 45202 18 Cg 31
(EST) Viivikonna 30321* 19 Ch 31
(UA) Vijtivci 46 Cg 41
(IS) Vík 36 Rb 27
(N) Vik 6894 16 Ag 29
(N) Vik 6894 9 Bc 25
(FIN) Vikajärvi 97510 3 Cg 24
(N) Vikanes 5994 16 Af 30
(S) Vikastir 17 Be 30
(N) Vike 6470 16 Af 30
(S) Viksjö 87194 9 Bh 28
(N) Viksøyri 6894 16 Ag 29
(P) Vila de Rei 6100-598 68 Sb 51
(P) Vila do Bispo 8650-405* 80 Sb 53
(P) Vila do Conde 4480-001* 68 Sb 49
(P) Vila Flor 5360-301* 68 Sc 49
(E) Vilafranca del Penedès 08720 70 Ab 49
(P) Vila Franca de Xira 2600-002* 80 Sb 52
(E) Vilagarcía de Arousa 36600 68 Sb 48
(E) Vila Joiosa, la 03570 70 Sk 52
(LV) Viļaka 4583 19 Ch 33
(E) Vilalba 27800 68 Sc 47
(LV) Viļāni 4650 29 Cg 34
(P) Vila Nova de Cerveira 4920-201* 68 Sb 49
(P) Vila Nova de Famalicão 4760-019* 68 Sb 49
(P) Vila Nova de Foz Côa 68 Sc 49
(P) Vila Nova de Gaia 4400-001* 68 Sb 49
(P) Vila Nova de Milfontes 7645-211* 80 Sb 53
(P) Vila Nova de Ourém 2435-019 68 Sb 51
(P) Vila Nova de Paiva 3650-194* 68 Sc 50
(E) Vilanova i la Geltrú 08800 70 Ab 49
(P) Vila Pouca de Aguiar 5450-001* 68 Sc 49
(E) Vila-real 12540 70 Sk 51
(P) Vila Real 5000-047* 68 Sc 49
(P) Vila Real de Santo António 8900-201* 80 Sc 53
(P) Vilar Formoso 6355-201* 68 Sd 50
(P) Vila Velha de Ródão 6030-001* 68 Sc 51
(P) Vila Verde de Ficalho 7830-480* 80 Sc 53
(P) Vila Viçosa 7160-050 80 Sc 52
(E) Vilches 23220 81 Sg 52
(BY) Vilejka 29 Cg 36
(RUS) Vil'gort 23 Fg 30
(S) Vilhelmina 91201 9 Bg 26
(EST) Viljandi 71003* 18 Cf 32
(LT) Vilkaviškis 70001 29 Cd 36
(LT) Vilkija 54015 29 Cd 35
(E) Villablino 24100 68 Sd 48
(E) Villabona 20150 68 Se 47
(E) Villacañas 45860 69 Sg 51
(E) Villacarriedo 39640 54 Sg 47
(E) Villacarrillo 23300 81 Sg 52
(E) Villacastín 40150 69 Sf 50
(A) Villach 9500* 57 Bd 44
(I) Villacidro 09039 71 Ai 51
(E) Villada 34340 69 Sf 48
(E) Villa del Río 14640 81 Sf 53
(E) Villadiego 09120 69 Sf 48
(E) Villafranca del Bierzo 24500 68 Sd 48
(E) Villafranca del Cid 70 Sk 50
(E) Villafranca de los Barros 06220 80 Sd 52
(E) Villafranca de los Caballeros 45730 69 Sg 51
(E) Villafranca del Panadés = Vilafranca del Penedès 08720 70 Ab 49
(I) Villafranca di Verona 37069 57 Ba 45
(E) Villafruela 09344 69 Sg 49
(E) Villaharta 14210 81 Sf 52
(E) Villahermosa 13332 81 Sh 52
(E) Villahoz 09343 69 Sg 48
(F) Villaines-la-Juhel 53700 40 Sk 42
(E) Villajoyosa = Vila Joiosa, la 81 Sk 52
(E) Villalón de Campos 47600 68 Se 48
(E) Villalpando 49630 68 Se 49
(E) Villamanrique 13343 81 Sg 52
(E) Villamartín 11650 80 Se 54
(E) Villamayor 05380 68 Se 49
(E) Villamayor de Santiago 16415 69 Sh 51
(F) Villandraut 33730 54 Sk 46
(I) Villanova Monteleone 07019 71 Ai 50
(E) Villanubla 47620 69 Sf 49
(E) Villanueva de Córdoba 14440 81 Sf 52
(E) Villanueva de Gállego 50830 70 Sk 49
(E) Villanueva de la Fuente 13330 81 Sh 52
(E) Villanueva de la Serena 06700 68 Se 52
(E) Villanueva de la Sierra 49580 68 Sd 50
(E) Villanueva del Campo 49100 68 Se 49
(E) Villanueva del Fresno 06110 80 Sc 52
(E) Villanueva de los Castillejos 21540 80 Sc 53
(E) Villanueva de los Infantes 47174 81 Sg 52
(E) Villanueva del Rey 14230 80 Se 52
(E) Villanueva del Río y Mina 41350 80 Se 53
(E) Villanueva y Geltrú = Vilanova i la Geltrú 08800 70 Ab 49
(H) Villány 7773 59 Bi 45
(E) Villarcayo 09550 69 Sg 48
(F) Villar-d'Arène 05480 56 Ag 45
(F) Villard-Bonnet 38190 56 Af 45
(F) Villard-de-Lans 38250 56 Af 45
(E) Villardeciervos 49562 68 Sd 49
(E) Villar del Arzobispo 46170 70 Sk 51
(E) Villar del Rey 06192 68 Sd 51
(E) Villarejo de Fuentes 16432 69 Sh 51
(E) Villarejo de Salvanés 28590 69 Sg 50
(E) Villarente 68 Se 48
(E) Villarreal de los Infantes = Vila-real 12540 70 Sk 51
(E) Villarrín de Campos 49137 68 Se 49
(E) Villarrubia de los Ojos 13670 69 Sg 51
(F) Villars 28150 41 Ab 42
(E) Villarta de los Montes 06678 69 Sf 51
(E) Villasana de Mena 09580 69 Sg 47
(I) Villa Santina 33029 57 Bc 44
(I) Villasimius 09049 71 Ak 51
(E) Villaviciosa 33300 68 Se 47
(E) Villaviciosa de Córdoba 14300 80 Se 52
(F) Villé 67220 42 Ah 42
(F) Villedieu-les-Poêles 50800 40 Si 42
(F) Villefranche-de-Lauragais 31290 55 Ab 47
(F) Villefranche-de-Rouergue 12200* 55 Ac 46
(F) Villefranche-sur-Saône 69400* 55 Ae 45
(E) Villena 03400 81 Sk 52
(F) Villenauxe-la-Grande 10370 41 Ad 42
(F) Villeneuve 33121 55 Ac 46
(F) Villeneuve-de-Marsan 40190 54 Sk 47
(F) Villeneuve-l'Archevêque 89190 41 Ad 42
(F) Villeneuve-lès-Avignon 30400* 55 Ae 47
(F) Villeneuve-sur-Lot 47300* 54 Aa 46
(F) Villeneuve-sur-Yonne 89500 41 Ad 42
(F) Villers-Cotterêts 02600* 41 Ad 41
(F) Villerupt 54190 42 Af 41
(F) Villeurbanne 69100* 55 Ae 45
(D) Villingen-Schwenningen 78048* 42 Ai 42
(N) Vilnes 6985 16 Ae 29

(LT) Vilnius 01001* 29 Cf 36
(UA) Vil'njans'k 62 Df 43
(UA) Vil'nohirs'k 47 De 42
(FIN) Vilppula 35701 10 Ce 28
(UA) Vil'šana 47 Dd 40
(UA) Vil'šanka 47 Da 42
(UA) Vil'šany 48 Df 40
(D) Vilsbiburg 84137 43 Bc 42
(D) Vilshofen 94474 43 Bd 42
(MNE) Vilusi 81 423 73 Bi 48
(RUS) Vil'va 24 Fi 32
(B) Vilvoorde 1800* 41 Ae 40
(E) Vimianzo 15129 68 Sa 47
(P) Vimieiro 7040-010 80 Sc 52
(P) Vimioso 5230-300* 68 Sd 49
(S) Vimmerby 59801 17 Bf 33
(F) Vimoutiers 61120 41 Aa 42
(FIN) Vimpeli 62800 10 Cd 27
(CZ) Vimperk 385 01 43 Bd 41
(E) Vinaròs 12500 70 Aa 50
(E) Viñas, Las 18879 81 Sg 53
(RO) Vinători 707575 59 Cc 46
(I) Vinci 50059 57 Ba 47
(S) Vindeln 92201 10 Bk 26
(DK) Vinderup 7830 26 Ai 34
(RUS) Vindrej 32 Ec 36
(RO) Vinga 317400 59 Cb 44
(S) Vingåker 64301 17 Bf 31
(P) Vinhais 68 Sc 49
(MK) Vinica 2310 74 Cc 49
(N) Vinje 3890 16 Ag 30
(UA) Vin'kivci 46 Ch 41
(HR) Vinkovci 59 Bi 45
(UA) Vinnica = Vinnycja 46 Ci 41
(RUS) Vinnicy 20 De 30
(UA) Vinnycja 46 Ci 41
(RUS) Vinogradnoe 64 Ee 47
(F) Vinon-sur-Verdon 83560 56 Af 47
(S) Vinslöv 28820 27 Bd 34
(N) Vinstra 2640 16 Ak 29
(S) Vintjärn 17 Bg 30
(E) Vinuesa 42150 69 Sh 49
(RUS) Viny 19 Dc 32
(I) Vipiteno = Sterzing 39049 57 Bb 44
(HR) Vira 58 Bg 47
(RUS) Virandozero 12 Dg 26
(TR) Viranşehir 79 Ea 51
(TR) Viranşehir 85 De 54
(TR) Viranşehir 86 Dk 53
(F) Vire 14500 40 Sk 42
(LV) Vireši 4355 18 Cg 33
(RUS) Virga 33 Ee 37
(IRL) Virginia = Achadhan Iúir 37 Sc 37
(RUS) Virma 12 Df 26
(FIN) Virmutjoki 56210 19 Ci 29
(FIN) Virojoki = Virolahti 49900* 19 Ch 30
(FIN) Virolahti 49901 19 Ch 30
(HR) Virovitica 58 Bh 45
(MNE) Virpazar 81 305 74 Bk 48
(FIN) Virrat 34801 10 Cd 28
(S) Virserum 57080 17 Bf 33
(FIN) Virtaniemi 99860 3 Ci 22
(B) Virton 6760 42 Af 41
(EST) Virtsu 90101 18 Cd 32
(FIN) Virttaa 32560 18 Cc 30
(HR) Vis 73 Bg 47
(RUS) Vis 14 Fe 27
(LT) Visaginas 31001 29 Cg 35
(S) Visby 62100* 17 Bi 33
(B) Visé 4600 42 Af 40
(BIH) Višegrad 59 Bk 47
(P) Viseu 3500-001* 68 Sc 50
(RO) Vişeu de Sus 435700 60 Ce 43
(RUS) Visim 24 Fk 33
(RO) Vişina 137515 60 Ce 47
(RO) Vişina 137515 60 Cf 46
(RUS) Visju,ij Bor 19 Dc 33
(S) Viskafors 51520 17 Bc 33
(RUS) Viškil' 22 Ei 32
(S) Vislanda 34030 27 Be 34
(BY) Višneva 29 Cg 36
(RUS) Višnevaja 31 Dh 36
(RUS) Višnevka 50 Eg 41
(RUS) Višnevka 63 Dk 47
(RUS) Višnevoe 49 Ed 38
(RUS) Višnevogorsk 35 Ga 34
(E) Viso, El 14470 81 Sf 52
(E) Viso del Marqués 13770 81 Sg 52
(BIH) Visoko 59 Bi 47
(CH) Visp 3930 56 Ah 44
(S) Vissefjärda 36060 27 Bf 34
(D) Visselhövede 27374 26 Ak 38
(I) Visso 62039 72 Bd 48
(E) Vistabella del Maestrat 70 Sk 50
(S) Vistheden 10 Ca 25
(LT) Vištytis 70037 29 Cc 36
(SRB) Vitanovac 59 Ca 47
(BY) Vitebsk = Vicebck 30 Da 35
(I) Viterbo 01100 72 Bc 48
(BIH) Vitez 58 Bh 46
(AL) Vithkuq 74 Ca 50
(E) Vitigudino 37210 68 Sd 49
(BIH) Vitina 58 Bh 47
(GR) Vitína 22010 82 Cc 53
(SRB) Vitina 61000 74 Cb 48
(MK) Vitolište 7508 74 Cb 49
(E) Vitoria = Gasteiz 69 Sh 48
(F) Vitré 79370 40 Si 42
(F) Vitry-le-François 51300 41 Ae 42
(F) Vitry-sur-Seine 94400 41 Ac 42
(S) Vittangi 98010 3 Cb 23
(F) Vitteaux 21350 55 Ae 43
(F) Vittel 88800* 42 Af 42
(I) Vittoria 97019 72 Be 54
(I) Vittorio Veneto 31029 57 Bc 44
(F) Vivario 20219 71 Ak 48
(E) Viveiro 27850 68 Sc 47
(E) Vivel del Río Martín 70 Sk 50
(F) Viviers 07220 55 Ae 46
(F) Vivonne 86370 54 Aa 44
(RUS) Vižaj 24 Ga 29
(RUS) Vižas 5 Ef 24
(TR) Vize 39400 76 Ch 49
(F) Vizille 38220 56 Af 45
(RUS) Vizim'jary 33 Eg 34
(HR) Vižinada 57 Bd 45
(RUS) Vizinga 22 Fa 29
(RO) Viziru 817215 61 Ch 45
(CZ) Vizovice 763 12 44 Bh 41
(I) Vizzini 95049 72 Be 53
(BY) Vjalikaja Berestavica 29 Ce 37
(BY) Vjalikie Čunaviči 46 Cg 38
(RUS) Vjartsilja 11 Da 28
(RUS) Vjatskie Poljany 34 Fb 34
(RUS) Vjatskoe 21 Ea 33
(RUS) Vjaz'ma 31 De 35
(RUS) Vjazniki 32 Ec 34
(RUS) Vjazovka 33 Ei 38
(RUS) Vjazovka 50 Ef 42
(RUS) Vjazovka 50 Eg 38
(RUS) Vjazovo 32 Dk 37
(RUS) Vjazovoe 48 Dg 39
(RUS) Vjazovoe 51 Fd 39
(NL) Vlaardingen 3130* 41 Ae 39
(AL) Vlad 74 Ca 48
(BG) Vladaja 1641 75 Cd 48
(SRB) Vladičin Han 17510 74 Cc 48
(RUS) Vladikavkaz 79 Ee 48
(RUS) Vladimir 32 Ea 34
(MNE) Vladimir 85 366 74 Bk 48
(BG) Vladimirovo 9379 60 Cd 47
(RUS) Vladimirskoe 31 Dd 35
(RO) Vlad Ţepeş 917295 61 Ch 46
(RUS) Vladyčnoe 21 Dk 32
(UA) Vladyslavivka 62 Df 45
(RO) Vlaşca, Drăgăneşti- 147135 60 Cf 46
(SRB) Vlase 17507 74 Cb 48
(BIH) Vlasenica 59 Bi 46
(CZ) Vlašim 258 01 43 Be 41
(RO) Vlaşin 087203 60 Cf 46
(SRB) Vlasotince 16210 74 Cc 48
(NL) Vlissingen 4380* 41 Ad 39
(SK) Vlkolínec 034 03 44 Bk 41
(AL) Vlorë 74 Bk 50
(RUS) Vnukovo 31 Dh 35
(RUS) Voč' 23 Fe 29
(HR) Voćin 58 Bh 45
(A) Vöcklabruck 4840* 43 Bd 43
(HR) Vodice 58 Bf 47
(RUS) Vodla 12 Dh 28
(CZ) Vodňany 389 01 43 Be 41
(HR) Vodnjan 57 Bd 46
(RUS) Vodnyj 14 Fd 27
(GB) Voe ZE2 38 Si 30
(DK) Voerså 9300 16 Ba 33
(IS) Vogar 190 36 Qh 26
(GR) Vogatsikó 52053 74 Cb 50
(I) Voghera 27058 56 Ai 46
(RUS) Vogulka 23 Fg 31
(RUS) Vogulka 24 Fi 33
(RUS) Vogvazdino 14 Fa 28
(D) Vohenstrauß 92648 43 Bc 41
(EST) Võhma 18 Cc 32
(EST) Võhma 70601 18 Cf 32
(RUS) Vohma 22 Eg 32
(RUS) Vohtoga 21 Eb 32
(RUS) Vohtozero 11 Dd 28
(RO) Voineşti 737300 60 Cf 45
(F) Voiron 38500 56 Af 45
(RUS) Voja, Ust'- 15 Fh 26
(FIN) Vojakkala 12950 18 Ce 30
(DK) Vojens 6500 26 Ak 35
(UA) Vojinka 62 Dd 45
(UA) Vojkove 62 Dd 45
(HR) Vojnić 58 Bf 45
(RUS) Vojnica 11 Da 25
(BG) Vojnovo 61 Ch 47
(RUS) Vojvož 14 Ff 28
(RUS) Voknavolok 11 Da 26
(CZ) Volary 384 51 43 Bd 42
(RUS) Volčansk 24 Ga 31
(RUS) Volčki 49 Ea 38
(N) Volda 6100 8 Ag 28
(RUS) Vol'dino 14 Fe 28
(RUS) Voldozero 11 Dd 27
(RUS) Volga 20 Di 33
(RUS) Volgino 20 Dd 32
(RUS) Volgodonsk 64 Ec 43
(RUS) Volgograd 49 Ee 42
(RUS) Volgorečensk 21 Eb 33
(RUS) Volhov 19 Dc 31
(GR) Volímes 29091 82 Ca 53
(MD) Volintiri 4241 61 Ck 44
(GR) Volissós 82103 83 Cf 52
(D) Volkach 97332 43 Ba 41
(A) Völkermarkt 9100* 58 Be 44
(D) Völklingen 66333 42 Ag 41
(RUS) Volkonskoe 31 Df 37
(MK) Volkovija 1255 74 Ca 49
(RUS) Vol'noe 65 Eh 43
(UA) Volnovacha 63 Dh 43
(RUS) Voločaevskij 64 Ec 44
(UA) Voločys'k 46 Cg 41
(UA) Volodarka 46 Ck 41
(RUS) Volodarsk 32 Ed 34
(UA) Volodars'ke 63 Dh 43
(RUS) Volodarskij 65 Ei 44
(UA) Volodars'k-Volynskyj 46 Ci 40
(UA) Volodymyrec' 46 Cg 39
(UA) Volodymyr-Volyns'kyj 45 Ce 40
(RUS) Voloe 31 De 36
(RUS) Vologda 21 Dk 31
(UA) Volohiv Jar 48 Dg 41
(RUS) Volokolamsk 31 Df 34
(RUS) Volokonovka 48 Dh 40
(RUS) Volokonovka 48 Dk 41
(RUS) Volokovaja 6 Ei 24
(RUS) Volokovye 23 Fc 32
(RUS) Voloma 11 Db 27
(RUS) Volonga 6 Eh 23
(GR) Vólos 38001 74 Cc 51
(RUS) Volosovo 19 Ck 31
(RUS) Volost' 12 Dk 26
(RUS) Vološyno 48 Dk 42
(RUS) Volot 19 Db 33
(RUS) Volotovo 48 Di 40
(UA) Volovec' 45 Cd 42
(RUS) Volovo 31 Di 37
(RUS) Volovo 48 Dh 38
(RUS) Vol'sk 50 Eh 38
(I) Volterra 56048 57 Ba 47
(UA) Volyns'kyj, Novohrad- 46 Ch 40
(UA) Volynskyj, Volodars'k- 46 Ci 40
(UA) Volyns'kyj, Volodymyr- 45 Ce 40
(RUS) Volžsk 33 Ei 35
(RUS) Volžskij 49 Ee 42
(RUS) Vondanka 22 Eh 31
(RUS) Von'ga 12 De 25
(RUS) Vonga 13 Ed 26
(GR) Vónitsa 30002 82 Ca 52
(RUS) Vonozero 20 De 30
(IS) Vopnafjörður 36 Rf 25
(BY) Voranava 29 Cf 36
(RUS) Vorb'evka 49 Ea 40
(RUS) Vorčanka 22 Ek 31
(DK) Vordingborg 4760 27 Bb 35
(AL) Vorë 74 Bk 49
(RUS) Vorenža 12 Df 27
(F) Voreppe 38340 56 Af 45
(RUS) Vorga 30 Dc 37
(RUS) Vorgašor 7 Gd 23
(RUS) Vorkuta 7 Gd 23
(RUS) Vorob'ëbo 23 Fe 31
(RUS) Voroncovka 49 Ea 40
(RUS) Voron'e 21 Ec 32
(RO) Voroneţ 60 Cf 43
(RUS) Voronež 48 Dk 39
(RUS) Voronežskaja 63 Dk 45
(UA) Voroniž 47 Dd 39
(UA) Voronovycja 46 Ci 41
(UA) Vorošilovgrad = Luhans'k 48 Dk 42
(RUS) Vorotynec 33 Ef 34
(UA) Vorožba 47 De 39
(UA) Vorožba 47 De 40
(RUS) Vorožgora 12 Df 27
(RUS) Vorsma 32 Ed 35
(EST) Võru 65603* 19 Ch 33
(RUS) Vorzogory 12 Dh 27
(RUS) Voshod 32 Ec 36
(RUS) Voshod 65 Ef 43
(AL) Voskopojë 74 Ca 50
(UA) Voskresenka 62 De 44
(RUS) Voskresensk 31 Di 35
(RUS) Voskresenskoe 20 Dh 33
(RUS) Voskresenskoe 20 Di 32
(RUS) Voskresenskoe 31 Di 37
(RUS) Voskresenskoe 33 Ef 34
(RUS) Voskresenskoe 35 Fg 37
(RUS) Vospuška 32 Dk 34
(N) Voss 5700 16 Ag 30
(RUS) Vostočnaja Lica 4 Dh 22
(RUS) Vostočnoe Munozero 4 De 23
(RUS) Vostočnyj 24 Gb 32
(CZ) Votice 259 01 43 Be 41
(RUS) Votkinsk 34 Fe 34
(GR) Vouliagméni 16608 82 Cd 53
(F) Voulte-sur-Rhône, la 07800 55 Ae 46
(P) Vouzela 3670-231* 68 Sb 50
(F) Vouziers 08400 41 Ae 41
(UA) Vovčans'k 48 Dg 40
(UA) Vovna 47 Dd 38
(S) Voxna 82801 17 Bf 29
(RUS) Vožael' 14 Fb 28
(RUS) Vozdviženka 34 Fe 37
(RUS) Vozdviženskoe 31 Dg 34
(RUS) Vozdviženskoe 33 Ef 34
(RUS) Vožega 21 Ea 30
(RUS) Vožgaly 22 Fa 32
(RUS) Vožgora 14 Ei 26
(RUS) Voznesen'e 20 Df 29
(UA) Voznesens'k 62 Db 43
(RUS) Voznesenskaja 64 Eb 46
(RUS) Voznesenskoe 23 Fe 32
(RUS) Voznesenskoe 32 Ec 36
(RUS) Vozroždenie 33 Ei 38
(UA) Vozsijats'ke 62 Dc 43
(S) Vrå 27 Bd 34
(SK) Vráble 952 01 44 Bi 42
(BG) Vraca 3000* 60 Cd 47
(SRB) Vrácevšnica 59 Ca 46
(N) Vrådal 3853 16 Ai 31
(UA) Vradijivka 61 Da 43
(HR) Vrana 58 Bf 47
(BIH) Vranduk 58 Bh 46
(BG) Vranino 9663 61 Ci 47
(SRB) Vranje 17501* 74 Cb 48
(SRB) Vranjska Banja 17541* 74 Cc 48
(SRB) Vratarnica 19344 59 Cc 47
(CZ) Vrbno pod Pradědem 793 23 44 Bh 40
(SK) Vrbové 922 03 44 Bh 42
(HR) Vrbovec 58 Bg 45
(HR) Vrbovsko 58 Bf 45
(CZ) Vrchlabí 543 01* 44 Bf 40
(SRB) Vrelo 59 Cb 47
(HR) Vrginmost 58 Bf 45
(HR) Vrgorac 73 Bh 47
(SLO) Vrhnika 1386 58 Be 45
(NL) Vriezenveen 7670 42 Ag 38
(S) Vrigstad 57601 17 Be 33
(GR) Vríssa 81300 75 Cg 51
(HR) Vrlika 58 Bg 47
(SRB) Vrnjačka Banja 36210 59 Ca 47
(GR) Vrondádos 83 Cg 52
(GR) Vrondoú 74 Cc 50
(GR) Vrouhas 83 Cf 55
(HR) Vrpolje 59 Bi 45
(SRB) Vršac 26300* 59 Cb 45
(BIH) Vrtoče 58 Bg 46
(CZ) Vsetín 755 01 44 Bh 41
(RUS) Vsevolodo-Vil'va 23 Fh 31
(RUS) Vsevoložsk 19 Da 30
(RUS) Vshody 31 De 36
(RUS) Vtoraja Pjatiletka 49 Ec 38
(RUS) Vtorye Levye Lamki 32 Eb 37
(RKS) Vučitrn = Vushtri 42000 74 Ca 48
(NL) Vught 5260* 42 Af 39
(HR) Vukovar 59 Bi 45
(AL) Vukpalaj-Bajzë 74 Bk 48
(RUS) Vuktyl 15 Fh 27
(N) Vuku 7660 8 Bb 27
(MD) Vulcăneşti 5300 61 Ci 45
(FIN) Vuohččuu = Vuotso 99690 3 Ch 22
(FIN) Vuohtomäki 86810 10 Cg 27
(FIN) Vuokatti 88610 11 Ci 26
(FIN) Vuolijoki 88270 10 Cg 26
(S) Vuollerim 96030 2 Ca 24
(S) Vuonatjviken 2 Bh 24
(RUS) Vuorijarvi 4 Da 24
(FIN) Vuostimo 98360 3 Ch 24
(FIN) Vuotso 99690 3 Ch 22
(S) Vuottas 3 Cb 24
(FIN) Vuovdakuoihka = Outakoski 99970 3 Cg 21
(RUS) Vurnary 33 Eg 35
(RO) Vurpăr 557295 60 Ce 45
(RKS) Vushtri = Vučitrn 42000 74 Ca 48
(UA) Vuzlovyj, Kup'jans'k- 48 Dh 41
(RUS) Vybor 19 Ck 33
(RUS) Vyborg 19 Ci 30
(RUS) Vydropužsk 20 De 33
(RUS) Vyezdnoe 32 Ed 35
(RUS) Vygoniči 31 De 37
(RUS) Vyksa 32 Ed 35
(UA) Vylkove 61 Ck 45
(UA) Vynnyky 45 Ce 41
(UA) Vynogradiv = Vynohradiv 45 Cd 42
(UA) Vynohradiv 45 Cd 42
(RUS) Vypolzovo 20 Dd 33
(RUS) Vyra 19 Ck 31
(RUS) Vyrica 19 Da 31
(UA) Vyrišal'ne 47 Dd 40
(RUS) Vyša 32 Ec 37
(UA) Vyšča Dubečnja 47 Da 40
(UA) Vyščetarasivka 62 De 43
(RUS) Vyselki 63 Dk 45
(UA) Vyšhorod 47 Da 40
(RUS) Vyška 22 Ef 32
(UA) Vyškiv 45 Cd 42
(RUS) Vyskod' 19 Da 33
(BY) Vyškov 47 Db 38
(CZ) Vyškov 682 01* 44 Bh 41
(UA) Vyškove 45 Cd 42
(RUS) Vyšnie Dereven'ki 48 Df 39
(RUS) Vyšnij Voloček 20 De 33
(UA) Vyšnivec' 46 Cg 41
(BY) Vysokae 45 Cd 38
(RUS) Vysokaja 13 Ee 29
(RUS) Vysokaja 22 Ef 31
(RUS) Vysokaja 22 Eh 32
(RUS) Vysokaja Gora 33 Ek 35
(UA) Vysoka Pič 46 Ci 40
(CZ) Vysoké Mýto 565 41* 44 Bg 41
(RUS) Vysokiniči 31 Dg 36
(RUS) Vysokoe 21 Dk 31
(RUS) Vysokoe 31 De 34
(RUS) Vysokoe 32 Eb 37
(UA) Vysokopil'l'a 62 Dd 43
(RUS) Vysokovsk 31 Dg 34
(CZ) Vyšší Brod 382 73 43 Be 42
(RUS) Vytegra 20 Dg 29
(RUS) Vyučeskij 6 Ek 23
(UA) Vyžnycja 46 Cf 42

W

(NL) Waalwijk 5140* 42 Af 39
(PL) Wąbrzeźno 87-200 28 Bi 37
(CH) Wädenswil 8820 56 Ai 43
(PL) Wadowice 34-100 44 Bk 41
(PL) Wągrowiec 62-100 28 Bh 38
(D) Waiblingen 71332* 42 Ak 42
(A) Waidhofen an der Thaya 3830 44 Bf 42
(A) Waidhofen an der Ybbs 3340 58 Be 43
(GB) Wakefield WF1 39 Si 37
(PL) Wałbrzych 58-300* 44 Bg 40
(PL) Wałcz 78-600 28 Bg 37
(D) Waldbröl 51545 42 Ah 40
(D) Waldsee, Bad 88339 57 Ak 43
(GB) Wallasey CH44 39 Sg 37
(D) Walldürn 74731 42 Ak 41
(GB) Walsall WS1 40 Si 38
(D) Walsrode 29664 26 Ak 38
(D) Waltershausen 99880 43 Ba 40
(GB) Walton-on-the-Naze CO14 41 Ab 39
(D) Wangen im Allgäu 88239 57 Ak 43
(D) Wanzleben 39164 43 Bb 38
(D) Warburg 34414 42 Ak 39
(D) Wardenburg 26203 26 Ai 37
(GB) Ware OX29 40 Sk 39
(B) Waregem 8790 41 Ad 40
(D) Waren (Müritz) 17192 27 Bc 37
(D) Warendorf 48231 42 Ah 39
(PL) Warka 05-660 45 Cb 39
(GB) Warminster BA12 40 Sh 39
(D) Warnemünde 18119 27 Bc 36
(GB) Warrington WA5 39 Sh 37
(D) Warstein 59581 42 Ai 39
(PL) Warszawa 00-001* 45 Cb 38
(PL) Warta 98-290 44 Bi 39
(GB) Warwick CV34 40 Si 38
(CH) Wassen 6484 56 Ai 44
(NL) Wassenaar 2240* 41 Ae 38
(D) Wasserburg am Inn 83512 43 Bc 42
(GB) Watchet TA23 40 Sg 39
(IRL) Waterford = Port Láirge 37 Sc 38
(B) Waterloo 1410* 41 Ae 40
(IRL) Waterville = An Coireán 37 Rk 39
(GB) Watford WD17 40 Sk 39
(F) Watten 59143 41 Ac 40
(CH) Wattwil 9630 57 Ak 43
(PL) Węchadłów 28-411 45 Ca 40
(NL) Weert 6223 42 Af 39
(PL) Węgorzewo 11-600 28 Cb 36
(PL) Węgorzynowo 27 Bf 37
(PL) Węgrów 07-100 45 Cc 38
(D) Weida 07570 43 Bc 40
(D) Weiden in der Oberpfalz 92637 43 Bc 41
(D) Weikersheim 97990 42 Ak 41
(D) Weilburg 35781 42 Ai 40
(D) Weilheim in Oberbayern 82362 57 Bb 43
(D) Weimar 99423* 43 Bb 40
(D) Weinheim 69469 42 Ai 41
(D) Weißenburg in Bayern 91781 43 Ba 41
(D) Weißenfels 06667 43 Bb 39
(D) Weißenhorn 89264 43 Ba 42
(D) Weißwasser 02943 43 Be 39
(A) Weitra 3970* 43 Be 42
(A) Weiz 8160 58 Bf 43
(PL) Wejherowo 84-200 28 Bi 36
(GB) Wellington TA21 40 Sg 40
(GB) Wells BA5 40 Sh 39
(GB) Wells-next-the-Sea NR23 39 Aa 38
(A) Wels 4600* 43 Be 42
(GB) Welshpool SY21 39 Sg 38
(D) Werder (Havel) 14542 43 Bc 38
(D) Werlte 49757 26 Ah 38
(D) Werne 59368 42 Ah 39
(D) Wernigerode 38855 43 Ba 39
(D) Wertheim 97877 42 Ak 41
(D) Wesel 46483* 42 Ag 39
(D) Wesselburen 25764 26 Ai 36
(GB) Westbury BA13 40 Sh 39

(D) Westerburg 56457 42 Ah 40
(D) Westerland 25980 26 Ai 36
(D) Westerstede 26655 26 Ah 37
(GB) Weston-Super-Mare BS23 40 Sh 39
(IRL) Westport = Cathair na Mairt 37 Sa 37
(GB) Wetherby LS22 39 Si 37
(B) Wetteren 9230 41 Ad 39
(D) Wetzlar 35576* 42 Ai 40
(IRL) Wexford = Loch Garman 37 Sd 38
(A) Weyer 3335 58 Be 43
(GB) Weymouth DT4 40 Sh 40
(GB) Whitby YO21 39 Sk 36
(GB) Whitchurch HP22 39 Sh 38
(GB) Whitehall KW17 38 Sh 31
(GB) Whitehaven CA28 39 Sg 36
(GB) Whithorn, Isle of DG8 39 Sf 36
(GB) Wick KW1 38 Sg 32
(IRL) Wicklow = Cill Mhantáin 37 Sd 38
(PL) Wicko 84-352 28 Bh 36
(PL) Więcbork 89-410 28 Bh 37
(PL) Wielbark 12-160 28 Ca 37
(PL) Wieleń 64-730 28 Bg 38
(PL) Wieliczka 32-020 45 Ca 41
(PL) Wieluń 98-300 44 Bi 39
(A) Wien 1010* 44 Bg 42
(A) Wiener Neustadt 2700* 58 Bg 43
(A) Wies 86989 58 Bf 44
(D) Wiesbaden 65183* 42 Ai 40
(A) Wieselburg 3250* 44 Bf 42
(D) Wiesmoor 26639 26 Ah 37
(D) Wietze 29323 42 Ak 38
(GB) Wigan WN5 39 Sh 37
(CH) Wiggen 6192 56 Ah 44
(GB) Wigton CA7 39 Sg 36
(GB) Wigtown DG8 39 Sf 36
(CH) Wil (SG) 9500* 57 Ak 43
(PL) Wilczęta 14-405 28 Bk 36
(D) Wildeshausen 27793 28 Ai 30
(D) Wilhelmshaven 26382* 26 Ai 37
(A) Wilhering 4073* 43 Be 42
(D) Wilkau-Haßlau 08112 43 Bc 40
(B) Willebroek 2830 41 Ae 39
(CH) Willisau 6130 56 Ah 43
(GB) Wimbledon SW20 40 Sk 39
(GB) Wimborne Minster BH21 40 Si 40
(GB) Winchester SO22 40 Si 39
(GB) Windermere LA23 39 Sh 36
(A) Windischgarsten 4580 58 Be 43
(GB) Windsor SL4 40 Sk 39
(NL) Winschoten 9670* 26 Ah 37
(D) Winsen (Luhe) 21423 27 Ba 37
(NL) Winsum 8830 26 Ag 37
(D) Winterberg 59955 42 Ai 39
(NL) Winterswijk 7100* 42 Ag 39
(CH) Winterthur 8400* 56 Ai 43
(D) Wipperfürth 51688 42 Ah 39
(GB) Wisbech PE14 41 Aa 38
(GB) Wishaw ML1 39 Sg 35
(PL) Wiślica 28-160 45 Ca 40
(D) Wismar 23966* 27 Bb 37
(F) Wissembourg 67160* 42 Ah 41
(PL) Wisznice 21-580 45 Cd 39
(GB) Withernsea NE29 39 Aa 37
(GB) Witney OX28 40 Si 39
(PL) Witnica 74-503 27 Be 38
(D) Wittenberge 19322 27 Bb 38
(D) Wittenburg 19243 27 Bb 37
(D) Wittingen 29378* 27 Ba 38
(D) Wittlich 54516 42 Ag 41
(D) Wittmund 26409 26 Ah 37
(D) Wittstock/Dosse 16909* 27 Bc 37
(PL) Władysławowo 84-120 28 Bi 36
(PL) Włocławek 87-800 44 Bk 38
(PL) Włodawa 22-200 45 Cd 39
(PL) Włodzimierzów 97-330 44 Bk 39
(PL) Włoszczowa 29-100 44 Bk 40
(PL) Wodzisław 28-330 45 Ca 40
(GB) Woking GU22 40 Sk 39
(PL) Wola Krzysztoporska 97-371 44 Bk 39
(PL) Wola Moszczenicka 97-310 44 Bk 39
(PL) Wolbórz 97-320 44 Bk 39
(PL) Wolbrom 32-340 44 Bk 40
(D) Woldegk 17348 27 Bd 37
(D) Wolfach 77709 42 Ai 42
(D) Wolfen, Bitterfeld- 06749 43 Bc 39
(D) Wolfenbüttel 38300* 43 Ba 38
(A) Wolfsberg 06536 58 Be 44
(D) Wolfsburg 38440* 43 Ba 38
(D) Wolgast 17438 27 Bd 36
(PL) Wolin 72-510 27 Be 37
(A) Wolkersdorf 2120 44 Bg 42
(PL) Wołów 56-100 44 Bg 39
(PL) Wolsztyn 64-200 44 Bg 38
(GB) Wolverhampton WV6 40 Sh 38
(GB) Woodbridge IP12 41 Ab 38
(GB) Worcester WR2 40 Sh 38
(A) Wörgl 6300* 57 Bc 43
(GB) Workington CA14 39 Sg 36
(GB) Worksop S81 39 Si 37
(NL) Workum 26 Af 38
(D) Worms 67549* 42 Ai 41
(D) Worpswede 27726 26 Ai 37
(GB) Worthing BN11 40 Sk 40
(GB) Wrexham LL13 39 Sh 37
(PL) Wrocław 50-041* 44 Bh 39
(PL) Wronki 64-510 28 Bg 38
(PL) Września 62-300 44 Bh 38
(PL) Wschowa 67-400 44 Bg 39
(D) Wuppertal 42103* 42 Ah 39
(D) Würzburg 97070* 42 Ak 41
(D) Wurzen 04808 43 Bc 39
(D) Wustrow 27 Bc 36
(D) Wyk auf Föhr 25938 26 Ai 36
(PL) Wylatowo 88-300 44 Bh 38
(PL) Wyrzysk 89-300 28 Bh 37
(PL) Wysoka Kamieńska 72-410 27 Be 37
(PL) Wysokie 21-560 45 Cc 40
(PL) Wyszków 07-110 45 Cb 38
(PL) Wyszogród 09-450 45 Ca 38
(PL) Wyszyna Rudzka 26-242 45 Ca 39

X

(D) Xanten 46509 42 Ag 39
(GR) Xánthi 67300 75 Ce 49
(E) Xàtiva 46800 70 Sk 52
(GR) Xerokambos 83 Cg 55
(E) Xert 12360 70 Aa 50
(E) Xerta 43592 70 Aa 50
(GR) Xilaganí 69400 75 Cf 50
(GR) Xilókastro 20400 82 Cc 52
(GR) Xinóvrisi 75 Cd 51
(E) Xinzo de Limia 32630 68 Sc 48
(E) Xixón = Gijón 33027 68 Se 47

Y

(TR) Yağcılar 66720 76 Ci 51
(TR) Yağcılar 66720 87 Eb 52
(TR) Yağlıdere 78 Di 50
(TR) Yağlıdere 78 Dk 50
(TR) Yağmuralan 86 Di 54
(TR) Yağmurdede 06840 77 Dc 50
(TR) Yağmurdere 78 Dk 50
(TR) Yahşihan 71450 77 Dd 51
(TR) Yahyalı 58950* 85 Df 52
(TR) Yakacık 85 Dg 54
(TR) Yakapınar 01350 85 Df 54
(TR) Yakfıkebir 61400 78 Dk 49
(TR) Yakupoğlan 58510 78 Dg 50
(TR) Yalakdere 41550 76 Ck 50
(TR) Yalankoz 31710 86 Dg 54
(TR) Yalıhüyük 42470 84 Dc 53
(TR) Yalıköy 76 Ci 49
(TR) Yalınca 65940 87 Ed 53
(TR) Yalıntaş 46300 86 Dh 52
(TR) Yalnızçam 79 Ec 49
(TR) Yalova 17900* 76 Ck 50
(TR) Yalvaç 32400 84 Db 52
(TR) Yamaç 87 Ea 52
(TR) Yamak 77 Dc 51
(TR) Yamanlar 84 Ck 52
(TR) Yanarsu 87 Eb 52
(TR) Yanık 66300 77 Df 51
(TR) Yapıldak 22400 76 Da 51
(TR) Yapraklı 77 Dd 50
(TR) Yarbasan 45910 84 Ci 52
(TR) Yardımcı 86 Dk 53
(TR) Yarıkkaya 84 Db 52
(TR) Yarımca 86 Dh 52
(TR) Yarma 42265 84 Dc 53
(TR) Yarpuz 84 Db 53
(TR) Yarpuz 86 Dg 53
(TR) Yatağan 48500 83 Ci 53
(TR) Yavacık 79 Ed 51
(TR) Yavşan Tuzlası 85 Dd 52
(TR) Yavuzeli 27970 86 Dh 53
(TR) Yavuzkemal 28960 78 Di 50
(TR) Yavuzlu 86 Dh 54
(TR) Yaygın 49150 87 Eb 52
(TR) Yayla 87 Ea 52
(TR) Yaylacık 24800 84 Dc 53
(TR) Yayladağı 31080 85 Dg 55
(TR) Yayladere 29150 79 Ea 51
(TR) Yaylak 66700 86 Di 53
(TR) Yaylakonak 86 Di 53
(TR) Yazıçayırı 77 Dd 51
(TR) Yazıhan 86 Di 52
(TR) Yazılı 85 Dd 53
(TR) Yazılı 86 Dh 54
(TR) Yazılıkaya 76 Da 51
(TR) Yazır 84 Ck 53
(TR) Yazır 84 Ck 54
(TR) Yazıtepe 60800 78 Dg 50
(A) Ybbsitz 3341 58 Be 43
(GB) Y Drenewydd = Newtown SY16 40 Sg 38
(E) Yébenes, Los 45470 69 Sg 51
(E) Yecla 30510 81 Si 52
(TR) Yedisalkım 87 Ed 52
(TR) Yedisu 12830 79 Ea 51
(TR) Yeditepe 31560 85 Df 54
(TR) Yeleğen 64610 84 Ci 52
(TR) Yemişendere 84 Ci 53
(TR) Yemişli 47510 85 Df 54
(TR) Yenibaşak 87 Eb 52
(TR) Yenice 76 Ch 51
(TR) Yenice 77 Dc 49
(TR) Yenice 77 Dc 51
(TR) Yenice 84 Ci 53
(TR) Yenice 85 Df 54
(TR) Yenicekale 86 Dg 53
(TR) Yeniceoba 42890 84 Dc 52
(TR) Yenidoğan 42270 79 Ee 51
(TR) Yenifoça 83 Cg 52
(TR) Yenihisar 83 Ch 53
(TR) Yenikarpuzlu 22400 75 Cg 50
(TR) Yenikent 77 Dc 50
(TR) Yenikent 85 Dd 52
(TR) Yeniköy 76 Ch 50
(TR) Yeniköy 76 Ch 51
(TR) Yeniköy 83 Ci 52
(TR) Yeniköy 83 Ci 53
(TR) Yeniköy Plajı 76 Ci 50
(TR) Yenipazar 66490 76 Da 50
(TR) Yenipazar 66490 77 Df 51
(TR) Yenipazar 66490 83 Ci 53
(TR) Yenişar- Bademli 32850 84 Db 53
(TR) Yenişehir 16900 76 Ck 50
(TR) Yenişehir 16900 84 Ck 52
(TR) Yenisu 87 Ea 52
(TR) Yeniyıldız 51900 85 De 53
(TR) Yenizengen 85 De 53
(GB) Yeovil BA21 40 Sh 40
(TR) Yerköy 66900 77 De 51
(TR) Yeşilbağ 84 Db 53
(TR) Yeşilbahçe 21560 87 Ea 52
(TR) Yeşilce 52930 78 Dh 50
(TR) Yesildağ 42730 84 Db 53
(TR) Yeşildağ 84 Db 53
(TR) Yeşildere 85 Dd 53
(TR) Yeşilhisar 85 Df 52
(TR) Yesilköy 07645 86 Dg 52
(TR) Yeşilköy 86 Dk 52
(TR) Yeşilova 15500 84 Ck 53
(TR) Yeşilova 15500 85 Dd 52
(TR) Yeşilöz 50900 77 Dc 51
(TR) Yeşilvadı 34886 76 Ck 49
(TR) Yeşilyazı 78 Dk 51
(TR) Yeşilyurt 34151 77 Dc 51
(TR) Yeşilyurt 34151 84 Ci 52
(TR) Yeşilyurt 34151 86 Di 52
(TR) Yeşilyurt (Sulusaray) 60870 78 Dg 51
(GB) Y-Fenni = Abergavenny NP7 40 Sg 39
(TR) Yığılca 14880 76 Db 50
(TR) Yığınlı 87 Ed 53
(TR) Yiğitler 78 Dg 51
(TR) Yiğitler 86 Dh 53
(TR) Yılanlı 37400 86 Dg 52
(TR) Yıldızelı 78 Dg 51
(LT) Ylakiai 98050 28 Cb 34
(FIN) Ylämaa 54410 19 Ch 30
(FIN) Yläne 21901 18 Cc 30
(FIN) Yli-Kärppä 95290 10 Cf 25
(FIN) Ylikiiminki 91300 10 Cg 25
(FIN) Yli-li 91240 10 Cf 25
(FIN) Ylimarkku = Övermark 64610* 10 Cb 28
(FIN) Yli-Muonio 99310 3 Cd 22
(FIN) Ylistaro 61401 10 Cc 28
(FIN) Ylitornio 95601 3 Cd 24
(FIN) Ylivieska 85999 10 Ce 26
(FIN) Ylläsjärvi 95980 3 Ce 23
(FIN) Ylöjärvi 33480 18 Cd 29
(TR) Yoğun 86 Dk 52
(TR) Yoğuntaş 39000 76 Ch 49
(TR) Yolağzı 73400 86 Dh 54
(TR) Yolüstü 84 Ci 53
(TR) Yomra 61250 78 Dk 50
(TR) Yoncalı 69000 78 Di 51
(TR) Yoncalı 69000 79 Ea 50
(TR) Yoncalık 25900 79 Ea 50
(TR) Yorazlar 84 Db 52
(GB) York YO23 39 Si 37
(IRL) Youghal = Eochaill 37 Sc 39
(TR) Yozgat 66000* 77 De 51
(F) Yssingeaux 43200 55 Ae 45
(S) Ystad 27100* 27 Bd 35
(GB) Ystradgynlais SA9 40 Sg 39
(N) Ytre Arna 5265 16 Af 30
(S) Ytterån 9 Be 27
(FIN) Ytteresse 68810 10 Cd 27
(S) Ytterhogdal 9 Be 28
(S) Yttermalung 17 Bd 30
(TR) Yücebağ 87 Eb 52
(TR) Yukarı Göklü 86 Dh 53
(TR) Yukarı Ilıpınar 37800 77 Dd 49
(TR) Yukarı Kızılca 79 Ec 51
(TR) Yüksekoba 08200 79 Eb 49
(TR) Yüksekova 30300 87 Ee 53
(TR) Yumrukaya 87 Ec 52
(TR) Yumurtalık 01680 85 Df 54
(TR) Yunak 42530 84 Db 52
(E) Yuncos 45210 69 Sg 50
(TR) Yuntdağ 83 Ch 52
(TR) Yunusemre 26920 76 Db 51
(TR) Yürük 59040 76 Ch 50
(TR) Yusufeli 08800 79 Eb 50
(TR) Yuva 06291 86 Dh 52
(TR) Yuvacık 78 Dk 51
(TR) Yuvacık 87 Eb 52
(TR) Yuvalı 85 Df 52
(CH) Yverdon-les-Bains 1400* 56 Ag 44
(F) Yvetot 76190 41 Aa 41
(S) Yxnö 17 Bg 32

Z

(NL) Zaanstad 1501 41 Ae 38
(BY) Zabalac' 29 Ce 37
(SRB) Žabalj 21230 59 Ca 45
(BY) Zabalocce 30 Da 38
(SRB) Žabari 12374 59 Cb 46
(BY) Žabinka 45 Ce 38
(PL) Ząbkowice Śląskie 57-200* 44 Bg 40
(MNE) Žabljak 84 220 74 Bk 47
(BG) Žabljano 74 Cc 48
(PL) Zabłudów 16-060 29 Cd 37
(PL) Zabłudów 16-060 29 Cd 38
(HR) Žabno 58 Bg 45
(HR) Zabok 58 Bf 44
(RUS) Zabolot'e 31 Dd 36
(RUS) Zabor'e 20 Df 31
(RUS) Zabor'e 23 Fg 33
(RUS) Zaborovka 33 Ei 37
(RUS) Zaborskoe, Il'inskoe- 21 Ee 33
(CZ) Zábřeh 789 01 44 Bg 41
(RUS) Začač'e 13 Eb 27
(UA) Začativka 63 Dh 43
(HR) Zadar 58 Bf 46
(RUS) Zadnevo 19 Dc 31
(RUS) Zadonsk 48 Di 38
(RUS) Zadonsk, Severo- 31 Di 36
(BY) Zadzežža 30 Ci 35
(RUS) Zaem'e 21 Ea 32
(I) Zafferana Etnea 95019 72 Bf 53
(E) Zafra 06300 80 Sd 52
(PL) Żagań 68-100 44 Bf 39
(LT) Žagarė 29 Cd 34
(RUS) Zagljadino 34 Fc 37
(BG) Zagorci 8939 76 Ch 48
(RUS) Zagorsk = Sergiev Posad 31 Di 34
(RUS) Zagoskino 33 Ee 37
(HR) Zagreb 10000* 58 Bf 45
(SRB) Žagubica 12320 59 Cb 46
(HR) Zagvozd 58 Bh 47
(RUS) Zaharovo 32 Dk 36
(MD) Zăicani 5644 61 Ch 43
(RUS) Zainsk 34 Fc 35
(RUS) Zajač'e 48 Dg 40
(SRB) Zaječar 19000* 59 Cc 47
(BY) Zajkava 30 Da 35
(RUS) Zajkovo 24 Gc 33
(RUS) Zajmišče 22 Ef 31
(RUS) Zajmišči 20 Di 31
(GR) Zákinthos 29100 82 Ca 53
(RUS) Zakobjakino 21 Ea 32
(PL) Zakopane 34-500* 44 Bk 41
(UA) Zakupne 46 Cg 41
(H) Zalaapáti 8741 58 Bh 44
(H) Zalaegerszeg 8900 58 Bg 44
(H) Zalalövő 58 Bg 44
(E) Zalamea de la Serena 06430 80 Se 52
(E) Zalamea la Real 21640 80 Sd 53
(RO) Zalău 000450* 60 Cd 43
(RUS) Zalazna 23 Fc 32
(RUS) Zalegošč' 31 Dg 38
(UA) Zaleščyky 46 Cf 42
(RUS) Zales'e 20 Dg 32
(RUS) Zalesskij, Pereslavl'- 31 Di 34
(PL) Zalewo 14-230 28 Bk 37
(RUS) Zalivnoj 64 Ee 43
(UA) Založci 46 Cf 41
(RUS) Zaluč'e 19 Db 33
(BY) Žaludok 29 Ce 37
(RUS) Zalukokoaže 64 Ed 47
(UA) Zalužne 46 Ch 40
(PL) Zambrów 18-300* 29 Cc 38
(RUS) Zamežnoe 14 Fc 25
(RUS) Zam'jany 65 Eh 44
(E) Zamora 49001* 68 Se 49
(PL) Zamość 09-204 45 Cd 40
(RUS) Zamoš'e 19 Ci 31
(NL) Zandvoort 2040 41 Ae 38
(GR) Zanglivéri 57015 75 Cd 50
(RUS) Zanul'e 22 Ek 30
(RUS) Zaokskij 31 Dh 36
(RUS) Zaovraž'e 31 De 34
(RUS) Zaozernyj 12 Ea 29
(RUS) Zapadnaja Dvina 30 Dc 34
(RUS) Zapol'e 19 Ck 32
(RUS) Zapoljarnyj 4 Da 21
(UA) Zaporižž'a 62 Df 43
(UA) Zaporož'e = Zaporižž'a 62 Df 43
(RUS) Zaporožskoe 19 Da 30
(HR) Zaprešić 58 Bf 45
(RUS) Zaprudnja 31 Dh 34
(TR) Zara 58700 78 Dh 51
(E) Zaragoza 50001* 70 Sk 49
(RUS) Zarajsk 31 Di 36
(LT) Zarasai 32013 29 Cg 35
(E) Zarautz 20800 54 Sh 47
(RUS) Zarečensk 4 Db 24
(RUS) Zarečnyj 35 Gb 34
(RUS) Zarevo 63 Ea 46
(UA) Zaričanka 46 Cg 42
(UA) Zarične 46 Cg 39
(RUS) Zarizyn = Volgograd 49 Ee 42
(RUS) Zarja 50 Ef 42
(PL) Żarki 42-310 44 Bk 40
(RUS) Žarkovskij 30 Dc 35
(SK) Žarnovica 966 81 44 Bi 42
(GR) Zarós 70002 82 Ce 55
(GR) Zaroúhla 25006 82 Cc 53
(D) Zarrentin 19246 27 Ba 37
(RUS) Zaruba 13 Ef 28
(RUS) Zarubiha 4 De 21
(RUS) Zarubino 20 Dd 32
(PL) Żary 68-200 44 Bf 39
(RUS) Žaryn' 31 Dd 37
(E) Zarza de Granadilla 10710 68 Sd 50
(RUS) Zašeek 4 Db 24
(RUS) Zašeek 4 Dc 23
(RUS) Zašeek 4 De 23
(UA) Žaškiv 47 Da 41
(BY) Zaslav'e 30 Ch 36
(RUS) Zasosna 48 Di 40
(UA) Zastavna 46 Cf 42
(RUS) Zasul'e 13 Eh 26
(CZ) Žatec 438 01 43 Bd 40
(RUS) Zaterečnyj 65 Ef 46
(UA) Zatoka 61 Da 44
(MNE) Zaton 84 303 74 Bk 48
(PL) Zator 32-640 44 Bk 41
(LV) Zaube 4113 29 Cf 34
(RO) Zau de Câmpie 547660 60 Ce 44
(RUS) Zaural'skij 35 Gb 36
(BG) Zavet 7330 60 Cg 47
(RUS) Zavetnoe 64 Ed 43
(BIH) Zavidovići 59 Bi 46
(UA) Zavitne 63 Dg 45
(RUS) Zav'jalovo 34 Fd 34
(SRB) Zavlaka 15312 59 Bk 46
(RUS) Zavodčik 23 Ff 33
(RUS) Zavod Mihajlovskij 34 Fe 34
(RUS) Zavolž'e 32 Ed 34
(RUS) Zavolžsk 21 Ec 33
(RUS) Zavolžskoe 65 Eh 44
(PL) Zawadzkie 47-120 44 Bi 40
(PL) Zawiercie 42-400 44 Bk 40
(UA) Zbaraž 46 Cf 41
(PL) Zbąszyń 64-360 44 Bf 38
(MD) Zberoaia 61 Ci 44
(PL) Zblewo 83-210 28 Bi 37
(UA) Zboriv 46 Cf 41
(RUS) Ždamirovo 33 Eg 36
(CZ) Ždánice 696 32 44 Bh 41
(UA) Ždanov = Maryupol' 63 Dh 43
(RUS) Ždanovka 50 Eh 39
(RUS) Ždanovka 51 Fe 38
(RUS) Ždanovo 32 Eb 36
(UA) Ždany 47 Dd 40
(CZ) Žďár nad Sázavou 591 01* 44 Bf 41
(CZ) Zdice 267 51 43 Bd 41
(UA) Zdolbuniv 46 Cg 40
(PL) Zdrój, Duszniki 57-340 44 Bg 40
(PL) Zdrój, Lądek 57-540 44 Bg 40
(PL) Zdrój, Świeradów- 59-850 44 Bf 40
(B) Zeebrugge 8380 41 Ad 39
(D) Zehdenick 16792 27 Bd 38
(NL) Zeist 3700* 42 Af 38
(D) Zeitz 06712 43 Bc 39
(RUS) Zelënaja Rošča 34 Fc 36
(RUS) Zelenčukskaja 64 Eb 47
(RUS) Zelencyno 21 Ec 32
(RUS) Zelenec 14 Ff 28
(RUS) Zelenik 13 Ee 28
(RUS) Zeleninskaja 13 Ec 28
(UA) Zelenivka 63 Dg 44
(RUS) Zelenoborskij 4 Dc 24
(RUS) Zelenodol'sk 33 Ei 35
(UA) Zelenodol's'k 62 Dd 43
(RUS) Zelenogorsk 19 Ck 30
(RUS) Zelenograd 31 Dh 35
(RUS) Zelenogradsk 28 Ca 36
(RUS) Zelenokumsk 64 Ed 46
(UA) Zelenyj Mys 47 Da 39
(RUS) Zelenzukskaja 64 Eb 47
(CZ) Železná Ruda 340 04 43 Bd 41
(RUS) Železnodorožnyj 28 Cb 36
(RUS) Železnogorsk 48 Df 38
(RUS) Železnovodsk 64 Ed 46
(RUS) Železnyj, Gus'- 32 Eb 35
(HR) Zelina 58 Bg 45
(MK) Želino 1226 74 Cb 49
(GR) Zélio 35200 82 Cc 52
(A) Zell am See 5700* 57 Bc 43
(LV) Zeltiņi 4345 18 Cg 33
(RUS) Želtinskij 35 Fk 37
(RUS) Žёltoe 52 Fg 39
(UA) Želtye Vody = Žovti Vody 47 Dd 42
(BY) Zel'va 29 Ce 37
(LT) Želva 20015 29 Cf 35
(B) Zelzate 9060 41 Ad 39

(LT) Žemaičiu (Varduva) 29 Cc 34
(LT) Žemaičių Naumiestis 28 Cb 35
(BY) Zembin 30 Ci 36
(RUS) Zemetčino 32 Ec 37
(LV) Zemīte 3135 29 Cc 34
(BIH) Zenica 72000* 58 Bh 46
(RUS) Zenkovo 25 Gk 29
(RUS) Zenzeli 65 Eg 45
(BIH) Žepa 59 Bk 47
(BIH) Žepče 59 Bi 46
(D) Zerbst 39261 43 Bc 39
(RUS) Žerd' 13 Ee 25
(RUS) Žerdevka 49 Eb 39
(RUS) Zerklo 34 Fe 38
(CH) Zermatt 3920 56 Ah 44
(CH) Zernez 7530 57 Ba 44
(RUS) Zernograd 64 Ea 44
(RUS) Zerzjaib 14 Ek 27
(RUS) Žešart 14 Ek 28
(RUS) Žestjanka 50 Ek 39
(D) Zeulenroda-Triebes 07937 43 Bb 40
(D) Zeven 27404 26 Ak 37
(NL) Zevenaar 6900* 42 Ag 39
(TR) Zeytinbağı 16970 76 Ci 50
(TR) Zeytindağ 83 Ch 52
(TR) Zeytinli 10305 75 Cg 51
(TR) Zeytinlik 08100 79 Eb 49
(TR) Zeytinliova 45560 83 Ch 52
(PL) Zgierz 95-100 44 Bk 39
(SLO) Zgornje Jezersko 4206 58 Be 44
(PL) Zgorzelec 59-900 44 Bf 39
(MD) Zgurița 5234 46 Ci 42
(RKS) Zhur = Žur 20520 74 Ca 48
(UA) Zhurivka 47 Db 40
(TR) Ziamet 76 Da 49
(SK) Žiar nad Hronom 965 01 44 Bi 42
(SRB) Žiča 59 Ca 47
(F) Zicavo 20132 71 Ak 49
(RUS) Žičicy 30 Db 35
(PL) Ziębice 57-220 44 Bh 40
(PL) Zielona Góra 65-001 44 Bf 39
(NL) Zierikzee 4300 41 Ad 39
(D) Ziesar 14793 43 Bc 38
(RUS) Zigaza 35 Fh 37
(RUS) Žigulevsk 33 Ek 37
(RUS) Zijančurino 52 Fh 39
(RUS) Zilair 52 Fh 38
(RUS) Zil'djarovo 34 Fe 37
(TR) Zile 60400* 77 Df 50
(SK) Žilina 010 01* 44 Bi 41
(RUS) Žilino 20 Dd 33
(RUS) Žilino 21 Eb 32
(TR) Zilkale 53350 79 Ea 50
(RUS) Žiloj Bor 20 De 31
(RUS) Žilotkovo 20 De 33
(LV) Zilupe 5751 30 Ci 34
(RO) Zimbor 457370 60 Cd 43
(UA) Zimijiv 48 Dg 41
(BG) Zimnica 8690 75 Cg 48
(RO) Zimnicea 145400 60 Cf 47
(RUS) Zimnjackij 49 Ec 41
(RUS) Zimovniki 64 Ec 43
(D) Zingst am Darß 18374 27 Bc 36
(UA) Zin'kiv 47 De 40
(B) Zinnik = Soignies 7060 41 Ae 40
(D) Zinnowitz 17454 27 Bd 36
(H) Zirc 8420 58 Bh 43
(RUS) Zirgan 34 Ff 37
(RUS) Žirjakovo 25 Gf 33
(RUS) Žirjatino 31 Dd 37
(RUS) Žirkovskij, Holm- 31 Dd 35
(D) Zirndorf 90513 43 Ba 41
(RUS) Žirnov 49 Eb 42
(RUS) Žirnovsk 49 Ee 40
(RUS) Žiteli 13 Eh 25
(SRB) Zitni Potok 74 Cb 47
(UA) Žitomir = Žytomyr 46 Ci 40
(RUS) Žitovo Glagolevo 31 Dh 37
(D) Zittau 02763 43 Be 40
(RUS) Živajkino 33 Eh 37
(HR) Živi Bunari 58 Be 46
(BIH) Živinice 59 Bi 46
(RUS) Žizdra 31 De 37
(BY) Zjaleny Bor 30 Ci 36
(RUS) Zjukajka 23 Fe 32
(RUS) Zjuratkul' 35 Fk 36
(RUS) Zjuzjuno 23 Fe 33
(BG) Zlatarica 5090 60 Cf 47
(CZ) Zlaté Hory 793 76 44 Bh 40
(BG) Zlatica 2080 75 Ce 48
(RO) Zlatna 516100 60 Cd 44
(BG) Zlatna Panega 5760 60 Ce 47
(BG) Zlatograd 4980 75 Cf 49
(RUS) Zlatoust 35 Fk 35
(CZ) Zlín 760 01* 44 Bh 41
(BY) Žlobin 30 Da 38
(PL) Złocieniec 78-520* 28 Bg 37
(PL) Złoczew 98-270 44 Bi 39
(SRB) Zlot 19215 59 Cb 46
(PL) Złotoryja 59-500* 44 Bf 39
(PL) Złotów 77-400 28 Bh 37
(BY) Zlynka 47 Db 38
(UA) Žmerynka 46 Ci 41
(UA) Zmiev = Zimijiv 48 Dg 41
(RUS) Zmievka 48 Dg 38
(PL) Żmigród 55-140 44 Bg 39
(RUS) Znamenka 15 Fg 29
(RUS) Znamenka 22 Ei 32
(RUS) Znamenka 31 De 36
(RUS) Znamenka 49 Eb 38
(RUS) Znamensk 28 Cb 36
(RUS) Znamenskoe 24 Gd 33
(RUS) Znamenskoe 31 Df 37
(UA) Znamjanka 47 Dc 42
(PL) Żnin 88-400 28 Bh 38
(UA) Znob'-Novhorods'ke 47 Dd 38
(CZ) Znojmo 669 02* 44 Bg 42
(BY) Žodino = Žodzina 30 Ci 36
(BY) Žodzina 30 Ci 36
(I) Zogno 24019 57 Ak 45
(UA) Zoločiv 45 Ce 41
(UA) Zoločiv 48 Df 40
(RUS) Zolotaja Step' 50 Eg 39
(UA) Zolote 48 Di 42
(UA) Zolotonoša 47 Dc 41
(RUS) Zolotuha 65 Eg 43
(RUS) Zolotuhino 48 Dg 38
(TR) Zonguldak 67000* 76 Db 49
(F) Zonza 20124 71 Ak 49
(E) Zorita 10130 68 Se 51
(PL) Żory 44-240 44 Bi 40
(D) Zossen 15806 43 Bd 38
(B) Zottegem 9620 41 Ad 40
(RUS) Zovka 19 Ci 32
(UA) Žovkva = Nesterov 45 Cd 40
(UA) Žovti Vody 47 Dd 42
(UA) Žovtneve 45 Ce 40
(UA) Žovtneve 47 De 40
(UA) Žovtneve 62 Dd 43
(UA) Žovtyj Jar 61 Ck 45
(SRB) Zrenjanin 23101* 59 Ca 45
(CZ) Zruč nad Sázavou 285 22 44 Bf 41
(D) Zschopau 09405 43 Bd 40
(RUS) Zubcov 31 De 34
(RUS) Zubova Poljana 32 Ec 36
(RUS) Zubovka 34 Fb 36
(RUS) Zubovo 20 Dh 30
(RUS) Zubovo 31 Df 36
(E) Zuera 50800 70 Sk 49
(RUS) Zuevka 22 Fb 32
(E) Zufre 21210 80 Sd 53
(CH) Zug 6300* 56 Ai 43
(RUS) Žuklino 31 Di 34
(RUS) Zukovka 31 Dd 37
(RUS) Žukovo 20 Dg 32
(RUS) Žukovskaja 64 Ec 43
(RUS) Žukovskoe 24 Gc 32
(RUS) Zula, Ust'- 23 Fe 31
(D) Zülpich 53909 42 Ag 40
(NL) Zundert 4880 41 Ae 39
(BY) Župrany 29 Cg 36
(RKS) Žur = Zhur 20520 74 Ca 48
(RUS) Zura 23 Fd 33
(UA) Žuravne 45 Ce 41
(RUS) Žuravskoe 64 Ed 46
(CH) Zürich 8000* 56 Ai 43
(PL) Żuromin 09-300 28 Bk 37
(M) Zurrieq 72 Be 55
(D) Züssow 17495 27 Bd 37
(HR) Žuta Lokva 58 Bf 46
(NL) Zutphen 7200* 42 Ag 38
(RUS) Zvenigorod 31 Dg 35
(RUS) Zvenigovo 33 Ei 34
(UA) Zvenyhorodka 47 Da 41
(BG) Zvezdec 8170 76 Ch 48
(BG) Zvezdel 6820 75 Cf 49
(BY) Zvjančatka 30 Dc 37
(SK) Zvolen 960 01 44 Bk 42
(SRB) Zvonce 18333 74 Cc 48
(BIH) Zvornik 75400* 59 Bk 46
(D) Zweibrücken 66482 42 Ah 41
(D) Zwenkau 04442 43 Bc 39
(A) Zwettl 3910 44 Bf 42
(D) Zwickau 08056* 43 Bc 40
(PL) Zwierzyniec 22-470 45 Cc 40
(D) Zwiesel 94227 43 Bd 41
(D) Zwischenahn, Bad 26160 26 Ai 37
(PL) Zwoleń 26-700 45 Cb 39
(NL) Zwolle 8011* 42 Ag 38
(RUS) Zybino, Libicy- 31 Dh 37
(UA) Zybkove 47 Dd 42
(UA) Žydačiv 45 Ce 41
(RUS) Zykovo 22 Ek 33
(RUS) Zykovo, Efremo- 34 Fd 37
(PL) Żyrardów 96-300 45 Ca 38
(RUS) Zyrjanovskij 24 Gb 33
(BY) Žytkavičy 46 Ch 38
(UA) Žytnyky 47 Da 41
(UA) Žytomyr 46 Ci 40
(PL) Żywiec 34-300* 44 Bk 41

Every edition is always revised to take into account the latest data. Nevertheless, despite every effort, errors can still occur. Should you find an error, we would be grateful if you could forward the relevant information to us. You can contact us at any time at our postal address: **korrekturhinweise@mairdumont.com**

Jede Auflage wird stets nach neuesten Unterlagen überarbeitet. Irrtümer können trotzdem nie ganz ausgeschlossen werden. Ihre Informationen nehmen wir jederzeit gern entgegen. Sie erreichen uns über unsere Postanschrift: MAIRDUMONT, D-73751 Ostfildern oder unter der E-Mail-Adresse:
korrekturhinweise@mairdumont.com

Chaque édition est remaniée suivant les supports les plus récents. Des erreurs ne peuvent malheureusement jamais être exclues. Aussi vos informations sont les bienvenues. Vous pouvez nous écrire à notre adresse postale: MAIRDUMONT, D-73751 Ostfildern ou bien envoyez-nous un courrier électronique à l'adresse suivante:
korrekturhinweise@mairdumont.com

Design: fpm – factor product münchen (Cover) / Stilradar, Stuttgart

Gedruckt auf zertifiziertem Papier

→ 2018 © 2013 MairDumont, D-73751 Ostfildern (7.) Printed in Germany 01-30-130400-005